KB215265

전국
칠웅

전국칠웅

리산 지음 **이기흥** 옮김

| 중국 CCTV-10 〈백가강단〉 최고 인기강의 |

중국 CCTV-10 〈백가강단〉의 대표 강연자로 유명한 리산 교수가
『춘추오패春秋五覇』에 이어 내놓은 신작

인간사랑

차례

1장 분열과 변화

250여 년이나 계속된 동요의 시기, 중국 2천여 년의 역사에 큰 영향을 끼친 시기가 바로 전국시대이다. 전국시대의 두드러진 특징은 변화이다. 이 시기는 거센 바람이 남은 구름을 깨끗이 쓸어 없애듯이 예부터 내려오던 질서를 변혁시키며 새로운 역사의 구조를 만든다. 서주西周로부터 내려오던 수많은 제후국들은 보이지 않고 이제는 7개 대국이 천하를 두고 다투게 된다. 그렇다면 피가 튀고 창이 번득이며 요동치는 시대의 변화는 어느 분야에서 시작되었을까?

전국시대는 위로는 춘추시대를 이어받아 아래로는 진한秦漢을 열어준 특수한 시기였다. 이 시기의 두드러진 특징은 '변화'였다. 서주西周 이래 제후국들이 즐비하던 모습은 대체로 사라지고 칠웅七雄이 병립하는 이른바 전국칠웅戰國七雄, 즉 제齊, 초楚, 연燕, 한韓, 조趙, 위魏, 진秦이 이를 대신하는 국면이 펼쳐졌다. 칠웅은 생사를 건 경쟁을 벌였다. '칠웅'의 병립은 또 진秦이 '일웅一雄'이 되며 홀로 우뚝 서는 형국으로 바뀌었다. 천하 통일에 뜻을 둔 경쟁 상대인 일곱 나라는 천하 통일의 7가지 가능성을 대표했다. 그렇다면 이러한 7가지 가능성이 어떻게 하나의 가능성으로 변화하고 발전했을까? 칠웅은 서로 맞서면서 각자 어떻게 움직였을까? 또한 일곱 나라의 성쇠와 변화를 통하여 어떤 역사적 경험과 교훈을 얻을 수 있을까?

천하의 대세는 합한 지 오래면 반드시 갈라지고, 갈라진 지 오래면 반드시 합하게 마련이다. 우리가 이야기하려는 전국시대도 중국 역사상 '대분열'에서 '대통합'으로 나아가는 과정이다. 이 과정이 계속된 시간은 춘추시대와 별 차이 없는 250여 년이다. 곧 기원전 5세기에서 기원전 3세기에 이르는 시기의 역사이다.

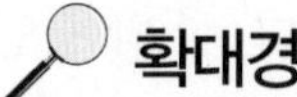

확대경

전국시대는 중국 역사상 '대분열'에서 '대통합'으로 나아가는 과정이다.

왜 이 시기의 역사를 이야기해야 하는가? 두 가지 이유 때문이다. 첫째는 중요하기 때문이요, 둘째는 특별하기 때문이다.

왜 중요한가? 전국시대 200여 년의 역사적 큰 분열과 변화는 선사시대로부터 하夏, 상商, 주周에 이르기까지 수천 년 동안 형성된 고대 사회를 마무리하고 진한秦漢으로부터 오늘날에 이르는 2천여 년의 정치와 사회, 그리고 경제와 문화를 열었다. 선사시대 중국 문화는 도대체 언제부터 시작되었을까? 이 문제는 참으로 많은 연구를 필요로 한다. 그러나 분명한 사실은 전국시대는 우리에게서 겨우 2천 년 남짓 떨어져 있지만 중국 문화의 시작 시기와는 훨씬 멀리 떨어져 있다는 점이다. 그렇다면 전국시대 이전의 길고 긴 역사는 어떤 특징을 가지고 있었을까? 고고학에 의한 발견과 문헌의 기록에 따르면 정치적으로 군주의 권한이 신권神權의 보호를 받았다는 점이다. 그러기에 전국시대 이전의 길고 긴 역사에서도 정치 상황은 바로 신권정치였다고 말할 수 있다. 고대 문화의 발상과 발전을 거치며 하, 상, 주의 성립에 이르기까지 임금들은 결국 더할 수 없이 높은 신권에 의지한 정신적 힘으로 여러 사람들을 통치했다. 신권의 무게는 정말로 대단했다. 당연히 어떤 정권도 지탱할 무력을 필요로 했다. 그러나 무력에 의한 지탱은 신권의 보장을 받지 못했다. 사람들을 설득할 힘이 없었기에 그 정권은 오랫동안 지속되기 힘들었다. 이것이 바로 하나의 측면이다. 이 밖에 인류는 원시사회로부터 발전해오면서 언제나 부모에게 태어난 형제 사이에는 인륜이 있고, 또 부모와 형제들은 지켜야 할 가장 기본적인 인륜을 바탕으로 널리 퍼지며 복잡한 사회 집단을 형성했다. 이는 서주西周 시기까지 발전하며 종법제宗法制가 출현하여 특별히 같은 핏줄을 강조하게 되었다. 그러나 전국시대에 이르러 이러한 총체적인 사회 구조도 끝을 맺었다. 아래로는 진한으로 이어지며 지금으로부터 1백여 년 전인 청淸나라 말기에 이르기까지 고대 사회의 정치와 경제 등 몇 가지 중요한 분야에서 실행된 체제는 모두 전국시대 합병 전쟁 중에 형성되었다. 진한 이후 2천여 년의 역사를 이해하기 위해서는 반드시 전국시대부터 살펴보아야 한다. 그러기에 이 시대가 중요하다.

두 번째, 이 시기는 특별하다. 무엇이 특별한가? 중국 문화는, 그것도 문자로 기록된 이후의 중국 문화를 살피면, 사람들은 참으로 오랫동안 덕행을 받들었으며 가족 사이의 사랑을 믿었을 뿐만 아니라 인간 사이의 조화를 우러르며 존경했다. 그러나 전국시대에 이르면 이런 것들을 아예 따지지도 않았다. 그렇다면 무엇을 중시했을까? 권모술수를 높이 샀으며 속임수를 우러렀고 폭력을 중시했다. 그러기에 이 시대는 피가 튀고 창이 번득이는 시대였다. 수천 년 동안 발전하며 육성된 문화의 형태는 2백여 년 동안 그 모습을 바꾸어야 했다. 여러분은 『장자莊子』에 나오는 '포정해우庖丁解牛' 이야기를 읽어보았을 것이다. 장자는 백정이 소를 잡으며 뼈에 붙은 살을 분리하는 과정을 참으로 리드미컬한 과정으로 그리며 문필가처럼 이 고통스러운

 **확대경**

장자는 백정이 소를 잡으며 뼈에 붙은 살을 분리하는 과정을 참으로 리드미컬한 과정으로 그리며 문필가처럼 이 고통스러운 작업을 미화했다. 소의 입장에서 본다면 당연히 피를 흘려야 하고 살이 뼈에서 떨어져 나와야 한다

작업을 미화했다. 소의 입장에서 본다면 당연히 피를 흘려야 하고 살이 뼈에서 떨어져 나와야 한다. 전국시대 2백여 년은 폭력을 숭상하고 속임수를 우러러 높이는, 참으로 고통스러운 시기라고 말할 수 있다. 예로부터 내려오던 오랜 사회체제가 막을 내리며 수많은 사람들이 이 때문에 비명에 세상을 떠나야 했다.

후세 사람들은 이 시기를 문장으로 기록했다. 이들은 이 시기를 속임수를 소중하게 여기고 지능을 숭상하는 시대라고 이르며 부정적인 평가를 내리는 경우가 많았다. 결코 아름다운 시기는 아니었다는 것이다. 이는 이 시대가 중국 역사 발전의 큰 흐름 속에서 비교적 특수했기 때문이다. 그렇기 때문에 이 시기는 이야기할 만한 특별한 맛이 있다.

전국시대는 전국칠웅의 시대라고도 한다. 칠웅은 누구인가? 귀에 익어 잘 알다시피 제齊, 초楚, 연燕, 한韓, 조趙, 위魏, 진秦을 말한다. 칠웅이 강자가 되려고 서로 다투는 가운데 몇몇 자그마한 나라도 있었다. 이들은 처음부터 겨우 목숨만 붙어있는 상태였으니, 그야말로 '늑대들'의 눈에는 벌써부터 한 마리 '양'이었다. 결국 칠웅은 '7마리 늑대'가 아닌가! 이들은 이 자그마한 나라들을 뚫어지게 바라보며 경쟁을 벌였다. 그리고 '생고기'나 다름없는 이 자그마한 나라를 집어삼키려고 했다. 이런 자그마한 나라들이 존재하는데 무슨 까닭으로 오로지 전국시대의 '칠웅'만 말하는가? 이런 자그마한 나라들은 도마 위에 오른 고깃덩이에 지나지 않았기 때문이다.

확대경

칠웅이 강자가 되려고 서로 다투는 가운데 몇몇 자그마한 나라도 있었다. 이들은 처음부터 겨우 목숨만 붙어있는 상태였으니, 그야말로 '늑대들'의 눈에는 벌써부터 한 마리 '양'이었다. 결국 칠웅은 '7마리 늑대'가 아닌가! 이들은 이 자그마한 나라들을 뚫어지게 바라보며 경쟁을 벌였다. 그리고 '생고기'나 다름없는 이 자그마한 나라를 집어삼키려고 했다.

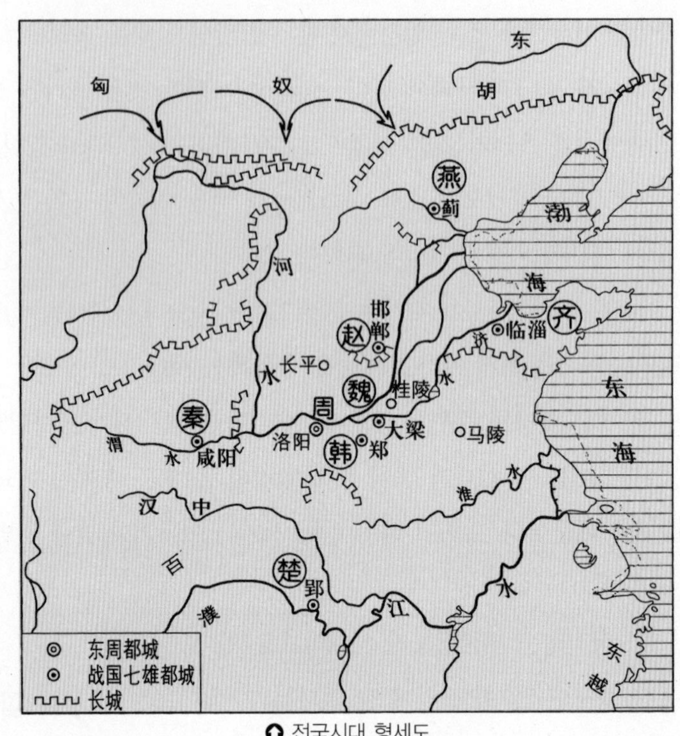

• 임치臨淄–지금의 산둥성 린쯔臨淄
• 계薊–지금의 베이징北京
• 한단邯鄲–지금의 허베이성 한단邯鄲
• 함양咸陽–지금의 산시성 셴양咸陽
• 영郢–지금의 후베이성 징저우荊州
• 정鄭–지금의 허난성 신정新鄭
• 대량大梁–지금의 허난성 카이펑開封

전국시대 형세도

이 시기의 역사는 오로지 '칠웅'의 역사일 따름이다.

전국시대는 춘추시대의 분열과 변화로부터 출발했다. 서주西周가 나라를 세우며 큰 통일을 이루었지만 동주東周에 이르러 큰 혼란이 시작되었다. 먼저 춘추시대에서 비롯하여 전국시대로 이어졌다. 춘추시대와 전국시대를 비교한다면, 춘추시대는 '혼란', 전국시대는 '변화'라고 할 수 있다. 물론 이것은 대체적으로 보아 그렇다는 말이다. 춘추시대가 '혼란' 가운데 '변화'했다면, 전국시대는 '변화' 속에서도 '혼란'이 존재했다. 이는 여전히 통일되지 않았기 때문이다. 그러기에 춘추시대에 전국시대를 더한 5백여 년에 걸친 기간의 역사는 한 채의 거대한 빌딩처럼 삐거덕 소리를 내며 기울어 이제 막 땅에 무너질 지경에 이르렀다. 이제 묵은 시대는 막을 내리고 새로운 시대가 탄생한다. 거대한 빌딩이 땅에 무너지기 전이 바로 칠웅이 각축한 시기였다. 이 칠웅 가운데 네 나라가 최고 통치 계층을 바꾸었다. 따라서 전국시대에 첫 번째로 일어난 중대한 변화는 바로 서주 이래 세습으로 자리를 이어받은 귀족들이 자기 자리를 새로운 통치자에게 내주었다는 사실이다. 따라서 첫 번째 현저한 변화는 바로 정권의 대대적인 교체였다.

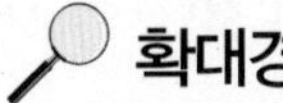

확대경

춘추시대에 전국시대를 더한 5백여 년에 걸친 기간의 역사는 한 채의 거대한 빌딩처럼 삐거덕 소리를 내며 기울어 이제 막 땅에 무너질 지경에 이르렀다. 이제 묵은 시대는 막을 내리고 새로운 시대가 탄생한다.

정권 교체는 '삼가분진三家分晋'과 '전진찬제田陳簒齊'라는 두 사건으로 그 모습을 분명하게 드러내었다. 역사학자들은 이 두 사건이 춘추시대에서 전국시대로 바뀌는 표지라고 생각한다.

그렇다면 '삼가三家'는 도대체 어떻게 '진晋'을 나누었을까? 그리고 '전진田陳'은 어떻게 '제齊'나라 왕의 자리를 '찬탈簒奪'했을까? 여기에는 수없이 많은 사정이 있지만 간단하게 말하면 단 네 글자, '환심 사기'로 개괄할 수 있다.

먼저 삼가분진부터 살펴보자. 잘 알다시피 진晋(지금의 산시성山西省)은 춘추시대에 들어선 이래 패권을 다투었다. 먼저 진문공晋文公이 패권을 쥐었으며 뒤에는 진도공晋悼公이 패권을 차지함으로써 천하를 호령한 시간이 참으로 길었다. 패권을 잡으려면 필연적으로 싸움을 벌여야 했다. 싸움터에는 임금이 갔을까? 혼자서는 장군 노릇까지 다 할 수 없으니 대신을 써야 했다. 싸움터에 나간 대신이 전투를 승리로 이끌면 전투에서 공을 세웠다는 이유로 땅이나 백성 등을 나눠줘야 했다. 이렇게 되자 진은 대가족이 나라의 왕권을 조각조각 분할하여 차지하는 상황이 갈수록 심해졌다. 이와 동시에 이들 대신들은 더 많은 이익을 차지하기 위하여 서로 알력을 빚을 수밖에 없었다. 네가 나를 없애려 한다면 나도 너를 없애겠다는 식으로 서로 치고받으며 마침내 여섯 집안이 남게 되었다. 여러분이 비교적 잘 아는 한韓, 조趙, 위魏 외에도 세 집안이 더 있었으니, 바로 지씨智氏, 중항씨中行氏, 그리고 범씨范氏였다. 이 여섯 집안은 한동안 호시탐탐 서로를 뚫어지게 바라보며 경쟁을 벌였다. 6마리 호랑이 또는 6마리 표범으로 일컬어지는 이들이 바로 그곳에서 경쟁을 벌였다. 이런 상황은 그리 오래 유지되지 못했다. 이런 모습을 멀리 오나라의 한 유명한 인물이 낱낱이 꿰뚫어보고 있었다. 누구였을까? 바로 손무자孫武子였다. 그는 진의 여섯 집안 사이에 벌어질 승부를 훤하게 꿰뚫고 있었다. 출토된 『오문吳問』이라는 문헌에는 손무자와 오왕이 진의 육경六卿에 대하여 나눈 이야기가 실려 있다. 오왕이 먼저 손무자에게 이렇게 물었다.

"북쪽 진의 여섯 집안이 서로 상대방을 이기려고 다툼을 벌이는데 과연 누가 최후의 승자가 될 것 같소?

오왕의 이 물음에 손무자는 이렇게 대답했다.

"마지막으로 웃는 자는 조씨 집안이 될 것입니다. 범씨나 중항씨가 먼저 망할 것입니다."

귀를 기울이던 오왕이 물었다.

"아니, 조씨 집안이란 말이오? 조씨 집안은 결코 강자가 아니지 않소?"

당시 가장 강한 집안은 지씨였으며, 범씨와 중항씨가 그 뒤였다. 손무자는 자기주장에 이유를 들어 설명하기 시작했다.

“범씨와 중항씨는 한 무畝의 면적을 겨우 160보步로 계산하지만, 지씨는 180보로, 한씨와 위씨는 200보로 계산합니다. 그러나 조씨는 한 무의 면적을 240보로 계산합니다. 이 단위로 계산하여 한 무에 한 가마의 곡식을 농민에게 도지로 받는다면, 농민들은 당연히 조씨 집안의 토지를 얻으려고 할 게 뻔합니다. 게다가 조씨 집안은 도지를 다른 집안보다 더 적게 받을 뿐만 아니라 모든 농민에게 공평하게 적용합니다. 160보와 240보는 그 차이가 대단하지 않습니까?”

손무자는 이것이 바로 조씨 집안의 백성을 향한 ‘환심 사기’라고 보았다. 그렇다면 백성의 입장에서는 넓은 토지를 경작했지만 도지를 적게 낼 수 있다면, 그 집안의 토지를 서로 얻으려고 할 게 뻔하다. 게다가 그런 집안을 지지하게 마련이다. 이 때문에 손무자는 조씨 집안이 마지막 승리자가 될 수 있다고 보았다. 조씨 집안이 사람들의 환심을 가장 널리 살 수 있었기 때문이다.

손무자는 군사 전문가였다. 그러나 그는 정치도 깊이 알았으며 세상인심도 잘 이해했다. 그는 진나라에서 일어나는 일들을 꿰뚫고 있었을 뿐만 아니라 당시 새로 무대에 오른 권력자들의 농간까지도 간파하고 있었다. 과연 그의 예상대로 얼마 되지 않아서 먼저 지씨가 한, 조, 그리고 위와 연합하여 범씨와 중항씨를 멸망시켰다. 곧 이어서 한, 조, 위가 연합하여 지씨를 멸망시켰다. 결국 한, 조, 위, 이렇게 세 집안만 남았다. 손무자의 예언과 달리 최종적으로 한, 조, 위, 이 세 집안이 수박 쪼개듯이 진을 셋으로 나누었다. 이리하여 전국시대의 새로운 정권으로 한, 조, 위가 탄생했다.

삼가분진으로 전국칠웅 가운데 한, 조, 위 삼국이 탄생했다.

이 사건은 제齊나라 내부에서 발생한 전진찬제 사건과 함께 춘추시대에서 전국시대로 넘어가는 표지가 된다. 전진찬제란 제나라의 전씨田氏 가족이 제나라 군주의 자리를 찬탈한 사건을 가리킨다. 그렇다면 전씨 가족은 어떻게 제나라 군주의 자리를 찬탈할 수 있었을까? 또 그들은 주로 어떤 점을 이용했을까?

확대경
삼가분진 때 써먹었던 수법과 너무도 비슷하게 전씨 가족은 큰 말로 빌려주었다가 작은 말로 되돌려 받으면서 사람들의 환심을 사며 정권을 찬탈했다.

이제 제나라를 살펴보자. 삼가분진과 거의 같은 시기에 전씨 가족이 제나라 군주의 자리를 찬탈한 사건이 터졌다. 삼가분진 때 써먹었던 수법과 너무도 비슷하게 전씨 가족은 큰 말로 빌려주었다가 작은 말로 되돌려 받으면서 사람들의 환심을 사며 정권을 찬탈했다.

전씨 집안은 춘추시대 초기에 진陳나라에서 제나라로 망명했다. 당시 진나라에서 발생한 내란으로 공자公子 완完은 자기 나라에서 더 이상 견디지 못하고 산동 지방의 제나라로 몸을 피했으니, 뒷날 이들을 일러 전씨라고 불렀다. 이 전田은 옛적 중국어에서 진陳과 발음이 비슷했다. 마침 제환공齊桓公이 패권을 손에 넣으려고 애쓰던 시기였기에 진에서 온 공자 완完은 망명 귀족으로서 수공업 생산을 관장하는 공정工正에 임명됐다. 제나라는 이름난 나라였다. 상공업은 물론 항아리를 굽고 질버치를 빚는 등 도자기 제조업도 자못 발달했다. 전씨는 이런 것들의 생산과 관리를 책임졌다.

당초 공자 완完은 제나라로 몸을 피해 올 때에 점괘를 뽑았다. 점괘는 이제 그가 새 나라를 세우게 될 것이라고 일렀다. 그러나 괘상은 새 나라를 진나라가 아니라 다른 나라에서 세워야 한다고 일렀다.

진나라의 귀족은 성이 모두 순舜이지만 제나라는 강姜 씨를 성으로 했다. 괘상은 장차 팔대 이후에 그들이 제나라에서 새로운 나라를 세우게 될 것이라고 분명하게 내보였다. 완이 제나라에 온 뒤, 어떤 이가 그에게 아내를 물색해 주었다. 그의 장인어른도 점괘를 뽑았더니, 장차 이 사위의 후손이 제나라 군주의 자리를 차지하며 말할 수 없는 부귀를 누리게 될 것이라고 일렀다. 이것이 일이 끝난 뒤에 치는 큰소리든 뒷걸음치던 소가 잡은 쥐 같은 행운이든 우리는 상관할 바 없다. 제나라에 온 완, 곧 전씨는 수공업을 관할하는 관리가 되어 적지 않은 재물을 모았다. 그러나 참으로 긴 시간 동안, 전씨 가족은 제나라에서 크게 드러남 없이 그저 평범하게 생활했을 뿐 무슨 큰 공헌도 없었고 단지 부를 누리고 있었다.

춘추시대 말기에 이르러서야 완의 후손은 사람들의 마음을 사면서 충분히 재능을 발휘할 여지를 가지게 되었다. 왜 그렇게 되었을까? 이때 제나라의 귀족들은 다른 제후국의 귀족들과 다름없이 자기 백성을 저버리고 있었기 때문이다. 백성들의 환심을 사는 일이라면 별별 짓을 다 할 수 있었다. 춘추시대 후기 제나라의 군주는 누구였을까? 제경공齊景公이었다. 루쉰魯迅이 '머리를 숙이고 기꺼이 아이를 등에 태웠던 소.'라고 일렀던 바로 '아이 위해 기꺼이 소가 된 인물'이었다. 바로 그는 아이를 등에 태우고 자신은 고삐를 입에 문 채 다른 쪽에서는 아이에게 고삐를 잡아당기게 했다. 그 결과 어른과 아이 두 사람 모두 곤두박질했다. 그리고 이 아이는 제 손에 쥔 고삐를 자기도 모르게 당기며 아비의 앞니를 잡아 뽑고 말았다. 바로 이런 인물이 제경공이다. 사랑도 정도가 너무 지나친 나머지 드디어는 앞니가 빠진 채로 정권을 잡았다. 아이를 이렇게 친근하게 대했다면 백성은 어

확대경

아이에 대한 사랑도 정도가 너무 지나친 나머지 드디어는 앞니가 빠진 채로 정권을 잡았다. 아이를 이렇게 친근하게 대했다면 백성은 어떻게 대했을까? 완전 엉망이었다.

떻게 대했을까? 완전 엉망이었다. 제경공 아래 현명하기로 이름난 대신 안영晏嬰이 진晋나라 군주의 혼사 때문에 그곳에 갔을 때, 당시 진나라의 현인 숙향叔向과 한담을 나누다 제나라의 상황을 이야기하기에 이르렀다.

"말세올시다, 뭐라고 말씀 드려야 좋을지 모르겠습니다. 제나라는 진에서 온 공자 완의 후손인 전씨 세상이 될 것 같습니다."[1]

안영의 이 말은 『좌전左傳』「소공 3년昭公三年」에 기록으로 남아 있다. 제나라 정치는 이제 말세에 이르렀으니, 이 몸이 보기에 장차 제나라 정권은 전씨田氏에게로 넘어갈 것 같다는 뜻이다. 안영은 감각이 있었다. 그러자 숙향이 물었다.

"무슨 까닭으로 이렇게 말씀하십니까?"

안영의 대답은 이러했다.

"현상을 보면 본질을 알 수 있지요."

자기 나라의 정황을 한번 보면 알 수 있다는 말이다. 몇몇 현상을 살펴보면 본질적인 문제를 이해할 수 있다는 뜻이다. 그는 말을 이었다.

"우리나라의 도량형은 정해진 제도가 있습니다. 예컨대, 한 말이 얼마인지 나라에서 명확하게 만든 규정이 있습니다. 몇 되가 모여서 한 말이 되고, 몇 말이 모여서 한 섬이 되는지, 모두 명확하게 만든 규정이 있습니다. 그러나 전씨 집안에서는 곡식을 빌려줄 때, 그것 참,

1 此季世也, 吾弗知, 齊其爲陳氏矣.

이 집안의 한 말은 나라에서 정한 한 말보다 훨씬 양이 많단 말입니다. 빠듯하게 살아가는 백성들에게 자기들의 말로 빌려주었다가 이들에게 되돌려받을 때에는 나라에서 정한 규격에 맞는 용기를 가져다가 씁니다. 이것이 바로 큰 말로 내놓았다가 작은 말로 거두는 것입니다. 결국 곡식을 꾸었던 백성들이 이익을 보는 셈이지요. 이 밖에 전씨 집안에서는 목재와 해산물도 취급하는데, 목재는 산에서 얼마에 샀다면, 시장에서 백성들에게 팔 때는 산 가격보다 더 싼 값으로 가격을 정합니다. 해산물도 마찬가지입니다. 이건 밑지고 하는 장사가 아니겠습니까? 그러나 경제적으로 약간의 손실을 입긴 하지만 정치적으로는 오히려 백성의 지지를 받게 마련입니다."

> 삼가분진과 전진찬제는 큰 합병이 이루어지는 전국시대를 열었다. 전국시대는 이전의 역사와 비교하여 여러 가지 면에서 커다란 변화가 일어났다. 이런 변화는 전국시대만의 독특한 면모를 드러냈다. 그렇다면 어떤 변화가 일어났을까?

삼가분진이든 아니면 전진찬제든, 모두 네 글자 '환심 사기'로 이루어졌다. 이 사건을 통하여 우리는 참으로 많은 내용을 알 수 있다.

첫째, 무엇을 귀족의 몰락이라고 하는가? 귀족은 어떻게 몰락했는가? 그해에 천하를 차지하며 상商나라 주왕紂王의 무릎을 꿇렸을 때, 그때부터 백성들은 귀족을 따른 지 이제 몇백 년이 지났고, 귀족은 부귀를 누린 지 벌써 오래되었지만 귀족들은 당시 자신을 따르던 백성들을 버리기 시작했다. 제경공이 아들에게 그렇게 잘해주며 앞니까지 빠져버릴 정도였지만, 제나라 백성들의 형편은 어땠던가? 안영

확대경

이 얼마나 사람을 아프게 만드는 말인가! 백성들이 다리를 자르고 이제 신발을 신을 필요가 없으니 다시 의족으로 갈아서 신는다. 이야말로 백성들이 군주를 모실 수도 있지만 뒤엎을 수도 있다는 이치를 통치계급이 잊었으니, 바로 백성을 사람 취급하지 않았다는 말 아닌가! 이렇게 되면 몰락이다. 하찮은 백성들도 자기에게 조금이라도 이로움을 주는 이를 따를 수밖에 없다. 사실 야심을 가진 몇몇 사람들에게 회유될 수밖에 없다. 그들을 회유하는 일은 별로 힘든 일이 아니잖은가? 얼마면 될 수 있을까? 약간의 이익만 주면 살림살이 빠듯한 백성을 자기편으로 만들 수 있다.

은 이렇게 말했다.

"우리나라에서는 신발 파는 이가 모두 일거리를 잃었소이다. 그럼 무엇을 파는 이가 돈을 벌었을까요? 바로 의족을 파는 자외다!"

이 얼마나 사람을 아프게 만드는 말인가! 백성들이 다리를 자르고 이제 신발을 신을 필요가 없으니 다시 의족으로 갈아서 신는다. 이야말로 백성들이 군주를 모실 수도 있지만 뒤엎을 수도 있다는 이치를 통치 계급이 잊었으니, 바로 백성을 사람 취급하지 않았다는 말 아닌가! 이렇게 되면 몰락이다. 하찮은 백성들도 자기에게 조금이라도 이로움을 주는 이를 따를 수밖에 없다. 사실 야심을 가진 몇몇 사람들에게 회유될 수밖에 없다. 그들을 회유하는 일은 별로 힘든 일이 아니잖은가? 얼마면 될 수 있을까? 약간의 이익만 주면 살림살이 빠듯한 백성을 자기편으로 만들 수 있다. 전진이 제나라 군주의 자리를 찬탈하며 강씨 성을 가진 군주를 살해했을 때, 제나라 백성들은 아무 말 없이 잠자코 있었다. 전씨는 거침없이 목적을 달성할 수 있었다. 그러나 끝까지 따르던 하찮은 백성들은 또 어떠했을까? 100년쯤이나 지나서였을까, 맹자孟子가 제나라에 갔다. 바로 전진이 제나라의 군주 자리를 찬탈한 뒤였다. 공교롭게도 그는 양혜왕梁惠王의 위魏나라, 그러니까 삼가분진 뒤의 바로 그 위나라도 거친 뒤였다. 맹자는 이 두 나라에서 무엇을 보았을까? 맹자가 여러 번 본 것은 '들판에는 굶어죽은 이들의 주검이요, 마구에는 토실토실

살진 말'이었다. 들판에는 굶어죽은 백성들이 적잖이 널려 있었지만, 권력을 가진 자나 돈이 있어 세도를 부리는 집안, 그리고 고관과 귀인들 집에는 말이 배 터져 죽게 생겼으니! 그대 전씨가 그때 큰 말로 내주고 작은 말로 받아들이던 그 열정은 어디로 사라졌는가? 그대 위씨가 넓은 땅을 빌려주고 자그마한 땅으로 셈하여 도지를 받던 그때 그 열정은 어디로 사라졌는가? 정권을 손에 넣고 나자 백성들을 가만두지 않았다. 큰 말 작은 말 넓은 땅 자그마한 땅을 가리던 좋은 점은 어디 가고 이제는 이익에 이익을 더하고 굴리고 굴리며 다시 거두어들이고 있었으니! 이야말로 고리대금이었다. 이 지경에 이른 역사를 보면서 우리는 탄식하지 않을 수 없다.

확대경

정권을 손에 넣고 나자 백성들을 가만두지 않았다. 큰 말 작은 말 넓은 땅 자그마한 땅을 가리던 좋은 점은 어디 가고 이제는 이익에 이익을 더하고 굴리고 굴리며 다시 거두어들이고 있었으니! 이야말로 고리대금이었다. 이 지경에 이른 역사를 보면서 우리는 탄식하지 않을 수 없다.

지금까지 본 이 시기 역사의 첫 번째 측면은 정권을 독점하던 인물이 바뀌었다는 점이다. 서주에서 춘추 시기까지는 군주나 그 주변의 근친, 그리고 측근들은 모두 당시 주나라 왕조로부터 분봉된 귀족의 후예였다. 예컨대 노魯나라의 백금伯禽은 노나라 백성들을 이끌고 산동 지방으로 와서 나라를 세우고 성읍에 살았다. 이들 무리가 점점 퍼지며 숫자가 많아지자 이들이 오래 전부터 맺어온 군주와의 관계는 친척이 아니라 옛날에 알았던 사람으로 바뀌었다. 게다가 지금 갑자기 싹둑 한 칼에 제후국의 머리가 내려지고 '새로운 머리'로 바뀌었다. 한, 조, 위, 그리고 제나라가 모두 새로운 머리로 바뀌었다. 그러나 사회 영역에서는 근본적으로 바뀐 것이 전혀 없었다. 하지만 사회의 '머리'는 바뀌었다. '머리'와 사회의 '몸통' 사이에 뼈를 맞추고 살갗을 붙이는 새로운 책략이 요구되었다. 새로운 변화의 출현이 필요했던 것이다. 군주와 자기 백성의 관계가 이제는 친척이 아니라 옛 친구였다. 역사를 거슬러 올라가면 나라를 창업할 당시로 되돌아갈 수 있다. 그러나 지금은 바뀌었다. 이런 역사적 연원이 없다면 어떻게 해야 할까? 갖가지 변법이 나타났다. 게다가 새로 나타난 네 나라가 변법에 앞장섰다. 더구나 삼가분진으로 태어난 위나라가 변법에 더욱 앞장서며 강성한 나라를 향해 내달았다. 다른 나라도 잇달아 이를 본받아 모두 변법을 시작했다. 변법을 하지 않을 수 없었던 것이다. 정치 영역에서의 변화는 사회 관리 영역에서도 필연적으로 큰 변화를 가져왔다. 정권에 발생한 중요한 변화, 이것이 바로 첫 번째 측면이다.

두 번째, 전체 정권의 변경과 더불어 세상인심의 큰 변화가 눈에 띈다. 앞에서 삼가분진을 말했었다. 여섯 집안은 서로 호시탐탐하지 않았던가? 범씨와 중항씨가 일찌감치 멸망한 이 사건은 먼저 어디에서 비롯되었을까? 바로 조씨 집안 내부로부터 비롯되었다. 어떻게 비롯되었을까? 이야기를 하자면 참으로 간단하다. 집안 세력이 커지면 분가를 시작한다. 분가가 되면 될수록 더욱 멀어진다. 조씨 집안의 주요 책임자로서 적장의 혈통을 이어받은 이는 누구였을까? 조간자趙簡子였다. 그러나 그에게는 '오종형제五從兄弟'가 있다. 누가 그의 '오종형제'인가? 혈연의 친소 관계가 이제 막 오대를 벗어난 형제로서 한단邯鄲에서 조씨 집안의 근거지를 관장한 인물 조오趙午가 바로 그 사람이었다. 조오는 한단오邯鄲午로도 불렸다. 아니, 같은 조씨 집안사람 아닌가? 그런데 옛말에 이르기를 내 잠자리 옆에서 다른 사람이 맛나게 자는 꼴을 보기 힘들다고 했다. 더군다나 지금은 전국시대, 직계가 방계를 제거해야 했으니, 조간자는 이제 조오를 너그러이 받아들일 수 없었다. 세상인심이 변하기 시작했음을 알고 있잖은가. 당시 조씨 세력이 위衛나라를 공격했다. 위나라는 인가 5백 호를 조씨에게 올렸다. 이들은 5백 호를 한단으로 옮기려고 했다. 그러나 이들이 예상치도 못하게 조간자는 조오 일파를 제거하기 위하여 온갖 궁리를 다하고 있었다.

"위나라가 올린 5백 호를 나에게 넘기시오, 그대들이 차지해서는 안 되오."

조오 일파는 시간을 끌며 뒤로 늦추는 계책을 세웠다. 조간자는 불쾌함을 감추지 않았다. 그리고 도성에 온 조오를 잡아 가두었다. 그런 다음 그의 수종에게 이렇게 일렀다.

"이제 다른 사람을 세우시오, 그는 돌아갈 수 없소이다."

조간자는 이것저것 살필 것 없이 그대로 조오의 목을 베었다. 같은 조씨로 이제 막 혈연의 친소 관계가 오대를 벗어난 형제를 조간자는 이렇게 처리했으니, 이야말로 세상인심이 변한 게 아니고 무엇인가! 어떻게 변했는가? 주周나라 때에는 친해야 할 인물은 친하고 존중해야 할 인물은 존중하는 등급제의 사회였음을 잘 알고 있었다. 이 시대에 널리 이름을 날린 정치인으로서 주공단周公旦이 있었다. 주공단의 집안은 낙양洛陽에서 정무를 주관했다. 그가 세상을 떠나자 그의 아들이, 그리고 또 여러 대에 걸쳐서 그의 자손이 대대로 주공周公 노릇을 했다. 서주西周에서 약 3백 년, 그리고 춘추시대에 또 1백여 년, 모두 합하여 4~5백 년을 주공 노릇을 하며 15-6대에 걸쳤다. 가까운 친족을 쓴다는 것이 오래된 원칙이었다.

그러나 조간자가 조오를 없앤 사건을 통하여 또 다른 원칙을 알 수 있다. 누가 형제이고 누가 형제가 아닌가? 이익이 가장 중요했다.

확대경

누가 형제이고 누가 형제가 아닌가? 이익이 가장 중요했다. 자기 이익에 방해가 되는 자는 바로 목을 날렸다. 이런 세상인심은, 비유컨대, 바로 상어의 법칙을 따랐다고 할 수 있다. 여러분은 TV에서 상어가 어미 뱃속에 있을 때 그 숫자가 너무 많으면 같은 배에 있는 새끼끼리 싸움을 시작하여 힘이 센 놈이 약한 놈을 처치한다는 사실을 본 적이 있을 것이다. 이건 한 부모를 둔 한 형제라도 상관없다.

자기 이익에 방해가 되는 자는 바로 목을 날렸다. 사실 조간자와 조오는 대가족 속에서 내부 투쟁을 벌였지만 이는 다른 가족에게도 영향을 끼치며 육경六卿 사이에 서로 상대방을 없애기 시작하여 결국 마지막에는 네 집안이 남았다. 조간자는 온갖 궁리를 다하며 조오 일파를 없애려고 했으니, 이때에 이르러 서주 이래 소중하게 여겨온 종족과 혈연관계는 이미 멀리 사라지고 보이는 것은 오로지 이익과 토지, 백성이었다. 이런 세상인심은, 비유컨대, 바로 상어의 법칙을 따랐다고 할 수 있다. 여러분은 TV에서 상어가 어미 뱃속에 있을 때 그 숫자가 너무 많으면 같은 배에 있는 새끼끼리 싸움을 시작하여 힘이 센 놈이 약한 놈을 처치한다는 사실을 본 적이 있을 것이다. 이건 한 부모를 둔 한 형제라도 상관없다. 조간자가 방계를 없앤 사건은 춘추시대 후기에 일어났다. 한, 조, 위가 아직 껍질을 깨뜨리고 이 세상에 태어나기도 전에 상어가 어미 뱃속에서 큰 놈이 작은 놈을 잡아먹고, 형이 동생을 잡아먹고, 힘 있는 놈이 약한 놈을 잡아먹는 것처럼, 이런 원칙은 전국시대가 아직 시작되지도 않았을 때 벌써 확립되었다. 이들이 일단 나라를 세운 뒤 다른 여러 나라와 어떤 관계를 맺었을지 한번 생각해 보자. 우리는 조간자가 조오 집안을 처리한, 이 사소한 사건을 통하여 어느 정도 이해할 수 있다. 바로 세상인심의 변화로 인륜이니 혈친이니 이런 것들은 모두 뒷전으로 버렸다는 사실이다. 이것이 바로 두 번째 변화이다.

전국시대의 두드러진 특징은 바로 '변화'였다. 정권 측면의 변화나 세상인심의 변화는 말할 것도 없지만 여기에 더하여 사회 여러 방면에서도 놀랄 만큼 철저한 변화가 일어났다. 어떤 변화였을까? 그리고 이런 변화는 결국 어떤 결과를 가져왔을까?

세 번째 변화는 바로 전쟁 법칙의 변화였다. 칠웅은 춘추오패가 아니었다. 이들은 주천자周天子를 대하는 태도부터 달랐다.

춘추오패는 서로 치고 때리는 싸움을 벌이면서도 주천자를 최고의 대상으로 높였다. 높일 마음이 없어도 높여야 했고 짐짓 높이는 체라도 했다. 이것이 바로 '오패五霸'였다. 이들은 주천자의 호령을 빌려 제후들을 거느리며 다스렸다. 이 밖에 제후들 위에 군림하려면 가상적假想敵을 필요로 했다. 예컨대, 진문공晋文公은 북쪽 중원의 제후들과 연합하려고 초楚나라를 가상적으로 세워야 했다. 이렇게 제후들은 공동의 적을 가지게 됨으로써 친구로서 하나가 되었다. 이것이 바로 옛날의 모습이었다.

그러나 전국시대에 들어서서 칠웅이 나란히 어깨를 겨루게 되자 군주들은 오래지 않아 각자 왕으로 자처했다. 각자 왕으로 자처했다는 말은 어떤 의미일까? 너와 나 사이에 우리는 독립된 존재이며, 여기에서 강한 자가 천하를 주재하면 된다는 의미였다. 또 도의는 물론 합법성도 생각할 것 없이 오직 주먹만이 지배한다는 의미였다. 다시 말해 전국시대의 원칙은 주먹의 원칙으로 포악한 자가 승리를 거

확대경

각자 왕으로 자처했다는 말은 어떤 의미일까? 너와 나 사이에 우리는 독립된 존재이며, 여기에서 강한 자가 천하를 주재하면 된다는 의미였다. 또 도의는 물론 합법성도 생각할 것 없이 오직 주먹만이 지배한다는 의미였다.

머쥐었다. 그러기에 우리는 이 시대를 특수하다고 말한다. 각국은 모두 네가 왕이면 나도 왕이라고 분명하게 밝혔으며, 내 주먹을 봐라, 이렇게 으르렁거리며 무력으로써 천하를 손에 넣겠다고 공공연하게 소리 높였다.

그 결과는 어떠했을까? 전쟁 방법이 달라졌다. 춘추시대의 전쟁 방법은 어땠을까? 『국어國語』「노어상魯語上」에는 '범죄의 책임을 크게 묻는 데 갑옷과 병기를 썼다.'[2]고 했다. 최대의 형벌은 전쟁이었다는 말이다. 갑옷을 걸치고 병기를 들어 중형임을 드러냈다. 하나같이 주 왕실에 딸린 나라였기에 어느 한나라가 잘못을 저지르면 주왕은 간략하게 적은 글을 보내는 방식으로 제후들의 군대를 동원하여 깃발 올리고 북을 치며 잘못을 널리 알렸다. 그리고 저지른 잘못을 명확히 알리고 당당하게 진을 치며 잘못이 있는 제후를 정벌했다. 이것이 바로 형벌이었다. 또 이것이 바로 왕도王道였다. 서주의 전쟁은 이런 개념이었다.

전국시대에 이르면 칠웅이 모두 왕이었다. 황량한 초원 위에 7마리 이리가 모두 왕이라고 생각했다. 이런 시대에 범죄의 책임을 묻는 데 갑옷과 병기를 써야 한다고 말할 수 있을까? 그럴 수 없다. 전쟁은 단지 속임수로써 사람 죽이기를 밥 먹듯이 할 뿐이었다. 일곱 나라는 모두 최종적인 왕이 되려고 했다. 그러기 위해서는 병립한 다른 나라를 소멸시키고 그들의 땅을 점령하고 백성을 약탈하고 정권을 무너뜨려야 했다. 이 때문에 전쟁은 더할 나위 없이 잔혹했다.

---

2 大刑用甲兵.

춘추시대의 전쟁은 7~8백 대의 전차가 동원되었을 뿐이었다. 전차 1대에는 3명의 병사가 탔고, 그 뒤에 10여 명이 따랐으니, 계산해 보면, 모두 합하여 몇 만 명에 지나지 않았다. 그러나 전국시대에는 상황이 달랐다. 이궐伊闕 전투에서는 한꺼번에 24만 명이 죽었으며, 장평長平 전투에서는 항복한 병사 40여만 명이 하룻밤 사이에 생매장되었다. 이십사사二十四史에는 몇 사람이나 기록되어 있을까? 인명이라야 모두 24만여 명이다. 그런데 하룻밤 사이에 40여만 명이 생매장되었다. 그것도 항복한 병사를 이렇게 죽였다. 춘추시대 필邲 전투를 한번 보자. 이 전투에서 초장왕楚庄王이 승리를 거두자 진晋의 병사들은 달아나기 시작했다. 이때, 초장왕은 자기 부하들에게 이렇게 일렀다.

"이제 그만 쫓으시오, 그리고 더 이상 사람을 죽이지 마시오!"

두보杜甫의 『전출새前出塞』에 나오는, '진실로 침략을 막아낼 수 있다면, /어찌 많은 살상이 있겠는가.'[3]라는 시구와 그대로 부합한다. 초장왕은 나름대로 논리를 가지고 있었다. 그는 전쟁은 정치의 연속이며, 더 훌륭한 정치를 위한 것이지 사람을 죽이는 것은 아니라고 생각했다. 그러나 전국시대에 오면 항복한 병사를 죽이는 장군이 나타났다. 왜 전국시대를 '암흑의 시대'라고 일컫는가? 이때, 맹자가 앞으로 나서서 집권자를 향해 질책을 퍼부었다.

"그대들이 사람을 이렇게 많이 죽였소!"

어떤 이가 맹자에게 이렇게 물었다.

---

3 苟能制侵凌, 豈在多殺傷.

"앞으로 천하를 통일할 이는 어떤 인물일까요?"

맹자는 한 마디로 뭉뚱그렸다.

"사람 죽이기를 좋아하지 않는 이가 천하를 통일할 것입니다."

이 말은 그 논조가 참으로 훌륭했지만 현실과는 맞지 않았다. 그러나 이 말은 세상인심을 그대로 드러낸 것이었다. 이 시대의 전쟁 방법은 참으로 참혹했다. 그리고 전략과 전술도 매우 복잡했다. 그러기에 전쟁사와 더불어 여러 나라 사이의 군사 투쟁의 책략을 연구하는 이에게는 이 시대야말로 멋진 대상이 된다. 수없이 많은 전쟁의 전형적인 예가 이 시대에 모두 나타났기 때문이다. 이 밖에도 이 시기의 전쟁은 북 치고 징 울리며 전차를 몰아 내달리던 과거와는 달랐다. 이 시기의 전쟁은 수전水戰에다 육전陸戰은 물론 험난한 지형을 이용하여 포위전에 기동전까지 갖가지 전법이 다 동원되었다. 그러기에 『손무병법孫武兵法』을 비롯하여 『손빈병법孫臏兵法』, 그리고 『오자병법吳子兵法』 등 고대의 병서가 모두 이 시대에 나올 수 있었다. 이것이 세 번째 측면의 변화였다.

확대경

이 시대의 전쟁 방법은 참으로 참혹했다. 그리고 전략과 전술도 매우 복잡했다. 그러기에 전쟁사와 더불어 여러 나라 사이의 군사 투쟁의 책략을 연구하는 이에게는 이 시대야말로 멋진 대상이 된다. 수없이 많은 전쟁의 전형적인 예가 이 시대에 모두 출현했기 때문이다.

그렇다면 네 번째 측면의 변화는 무엇이었을까? 무대의 주인공이 변했다. 예를 들면, 춘추시대의 현인은 대를 이어 자리를 물려받았다. 진晉나라의 현인 수무자隨武子(범무자范武子라고도 한다)의 경우를 예로 들 수 있다. 수무자가 세상을 떠나자 범문자范文子가 뒤를 이었으며, 범문자가 세상을 떠나자 범선자范宣子가 뒤를 이었으니, 오래된 귀족 집안은 대를 물려 이어졌다. 이들도 모두 명문 출신으로 그 성분이 특수했다. 이런 귀족들은 대를 물려가며 높은 벼슬을 했다. 이것은 하나의 관례가 되었으니, 바로 세경제世卿制이다. 그러나 전국시대에 이르면 새로운 인물이 무대에 등장했다. 이들은 출신 성분이 아니라 자신이 가진 재간을 바탕으로 집안을 일으켰다. 이들 무리는 공자와 깊은 관계를 가지고 있다. 춘추전국시대에 새로 등장한 선비들, 예컨대 자공子貢이나 자하子夏 등은 모두 공자의 제자였다. 자하 이야기는 뒤에 다시 하겠다. 자공은 좀 특이하다. 그는 장사를 했다. 그가 집안에 모아들인 재산으로 보자면, 오늘날이라면 아마 재벌 명단에 올랐을 것이다. 사마천은 『사기史記』「화식열전貨殖列傳」에서 자공이 경영에 능한 부자였다고 기록했다. 공자가 세상을 떠난 뒤, 자공은 위衛나라에 가서 상업에 종사하며 최고의 부자가 되었다고 한다. 그는 수많은 수종과 호화로운 수레를 이끌고 제후들을 만나 그들과 대등한 입장에서 자기의 정치적 주장을 펼쳤다. 어떻게 대등한 지위와 예의로써 마주할 수 있었을까? 나는 당신을 먹지도 않을 것이며, 삼키지도 않을 것이며, 차지하지도 않을 것이다, 그러니 그의 신분은 독립적일 수밖에 없었다. 『사기』는 또 공자의 이름이 세상에 널리 알려지게 된 것은 바로 자공이 있었기 때문이라고 일렀다. 이 시기에 새로운 인물들이 나타났다. 우리가 잘 아는 소진蘇秦도 그 가운데 한 사람이었다. 소진은 낙양 출신으로 그의 집안 형편은, 일찍이 그가 말했듯이 집을 뛰쳐나와 제후를 상대로 유세를 벌이지 않았더라면 그야말로 얼마 안 되는 땅에 농사를 지으면서 아무런 가망도 없는 생활을 해야 했을 정도였다. 그는 자그마한 땅덩어리만 있었을 뿐 아무 것도 없는 가난한 집안에서 태어났다. 뒷날, 그는 제후들을 찾아 나서며 유세를 한 결과 여섯 나라 재상의 인장을 차고 고향으로 돌아왔으니, 별 볼 일

확대경

소진은 제후들을 찾아 나서며 유세를 한 결과 여섯 나라 재상의 인장을 차고 고향으로 돌아왔으니, 별 볼 일 없었던 이가 벼락부자가 된 셈이었다. 그는 얼마 되지 않는 토지를 가진 집안에서 태어났다. 그리고 그들 집안 식구들은 모두 지위나 재산에 따라 사람을 대했다. 그는 이런 전형적인 환경 속에서 나타난 전형적인 인물이었다

없었던 이가 벼락부자가 된 셈이었다. 그도 처음에는 제후들을 순조롭게 설득하지 못했다. 그런 상태에서 집으로 돌아왔으니 어떤 광경이 벌어졌겠는가? 나이든 아버지와 어머니는 그를 보고도 언제 저런 아들이 있었느냐며 재수 옴 붙었다는 듯 본체만체했다. 집안의 끼니를 담당하는 형수는 그 자리에 앉은 채 힐끗 쳐다보더니 꼴불견이라는 듯이 아예 불을 지펴 밥 지을 생각조차 하지 않았다. 부모는 자식들의 좋고 나쁨을 따져서 각각 다르게 대접했다. 형수는 남의 집 여자로서 자기를 고깝게 여기고 있었으니 뭐 그리 이상할 것도 없었다. 그럼 그의 부인은 어땠을까? 소진의 아내는 그 자리에서 예전처럼 베를 짜고 있었다. 그녀는 남편을 보고도 짐짓 못 본 체했다. 이것이 바로 그가 처음에 집으로 돌아왔을 때의 형편이었다. 그러나 이제는 돈도 넉넉하게 가진 데다 지위까지 높아진 상태로 돌아왔다. 게다가 여섯 나라 재상의 인장을 허리에 차고 돈까지 가지고 왔으니 전답은 말할 것도 없고 집까지 살 수 있게 되었다. 우와! 형수는 그를 보자 한 마리 뱀처럼 땅에 엎드려 기면서 소진에게 다가와 아는 체했다. 이를 본 소진이 이렇게 입을 열었다.

"형수님, 그때는 그렇게 오만하시더니, 지금은 어떻게 이렇게 공손하십니까?"

그의 형수는 권세나 재물에 빌붙는 데 익숙했기에 솔직히 까놓고 말했다.

"지위도 높고 돈도 많으니까 그렇지요."

돈도 많고 벼슬도 높으니까 공손할 수밖에 없다는 말이다. 소진은 당시 뭉클한 감정을 억누르지 못하고 이렇게 한 마디 던졌다.

"인간 세상에 부귀와 권세를 어찌 소홀히 하겠는가!"

이는 『전국책戰國策』「진책秦策」에 기록으로 전한다. 대장부가 이 세상에 태어나서 부귀와 권세를 어찌 소홀히 할 수 있겠는가? 참으로 소설가의 표현처럼 생동감이 넘치게 형수의 모습을 그렸다. 또 소진이 뜻을 이룬 뒤에 우쭐거리며 뽐내는 모습도 그야말로 멋지게 표현했다.

소진은 얼마 되지 않는 토지를 가진 집안에서 태어났다. 그리고 그들 집안 식구들은 모두 지위나 재산에 따라 사람을 대했다. 소진은 이런 전형적인 환경 속에서 나타난 전형적인 인물이었다. 물론 그는 재간이 대단한 인물이었음이 분명하다. 그와 같이 사회적 신분이나 지위가 낮은 선비로서 상앙商鞅, 오기吳起, 그리고 장의張儀 같은 인물들이 끊임없이 역사의 무대에 등장해 크게 활약했다. 그들은 변법을 주관하며 군사적 투쟁을 이끄는가 하면 종횡가로서 유세를 벌이며 계책을 내놓기도 했다. 이 한 무리의 신인들이 우뚝 섬으로써 역사는 왕성한 기세로 타오르며 사회와 정치의 무대를 새롭게 만들었다.

요컨대 이 시대는 한 가지로 귀결될 수 있으니, 그것은 바로 변화와 분열의 시대라는 점이다. 춘추시대의 혼란으로 비롯된 분열은 일곱 나라로 편성되고 다시 진秦나라에 의해 통일되니, 이는 커다란 대추씨 모양의 역사였다. 천하를 통일하는 7가지 가능성은 결국 마지막으로 진나라가 천하를 통일하는 것

확대경

춘추시대의 혼란으로 비롯된 분열은 일곱 나라로 편성되고 다시 진秦나라에 의해 통일되니, 이는 커다란 대추씨 모양의 역사였다.

으로 마무리되었다.

무대의 막이 이제 서서히 올라간다. 진나라는 어떻게 나머지 여섯 나라를 무릎 꿇리고 끝내 중원의 패자가 될 수 있었을까? 칠웅의 병립에서 통일의 역사까지 피가 튀고 창이 번득이는 과정에는 도대체 어떤 일이 일어났을까? 칠웅 가운데 첫 번째 강자가 된 위문후魏文侯에 대하여 알아보자.

2장 나라를 강국으로 이끈 위문후魏文侯

큰 합병이 이루어진 전국시대라는 잔혹한 현실 앞에서 여러 제후국들은 모두 자국을 강대하게 만들기 위하여 여러 가지 방법을 모색했다. 그 가운데 첫 번째로 좋은 결과를 만들어낸 이가 바로 위魏나라의 위문후魏文侯였다. 그렇다면, 위문후는 어떤 인물이었을까? 또한 그는 어떻게 위나라를 다른 나라보다 강하게 만들었을까?

역사가 전국시대로 들어서자 크게 바뀐 합병의 잔혹한 현실은 제후국 사이에 약육강식의 경쟁 국면을 형성하며 각 제후국은 자신의 생존과 발전을 위하여 발전의 내적 동력을 찾으려고 이리저리 골몰했다. 당시 7대국인 제齊, 초楚, 연燕, 한韓, 조趙, 위魏, 진秦 가운데 첫 번째로 강성해진 나라는 삼가분진으로 탄생한 위나라였다. 그런데 위나라의 강성은 능력이 넘쳤던 군주 위문후와 매우 밀접한 관계가 있었다.

2백여 년에 걸친 전국시대에 여섯 나라를 넘어뜨리고 천하를 통일한 나라는 진나라였다. 그러나 전국칠웅 중 생동감이 넘치는 모습으로 무대에 첫 드라마를 펼친 나라는 진나라가 아니었다. 그럼 어느 나라였을까? 삼가분진으로 탄생한 한, 조, 위, 3국 가운데 위나라가 그 첫 무대를 열었다.

칠웅 병립의 상태가 시작된 뒤, 뜻밖에도 위나라가 강성해졌다.

위나라의 강성함은 역사의 침묵을 깨뜨렸다. 춘추시대 후기부터 전국시대까지 한동안은 비교적 조용했다. 물론 이 점은 역사의 기록에서 누락되었기 때문일 수도 있다. 그러나 위나라가 우뚝 서기 시작하자 역사는 활기를 띠게 되었다. 사람들은 천시天時, 지리地利, 그리고 인화人和를 말한다. 위나라는 오늘의 산시山西 서남부의 비옥한 토지를 차지하고 있었으니, 이는 춘추시대에 진晋나라가 패권을 다툴 수 있는 바탕이 되었다. 위나라가 먼저 생동감 넘치는 드라마를 연출한 것은 바로 이런 현실적인 조건 때문이었지만 이것만으로는 충족될 수 없었다.

위나라는 강성해지기 바쁘게 영토를 확장하려고 했다. 그러자 동쪽의 제나라는 언짢을 수밖에 없었고 서쪽의 진나라도 같은 의미에서 압박을 받았다. 이리하여 이들도 위나라를 따라서 강성을 도모했다. 이렇게 되자 전국시대 내내 역사는 활기를 띠었다.

그렇다면 위나라를 우뚝 세운 군주는 누구였을까? 바로 위문후였다.

중국 고대 유가 사상은 군주에 대하여 그들 나름의 생각이 있었다. 어쨌든 유가의 이상으로써 군주가 된 자는 마땅히 도덕적인 인물이어야 했다. 고대 그리스에서도 이런 사상이 있었으니, 플라톤은 이렇게 말했다.

"어떤 인물을 우리의 최고지도자로 뽑아야 하는가? 전지전능한 분, 곧 지혜로운 군주가 첫손 꼽힌다."

중국의 길고 긴 역사 속에서 현명한 군주는 적지 않았다. 이들 현명한 군주들은 각기 나름대로 현명한 이유도 있었고 남과 다른 행동도 있었다. 위문후는 어떻게 행동했을까? 그는 덕망이 높고 어진 사람을 예의와 겸손으로써 대했다. 이것이 바로 그가 가진 특징이었다.

그는 먼저 선비를 존중했다. 다시 말하면 학문이 깊고 덕망이 높은 선비를 높이 받들었다. 고대에 나온 『여씨춘추呂氏春秋』「찰현察賢」에는 '위문후는 복자하卜子夏를 스승으로 대접했고, 전자방田子方을 친구로 대했으며, 단간목段干木을 예로써 맞았으니, 나라는 잘 다스려지고 자신은 편안하고 한가했다.'[4]라는 구절이 있다. 위문후가 복자하를 스승으로 대우했고, 전자방을 도의를 함께 토론할 친구로 삼았으며, 단간목을 참으로 공경하는 마음으로 맞았다는 말이다. 하나는 스승으로, 또 하나는 벗으로, 그리고 다른 하나는 그에게 예로써 대접받은 인물이었음을 말한다. 위문후는 이들에게 배움을 얻고자 했을 뿐 자신의 신하로 삼아 명령으로 복종시키려 하지 않았다. 이들을 어질고 현명한 인물로 우러르며 받들었을 뿐이다. 자기 신분을 낮추며 이들 선비들에게 배우려고 했다.

우선 복자하는 어떤 인물이었을까? 그의 이름은 복상卜商으로 공자의 수제자였다.

그는 공자가 세상을 떠난 뒤 서하西河에서 학생들을 받아들여 유가의 경전을 전수하며 스승 노릇을 했다. 위문후는 바로 그의 제자 가운데 하나였다. 물론 당시 위문후는 어린 나이로 아직 군주의 자리에 오르기 전이었다. 그렇다면 위문후는 자하에게 어떤 가르침을 받았을까? 유가에는 『예기禮記』라는 중요한 경전이 있다. 그리고 그 안에는 음악에 대하여 토론한 「악기樂記」라는 중요한 글이 있다. 옛 사

4 魏文侯師卜子夏, 友田子方, 禮段干木, 國治身逸.

람들은 낡은 풍속을 고치고 사람을 깊이 감동시키는 데 음악보다 더 좋은 게 없다고 굳게 믿었다. 위문후는 어린 시절 스승인 자하에게 이렇게 말했다.

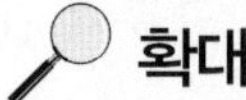

확대경

옛 사람들은 낡은 풍속을 고치고 사람을 깊이 감동시키는 데 음악보다 더 좋은 게 없다고 굳게 믿었다.

"의관을 단정히 하고 옛 음악을 들으면 잠이 들세라 두렵습니다. 그러나 오늘날의 음악을 들으면 두 눈이 번쩍 뜨일 정도로 재미가 넘칩니다. 옛 음악을 들으면 그러한데 오늘날의 음악을 들으면 이러한 이유가 무엇일까요? 그 효과가 어떻게 이리도 다를 수가 있습니까?"

자하는 한참이나 길게 대답했다.

"옛 음악은 내용이 심오하고 철학적인 이치를 담고 있다는 게 비교적 중요합니다. 옛 음악은 천지의 질서와 인륜의 질서, 그리고 귀신의 질서를 연구하기에 문화의 존재와 깊은 관계를 내용으로 담고 있습니다. 그러기에 옛 음악은 진지하고 엄숙하며 조화롭습니다. 그러나 오늘날의 음악은 장단이 분명하고 흐름이 경쾌하며 게다가 내용도 보통 사람의 감정에 딱 맞추어 남녀가 서로 사랑하는 것이 많아서 자주 들으면 크게 해롭습니다. 군주가 옛 음악을 많이 들어서 자신의 마음을 정중하고 부드럽게 한다면 무슨 일인들 이루지 못하겠습니까? 음악의 조화로움은 사람의 마음을 개조할 수 있으니, 만약 마음의 세계를 공경과 화해로 채운다면 무슨 일인들 안 될 일이 있겠습니까?"

확대경

음악의 조화로움은 사람의 마음을 개조할 수 있으니, 만약 마음의 세계를 공경과 화해로 채운다면 무슨 일인들 안 될 일이 있겠습니까?

자하는 『예기禮記』「악기樂記」에 나오는 한 구절을 인용하여 말을 이었다.

"군주가 된 자는 좋아하는 것과 싫어하는 것에 신중해야 합니다. 군주가 그것을 좋아하면 신하도 따라서 그것을 행하고, 윗사람이 이것을 행하면 백성들도 따라서 이를 좇습니다."[5]

그리고 다시 위문후에게 말했다.

"지금 공자께서 물어본 문제는 사실 군주의 호오에 관련됩니다. 군주가 유행곡을 좋아하면 온 백성들이 거리에서 골목에서 유행곡을 부를 것입니다. 이와 달리 옛 음악, 곧 고아한 음악을 좋아하면 만백성들도 공자를 좇아 공경하고 화해하며 위엄도 넘칠 것입니다."

참으로 새겨들을 만한 말이다. 어떤 민족, 어떤 집단도 모두 우아하고 격조 높은 정신 생활을 어느 정도 필요로 한다. 당연히 자하의

전국시대 증후을曾侯乙 무덤에서 출토된 편경編磬

5 爲人君者, 謹其所好惡而已矣. 君好之, 則臣爲之. 上行之, 則民從之.

말에도 당시 음악을 낮춰보는 속뜻이 담겨 있다. 그는 위문후에게 언제나 '정위鄭衛'의 음악, 곧 정나라와 위나라의 음악을 들으면 나라를 다스릴 수 없다고 일렀다. 가락이 높지 않은 이 음악에 종일 빠지면 아예 끝장이라는 것이다. 여기에서 우리는 유가의 '예악교화禮樂敎化'에 대한 깊은 관심을 엿볼 수 있다. 또 자하는 위문후를 가르쳐 이끌면서 전통적인 것, 바로 그 속에 깃든 비교적 깊고 오묘한 점을 중시하며 군주란 이런 것을 마땅히 알아서 익혀야지 단순히 유행하는 것들을 좇아서는 안 된다고 하였다. 위문후가 오랫동안 자하와 같은 인물과 오가며 옳고 그른 것을 알아서 가치 판단을 했음을 미루어 알 수 있다. 이것이 바로 문헌을 통하여 볼 수 있는 진정으로 귀중한 자료이다. 바로 유학 사상과 유능한 군주 사이의 관계를 기록했기 때문이다.

위문후는 위나라 군주의 신분으로서 당시 유가의 현인인 자하에게 학문을 익히며 학식을 크게 높였을 뿐만 아니라 시야를 한껏 넓혔다. 이는 그가 훗날 유망한 군주가 되어 위나라를 강성하게 만드는 데 소중한 바탕이 되었다. 이 밖에 위문후는 또 다른 현인에게 배움을 얻었다. 이들은 그에게 어떤 영향을 끼쳤을까?

두 번째 인물은 전자방이다. 전자방은 자공의 제자로서 자하보다는 한 세대 아래였다. 그는 유가의 갈래로 보면 광인狂人 무리에 속한다. 그는 언젠가 조가朝歌에서 나중에 위무후魏武侯가 된 위문후의 태자 격擊과 마주쳤다. 태자 격은 전자방에게 대단히 공손한 모습을 취했지만 전자방은 아예 아랑곳하지도 않았다. 태자는 언짢을 수밖에 없었다.

"그대가 이렇게 오만하니, 내 한 마디 묻겠소. 이건 부귀한 자의 오만이오, 아니면 빈천한 자의 오만이오?"

전자방은 태자를 한참이나 뚫어져라 보면서 속으로 이렇게 중얼거렸다.

'이런 소인배!'

그리고 입을 열어 이렇게 대답했다.

"가진 것 없어서 오히려 거칠 것 없는 우리 같은 이들이야 사람을 냉대할 수도 있고 다른 사람 앞에서 우쭐댈 수도 있지만, 태자께서는 그럴 수 없지요."

"어찌하여 그렇게 말하오?"

"태자께서는 나라가 있고 조정이 있으니 책임질 일도 있게 마련이지요. 만약 태자께서 오만하시면 덕망 있는 선비들이 달아날 것입니다. 하지만 나야 무슨 겁날 일이 있겠습니까? 빈털터리 알거지 신세에 진배없는 이 몸은 기껏해야 한 마리 새처럼 다른 곳으로 날아가면 그만이지요."

이것이 바로 '신분이 빈천해도 부귀한 이를 우습게 안다.'는 말이다. 뒷날 사람들은 이 말을 문장에 넣어 쓰기를 좋아했다. 물론 위에서 보인 대화만으로 판단한다면 전자방의 어투에서 그렇게 높은 수준의 경지를 볼 수는 없지만 그의 개성은 분명하게 드러난다. 공자가 세상을 떠난 뒤에 유가는 여덟 개의 유파로 나뉘며 별별 인물이 다 등장한다.

확대경

"태자께서는 나라가 있고 조정이 있으니 책임질 일도 있게 마련이지요. 만약 태자께서 오만하시면 덕망 있는 선비들이 달아날 것입니다. 하지만 나야 무슨 겁날 일이 있겠습니까? 빈털터리 알거지 신세에 진배없는 이 몸은 기껏해야 한 마리 새처럼 다른 곳으로 날아가면 그만이지요."
이것이 바로 '신분이 빈천해도 부귀한 이를 우습게 안다.'는 말이다.

그 가운데 이렇게 거칠 것 없이 오만한 인물도 있었다. 앞의 이야기를 통하여 우리는 전자방이 자기의 인격을 철저하게 지킬 수 있는 인물이었음을 알 수 있다. 이들은 비교적 초기의 유가였다. 이렇게 분열하는 시대에 국가의 정권은 통일되지 않았지만 이런 인물이 몸 둘 곳은 있었던 셈이다. 지금 이곳에서 나를 필요로 하지 않아도 다른 곳에서는 나를 필요로 할 것이기에 이렇게 건방지고 도도한 인격을 지킬 수 있었다.

그렇다면 위문후는 전자방에게서 어떤 점을 배웠을까? 문헌의 기록을 보면, 위문후는 어느 날 전자방과 함께 음악 연주를 들으며 식사를 하던 중 갑자기 수저를 내려놓고 연주자를 부르더니 이 부분은 좀 높게 연주했고 저 부분은 좀 낮게 연주했다며 질책했다. 그의 귀는 이렇게 밝았다. 자하에게 헛되이 배우지 않았던 듯 그는 음악에 대하여 정확하고 깊이 있는 지식을 갖추고 있었기에 식사를 하면서도 음악 연주 중 잘못된 점을 짚어냈다. 이때, 곁에 있던 전자방이 입을 열었다.

"음악을 깊이 아시고 직접 저 연주자를 질책하셨지만 이는 임금께서 가질 태도가 아닙니다. 그럼 어떻게 해야 할까요? 악관樂官을 불러 일러줘야 합니다. 임금께서 이 분야에 정통하시기에 이 일에 직접 관여할 수 있다고 생각하시어 연주자를 나무랐지만, 세상사 일마다 잘 아신다고 생각하여 직접 하나하나 다 관여하신다면 임금으로서 전체 모습을 다 알지 못할 수도 있습니다."

전자방이 한 말은 옛적에 정치를 논하는 데 매우 주의할 점이었다. 옛말에 이르기를 재상은 재상이 가져야 할 아량이 있고 임금은 임금이 가져야 할 법도가 있다고 했다. 관여할 일은 관여해야 하지만

확대경

관여할 일은 관여해야 하지만 관여해서는 안 될 일도 관여했다면 문제가 커진다. 관여할 사항이 맞았다면 문제가 없지만 관여를 잘못했다면 어찌할 것인가? 누가 임금의 잘못을 바로잡을 것인가? 이런 면에서 임금은 대국을 살펴야 한다.

관여해서는 안 될 일도 관여했다면 문제가 커진다. 관여할 사항이 맞았다면 문제가 없지만 관여를 잘못했다면 어찌할 것인가? 누가 임금의 잘못을 바로잡을 것인가? 이런 면에서 임금은 대국을 살펴야 한다. 이렇게 전자방은 위문후를 교육함으로써 훌륭한 군주가 되도록 하였다. 어쩌면 누군가 이렇게 물을 수도 있다.

"유가에서는 이런 면에서 무슨 원리가 있습니까? 우리가 평시에 알고 있던 유가와는 너무 다른데요."

사실 유가에서 높이 일컫는 임금으로서의 도리는 큰 틀에서 보면 치세治世의 도리이다. 이런 면에서 유가 문헌은 풍부한 내용을 담고 있다. 예컨대, 공자는 『논어論語』「자로子路」에서 이렇게 말했다.

"덕망 있는 선비를 골라 쓰고, 작은 잘못은 용서해 주고, 책임을 진 자가 앞서야 한다."

책임을 진 자가 앞서야 한다는 말은 윗사람으로서 솔선수범하라는 뜻이다. 여기에 인재를 씀에 온 정성을 기울이고, 자그마한 잘못은 용서하고, 책임을 진 자가 앞서야 한다는 세 가지 정책을 머릿속에 항상 앞뒤로 따져 짚으면 어떤 잘못도 드러나지 않는다. 아랫사람은 실제로 일을 추진하며 정부의 정책을 실천하는 과정에서 쉽게 실수를 범할 수 있다. 이런 점을 너무 가혹하게 처리하면 이 사람은 이런저런 걱정에 일을 진행할 수 없다. 이것도 임금이나 지도자가 큰 틀에서 알아야 할 점이다. 전자방이라는 공자의 몇 대 제자가 유가로서 벼슬을 하고 정치를 하는 이가 지켜야 할 도리를 깊이 알았음을 엿볼 수 있다.

이제 위문후가 단간목을 어떻게 예를 다하여 가까이 했는지 알아보자. 위문후도 처음에는 단간목을 자기편으로 끌어들이며 자기의 친구나 스승으로 삼아 도의에 대하여 토론하고 연마하려고 했다. 어느 날, 위문후는 단간목을 찾아갔다. 그러나 단간목은 임금이 온다는 소식을 듣자 담장을 넘어 몸을 피했다. 이리하여 단간목과 위문후는 어떤 관계도 맺지 못했다. 이것도 그 시대의 두드러진 정신이었다. 이 시절에 임금 자리에 오른 자는 몇몇 사람들에게 자기 체제 안에 들어오지 않고 그들만의 절조를 유지할 수 있도록 윤허했다. 그러나 위문후는 수레를 타고 단간목이 사는 곳을 지날 때면 자리에서 일어나 두 손을 횡목 위에 얹음으로써 공경의 뜻을 드러냈다. 위문후는 이러했다. 이렇게 함으로써 그는 만인에게 귀감이 되었을 뿐만 아니라 세상을 향해 자기 생각을 널리 펼쳐 보였다. 즉, 재능과 지혜가 넘치고 덕망이 있는 인재라면, 위나라에서는 그가 쓰이든 쓰이지 아니하든 포용할 수 있을 뿐만 아니라 높이 우러러 받들 수 있다는 생각을 널리 선포하여 알린 셈이었다. 위문후는 어떤 것이 참으로 가치 있는지 깊이 알고 있었다. 이런 군주이기에 단간목이 그를 모시지 않을지라도 그는 참고 견딜 수 있었다. 이런 점은 사람들에게 어떤 생각을 갖게 했을까? 위문후로 말하자면, 단간목과 같은 사람이 겉으로 보기에는 쓰임이 없는 것처럼 보이지만 사실은 자기에게 쓰임이 큰 인물이었다. 세상은 참으로 넓지만, 이 세상보다 더 넓은 게 우주이고, 이 우주보다 더 넓은 게 바로 사람의 마

확대경

이 시절에 임금 자리에 오른 자는 몇몇 사람들에게 자기 체제 안에 들어오지 않고 그들만의 절조를 유지할 수 있도록 윤허했다.

위문후로 말하자면, 단간목과 같은 사람이 겉으로 보기에는 자기에게 쓰임이 없는 것처럼 보이지만 사실은 자기에게 쓰임이 큰 인물이었다. 세상은 참으로 넓지만, 이 세상보다 더 넓은 게 우주이고, 이 우주보다 더 넓은 게 바로 사람의 마음이다

음이다. 이런 점에서 위문후가 유가와 맺은 교유는 결코 헛되지 않았음을 알 수 있다. 한 사람의 생명이 오로지 두 눈으로 보고 두 귀로 듣는 데에 그치고, 공부도 하지 않고, 다른 사람과 관계도 맺지 않고, 깊고 튼튼한 전통과도 접촉하지 않고, 게다가 인격이 높은 이들과 오가지도 않는다면 한 개인의 좁디좁은 생명의 세계는 결코 개척될 수 없다. 사람의 한평생 길어야 백 년, 인생은 쏜살처럼 빨리 지나는 데다 생활공간도 한정되어 있다. 지금은 활동 공간도 넓어져서 미국에도 갈 수 있고 남극에도 갈 수 있지만 배우지도 않고 자기 생명의 세계를 개척하지 않으면 공간적으로 갈 수 있는 세계는 넓을지라도 역시 협소할 수밖에 없다.

위문후는 사리를 분별할 줄 아는 군주였다. 중국 유학의 논법에 따르면, 도덕적으로 완벽한 도덕왕이라면 마땅히 임금이 되어야 한다. 위문후가 도덕왕이라고 말할 수는 없지만, 그는 이런 방향으로 나아갈 줄 알았기에 그가 통치하던 시기에 위나라 정치는 정신적으로나 물질적으로 깨어있는 상태일 수 있었다. 그러기에 전국시대가 시작되자 위나라는 왕성한 세력으로 떨쳐 일어나며 사람들의 눈길을 환하게 비추는 빛나는 기상을 드러낼 수 있었다. 위문후가 지식과 학문을 존중할 줄 알았던 것도 이렇게 마음이 넓은 군주였기 때문에 가능했다.

그렇다면 위문후 때에는 얼마나 많은 현인들이 있었을까? 사료에는 그 기록이 상세하지는 않다. 진나라가 천하를 통일한 뒤에 열국의 역사 서적을 온통 불살라 버렸기 때문이다. 그럼에도 불구하고 약간의 자료는 찾아낼 수 있다. 위문후가 자리에 있던 시기에는 몇몇 현인들이 있었다.

먼저 위성자魏成子이다. 위성자는 임금의 동생이었다. 임금의 동생인데 어떻게 현인이라고 할 수 있는가? 그는 귀족이 아닌가? 그렇다, 그는 귀족이었다. 그러나 위성자는 봉록으로 생활했다. 이야말로 전국시대에 새로 생긴 모습이었다. 태어나면서부터 받았던 토지라는 재물을 이제는 더 이상 받을 수 없었다. 전국시대에는 이런 좋은 일이 더 이상 없었다. 오로지 자기 능력에 의지해야 했다. 위성자는 바로 자기 능력에 따라 생계를 유지한 인물이었다.

적황翟璜도 있다. 적황은 많은 현인들을 위문후에게 천거했다. 오기吳起도 있다. 오기는 법가의 인물로서 변법을 추진했다. 이극李克도 있다. 그는 유가로서 자하子夏 세대의 학생이었다. 그는 물론 자하를 스승으로 모셨다. 서문표西門豹도 있었다. 이 밖에 조창당趙蒼唐도 있었다. 이 외에도 여러 현인이 있었다. 군주가 진취적이고 깨어 있으니 현인들이 넘칠 수밖에 없었다. 춘추시대 후기, 공자가 살아 있을 때, 그의 제자는 3천 명이나 되었다. 사방에서 배낭을 메고 그에게 가르침을 받으려고 몰려들었다. 노나라는 문화의 중심이었다. 공자가 세상을 떠난 뒤, 전국시대 초기에 이르러 두 번째 문화의 중심으로 선비들이 구름처럼 몰려들었던 곳은 위문후가 다스리던 위나라였다. 오기와 같은 증자曾子의 제자들이 무리를 지어 위나라로 몰려들었으니, 유가적 색채와 바탕을 가진 이들에 의해 위나라는 학문적으로 매우 성대한 상황이 되었다. 위문후가 세상을 떠난 뒤, 전국시대 학문의 중심은 제나라로 자리를 옮겼다. 직하稷下에 세운 학궁學宮에서 교육 사업이 크게 일어났던 것이다. 그러나 선비들을 양성하는 기풍, 특히 전국시대에 권세 있는 이가 선비 양성을 중시했다는 점에서 그 시작은 위문후라고 해야겠다. 그는 덕망 있고 유능한 인재를 모시며 나라를 다스리는 데 도움을 받았으니, 이로써 천하의 본보기가 되었다.

위문후가 현인들에게 배움을 청하며 이들을 높이고 귀히 여김으로써 천하의 현인들이 위나라로 잇달아 몰려와서 위문후의 깃발 아래 모였다. 그러나 단지 현인들이 있다고 모든 것이 충족되지는 않았다. 이들을 적절한 자리에 임용해야만 능력을 발휘하며 나라를 강성하게 만들 수 있었기 때문이다. 그렇다면 위문후는 이 문제를 어떻게 처리했을까?

오로지 현인이 많다고 될 일이 아니었다. 예컨대, 삼국 시기에 형주荊州의 유표劉表는 자기 수하에 한때 수많은 인재가 있었지만 이들을 쓸 줄 몰랐기에 결국은 와르르 무너지고 말았다. 현인이 있다고 될 일이 아니고 이들을 쓸 줄 알아야 한다. 위문후는 어떻게 현인을 골라 썼을까? 이 점에 대하여 이야기해 보자.

먼저 그는 재상을 어떻게 골라 썼을까? 위문후는 재상을 고르기 위하여 먼저 이극을 만났다.

"집안이 가난할 때면 어진 아내를 생각하게 마련이고, 나라가 어지러울 때면 훌륭한 재상을 생각하게 마련입니다. 이제 과인은 재상을 세우려는데 누구를 재상으로 앉히면 좋겠습니까?"

위문후의 이 물음에 이극은 이렇게 대답했다.

"어찌하여 제게 물으십니까? 지위가 이렇게 낮은 제가 어느 분이 재상으로서 적합하다고 어떻게 말할 수 있겠습니까? 게다가 저는 신분도 하찮은데 임금께 가까운 이들의 일을 어떻게 논할 수 있겠습니까? 이런 일이라면 임금께서 저를 잘못 부르셨습니다."

"너무 겸손하십니다. 하지만 어른께서는 안목이 있으시니 누가 우리 위나라의 재상이 될 수 있는지 조언해 주시기 바랍니다."

이극은 자기 생각을 쉽게 드러내지 않는 인물이었다. 그는 자기 뜻을 밝히기를 꺼렸기에 이렇게 일렀다.

"사람을 어떻게 봐야 하는지, 다섯 가지 판단 기준을 말씀드리겠습니다."

『사기』「위세가魏世家」에는 이극이 내놓은 다섯 가지 기준이 기록으로 남아 있다.

"먼저 평소에 어떤 이와 가까이 지내는지 봐야 합니다."

그가 사귀는 친구를 보면 그 사람의 취향은 물론 포부까지도 알 수 있으며, 어중이떠중이 친구에다 쾌락만을 추구하는 친구와 어울린다면 별 볼 일 없는 인물이라는 말이다.

"부유하게 된 뒤에 어떻게 행동하는지 봐야 합니다."

주머니가 돈으로 불룩하게 된 다음에 그 돈을 어떻게 쓰는지, 어떤 사람을 도와주는지 살피면 그의 포부를 알아낼 수 있다는 말이다.

"벼슬이 높아진 뒤 임금을 위해 어떤 사람을 천거했는지 봐야 합니다."

제나라 환공桓公이 자리에 오른 뒤, 포숙아鮑叔牙는 관중管仲을 재상으로 천거했다. 자신도 재상을 할 수 있었지만 스스로를 천거하지 않았으니, 바로 이런 인물이 좋은 표준이 된다는 말이다.

"역경에 처했을 때 그 사람이 어떤 행동을 하지 않았는지 봐야 합니다."

여기서는 그 사람이 곤경 속에서 어떤 행동을 했는가가 중요한 것이 아니라 어떤 행동을 하지 않았는가가 중요하다. 바로 '하지 않음'

확대경

그 사람이 곤경 속에서 어떤 행동을 했는가가 중요한 것이 아니라 어떤 행동을 하지 않았는가가 중요하다. 바로 '하지 않음'을 강조하고 있다. 이 '하지 않음'이 바로 '인격'이다. 인격은 최소한도의 조건을 필요로 한다. 사람들은 모두 생활 속에서 자기만의 기준으로 자기를 통제한다.

을 강조하고 있다. 이 '하지 않음'이 바로 '인격'이다. 인격은 최소한도의 조건을 필요로 한다. 사람들은 모두 생활 속에서 자기만의 기준으로 자기를 통제한다. 내가 호주머니에 돈이 없다고 도둑질을 한다면, 이는 사람으로서 도둑질을 해서는 안 된다는 최소한의 조건을 깨뜨린 게 된다. 여름날 모진 더위에 상반신을 드러내고 슬리퍼를 신을 수는 있지만 중간의 그 옷까지 벗을 수는 없다. 이것이 바로 '하지 않음'이다. 이것은 인간이 가진 부끄러움의 한계선이기 때문에 '하지 않음'에 충실해야 한다. 이 사람이 어떤 사람이냐, 이 부끄러움의 한계선이 얼마나 높으냐에 따라 사람됨이 결정된다. 가난하고 궁핍하여 자포자기에 빠질 만큼 어려울 때에도 지켜야 할 한계선이 있으니, 이것이 바로 '하지 않음'이다.

"마지막으로 그 사람이 가난할 때 무엇을 취하지 않았는지 봐야 합니다."

'가난'이란 생활하기가 어려울 정도로 경제적으로 곤란한 상태를 이른다. 누가 돈을 주면 그 사람에게 비위를 맞추고, '옜다! 먹어라!', 이렇게 던져주는 음식을 널름 받아먹는다면 부끄러움을 모르는 인간이기에 어떤 고약한 일도 감히 할 수 있지 않겠는가? 평소에, 부유할 때, 높은 지위에 올랐을 때, 역경에 처했을 때, 그리고 가난할 때, 이렇게 다섯 가지 면에서 사람을 봐야 한다는 것이다. 이렇게 사람을 본다면 누구도 자신을 감출 수 없다. 이것이 바로 '사람이 어찌 숨길 수 있겠는가, 어찌 숨길 수 있겠는가'라고 했던 공자의 말과 그대로 일치한다. 사람을 어떻게 봐야 할까? 인물을 봐야 할까? 신분을 봐야 할까? 아니면 노름판에서 봐야 할까? 어떤 점을 봐야 마땅할까? 그 사람의 사회생활을 보고, 그 사람이 인생에서 어떻게 실천하는지 그 모습을 보고, 생활하는 모습을 통해 그의 포부를 보고, 여기에 더하여 그 사람의 절조를 봐야지 추상적으로 보아서는 안 된다. 이극이 내놓은 견해는 오늘날에도 여전히 밝게 빛난다. 일을 하려면 빈틈없이 견실한 인물이 곁에서 도와줘야 한다. 도와주려면 그 사람의 인격을 잘 알아야 한다. 사람을 알아보기가 힘들다고? 이극이 하는 이 말을 들은 위문후는 가슴이 확 트이는 기분이었다. 그는 껄껄 웃으며 이렇게 말했다.

"아, 알았습니다, 누구인지 알았습니다."

이야기가 끝난 뒤, 이극은 밖으로 나왔다. 이때 그는 현인 적황과 부딪쳤다. 적황도 그를 찾고 있었던 것이다.

"듣자 하니 재상 임명을 두고 임금님과 함께 의논을 하셨다면서요? 물론 나를 재상으로 천거했을 테지요."

이 물음에 이극은 이렇게 대답했다.

"먼저, 나는 누가 재상으로 적합한지, 또 누가 재상으로 적합하지 않은지, 이런 말은 하지 않았소. 그러나 나는 사람 쓰는 데 필요한 다섯 가지 기준을 말씀드렸고, 임금님께서는 이 다섯 가지 기준을 흔쾌히 받아들이셨습니다. 이로 미루어 보건대 이번에는 그대가 될 가망이 없는 것 같소. 자, 그럼 다음에 봅시다."

적황은 몹시 불만스러웠다.

"그런데 그대가 잊어서는 안 될 일이 있소. 그해, 내가 그대를 위나라로 오도록 한 뒤 어떻게 했소? 옛날 그대 처지를 벌써 잊었단 말이오?"

"아니, 그때 나를 위나라로 불러 추천한 건 무슨 목적이 있었기 때문이 아니오? 그대가 나를 이만큼 밀어주면 나도 또 그대를 이만큼 밀어주며 서로 도움을 주고받고자 했던 것이 아니었소? 바로 사리사욕을 꾀하려는 데 목적이 있었던 게 아니었느냐 말이오?"

"물론 그렇소이다!"

"그렇다면 내가 임금님께 올린 말에 틀림이 하나도 없소! 방금 내가 임금님께 사람 쓰는 다섯 가지 기준을 말씀 드렸더니, 임금님께서는 껄껄 웃으셨소. 나는 그때 벌써 알아차렸소. 이번에는 분명 위성자가 재상에 임명될 것이오. 당연히 그대는 가망이 없소."

"아니, 내가 위성자보다 못한 점이 무어란 말이오? 내가 추천한 인물만 해도 그대뿐만 아니라 오기도 있소. 게다가 서문표까지도 내가 추천하지 않았소?"

"그렇소. 그대는 분명 위나라에 현인들을 모으는 데 큰 힘을 발휘했소. 하지만 그대는 위성자와는 다른 점이 좀 있소. 보시오, 위성자가 추천한 인물이 그대만큼 많지는 않아도, 자하를 추천했고 전자방도 추천했소. 여기에 더하여 단간목까지 추천하지 않았소? 그 양반이 친교를 맺으며 오간 인물은 모두 이런 인물이오. 그가 임금님께 추천하면 임금님께서는 이들을 스승으로 삼기도 했으며 친구로 오가기도 했었소. 게다가 이들 가운데는 도의를 닦으며 토론할 수 있는 선비도 있었소. 그런데 그대는 어땠소? 나는 말할 것 없고 서문표나 오기 등을 거들떠보기나 했소? 임금님께서는 우리들을 대신이나 일꾼, 곧 아랫사람으로 임명한 게 아니겠소? 그러니 어떻게 임금님의 스승이나 친구와 견줄 수 있단 말이오?"

적황은 이 말을 듣고 온몸에 식은땀을 줄줄 흘리며 부끄러움을 견디지 못했다.

"맞소. 나야말로 속이 좁은 인간이었소. 위성자를 재상으로 천거했다니 참말로 잘 하셨소."

옛 사람들이 이르기를 현명한 군주가 해야 할 가장 큰 일은 거문고 왼쪽 현이 느슨하다느니 오른쪽 현이 팽팽하다느니, 또는 음악의 어느 부분의 음정이 너무 높거나 낮다느니, 이런 것들에 관여하는 일이 아니라고 했다. 그렇다면 어떤 일에 관여해야 하는가? 재상 하나만 논하여 관여하면 그만이다. 유비劉備는 제갈량諸葛亮을 쓰고 나서는 어떤 일도 자기가 처리할 필요가 없어졌다. 그런데 어떤 경우에는 현명한 군주라도 황당할 때가 있다. 이릉夷陵 전투에서 유비는 제갈량을 쓰지 않았고, 싸움은 엉망진창이 되었으니, 이는 군주 노릇을 제대로 못했기 때문이었다. 유방劉邦의 경우를 보자. 그는 어느 날 한신韓信에게 이렇게 물었다.

확대경

이릉夷陵 전투에서 유비는 제갈량을 쓰지 않았고, 싸움은 엉망진창이 되었으니, 이는 군주 노릇을 제대로 못했기 때문이었다.

"나는 군사를 얼마나 거느릴 수 있겠소?"

한신은 이렇게 대답했다.

"폐하께서는 많아야 10만 명을 거느릴 수 있습니다. 더 많으면 혼란스러울 것입니다."

유방이 다시 물었다.

"그럼 그대는 얼마나 거느릴 수 있겠소?"

한신은 이렇게 대답했다.

"저야 많으면 많을수록 좋습니다."

유방은 참으로 불쾌했다.

"그런데 그대는 어떻게 나를 모시고 있소?"

"폐하께서 훌륭하신 점은 장군을 거느리는 데 뛰어나다는 사실입니다."

참으로 멋진 말 아닌가! 위문후의 재상에 대한 생각이 바로 이러했다.

이 밖에도 위문후는 유가와 관계를 가졌기에 이들의 영향을 받을 수밖에 없었다. 이는 그가 신용을 중시한 데서 그대로 드러난다. 그는 군주로서 한 번 한 말은 그대로 실행했으며, 한 번 한 약속은 어떤 일이 있어도 꼭 지켰다. 언젠가 공자가 자공과 함께 정치에 대해서 논의하고 있었다. 이때, 공자는 『논어』「안연顔淵」에 기록으로 남아있듯이 정치가 갖춰야 할 조건으로 세 가지를 제시했다. 먹을 것이 있어야 하고, 군대가 있어야 하고, 백성이 군주를 믿어야 한다는 것이 바로 그것이다.[6] 그런데 자공은 참으로 총명했다. 스승인 공자에게 이렇게 물었다.

"어쩔 수 없이 그 가운데 하나를 버려야 한다면 어느 걸 버려야 할까요?"

공자는 이렇게 대답했다.

"군대를 버려야 한다."

군대를 먼저 버릴 수 있다는 말이다.

그러자 자공은 여기서 그치지 않고 다시 물었다.

---

6 足食, 足兵, 民信之矣.

"이제 둘 중 하나를 버려야 한다면 어느 걸 버려야 할까요?"

공자의 대답은 이러했다.

"다시 하나를 버려야 한다면 먹을 것이다. 백성이 군주를 믿지 않으면 나라가 존재할 수 없기 때문이다."

백성이 군주와 한마음이 아니라면 먹을 것이 넘치고 군사가 있어도 무엇 하겠는가? 이런 점에서 위문후는 유가의 진수를 그대로 몸에 익혔다.

어느 날, 몇몇 사람들과 밥을 먹던 위문후는 갑자기 무슨 일이 생각난 듯 이렇게 말했다.

"아, 미안하오, 정말 미안하오. 우리 위나라의 산림을 관장하는 관리와 함께 오늘 사냥을 나가기로 약속했는데, 벌써 시간이 다 되었소."

그때 마침 비가 내리기 시작했기에 곁에 있던 이들이 말리며 이렇게 말했다.

"지금 비가 내리는데 어떻게 사냥을 하신단 말씀입니까?"

그러나 위문후는 이렇게 말했다.

"그래도 안 되오. 그와 이미 약속을 했기 때문에 내가 가지 않으면 신용을 잃게 되니, 안 될 일이오."

그러더니 수레에 올라 재빨리 자리를 떠났다. 위문후는 산림을 관장하는 관리, 곧 우인虞人을 보더니 사냥을 그만두어야 할 것 같다고 말했다. 이것이 바로 군주가 신용을 중시한 예이다. 한 번 한 말을 어떤 경우에도 꼭 지키기란 결코 쉬운 일이 아니지만, 위문후는 한 번 한 약속을 꼭 지키려고 했다.

위문후는 현명하고 덕망 있는 인재를 높이 받들며 소중히 여기는 데 그치지 않고 이들을 알맞은 자리에 임용하여 쓸 줄도 알았다. 이렇게 되자 위나라는 몰라볼 만큼 면모가 일신되었다. 이회李悝는 '토지의 생산력을 높이는 방안'으로 나라의 힘을 크게 불리고 백성을 부유하게 만들었다. 서문표西門豹는 업鄴 지방을 다스리며 드라마틱한 방법으로 그곳의 좋지 않은 풍조를 막았다. 그렇다면 이회와 서문표는 구체적으로 어떤 일을 했을까?

위문후는 이회를 재상으로 썼다. 그리고 그가 '토지의 생산력을 높이는 방안'을 정책으로 펼치도록 했다. 이 정책은 다양한 작물의 경작을 강조하며 토지를 충분히 이용함으로써 백성들의 생활은 풍요로워지고 이로써 국가의 힘이 더욱 강해지도록 만들었다. 이회는 전국의 토지 면적을 여러 번 계산하고서 대략 9백만 무畝에 이른다는 결론을 얻었다. 이 가운데 산림과 늪, 그리고 주택의 대지 등을 빼고 나니 경작할 수 있는 토지가 6백만 무가 되었다. 이 6백만 무의 땅에 농민이 때맞추어 씨를 뿌리고 가꾸면 서너너덧 말을 더 수확할 수 있지만 요령에 벗어나게 농사를 지으면 서너너덧 말을 덜 거두게 되니, 최고에서 최하까지 전체적으로 40%의 차이가 났다. 그렇다면 어떻게 해야 할까? 유한한 토지를 잘 이용하도록 백성을 가르치며 이끌어야 한다. 그 중에 주요한 몇 가지를 살펴보자.

첫째, 백성에게 해마다 여러 종류의 다양한 곡물을 재배하도록 호소했다. 한 가지 작물에만 목을 매지 말고, 밀이나 수수도 좀 심으면서 여러 작물을 두루 널리 심으면, 일단 자연 재해를 입더라도 안 되는 작물이 있으면 잘 되는 작물도 있으니 기대치가 높아진다. 또 살고 있는 집 주위에는 뽕나무나 대추나무 등 경제 작물을 심도록 했다. 이 밖에 수확 철은 떼도둑이 몰려들 듯이 빨리 다가오기 때문에 황급히 거두고 씨를 뿌릴 때에도 왜적이 눈앞에 있는 듯이 빨리 심도록 위에서 독촉했다. 모두 농사의 시기를 놓치지 않도록 하려는 데 그 목적이 있었다. 이것이 바로 '토지의 생산력을 높이는 방안'이었다. 이들을 중시한 이회의 속셈은 너무나 분명했다. 농민들의 수입 증가는 곧 부국강병으로 이어졌기 때문이다. 그는 농가 한 집에 장정이 한 명으로 집안이 함께 일하면 1백 무의 토지를 경작할 수 있다고 계산했다. 보통 수준의 작황에서 몇 가마의 양식이 들어오면, 그 중에서 나라에 세금을 바치고 나면 이제 식구들이 한 해 먹을 식량이 남게 된다. 그런데 여기에 종교에서 거행하는 명절을 지내면서 귀신에게 바칠 돈을 쓰고, 입을 옷 장만에 돈을 쓰고, 이리저리 쓰고 나면 한 해 동안 몇십 말의 양식이 부족하여 굶는 일이 생길 수밖에 없다. 이렇게 '토지의 생산력을 높이는 방안'을 시행해도 농민이 처한 생활 모습은 하나같지 않았다. 그가 국

이회李悝

가의 힘으로 백성에게 호소하며 실행한 이 정책이 어느 만큼은 과학적 영농이라는 데 그 의미가 있다. 옛적에 정부가 농민들의 수입을 증가시키기 위하여 여러 가지 방법을 생각하지 않은 것은 아니지만 사실 극히 적었던 것도 사실이다. 그러기에 유가에 대하여 전체적으로 이해하려면 그들이 도덕만 지키는 샌님으로서 남의 흠만 들추려는 인물이었다고 생각해서는 곤란하다. 사실은 현실적인 감각을 두루 갖춘 인물도 많았으니, 이들은 백성 사랑의 정치 이념을 바탕으로 몇 가지 일들을 현실적으로 뜨겁게 추진했다. 이회가 멋지게 해낸 일도 바로 이런 정신에 바탕을 둔 '토지의 생산력을 높이는 방안'이었다.

확대경

유가에 대하여 전면적으로 이해하려면 그들이 도덕만 지키는 샌님으로서 남의 흠만 들추려는 인물이었다고 생각해서는 곤란하다. 사실은 현실적인 감각을 두루 갖춘 인물도 많았으니, 이들은 백성 사랑의 정치 이념을 바탕으로 몇 가지 일들을 현실적으로 뜨겁게 추진했다.

서문표가 업 지방을 다스린 일은 참으로 흥미진진하다. 서한의 선제宣帝는 일찍이 천하를 다스리는 데 필요한 잠언을 언급했었다. 그는 한나라의 정치가 잘 되느냐, 잘못되느냐, 즉 일반 서민들의 삶이 좀 나아지느냐, 그렇지 않느냐에서 이천 석을 받는 벼슬아치가 제일 중요하다고 말했다. 이천 석은 녹봉 단위로 주州와 군郡 급의 벼슬아치가 받는 녹봉이다. 천하가 태평하고 백성들의 생활이 좀 나아질 수 있으려면 이들 벼슬아치가 매우 중요하다는 말이다. 위문후 시절에는 서하西河 지방을 다스린 오기라든지 업 지방을 다스린 서문표 등 이런 비교적 훌륭한 벼슬아치들이 많이 출현했다. 여기서는 그 가운데 서문표가 업을 다스린 일만 소개하기로 한다.

요즈음 유행하는 말로 하면, 서문표는 쇼맨십이 넘치는 데다 속까지 시커먼 타입의 인물이었다. 사마천이 『사기』를 쓸 때에는 이 인물에 대하여 언급하지 않았지만 뒷날 저소손褚少孫이라는 사람이 서문표를 『사기』「골계열전滑稽列傳」에 넣었다. 오늘날에도 '골계'라는 말은 쓰이지만, 서문표의 '골계'는 그가 지방에서 일어난 미신 사건을 기발하게 처리한 것을 이르는 말이다.

서문표는 업에 관리로 부임한 뒤, 이곳의 정치와 경제, 그리고 풍속 등 각 방면의 사정에 대하여 백성들에게 물었다. 사는 것이 어떠냐는 물음에 백성들은 곧 속내를 털어놓았다.

"저희들이 사는 이곳의 일반적인 상황은 그런대로 괜찮은 편입니다. 다만 저희들을 한없이 괴롭히는 일이 있습니다."

"그게 무슨 일이오?"

"하백河伯이 아내를 맞아들이는 일입니다."

"어디 한번 들어 봅시다."

"무당 하나에 이곳 지방의 하찮은 벼슬아치, 그리고 이 지방의 횡포한 인물, 이렇게 우리 농촌에서 힘 있는 자들이 서로 손을 맞잡고 작당하여 어떤 일을 벌이느냐 하면, 바로 하백에게 아내를 안기는 못된 짓을 벌입니다."

하백은 중국의 수신水神이다. 하백이 해마다 아내를 요구한다면서 돈을 거두어 일을 처리한다는 것이었다. 무당과 지방 세력이 공모하여 하백에게 아내를 보낸다는 명목으로 해마다 백만 냥이 넘는 돈을 거두었다. 결국 이들 몇몇은 이 돈을 나누어 제 주머니를 채웠다. 서문표는 이 이야기를 듣고 마음속에 벌써 계획을 세웠다. 그는 백성들에게 이렇게 말했다.

"이런 일이라면 난 한 번도 겪어보지 못했소. 다음에 하백에게 아내를 보내는 날, 나도 한 번 견문을 넓히도록 해 주시오."

이듬해, 하백이 아내를 맞는 날, 서문표는 부하 몇 명을 거느리고 그 자리에 나타났다. 그는 일흔이 넘은 늙은 무당과 그 뒤를 따르는 몇몇 요기 넘치는 어린 소녀 무당, 이 밖에 이 지방의 하급 벼슬아치에다 지방의 악질적인 토호가 여기 왔음을 확인했다.

서문표는 입을 열어 이렇게 말했다.

"하백에게 보낼 어린 아내가 어디 있소? 어디 한번 봐야겠소."

하백에게 시집가기로 결정된 어린 처녀는 능라와 주단으로 장식된 장막 안에서 죽음을 기다리고 있었다. 어린 처녀는 가난한 집에서 몇 푼 안 되는 돈에 팔려왔던 것이다. 그러기에 이곳 업 지방의 백성들은 일단 딸이 장성한 뒤에는 자색이 그런대로 괜찮으면 멀리 도망을 가든가 그것도 아니면 재빨리 다른 사람에게 시집을 보냈다. 하백에게 아내를 보내는 일이 얼마나 소름끼치는 일이었던가! 서문표는 드리워진 장막을 제치고 어린 처녀의 눈물 가득한 얼굴을 보았다.

"아니, 이렇게 못생긴 처녀를 그대들이 골랐단 말이오? 하백에게는 아예 말도 꺼내지도 마시오, 나도 맘에 들지 않소!"

서문표의 쇼맨십이 꿈틀거리기 시작했다. 그런 뒤 그는 다시 한마디를 내질렀다.

"이렇게 합시다. 먼저 오늘 일을 천천히 처리하도록 합시다. 하백이 홀아비가 된 지 이렇게 오래 되었는데, 하루 이틀 늦었다고 뭐 그리 급하겠소? 우리 더 멋진 짝을 한번 찾아봅시다. 하지만 하백을 오늘 마냥 기다리게 할 수는 없으니, 누가 가서 이 소식을 알리도록 합시다. 누가 가서 알리겠소?"

이렇게 말하며 늙은 무당 쪽으로 얼굴을 돌렸다.

"미안하오만, 당신이 가서 소식을 전해야겠소. 며칠만 기다리라고 말을 전하고 나 신관이 왔다고도 전하시오. 이 일을 원만하게 처리해서 더 예쁜 처녀를 보내야 이 양반이 만족하게 될 것이라고!"

늙은 무당이 반응을 보이기도 전에 서문표는 부하에게 눈짓을 보냈다. 서문표의 부하들은 이 늙은 무당을 덜렁 들어서 물속으로 첨벙 집어던졌다. 그런 뒤, 서문표는 공손하게 허리를 굽히고 수면을 응시했다. 그러나 일단 물속으로 들어간 이는 조바심을 하며 기다려도 나타나지 않았다. 아무리 초조하게 기다려도 떠오르지 않았다. 한참이나 지나서 서문표는 입을 열었다.

"아뿔싸, 소식을 전하러 간 이가 어째서 돌아오지 않소? 다시 사람을 보내 빨리 오도록 다그쳐 봅시다. 이번엔 누가 가겠소?"

그는 나이가 비교적 어린 무당 몇 명에게 눈길을 돌리며 말했다.

"자네들 몇이 이리로 오게!"

이들이 입도 떼기 전에 얼른 한 명을 골라 물속으로 집어 던졌다. 그리고 잇달아 두 명을 더 물속으로 집어 던졌다.

이들을 이렇게 물속으로 집어 던졌는데도 곁에 있던 한 패거리는 착 가라앉은 표정으로 흔들림이 없었다. 이들은 서문표가 자기들이 이 사건을 좌지우지 조종하는 검은 조직인지 모를 거라고 생각했다. 그러자 서문표는 입을 열었다.

"아직도 소식이 없는 걸 보니 여자들만 보내서는 소용이 없는 모양이오. 그러니 이제 남자를 보내야겠소. 그래야 하백이 믿을 것 같소."

그는 이제 날카로운 눈빛을 이 패거리들에게 쏘아붙였다. 사실 이들이 이 사건의 주범 아닌가?

"그렇소, 이제는 당신이 한번 가보시오."

실제로 나이 든 무당과 그녀의 제자들을 물속으로 던져 넣었을 때, 사람들은 술렁대기 시작했다. 구경하던 이들 가운데 어떤 이는 신명이 났지만 어떤 이는 간담이 서늘해지기도 했다. 이제 서문표는 말단 벼슬아치를 비롯하여 이 지방에서 어깨를 으스대며 설치는 이들을 향해 입을 열었다.

"아직도 소식이 없으니 누가 또 가겠소?"

그가 이렇게 묻자 이 일이 끝난 뒤 돈을 나누어 가지기로 작당했던 악질분자들은 서문표 앞에 모두 무릎을 꿇었다.

"저희들이 잘못했습니다, 살려 주십시오!"

이들의 말에 서문표는 이렇게 일렀다.

"좋소, 여기 사람들에게 거두어 들였던 돈을 그대로 다 돌려주시오. 다음에도 이런 짓을 벌이면 또 이렇게 처리할 것이오. 내 반드시 와서 볼 것이오!"

서문표는 진정 생각이 깊은 인물이었다. 그는 이런 일을 보고도 의분에 넘쳐 낡은 풍습을 고쳐야 한다며 소리 높여 포고하지 않았다. 이렇게 하면 나쁜 풍습은 지하로 스며들며 힘없는 백성들이 여전히 고통을 받을 것이기 때문이었다. 그는 독으로써 독을 물리치는 방법을 택했다. 너희들이 고약하면 나는 더 고약한 방법으로 너희들을 다루겠다! '착한 악질' 수단으로 '악질 토호'들의 행동에 맞섰다. 서문표가 그들이 제 도끼로 제 발등 찍도록 만든 것이 바로 '착한 악질'이 부린 수단을 그대로 쓴 셈이었다. 저소손은 이 이야기를 왜 「골계열전」에

확대경

서문표는 진정 생각이 깊은 인물이었다. 그는 독으로써 독을 물리치는 방법을 택했다. 너희들이 고약하면 나는 더 고약한 방법으로 너희들을 다루겠다! '착한 악질' 수단으로 '악질 토호'들의 행동에 맞섰다.

훌륭한 관리 하나가 백성에게 남긴 은택이 몇백 년 동안이나 사라지지 않았으니, 참으로 몇백 년 동안 이어진 감격이라 할 수 있다.

하백河伯

넣었을까? 사건이 매우 극적인 데다 희극적인 방식으로 비극적인 사건을 마무리했기 때문이다. 그는 얼렁뚱땅 사건을 대충 서술하면서도 사람들에게 웃음을 주었다.

하백에게 아내를 안기는 악습을 제거한 뒤, 서문표는 이렇게 말했다.

"이곳에서는 왜 하백에게 아내를 안기려고 했겠소? 바로 홍수 때문입니다. 이제 물길을 잘 관리하도록 합시다."

기록에는 서문표가 업을 다스리면서 모두 열두 곳의 물길을 손질했다고 한다. 이 물길은 한漢나라 때까지도 그대로 있었다. 한나라 때, 지방 관리가 여기에 물길을 다시 세우려고 하자 백성들이 들고 일어나서 반대했다고 한다.

"안 됩니다. 당시 서문표가 만든 물길은 어느 누구도 손댈 수 없습니다."

훌륭한 관리 하나가 백성에게 남긴 은택이 몇백 년 동안이나 사라지지 않았으니, 참으로 몇백 년 동안 이어진 감격이라 할 수 있다.

위문후의 훌륭한 통치로 위나라는 그 세력이 날로 번성하고 강성해지면서 널리 패업을 펼쳤다. 이제 위나라의 패업이 어떻게 일어섰다가 쇠락했는지 알아보자.

3장 기울어지는 위나라

위나라는 위문후의 영도 아래 전국시대 여러 제후국 가운데 가장 먼저 강성해졌다. 그러나 달도 차면 기운다고 위나라의 강성한 모습은 얼마 동안 지속된 뒤 빠른 속도로 쇠락의 길로 들어섰다. 그렇다면 이렇게 강성의 길을 걷던 위나라는 왜 중도에 기울어졌을까?

삼가분진 이후 위문후는 온 힘을 다 기울여 나라를 다스렸다. 현명하고 덕망 있는 인재를 아끼며 두루 등용해 짧은 시간 내에 위나라를 강성하게 만들며 전국시대 여러 제후국들과 경쟁을 펼치는 무대의 막을 열었다. 그러나 위나라의 기세도 그리 오래 유지되지 못하고 겨우 삼대를 지나며 차츰 쇠락하기 시작했다. 강성의 길에 오른 위나라의 시작은 참으로 멋졌다. 그러나 왜 계속 발전해 나아가지 못했을까?

위문후 다음 왕은 위무후魏武侯였다. 그리고 위무후를 이은 이는 양혜왕梁惠王이었다. 이렇게 삼대에 걸친 패업은 70여 년 동안 계속되었다. 70여 년 동안 이룩한 문치文治와 무공武功은 참으로 대단했다.

문치 방면에서는 위문후가 현명하고 덕망 있는 인재를 높이 받들며 널리 불러 모아 가까이 한 점을 주목해야 한다. 중국의 학문과 문화를 이야기할 때면, 사람들마다 '백가쟁명百家爭鳴'을 머릿속에 떠올린다. 사실상 전국시대에 들어서면서 처음으로 형성된 문화의 중심은 위문후가 다스리던 위나라였다. 수많은 선비들이 이곳으로 몰려왔으며, 한 무리의 법가 사상가들도 이곳에서 역량을 더욱 키웠다. 중국 고대 서적 가운데 『춘추좌전春秋左傳』으로도 불리는 『좌전左傳』도 바로 이 시기에 편찬되었다고 학계에서는 이야기하고 있다. 이들 현명하고 덕망 높은 선비들은 공부만 알고 세상사에는 어두운 인물만은 아니었다. 이들 가운데에는 이론에만 밝은 인물도 있었지만 그보다는 몸으로 직접 실천하는 이들이 훨씬 많았다. 이것이 바로 문치 방면의 상황이었다.

위문후魏文侯

그렇다면 무공 방면은 어떠했을까? 칠웅은 7마리 말처럼 달리기 경주를 벌였다. 위나라는 이들 말 가운데 맨 앞에서 힘차게 내달았다. 위나라는 이렇게 내달으며 도대체 어떤 무공을 세웠을까? 먼저 서쪽을 향해 치고 들어가 영토를 확장했다. 서쪽에는 어떤 나라가 있었을까? 바로 진秦나라가 있었다. 이때, 진나라는 위나라에게 계속 당하면서도 어쩔 수 없이 물러서야 했다.

위문후가 자리에 오르기 일 년 전인 그의 앞 세대에 무성武城(지금의 산시성陝西省 다리현大荔縣 남쪽)을 손에 넣었다. 무성은 어떤 곳인가? 위수渭水 가에 위치한 이곳은 함곡관函谷關이라는 요충지로 통하는 지점이었다. 이런 군사 요충지를 위나라가 차지했다. 위문후 때에는 서쪽으로 영토를 넓히면서 더욱 큰 성과를 거두었다. 먼저, 위문후 27년(기원전 419년), 위나라는 소량少梁(지금의 산시성陝西省 한청현韓城縣 남서쪽 10km)을 점령함으로써 군사적 거점을 마련했다. 또한 그는 재위 33년에 다시 군사를 크게 일으키며 진나라를 공략하여 그의 태자에게 번방繁龐(지금의 산시성陝西省 다리현 동남)을 손에 넣도록 명했다. 게다가 재위 37년에는 오기에게 명하여 진나라를 치게 했다. 임진臨晋(지금의 산시성陝西省 다리현 동남)을 차지하고 원리元里(지금의 산시성陝西省 청현澄縣 남쪽 70km 지점)와 낙음洛陰(지금의 산시성陝西省 다리현 남쪽), 그리고 합양合陽(지금의 산시성陝西省 허양현合陽縣 남쪽) 등지도 손에 넣었다.

확대경

이 시대에는 작게는 집을 짓고 크게는 나라를 지키는 데 이르기까지 한결같이 담장 쌓기를 좋아했으니, 이것도 중국 문화의 특징이다. 만리장성 수축도 나라에 담장을 쌓는 일이었다.

위나라는 이런 곳을 점령한 뒤 성을 쌓았다. 이 시대에는 작게는 집을 짓고 크게는 나라를 지키는 데 이르기까지 한결같이 담장 쌓기를 좋아했으니, 이것도 중국 문화의 특징이다. 만리장성 수축도 나라에 담장을 쌓는 일이었다. 그러나 만리장성은 훗날에 와서야 건설되었다. 오늘날 우리가 보는 만리장성은 명明나라 때 만들어졌다. 만리장성의 전신은 전국시대에 연燕나라, 조趙나라, 그리고 진秦나라가 따로따로 수축했다가, 진나라가 천하를 통일한 뒤에 이것들을 하나로 연결한 것이다. 게다가 이때에는 북방이나 초원에 사는 무리들과 국경을 마주한 나라들이 장성을 쌓았을 뿐만 아니라 이곳과 한참 떨어진 내지의 여러 제후국들도 다른 제후국의 공격을 막아내기 위하여 장성을 쌓았다. 오늘날 산시성 낙수洛水 동쪽 대부분의 땅덩어리는 모두 위나라에서 점령하고 있었다. 이곳은 이른바 하서지구河西地區로 비교적 비옥한 땅이다. 서쪽을 향한 위나라의 위세는 참으로 맹렬해서 진나라가 낙수 서쪽 선으로 물러나도록 압박했다. 진나라로서는 어쩔 수 없는 일이었다. 약하면 얻어터질 수밖에 없었다. 약육강식의 시대였기 때문이다. 이것이 바로 위문후가 세운 무공이었다.

뒤를 이어 위무후가 자리에 올랐다. 위무후는 앞에서 이룩한 업적을 이을 만한 능력이 있었다. 이런 점에서 위무후도 훌륭한 군주였다. 위무후도 왕위를 이어받은 뒤 영토 확장을 꾀했다. 그는 서쪽으로 어느 정도 영토를 확장한 뒤에 동쪽으로 눈길을 돌렸다. 동쪽으로 영토를 확장하기 위해서는 태항산太行山을 넘어야 했다. 태항산은 거대한 담장처럼 동과 서를 가로막으며 갈라놓는다. 그러나 동쪽의 넓은 들판은 비옥한 땅으로 농경 시대에는 그야말로 살기 좋은 곳이었다. 오늘날 허난河南과 허베이河北 일대를 둘러보면 그 많은 지방에 두루 펼쳐진 평원이 그야말로 거울처럼 고르다. 이곳에는 밀을 비롯한 여러 작물이 튼실하게 자라고 있는데, 토지가 참으로 비옥하기 때문이다. 이 지역에 겨우 숨이 붙어 있는 오래된 나라가 있었으니 바로 위衛나라였다. 그런데 동쪽 평원을 향한 발전은 위무후가 해야 할 가장 큰 일이었다. 위혜왕魏惠王, 곧 양혜왕 시기에도 마찬가지였다. 위나라는 동쪽으로 진출해 한때 조나라와 손을 맞잡고 나아간 결과 제나라와 국경이 맞닿기도 했다. 가장 오래 전에는 위나라 군대가 지금의 산둥성山東省 츠핑현茌平縣 서쪽 경계인 박릉博陵에 이르기도 했다. 그 뒤, 남쪽으로 방향을 틀어 지금의 허난 옌진延津 일대도 위나라에 점령되었다. 또 남쪽으로는 지금의 허난 루산魯山까지 이르며 초나라와 국경을 맞대기도 했다.

중국 지도를 한번 펼쳐보면, 위나라 영토의 중심 지대는 지금의 산시山西 서남부 일대이다. 이제 동쪽으로 태항산을 넘고 뻗어서 지금의 허난 북부에 이른다. 중부 지역은 단풍잎처럼 생긴 개활지로서 동남쪽으로는 송宋, 동쪽으로는 제나라와 맞닿았으며 북쪽으로는 조나라, 남쪽으로는 초나라와 국경을 맞댔다. 한나라와의 접경은 참으로 기이하다. 강성기의 위나라 영토는 한나라를 거의 감쌀 것 같은 모양새로, 한나라는 오로지 남쪽에만 비교적 큰 빈틈을 보인다. 커다란 단풍잎처럼 생긴 영토는 위문후에서 양혜왕에 이르기까지 동쪽을 향한 적극적인 확장이 거둔 성과였다. 눈에 뜨일 만큼 큰 특징은, 두 개의 큰 머리에 중간에는 자그마하고, 동서 사이의 대부분 지역은 한나라를 사이에 두고 연접한 동과 서는 한나라와 조나라 사이에 구불구불한 모양으로 좁고 긴 지대를 이룬다는 점이다. 국토 면적은 대단히 넓지만 동서 사이의 연결로 보아 사람을 숨차게 할 것 같다. 서쪽에 한 덩어리, 동쪽에 한 덩어리, 중간에 한나라, 조나라, 위나라, 이렇게 세 나라의 접경지대가 바로 태항산맥의 상당지구上黨地區이다. 태항산맥은 우뚝 솟은 산봉우리가 이어지면서 높낮이가 울퉁불퉁 고르지 않다. 이 산맥에는 동쪽 지역을 통해 나아가는 이른바 '태항팔형太行八陘'이 있다. 그 가운데 상당지구에 천정天井, 호구壺口, 그리고 정형井陘 등 세 곳의 길목이 있다. 이 세 곳의 길목이 적에게 점령되면 그야말로 여간 부담되는 게 아니다.

위나라는 무대에 등장하면서 어떻게 혁혁한 문치와 무공을 드러낼 수 있었을까? 더구나 무공 방면에서 어떻게 이처럼 두드러진 성과를 올릴 수 있었을까? 대체로 몇 가지 원인을 들 수 있다.

먼저 훌륭한 군제軍制이다. 순자荀子도 위나라의 군제가 비교적 훌륭하다고 평가했다. 『순자荀子』「의병義兵」에서 순자는 위나라의 군대에 대하여 이렇게 말했다.

- 위나라에서는 병사를 선발했다. 우수한 장정을 뽑아서 종군하도록 했기에 이들은 긍지와 자부심을 가졌다.

싸움터에서 병사의 정신 상태는 매우 중요하다. 건전한 군인 정신은 어느 나라든지 항상 필요하다. 군인 정신은 말할 것도 없고 군대가 어떤 젊은이들로 구성되었느냐는 문제도 매우 중요하다. 병사된 자들이 납치되거나 억지로 잡혀온 장정들이라면 이들을 싸움터로 내보내도 오합지졸이 되기 십상이다. 우수한 병사가 바로 첫 번째 원인이다.

다음으로는 우수한 무기이다. 순자도 이 점에 대하여 이야기한 바 있다. 순자는 위나라 병사가 세 겹 갑옷을 입고, 12석石이나 되는 쇠뇌를 손에 들고, 등에는 50개나 되는 화살을 메고, 게다가 창까지

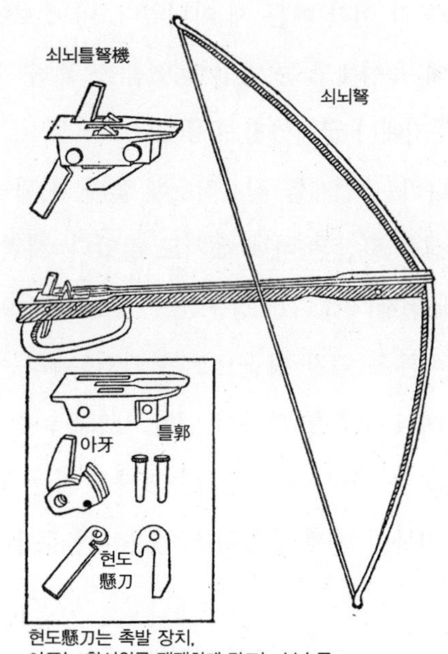

전국시대 쇠뇌틀 및 그 구조도

한 자루 들고, 투구 쓰고 검을 허리에 차고, 사흘 치 식량을 휴대하고 하루에 백 리 길을 갔다고 말했다. 세 겹 갑옷을 걸치고 12석이나 되는 쇠뇌를 들었다니 그 무게가 대단하다. 전국시대 싸움터에 신식 무기가 발명되어 나왔으니, 이것이 바로 옛적에 화살을 발사시켰다는 그 쇠뇌이다. 일반적인 화살은 손으로 활시위를 당겼지만 쇠뇌는 발로 밟아야만 활시위를 당길 수 있었다. 발로 밟아서 당겼기에 사정거리가 멀었다. 기록에는 6백 보步까지 날릴 수 있었다고 한다. 이 거리는 오늘날의 500m, 시내버스 정류장 한 구간에 해당한다. 각자 오십 개의 화살을 소지한 데다 창까지 한 자루 들고, 여기에 투구 쓰고 검까지 허리에 찼으니 장비가 보통 무거운 게 아니다. 병사들은 양식까지 휴대하여 병참 보급도 충분한데다 하루에 백 리 길을 갈 수 있었다고 하니 그 속도가 여간 빠른 게 아니었다. 이로 보아 위문후는 개혁을 하면서 군대 육성에도 큰 공을 들였음을 알 수 있다. 위나라는 이렇게 우수한 무기에다 군제까지 훌륭했다.

이 밖에 위나라는 인재를 적재적소에 썼다. 사람을 썼으면 의심하지 않았고 의심한 사람은 아예 쓰지도 않았다. 사람을 쓰는 데 의심하지 않았기에 전쟁터에 나간 장수는 온 힘을 다하여 분투했다. 전국시대에 널리 이름을 떨친 장군으로서 악의樂毅라는 이가 있었다. 그의 선대 가운데 위문후를 위하여 일한 악양樂羊은 위문후의 명을 받아 중산국中山國을 치러 나갔다. 그는 3년을 싸운 끝에 마침내 승리를 거두었다. 기분이 한껏 좋았던 악양은 서울로 돌아와서 임금께 이렇게 아뢰었다.

"어떻습니까? 정말 멋지지 않습니까?"

생각지도 못하게 위문후는 곁에 있던 수하에게 이렇게 일렀다.

"저 커다란 광주리를 들고 오게!"

어떻게 된 일일까? 악양이 보니 커다란 광주리 안에는 3년 동안 자기를 겨냥하여 비방한 글들로 가득했다. 그에 대한 반대 의견이나 비난하는 내용을 담은 글들이 그 바구니 안에 가득했다. 위문후가 사람을 쓰면 의심하지 않았음을 잘 알 수 있는 장면이다. 악양을 겨냥하여 비방한 글들이 이렇게 많았는데도 위문후가 막아냈기에 문제가 불거지지 않았던 것이다. 장군이 전방에서 전투를 벌이는데 군주나 다른 대신 가운데 달리 고약한 생각을 품은 이가 있어서 무리를 만들어 큰 힘으로 뒤에서 그를 의심하거나 터무니없는 명령을 내리도록 하여 지휘하거나, 심지어는 전투에 임한 장군을 소환이라도 한다면, 아니 이런 일에 마음을 놓지 못한다면 전방에서 어떻게 전투를 벌일 것인가? 『손자병법孫子兵法』「모공謀攻」에서는 '군대의 모든 사정을 모르면서 이들의 군정에 참여하면 장병들이 미혹된다.'[7]고 하였다. 그런데 위문후는 이렇게 하지 않았다.

악양이 중산국에서 벌인 전투는 참으로 치열하여 그의 아들이 중산국에 포로로 잡힐 정도였다. 악양을 뼈에 사무치도록 미워한 중산국 사람들은 사로잡은 악양의 아들을 삶아서 수프로 만든 뒤 악양에게 보냈다. 악양의 반응은 어땠을

확대경

악양이 중산국에서 벌인 전투는 참으로 치열하여 그의 아들이 중산국에 포로로 잡힐 정도였다. 악양을 뼈에 사무치도록 미워한 중산국 사람들은 사로잡은 악양의 아들을 삶아서 수프로 만든 뒤 악양에게 보냈다. 악양의 반응은 어땠을까? 악양은 잔을 받아들고 땅바닥에 앉아서 이 수프를 마셨다고 한다. 이야말로 전국시대를 대표하는 인격의 특징으로 참으로 극단적인 모습을 보인다. 여기에서 우리는 악양이 자기 조국을 위하여 제 한 목숨 아끼지 않고 헌신적으로 분투하는 모습을 지나칠 수 없다.

7 不知三軍之事, 而同三軍之政者, 則軍士惑矣.

까? 유방도 이와 비슷한 일을 겪었음을 우리는 잘 알고 있다. 항우項羽가 유방의 아버지를 솥에 넣으려고 하자 유방은 이렇게 말했다.

"내 아버지가 그대 아버지인데, 그대가 그대 아버지를 삶으려거든, 좋소, 나도 그 국물 한 잔 맛보게 해 주시오."

이들 둘은 한때 초왕楚王의 신하로서 서로 형제가 되기로 약속했었기에 유방은 이렇게 말할 수 있었다. 항우는 그만 멈칫하더니 유방의 아버지를 솥에 넣지 못했다. 이 이야기는 『사기』「항우본기項羽本紀」에 기록으로 전한다. 그러나 악양은 이렇게 약삭빠르지도 못했을 뿐만 아니라 행운도 없었기에 그의 아들은 그만 물이 펄펄 끓는 솥에 삶기고 말았다. 악양은 잔을 받아들고 땅바닥에 앉아서 이 수프를 마셨다고 한다. 악양이 겪은 이 이야기는 전설로 내려온다. 이야말로 전국시대를 대표하는 인격의 특징으로 참으로 극단적인 모습을 보인다. 여기에서 우리는 악양이 자기 조국을 위하여 목숨을 아끼지 않고 헌신적으로 분투하는 모습을 지나칠 수 없다. 이것 또한 위문후가 자리에 있을 때 온 힘을 다했던 장군들의 모습이었다.

이 밖에도 몇 가지 원인이 더 있으나 여기서는 줄이기로 한다. 어쨌든 위문후 시기에 문치와 무공은 모두 절정에 이르렀다. 그러나 절정에 이르면 쇠락의 길로 들어서게 마련이다. 위문후가 물러나자 쇠락이 시작되었던 것이다.

사태의 흐름은 언제나 절정에 이르면 쇠락으로 기운다. 절정 상태에 이르렀을 때 더욱 경계하지 않으면 쇠락의 길로 들어서기 십상이다. 위나라가 바로 이러했다. 위문후의 뒤를 이어 위무후가 무대에 올랐다. 무후의 도량은 그의 아버지 문후에 비하여 턱

없이 차이가 났다. 비록 위나라가 아직은 영토를 확장하고 있다고는 해도 보이지 않는 곳에서 쇠락의 씨앗이 싹을 틔우고 있었다. 그렇다면 위무후의 도량은 그의 아버지와 견주어 어떤 점에서 차이가 있었을까?

위문후는 자리에 오른 지 50년이 되는 해에 세상을 떠났다. 그의 뒤를 이어 위무후가 자리에 올랐다. 위무후도 무공 면에서 결코 소홀하지 않았다. 그러나 그는 정치가로서 전략적인 면에서 패착을 두기 시작했다. 위문후는 고대 여러 제왕들과 비교한다면 그래도 일류 내지는 이류의 군주라고 할 수 있었지만 위무후는 기껏해야 삼류 내지는 사류의 잡동사니에 속할 뿐이었다. 패권을 놓고 어깨를 겨루었던 전국시대의 칠웅에게는 군주에게 남다른 전략을 요구했다. 위문후에게는 이런 점이 있었다. 어째서 그런가? 『전국책戰國策』의 기록을 보면 이를 알 수 있다. 한번은 한나라와 조나라 사이에 싸움이 터졌다. 한나라는 조나라를 치기 위하여 위문후에게 원병을 요청했다. 그러자 위문후는 껄껄 웃으며 이렇게 말했다.

"조나라는 형제 나라입니다. 원병을 보낼 수 없소."

그 뒤, 조나라에서도 한나라를 치기 위하여 위문후에게 원병을 요청했다. 위문후는 또 이렇게 말했다.

"한나라는 형제 나라입니다. 원병을 보낼 수 없소."

두 나라는 처음에는 위문후가 일처리를 잘못한다면서 화가 솟구쳤지만, 그 뒤 위문후가 두 나라 관계를 원만하게 하기 위하여 남모르게 온 힘을 쏟았다는 사실을 알고 고마워했다고 한다. 삼진三晋의 영역을 보면, 오늘날의 산시성山西省 전역에다 허베이河北와 허난河南

의 일부분까지임을 알 수 있다. 청淸나라 초기의 대학자 고염무顧炎武는 『고정림문집顧亭林文集』에서 산시 지방이 '천하를 차지할 형세'라고 했다. 그 위치가 중요하여 전략 요충지인 이곳을 제압하면 중원을 경략하며 천하를 손에 넣을 수 있다는 말이다. 상고 시대에는 더욱 그러했다. 역사를 한 번 되돌아보면, 그 당시 패권을 차지하며 영웅적인 기개를 보였던 진목공秦穆公도 진晉이라는 장벽을 끝내 넘지 못했다. 그는 온갖 지혜를 다 짜내며 궁리에 궁리를 거듭하며 진晉을 통과하여 동쪽 땅을 경략하려고 했지만 뜻을 이루지 못했다. 왜 넘지 못했을까? 당시 진晉은 하나였기 때문이다.

이제 진晉이 분열하여 셋이 되었으니 문제가 생겼다. 삼진은 틈 생긴 달걀이었다. 옛말에도 파리는 틈 생긴 달걀부터 즐겨 물어뜯는다고 했다. 그런데 이 삼진이 넘어지지 않고 생존하면서도 강성해지려면 이 틈을 단단하게 밀봉해야만 되었다. 이런 점에서 위문후는 성공했다. 그는 큰 틀의 전략을 지닌 인물이었다.

전국시대의 나라들이 천하를 통일하지 않고서 나라가 망하지 않으리라고 확신할 수 있었을까? 역사를 공부하면서 언제나 마음속 깊이 그 느낌을 받지 않을 수 없다. 그러나 일곱 나라 가운데 여섯 나라는 결국 멸망으로 끝을 맺었다. 왜 그랬을까? 여기에는 전략상의 문제가 존재한다. 위문후가 자리에 있을 때, 그는 조나라는 물론 한나라와도 말썽을 일으키지 않았다. 게다가 위문후 시대에는 삼진이 처음부터 끝까지 연합했다. 수많은 경우 손을 맞잡고 함께했다. 삼진이 연합만 하면 서쪽의 진나라도 어쩌지 못했고 동쪽의 제나라도 이들 앞에서 감히 함부로 행동하지 못했다. 남쪽의 초나라도 마찬가지였다. 그러나 고대의 정치는 훌륭한 군주가 살아 있을 때에만 사상도 정치도 존재한다는 점이 가장 큰 문제였다. 그가 세상을 떠나고 나면 사상이 있다고는 하지만 실천이 통하지 않는 책 속의 지식으로 변한 채 더 이상 나라를 다스리는 살아 있는 이념이 사라져, 훌륭한 정치 현실이나 멋진 구조도 사라지고 말았다.

확대경

고대의 정치는 훌륭한 군주가 살아 있을 때에만 사상도 정치도 존재한다는 점이 가장 큰 문제였다. 그가 세상을 떠나고 나면 사상이 있다고는 하지만 실천이 통하지 않는 책 속의 지식으로 변한 채 더 이상 나라를 다스리는 살아 있는 이념이 사라져, 훌륭한 정치 현실이나 멋진 구조도 사라지고 말았다.

위문후가 세상을 떠난 뒤, 무후가 무대에 올랐다. 위무후는 기껏해야 삼류나 사류밖에 되지 않는 잡동사니일 뿐이라고 앞에서 이야기한 바 있다. 역사는 그가 어느 날 오기를 비롯한 여러 대신들과 함께 황하에 배를 띄우고 산하의 큰 흐름을 살핀 이야기를 전하고 있다. 물결 넘실거리는 황하와 높이 솟은 양안은 그야말로 천연 요새가 아닌가! 위무후는 이런 모습을 보며 한껏 들뜬 나머지 의기양양하게 입을 열었다.

"이렇게 험한 지세라면 정말 믿을 만하오."

이런 천연 요새가 있는데 어느 누가 감히 우리를 엿보겠느냐는 뜻이었다. 임금의 말에 곁에 있던 신하들은 대부분 알랑거리며 비위 맞추기에 바빴다. 그 가운데 당시 무후 곁에 앉았던 왕종王鍾이란 자가 임금의 말에 그대로 아첨했다.

"옳습니다, 폐하께서 하신 말씀이 그대로 맞는 말씀입니다!"

그러나 함께 배에 올랐던 오기는 임금의 말은 물론 이 말에 그대로 알랑거리는 예스맨 왕종의 말을 듣고 마음을 착 가라앉히며 한 마디 차갑게 내뱉었다.

"임금님께서 하신 말씀이 바로 나라를 망가뜨릴 말씀인데 그대는 어찌 옳다고 말하는 거요?"

오기가 알랑거리며 비위를 맞추던 이를 질책하자, 위무후는 그가 저 사람에게 하는 말이 아니라 나를 족치는 말이라고 생각하며 이렇게 입을 열었다.

"내 말이 곧 나라를 망가뜨릴 말이라고 했으니, 어째서 그런지 한번 들어나 보겠소."

"역사의 경험을 눈여겨볼 필요가 있습니다. 그 옛날 요堯, 순舜, 우禹 시절, 그러니까 남방에는 씨족 부락으로 삼묘三苗가 있을 때입니다. 그때, 왼쪽에는 팽려彭蠡 물결이 막아섰고 오른쪽엔 동정호洞庭湖 물결이 드높았으며 뒤쪽엔 문산文山이요 앞쪽엔 형산衡山이 있어 지리적 지형적 조건이 정말로 유리했지만 결과는 어떠했습니까? 막아선 산과 넘실대는 물결만 믿으며 덕을 쌓지 않고 나라 안 정치에도 힘을 쏟지 않다가 결국은 우禹에게 망하고 말았습니다. 하夏 왕조의 걸왕桀王도 다를 바 없었습니다. 왼쪽에도 높은 산, 오른쪽에도 높은 산, 이렇게 산들이 막아섰고, 앞쪽에는 넘실대는 강이고 뒤쪽엔 또 지세가 험난했지만 결국 상商의 탕湯에게 무릎을 꿇지 않았습니까? 상 왕조의 주왕紂王도 이와 다를 바 없지 않았습니까?"

오기가 말한 뜻을 위무후는 분명하게 알아들었다. 기록에 따르면, 오기의 말을 들은 위무후는 딱 한 마디만 내놓았다고 한다.

"옳은 말이오."

위무후는 위나라의 서하西河 지역을 오기에게 내어주며 관장하게 했다고 한다. 그러나 또 다른 역사 기록은 오기에게 서하 지역 관장의 책임을 맡긴 때가 위문후 시기였다고 한다.

이 이야기를 통하여 우리는 위무후의 수준을 어느 정도 알 수 있다. 그에게는 영웅적인 기개가 있었던 듯하다. 물결 일렁이는 황하에 배를 띄우고 물길 거슬러 오르며 산하의 형세를 살피는 모습이 자못 기개 넘친다. 그러나 역사의식의 결여뿐만 아니라 역사에 대해서도 위무후는 상세히 알지 못한 듯하다. 국가를 경영하는 당사자는 물론 보통 사람도 역사를 조금이라도 알아야 한다. 역사는 인간을 현명하게 만들기 때문이다. 그러나 위무후는 어떤가? 오기와의 대화에서 위무후는 지리地利의 이점, 곧 지리地理와 지형만 이해하고 있음을 드러냈다. 맹자는 이렇게 일렀다.

"천시天時보다는 지리地利가 더 중요하고, 지리보다는 인화人和가 훨씬 중요하다."

천시와 지리와 인화 가운데 가장 중요한 것이 인화라는 말이다. 여기에 더하여 맹자는 또 이렇게 일렀다.

"백성을 국경 안에 머물게 하는 데는 영토의 경계로써 하지 않으며, 국방을 튼튼히 하는 데는 산과 골짜기의 험함으로써 하지 않는다."

군주가 국경으로써 백성을 붙잡아 두려고 해도 그 국경은 경계가 될 수 없으며, 군주가 이 자리에서 정치를 훌륭하게 베풀지 못하면 백성들은 다른 나라로 가버릴 터이니, 군주가 국경에 철조망을 쳐도 나아가려는 백성을 막을 수 없으며, 나라를 튼튼하고 흔들림 없이 만드는 것은 산과 물이라는 험요한 지세만은 아니라는 말이다. 맹자가 말한 위의 두 이야기는 모두 『맹자孟子』「공손추하公孫丑下」에 나온다. 패권을 쥐었던 위나라의 쇠락은 먼저 정치 이념과 전략 면에서 모습을 드러내며 위문후가 세상을 떠난 뒤 일등

확대경

군주가 이 자리에서 정치를 훌륭하게 베풀지 못하면 백성들은 다른 나라로 가버릴 터이니, 군주가 국경에 철조망을 쳐도 나아가려는 백성을 막을 수 없으며, 나라를 튼튼하고 흔들림 없이 만드는 것은 산과 물이라는 험요한 지세만은 아니라는 말이다.

품에서 하등품으로 전락했다. 나뭇잎 한 장만 보아도 가을이 왔음을 안다. 위나라는 위무후에서 혜왕 시기까지 영토를 확장하며 표면적으로는 강성한 모습을 유지했다고 하지만 그와는 상반된 흐름이 알지 못하는 사이에 커지고 있었다. 앞에서 이야기한 것은 위나라가 패자의 위치에서 쇠락의 길을 걷게 된 첫 번째 원인이었다.

> 위무후는 도량 면에서 그의 아버지 위문후와 견주어 벌써 패착을 두고 있었다. 더구나 그는 다른 나라와의 관계, 특별히 한나라와 조나라와의 관계에서 참으로 현명치 못한 수를 쓰기 시작했다. 이 점은 위나라가 강성으로 나아가는 길에 일정한 견제가 되었다. 그렇다면 위무후는 어떤 패착을 두었을까?

두 번째 원인은 한나라, 조나라, 그리고 위나라 삼국이 그동안 유지하던 큰 틀에 문제가 발생했다는 점이다. 삼국 관계에서 위나라는 적절한 조처를 하지 못했다. 위나라와 조나라에 인접한 제나라 경계 지점에 강평剛平(지금의 허난성 푸양濮陽 정북 약 30km 지점)이라는 자그마한 지방이 있다. 이곳은 원래 위衛나라 땅이었다. 그런데 조나라가 비옥한 이 땅에 눈독을 들이다가 마침내 먼저 손을 써서 점령하고 말았다. 이때는 바로 위무후가 자리에 있을 때였다. 만약 위문후라면 다른 방식으로 처리했을 것이다. 그러나 위무후가 사태를 처리하는 방법은 참으로 간단했다. 어떻게 처리했을까? 위무후는 네가 먼저 손을 썼으니 난 네 손을 잘라내야겠다는 식으로 나섰다. 그의 방식은 눈에는 눈, 이에는 이였으므로 다른 방법은 생각할 여지도 없었다. 그는 제나라와 손을 잡고 조나라를 쳤다. 이를 본 조나라는, 위나라가 제나라와 손을 잡고 우리를 치겠다면, 우리도 남쪽의 초나라와 연합하여 도움을 청하겠다, 초나라에게 배후를 족치게 하겠다며 나섰다. 이리하여 전국시대 초에 강평剛平 전쟁이 터졌다. 이 전쟁은 규모가 그리 크지 않았기에 눈길을 그렇게 끌지 못했다. 뒷날 일어난 마릉馬陵 전쟁이나 장평長平 전쟁 등 사람들의 관심을 크게 끌었던 전쟁과는 거리가 멀었다. 그러나 이는 전국시대에 들어선 뒤 삼진의 갈등이 표면화되면서 터진 한 차례의 전쟁이었다. 게다가 자그마한 마을 강평에 큰 나라 몇몇이 태풍처럼 밀려들어 벌인 전쟁이었다. 한 차례 태풍이 지난 뒤, 계절은 변하기 시작했다. 삼진 사이에 벌어진 틈에는 이제 수레도 드나들 수 있을 만큼 큰 구멍이 뚫렸다. 이 밖에도 위나라와 한나라 사이에 터진 영토 분쟁으로 삼진은 갈수록 더욱 멀어졌다.

확대경

자그마한 마을 강평에 큰 나라 몇몇이 태풍처럼 밀려들어 벌인 전쟁이었다. 한 차례 태풍이 지난 뒤, 계절은 변하기 시작했다. 삼진 사이에 벌어진 틈에는 이제 수레도 드나들 수 있을 만큼 큰 구멍이 뚫렸다.

위무후는 자리에 오른 지 20여 년 만에 세상을 떠났다. 무후가 세상을 떠나자 위나라 내부에서는 왕위를 차지하기 위한 몹쓸 상황이 벌어졌다. 위무후는 만년에 몇 가지 일을 잘못 처리했는데, 그 가운데 하나는 태자의 지위를 합법적으로 든든하게 만들지 못했다는 점이다. 결국 그가 세상을 떠나자 태자 앵罃, 곧 뒷날의 양혜왕梁惠王이 또 다른 공자 완緩(공중완公中緩이라고도 한다)과 왕좌를 놓고 다툼을 벌였다. 나쁜 일이 무서운 게 아니라 나쁜 사람이 무섭다. 결과적으로 한나라와 조나라가 치고 들어왔다. 한나라 임금 한의후韓懿侯는 위나라가 지금 둘로 갈라져서 다투자 바로 이때가 손을 볼 기회라고 판단하며 그대로 조나라와 손을 잡고 위나라로 쳐들어와서 상황을 통제했다. 다행히 하늘도 위나라를 편들었는지 한나라와 조나라는 위나라를 어떻게 처리하느냐는 문제를 놓고 의견이 일치하지 않았다. 한나라 쪽 의견은 이랬다.

"위나라가 지금 왕위를 놓고 두 공자가 다툼을 벌이고 있지 않소? 그럼 빨리 공자 앵도 자리에 앉히고 다른 공자 완도 자리에 앉히면 될 일입니다. 위나라를 둘로 갈라놓으면 그 세력이 절반으로 줄어 지금의 자그마한 나라보다 약해질 것인즉, 이때 우리 두 나라가 따로 따로 나누어 통제하면 좋을 것입니다."

그럼 조나라 쪽 의견은 어땠을까?

"태자 앵을 없애고 공자 완을 자리에 앉힙시다. 그런 뒤 우리 두 나라가 위나라 땅덩어리 가운데 일부를 각자 한 덩어리씩 떼어 가집시다."

그러나 한의후는 물러서지 않았다.

"안 될 일이오. 땅덩어리가 탐은 나지만 그 영향은 좋지 않을 것이오."

두 사람이 의견의 일치를 보기도 전에 조나라 임금 조성후趙成侯는 그만 벌컥 화를 내더니 수하를 거느리고 자리를 떴다. 이렇게 위나라는 하마터면 끝장을 맞을 뻔했지만 다시 안정된 상황을 맞게 되었다. 위무후가 세상을 떠난 뒤, 태자 앵이 자리에 올랐으니, 바로 양혜왕이다. 한나라와 조나라가 그때 위나라를 둘로 나누지도 못했을 뿐만 아니라 땅덩어리도 각자 조금씩 나누어 가지지 못했지만, 당시 여러 나라들이 이런 상황을 받아들였을 리 만무하다. 그러나 한나라와 조나라 사이에 의견이 크게 엇갈리지 않았더라면, 위나라가 입은 손실은 정말로 컸을 것이다. 이는 정말로 부정할 수 없는 사실이다. 한

나라, 조나라, 위나라 사이에 갈등이 발생함으로써 원래는 하나로 힘을 합쳤던 이들은 틈이 벌어진 달걀로 변했다. 이것이 바로 두 번째 원인이다. 이런 상황의 연속은 진나라의 천하 통일 구상을 앞당기게 만들며 넓은 바탕을 깔아주었다. 여기서 우리는 전국시대 패권 경쟁에서 최후의 승리를 거머쥐려면 2백여 년 앞을 내다볼 수 있는 시야는 물론 고도의 정치적 지혜가 필요함을 알 수 있다. 당시의 제후들은 이런 점이 많이 결핍되어 있었다.

확대경

한나라, 조나라, 위나라 사이에 갈등이 발생함으로써 원래는 하나로 힘을 합쳤던 이들은 틈이 벌어진 달걀로 변했다. 이런 상황의 연속은 진나라의 천하 통일 구상을 앞당기게 만들며 넓은 바탕을 깔아주었다

위나라의 강성은 위문후와 위무후 양대 군주 시대를 정점으로 찍고 나서 내리막길로 들어서며 쇠퇴하기 시작했다. 세 번째 군주 양혜왕이 무대에 오른 뒤 위나라는 이제 나라의 근본에 관계되는 천도라는 대사를 두고 다시 패착을 두고 말았다. 이로써 다른 여러 제후국의 표적이 되었음은 물론 이들의 눈엣가시로 변했다. 위나라의 천도는 본래 내정 문제였다. 그런데도 이것 때문에 왜 이렇게 불리한 상황에 처하게 되었을까?

세 번째 측면에서 본 원인은 양혜왕이 자리에 오른 지 대략 9년이 지났을 때 발생했다. 이때, 양혜왕은 참으로 중대한 조치를 취했다. 위나라의 도읍을 원래의 안읍安邑(지금의 산시성山西省 샤현夏縣 부근)에서 지금의 허난성 카이펑開封 일대인 대량大梁으로 옮겼다. 그래서 사람들은 위나라를 양梁나라로 부르기도 한다. 『맹자』의 첫 번째 편장이 바로 「양혜왕梁惠王」인데, 사실 양혜왕이 곧 위혜왕이다. 동방으로의 천도는 그 목적이 참으로 훌륭했다. 바로 동방의 큰 땅덩어리를 경략하려는 데 있었기 때문이다.

서쪽으로의 진군은 쉽지 않았다. 진나라는 마치 용수철처럼 일정 한도에 이르면 더 이상 누르기가 힘들었다. 하지만 당시 동쪽의 제나라는 아직은 그렇게 강성하지 않았으며, 넓고 넓은 평원에는 위衛나라, 송宋나라 등 '도마 위에 오른 물고기' 같은 나라들이 있었기에 이들을 손에 넣기는 참으로 손쉬웠다. 게다가 더 먼 동쪽 회수淮水와 사수泗水 일대에 흩어진 몇몇 작은 제후국들을 장차 큰 힘 들이지 않고 차지할 수 있는 가능성이 높았다. 눈앞에 펼쳐진 광활한 앞날을 내다보며 양혜왕은 오늘날의 카이펑 일대로 도읍을 옮겼다. 만약 치국의 이념이 올바르고 방법도 타당하며 널리 인재를 불러 모아 정확한 전략을 마련했다면 동방으로의 천도는 분명 상대편 세력을 억누를 수 있는 앞선 행동이었음이 분명하다. 그러나 일을 처리하면서 좋은 쪽만 생각하고 나쁜 쪽으로는 아예 생각조차 하지 않으려 한다면 결국은 일을 망치게 된다는 데 문제가 있다. 『노자老子』에도 '세상이 모두 아름다움으로 알고 있는 아름다움, 이것은 추한 것이다.'[8]라고 했다.

위문후 시기의 위나라는 문화의 중심이며 학문의 중심이었다. 또 인재의 중심이며 행동으로 직접 실천하는 사람들의 중심이었다. 그러나 위무후 시기에는 그래도 처음에는 오기가 있었지만 얼마 뒤 그도 초나라로 가버렸다. 게다가 상앙도 진나라로 가버렸다. 위나라가 둘 중 하나라도 붙들어서 적당한 자리에 앉히며 잘 썼더라면 역사의 방

8 天下皆知美之爲美, 斯惡已.

향은 바뀌었을 것이다. 그러나 위나라는 이들을 받아들이지 못했다. 양혜왕이 자리에 올랐을 때, 이런 인물들은 남김없이 사라진 상태였다. 양혜왕 밑에 방연龐涓과 같은 인물이 장군이 되었지만, 그는 마음이 콧구멍보다 좁은 데다 악랄했으며 더욱이 그와 함께하려는 사람도 없었다. 그의 이야기는 나중에 나온다. 인재들은 모두 다른 나라로 가버렸다. 고대 체제에서는 사람이 있어야 땅덩어리도 있었다. 현명하고 덕망 높은 이가 자리에 있으면 군사도 강해지고 정치도 강해질 뿐만 아니라 경제도 강해지게 마련이다. 그러나 위문후가 세상을 떠나자 현명하고 덕망 높은 이들이 모두 위나라를 떠나버렸고, 그러자 강대한 국면은 깨끗이 사라지기 시작했다.

확대경

고대 체제에서는 사람이 있어야 땅덩어리도 있었다. 현명하고 덕망 높은 이가 자리에 있으면 군사도 강해지고 정치도 강해질 뿐만 아니라 경제도 강해지게 마련이다. 그러나 위문후가 세상을 떠나자 현명하고 덕망 높은 이들이 모두 위나라를 떠나버렸고, 그러자 강대한 국면은 깨끗이 사라지기 시작했다.

이런 상황 속에서 양혜왕은 금싸라기처럼 값진 동방의 땅덩어리에만 눈독을 들이며 천도만이 합병에 유리하다는 생각에 빠져들었다. 양혜왕은 도읍을 옮기고서도 자기 나라의 힘이 주위 여러 제후국들을 감당해낼 수 있는지 전혀 고려하지 않았다. 일단 동방의 제나라가 우뚝 일어서고 남쪽의 초나라도 우뚝 일어서고, 진나라도 우뚝 일어서서 위나라의 뒤를 친다면 어떻게 할 것인가? 위나라와 관련된 역사 자료를 보면 이런 면을 생각했던 인물은 없었던 듯하다. 그들은 지금의 제나라는 아직 멀었고, 진나라도 아직은 안 되고, 초나라는 좀 괜찮긴 하지만 한참은 더 있어야 될 것이라고만 생각하며 도성을 옮기고 말았다. 양혜왕이 취한 이 조치는 잔잔한 물 위에 큰 돌을 집어던지는 것과 다를 바 없었다. 또 스스로 불붙는 장작더미 속으로 들어간 것과 같았다. 몸에 불이 붙으면 결과는 새카맣게 눌어붙는 일만 남는다. 이야말로 지혜는 모자라는데 계책은 크게 세운 전형적인 모습이다. 동방으로 도읍을 옮긴 뒤, 양혜왕도 수리 사업을 일으키고 한나라와 조나라와의 관계를 호전시키기 위하여 차지했던 땅덩어리를 되돌려주는 등 온갖 방법을 다 썼다. 그러나 더 멀리 내다보고 2백 년을 단위로 한 역사의 큰 흐름을 살피면, 양혜왕은 사실상 자기 자신을 쉽게 공격받을 수 있는 위치로 이동한 것과 같았다. 도읍을 옮긴 뒤, 위나라는 불운을 맞이하기 시작했다. 능력이 없으면 일을 맡지 말아야 한다. 금강석 송곳도 없이 도자기 수리를 시작하고 보니 이제 위나라는 갈등의 중심이 되어 피동적인 위치로 빠져들기 시작했다. 사실 양혜왕은 나라 안도 제대로 추스르지 못하면서 중원을 경략하려고 했으니, 이게 어떻게 가능하겠는가? 바로 이것이 문제였다.

이제 우뚝 일어선 제나라 이야기를 해 보자. 되돌아보면, 위나라의 굴기는 두 줄기로 뻗으며 핀 꽃처럼 외부를 향해 확장해 나갔기에 두 가지 결과를 낳았다.

우선 제나라도 위협을 느낀 나머지 내정 개혁을 시작했다. 궁지에 몰리면 변해야 하고 변하면 통하는 법이다. 그러기에 제나라도 우뚝 일어섰다. 이것이 바로 하나의 결과였다.

또 하나는 위나라의 서쪽 나라, 다시 말하면 공격을 받으면서도 겨우 방어만 했을 뿐 맞받아칠 힘이 없었던 진나라도 제나라와 마찬가지로 강대한 위나라의 자극 아래 모질고도 준엄한 상앙의 변법을 추진하기 시작했다. 상앙의 변법은 큰 영향을 끼치며 대단한 효과를 보았다. 그러나 상앙의 변법은 시작이 약간 늦었다. 그러했기에 위나라의 패업은 진나라의 손이 아니라 제나라의 손에 무릎을 꿇게 되었다.

이제 제나라의 굴기로 눈길을 돌려보자. 제나라는 어떻게 일어날 수 있었을까? 그리고 제나라는 마릉에서 벌어진 전쟁에서 그 강대함이 70년이나 이어졌던 위나라를 어떻게 쓰러뜨렸을까?

4장 제나라 재상 추기 鄒忌

전국칠웅 가운데 제나라는 벌써부터 이름을 날린 대국으로서 칠웅의 자격을 얻은 지 이미 오래되었지만 처음부터 그 세력이 그렇게 강대하지는 않았으며 내부의 갈등도 겹겹이었다. 게다가 외부적으로는 다른 제후국의 위협까지 받고 있었다. 안팎으로 겹친 이런 근심 걱정 속에서 제나라도 천하의 인재를 불러들이며 강국의 길로 나아가기 시작했다. 그렇다면 제나라는 어떤 인재를 불러들였을까? 또 이들 인재들은 제나라에 어떤 변화를 가져왔을까?

전진찬제 뒤, 제나라는 비록 아직도 제나라로 불렸지만 정권 측면에서는 사실상 임금이 바뀐 상태였다. 이는 제나라 내부에 수많은 갈등을 야기했다. 그리고 외부적으로는 기타 여러 제후국들이 강성해지며 제나라의 생존 공간을 좁히고 안전을 위협하는 상황이 되었다. 안팎으로 겹친 곤경 속에서 제나라도 학교 건물을 세우고 천하의 인재를 두루 불러 모았다. 그렇다면 제나라는 어떤 인재를 등용했을까? 그리고 이들 인재들은 제나라에 어떤 변화를 가져왔을까?

춘추시대에서 전국시대로 들어섰지만, 제나라는 한동안 형편이 순조롭지 않았다. 왜 그랬을까? 전씨田氏가 강태공姜太公부터 이어져 온 그 후손의 권력을 찬탈하며 내부에서 갈등이 불거졌기 때문이다. 한번은 공손회公孫會라는 이가 늠구廩丘에서 무리를 이끌고 봉기한 사건이 터졌다. 역사에서는 이 사건을 한 차례 기록했을 뿐이지만 오늘날의 어떤 역사학자는 제나라 내부 갈등을 드러낸 이 사건을 자못 주목했다. 늠구에서 일어난 공손회의 무장 봉기에 조나라와 위나라, 그리고 한나라가 모두 이 일을 도모한 자를 도왔다. 제나라는 이들 나라와 싸움을 벌였지만 결국은 3만 구에 이르는 주검을 전쟁터에 남기며 패배했다. 누가 제나라를 이렇게 처참하게 만들었을까? 바로 위나라를 필두로 한 삼진이었다. 제나라는 전씨가 정권을 찬탈함으로써 내부 갈등을 유발시키고 외부의 강한 적과 맞닥뜨렸지만 이들은 끝내 항복하지 않았다. 하룻강아지 범 무서운 줄 모른다고 삼진과 맞붙었지만 한두 차례 싸움에서 제나라는 결국 버틸 수 없다는 것을 알아차렸다. 사내대장부는 발등에 떨어진 불은 피할 줄 아는 법이다. 정권까지 찬탈했던 자의 머리가 그렇게 아둔하지는 않았던 것이다. 이리하여 제나라 군주 전화田和는 삼진을 향해 고분고분 잘못을 인정하며 위무후의 비위를 맞추기 시작했다. 위무후와 얼굴을 마주한 뒤엔 어떻게 되었을까? 어쨌든 위무후 이전의 시기에도 정권을 찬탈하며 자리에 올랐기에 이들은 같은 부류였다. 그러했기에 한 패거리로서 의기투합하여 마주 앉아 먹고 마시면서 지난 잘못을 모두 깨끗이 씻어주었다. 그런 뒤, 위무후는 제나라를 돕기 시작했다. 제나라는 현재 정권을 찬탈하며 대권을 손에 넣었기에 대의명분이나 이치로나 어느 하나 맞지 않았다. 게다가 주왕周王의 인정도 받지 못한 상태였다. 이는 '면허증' 없는 영업이나 마찬가지였다. 그럼 어떻게 해야 할까? 위무후는 이렇게 말했다.

"내가 그대를 데리고 주천자周天子를 찾아뵙도록 하겠소."

이리하여 제나라의 새 군주는 주천자를 찾아뵙게 되었다. 벌써 몇 년 동안이나 '실업' 상태에서 집안에서만 빈둥거리던 주천자는 두 명이나 되는 제후가 자기를 뵙겠다며 찾아오자 기분이 한껏 좋았다.

"됐소이다!"

그대가 정권을 찬탈했든 하지 않았든 나는 그대를 제나라 제후로 승인하겠다는 말이었다. 제나라에서 일어난 정권 찬탈 사건이 삼가분진보다 일렀지만 주왕의 승인에 위무후의 도움이 있어야 했으니, 이로써 당시 위나라의 세력이 얼마나 컸는지 미루어 짐작할 수 있다.

그러나 제나라가 받은 '면허증'은 그저 겉치레에 불과할 뿐이었다. 삼진의 위협이 여전히 존재했기 때문이다. 여전히 존재했을 뿐만 아니라 그 위협은 갈수록 더욱 심각해지고 있었다. 더구나 양혜왕은 국가의 중심을 서에서 동으로 이동하며 대량으로 천도까지 했던 것이다. 지능지수가 그렇게 높지 않더라도 이것이 제나라에 무엇을 의미하는지는 분명했다. 위나라의 모든 기세는 이미 제나라의 턱밑까지 이르렀다. 위협은 벌써 눈앞에 임박했던 것이다. 전화가 세상을 떠난 뒤에 전오田午가 자리를 이으며 무대에 올랐다. 전오도 제환공齊桓公이라 불린다. 그가 무대에 오르면서 제나라는 부국강병을 위한 일련의 개혁 조치를 단행했다.

첫 번째 조치로 학교를 세우고 인재를 널리 불러 모았다. 여러분은 춘추전국시대의 '백가쟁명'에 대하여 잘 알고 있을 것이다. '백가쟁명'은 넓은 의미와 좁은 의미로 나눌 수 있는데, 좁은 의미의 '백가쟁명'은 제나라에서 생겼다고 말할 수 있다. 제나라에는 서문西門, 곧 직문稷門이 있었는데, 제나라는 이 부근에 학사를 크게 짓고 천하의 학자와 지식인을 널리 불러 모아 이들에게 대부大夫의 자리를 주며 마음껏 학문을 토론하도록 하였다. 직하의 교육 사업은 전오에서 비롯되었으니, 이는 바로 제나라의 패기였다. 위문후가 패업을 이루었을 때, 학문의 중심은 바로 위나라였다. 그러나 이제 그곳을 벗어나 학문의 중심은 제나라로 돌아왔으니, 이곳을 일러 직하학궁稷下學宮이라고 불렀다. 이곳에는 유가, 도가, 묵가, 법가, 형명가刑名家 등 여러 사상의 유파들이 모여들어 학문을 연마하고 함께 토론을 벌이며 서로를 분발시켰다. 그때를 돌아보면, 전 세계 어디에도 이처럼 규모가 큰 대학은 없었다. 그러기에 전국시대에는 사상의 절정에 이를 수 있었다. 이는 튼튼한 역사적 바탕이 되었다. 직하에서는 학문이 깊은 이들을 일러 직하선생이라 일컬었다. 이들은 학궁에서 자유롭게 학문을 강의하며 도를 논하면 되었지 구체적으로 어떤 일을 하지는 않았다. 이곳 직하학궁에는 순자나 맹자도 왔었다. 이곳 대학에 인재들이 무리를 지어 모여들었던 것이다.

확대경

위문후가 패업을 이루었을 때, 학문의 중심은 바로 위나라였다. 그러나 이제 그곳을 벗어나 학문의 중심은 제나라로 돌아왔으니, 이곳을 일러 직하학궁稷下學宮이라고 불렀다. 이곳에는 유가, 도가, 묵가, 법가, 형명가刑名家 등 여러 사상의 유파들이 모여들어 학문을 연마하고 함께 토론을 벌이며 서로를 분발시켰다. 그때를 돌아보면, 전 세계 어디에도 이처럼 규모가 큰 대학은 없었다. 이곳 대학에 인재들이 무리를 지어 모여 들었다.

다음으로는 현명하고 덕망 높은 인재를 불러 모아 받아들였다. 전오가 세상을 떠난 뒤, 제위왕齊威王이 자리를 이었다. 제위왕은 영웅적인 군주였다. 그는 재위 30여 년 동안 제나라를 최고의 강대국 반열에 올려놓았다. 제위왕은 현명하고 덕망 있는 인재를 불러들이기 시작하면서 뛰어난 인재는 반드시 있게 마련이라고 믿었다. 지난날, 어떤 이가 공자에게 이렇게 물었다.

"선생님께서는 늘 현명하고 덕망 있는 인재를 불러들이라고 말씀하시는데, 누가 그런 사람인지 제가 어떻게 압니까? 어디로 찾아가야 합니까?"

공자는 이렇게 대답했다.

"그대는 그런 인물을 약간은 알고 있잖은가? 그대는 알고 있는 현인을 천거하고, 그대가 모르는 현인은 다른 이가 버리지 않고 그대를 도와 천거할 것이네."

이런 자세를 갖춰야 하는 것이 관건이다. 그런데 제위왕은 이런 자세를 갖추었다.

그렇다면 제위왕이 불러들인 현명하고 덕망 있는 인물로 누가 있었을까? 이 가운데 비교적 이름난 인물은 추기鄒忌였다. 추기는 음악을 깊이 이해하고 있었다. 그는 제위왕을 찾아와서 이렇게 말했다.

"저는 음악에 정통합니다. 대왕께서 제가 할 일을 찾아주십시오."

제위왕도 음악을 좋아했다. 그는 마침 거문고를 타고 있었던 터라 추기에게 곁에서 듣도록 했다. 추기는 한 대목을 듣더니 평가를 하기 시작했다.

"멋지십니다, 정말 훌륭하십니다!"

제위왕은 곧장 반문했다.

"어째서 훌륭하단 말이오?"

아무런 근거도 없이 치켜세우면 왕으로서는 받아들일 수 없으니 어디 한번 본때를 보여주겠다며 이렇게 물었던 것이다. 『사기』는 이 부분을 이야기하면서 제위왕이 허리에 찬 검에 손을 얹은 채 추기에게 이렇게 물었다고 기록했다. 추기는 조금도 당황하지 않은 채 이렇게 대답했다.

"대현大弦은 소리가 아주 넉넉하고, 소현小弦은 예리함이 분명하고, 음색은 매우 맑고 서늘합니다."

그러고 나서 잠시 뜸을 들인 뒤 다시 말을 이었다.

"대왕께서는 거문고를 연주하면서 손가락으로 현을 뜯을 때 쓰는 힘이 참으로 묵직합니다. 그러나 현에서 손을 떼는 순간에는 오히려 편안합니다. 이 밖에도 갖가지 음이 잘 조화되어 높은 음 낮은 음이 서로 어울려 더욱 돋보입니다. 게다가 가끔 약간의 잡음까지 끼어들어 그 표현력이 정말로 풍부합니다."

추기가 말을 마치자 이제 제위왕이 입을 열었다.

"그러고 보니 문외한은 아니구려!"

"저는 음악만 아는 데 그치지 않고 정치에 대해서도 잘 알고 있습니다. 음악의 이치는 정치의 이치와 통하기 때문입니다."

제위왕이 보니 그가 너무 건방져서 이제는 사리를 분별조차 못하는 듯했다. 하지만 제위왕은 이렇게 말했다.

"그럼 어디 들어봅시다, 음악의 이치가 어떻게 정치의 이치와 통한단 말인지."

추기는 이렇게 말했다.

"대현은 온화하고 듬직합니다. 이는 바로 군주가 가져야 할 덕목입니다. 한 나라의 군주라면 침착 중후하고 주도면밀하게 계획하여 먼 앞날을 내다보아야 자리를 지킬 수 있습니다. 소현은 깨끗하고 맑으며 예리하여 그 분명함이 바로 대신과 같습니다. 대신들이 청렴하고 분명하지 않다면 흐리멍덩하게 일처리를 할 것인즉, 어찌 되겠습니까? 손가락으로 현을 뜯을 때 쓰는 힘이 묵직하고 손가락을 떼는 순간에는 느릿느릿 편안하니, 이는 정치 명령이나

확대경

"음악의 이치는 정치의 이치와 통합니다. 대현은 온화하고 듬직합니다. 이는 바로 군주가 가져야 할 덕목입니다. 한 나라의 군주라면 침착 중후하고 주도면밀하게 계획하여 먼 앞날을 내다보아야 자리를 지킬 수 있습니다. 소현은 깨끗하고 맑으며 예리하여 그 분명함이 바로 대신과 같습니다. 대신들이 청렴하고 분명하지 않다면 흐리멍덩하게 일처리를 할 것인즉, 어찌 되겠습니까?"

법령을 내리기에 앞서 깊이 생각하고, 만들어진 정책은 간편하여 행하기 쉬움을 나타냅니다."

이러한 추기의 말을 유가에서는 '거경이행간居敬而行簡'이라고 한다. 『논어』에는 공자가 제자들과 함께 정치를 논하면서 이렇게 말한다.

"정치하는 자는 하나의 정책을 결정할 때 생각에 생각을 반복하고 진지하고 또 진지하게 전반적인 면에서 철저하게 짚어야 한다."

이런 것을 일러 '거경居敬'이라고 한다. 이는 묵직하고 깊게 현을 뜯어야 한다는 추기의 말처럼 정책이나 법령을 조령모개할 수 없음을 뜻한다. 현에서 손가락을 떼는 순간에는 느릿느릿 편안해야 한다고 했잖은가? 정책은 주도면밀하게 계획하고 먼 앞날을 내다보며 고려해야 한다. 단기적인 목표든 장기적인 목표든 하나같이 깊이 생각해 결정해야 하고, 만들어진 정책이나 법령 조문은 공포되는 대로 간편하고 쉽게 행할 수 있어야 한다. 관리들은 집행하기 편하고 백성들은 한번 보면 그 뜻을 알아야 한다. 이를 일러 '행간行簡'이라고 한다. 바로 추기가 짚은 손가락을 떼는 순간에는 느릿느릿 편안하다는 말이 바로 그러하다. 추기는 정책 결정을 심사숙고하고 법령은 간편하여 쉽게 행할 수 있어야 함을 이렇게 거문고 연주에 빗대어 말했다.

추기는 여기에 더하여 이렇게 덧붙였다.

"크고 작은 현은 바로 군주와 대신을 비롯한 높고 낮은 관리에다 밖으로는 백성까지 더하여 음조에 맞춰서 불러야 하지만 누군가가 일부러 곡조에 안 맞게 부르면 조화를 깨뜨릴 수 있습니다. 하지만 이런 자그마한 잡음은 전체적으로 보면 큰 장애가 되지 않습니다. 오히려 모양을 더 내는 작용을 할 수도 있습니다. 그러니까 불협화음도 그리 심각하지 않습니다. 어느 나라인들 이런 자그마한 불협화음이 없을 수 있겠습니까?"

추기가 이렇게 말을 맺자 제위왕은 굳었던 표정을 확 풀고 웃음 띤 얼굴을 보였다.

"정말 대단하오!"

이것이 바로 제나라의 군주와 신하였다. 정치를 문학적 수법인 비유를 써서 이야기했던 것이다.

이 이야기에는 매우 깊고 오묘한 철학적 이치가 담겨 있다. 어떤 이치인가? 고전적 조화의 변증법이다. 옛 사람들은 조화를 중시했다. 서주의 문헌에는 약간의 요점만 보이지만 춘추시대의 문헌에 이르면 그 논조가 매우 분명하다. 문헌의 기록에 따르면, 이 시기의 사람들은 조화를 논하면서 언제나 음악에 비유하곤 했다. 조화에 대한 중국식 관념을 이야기하면서 옛 사람들이 언제나 입에 올린 한 마디는 '성일무청聲一無聽', 곧 소리가 단조로우면 들을 것이 없다는 말이었다. 거문고를 하나의 가락이나 음표로만 연주한다면 사람들은 이를 들으며 정신병에 걸릴 수밖에 없을 것이다. 소리가 만든 무늬가 음이다. 큰 소리와 작은 소리, 높은 음과 낮은 음이 서로 뒤섞이며 아름다운 무늬를 이루고, 심지어는 약간의 소음까지 장식으로 배합하여 음악의 선율이 되면, 이것이 바로 조화라는 말이다. 대현은 대현의 역할이 있고 소현은 소현의 역할이 있다. 이들이 서로 협력하여 어느 쪽도 다른 어느 쪽을 낮게 보지 않고 서로에게 도움을 주며 균형을 이루면 이것이 바로 아름답고 즐거운 음악이라는 말이다. 이런 견해의 핵심은 그대로 조화에

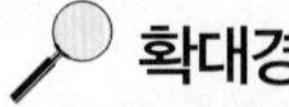

확대경

"자그마한 불협화음은 그리 심각하지 않습니다. 어느 나라인들 이런 자그마한 불협화음이 없을 수 있겠습니까?"

옛 사람들은 조화를 중시했다. 소리가 만든 무늬가 음이다. 큰 소리와 작은 소리, 높은 음과 낮은 음이 서로 뒤섞이며 아름다운 무늬를 이루고, 심지어는 약간의 소음까지 장식으로 배합하여 음악의 선율이 되면, 이것이 바로 조화라는 말이다.

대한 중국식 관념이 된다. 바꾸어 말하면, 고전적인 변증법은 여러 가지 사물의 합작으로 새로움을 생산하는 적극적 효과를 강조하였다. 또한 투쟁을 강조하지 않고 균형을 강조했다. 이야말로 깊은 철학적 관념이라고 할 수 있다. 이 밖에 추기가 이야기를 풀어나가는 방식은 그대로 문학이다. 결국 제나라는 문화가 발달한 곳으로 사람들의 속마음도 감정도 다 풍부하였기에 심오한 철학적 이치도 이렇게 비유의 방식으로 설명할 수 있었다. 참으로 멋진 철학이면서도 품위 넘치는 문학이었다. 이것이 추기가 소리의 이치로써 제위왕을 간알한 이야기이다.

추기는 소리로써 제위왕에게 치국의 이치를 비유하여 설명했다. 제위왕은 추기의 능력을 굳게 믿고 그를 재상 자리에 앉히며 제나라를 관리하도록 맡겼다. 그러나 이는 또 다른 유명한 인물의 불만을 야기했다. 이 인물은 자기 방식으로 추기를 검증했다. 검증 결과 그와 추기는 오히려 막역지우가 되었다. 그렇다면 그 인물은 누구였을까? 또 그는 어떻게 추기를 검증했을까?

제위왕은 추기가 치국의 이치에 정통하다고 생각하고 그를 무대 위로 끌어올리며 재상의 자리에 앉혔다. 그런데 그가 자리에 앉은 지 석 달 뒤, 한 무리의 사람들이 불만을 가라앉히지 못하고 샅샅이 내막을 탐지하며 뒤를 캐려고 했다. 이들은 누구였을까? 직하학궁의 학자들이었다. 그 가운데 한 사람이 바로 고대에 널리 이름을 날렸던 순우곤淳于髡이다. 그는 언제나 농담 식으로 그럴싸하게 꾸며서 말을 하곤 했다. 참으로 원만하고 모나지 않게 익살을 부렸던 셈이다. 순우곤은 그와 뜻을 같이하는 사람들과 무리를 지어 새로 자리에 오른 제나라 재상을 찾았다. 자기가 선생님이라고 생각하는 이들의 나쁜 버릇은 사람을 시험하기 좋아한다는 점이다. 순우곤은 추기를 만나자 곁말로 그를 검증하기 시작했다.

확대경

자기가 선생님이라고 생각하는 이들의 나쁜 버릇은 사람을 시험하기 좋아한다는 점이다.

"득전전창得全全昌이요 실전전망失全全亡이라는 말이 있소이다. 무슨 뜻인지 알겠소?"

추기는 잠시 생각에 잠긴 뒤 입을 열었다.

"선생님께서 제게 무슨 말씀을 하시는지 알겠습니다. 대신의 신분이라면 마땅히 임금님과 좋은 관계를 가져야 하며, 이것을 일러 '득전得全'이라고 합니다. 임금님과의 관계가 조화로워야 어떤 일이든 잘 처리할 수 있다, 이를 일러 '득전전창得全全昌'이라고 합니다. 그렇지 못하고 임금님과 갈등을 일으키며 서로 의견이 엇갈린다면 일을 어떻게 해낼 수 있겠습니까? 이것이 바로 '실전전망失全全亡'이라고 합니다. 이런 뜻이 아닌가요? 재상이 된 자라면 대국을 보며 전체적인 국면을 판단해야 최후의 결과도 모두에게 좋을 수밖에 없다는 말씀을 하시는 게 아닌가요? 대국을 보지 못하면 우리 제나라의 모든 일이 손실을 입을 수밖에 없다는 뜻이겠지요."

순우곤은 추기가 하는 말을 다 들은 뒤 고개를 끄덕였다.

"훌륭하오."

이어서 순우곤은 곁말 한 마디를 던졌다.

"희고극축豨膏棘軸이라야 소이위활야所以爲滑也지만 연이불능운방천然而不能運方穿이라."

'극축棘軸'이란 대추나무로 만든 굴대이다. 대추나무는 질기고 단단하다. '희고豨膏'란 굴대에 치는 윤활유이다. 희고를 넣음으로써 수레바퀴는 비로소 매끄럽게 움직일 수 있다. 옛말에 이르기를 굴대에 기름을 약간이라도 치는 게 황소 등에 채찍질하는 것보다 낫다고 했다. 그러나 수레의 굴대와 바퀴가 네모난 문장부와 둥근 구멍처럼 서로 맞지 않다면, 어떤 윤활유를 부어도 헛일이다. '방천方穿'은 네모난 구멍을 가리킨다. 네모난 굴대나 네모난 바퀴구멍이라면 운행을 할 수 없다. 추기는 당시 이 말을 듣고는 그만 웃음을 터뜨렸다.

"선생님, 무슨 말씀이신지 알겠습니다. 동료는 물론 주위 사람들과 좋은 관계를 맺으라고 제게 경고하시는군요."

사실 이것도 정치가라면 반드시 갖추어야 할 인품이다. 곁에 있는 이들과 관계를 잘못 맺으며, 희녕변법熙寧變法을 추진할 때의 왕안석王安石처럼 그의 뜻에 동의하기만 하면 얼굴이 환해지며 활짝 펴지지만 그의 뜻에 동의하지 않으면 얼굴이 붉으락푸르락해진다면, 어떻게 다른 사람과 함께 일할 수 있겠는가? 재상의 뱃속은 배도 저을 수 있을 만큼 도량이 넓어야 한다. 이것이 바로 인품이다. 자기 자신의 감정을 통제할 수 있는 사람이라야 이런 인품을 갖출 수 있다.

이어서 순우곤은 세 번째 문제를 던졌다.

"궁교석간弓膠昔干이라야 소이위합야所以爲合也지만 연이불능부합소하然而不能傅合疏罅이라."

목공이 일을 하면서 두 물건을 하나로 붙일 때에는 갖풀을 쓴다. 그러나 여기에는 조건이 있다. 크게 갈라진 틈은 갖풀을 써도 붙일 수 없다는 것이다. 결국 세상 모든 물건을 다 붙일 수는 없다는 말이다. 순우곤은 갖풀로 물건 붙이기를 비유로 들었다. 이번에도 추기는 손우곤의 말을 듣고 웃음을 터뜨렸다.

"선생님, 고맙습니다. 만민과 좋은 관계를 가지라는 말씀이 아니겠습니까!"

정부는 온 백성의 신뢰와 옹호를 받아야 한다. 이것 또한 훌륭한 정치의 조건이다. 그 옛날 주무왕周武王은 이렇게 말했다.

"주왕紂王에게 천만 백성이 있을지라도 천만 개의 각기 다른 마음이 있을 뿐이오."

사람이 아무리 많아도 한 사람 한 사람 마음이 각기 다르면 단결할 수 없다. 우리에게는 사람이 적지만 나와 백성이 한마음으로 하나가 되면 그 뜻이 모여 성을 이룰 수 있다는 말이다. 백성과 협조하라는 순우곤의 훈계를 추기는 명백히 알아들었다. 그러기에 추기는 이렇게 말했다.

"정부의 수장으로서 만민과 좋은 관계를 가지도록 하겠습니다."

순우곤이 이어서 문제를 내놓았다.

"호구수폐狐裘雖弊라도 불가보이황구지피不可補以黃狗之皮라."

여우가죽으로 만든 외투가 아무리 해져도 누렁개 가죽으로 기울 수는 없다는 말이다. 이번에도 추기는 웃었다.

"선생님께서는 다시 저를 일깨우시는군요. 관리들을 가려 뽑을 때 신중하라는 가르침이시군요. 개꼬리를 담비꼬리에 이을 수 없듯이 설령 자리가 비었을지라도 마구 기워 넣어서는 안 된다는 말씀으로 알아들었습니다."

마지막으로 순우곤은 이런 문제를 던졌다.

"대차불교大車不較니 불능재기상임不能載其常任이며 금슬불교琴瑟不較니 불능성기오음不能成其五音이라."

대형 수레는 적재량이 큰 수레이다. 옛날의 수레는 대체로 두 가지 종류로 나눌 수 있다. 그 하나는 작전용 전차나 가볍고 작은 마차 따위의 속도를 중시하는 수레이다. 또 다른 하나는 무거운 화물을 실을 수 있는 수레이다. 이것들을 모두 대형 수레라고 불렀다. 추기는 이 말을 듣자 곧 무슨 뜻인지 알아차리고 입을 열었다.

"잘 알았습니다. 법을 만들었으면 관리들이 법에 대하여 엄격하게 시행하는지 잘 살피어 감독하라는 말씀으로 받들겠습니다."

몇 가지 질문과 답이 오간 뒤, 두 사람은 서로 마주 보고 껄껄 웃으며 마음의 벽을 허물었다. 순우곤은 추기와 헤어져 밖으로 나온 뒤 이렇게 말했다.

"정말 대단한 양반이오. 내가 한 마디 하면 그 양반은 곧장 알아듣는 게 아니겠소? 제후로 봉해도 될 인물이란 말이오."

순우곤이 추기를 찬미한 말이다. 이 한 도막의 대화에는 제나라만의 강렬한 특징이 있다. 옛적에 '미언상감微言相感'이라는 관용어가 있었다. 함축적 언어로 이야기를 나누며 뒤에 숨은 뜻을 스스로 알아차려야 하기에, 그 가운데 심오한 의미는 그런대로 총명해야만 이해할 수 있다. 추기는 이런 면에서 지혜가 넘쳤다.

추기는 제나라의 재상이 되어 자기의 정치적 이상을 펼쳐 나가기 시작했다. 그의 관리 아래 활기라고는 전혀 없었던 제나라에 이제는 생기발랄한 기운이 솟았다. 추기는 제위왕이 제나라를 잘 다스리도록 보좌하면서 중국 역사에 이름난 전례典例를 하나 남겼다. 추기는 풍자로써 제왕이 간언을 받아들이도록 했던 것이다. 그렇다면 이 이야기는 무엇일까?

추기도 인물이 괜찮았다. 어느 날, 그는 일어나서 거울 속에 비친 자기 모습을 보다가 아내에게 이렇게 물었다.

"나와 저 성 북쪽에 사는 서공徐公 가운데 누가 더 멋지오?"

제나라는 문화가 발달했으니 당연히 화장품도 발달했을 것이다. 사람들은 얼굴을 비롯한 외모의 아름다움에 신경을 쓰며, 확실하지는 않지만 아름다운 여성도 뽑고 멋진 남성도 뽑았는지 모른다. 그러기에 성 북쪽에 사는 서공이 제일 멋지다는 세론이 있었을 것이다. 추기는 거울을 보다가 문득 서공을 떠올리고 거울 속의 자기가 이렇게 멋진데 그와 견주면 또 어떨까라고 생각했다. 이리하여 그는 아내에게 물었던 것이고, 이에 대해 아내는 이렇게 대답했다.

"당연히 당신이 더 멋지지요. 어떻게 성 북쪽에 사는 서공을 당신과 견줄 수 있겠어요!"

⬆ 용무늬를 상감한 전국시대 구리거울

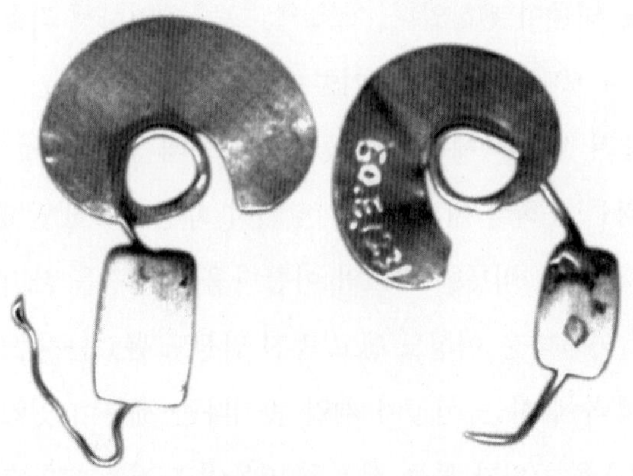

상商 왕조 부호묘婦好墓에서 발굴 출토된 금귀고리

이 말을 추기가 그대로 믿었다면, 그는 바보도 여간 바보가 아니다. 이런 바보라면 어떤 큰일도 해낼 수 없다. 그는 작은마누라에게도 같은 물음을 던졌지만 그녀가 내놓은 대답은 앞에서 아내가 한 말과 다름이 없었다.

"당연히 당신이 더 멋지지요."

추기는 그래도 방심하지 않았다. 하루가 지나 어떤 손님이 추기에게 도움을 청하려고 찾아왔다. 추기는 그에게도 똑같은 물음을 던졌다. 이 손님은 이렇게 대답했다.

"그래도 어르신이 더 멋집니다."

그 다음날, 성 북쪽에 사는 서공이 집으로 와서 얼굴을 마주하게 되었다. 어쩌면 서공도 언젠가 멋진 남성 선발 대회에서 우승을 차지하며 자격을 얻었기에 추기의 집을 오갔는지도 모른다. 추기는 서공의 생김새를 살피더니 다시 거울 속의 자기 모습을 되짚으며 살폈다. 그러면서 마음속으로 이렇게 중얼거렸다.

'이것도 코라고? 이것도 얼굴이라고? 나는 이게 뭐야? 아무리 봐도 이건 뭐 사람이 아니잖아!'

당연했다. 그의 모습은 『서유기西遊記』에 나오는 사승沙僧과 당승唐僧의 중간쯤이었지 대사형大師兄이나 이사형二師兄 정도에는 아예 이르지도 못했던 것이다.

이는 사실 사소한 사건이었다. 그러나 어쨌든 마음속에 맴맴 돌았기에 추기는 한동안 이 일을 생각했다. 그 뒤, 추기는 제위왕을 찾았다. 그리고 자기가 겪은 이 일을 제위왕에게 늘어놓은 뒤 이렇게 덧붙였다.

"그런데 말씀입니다, 집에서 제 아내와 작은이는 제가 더 멋지다고 말했습니다. 여기에는 원인이 있는 것 같습니다. 아내가 저를 멋지다고 한 것은 저를 사랑했기 때문입니다. 사랑이 깊으면 깊을수록 객관적이고 공정하게 사물을 보기가 힘듭니다. 사랑하면 상대방의 모든 게 아름답게 보이게 마련 아닙니까! 작은이가 저를 멋지다고 한 것은 저를 두려워했기 때문입니다. 찾아온 손님이 저를 멋지다고 한 것은 뭔가 바랄 것이 있으니까 귀에 듣기 좋은 소리를 했습니다. 자, 이 몇 사람은 모두 저보다 지위가 낮거나 저에게 바라는 바가 있기에 마음에 없는 소리를 했습니다. 그러니 폐하께서도 한 번 생각해 보시기 바랍니다. 폐하께서는 이 나라의 임금이시고 수하에는 대신도 있고 노복도 있으며 각급 관리들도 있고, 얼마나 사람이 많습니까! 후궁은 폐하를 사랑하고, 대신은 폐하를 두려워하고, 온 백성들은 폐하께 바랄 게 많습니다. 이들이 폐하께 드리는 말씀에는 공정하지 못하고 객관성이 없는 내용이 적지 않을 것입니다. 폐하께서는 실제와 동떨어진 말들을 얼마나 많이 들으셨겠습니까! 그러니 우리들은 거울을 보며 자기의 진면목을 살펴야겠습니다. 또 이로써 자기 분수를 잘 지켜야겠습니다."

이 말을 들은 제위왕은 큰 깨우침을 얻었다.

"옳은 말이오. 나도 거울에 비춰봐야겠소!"

이리하여 제위왕은 이렇게 정령을 선포했다.

"과인의 잘못을 내 앞에서 바로 이야기하는 자에게는 큰 상을 내릴 것이다."

그리고 편지나 문장으로써 자기를 비평하는 이에게는 그 다음 크기의 상을 내리고, 감히 얼굴을 맞대고 비평하지 못하고 남몰래 자기의 잘못이나 결점을 알리는 이에게는 가장 낮은 등급의 상을 내리겠다는 점도 덧붙여 선포했다.

이 이야기는 문학적 허구의 색채가 짙지만, 추기는 임금에게 백성의 비평을 받아들이도록 용기를 북돋았으니, 참으로 할 일을 제대로 한 신하였다. 옛적에 군주가 이렇게 하기란 참으로 쉬운 일이 아니었다. 더구나 비평하는 이에게 상을 내리며 격려하기란 결코 쉬운 일이 아니었다. 이 일은 『전국책』「제책齊策」에 기록으로 전한다. 또한 『전국책』에는 처음 몇 달 동안엔 의견을 내놓는 이가 문전성시를 이루었지만 시간이 지나면서 의견을 내놓는 이가 없었다고 한다. 사실상 이렇게 허구적인 색채가 농후한 이야기를 통하여 우리는 제위왕과 추기가 권력을 손에 쥔 뒤에도 민의의 소통에 마음을 기울였음을 알 수 있다. 민심이란 저 사람 마음이 내 마음으로 서로 아픔을 같이 하기에 지난날의 갖가지 원망이나 분노도 소통하면서 대부분의 문제를 해결할 수 있다. 민심을 하나로 모으는 매우 중요한 조치가 바로 이것이기에 여기서 말하는 거울에 비추어보는 행위가 뜻하는 바는 통치자에게 자기반성을 요구한다는 옹골찬 함의가 있다.

『사기』에는, 제위왕도 어쩌면 이 사건에 큰 영향을 받았음인지, 아니면 더 정확하게 말하여 추기의 영향을 받았음인지, 대부 두 사람을 불러 한 사람은 표창하고 다른 한 사람은 처벌했다는 기록이 있다. 표창을 받은 이는 즉묵대부卽墨大夫였다. 오늘날 산둥성에는 아직도 즉묵卽墨이라는 지방이 있다. 당시 제위왕은 즉묵대부를 마주하는 자리에서 이렇게 말했다.

"그대가 즉묵에 와서 대부로 있으면서 이 지방을 관리한 이래 과인은 날이면 날마다 그대를 비방하는 말을 들었소. 하지만, 그대가 관리하는 지방에 와서 보니 농사도 훌륭하게 되었고 백성들이 살고 있는 집도 반듯하게 수리되어 있었소. 이는 그대가 과인에게 듣기 좋은 말로 아부나 하는 인물이 아니라는 의미였소. 그래서 과인은 이제 그대에게 상을 내리오."

지방에서 올라온 또 다른 대부는 아대부阿大夫였다. 필자는 여기에도 문학적 허구가 있다고 생각한다. 아阿라는 글자는 사람들에게 비위를 맞추며 알랑거리는 아부阿附라는 낱말을 떠올리게 만들기 때문이다. 제위왕은 그에게 이렇게 말했다.

"그대가 아阿 지방의 대부가 된 뒤, 과인은 날이면 날마다 그대를 추어올리는 말만 들었소. 그러나 과인이 아 지방의 관리 상황을 보니 땅에는 곡식도 제대로 심지 않았고 백성들의 생활도 말이 아니었소. 사람들에게 짐짓 은혜를 베풀며 과인에게 그대를 넌지시 추어올리라고 꾀었음이 분명하오. 그대는 과인에게 어떻게 잘 보일 것인가, 여기에만 온 마음을 쏟았음이 분명하오. 그래서 과인은 이제 그대를 벌하려고 하오."

이 두 이야기에서 과장된 부분을 버리더라도, 제위왕은 당시 유능한 군주로서 안팎으로 소통하는 것 말고도 관리들의 상벌에도 주의를 기울이며 직무를 제대로 처리하지 못하는 자에게는 징벌을 내리고 성실하고 적극적으로 직무에 임한 자에게는 상을 내렸음을 알 수 있다.

> 제나라는 제위왕이 임금의 자리에 있을 때, 현명하고 덕망 있는 인재를 불러 모아 적절한 자리에 앉힘으로써 강성한 기상이 두루 넘쳤다. 제위왕은 추기와 순우곤 외에 어떤 인물을 썼을까? 또 제위왕은 현명하고 덕망 있는 이런 인재를 어떻게 대했을까?

제위왕 시기에 현인들이 적절한 자리에서 힘차게 일을 할 수 있었던 것은 제위왕이 현인들을 보배처럼 여겼기 때문이다. 『사기』「전경중완세가田敬仲完世家」에는 이런 이야기가 실려 있다.

어느 날, 제위왕과 양혜왕이 사냥을 하던 중에 약속도 하지 않았는데 뜻밖에도 우연히 만나게 되었다. 이 자리에서 양혜왕이 제위왕에게 먼저 입을 열었다.

"제나라는 그렇게 크고 오래된 나라인데, 내 한 가지 묻겠소. 당신네는 어떤 보물을 가지고 있소?"

제위왕은 양혜왕에게 이렇게 되물었다.

"당신네 나라에는 어떤 보물이 있소?"

양혜왕이 대답했다.

"멋진 보물이 있소. 과인의 나라에는 많지는 않지만 직경이 한 치가 넘는 야광주夜光珠가 있습니다. 밤이면 쭉 늘어선 12대의 수레저 끝까지 번쩍번쩍 비출 수 있는 게 10개나 됩니다."

제위왕도 가만있지 않았다.

"과인의 나라에도 보물이 있습니다. 그러나 과인의 보물은 당신네 보물과는 같지 않습니다. 과인의 보물은 현명하고 덕망 있는 인재입니다. 이 몇 분의 보물을 말씀드리자면, 먼저 단자檀子가 있습니다. 단자에게 남쪽 성을 지키게 했더니, 초나라는 동북쪽으로 전진하면서 우리 제나라를 차지하려고 했지만 이제는 감히 넘볼 마음조차 먹지 못하게 되었습니다. 또 하나의 보물은 바로 전분田肦입니다. 전분에게 고당高唐(지금의 산둥성 가오탕현高唐縣 부근)을 지키게 했더니 노나라 사람들이 감히 황화를 건너 하동河東으로 고기를 잡으러 올 생각을 못합니다. 이 밖에도 또 다른 보물이 있습니다. 바로 검부黔夫입니다. 그에게는 서주徐州(지금의 허베이성 따청현大成縣 부근)를 지키게 했습니다. 제나라 변경의 연나라 사람들은 우리나라 북문을 향해 제사를 올리고, 조나라 사람들은 우리나라 서문을 향해 제사를 올립니다. 무슨 까닭일까요? 우리 제나라가 그들을 치지 말게 해 달라고 간구하기 위해서입니다. 아, 보물이 또 한 명 있습니다. 바로 종수種首입니다. 그에게는 우리의 치안을 돌보게 했습니다. 그 결과 어떻게 되었을까요? 길에는 물건이 떨어져 있어도 줍는 이가 없고, 밤에는 대문을 닫지 않아도 도둑이 들지 않았습니다. 과인에게는 이런 보물이 있습니다. 당신네 보물이 수레 12대나 되는 먼 곳까지 비출 수 있다고 하지 않았습니까? 그런데 과인이 가진 보물은 천 리를 환하게 비출 수 있소이다."

제위왕이 이렇게 말하자 양혜왕의 얼굴은 부끄러움으로 관우關羽보다 더 빨개졌다.

양혜왕과 제위왕의 만남은 닭과 봉황의 만남이었다. 양혜왕은 직경이 한 치가 넘는 야광주를 자랑하며 뽐냈지만 상대방 제위왕은 현명하고 덕망 있는 몇 명의 인재로 맞섬으로써 양혜왕의 기를 단단히 꺾었던 것이다.

제위왕 시기에 제나라에는 현명한 인재들이 넘쳤다. 당시 정말로 중요한 인재로서 역사상 그 이름을 빛낸 군사전문가도 이때 제나라로 왔다. 누구였을까? 바로 손빈孫臏이었다. 그는 고대 역사에서 가장 수준 높은 군사전문가였다. 그를 이야기하려면 먼저 양혜왕을 말하지 않을 수 없다. 양혜왕이 통치하던 위나라에서 가장 인기 높은 장군은 누구였을까? 방연龐涓이었다. 방연과 손빈은 함께 공부한 동창이었다고 한다. 동창은 서로 친한 친구가 되기도 하지만 숙적이 되기도 십상이다. 서로를 너무 잘 알기 때문에 곧잘 질투심이 솟을 수 있기 때문이다. 이 두 사람이 군사에 대하여 논의를 벌일 때면 언제나 방연이 손을 들었다고 한다. 타고난 재능이 달랐기에 어쩔 수 없는 일이었다.

확대경

질투에는 특징이 있다. 자기와 가까운 친구나 동창부터 질투한다. 예나 지금이나 수많은 경우 천하를 차지하려는 인물은 언제나 인격부터 비틀리기 시작했다. 방연도 여기에서 벗어나지 못했다.

그때마다 방연은 타오르는 질투로 죽을 지경이었다. 질투에는 특징이 있다. 자기와 가까운 친구나 동창부터 질투한다. 뒷날 방연은 양혜왕의 눈에 들며 손빈보다 먼저 뜻을 이룬다. 이때 방연은 이 세상에서 자기와 어깨를 겨룰 첫 번째 인물은 오로지 손빈뿐이라고 생각했다. 예나 지금이나 수많은 경우 천하를 차지하려는 인물은 언제나 인격부터 비틀리기 시작했다. 방연도 여기에서 벗어나지 못했다. 독하지 않으면 사나이가 아니다. 그럼 어떡할 것인가?

방연은 손빈을 자기 곁으로 불렀다. 손빈은 동창이었기에 아무런 대비도 없이 방연을 찾았다. 결과적으로 손빈은 동창인 방연에게 두 발은 잘리고 얼굴은 먹물로 자자刺字되었다. 방연은 손빈을 다른 사람 앞에 설 수조차 없는 폐인으로 만들었다. 전국시대에는 이렇게 극단적인 인물이 많았다. 방연도 바로 그런 인물 가운데 하나였다. 그는 이런 인물을 대표할 뿐만 아니라 남성의 음침한 면까지 대표했다. 방연은 자기의 동창조차 받아들이지 못하는 음침한 인물로서 참으로 전형적이다. 이때 위나라 군주는 양혜왕이었다. 그는 한 치가 넘는 야광주만 보물로 여기는 인물로서 손빈이라는 참으로 큰 인재가 자기 나라에서 어떤 일을 당하는지도 모르고 있었다. 그는 그저 방연이 괜찮다는 생각만 했다. 그런 일이 있은 뒤, 제나라의 사신이 위나라에 왔다. 손빈은 온갖 방법을 다 써서 이 사신을 몰래 만났다. 두 사람 사이에 불과 서너 마디 말이 오갔을 뿐이지만 이 사신은 손빈이 인재임을 알아차렸다. 자기 임금은 인재를 보물로 여기는 분이 아닌가? 임금이 현명한 인재를 사랑하면 신하들은 인재를 즐겨 추천할 수밖에 없다. 사신은 손빈을 데리고 제나라로 돌아갔다. 뒷날 손빈은 제나라의 군사적 승리에 큰 힘을 보탰다.

그렇다면 손빈은 나중에 일어난 전쟁에서 어떻게 제나라를 도와 위나라를 쓰러뜨렸을까? 그리고 어떻게 위나라의 패업을 끝장냈을까?

5장 위나라를 포위하여 조나라를 구하다

전국시대 몇몇 대국들이 서로 각축하는 가운데, 위나라를 포위하여 조나라를 구원하기 위한 전쟁이 터졌다. 이 전쟁에서 같은 스승 밑에서 공부한 두 장군이 서로 지혜와 용기를 겨루었으니, 이들이 바로 위나라의 장군 방연과 제나라의 장군 손빈이었다. 이 전쟁으로 강성의 길을 걷던 위나라는 그만 쇠락의 비탈길로 들어서기 시작했다.

위나라는 위문후가 강성을 도모하기 시작하며 빠른 속도로 강성의 길에 올랐지만 겨우 삼대 70년을 지나며 쇠락의 길로 들어섰다. 이렇게 강성의 길에서 쇠락의 길로 들어선 데는 한 차례 큰 전쟁이 그 원인이었다. 이 전쟁에는 전국시대 몇몇 대국들이 자기의 이익을 위하여 속속 뛰어들었다. 또한 같은 스승 밑에서 수학한 동문 형제 사이에 지혜와 용기를 겨루었다. 바로 위나라 장군 방연과 제나라 장군 손빈이 맞붙은 전쟁이었다. 그렇다면 전쟁은 어떻게 일어났으며, 어떻게 끝났을까?

옛적 병서에 나오는 '삼십육계三十六計' 가운데 '위위구조圍魏救趙'라는 계략이 있다. 이 계략과 관계된 전쟁이 전국시대 위나라와 제나라 사이에 발생했다. 쌍방의 장군은 위나라 쪽은 방연, 그리고 제나라 쪽은 손빈이었다.

위나라는 위문후가 세상을 떠난 뒤, 패업은 절정을 찍고 쇠락의 길을 걷고 있었다. 쇠락이 시작되었음을 보여주는 가장 상징적인 사건이 바로 '위위구조', 즉 위나라를 포위하여 조나라를 구원하기 위하여 계릉桂陵에서 벌인 전쟁이었다.

전쟁은 양혜왕 16년, 제위왕 3년인 기원전 353년에 터졌다.

바로 이해, 제나라는 위나라가 큰 병력을 동원하여 조나라 수도 한단으로 대거 진공하고 있다는 소식을 조나라로부터 접수했다. 조나라가 제나라에 도움을 요청했던 것이다. 위나라의 공격을 받은 조나라가 제나라에 도움을 요청하다니! 이는 바로 평소에는 향도 올리지 않다가 급할 때 부처님 다리 껴안기와 다를 바 없는 일 아닌가? 그렇지 않다. 양혜왕이 재위 9년 지금의 허난성 카이펑 일대인 대량으로 도읍을 옮긴 지 얼마 지나지 않아서 조나라는 바로 제나라와 연맹 관계를 맺었기 때문이다. 왜 그랬을까? 당시 위나라와 제나라, 그리고 조나라 사이의 관계를 나타낸 말 한 마디가 이 경우 그대로 들어맞는다. '같은 욕심을 가진 자는 서로 미워하고, 같은 걱정을 가진 자는 서로 친하다'[9]는 말이 바로 이 경우이다. 원래 조나라와 위나라는 모두 삼진의 나라로 초기에는 무슨 일이든 단결했었다. 그러나 이제 두 나라는 동방의 비옥한 토지를 손에 넣으려는 동일한 목표를 가지고 있었다. 이 두 나라는 '같은 욕심을 가진 자'로서 서로 미워할 수밖에 없었다. 이와는 달리 제

확대경

원래 조나라와 위나라는 모두 삼진의 나라로 초기에는 무슨 일이든 단결했었다. 그러나 이제 두 나라는 동방의 비옥한 토지를 손에 넣으려는 동일한 목표를 가지고 있었다. 이 두 나라는 '같은 욕심을 가진 자'로서 서로 미워할 수밖에 없었다. 인간 본성의 결함으로 모두가 환난을 함께할 수는 있지만 하나의 물건을 공동으로 추구할 수는 없다.

9 同欲者相憎, 同憂者相親. 『전국책』「중산책中山策」에 이 구절이 보인다.

나라와 조나라는 지금 강대한 위나라를 앞에 두었다는 점에서 '같은 걱정을 가진 자'였다. 위나라가 나라의 정치적 중심, 아니 실제로는 전략적 중심을 동방으로 옮겨놓은 것은 제나라의 코앞에 창을 들이대고 토지와 백성을 강탈하려는 계획과 다름이 없었다. 인간 본성의 결함으로 모두가 환난을 함께할 수는 있지만 하나의 물건을 공동으로 추구할 수는 없다.

그렇다면 도대체 어떻게 된 일일까? 왜 위나라는 조나라를 치려고 했을까? 먼저 조나라부터 이야기를 시작하겠다.

제위왕 3년 이전에 조나라는 위衛나라의 두 지방을 먼저 손에 넣었다. 이때, 숨이 겨우 붙어있던 위衛는 위魏에 달라붙었다. 조나라의 이런 행동은 먼저 손을 써서 강해지려는 술책이라고 생각한 양혜왕은 그만 화가 잔뜩 났다. 조나라는 이렇게 오랫동안 위나라와 줄곧 매끄럽지 못한 관계를 유지했다. 두 나라는 눈을 부릅뜨고 위衛나라의 평원지대에 속한 비옥한 동방의 땅덩어리를 호시탐탐 노려보며 손에 넣으려고 안달을 했던 것이다. 위나라가 보기에 위衛라는 오래된 나라의 나머지 땅은 자기가 차지해야 했다. 양혜왕의 눈에는 위衛가 바로 자기 솥에 든 고깃덩어리였다. 지금 조나라가 이것저것 신경도 쓰지 않고 제멋대로 손을 먼저 쓴 것은 자기 몫도 아닌 반찬에 손을 대는 것과 다를 바 없었다. 위나라는 당연히 동의할 수 없었다. 그래서 이번에는 양혜왕이 결연히 일어서며 그대로 한단으로 밀고 들어가서 조나라를 없앨 작정을 했다. 이때 위나라는 아직 위문후와 위무후의 위력이 그래도 남아 있었기에 이런 사나운 기세가 아직은 맹렬했다. 위나라의 이런 기세에 조나라는 버티지 못하고 재빨리 제나라에 구원의 손길을 내밀었다.

위나라는 조나라를 치기 위해 대군을 동원해야만 했다. 그리고 위나라만 단독으로 갈 수는 없었다. 위나라 단독으로는 보기에도 좋지 않았기에 다른 나라를 끌어들여 기세를 올려야 했다. 어느 나라를 끌어들였을까? 송나라도 있었고 한나라도 있었다. 이 당시 양혜왕의 머릿속엔 이제는 더 이상 어느 누구도 바라지 않던 헛된 꿈으로 가득했다. 어떤 꿈이었을까? 패자가 되는 꿈이었다. 춘추오패는 싸움터에서 어느 한 나라만이 단독으로 작전을 벌이지 않았다. 똘마니 같은 약소국가들을 협박하여 거느리고 자기야말로 여러 제후국의 이익을 대변하는 것처럼 행동했다. 이것이 바로 춘추시대 패자들의 버릇이었다. 제나라 환공이 초나라와 싸울 때도 그랬고, 진晉나라 문공文公이 초나라와 싸울 때도 그랬다. 그러나 이는 춘추시대, 그것도 춘추시대 패자의 행동 요강이었다. 주천자가 천하의 모든 질서를 이끌어 갈 수 없었기에 패자가 대신 그 일을 대행했던 것이다. 그러기에 춘추시대의 패자는 대표성과 합법성을 두루 얻으려고 이 나라도 끌어들이고 저 나라도 끌어들여야 했다. 약소국은 이 부름에 응하지 않을 수 없었다. 또 춘추시대의 패자는 이런 약소국을 쓰러뜨린다 해도 패주로서 자기 행동에 알맞은 구실을 찾아야 했다. 그런 뒤 공공연하고도 떳떳하게 그 나라의 땅덩어리와 백성을 함께 강탈했다. 비록 이런 추세가 현실로 드러나긴 했지만 역사의 주류로서 위치를 차지하지는 못했다. 그러나 양혜왕은 자신이 춘추시대 패자의 위치를 계속 차지하고 있다고 생각했다. 그가 실제로 벌인 일도 공공연하게 땅덩어리를 차지하고 백성을 손에 넣는 일이었다. 양혜왕은 몸은 전국시대에 있으면서도 꿈은 춘추시대에 있었다.

송나라는 어떤 반응을 보였을까? 당연히 겉으로는 돕겠다며 흔쾌히 동의했지만 뒤돌아서자마자 사신을 조나라로 보내 정보를 그대로 전했다. 사신은 울먹이며 조왕에게 이렇게 아뢰었다.

"폐하, 저희는 지금 어려움에 봉착했습니다. 위나라가 폐하의 땅 조나라를 치려고 합니다. 알다시피 위나라 군대의 전투력이 이렇게 강한데 우리처럼 작은 나라가 어찌 한 마디라도 감히 거절할 수 있겠습니까? 하지만 저희도 잘 압니다. 일단 폐하의 조나라를 쓰러뜨린 뒤, 그들은 이제 우리 송나라를 가만 두지 않을 것이 분명합니다. 이렇게 이리저리 어려움에 처한 저희를 폐하께서는 살피시기 바라나이다."

조왕도 물론 무슨 말인지 분명하게 알아들었다. 그는 송나라 사신에게 이렇게 일렀다.

"그대의 어려움을 잘 알았소. 그러나 송나라도 위나라를 따라 우리를 치도록 하시오. 하지만 너무 온 힘을 다하지 않기 바라오."

사신은 이 말을 듣자 마음속에 계산이 섰다. 송나라의 계산은 위나라에서 출병하라면 출병하고 치라면 치되 온 힘을 기울이지 않는 것이었다. 송나라는 조나라로 진공하여 성읍 하나를 치면서 있는 힘을 다하는 체했다. 하지만 아무리 해도 손에 넣지 못하겠다는 듯이 꾸물거리며 시간을 질질 끌었다. 송나라는 이렇게 양쪽에 모두 알랑거리는 양면 작전을 펼쳤다. 춘추시대에는 패주를 따라 전쟁터에 나선 약소국 군대는 일반적으로 전투에서 모든 힘을 다 쏟지 않았다. 그러나 사전에 적과 내통하는 몹쓸 짓은 벌이지 않았다. 그러나 이제 송나라

확대경

춘추시대에는 패주를 따라 전쟁터에 나선 약소국 군대는 일반적으로 전투에서 모든 힘을 다 쏟지 않았다. 그러나 사전에 적과 내통하는 몹쓸 짓은 벌이지 않았다. 그러나 이제 송나라는 사전에 조나라와 내통했다. 시대가 바뀌었던 것이다. 양혜왕은 아직도 춘추시대 패주의 꿈을 꾸고 있었다. 때 맞춰 깨어나지않으면 이부자리에 오줌을 누지 않을 수 없는 일이었다.

는 사전에 조나라와 내통했다. 시대가 바뀌었던 것이다. 양혜왕은 아직도 춘추시대 패주의 꿈을 꾸고 있었다. 때맞춰 깨어나지 않으면 이부자리에 오줌을 누지 않을 수 없는 일이었다.

양혜왕은 한나라에도 손을 내밀었다. 한나라도 위나라의 요구에 동의했다. 이때 한나라의 군주는 한소후韓昭侯였다. 한소후도 능력이 자못 대단한 군주였다. 마침 그에게는 신불해申不害라는 이름난 인물이 곁에 있었다.

신불해는 법가 초기의 인물이었다. 초기의 법가는 법法과 술術, 그리고 세勢를 소중히 여겼다. 신불해는 그 가운데 '술'에 뛰어났다. 기록에 의하면, 이때 그는 한소후에게 이렇게 아뢨다고 한다.

"지금 위나라는 제 딴은 굉장히 강대하다고 믿고 있습니다. 만약 지금 우리가 그들 말에 순종하지 않으면 가까이 있는 우리를 손보려고 할 것입니다. 어떻게 해야 될까요?"

신불해는 한소후에게 신하의 예를 갖추어 양혜왕을 배알하라고 일렀다.

"우리가 이렇게 하면 위나라는 주위나라들이 모두 자기에게 복종한다고 생각하며 마음 놓고 여러 제후국을 향해 군사를 부리려고 할 것입니다. 이렇게 되면 위나라는 천하 제후들의 공분을 사게 될 것이고, 우리 한나라도 재앙을 면할 수 있습니다."

한나라는 이런 음험한 책략으로 대응했지만 출병하여 조나라를 함께 치자는 위나라의 요청은 당연히 거절할 수 없었다.

위나라는 조나라를 공격하는 데 기세를 드높이기 위하여 한나라와 송나라 등 여러 제후국과 관계를 맺었다. 한나라와 송나라 등은 군사를 보내 참전은 했지만 큰 힘을 쓰지 않았으니, 모두가 자기 나름의 이해타산이 있었기 때문이다. 그렇다면 이런 상황을 두고 위나라에는 이들의 이런 깊은 속셈을 알아챈 인물이 없었을까? 그리고 위나라 양혜왕은 도대체 어떤 생각을 하고 있었을까?

이런 상황 속에서 양혜왕의 대장군 방연은 위나라의 주력 부대를 이끌고 출발했다. 그렇다면 당시 위나라에는 양혜왕을 막아설 만큼 똑똑한 인물이 없었을까? 그럴 리 없다. 『전국책』「위책魏策」에는 앞을 막아선 이가 있었다는 기록이 있다. 누구였을까? 계량季梁이라는 인물이었다. 계량은 양혜왕이 한단을 포위 공격하기 위하여 출병한다는 말을 듣자 마음이 급했다. 이건 국가의 존망이 걸린 큰일이었기 때문이다. 그는 옷매무새를 가다듬을 새도 없이 그대로 양혜왕에게 달려갔다.

"폐하, 아니 되옵니다!"

그가 내건 만류의 변은 참으로 의미심장하다. 옛적부터 내려오는 사자성어 가운데 '남원북철南轅北轍'이라는 말이 있다. 바로 계량이 양혜왕에게 만류의 변을 내놓았을 때 한 말이다.

"폐하, 제가 방금 태항산에서 돌아올 때 어떤 이가 수레를 몰고 길을 가는 모습을 보았습니다. 그의 말이나 수레는 모두 훌륭했습니다. 그가 북쪽으로 향하는 것을 보고 제가 물었습니다. 지금 그대는 어디로 가고 있소, 하고 말입니다. 그 양반은 초나라로 가고 있다고 대답했습니다. 아니, 초나라로 간다면서 어떻게 북쪽으로 가고 있소, 하고 제가 물었습니다. 그 양반 대답이 이랬습니다. 제 말은 정말 훌륭하기에 하루에도 아주 멀리 갈 수 있습니다. 제가 다시 그 양반에게 일렀습니다. 그래도 안 됩니다, 방향이 전혀 다릅니다, 하고 말입니다. 그 양반은 다시 이렇게 말했습니다. 여비가 넉넉하기 때문에 남쪽으로 가는 데는 문제가 없다고 말입니다. 저는 그래도 안 된다고 했더니, 그 양반은 자기의 수레 기술이 특별히 좋기 때문에 문제가 없다고 했습니다."

잠시 뜸을 들인 뒤, 계량은 양혜왕에게 이렇게 덧붙였다.

"그 양반 하는 짓이 바로 남원북철이 아니겠습니까?"

여기서 그치지 않고 계량은 한 마디 더 길게 늘어놓았다.

"지금 폐하께서 하는 일도 남원북철입니다. 폐하께서 패권을 잡으려면 패주로서 지켜야 할 일이 무엇이겠습니까? 패주라면 천하에 신임을 얻어야 합니다. 제환공이든 진문공이든 하나같이 조그마한 신임이라도 놓치지 않기 위하여 제후들의 환심을 사기에 바빴습니다. 진문공은 제환공처럼 제후들을 너그럽게 대하지는 않았지만, 그도 역시 가상의 적을 두어야 했습니다. 바로 초나라를 중원 여러 제후들의 적으로 만들며 무리를 이끌고 함께 나아갔습니다. 제후에게 신임을 얻으려면 이것도 하나의 방법이 아니었겠습니까! 이들처럼 패자가 되려면 방향이 옳아야 합니다. 지금 폐하께서는 패권을 잡으려고 하면서도 제후의 신임은 얻으려고 하지 않고 오히려 이들을 멸하고자 하니, 이야말로 남원북철이 아니고 무엇입니까?"

계량이 내놓은 이 이치도 양혜왕에게 아무런 영향을 주지 못했다. 양혜왕은 이미 정신이 좀 나간 듯 자기야말로 조나라를 멸할 수 있다고 자만하고 있었기에 계량의 말이 아예 귀에 들어오지도 않았다. 『전국책』에는 다분히 우화적 색채가 짙은 남원북철 이야기가 기

확대경

역사가는 큰 사건을 서술하면서 이 '후회하게 만드는 약'을 살짝 넣어서 기록하는데, 그 목적은 당시에 복용해야 하는데도 복용하지 않은 '후회하게 만드는 약'을 통하여 뭔가를 섭취하라고 경고하는 데 있다. 위나라가 군사를 크게 일으켜 한단을 포위 공격했을 때, 양혜왕을 막아서는 이가 없지 않았지만, 안타깝게도 그는 귀를 열지 않았다. 귀를 열지 않았으니 아무리 좋은 생각도 사후에 찾아낸 '후회하게 만드는 약'일뿐이었다.

록으로 남아 있지만, 이는 후세 사람의 행차 뒤 나팔 아니면 역사가가 양혜왕에게 올리는 '후회하게 만드는 약'일지도 모른다. 역사가는 큰 사건을 서술하면서 이 '후회하게 만드는 약'을 살짝 넣어서 기록하는데, 그 목적은 당시에 복용해야 하는데도 복용하지 않은 '후회하게 만드는 약'을 통하여 뭔가를 섭취하라고 경고하는 데 있다. 위나라가 군사를 크게 일으켜 한단을 포위 공격했을 때, 양혜왕을 막아서는 이가 없지 않았지만, 안타깝게도 그는 귀를 열지 않았다. 귀를 열지 않았으니 아무리 좋은 생각도 사후에 찾아낸 '후회하게 만드는 약'일 뿐이었다.

위나라 군사가 한단을 포위하면서 계릉 전투가 터진다. 제나라가 이 소식을 접했을 때 제위왕은 자리에 오른 지 얼마 되지 않았고, 일련의 개혁 조치를 실행했다고는 하지만 추기 같은 이도 무대에 막 등장했기에 아직은 그리 강한 나라가 아니었다. 조나라를 도울 것인가? 아니면 물러선 채 바라만 볼 것인가? 이 싸움에 뛰어들 것인가? 아니면 뒷짐을 진 채 구경만 할 것인가? 제위왕은 마음을 확실히 정할 수 없었기에 어전 회의를 소집하여 토론을 벌였다.

당시 이 회의에 참석한 주요 대신으로는 추기 외에 전기田忌도 있었다. 회의에서는 양쪽의 의견이 맞섰다. 위나라나 조나라 일은 우리 제나라와는 먼 곳 일이니 관여하지 말자는 의견은 추기가 앞장서 내놓았다. 문신이면서 재상의 자리에 있었던 추기로서는 제나라의 국력이 아직은 그리 강하지 않은데 전쟁에 큰돈을 써야 한다는 데 소극적일 수밖에 없었다. 그러나 반대 입장이었던 단간붕段干朋은 반드시 조나라를 구원해야 한다고 목소리를 높였다.

"조나라의 한단은 우리 제나라에서 아주 멀리 떨어진 것처럼 보입니다. 그러나 사태의 전반적인 모습이 이미 보이지 않습니까? 위나라가 도읍을 동쪽으로 왜 옮겼는지 너무도 분명하잖습니까? 만약 위나라가 조나라를 쓰러뜨린다면 그 나라의 땅덩어리가 배로 늘어납니다. 한 마리 호랑이가 이제 두 마리 호랑이로 변하게 되면, 그때가 되면, 어느 나라가 위나라를 감히 건드릴 수 있겠습니까? 그러기에 지금 우리 제나라는 이 일을 가만 두고 보아서는 안 될 것입니다."

단기붕의 의견은 바로 전기의 생각이었다. 그러면 어떻게 관여할 것인가? 단간붕은 이렇게 말했다.

"병사를 이끌고 나아가서 위나라와 직접 맞설 수는 없습니다. 우리 제나라가 할 수 있는 상책上策은 남쪽으로 나아가서 위나라의 주요 도시 양릉襄陵을 치는 일입니다."

위나라가 조나라를 치자, 조나라와 이웃한 제나라는 이해득실을 계산한 뒤, 출병하여 조나라를 구원하기로 결정했다. 대군이 출정하려면 먼저 장군을 뽑아야 했다. 제나라는 가장 적합한 장군을 인선한 결과 넘치는 지혜와 뛰어난 계략을 가진 손빈이 뽑혔다. 그러나 제나라 사신이 위나라에서 데리고 온 손빈은 신분이 보잘 것 없는 불구자일 뿐이었다. 그런데도 손빈은 어떻게 제위왕의 신임을 얻어 대군을 이끄는 장군이 되었을까?

『사기』「손빈열전孫臏列傳」은 제위왕이 큰 계획을 세운 뒤 손빈을

손빈孫臏

만나 제나라 장군 자리를 맡아 달라고 요구했다고 기록했다.

손빈이 제나라 사신을 따라 위나라에서 제나라로 올 때는 이미 불구자의 몸이었다. 그러기에 「손빈열전」의 이야기는 그 가능성이 매우 높아서 음미해 볼 가치가 있다. 처음에 손빈의 지위는 그렇게 높지 않았다. 게다가 어떤 공적도 없었다. 그러나 손빈은 제나라에 온 뒤, 『사기』의 기록으로 미루어 볼 때, 그가 이미 전기의 신임을 깊이 받고 있음을 알 수 있다. 손빈은 일찍이 전기가 경마 경기에서 큰 승리를 거두도록 도와준 적이 있다. 전기는 제나라 혈족으로서 돈은 물론 권세까지 있었지만 그가 좋아하는 경마 경기에서 언제나 지곤 했다. 전기가 가지고 있던 말이 만족스럽지 않았느냐 하면 그것도 아니었다. 그런데도 지기만 했다. 손빈은 그들이 겨루는 경마 경기를 지켜보면서 이길 수 있는 비결을 알아냈다. 그는 전기를 가만히 불러 이렇게 일렀다.

"어르신, 그렇게 경기를 펼쳐서는 안 됩니다. 그렇게 하다간 영원히 이길 수 없습니다."

"그럼 그대가 한번 가르쳐 주오."

"이제 경기를 계속하면서 판돈을 크게 거십시오, 제가 크게 한몫 잡을 수 있도록 판을 뒤집겠습니다."

"어떻게 한단 말이오?"

"다음 경기에 내보낼 말은 제일 못난 놈으로 하여 상대편의 제일 훌륭한 말과 겨루도록 하십시오. 그리고 어르신께서 소유한 말 가운데 가장 훌륭한 말은 상대편의 중간 실력의 말과 겨루도록 하십시오. 이제 어르신께서 소유한 말 가운데 중간 실력의 말은 상대편의 제일 못난 놈과 겨루도록 하십시오. 이렇게 안배하면 승리를 확실히 보장할 수 있습니다."

손빈의 이런 안배는 사실상 다시 새로 짠 순열 조합이었다. 그런데 주목할 부분은 『사기』 속의 이 일화는 사실일 가능성도 있고 거짓일 가능성도 있지만 군사전문가로서의 뛰어난 계략을 여실히 보여준다. 병법은 계산을 참으로 소중하게 여긴다. 자기의 장점은 무엇이며 단점은 무엇인지 면밀하게 계산해야만 승산이 더욱 높아진다. 그리고 전투에서의 성공 확률도 높아진다. 계산이란 군사전문가의 지혜와 책략이다. 두 차례에 걸친 전투에서 손빈의 이런 점이 잘 드러난다. 그는 특별히 '재치 있는 타격'에 능했다. 당연히 전기의 말도 당나귀는 아니었다. 그랬다면 손빈 아니라 하

계산이란 군사전문가의 지혜와 책략이다. 손빈은 특별히 '재치 있는 타격'에 능했다. '재치 있는 타격'은 중국 병법의 정수이다.

느님이라도 도움을 줄 수 없었을 것이다. 말에서 큰 차이가 없는 상황이라면 어떻게 하면 좋을까? 경기에 참여하는 말의 출장 순서를 살짝 조정하여 상대편 말과 엇갈리게 하면 결과가 전혀 달라진다. 이것이 바로 손빈의 '재치 있는 타격' 솜씨였다. '재치 있는 타격'은 중국 병법의 정수이다. 중국의 옛 병법에서도 국력을 말했다. 그러나 한 나라의 종합적인 실력을 말했지만, 그것도 가장 밑바탕으로써 말했을 뿐, 당나귀에게 말과 경주를 벌이라고 할 수는 없는 일이다. 두 나라의 실력에 상당한 차이가 있으면 싸우려야 싸울 수가 없다. 큰 차이가 없을 때는 약소한 쪽도 싸움에 나설 생각을 하게 된다. 하지만 이런 경우, 약소한 쪽은 재치 있는 타격을 해야 한다. 손빈이 전쟁을 치르는 모습을 보면, 이렇게 재치 있는 타격에 능하여 불리한 국면을 유리하게 바꾸었다. 전기는 큰돈을 움켜쥐게 되었다. 그리고 이제 손빈의 됨됨이를 알았다.

제위왕이 어전 회의를 개최하여 토론을 벌이며 정책을 결정할 때 손빈을 제나라의 대군을 이끌 장군으로 임명하자고 제의한 이는 전기일 가능성이 높다. 그러나 손빈은 제나라의 장군이 되기를 거절했다. 왜 그랬을까?

"저는 전과자로서 다리는 잘렸고 얼굴은 자자刺字로 얼룽덜룽하여 청면수靑面獸 그대로이니 장군이 될 수 없습니다."

그러나 손빈은 이렇게 덧붙였다.

"하지만 저는 제나라 군대의 참모는 할 수 있습니다."

『사기』에는 그가 군수품을 나르는 짐수레에 앉아 참전했다고 기록했다. 이런 기록으로 볼 때, 손빈은 자신을 감추려고 했던 듯하다. 이 역시 그가 깊이 생각한 결과였다. 왜냐하면 상대편 사령관은 바로 방연이었기 때문이다.

계책이 확정된 뒤에 전쟁은 비로소 전투 단계로 진입하게 마련이다. 그렇다면 도대체 위나라의 한단 공격은 어떤 상황에서 진행되었을까? 과거에는 사료의 부족으로 비교적 분명하지 않았다. 그런데 현대에 와서 새로운 자료가 발견되었으니, 1970년대에 산둥성 은작산銀雀山에서 나온 한 더미의 죽간이 바로 그것이다. 『사기』는 손무자孫武子가 세상을 떠난 지 몇 세대 지나 손빈이 나타나서 몇 차례의 전쟁을 치르며 그 이름을 세상에 널리 알렸다고 말한다. 과거에는 이 말을 그다지 믿지 않았지만 죽간의 발견으로 역사에서 손빈이 분명 그 사람이라는 것이 증명되었을 뿐만 아니라 그 나름의 병법도 있었음이 밝혀졌다. 이것이 곧 『손무자孫武子』 열세 편 외에 『손빈병법孫臏兵法』에 나와 있다. 이 죽간은 비록 결손된 상태였지만 다시 정리되어 모습을 드러낸 뒤에는 그래도 대체로 읽을 만하다. 그 가운데 한 편이 「금방연擒龐涓」, 곧 '방연을 사로잡다'라는 꼭지이다. 여기서는 손빈과 방연, 두 장군 사이에 벌어진 '위나라를 포위하여 조나라를 구원한 전쟁'에 대하여 말하고 있다. 대체적인 정황은 이러했다. 위나라는 부대가 둘 있었다. 이 중에 한 부대는 그대로 북상하여 한단을 포위했다. 또 다른 부대는 10만 안팎으로 방연이 이끌었다. 방연이 이끄는 이 부대는 당시 동쪽으로 이동했다. 왜 그랬을까? 제나라를 방비하기 위해서였다. 제나라의 움직임에 따라 자기 부대도 적절한 행동을 취하기 위해서였다. 만약 제나라가 조나라를 구원하기 위해 출병하지 않으면 이 부대는 측면에서 한단을 공격하고 있는 위나라 군대를 지원할 수 있었다. 그러나 제나라의 동정을 분명히 알기 전에는 제나라의 인접 지역에 방어 병력을 배치하고 방비를 단단히 할 작정이었다.

이 전쟁의 안내도를 보면, 방연의 속셈을 분명히 알 수 있다. 방연은 위나라의 장군으로서 정상이라면 방어의 수를 쓰면서 규정을 그대로 따르며 한단을 치려고 했을 것이다. 하지만 당시 동방 최대 강국은 제나라였기에 만약 방비를 제대로 하지 않다가 제나라가 나서기라도 한다면 어떻게 할 것인가? 그래서 방연은 이렇게 한 것이다. 따라서 그가 따른 것은 그대로 병서에서 전쟁의 책략으로 늘 이야기하는 일반적인 방법이었다.

위나라 장군 방연은 결코 무능한 인물이 아니었다. 그는 벌써 제나라가 조나라 구원에 나설 수 있는 가능성을 염두에 두고 있었다. 이 때문에 그는 부대를 보내 제나라를 방비했던 것이다. 그렇다면 이렇게 철저하게 준비를 갖춘 위나라 군대를 앞에 두고 제나라 장군 손빈은 어떻게 군사를 부리며 조나라를 구원했을까?

문제는, 방연이 이렇게 제나라를 방비한다지만 제나라 군대의 참모가 바로 손빈이라는 데 있었다. 이곳에서 방비한다고 손빈이 이곳에서 적의 군대와 맞붙을 리 없을 테니까! 그 뒤에 제나라 군대의 움직임을 보면, 일류 장군, 일류 군사전문가와 보통 장군, 이류·삼류 장군 사이에는 큰 차이가 있음을 알 수 있다. 이런 이류·삼류에 지나지 않은 자가 군에 들어온 지 여러 해, 자기 노력과 군공 외에 행운까지 겹치며 장군이 되었지만, 진정한 군사전문가와 맞닥뜨리고 보

확대경

이런 이류·삼류에 지나지 않은 자가 군에 들어온 지 여러 해, 자기 노력과 군공 외에 행운까지 겹치며 장군이 되었지만, 진정한 군사전문가와 맞닥뜨리고 보니, 이들이 군사 지략 면에서 따른 규정이라는 것도 참으로 평범하기 짝이 없는 것으로 드러나고 말았다.

니, 이들이 군사 지략 면에서 따른 규정이라는 것도 참으로 평범하기 짝이 없는 것으로 드러나고 말았다. 이것이 당시 위나라의 형편이었다. 그들은 이렇게 북쪽과 동쪽으로 양 부대를 내보냈다.

죽간은 동쪽으로 나아간 위나라 군대가 위衛나라의 몇몇 성읍을 순조롭게 점령했다고 이른다. 바로 이때, 제나라 군대가 출발했다. 전기는 위나라 군대가 위衛나라의 몇몇 성읍을 점령하자 손빈에게 이렇게 말했다.

"위나라 군대가 손에 넣은 저곳을 가만둬서는 안 될 일 아니오?"

이 물음에 손빈은 이렇게 대답했다.

"아니올시다. 그대로 두면 됩니다. 그들이 북쪽에서 우리를 방비하면 방비하라고 놔두면 됩니다."

제나라 군대는 전쟁터에 이른 뒤에도 방연의 군대를 향해 정면으로 공격하지 않고 양릉을 향해 그대로 내달았다.

도중에 손빈은 전기에게 이렇게 물었다.

"어르신 수하에 비교적 수준이 낮은 병사들이 좀 있는지요? 게다가 수준이 낮은 군관이 좀 있는지요?"

"이번 출정에는 정규군 이외에도 우리 제나라 각지에서 불러들인 지방군도 있소. 그 가운데 대부 둘이 이끄는 병사는 별로입니다."

이 말을 들은 손빈은 이렇게 아뢰었다.

"그럼 됐습니다. 그들을 위나라 군대와 맞서도록 내보내겠습니다. 하지만 이들에게 꼭 일러야 될 말이 있습니다. 절대로 영웅처럼 으스대지 말 것이며, 오로지 실패한 체하며 약점만 보여야 합니다. 그들과의 접촉에서 승리는 허락하지 않는다는 것입니다."

『손자병법』에는 '칠 수 있지만 칠 수 없는 체하라.'[10]는 구절이 있다. 손빈의 속셈은 적에게 짐짓 아군의 허점을 보이려는 데 있었다. 그래서 손빈은 지방군 2개 부대를 위나라의 부대와 접촉하도록 파견하였다. 이 접촉에서 제나라 군대는 투구와 갑옷을 버리고 내빼기에 바빴다. 손빈은 이 모습을 보자,

"잘 했어, 정말 훌륭해, 정말 제 몫을 해 냈어, 영락없이 패한 모습이야"

이렇게 중얼거리며 만족스러워했다. 이와 동시에 승리를 손에 거머쥔 위나라 군대는 그야말로 기고만장이었다.

한바탕 서로 맞부딪치며 전투를 벌인 뒤 방연의 대부대는 방향을 돌리기 시작했다. 방연도 바보가 아니었다. 그는 본래 치구茌丘(지금의 산둥성 츠핑茌平 서쪽) 일대에서 제나라를 방비할 작정이었지만 제나라 군대가 자기 나라 후방 쪽으로 이동하는 모습을 보자 다급해졌다. 양릉이 도성인 대량과 매우 가까운 거리에 있었기 때문이다. 상황은 너무도 분명했다. 그는 자기 직속의 주력 부대를 이끌고 방향을 돌렸다. 그가 방향을 돌렸을 때, 승전보가 날아들었다.

"우리 위나라의 두 지방 부대가 무력으로 제나라 군대를 눌렀습니다. 그들은 투구와 갑옷을 다 버리고 달아났습니다."

방연은 소리 높여 껄껄 웃으며 이렇게 말했다.

"과연 명불허전名不虛傳이로다! 제나라 군대는 두부찌꺼기처럼 형편없다는 말이 제후들 사이에 전하더니만, 힘을 합쳐도 질서가 없으니 전쟁터에서도 그 모양 그 꼴이렷다!"

---

10 能示之不能.

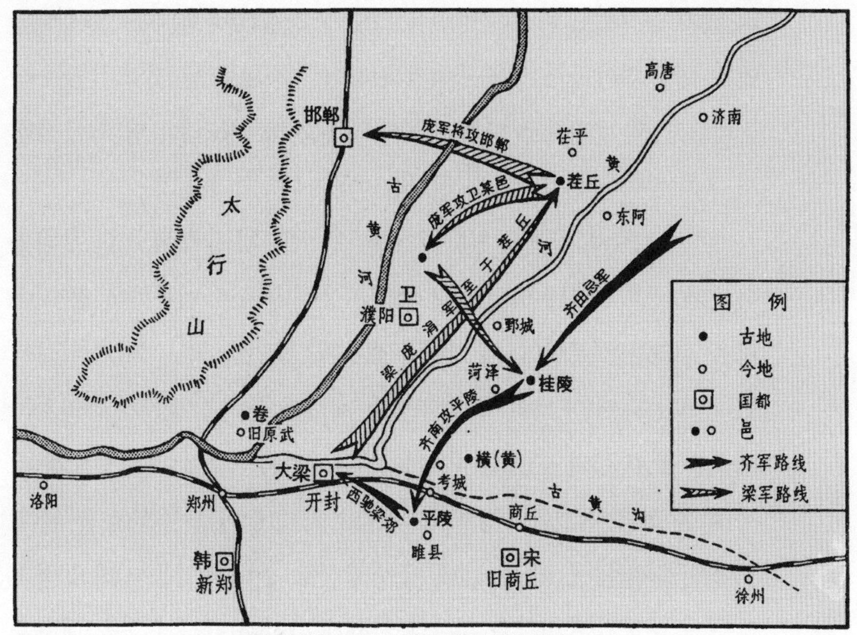

제나라와 위나라의 계릉 전쟁 안내도

그렇다, 바로 이 모양이었다. 이리하여 방연과 그의 대군은 자신감이 배가 되었다.

전기는 손빈의 속내를 아직도 알지 못하여 이렇게 물었다.

"이렇게 나가다간 사태가 우리에게 갈수록 더 불리한 방향으로 전개되는 게 아니오?"

"마음 졸이지 않으셔도 됩니다. 현재 첫 단계는 이미 끝났습니다. 다음 단계는 소부대를 이끌고 서쪽 대량으로 치고 들어가는 것입니다."

『손자병법』에는 손빈이 이렇게 말했다고 기록했다.

"간편한 장비를 갖춘 기마병을 서쪽 위나라의 도성 외곽으로 보내 빨리 공격하도록 하여 방연을 격노케 만들어야 합니다. 그러면 방연은 분명 위나라 도성을 구하기 위하여 병사를 보낼 것입니다. 우리 군대는 적은 병력으로 나누어 방연과 교전하도록 해야 합니다. 그래서 우리 병력이 빈약하다는 인상을 받게 해야 합니다."[11]

여기에는 두 가지가 있다. 그 하나는 제나라 군대에서 한 부대를 다시 떼어낸 뒤 신속하게 위나라의 도성 대량으로 이동하여 짐짓 대량을 공격하는 체한다. 왜 그렇게 했을까? 방연을 격노시키기 위해서였다. 방연은 자기 나라 무장 부대가 제나라 군대를 멋지게 물리치는 모습을 보고 벌써 오만해지기 시작했던 것이다. 바로 이때, 그에게 더욱 화를 돋우며 그들이 반드시 지켜야 할 그들의 도읍 대량을 친다. 도성에 문제가 생겼다. 그런데 어떤 장군도 감히 책임을 지려고 하지 않는다. 이렇게 변변찮은 제나라 군사가 감히 위나라의 도읍 대량을 치려고 하다니! 더욱 화가 치밀 수밖에 없다. 다른 하나는 이렇게 화를 돋우면서 적은 병력으로 방연의 군대를 공격하려고 했다. 제나라 군대는 강하게 보이지 않으려고 소부대로 분산시키고 있었던 것이다. 이렇게 제나라는 자기 군대가 허약할 뿐만 아니라 병력도 적다고 방연에게 짐짓 내보였다.

이렇게 나누어진 제나라 군대가 서쪽으로 위나라의 도읍 대량을 향해 내달아오자, 오만한 방연은 그대로 손빈의 뜻에 말리며 군수품을 버린 채 주력 부대를 이끌고 대량을 향해 미친 듯이 힘차게 출발했다. 이는 손빈의 계략에 그대로 말려든 행동이었다. 방연의 군대가

---

11 請遣輕騎, 西馳梁郊, 以怒其氣, 分卒而縱之, 示之寡.

계릉桂陵에 이르렀을 때, 이곳에서 피로를 풀면서 매복하고 있던 제나라 주력 부대는 멋들어진 매복 기습전을 펼치며 위나라 군대를 궤멸시켰다. 계릉이 어디인가? 오늘날 학자들은 이에 대해 서로 견해가 다르다. 어떤 학자는 서쪽에 치우쳐 허난성 푸양濮陽에 매우 가까운 곳이라고 한다. 또 다른 학자는 동쪽에 치우쳐 산둥성 허쩌荷澤 동쪽의 한 지점이라고 한다. 계릉의 정확한 위치는 오늘날 확인할 방법이 없다. 그러나 누가 뭐래도 한 가지만은 분명하다. 즉, 방연이 그의 주력 부대를 이끌고 대량 방향으로 철수하던 중에 제나라 군대에게 매복 습격을 당했다는 점이다. 너는 너대로 나는 나대로 싸우겠다, 이것이 바로 이 전쟁의 요점이었다. 전쟁은 시작부터 이러했다. 제나라 군대는 위나라 군대의 코를 단단히 꿰어 잡고 있었다.

이 밖에도 『사기』에는 전쟁이 계획될 때 전기와 제나라 여러 대신들의 생각에 따라 조나라를 구하기로 한 이상 조나라로 파병하여 싸움을 도와야 했다는 기록이 있다. 손빈은 이때 참으로 근사한 말을 몇 마디 내놓았다.

"쌍방의 싸움을 해결하려면 주먹과 발로 이들을 떼어놓을 수 없으며, 더구나 싸움을 벌이며 어느 한쪽을 도울 수도 없습니다. 오로지 사태가 어떻게 전개되는지에 따라 유리한 방향으로 이끌며 허를 찌르면 긴장된 형세가 속박을 받으며 자연스레 해결될 수 있습니다."[12]

확대경

"쌍방의 싸움을 해결하려면 주먹과 발로 이들을 떼어놓을 수 없으며, 더구나 싸움을 벌이며 어느 한쪽을 도울 수도 없습니다. 오로지 사태가 어떻게 전개되는지에 따라 유리한 방향으로 이끌며 허를 찌르면 긴장된 형세가 속박을 받으며 자연스레 해결될 수 있습니다."

『사기』「손자열전孫子列傳」에 나오는 구절이다.

이 전쟁은 앞에서 이야기한 죽간 중 '방연을 사로잡다', 바로 이 장면에 주목해야 한다. '사로잡다'라고 했지만 방연은 전쟁 중 결코 사로잡히지 않았다. 실제로도 그는 사로잡힌 적이 없었다. 무슨 말인가? 사로잡혔다면 10년 뒤 마릉馬陵에서 벌어진 전쟁에서 방연은 나타날 수 없었다. 그러기에 '사로잡다'로 표현된 한자 '금擒'을 이 문장에서는 '제압하다'는 의미로 봐야 한다고 몇몇 학자들은 주장한다. 그래야 해석이 통한다. 결국 계릉에서 벌어진 전쟁에서 제나라가 승리를 거두며 방연의 군대를 제압했다는 말이다.

그러나 이 전쟁은 전체 전쟁의 일부일 뿐이다. 방금 위나라 군대가 한단을 포위했지만 계릉에서 벌어진 전투에서는 대패했다. 그러나 이로 인해 위나라가 한단을 포기한 것은 아니었다. 계릉에서 벌어진 전쟁은 군사전문가의 초인적인 지혜를 내보였을 뿐, 전체적인 전쟁 상황으로 말하자면, 제나라의 승리가 위나라에게 한단 쪽에서 손을 놓도록 만들지는 못했다는 말이다. 위나라는 한단 포위를 포기하지 않았다. 이렇게 되자 제나라는 송宋나라와 위衛나라 등과 손을 잡고 양릉을 공격했다. 이번에는 진짜 공격이었지만 위나라는 일부 군대만이 돌아와서 양릉 방어에 나섰다. 결국 초나라가 두 나라 사이의 강화를 중재함으로써 전쟁은 무승부로 끝났다. 한단은 여전히 포위된 채였다. 위나라는 여전히 조나라에서 손을 떼려고 하지 않았던 것이다.

위나라가 정말로 손을 놓을 수밖에 없었던 이유는 서쪽에서 온 진나라의 타격과 위협 때문이었다. 진나라는 동방의 여러 제후국들이 뒤얽혀 분쟁을 일으키는 모습을 보자 상앙에게 군사를 이끌고 동쪽으로 황하를 건너 위나라의 옛 도읍 안읍安邑을 점령하도록 했다.

12 解雜亂紛糾者, 不控拳, 救鬪者不搏撠, 批亢搗虛, 形格勢禁, 則自爲解耳.

이때에 이르러서야 양혜왕은 대세가 심상치 않음을 알아차리고 한단 포위를 풀었다. 전반적인 상황을 안정시키기 위하여 위나라는 조나라와 맹약을 맺었으니, 이는 북쪽의 형세를 안정시키기 위해서였다. 그러나 서쪽 방면에서 위나라는 몇 년이나 되는 시간을 보내고서야 진나라와 이익을 주고받는 맹약을 체결하며 안읍을 되찾았다. 그제야 서쪽 상황은 다시 안정되었다. 전체적으로 보면 위나라의 한단 포위 공격은 계릉에서 벌어진 전쟁으로 비록 패배를 맛보았지만 위나라의 패주 지위가 근본적으로 흔들리지는 않았다.

그러나 진나라도 벌써 강성해졌고 동방의 제나라도 제위왕의 영도 아래 분발하며 국력이 상승하고 있었다. 동쪽과 서쪽에서 두 나라가 강성한 모습으로 굴기하자 위나라는 쇠락의 길로 접어들 수밖에 없었다. 당시 위나라는 막 상처를 입은 호랑이처럼 이리저리 사납게 행동해도 감히 앞으로 나서며 대드는 이 없었지만 서쪽에는 강성한 진나라가 버티고 있었고 동쪽에도 강성한 제나라가 우뚝 서 있었기에 위나라의 운명은 이제 끝을 향하고 있었다. 양혜왕은 한단 포위 작전을 마무리한 뒤에도 패배를 인정하지 않고 온갖 방법을 다 동원하며 발악했지만 호랑이도 평지에서는 개에게 물린다고 결국은 무릎을 꿇어야 했다. 계릉에서 벌어진 전쟁이 끝난 지 10년 뒤 마릉馬陵에서 벌어진 전쟁에서 위나라는 그대로 무너질 수밖에 없었다. 그렇다면, 마릉 전쟁은 어떻게 벌어졌을까?

6장 계략에 빠져 목숨 잃은 방연龐涓

방연은 손빈과 벌인 첫 전투에서 손빈이 쓴 위위구조圍魏救趙 계책에 말리며 크게 패배했다. 그리고 10년 후, 위나라와 제나라는 또 다시 싸움을 벌이며 두 사람은 두 번째 맞붙게 된다. 방연은 이 싸움에서 결국 위험한 상황을 벗어나지 못하고 참패하며 목숨까지 잃어야 했다. 그렇다면 위나라와 제나라는 왜 이 전쟁을 시작했을까? 그리고 방연은 어떻게 손빈에게 패했을까?

계릉에서 벌어진 전쟁에서 위나라는 제나라 장군 손빈에게 대패했지만 기본적인 국력은 아직 건재했다. 10년 후, 위나라와 제나라는 또 다시 전쟁을 벌였다. 이 전쟁에서도 양국의 장군은 역시 방연과 손빈이었다. 원수는 싸움터라는 외나무다리에서 또 맞붙었다.

계릉에서 벌어진 전쟁 뒤, 위나라는 결코 나라의 왕성한 생명력까지는 큰 상처를 입지 않았기에 기본 국력은 아직 건재했다. 전쟁이 끝난 뒤, 양혜왕은 신속하게 상황을 정리하기 시작했다. 그리하여 북쪽으로는 조나라와 맹약을 다시 맺고, 동쪽으로는 제나라와 맹약을 맺었다. 여기에 그치지 않고 서쪽으로는 진나라와 친선을 도모하였다. 전반적인 정세는 다시 안정을 되찾았다.

그러면 위나라는 남쪽 초나라와 어떻게 관계를 이끌었을까? 계릉 전쟁 때, 조나라는 일찍이 초나라에 도움의 손길을 내밀며 위나라의 배후 보급로를 차단해 달라고 요청했다. 당시 초나라 군사를 이끌고 북쪽으로 나아간 인물은 초나라 재상 소해휼昭奚恤이었다. 그는 이기심이 가득한 인물로 군사를 이끌고 전쟁터에 나섰으면서도 전쟁에는 큰 힘을 쏟지 않고 땅덩어리만 차지하는가 하면 강탈한 보물을 제 주머니에 넣을 생각만 했으니, 사실상 나랏일을 그르친 바와 다름없었다. 위나라는 동쪽과 서쪽, 그리고 북쪽의 정세를 안정시킨 뒤 초나라와도 친선을 도모하기 위하여 강을江乙을 초나라로 파견했다. 강을은 친선을 도모하는 활동을 벌이면서도 또 다른 목적을 가지고 있었으니, 그것은 소해휼의 험담을 하면서 초나라 군주와의 관계를 이간질하는 일이었다.

강을을 만난 초왕은 이렇게 물었다.

"북쪽 사람들은 우리 소해휼을 그렇게 무서워한다는데, 정말 그렇소?"

강을은 이렇게 대답했다.

"저는 그 말씀에 감히 맞장구칠 수 없습니다."

이어서 강을은 우화 한 도막을 내놓았다. 전국시대에는 우화가 크게 발달한 시기였다. 책사들은 상대방을 감동시키기 위하여 정교하게 짜인 우화 한 편을 그들의 목적을 달성할 방편으로 삼았다.

"예전에 산속 백수의 왕은 호랑이였습니다. 호랑이는 산속에서 먹을 것을 찾다가 누구라도 잡으면 먹어치웠기에 모두가 그를 두려워했습니다. 어느 날, 여우를 만난 호랑이는 이놈을 잡아 요기를 하려고 했습니다. 그러자 여우란 놈이 이렇게 말하는 게 아닙니까?

'아, 잠깐만 기다리게. 자넨 날 먹을 수 없네!'

호랑이가 받았습니다.

'이 몸을 만났으면 그날이 바로 네 마지막 날이지, 네가 그런 말까지 하는 걸 보니 용기가 대단하군! 오히려 내가 묻겠다. 어째서 내가 널 먹을 수 없단 말이냐?'

여우란 놈은 이렇게 대답했습니다.

'나는 하느님께서 백수의 왕으로 내리신 몸이니 날 건드릴 수 없네. 내 터럭 하나라도 건드리면 그 날로 자넨 끝일세!'

다시 호랑이가 말했습니다.

'이상하군, 지금껏 여우가 백수의 왕이란 말은 들은 적이 없는데.'

영리한 여우가 다시 입을 열었습니다.

'못 믿겠다면 도대체 누가 백수의 왕인지 한 번 검증해 보면 어떤가?'

호랑이가 물었습니다.

'어떻게 검증하지?'

여우가 대답했습니다.

'내가 앞설 테니 자네는 내 뒤를 따르게. 다른 동물들이 날 보고 모두 몸을 피하는 모습을 한 번 살펴보게!'

이리하여 머리가 아둔한 호랑이는 약삭빠르고 음흉한 여우를 따라나섰습니다. 아니나 다를까, 동물들은 모두 호랑이를 보자 달아났습니다. 그러자 여우는 이렇게 말했습니다.

'보게, 날 보고 모두 도망가지 않는가?'

호랑이는 정말이라고 믿었습니다."

강을은 이 우화를 끝내면서 이렇게 말을 이었다.

"북쪽 사람들이 소해휼을 무서워하는 것처럼 보이지만 사실 무서워하는 이는 바로 폐하입니다. 폐하께서는 바로 호랑이인 반면, 소해휼은 잔꾀나 부리는 여우일 따름입니다. 그 양반이 초나라를 떠난다면 과연 어떻게 되겠습니까?"

네 나라와의 관계를 원만하게 다독이며 이렇게 이간질까지 곁들인 양혜왕의 행동은 참으로 피상적이지만 그래도 그는 깊이 있게 일처리를 하는 면도 있었다. 그는 나라 안에서 수리 사업을 일으키고 인재를 널리 불러 모으며 적지 않은 계획을 실행에 옮겼다. 이 밖에 양혜왕이 이룩한 가장 큰 조치는 봉택逢澤에서 회맹會盟을 주도했다는 점이다. 봉택이 어디인가? 위나라의 도성 대량에서 남쪽으로 멀지 않은 곳이다. 이곳에서 양혜왕은 제후들을 소집하여 회맹을 가졌다. 이 사건에 대하여 각종 사료는 기록을 남겼다. 『전국책』「진책4」는 이렇게 기록했다.

"양혜왕은 출병하여 한단을 공격하여 깨뜨리고 봉택에서 제후들의 회맹을 주관했다. 그는 오색으로 장식한 수레에 앉아 스스로 중원의 맹주라고 자만하며 제후들을 이끌고 주천자를 배알했다. 그 위세에 눌려 감히 따르지 않는 제후들이 없었다."[13]

양혜왕은 전반적인 정세를 어느 정도 안정시킨 뒤, 봉택에서 제후들을 불러 회맹했는데, 오색으로 장식한 큰 수레에 앉아서 중원의 맹주라고 스스로 일컬으며 주천자를 배알했으니, 회맹에 온 제후들도 모두 따랐다는 말이다. 『전국책』「진책5」에는 이런 기록도 보인다.

"양혜왕은 초나라를 정벌하고, 제나라를 누르고, 한나라와 조나라를 굴복시킨 뒤, 열두 제후를 불러 모아 맹진에서 천자를 배알했

13 魏伐邯鄲, 因退爲逢澤之遇, 乘夏車, 稱夏王, 朝爲天子, 天下皆從.

다."[14]

맹진은 지금의 허난성 멍진현孟津縣으로, 황하의 나루터가 있는 곳이며 낙양에서 매우 가깝다. 이 기록은 양혜왕이 한단 전투를 끝내고 조나라와 한나라의 군대를 굴복시킨 뒤 열두 제후를 거느리고 주천자를 배알했다는 이야기이다. 그런데 여기서 말하는 '열둘'은 많다는 의미이다. 당시 화북華北과 강회江淮 평원 일대에는 옛날부터 내려온 동방의 소국들이 적지 않았다. 그러나 이들은 사실 힘이라고는 없는 소국들로 그저 대국을 따랐을 뿐이다.

그러나 『전국책』「제책」에는 또 다른 기록이 이런 실정을 전하고 있다. 즉 양혜왕의 봉택 회맹이 얼마쯤은 진나라의 꾐에 빠지며 이루어졌다는 것이다. 『전국책』「제책5」는 이렇게 전한다.

"옛적에 양혜왕은 천 리가 넘는 영토에 36만의 군사를 거느리고 자기 힘의 강대함에 의지하여 한단을 공격하여 손에 넣고 서쪽으로는 정양定陽을 포위했다. 게다가 열두 제후를 거느리고 천자를 배알했으며, 진나라를 손에 넣으려고 여러 준비를 했다."[15]

양혜왕이 전반적인 정세를 대체로 안정시킨 뒤, 여러 제후들을 이끌고 진나라와 큰 전쟁을 벌이려고 하자 진나라는 위나라의 안읍을 치지 않았던가? 위나라는 36만이나 되는 군사를 이끌고 진나라를 공격하여 깨뜨리려고 했다. 이 소식을 들은 진왕은 두려움으로 잠을 자도 편안하지 않았으며 밥을 먹어도 맛을 몰랐다. 위나라가 비록 상

14 梁君伐楚勝齊, 制趙, 韓之兵, 驅十二諸侯以朝天子于孟津.

15 昔者魏王擁土千里, 帶甲三十六萬, 其强而拔邯鄲, 西圍定陽, 又從十二諸侯朝天子, 以西謀秦.

처 입은 호랑이지만 온 힘을 다해 피 묻은 몸을 이끌고 진나라와 맞붙어 시간을 끈다면 이것 또한 두려워할 만한 일이었다. 진나라는 당시 상앙의 변법이 추진된 지 오래지 않았기에 그 효과도 아직 드러나지 않았다. 그러기에 진효공秦孝公은 어쩔 수 없이 나라 안에 있는 모든 이들에게 성벽 위 성가퀴 뒤쪽으로 가서 전투 준비에 임하고 온갖 무기와 전투에 필요한 물자 준비에 만전을 기하라고 명령했다. 게다가 결사대를 조직하고 훌륭한 장군을 적소에 배치했다. 순식간에 진나라는 위에서부터 아래까지 모두 긴장에 휩싸였다.

이렇게 진왕이 전쟁의 두려움으로 불안한 모습을 보이자 누군가 앞으로 나섰다. 바로 상앙이었다. 『전국책』을 보면 상앙은 이렇게 아뢰었다고 한다.

"위나라는 이렇게 오랫동안 줄곧 패주로서 천하를 호령했으며, 수많은 제후들이 위나라를 따랐습니다. 만약 우리 진나라만의 힘으로 이렇게 강한 세력을 가진 위나라와 맞붙는다면, 우리는 아예 상대도 되지 않을 가능성이 높습니다. 그럼 어떻게 해야 할까요? 제가 위왕을 뵙고 한 마디 올릴 수 있도록 허락해 주십시오."

상앙의 말을 들은 진왕은 이렇게 말했다.

"좋소, 서두르도록 하시오!"

이리하여 진왕은 상앙을 파견했다. 양혜왕을 만나자 상앙은 이렇게 입을 열었다.

"폐하, 폐하께서 이룬 공적은 참으로 위대하여 천하를 호령할 만합니다. 폐하께서는 지금 열두 제후를 거느리고 천자를 알현하려고 합니다. 그러나 제가 보건대, 폐하를 따르는 열두 제후는 송宋나라 아니면 노魯나라, 그것도 아니면 추鄒나라일 것입니다. 이런 나라들은 몸집이라고 해 봐야 고양이보다는 좀 크고 개보다는 좀 작으니, 그리 큰 힘도 없고 기껏해야 조무래기들일 뿐입니다. 이런 무리를 이끌고 주천자를 알현한다면 폐하께서는 꼬마왕과 같아서 만족하지 못하실 터이고, 저도 그런 폐하가 못마땅합니다."

여기까지 들은 양혜왕이 물었다.

"그럼 어떡하면 좋겠소?"

상앙은 이렇게 대답했다.

"지금 폐하께서는 서쪽 진나라로 가셔서 우리 임금을 찾아야 합니다. 그리고 남쪽으로는 초나라에 압력을 가해야 합니다. 그런 뒤, 한나라를 협박하며 한 차례 회맹을 해서 정식으로 패주가 되어야 합니다. 그러면 이제 폐하께서는 왕자처럼 호령할 수 있습니다. 진나라, 조나라, 한나라 등을 호령할 수 있다면 얼마나 신나는 일입니까!"

양혜왕은 이때 이 말에 담긴 속뜻을 알아차리지 못했다. 그는 본래 열두 제후들을 이끌고 이들 약소국들과 함께 되는대로 어울리며 힘에 부치는 일은 하지 않을 작정이었다. 하지만 만약 상앙의 말대로 진나라와 조나라, 한나라, 여기에 제나라까지 호령할 수 있다면 얼마나 위대하고 영광이겠는가! 앞에서 양혜왕이 전국시대에 살면서도 춘추시대처럼 패주가 되는 헛된 꿈을 꾸고 있다고 했다. 이때, 누군가 곁에서 그를 최면 상태로 이끄는 말을 몇 마디 내놓자, 그의 꿈은 갈수록 달콤해지더니 그만 진나라, 조나라, 한나라 등 여러 나라의 패주가 되었다. 사실은 상앙이 그에게 곤란과 위험이 즐비한 아치형 다리를 건너도록 만들었음을 그는 전혀 눈치 채지 못했다. 몽유병에 깊이 걸린 양혜왕은 그 자리에서 봉택에서 회맹을 갖는다고 여러 나라에 널리 알렸다.

위나라는 전국칠웅 가운데 최초로 강성한 국가가 되었다. 이제 쇠락의 길을 걷기 시작했다고는 하지만 기본 국력은 아직도 건재했다. 그리하여 위나라의 양혜왕은 시대에 어울리지도 않는 패주의 헛된 꿈을 꾸고 있었다. 그렇다면 이런 상황 속에서, 양혜왕은 봉택에서 회맹을 갖는 외에 또 어떤 일을 했을까?

봉택에서 열린 회맹에 조나라는 왔지만 진나라 군주는 오지 않았다. 그러나 진나라는 대부를 보내 참가시켰기에 양혜왕은 그런대로 체면을 세울 수 있었다. 양혜왕은 한 순간 자기야말로 천하의 패주라고 생각했다. 사실상 이 시대는 이미 춘추시대가 아니었다. 사회는 발전하고 열국의 관계는 변화하고 있었다. 칠웅이 병립하여 너 죽고 나 죽기로 다투는 시기에 아직도 패주의 꿈에서, 그것도 춘추시대에나 가질 법한 패주의 꿈에서 아직 깨어나지 못하고 있었으니, 이야말로 일을 그르치는 게 아니고 무엇이겠는가? 그러나 이런 점은 양혜왕만의 결함이 아니라 동방의 모든 제후들이 가졌던 잘못된 흠이었다. 나라가 강해지면 이쪽도 치고 저쪽도 치기 시작했던 것이다. 이 전쟁의 최종 목표는 무엇이었을까? 깊이 생각할 필요도 없다. 바로 패주가 되는 일이었다. 그러기에 한편으로는 전쟁으로 땅덩어리와 백성들을 자기 손으로 빼앗고 다른 한편으로는 다른 나라가 자기를 따르며 무릎 꿇도록 협박하면서 패주로서의 모습을 보여주려고 했다. 『손자병법』

확대경

이는 동방의 모든 제후들이 가졌던 잘못된 흠이었다. 나라가 강해지면 이쪽도 치고 저쪽도 치기 시작했던 것이다. 이 전쟁의 최종 목표는 무엇이었을까? 깊이 생각할 필요도 없다. 바로 패주가 되는 일이었다. 그러기에 한편으로는 전쟁으로 땅덩어리와 백성들을 자기 손으로 빼앗고 다른 한편으로는 다른 나라가 자기를 따르며 무릎 꿇도록 협박하면서 패주로서의 모습을 보여주려고 했다.

은 전쟁이 생사와 존망을 가르는 곳이요 길이라고 말했다. 또 '용병의 폐해를 모르는 자는 용병의 이로움을 전면적으로 이해할 수 없다'[16]고 했다. 전쟁을 하려면 전쟁의 폐해를 알아야 한다. 가장 큰 폐해는 무엇일까? 이 점을 분명히 알아야 전쟁에 임할 수 있다. 이는 이 시대를 분명하게 알아야 가능하다. 춘추시대 제환공齊桓公이나 초장왕楚庄王은 사사로운 인정이 있었기에 몇몇 패배한 나라들을 내버려 두었다. 그러나 이제는 나라가 일단 계책을 잘못 쓰면 상대의 공격에 그대로 멸망했다. 패자가 되려다가 자칫 잘못하면 나라를 영원히 돌이킬 수 없는 구렁텅이에 빠뜨릴 수 있다. 이 구렁텅이를 분명히 안 뒤에야 두 발을 안정되게 기슭으로 옮겨놓을 수 있다. 어떻게 진나라가 마침내 천하를 통일할 수 있었을까? 관념적이고 의식적인 면에서 본다면, 동방의 여러 제후국들은 많든 적든 하나같이 양혜왕처럼 모두 시대에 맞지 않는 헛된 꿈을 즐겨 꾸었다. 진나라는 당시 시대를 분명하게 읽고 있었을까? 분명히 읽고 있었다고 보기는 힘들다. 그러나 다행스럽게도 상앙이 천하를 합병하기에 적합한 체제를 만들었다. 꿈을 꿔도 큰 사고만 내지 않으면 그다지 문제가 되지 않는다. 그런데 동방의 제후는 그렇지 않았다. 관성에 타성까지 더하여 그들의 눈은 자기 시대와 상황을 알아차리지 못했다.'

그런데 양혜왕에게는 큰 꿈이 있었다. 상앙은 양혜왕에게 위태로운 판국을 내밀며 그를 벼랑 끝으로 이끌어 눈먼 말에 올라타도록 했다. 그리고 양혜왕은 하라는 대로 했다. 눈먼 이가 눈먼 말에 올라탔

16 不知用兵之害者, 則不能盡知用兵之利也. 『손자병법』「작전」편에 이 구절이 보인다.

다. 여기에 그치지 않고 벼랑 끝으로 갔다. 여기서 드러난 것은 양혜왕의 옹졸한 도량이며 우둔한 판단이었다.

봉택 회맹은 큰 성공을 거둔 것처럼 보였다. 양혜왕의 오만한 기세나 멋진 기분도 더하려야 더할 수 없을 정도였다. 봉택 회맹에 조나라나 진나라에서는 사람이 왔다. 그러나 오랜 동맹이었던 한나라에서는 그 누구도 오지 않았다. 다른 사람은 오지 않아도 참을 수 있었다. 그러나 한나라는 삼진의 나라로 위나라 곁에 있는 형제 아니었던가? 오늘 이 자리에 오지 않은 건 바로 배반과 다름없다! 다른 사람이 오지 않았다면, 양혜왕은 이렇게까지 화를 내지 않았을 것이다. 그런데 한나라에서 오지 않았기에 양혜왕은 정말 참을 수 없을 만큼 화가 났다. 그렇다면 한나라는 왜 봉택에서 열린 회맹에 참가하지 않았을까? 사실 한나라 군주도 군주의 입장에서 생각하며 최소한 사람을 보내려고 했다. 그러나 지모가 뛰어난 어떤 신하가 앞으로 나서며 이렇게 말했다.

"갈 필요 없습니다. 위나라는 머지않아 끝장입니다. 저런 소국들이야 패주가 있으면 좋을 것입니다. 왜냐하면 집안에 큰형이 버티고 있으면 둘째가 감히 작은 동생들을 때리지 못하는 것처럼 강한 나라가 약한 나라를 치지 못하도록 패주가 현상 유지를 해 줄 테니까요. 하지만 진나라나 조나라처럼 대국은 패주를 좋아하지 않습니다. 패주가 있으면 그들의 합병에 방해가 되니까요."

확대경

"저런 소국들이야 패주가 있으면 좋을 것입니다. 왜냐하면 집안에 큰형이 버티고 있으면 둘째가 감히 작은 동생들을 때리지 못하는 것처럼 강한 나라가 약한 나라를 치지 못하도록 패주가 현상 유지를 해 줄 테니까요. 하지만 진나라나 조나라처럼 대국은 패주를 좋아하지 않습니다. 패주가 있으면 그들의 합병에 방해가 되니까요."

잠시 뜸을 들인 뒤 이 신하는 이렇게 말을 이었다.

"폐하, 한번 잘 생각해 보십시오. 양혜왕은 가을날의 메뚜기처럼 한바탕 소란을 피우겠지만 이제 곧 끝장이 날 것입니다!"

지모가 뛰어난 이 신하의 말을 들은 한나라 군주는 회맹에 참여하려는 생각을 아예 지워버렸다. 결국 한나라는 이 자리에 참석하지 않았다.

한나라의 불참은 양혜왕을 몹시 화나게 만들었다. 당장 장군에게 병사를 거느리고 한나라를 공격하여 징벌하도록 명령을 내렸다. 이 순간 양혜왕은 이미 자기 자신을 마른 장작더미 위에 앉히고 불에 굽힌 새끼돼지가 될 준비를 끝낸 것이나 마찬가지였다. 이것은 모두 양혜왕의 헛된 꿈, 곧 춘추시대에나 꿀 수 있었던 큰 꿈 때문에 생긴 화였다.

위나라의 양혜왕은 아직도 춘추시대 패주의 꿈을 꾸며 봉택에서 회맹을 갖는가 하면, 회맹에 불참한 한나라를 무력으로 공격하려고 했다. 그러나 춘추시대는 이미 지나갔다. 전국칠웅이 서로 호시탐탐했으니, 위나라의 행동은 오히려 다른 제후국들에게 틈을 주는 꼴이었다. 여기에 먼저 제나라가 행동에 나섰다. 그럼 제나라는 어떻게 행동에 나섰을까?

제나라의 국력은 몇 년 동안 줄곧 상승하여 이미 강국으로 변한 상태였다. 위나라가 한나라를 공격하자, 제나라는 이 싸움에 간여하느냐 마느냐를 놓고 고민하기 시작했다. 결정은 쉽게 끝났다. 이 일에 간여할 수밖에 없었던 것이다. 언제 어떻게 간여할 것이냐를 놓고 손빈의 의견이 큰 영향을 발휘했다.

이때, 제나라 정무를 주관하는 이는 추기가 아니었다. 추기는 벌써 세상을 떠난 뒤였다. 지금은 전영田嬰이 장군의 자리에 있었고, 손빈은 계릉 전쟁 이후 지위가 상승하여 어전 회의에 참석할 수 있는 자격을 가지고 있었다. 어전 회의에서 손빈은 이렇게 말했다.

"이 일에 간여해야만 됩니다. 그러나 결정적인 순간은 잘 잡아야 합니다."

『사기』「전경중완세가」에는 이런 구절이 있다.

"(우리가) 한나라와 맺은 친밀한 관계를 이용하고, 나중에 위나라 군대의 피로를 이용한다면, 보다 큰 이익을 얻을 것이며 사람들이 우러르는 명성을 얻을 수 있을 것입니다."[17]

무슨 말인가? 제나라는 암암리에 한나라와 정보를 주고받아야 한다고 이른다. 위나라가 한나라를 치지 않았는가? 제나라는 암암리에 한나라와 약속했다. 이 싸움에서 제나라는 한나라가 병력을 요구하면 병력을 지원하고 물자를 요구하면 물자를 제공하는 등 한나라의 든든한 후원자가 되겠다고 약속했다. 이제 한나라는 제나라만 바라보게 되었다. 그러나 제나라는 이런 것들을 당장 제공하려고 하지 않았다. 그랬다가 한나라가 승리하고 나면 제나라 말을 듣지 않을 것이기 때문이었다. '나중에 위나라 군대의 피로를 이용한다.'는 말은 또 무슨 의미일까? 앞에서 이야기한 바와 같이, 한나라를 위나라와 싸우도록 해서 결국 위나라를 지치도록 하고, 다시 이 틈을 타서 국력을 상승시키겠다는 속셈이었다. 결국은 제나라가 가장 큰 이익을

17 深結韓之親, 而晚承魏之弊, 則可重利而得尊名也.

차지하며 명성을 천하에 날릴 수 있다는 말이다.

이것이 바로 손빈이 내놓은 계책이었다. 손빈의 계책에 일리가 있다고 다들 생각했다. 그 뒤, 때가 되어 전영과 전분 등이 제나라의 수십 만 대군을 이끌고 출전했다. 이때, 위나라 부대는 벌써 한나라에 진입하여 위나라의 도성 대량은 상대적으로 텅 빈 상태였다. 그래서 제나라 군대는 대량을 향해 그대로 내달았다. 이런 방법도 역시 옛날부터 있었다. 바로 '반드시 구해야 할 곳을 공격한다.'는 말이었다. 내가 이쪽을 치면, 상대는 돌아와서 이쪽을 구할 수밖에 없다. 제나라 군대가 대량으로 진군하자 위나라 사령관 방연은 대량을 구하기 위하여 그대로 회군했다. 이 모습을 본 제나라 군대는 즉시 철수하기 시작했다.

제나라 군대가 막 철수를 시작했을 때, 그들의 군대는 여전히 위나라 지경 안에 있었다. 이때, 손빈은 이렇게 작전 명령을 내렸다고 『사기』「손자열전」은 기록하고 있다.

"저 삼진의 군대는 본시 사납고 흉악한데다 용맹하여 제나라 군대를 얕보았다. 제나라 군대는 간이 작고 소심하다니, 작전 지휘에 뛰어난 장수라면 이런 추세에 따라 더욱 잘 유도해야 한다. 병법에 이르기를, 급히 백 리를 행군하여 적보다 유리한 위치를 차지하는 자는 상장군을 손볼 수 있으며, 급히 오십 리를 행군하여 적보다 유리한 위치를 차지하는 자는 적의 병사 절반을 뒤떨어지게 만들 수 있다고 했다. 그는 군대에 명령하여 위나라 경내에 들어가서 먼저 10만 개의 부뚜막을 만들고, 그 이튿날에는 5만 개의 부뚜막을 만들고, 사흘째 되는 날에는 3만 개의 부뚜막을 만들라고 명령했다."[18]

여기에서 삼진의 군대란 위나라 군대만을 가리킨다.

위나라 군대는 진작부터 제나라 군대가 겁이 많다면서 얕보았으니 상황에 따라 유리한 방향으로 이끌며 전세의 흐름에 따라 그들을 미혹시켜야 한다. 그들이 우리를 얕보게 만들고, 큰 뜻을 마비시켜 우리가 의도한 대로 우리를 미친 듯이 추격하게 만들어야 한다. 그 방법으로 우리 군대의 부뚜막 숫자를 줄여 나가야 한다. 줄이는 방법은? 손빈은 이렇게 지시한다. 위나라 경내에 진입한 첫날은 밥 짓는 부뚜막을 10만 개 만들어, 적에게 제나라 병사들의 수효가 참으로 많다고 느끼게 한다. 이튿날엔 부뚜막을 다시 만드는데 5만 개만 만들고, 셋째 날엔 3만 개만 만든다. 10만 개에서 다시 5만 개로, 여기에서 다시 3만 개로 줄이면 적들은 분명 제나라 군사의 숫자가 갈수록 줄어든다고 느낄 것이다. 여기에 주목해야 할 사소한 부분이 있다. 손빈이 내린 명령은 '위나라 땅에 들어온 뒤' 사흘 안에 부뚜막 숫자를 줄여야 한다는 것이다. 다시 말하면, 부뚜막 숫자를 줄이는 목적은 제나라 군대가 위나라 땅에 들어온 뒤 심각하게 줄어들고 있음을 적에게 알리려는 데 있었다. 여기에는 이유가 있다. 손무자의 『병법』 열세 편에는 병사를 이끌고 자기 나라를 벗어나 싸움에 임할 때, 병사를 이끌기가 가장 어려운 시기는 적의 영토 안에 들어서서 얼마 지나지 않은 때라고 말한다. 이때는 조국을 떠나서 병사들이 쉬 공포에 빠지는 데다 자기 조국과 그리 멀지 않기 때문에 병사들이 도망하기에도 큰 어려움이 없다. 사실 적의 땅 깊숙이 들어오면 병사들이 오히려 도망

....

18 彼三晋之兵素悍勇而輕齊, 齊號爲怯, 善戰者因其勢而利導之. 兵法, 百里而趨利者蹶上將, 五十里而趨利者軍半至. 使齊軍入魏地爲十萬竈, 明日五萬竈, 又明日爲三萬竈.

을 가지 않는다. 왜냐하면 주위 환경이 낯설고 자기가 속한 큰 부대를 벗어나는 것이 오히려 위험하기 때문이다. 그러기에 제나라 군대가 부뚜막 숫자를 줄인 것은 제나라와 위나라 경계 지점의 위나라 일대에서 이루어졌다고 추측할 수 있다. 이때 제나라 군대는 사흘 동안 백 리 안팎의 거리를 행군했을 것이다. 제나라 군대 주둔지의 부뚜막이 사흘 동안 연속하여 심각하게 감소한 건 바로 이때였다.

방연이 이끄는 위나라 대군이 밀려오자 제나라 군대는 제나라 방향으로 퇴각하기 시작했다. 위나라 군대는 제나라 군대의 숙영지를 지나면서 제나라 군대의 부뚜막 숫자가 사흘 동안 계속하여 격감하는 모습을 발견하고 마음속으로 기쁨을 감추지 못했다. 방연은 이렇게 소리쳤다.

"제나라 군대가 두부찌꺼기만도 못한 줄 진즉부터 알았지만, 과연 이런 줄은 오늘 똑똑히 알았다! 봐라, 우리 위나라 경내에 들어온 첫날은 10만이더니, 그 이튿날엔 절반이 도망치고, 사흗날엔 겨우 3만 명밖에 남지 않았다!"

방연은 행동이 굼뜬 부대는 뒤에 남겨두고 가볍게 무장한 정예부대를 이끌고 재빨리 추격에 나섰다. 방연은 자신이 손빈의 계략에 넘어갔다는 사실을 전혀 깨닫지 못했다. 손빈이 사용한 계략은 사실은 벌써 오래된 방법이었다. 이 계략은 심리적으로 상대를 교만하게 이끌고 적을 우습게 알도록 만들었다. 어떤 장군도 일단 교만하여 적을 얕보게 되면 사자나 호랑이도 당나귀로 변하여 상대방이 끄는 대로 끌려가며 그대로 유린당하기 마련이다. 손빈이 쓴 이 계책은 '삼십육계三十六計'에서는 '감조퇴병減竈退兵', 곧 '부뚜막 숫자를 줄이며 병사들은 퇴각시킨다.'라고 했다. 그 요지는 『손자병법』「시계始計」에서 말한 대로 '능력이 있으면서도 없는 것처럼 보이고', '자기를 낮추어 상대방을 교만하게 만드는' 것이다. 이것도 어떤 정보를 주어 상대방을 미혹시키는 일종의 정보전이다. 이렇게 옛날에도 정보전을 펼칠 줄 알았다. 옛사람들은 정보전에서 컴퓨터가 아니라 부뚜막을 이용했다. 이것이 바로 손빈이 펼친 정보전이었다. 부뚜막 숫자를 줄이는 방법으로 '실정實情'을 상대방에게 드러내어 일부러 자신의 허점을 내보임으로써 결국 방연을 치명적인 덫에 걸리게 만들었다.

확대경

옛날에도 정보전을 펼칠 줄 알았다. 옛사람들은 정보전에서 컴퓨터가 아니라 부뚜막을 이용했다. 이것이 바로 손빈이 펼친 정보전이었다. 부뚜막 숫자를 줄이는 방법으로 '실정實情'을 상대방에게 드러내어 일부러 자신의 허점을 내보임으로써 결국 방연을 치명적인 덫에 걸리게 만들었다.

이제 방연이 자기 의도대로 순순히 행동하자 손빈은 새로이 병력을 배치하기 시작했다. 『사기』의 기록을 보면 이러하다.

"손빈이 거리를 헤아려보니, 그날 밤이면 마릉에 이를 수 있었다. 마릉의 길은 매우 좁고 길 양편은 장애물이 많아서 군대를 매복시키기에 적합했다. 손빈은 부하에게 나무껍질을 벗겨내어 새하얗게 드러나게 한 뒤, 그 위에 '방연은 이 나무 밑에서 죽는다.'라고 썼다. 손빈은 활쏘기에 능한 제나라 병사 1만 명에게 마릉 길 양쪽에 매복하라고 명령하고, 밤에 이 나무 아래에 불빛이 보이거든 화살을 한꺼번에 날리기로 약정했다."[19]

손빈의 계산은 정확했다. 그는 이미 방연의 죽음을 예상하고 풍

---

19 孫子度其行, 暮當至馬陵. 馬陵道狹, 而旁多阻隘, 可伏兵, 乃斫大樹白而書之曰'龐涓死于此樹之下.' 于是令齊軍善射者萬弩, 夾道而伏, 期曰'暮見火擧而俱發.'"

수가 멋진 장소인 마릉을 물색해냈던 것이다. '길은 매우 좁고 길 양편은 장애물이 많다.'는 구절은 마릉 길이 좁고 긴 협곡으로 양편으로 높이 솟아오른 곳이 많다는 뜻이다. 이런 곳에는 복병을 배치하기에 용이하다. 뒷날 누군가는 손빈의 이런 안배에 의문을 표시했다. 그러나 이는 정말로 품지 말아야 할 의문이다. 손빈의 군사에 대한 지혜와 경험으로 이런 것도 정확하게 계산할 수 없었다면, 청사에 그의 이름이 이렇게 빛날 리 없잖은가! 이 밖에 손빈은 매복 공격권 안에서 가장 굵직한 나무를 찾아 껍질을 벗기고 '방연은 이 나무 밑에서 죽는다.'라고 큰 글씨로 썼다. 방연의 목숨을 아예 뺏으려는 의도였다. 위나라 군대가 일단 마릉에 들어섰다 하면 새하얗게 벗겨진 나무껍질이 눈에 띌 테고, 거기에 쓰인 글자가 사령관을 끌어들일 터, 이때, 손빈이 준비한 화살과 쇠뇌는 제 쓸 곳을 찾아 날아들 것이기 때문이다.

게다가 방연은 아궁이에 마음이 홀려 필사적으로 제나라 군대를 몰아붙이며 내달았으니, 이는 바로 손빈의 말과 같았다.

"병법에 말하기를, 행군 백 리에 이익을 두고 적과 다투면 장군을 잃을 수 있고, 행군 오십 리에 이익을 두고 적과 다투면 군대의 절반만이 겨우 이를 수 있다."[20]

그 당시에 행군에는 하루에 갈 수 있는 노정에 일정한 규칙이 있었다. 이런 규칙을 중시하지 않고도 전쟁에 이기는 경우도 있었지만 지금의 방연은 결코 그렇지 않았다. 지금의 방연은 이런 규칙을 생각

---

20 兵法, 百里而趨利者蹶上將, 五十里而趨利者軍半至.

할 여유도 없었고, 오로지 한 가지에만 몰두할 뿐이었다. 그것은 앞에 두부찌꺼기 같은 제나라 군대가 자기가 와서 손을 봐 주기를 기다리고 있으며, 또 저 앞에는 그에게 큰 전공을 안길 상대가 자기를 기다리고 있다는 점이었다. 그는 거기 있는 자기의 상대가 그를 황천으로 보내기 위하여 조용히 기다리고 있다는 점은 전혀 생각지도 않았다. 이렇게 방연은 자기 부대의 일부 병사를 이끌고 마릉을 향하여 미친 듯이 내달았다.

마릉이 어디일까? 현재로서는 명확하게 알 수 없다. 왜냐하면 그 옛날 제나라와 위나라 접경 일대는 황하가 걸핏하면 범람하던 곳이었기 때문이다. 이곳을 '황하 범람 지역(黃泛區)'이라고 부르기도 한다. 황하는 모래흙을 품고 이곳을 지나며 지금까지 수많은 지형의 변화를 일으켰다. 전국시대에 계곡이 이리저리 얽혔던 마릉은 벌써 황하의 모래흙으로 평평하게 메워지며 그대로 덮였을 가능성이 높다. 오늘날 학자들이 마릉 전투가 벌어졌던 곳을 연구하고 있지만 그저 추측만 무성할 뿐 실제 그곳을 찾아 검증하기란 정말 어렵다. 이 때문에 마릉의 소재에 관해서는 서로 다른 견해가 존재할 수밖에 없다. 하지만 허난성과 산둥성의 황하 한 자락의 동쪽 편 제나라에 치우친 곳, 구체적으로 오늘날의 산둥성 판현范縣 남쪽으로 약간 떨어진 곳이라는 의견이 주류를 차지한다.

위나라 장군 방연은 싸움에 능하고 익숙했다. 이에 따라 위나라 군대의 전투력도 대단히 강했다. 손빈은 적을 깊숙이 유인하는 계책을 폈지만 제나라 군대도 휴식을 취하며 힘을 비축했다가 피로한 적군을 맞아 싸워야 했다. 그러나 싸움터의 상황은 변화가 매우 빨랐다. 손빈은 마릉에서 벌어진 전쟁을 끝내 승리로 이끌 수 있었을까?

계릉에서 벌어졌던 전쟁과 마찬가지로 마릉에서도 제나라 군대는 휴식을 취하며 힘을 비축했다가 피로한 적을 맞아 싸우는 전략을 펼쳤다. 게다가 손빈은 위나라를 대비하여 진을 쳐놓았다. 두보杜甫는 「팔진도八陣圖」에서 '공적은 세 나라에 으뜸이요, 명성은 팔진도로 높도다. 강물 흘러도 돌은 그대로니, 오나라를 치지 못함이 한으로 남았도다.'[21]라고 노래했다. 제갈량을 찬송한 이 시 속의 '팔진'은 사실상 출토된 문헌 『손빈병법』에 이미 나오는 말이다. 바로 위나라 태자 신申을 전투 중에, 그것도 마릉에서 벌어진 전투 중에 어떻게 죽일 것인가를 놓고 내놓은 말 가운데 이 구절이 보인다. 전국시대에 벌어진 전쟁은 춘추시대에 벌어진 전쟁과는 달랐다. 춘추시대에는 거의 성읍을 둔 공방전으로 시간을 오래 끌었다. 그러나 전국시대에 이르면 군대를 끌어내어 벌인 야전이 많아졌다. 성벽이 있으면 방어에 의존할 수 있다. 그렇다면 야전은 어떤가? 사람을 성벽과 같은 야전 방어보루로 만들어 수비해야 했다. 『손빈병법』 가운데 「진기문루陳忌問壘」편에는 마릉에서 벌어진 전쟁 중 이 부분에 관하여 이야기하고 있다. 손빈이 사람이 만든 남가새로 웅덩이를 삼고, 전차를 써서 군영과 보루로 삼고, 방패로도 성가퀴 삼으며 온 마음을 기울려 안배했다고 한다. 이 문헌을 통하여 방연의 군대가 어떻게 손빈이 쳐놓은 자루 속

21 功蓋三分國, 命成八陣圖. 江流石不轉, 遺恨失呑吳.

⬆ 허난河南 후이현輝縣 유리각琉璃閣의 전국시대 거마갱도車馬坑圖-이로써 옛적에 전차로 진을 어떻게 쳤는지 알 수 있다.

으로 빠질 수밖에 없었는지 그 원인을 문득 깨달을 수 있다. 손빈은 다른 통로는 아예 막음으로써 방연이 마릉 골짜기의 좁은 길로 들어서지 않을 수 없도록 했음이 분명하다. 게다가 「문루」편에서는 이런 정보를 털어놓았다.

- 대체로 '자루 진법'은 바로 그 큰 나무를 중심으로 겹겹이 배열했다. 이 진의 중심에서 가장 가까운 곳, 곧 적으로부터 가장 가까운 곳에는 자루가 긴 창을 든 병사를 두고, 그 다음에는 짧은 칼을 든 병사를 두었으며, 그 뒤에 쇠뇌를 든 궁사를 배치하였으니, 긴 창과 짧은 칼에 쇠뇌 궁수까지 더하여 모두 세 겹이었다.

방연은 마릉에 이르는 순간 손빈이 쳐놓은 진법에 걸리며 자기도 모르는 사이에 진흙구덩이 속으로 빠져들었다. 당시 날은 이미 저물어 어두컴컴한 들판 가운데 껍질이 벗겨진 그 나무만이 기분 나쁘게 번쩍이고 있었다. 위나라 병사는 금세 이를 발견하고 나무에 글자 흔적이 있다고 사령관에게 신속하게 보고했다. 저승사자가 눈앞에 이르자 양미간이 어두워진 방연이 나무 밑에 이르러 병사의 손에 들린 횃불을 그대로 건네받아 나무에 비추었다. 그곳에 쓰인 글씨를 똑똑히 확인한 방연은 화가 머리끝까지 솟구쳤다. 바로 이때, 벌써부터 그를 기다리던 제나라 병사들이 천지를 뒤흔드는 함성을 지르며 무기를 들고 그들을 공격하기 시작했다. 위나라 군대는 그대로 혼란 속에 빠졌다. 커다란 나무 곁 빈터에서 그대로 에워싸인 위나라 병사 가운데 제나라 병사와 가까이 있던 자는 칼과 창 아래 귀신이 되었고, 좀 멀리 떨어진 자는 빗발처럼 쏟아지는 쇠뇌에 맞아 저승으로 갔다. 전국시대의 쇠뇌는 사정거리가 6백 보로 살상력도 대단히 높아서 위나라 병사들을 잇달아 쓰러뜨렸다. 그럼 방연은 어떻게 되었을까? 당시 쇠뇌 화살촉에 맞아 목숨을 끝냈을 가능성이 높다. 그러나 『사기』「손자오기열전孫子吳起列傳」은 그가 칼을 뽑아 스스로 제 목숨을 끊었다고 기록했다. 요점은 스스로 제 목숨을 끊었다는 데 있는 게 아니라, 스스로 제 목숨을 끊으면서 그가 제 입을 통해 마지막으로 내놓은 한마디 말, '이런 풋내기가 이름을 날리다니'에 있다.

이야말로 오만하고 방자하기 짝이 없는, 정말 말도 안 되는 소리이다. 『사기』가 이렇게 그의 말을 드러내놓은 것은 아마도 그가 죽어도 깨닫지 못하는 본성을 돋보이게 하려는 데 있었던 듯하다. 상대방을 '풋내기'라고 욕했지만 사실상 진짜 '풋내기'는 누구였던가? 그 옛날 손빈을 두려워하지 않았다면 왜 그를 해쳤겠는가? 손빈의 높은 이름은 필연적인 것이지만, 방연이 위나라에서 그렇게 오랫동안 이름을 날린 건 운이 좋았기 때문이다. 어쩔 수 없었을 것이다. 원래 이류 삼류 인물이 어쨌든 천하 일류를 차지하려니 남을 해치기를 마다않았을 테고, 결국은 이런 결과에 이르지 않은 게 오히려 이상한 일이 아닐까! 인재가 일류나 이류로 나누어지는 건 타고난 것이다. 자신이 다른 사람 같지 않다는 사실을 안다면 자기 분에 맞는 일을 기꺼운 마음으로 하면 된다. '샘하지 않고 욕심내어 구하지도 않으니 어떤 행동인들 훌륭하지 않을 수 있겠느냐?'라고 했다. 방연도 전국시대 극단적인 성격을 가진 인물 가운데 하나였다. 하지만 그가 대표하는 바는 남자의 불건전한 모습이었다. 그는 무능하면서도 샘 또한 많아서 다른 사람을 해쳤다. 그래도 가치를 찾는다면, 그의 죽음은 스스로 자신이 묻힐 구덩이를 팠다는 사실이다.

확대경

인재가 일류나 이류로 나누어지는 건 타고난 것이다. 자신이 다른 사람 같지 않다는 사실을 안다면 자기 분에 맞는 일을 기꺼운 마음으로 하면 된다. '샘하지 않고 욕심내어 구하지도 않으니 어떤 행동인들 훌륭하지 않을 수 있겠느냐?'라고 했다. 방연도 전국시대 극단적인 성격을 가진 인물 가운데 하나였다. 하지만 그가 대표하는 바는 남자의 불건전한 모습이었다. 그는 무능하면서도 샘 또한 많아서 다른 사람을 해쳤다. 그래도 가치를 찾는다면, 그의 죽음은 스스로 자신이 묻힐 구덩이를 팠다는 사실이다.

이 전쟁에는 또 다른 인물도 참가했다. 누구였을까? 위나라 태자였다. 그러기에 이 전쟁의 참패는 양혜왕을 못 견디게 만들었다. 전쟁이 끝난 지 얼마 되지 않아서 맹자가 위나라로 왔다. 양혜왕은 그에게 이렇게 말했다.

"과인이 백성들에게 이렇게 잘 했는데, 결과적으로 내 아들이 싸움터에서 죽었소!"

이는 물론 후일담이다. 당시 위나라 태자는 한 무리의 병사를 이끌고 전투에 참가했다. 그런데 중간에서 누군가 앞으로 나서며 태자에게 이렇게 아뢰었다.

"제게 백전백승할 수 있는 계책이 있습니다. 들으시렵니까?"

태자는 이렇게 대답했다.

"백전백승할 수 있는 계책이라면 당연히 귀를 기울이겠소."

그의 이름은 서자徐子였다. 그는 이렇게 말했다.

"백전백승하려면 속히 집으로 돌아가야 합니다. 태자께서는 이 나라의 태자로서 제나라를 이겨도 태자입니다. 그러나 만약 패하시면, 지금의 지위를 보장할 수 없습니다. 그러니 백전백승할 수 있는 방법은 바로 전쟁에 참가하지 않는 것입니다."

문제는 마릉에서 벌어진 전쟁에 참가하고 안 하고는 태자가 마음대로 결정할 수 있는 일이 아니라는 데 있었다. 기록에는 그도 돌아가고 싶었지만 마부가 수레를 돌리지 않았다고 한다. 어쩔 수 없이 전투에 참가할 수밖에 없었던 그는 싸움터에서 목숨을 잃었다.

이 전쟁은 위나라로 보자면, 질투하는 장군 방연만 죽은 게 아니었다. 손빈이 펼친 진법으로 긴 창, 큰 쇠뇌는 사상자를 무수하게 남기며 집집마다 곡소리가 넘쳤다. 게다가 이 전쟁은 위나라의 패업이 무너지는 상징적인 대사건이었다. 위나라는 무너지는 담장을 뭇사람들이 달려들어 다시 밀어버리고 곤경 속에 처하자, 주위에서 한 입으로 목소리 높여 비난의 화살을 퍼붓는 대상이 되었다. 남쪽의 초나라, 북쪽의 조나라도 틈만 나면 이들의 영토를 차지하려고 했으며, 서쪽의 진나라는 말할 필요조차 없었다. 삼가분진 이래 70년 동안 기세등등하던 위나라의 패업은 물거품이 되고 말았다.

왕혜왕은 사람들에게 수많은 생각거리를 안겼다. 위나라는 한 길을 걸으며 강성으로 내달았다. 국내 정치를 크게 발전시키며 유학을 숭상했을 뿐만 아니라 현명하고 덕망 높은 인재를 소중히 여겼다. 능력 있고 소신 있는 신하들이 각자의 자리에서 소임을 다하면서 강력한 국력을 다졌다. 그러나 더 강성해지려면 자기 나라의 국력과 당시 역사의 큰 흐름 사이에 균형을 이루어야 했다. 이를 위해서는 이 시대 열국 관계의 본질을 인식해야 했다. 칠웅의 병립은 천하 통일에 7가지 가능성이 있다는 말이다. 그렇다면 합병에 가장 적합한 체제를 가진 나라가 가능성을 현실로 바꿀 수 있게 마련이다. 다시 말하면 이 시대는 사활이 걸린 시대였다. 양혜왕은 이런 점에서 아무런 지각이 없었다. 지각이 없는 이는 그 하나만이 아니었다. 그러나 문제는 그가 마음속으로 추구하는 위나라의 칠웅 가운데 지위는 너무 옛날 것이었다는 점이다. 공허하게 겉으로만 그럴 듯하게 추구하는 패주의 지위를 놓고 다른 이는 고의로 그를 잘못된 길로 이끌었지만 그는 전혀 눈치 채지 못했다.

확대경

칠웅의 병립은 천하 통일의 일곱 가지 가능성이 있다는 말이다. 그렇다면 합병에 가장 적합한 체제를 가진 나라가 가능성을 현실로 바꿀 수 있게 마련이다.

곤경과 굴욕 속에서도 사는 게 죽은 것보다 낫다고 했다. 그러나 이 말은 비참하다. 그래도 이 시대에는 서로 집어삼키는 환경 속에서 어떻게 하면 자기 나라가 살아남을 수 있느냐, 이것이 가장 중요한 문제였다. 살아남기 위하여 하루 종일 이놈저놈 칠 생각만 하는 게 아니었다. 그보다는 도가에서 말한 대로 지위와 현상을 오랫동안 유지하고 지속시키려고 했다. 바로 옛말에 이른 대로 '느릿느릿 천천히'를 요구했다. 지위와 현상을 오랫동안 유지 지속시키려면 아무 일도 하지 않고 무위도식하며 시간을 허비해서는 안 된다. 양혜왕은 맹자를 불러 모셨다. 그리고 맹자는 그에게 방법을 내놓았다.

"오로지 백성들에게 먹을 것을 주어야 합니다."

맹자의 이 말을 현대의 많은 학자들은 실제와 맞지 않는 얕은 생각이라고 여긴다. 그러나 나라가 망하지 않으려면 백성을 잘 대접하여 위와 아래가 한마음으로 일치하도록 하는 것이 가장 훌륭한 방법이 아니겠는가? 『순자』「의병」에는 위나라의 군대 장비가 참으로 훌륭했음은 물론 군인이 된 병사에게는 세금까지 면제시켜 주었다는 기록이 있다. 순자는 다시 이런 상황이 오래 계속되자 국력으로 부지할 수 없게 되었다고 말한다. 맹자가 위나라에 왔을 때, 백성들의 생활은 참으로 어려웠다. 심지어 들판에 굶어죽은 주검이 참혹하게 널려 있을 정도였다. 이는 오랫동안 계속된 전쟁을 국력으로는 버티지 못했음을 의미한다. 그렇다면 백성을 쉬게 만들며 살길을 찾아주어야 했다. 이것이 위나라가 오랫동안 유지할 수 있는 방법으로 반드시 거쳐야 할 길이 아니었겠는가? 그러나 양혜왕은 오히려 계릉에 이어 마릉에서도 연이어 전쟁을 벌임으로써 나라를 온통 쇠락으로 이끌었다.

또 하나, 양혜왕 시기에 주변국들은 무엇을 하고 있었는지, 그는 전혀 알지도 못하고 알려고도 하지 않았던 듯하다. 상앙이나 오기 같은 인물이 모두 위나라를 떠났지만, 양혜왕은 상앙이 진나라에서 무엇을 하는지, 추기가 또 제나라에서 무슨 일을 하는지, 그리고 오기가 초나라에서 어떤 일을 추진하는지 아예 몰랐다. 게다가 그가 주변국의 동향을 똑바로 보았다는 어떤 흔적도 전혀 없다. 이와 달리 우리가 본 것은 춘추시대에나 가능한 그의 헛된 꿈뿐이다. 사람들이 일단 자기만의 주관적인 세계에 푹 빠지면 늘 보면서도 못 본 체하고 두 눈을 뜨고 주위를 살펴도 아무것도 보이지 않게 마련이다. 하루 종일 거울을 들여다보며 자기와 맴돌기만 하면 성 북쪽의 서공보다 자기가 더 멋지다고 생각하게 된다. 이런 인물이 바로 양혜왕이었다.

그러나 위나라의 패주 지위가 없어진 것은 첫 번째 예행연습일 뿐이었다. 앞으로 제나라도 없어지고 연나라도 없어진다. 우리는 여기에서 양혜왕의 일면을 보게 된다. 이렇게 모두 없어졌지만, 진나라는 천하를 거두었다. 진나라가 이룩한 통일은 모든 조건이 성숙하여 이루어진 결과였다. 물론 이는 진나라만이 공짜를 가려 뽑았다는 말이 아니다. 또 진나라가 이룩한 통일의 바탕이 상앙의 변법만으로 통일에 가장 적합한 기제를 만들었다는 말도 아니다. 그러나 만약 동방 여러 나라가 멸망을 자초한 행위가 아무런 역할도 하지 않았거나 그 역할이 크지 않았다면, 이것도 객관적이지 않다.

확대경

위나라의 패주 지위가 없어진 것은 첫 번째 예행연습일 뿐이었다. 앞으로 제나라도 없어지고 연나라도 없어진다. 이렇게 모두 없어졌지만, 진나라는 천하를 거두었다. 진나라가 이룩한 통일은 모든 조건이 성숙하여 이루어진 결과였다.

이제 진나라의 변법, 곧 상앙의 변법에 대해 이야기할 차례다. 그러나 상앙의 변법을 앞뒤로 두고 성공하지 못한 변법도 있었으니, 그것은 바로 오기의 변법이다. 오기의 변법을 봐야 상앙의 변법을 더 잘 이해할 수 있다. 그렇다면 오기의 변법은 대체 어떠했을까?

7장 명예와 지위만을 앞세운 오기吳起

오기는 전국시대의 유명한 군사 전문가이자 개혁가였다. 역사의 기록에 따르면, 그는 아내를 죽이고 장수의 지위를 탐했으며 자기 어머니의 죽음에도 고향으로 돌아가지 않았지만 동시에 부하를 아들처럼 사랑하여 즐거움과 괴로움을 함께할 정도였다. 이렇게 서로 모순되는 행동은 도대체 어떤 진실을 담고 있을까? 오기는 도대체 어떤 인물일까?

전국시대는 대분열로 사회에 크고 깊은 변화를 가져왔다. 오기와 같은 평민 출신도 역사의 무대에 오를 수 있게 되었다. 오기는 모순으로 가득한 인물이었다. 오늘날 우리는 여기서 어떤 진실을 찾을 수 있을까?

오기는 어느 나라 사람이었을까? 『사기史記』「오기열전吳起列傳」은 그가 위衛나라 출신으로 군사를 부리는 데 뛰어났다고 기록했다. 다시 말하면, 그는 천성적으로 전쟁에 관련된 일을 좋아했다. 그는 성년이 되자 노魯나라 임금을 섬겼다. 위나라는 지금의 허난성 북부 일대로 동쪽으로 곧바로 가면 노나라였다. 노나라는 춘추시대 후기 학문의 중심지였다. 위나라 사람으로서 이곳에 와서 유가 학문을 익힌 이가 적지 않았다. 오기가 젊었을 때 공자는 이미 이 세상 사람이 아니었다. 당시 유가의 뛰어난 인물은 공자의 수제자 증자曾子였다. 오기는 증자를 스승으로 모셨다. 그리고 그 뒤에 노나라 임금을 섬겼다.

『사기』는 그가 군사를 통솔하며 부리는 일을 즐겼는데 이는 모두 스스로 익힌 것이라고 밝혔다. 공자는 당시 여러 나라를 주유하며 위나라에도 왔었다. 그때, 위나라 임금은 공자에게 작전과 전투 대형에 관하여 물었다. 그러나 공자는 이렇게 대답했다.

"제사와 전례에 관한 일이라면 이 사람도 공부한 적이 있습니다만, 군사에 관한 일이라면 이 사람은 할 수 있는 게 없습니다."

이 말을 끝으로 공자는 위나라를 떠났다. 그러나 공자의 제자 중에는 염유冉有처럼 전투에 뛰어난 인물도 있었다. 증자는 공자의 문하생 가운데 유가의 수신을 철저하게 지키는 것으로 이름난 인물이었다. 그러나 그가 가르친 오기는 전쟁에 능했으니, 참으로 세상이 많이 변했다고 할 수 있다.

당시 제나라가 노나라를 치려고 했다. 노나라에서는 전투에 능한 오기를 발탁하려고 했다. 그러나 오기의 부인이 제나라 출신임을 알고 임용을 망설였다. 오기는 노나라 장군이 되고 싶었지만 임용하겠다는 명령은 내려오지 않았다. 얼마 뒤 그는 자기 부인이 제나라 출신이기 때문에 노나라에서 머뭇거리며 망설인다는 사실을 알았다. 오기는 이런 상황을 알고 모진 마음을 먹었다. 대장부가 어찌 부인이 없음을 걱정하랴! 집으로 돌아온 그는 아내를 죽였다.

'오기가 확실히 우리 편에 섰군. 그가 부인이 아니라 우리를 택했군!'

노나라는 그를 장군으로 임명했다. 이 사건에 대하여 뒷날 많은 이들은 믿으려고 하지 않았다. 그러나 당시 몇몇 남성들의 눈에 마누라는 한낱 의복에 지나지 않았다. 자신의 명예와 지위를 위해서 부인을 죽이는 일은 못할 일이 아니었다. 『사기』는 이 사건을 기록하면서

확대경

오기는 자신의 명예와 지위를 위해서라면 상대가 누구이든 가리지 않고 그 장애물을 제거할 수 있는 인물이었다. 그는 전국시대에 나타난 특이한 인물 가운데 하나였다. 전국시대에는 공명심이 강렬하게 넘치는 오기나 상앙 같은 인물이 나왔다.

오기는 자신의 명예와 지위를 위해서라면 상대가 누구이든 가리지 않고 그 장애물을 제거할 수 있는 인물이라는 점을 기본적으로 깔고 있다. 오기도 전국시대에 나타난 특이한 인물 가운데 하나였다. 역사에 기록된 인물들은 모두 시대성을 지니고 있다. 춘추시대에는 관중管仲, 소홀召忽, 그리고 중이重耳 같은 인물이 있었다. 그리고 진한秦漢 시대에 이르러서는 초인적인 능력과 재주를 가진 항우項羽가 나타났다. 그렇다면 전국시대에는 어떤 인물이 있었을까? 공명심이 강렬하게 넘치는 오기나 상앙 같은 인물이 나왔다. 오기가 정말 자기 아내를 죽였을까? 우리는 이 문제에 의문을 던질 수는 있다. 그러나 오늘날 긍정이나 부정의 확실한 증거를 찾을 수 없는 이상 이 전설의 실질적인 핵심인 극도의 공명심을 붙잡으려는 노력은 기울여야 할 것이다.

오기는 아내를 죽였기 때문에 노나라에서 장군이 되었다. 어쨌든 그렇게 해야 공훈을 세우고 업적을 쌓을 수 있었다. 아내를 죽이지 않으려고 했다가는 그 부작용이 너무 컸다. 공명심이 너무 크면 사회의 반감을 자아낼 것이기 때문이다. 사마천은 어떤 이가 노나라 임금 앞에서 오기의 험담을 늘어놓았다고 기록했다.

오기는 마음씨가 참으로 고약했다. 집안에 큰돈이 있었지만 여러 제후를 찾아다니며 유세로써 명예와 지위를 좇다가 집안 재산을 몽땅 다 말아먹고 파락호가 되었다. 동네 사람들이 그를 비웃자 홧김에 사람을 죽였다. 그것도 서른 명 넘게 죽었다. 이제 더 이상 지낼 수 없게 되자 집을 떠나기로 했다. 위衛나라 동문에서 모친과 헤어지면서 재상이 되지 않으면 절대로 집에 돌아오지 않겠다고 결심하면서 자기 팔뚝을 물어뜯어 피로써 맹세했다. 그 뒤, 그는 증자를 찾아가서 공부했지만 자기 어머니가 세상을 떠났다는 소식에도 집으로 돌아가지 않았다. 이 때문에 증자는 오기를 제자로 삼지 않기로 했다. 그러자 그는 노나라로 왔다. 노나라가 비록 작은 국가이긴 하지만 이런 자를 써서 전쟁에 승리하면 제후들이 우리를 몰래 음해할 수도 있을 것이니, 참으로 위험하지 않겠는가?

이런 내용이었다.

『사기』 가운데 오기에 관한 의견을 쓴 단락 가운데 어떤 부분은 참으로 이상하다. 오기가 불끈 화를 내며 서른 명 넘게 죽였다니 과장이 심하다. 아마도 오기에게 '항룡십팔장降龍十八掌' 같은 솜씨가 있어야 그럴 수 있었을 것이다. 어머니가 세상을 떠났는데도 집으로 급히 돌아가지 않았다는 부분도 사실이었을까? 사마천의 『사기』는 참으로 기묘하게 이 부분을 처리했다. 그는 이 부분과 서른 명 넘는 동네 사람을 죽인 사건을 '노나라의 어떤 이들은 오기를 헐뜯어 말하기를'이라는 구절 다음에 놓음으로써 이 사건을 믿을 수 있는지 단언하지 않고 애매한 태도를 보였다.

어떻든 임금 앞에서 내놓은 이런 이야기는 확실히 일정한 효과가 있었다. 노나라는 예법을 대단히 중시하는 나라였다. 유가가 정한 효도의 원칙에서 아버지나 어머니가 세상을 떠나면 아무리 큰 관직을 맡아 중요한 일을 하고 있더라도 집으로 급히 돌아가서 상복을 입고 허리에 삼끈을 매야만 했다. 이것을 훗날에 와서는 '정우丁憂'라고 했다. 그러나 오기는 집으로 돌아가지 않았다. 그러자 증자는 그와 사제 관계를 끊었다. 오기에 관한 이 두 가지 사건, 즉 살인과 불효는 모두 전설같은 느낌이 매우 강하다. 그러나 이와 달리 또 다른 진실이 있으니, 바로 명예와 지위를 강하게 추구하려는 사람의 처지를 구체적으로 드러냈다는 점이다. 주위에 있는 이들은 공명심이 특별히 강한 사람을 멀리한다. 아니 시기하고 미워하기까지 한다. 그리고 많은 이들이 그런 사람을 궁지에 빠뜨리려고 한다.

이처럼 사람들이 오기를 헐뜯자 오기는 더 이상 노나라에서 버틸 수 없었다. 당시는 위문후魏文侯가 패업을 일궈가던 시기로 인재를 사방에서 두루두루 끌어들이고 있었다. 오기는 갈 곳이 새로 생겼다.

> 오기가 위나라로 왔을 때는 바로 위문후가 온 힘을 다하여 나라를 일으켜 세우려고 애쓰던 시기였다. 오기는 노나라가 제나라를 무릎 꿇리는 데 큰 힘을 보태며 군사적 재능을 자랑했다. 그러나 그는 아내를 죽이고 장군이 되었으며 어머니의 죽음에도 집으로 돌아가지 않았다는 악명을 떨치고 있었다. 위문후는 이런 인물을 중요한 자리에 뽑아 쓸 수 있었을까?

오기가 위나라로 왔다. 그러자 위문후는 이극李克에게 이렇게 물었다.

"오기란 양반은 어떤 인물이오?"

이극은 이렇게 대답했다.

"오기는 명성을 얻기 위하여 마음을 지나치게 쓸 뿐만 아니라 여색을 지나치게 밝힙니다. 그러나 병사를 이끌고 싸움터에 나서면 사마양저司馬穰苴보다 훨씬 낫습니다."

제나라의 군사 전문가 사마양저는 손자孫子보다 초기에 『사마법司

馬法』이라는 병서를 남겼다고 『사기』는 기록하고 있다. 그러나 오늘날 볼 수 있는 『사마법』을 그가 썼는지는 학계에서도 의견이 분분하다. 그러나 여기서는 더 이상 거론하지 않겠다. 위문후는 재능을 보고 인재를 등용했기에 오기를 받아들였다.

확대경

이극은 오기가 '명성을 얻기 위하여 마음을 지나치게 쓸 뿐만 아니라 여색을 밝힌다.'고 말했다. 그렇다면 오기는 정말로 '여색'을 밝혔을까? 그렇지 않다. 자기 아내조차도 미련 없이 죽일 정도로 그에게 '여색'은 대수롭지 않았다. 그럼 '지나친 욕심'은 있었을까? 그렇다. 그러나 그 '지나친 욕심'은 재물에 대한 욕심이 아니라 명예와 지위에 대한 욕심이었다.

또한 이극은 오기가 '명성을 얻기 위하여 마음을 지나치게 쓸 뿐만 아니라 여색을 밝힌다.'고 말했다. 그렇다면 오기는 정말로 '여색'을 밝혔을까? 그렇지 않다. 자기 아내조차도 미련 없이 죽일 정도로 그에게 '여색'은 대수롭지 않았다. 그럼 '지나친 욕심'은 있었을까? 그렇다. 그러나 그 '지나친 욕심'은 재물에 대한 욕심이 아니라 명예와 지위에 대한 욕심이었다. 사실 '여색을 지나치게 밝힌다.'는 부분은 그저 구색을 맞추기 위한 표현일 뿐, 핵심은 '지나친 욕심', 그것도 명예와 지위를 향한 욕심이었다. 욕심은 욕심이기에 이극은 그에게도 진짜 재능이 있다고 말했다. 이리하여 위문후는 오기를 받아들였다. 이제 오기는 그의 장년기를 위나라에서 보내야 했다. 그는 위나라의 패업에 남다른 공헌을 했다. 바로 위나라가 새로운 병제兵制를 세우는 데 큰 힘을 보탰다.

위나라는 위문후에서 위무후를 거쳐 양혜왕 전기에 이르기까지 수십 년 동안 줄곧 패권을 유지했다. 이렇게 된 가장 중요한 원인 가운데 하나는 바로 위나라의 병제가 비교적 우수했다는 점이다. 이 병제는 여러 방면에서 잘 드러나지만 그 가운데 하나는 위나라의 병사가 되어 전투에 참가하려면 출신성분이 좋은 사람 가운데 거르고 걸러서 됨됨이가 성실한 인물이어야만 가능했다는 점이다. 예나 이제는 물론 앞으로 다가올 미래에도 마찬가지겠지만, 한 나라가 강성하려면 건전하고 건강한 군인 정신이 필수적이다. 무슨 말인가? 예전에 이런 말이 있었다.

“사내대장부는 군인이 되려고 하지 않았으며 좋은 쇠는 못으로 쓰려고 하지 않았다.”

만약 한 나라의 모든 병사가 아편쟁이 같이 정신 나간 젊은이들로만 이루어졌다면, 이 나라는 분명 약소한 나라이다. 건강하고 건전한 국가의 군인 정신이란 먼저 병사들에게서 나타난다. 우수한 인물로 뽑힌 병사라면 명예심과 긍지로 가득할 테고 스스로 자중자애하며 분발하여 전투에서도 명예를 소중히 여길 것이다. 여기에 훌륭한 장비와 멋진 책략이 더해진다면 가는 곳마다 승리하지 않을 수 없다. 위문후 시기의 병제는 우수한 자제를 뽑고 골라서 군대로 받아들였으며 이렇게 뽑힌 자에게는 세금을 면제했다. 이런 체제는 오기가 위문후를 도와 만들었다. 이제 위나라에서 군인이 된다는 사실은 영광스러운 일이었다. 오기는 용병에도 능했을 뿐만 아니라 전쟁에 관한 저작에도 족적을 남겼다. 바로 『오기병법吳起兵法』이 그렇다. 『오기병법』은 『손자병법孫子兵法』과 다르다. 손자孫子는 전형적인 군사 철학자였기에 그가 언급한 이야기는 거의가 전략전술에 관한 것이다. 그러나 오기의 병법은 오히려 유가 사상으로 충만하다. 어떻게 병사들을 사랑하며 보호할 것인지, 어떻게 군대에 사기를 불어넣을 것인지, 군인 정신에 대한 관심과 같은 이야기가 비교적 많다.

그렇다면 오기가 벌인 전투에 대하여 『사기』는 어떻게 언급했을까? 「오기열전吳起列傳」에는 이런 기록이 있다.

“오기는 장군으로서 가장 낮은 계급의 사병과 같은 옷을 입었으며 같은 음식을 먹었다."[22]

또 이런 기록도 있다.

"잠을 잘 때에도 요를 깔지 않았으며, 행군을 할 때에도 말을 타지 않았고, 스스로 꾸린 양식을 짊어지고 병사들과 고통을 함께했다."[23]

이것이 바로 오기의 남다른 특징이다. 또한 참으로 존경할 만한 부분이다. 명예와 지위를 소중히 여기는 사람 가운데도 여러 유형이 있다. 오기가 명예와 지위를 소중히 여기는 데에는 이런 특징이 있다.

그는 전심전력으로 열심히 일했으며 재능이 있었다. 또 고통을 기꺼이 받아들였으며, 허리를 깊이 숙였고, 진흙탕이든 물이든 가리지 않고 건넜다. 명예와 지위를 얻으려는 마음은 누구나 가지고 있지만 이것을 얻으려면 괴로움을 참고 열심히 노력해야 한다. 오기에 관한 기록 가운데에는 그가 저지른 악행도 적지 않지만, 눈여겨 살펴보면 그에게는 그만의 장점도 있다. 미워할 수 없고 오히려 존경할 만하며 또 가엾기까지 하다. 『사기』에는 이런 기록도 있다.

"어떤 병사에게 악성 독창이 생기자 오기는 그를 위해 고름을 입

확대경

명예와 지위를 소중히 여기는 사람 가운데도 여러 유형이 있다. 오기가 명예와 지위를 소중히 여기는 데에는 이런 특징이 있다. 그는 전심전력으로 열심히 일했으며 재능이 있었다. 또 고통을 기꺼이 받아들였으며, 허리를 깊이 숙였고, 진흙탕이든 물이든 가리지 않고 건넜다. 명예와 지위를 얻으려는 마음은 누구나 가지고 있지만 이것을 얻으려면 괴로움을 참고 열심히 노력해야 한다. 그에게는 그만의 장점도 있다. 미워할 수 없고 오히려 존경할 만하며 또 가엾기까지 하다.

22 起之爲將, 與士卒最下者同衣食.

23 臥不設席, 行不騎乘, 親裹贏糧, 與士卒分勞苦.

으로 빨아냈다."[24]

오랫동안 전쟁터에서 행군을 하던 병사에게 악성 독창이 생기자 오기는 친히 치료에 나섰다. 그 방법도 매우 특별하여 고름을 입으로 빨아냈다. 고통을 기꺼이 받아들이며 열심히 노력했다는 앞의 이야기와 그대로 일치한다. 오기는 바로 그런 인물이었다.

오기가 병사의 고름을 직접 빨아들인 일은 끝내 사단을 내고야 말았다.

이 병사의 늙은 어머니는 오기가 자기 아들의 독창에 생긴 고름을 입으로 빨아냈다는 소식을 듣고 그만 울음을 터뜨렸다. 다른 사람들은 이렇게 생각했다.

"오 장군께서 자네 아들을 그렇게 잘 대하는 걸 보니 장차 자네 아들을 장군으로 승진시킬 모양일세!"

그러나 그녀는 어머니로서 생각이 달랐다. 그녀에게는 아들이 죽지 않는 게 가장 큰 행복이었다.

"장군이 되면 뭣해? 승진은 다음 문제야."

오기吳起

24 卒有病疽者, 起爲吮之.

그래서 그녀는 오기가 아들의 농창을 입으로 빨았다는 말을 듣자 그대로 울음을 터뜨렸던 것이다.

"이제 내 아들은 싸움터에서 죽기 살기로 돌진할 터이니 살아서 돌아오기는 글렀소. 자기 몸 돌볼 줄 모를 터이니 어찌 죽지 않을 수 있겠소!"

그녀는 울면서 속내를 털어놓았다.

"내 아들의 아비도 그렇게 죽었소. 장군의 사랑을 받으며 죽기 살기로 싸움에 뛰어들었다가 전사했소."

장군이 싸움터에서 성공을 거두려면 수많은 병사의 뼈가 쌓여야 한다. 『사기』는 병사의 농창을 입으로 빤 오기의 이야기에 더하여 늙은 어미의 구슬픈 울음을 덧붙임으로써 세상물정을 돋보이게 치장하는 효과를 냈기에 더욱 흥미롭다. 오기는 농창을 입으로 빨았지만 그 어미의 마음은 슬픔으로 떨렸다. 사람 죽이기를 밥 먹듯 해야 하는 전쟁의 시대에 오기가 병사의 농창을 입으로 빤 일은 바로 자기의 명예와 지위를 얻으려는 데서 나온 마음의 일부이다. 그는 허리 굽혀 병사의 농창을 빨았다. 그는 병사를 함께 죽고 함께 사는 동지로 만듦으로써 자기의 공훈과 업적을 높이 쌓을 수 있었다. 그의 공훈과 업적은 이렇게 이루어졌다. 그러니 얼마나 많은 어머니의 아들들이 백골이 되어야 했을까! 사마천은 어머니가 두려워하는 일과 오기가 농창을 입으로 빤 일을 함께 엮었다. 이는 역사학자만의 휴머니즘의 표현이 아니고 무엇이겠는가!

확대경

오기는 농창을 입으로 빨았지만 그 어미의 마음은 슬픔으로 떨렸다. 사람 죽이기를 밥 먹듯 해야 하는 전쟁의 시대에 오기가 병사의 농창을 입으로 빤 일은 바로 자기의 명예와 지위를 얻으려는 데서 나온 마음의 일부이다. 그는 병사를 함께 죽고 함께 사는 동지로 만듦으로써 자기의 공훈과 업적을 높이 쌓을 수 있었다. 그의 공훈과 업적은 이렇게 이루어졌다. 그러니 얼마나 많은 어머니의 아들들이 백골이 되어야 했을까!

이 밖에도 『사기』는 위문후 시대의 오기에 대하여 '청렴하고 공평했다'고 평가했다. 앞에서 이극은 오기가 명예와 지위를 탐하는 데다 여색마저 밝힌다고 말했다. 그러나 『사기』는 이렇게 기록하고 있다.

"위문후는 오기가 병사들을 지휘하는 데 능하며 청렴하고 결백한데다 사람을 공평하게 대하여 모든 병사들의 환심을 사는 것을 보고 서하西河 지역의 장관으로 임명했다."[25]

위문후는 오기를 청렴하고 공평한 인물로 평가했음을 알 수 있다. 그가 명예와 지위에 마음을 두었다는 점을 생각해보면, 그는 자신의 명예와 지위를 위하여 청렴하고 공평한 생활을 할 수 있었고, 이 때문에 병사들의 환심도 살 수 있었다. 이리하여 오기는 서하 태수가 되어 제나라와 한나라 방어에 나섰다. 오기는 이런 인물이었다. 그리고 위문후는 사람을 이렇게 잘 쓰는 인물이었다.

> 위문후는 오기의 장점에 매료되어 그에게 병사를 이끌고 싸움터에 나설 수 있도록 장군으로 임용했다. 오기는 군사적 재능을 펼칠 수 있는 공간을 만났다. 오기는 위나라에서 의욕적으로 일했다. 위문후가 세상을 떠나고 위무후魏武侯가 자리를 이은 뒤, 오기는 지난 군주의 신하로서 무후에게 아낌을 받을 수 있었을까? 오기와 위무후 사이는 어떤 관계였을까?

위문후가 세상을 떠나고 위무후가 자리를 이었다. 오기와 위무후

25 文侯以吳起善用兵, 廉平, 盡能得士心, 乃以西河守.

의 관계는 위문후 때의 군신 관계와는 달리 그렇게 좋지 않았다. 위무후가 왕위에 오른 뒤의 어느 날이었다. 이날, 위무후는 황하에 배를 띄우고 일시적으로 기분이 좋아지자 이렇게 입을 열었다.

"자, 우리 위나라를 봅시다. 황하가 있고 저기 저 산도 있으니, 바로 천혜의 요새가 아니겠소? 그러니 누구도 우리를 어찌할 수 없을 것이오."

오기는 이 자리에서 가만있지 못하고 이렇게 비평했다.

"천혜의 요새라고 우쭐거리며 뽐내는 사람치고 망하지 않은 이 없습니다."

역사는 위무후가 그 자리에서는 오기를 추어올렸다고 기록했다. 그러나 이런 의견을 듣고 위무후가 남모르게 칼을 갈지 않았을 리 있겠는가!

위무후 시기에 새로 재상을 임명해야 했다. 그러나 이때 위무후는 오기를 쓰지 않았다. 명예와 지위를 중히 여기는 인물로 말하자면, 이는 뜻밖의 일격을 당한 것과 마찬가지였다. 오기는 제왕의 자리에 오를 생각을 결코 하지 않았다. 그러나 신하 가운데 우두머리가 되는 것은 바로 자기가 세운 공훈과 업적이 최고봉에 이르렀다는 표시였다. 그런데도 위무후는 그를 쓰지 않았다. 그렇다면 누구를 재상으로 썼을까? 역사를 보면 이 사람의 이름이 일치하지 않는다. 『사기』는 전문田文이라고 기록했지만 『여씨춘추呂氏春秋』는 상문商文이라고 기록했다.

오기는 참으로 안타까웠다. 아니꼽고 떫었다. 도무지 승복할 수 없었던 오기는 상문을 찾아가서 논쟁을 벌였다. 『사기』는 이 사건을 기록으로 남겼다. 상문을 찾아간 오기는 이렇게 입을 열었다.

"내 그대와 공을 한번 논해 봐야겠소. 그대가 위나라 재상이 되려는 건 반대하지 않소. 그러나 한번 우리 둘을 견주어는 봐야겠소."

이어서 오기는 이렇게 물었다.

"삼군을 이끌고 싸움터에 나가 병사들이 기꺼이 목숨을 내놓고 싸울 수 있도록 이끌며 적군이 감히 다른 생각을 못하도록 만드는데, 그대와 나, 누가 더 낫겠소?"

상문은 이렇게 대답했다.

"내가 그대만 못하오."

이것이 첫 번째 라운드였다. 이어서 오기는 이렇게 물었다.

"수많은 벼슬아치를 다스리고 백성들을 위로하면서 나라 곳간을 넘치게 만드는 데는, 그대와 나, 누가 더 낫겠소?"

상문은 이렇게 대답했다.

"내가 그대만 못하오."

여기서 그치지 않고 오기는 또 물었다.

"서하西河를 지켜 진나라가 감히 동쪽으로 병력을 이동시키지 못하고 조나라와 한나라가 처음부터 끝까지 우리에게 고분고분하도록 만드는 데는, 그대와 나, 누가 더 낫겠소?"

상문은 이렇게 대답했다.

"내가 그대만 못하오."

이 세 가지 면에서 상문은 오기만 못했다. 이어서 오기는 이렇게 물었다.

"그렇다면 뭣 때문에 위나라 재상의 자리에 앉으려고 하오?"

"분명 앞의 세 가지는 그대가 나보다 낫소. 그러나 하나가 남았소. 이제 나와 그대 가운데 누가 더 나은지 어디 한번 생각해봅시다."

이 한 가지가 무엇일까? 상문은 이렇게 입을 열었다.

"지금 임금께서는 나이 어리고 국가는 새 군주의 능력이나 정책에 대하여 아직 의문을 품고 있소. 게다가 많은 벼슬아치들이 새 군주에 대하여 마음으로 기꺼이 무릎을 꿇지 않고 있소. 또 백성들은 정부에 대하여 굳은 믿음을 보이지 않고 있소. 자, 그대는 잘 생각해 보시오, 이런 상황에서 재상으로서 그대가 낫겠소, 아니면 내가 낫겠소?"

『사기』의 기록만으로는 오늘의 우리가 상문이 내놓은 의견에 대하여 판단을 내리기가 쉽지 않다. 왜냐하면 상문은 여기에서 재빨리 비켜나갔을 뿐 가치 있는 기록이 없기 때문이다. 그렇다면 그는 도대체 어떤 인물이었을까? 아마도 평범한 인물이었던 듯하다. 그렇지 않았다면 『사기』 등의 문헌에서 그에 대하여 틀림없이 깊이 거론했을 것이다. 그가 내놓은 몇 마디 말로 본다면, 『사기』는 우리에게 오기처럼 공명심이 매우 강한 사람은 지방 장관 자리에나 적합할 뿐 전체 국면을 관장할 최고 집정관, 즉 재상 자리에는 적합하지 않다는 사실을 알려준다. 명예와 지위에 대한 관심이 크고 재능도 있는 데다 추진력이 강한 이런 인물은 다른 대신들과 정치적인 균형을 이루는 데 능숙하지 못하여 많은 이들을 흐트러뜨릴 수 있다는 것이다. 이와는 달리 보기에는 평범하지만 포용력이 있는 자가 최고 집정관이 되면 많은 이들을 하나로 모을 수 있기에 안정적으로 상황을 유지하는 데 더욱 좋다는 것이다. 그러했기에 오기도 그의 말을 들은 뒤 더 이상 대답하지 않았다.

확대경

명예와 지위에 대한 관심이 크고 재능도 있는 데다 추진력이 강한 이런 인물은 다른 대신들과 정치적인 균형을 이루는 데 능숙하지 못하여 많은 이들을 흐트러뜨릴 수 있다. 이와는 달리 보기에는 평범하지만 포용력이 있는 자가 최고 집정관이 되면 많은 이들을 하나로 모을 수 있기에 안정적으로 상황을 유지하는 데 더욱 좋다.

당시 오기는 상문의 의견에 찬성은 했지만 명예와 지위를 향한 그의 강한 마음은 이미 얼음조각을 삼킨 것처럼 서늘하게 식으며 낙담했을 것이다. 이리하여 오기는 위나라를 떠나 초楚나라로 떠날 기회를 찾게 되었다. 그러나 『사기』는 오기가 초나라로 간 이유는 스스로 능동적으로 계획하고 추진한 일이 아니라 누군가 그를 해치려고 했기 때문이라고 기록했다. 옛 군주가 세상을 떠나고 새 군주가 자리에 올랐다. 새 군주가 들어서자 신하도 새로 바뀌었다. 오기가 위나라를 떠날 때 재상은 누구였던가? 공숙公叔이었다. 공숙은 오기를 좋아하지 않았다. 오기가 세운 공도 컸고 그의 공명심도 강했기 때문이다. 이리하여 누군가 공숙에게 이런 아이디어를 내놓았다.

"이제 새 임금이 자리에 올랐으니, 어떤 수단을 써서라도 오기를 내쫓아야 합니다."

공숙은 그가 가만히 내놓은 계책을 써먹기로 했다. 그렇다면 공숙이 받아들인 계책은 무엇이었을까? 먼저 위무후를 찾아가서 이렇게 아뢨다.

"오기를 끝내 붙들 수는 없습니다. 그는 조만간 떠나려고 할 것입니다. 진나라나 초나라에서 그를 부를 테고, 그는 분명히 갈 것입니다."

이제 막 자리에 오른 위무후는 이런 일에 상당히 민감할 수밖에 없었다. 선왕께서 자리에 계실 때, 오기는 우리 위나라를 위하여 멋지게 일을 하지 않았던가, 그런데 이제 막 위무후가 자리에 올랐는데 가겠다니, 이는 얕보는 행동 아닌가! 오기가 떠나려고 한다면 위무후는 쉽게 믿을 것이다. 이것이 공숙이 떠올린 계략이었다. 그럼 다른 계략은? 그건 오기 쪽에서 힘을 쓰도록 하는 방법이다. 오기가 떠날

마음이 없다면 어떻게 처리할 것인가? 그를 자극하여 떠나도록 만들어야 한다. 어떻게 자극할 것인가? 공숙은 위무후를 찾아가서 이렇게 아뢴다.

"우리 위나라 궁중에 있는 공주 하나를 골라 오기와 맺어주면 좋겠습니다."

오기는 노나라에 있을 때 자기 마누라를 죽이지 않았던가? 그런 그에게 다시 한 번 결혼하도록 한다. 그런 뒤, 그는 공주 곁으로 사람을 보내 공주가 자기 남편을 얕보며 마누라로서 앙탈을 부리도록 공작을 벌인다. 이제 오기는 위나라 군주의 자기에 대한 생각이 어떻다는 것을 알고 떠나려고 할 것이다. 과연 공숙이 이렇게 술수를 부리자 오기는 위나라를 떠났다.

위나라를 떠난 오기에 대해 서로 다른 견해가 있다. 오기는 위무후에게 서하西河에서 잡혀 위나라 도성으로 끌려왔다는 것이다. 또 하나는 그가 황하 쪽 안문安門(지금의 완롱현萬榮縣 서북)에 이르렀을 때, 멀리 서하를 바라보며 눈물을 흘리며 이렇게 말했다는 것이다.

"이제 가면 다시는 못 올 것이니! 게다가 이 큰 땅덩어리는 내가 떠나면 진나라에서 차지할 터!"

이는 모두 오기를 동정하는 견해이다. 어떻든 견해는 다양하지만, 오기에 대한 역사서의 기록은 하나같이 자료가 서로 다르다. 그러나 오기는 공명심이 대단히 강했지만 허리를 굽힐 줄 아는 인물이었다. 이 점은 모든 기록이 하나같이 분명하게 밝히고 있다. 때에 따라 전설의 진실성이란 짙은 안개를 걷어내고 겹겹이 숨은 진실을 찾아

확대경

오기에 대한 역사서의 기록은 하나같이 자료가 서로 다르다. 그러나 오기는 공명심이 대단히 강했지만 허리를 굽힐 줄 아는 인물이었다. 이 점은 모든 기록이 하나같이 분명하게 밝히고 있다. 때에 따라 전설의 진실성이란 짙은 안개를 걷어내고 겹겹이 숨은 진실을 찾아내야 얻을 수 있다.

내야 얻을 수 있다. 그렇다. 그는 위나라에서도 훌륭하게 일을 처리했다. 그러나 그는 끝내 만족하지 못했다. 재상 자리는 그에게 주어지지 않았고 모함까지 당했다. 이리하여 그는 더 이상 위나라에 머무르지 못하고 초나라로 갔다.

> 초나라는 대국이었다. 일찍이 춘추시대에는 초장왕楚庄王이 패권을 잡기도 했다. 그러나 그것도 이미 백여 년 전의 일이었다. 전국시대에 들어서며 초나라도 동정서벌에 나섰지만 국력은 벌써 눈에 띄게 쇠락했고 국내 정치도 비교적 혼란스러웠다. 바로 이때, 오기는 초나라로 왔다. 오기는 이제 자기의 정치적 포부를 실현할 수 있었을까? 그의 최후 운명은 또 어떠했을까?

그럼 당시 초나라는 어떤 상황이었을까? 지금의 초나라는 당시 초장왕이 자리에 있을 때의 춘추시대 남방 패주가 아니었다. 오랫동안 동정서벌 했지만 나라의 상황은 상대적으로 좋지 않았으며, 전국시대에 들어서면서는 말 그대로 혼란에 빠졌다. 오기가 초나라에 오기 얼마 전인 기원전 402년, 당시 자리에 있던 초성왕楚聲王이 '도살盜殺'되었다. 사관史官이 기록한 '도살盜殺'의 '도盜'는 꼭 도적을 가리키는 것만은 아니다. 어쩌면 내부에서 일어난 소동 속에서 어떤 패거리가 은밀하게 군주를 죽였을지도 모른다. 초성왕이 도살되며 세상을 끝냈다는 사실에서 당시 초나라가 매우 혼란스러웠음을 알 수 있다.

성왕이 세상을 떠난 뒤, 새 임금이 자리를 이었다. 새로 자리에 오른 초나라 군주가 바로 도왕悼王이다. 도왕도 아마 비정상적으로 죽은 듯하다. 그러기에 후세 사람들은 그에게 '애도하다'는 뜻을 가진

'도悼'를 붙였을 것이다. 초도왕이 자리에 오른 뒤, 그가 맞닥뜨린 상대는 북쪽으로 강대한 위나라는 물론 제나라와 진나라까지 있었으니, 만약 초나라도 강성을 도모하지 않는다면 참으로 위험에 빠질 수 있는 상황이었다. 결국 초도왕은 변법을 추진하지 않으면 안 될 처지에 놓이며 현명하고 덕망 있는 인재를 곁에 두어야 했다. 이리하여 그는 오기를 곁으로 불렀다. 오기의 변법에 관한 기록에는 사실 큰 문제가 하나 있다. 몇몇 역사 자료에는 오기의 변법이 '기년期年' 동안 추진되었다고 기록했다. '기년期年'이란 '한 해'를 말한다. 그러나 다른 학자는 '기년'이 일 년이 아니라 '십 년'을 가리킨다고 주장한다. 이것도 가능하다. 일 년은 분명 너무 짧기 때문이다. 오기는 초나라에 온 뒤 처음 얼마 동안은 완宛에서 지방 관리로 지냈다. 도왕은 오기가 위나라에서 세운 공적이 참으로 대단했다는 사실을 알고 있었기에 그를 곁으로 불러 임용하고 개혁을 시작했다.

오기가 초나라에서 진행한 개혁에 관한 기록으로 일관되게 정리된 내용은 없다. 그저 갖가지 자료가 곳곳에 보일 뿐이다. 자료에서 어떻게 말하고 있는지 한번 살펴보자.

『여씨춘추』「귀졸貴卒」에는 오기가 임용된 뒤 도왕에게 이렇게 말했다고 기록했다.

"초나라에 남아도는 것은 토지요 부족한 것은 백성입니다. 현재 폐하께서는 부족한 백성으로 남아도는 토지를 이용하려고 하지만, 신은 해결할 수 없는 일입니다."[26]

26 荊所有餘者, 地也: 所不足者, 民也. 今郡王以所不足益所有餘, 臣不得而爲也.

비교적 쉽게 읽히지는 않는다. 무슨 뜻일까? 지금 초나라는 큰 땅덩어리를 가지고 있지만 부족한 게 있다. 바로 백성이다. 초나라가 강성해지지 못하는 건 수많은 백성들이 모두 귀족들 손안에 있기 때문이다. 이것이 바로 '부족한 백성으로 남아도는 토지를 이용하려고 하지만'이라는 구절이 의미하는 바이다. 그럼 어떻게 해야 하는가? 오기는 한 걸음 더 나아갔다. 이런 귀족들을 '넓고 넓은 변경의 황무지로 보내도록' 명령을 내려야 한다고 말한 것이다. 이들 귀족들을 변경 저 먼 곳으로 보내 황무지를 개간하도록 하자는 주장이었다. 오기는 임용되어 자리에 앉자 이 일을 해냈다. 초나라 귀족을 저 먼 변방으로 보내 황야를 개간하게 함으로써 이들의 정치 개입을 막았다. 이는 군주와 귀족의 친척 관계에 쐐기를 박는 일이었다. 춘추시대부터 초나라는 사람을 쓰는 데 한 가지 큰 특징이 있었다. 그것은 집권을 위해 군주의 아들이나 제후의 아들인 공자公子를 많이 썼다는 점이다. 이들은 군주와 가장 가까운 인물이었다. 그러나 문제는 시간이 흐르면서 귀족 세력은 갈수록 커졌고, 이들이 가진 특권도 갈수록 많아졌다는 데 있었다. 오기의 변법은 여기서부터 손을 댔다. 그랬기에 그는 이들 크고 작은 귀족들에게 밉보여 변법의 실패와 자신의 참혹한 죽음에 화근을 만들었다.

이어서 『한비자韓非子』「화씨和氏」편에는 오기가 초도왕에게 이렇게 말했다는 또 다른 기록이 있다.

"대신의 권한은 지나치게 크고, 제후의 수는 너무 많습니다."[27]

27 大臣太重, 封君太衆.

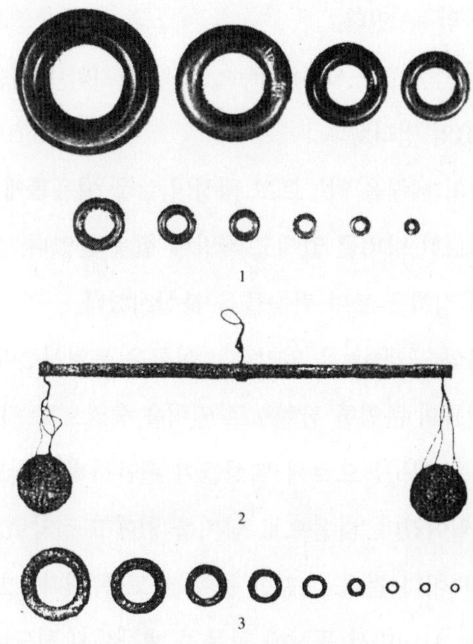

전국시대 초나라의 저울

'크고' '많은' 결과 '위로는 임금을 핍박하고 아래로는 백성들을 가혹하게 대하니',[28] 이들의 존재는 '나라를 빈곤하게 만들고 병사들을 약하게 하는 길'[29]이라고 했다. 그럼 어떻게 해야 할까? 오로지 이들을 억누르는 길밖에 없다. 어떻게 억누르는가? 『한비자』는 그 방법으로 귀족의 작위는 삼대에 이르면 국가에서 거두어들여야 한다는 오기의 견해를 기록하고 있다. 오기의 개혁은 귀족의 특권에 손을 대

28 上逼主而下虐民.

29 此貧國弱兵之道也.

기 시작했음을 알 수 있다.

궈모뤄郭沫若는 『청동시대青銅時代』에서 오기의 변법을 아래와 같이 몇 가지로 요약 정리했다.

첫째, 귀족의 세력을 억누르고 백성의 삶을 여유롭게 만들었다.

둘째, 불필요한 낭비를 없애고 국방에 힘을 쏟았다.

셋째, 이민 정책을 쓰며 귀족들을 분산시켰다.

넷째, 책사와 세객說客을 멀리하고 여론을 통일시켰다.

다섯째, 법률의 준엄한 집행으로 권력을 중앙으로 집중시켰다.

먼저 귀족을 억누름으로써 백성들이 편안하게 생활할 수 있도록 했으니, 좋은 일이었다. 다음으로 낭비를 없애고 절약했으며, 국방에 힘을 쏟고, 권력이나 돈을 요긴한 곳에 쓰도록 했다. 그리고 귀족들을 다른 곳으로 보내면서 동시에 황무지 개간까지 하도록 했으니, 이는 일거양득이었다. 게다가 종횡가의 입을 틀어막아 걸핏하면 합종이니 연횡이니 하는 짓을 못하도록 했다. 이것이 사실이든 아니든 학계에는 서로 다른 견해가 있다. 오기가 살아있을 때, 종횡가는 아직 유행하지 않았기 때문이다. 마지막으로 중앙 집권의 강화였다. 이 때문에 사람들은 오기를 법가 인물로 본다. 이 시대에 권력을 중앙으로 집중하지 않았다면 국가는 생존하기 어려웠을 것이다.

요점을 간추려 정리하면, 오기의 변법은 귀족 억누르기와 중앙 집권으로 요약할 수 있다.

왜 그럴까? 합병하려면 전쟁을 해야 했고, 그러려면 국가는 위의 두 가지를 반드시 필요로 했다. 그러지 않고서는 어느 한 가지 일도 이룰 수 없었고 어떤 일도 이야기할 수 없었다.

그러나 귀족을 억누른다는 것이 어디 쉬운 일인가? 몇백 년 동안 내려온 귀족들은 그 뿌리가 깊어서 쉽게 뽑아내기 힘들었다. 그러나 오기의 변법은 먼저 여기에서 출발해야 했다. 오래지 않아 거대한 반발이 시작되었다. 초도왕이 세상을 떠났다. 그의 죽음이 정상적인 죽음인지 아니면 누가 그의 밥그릇에 약을 넣었는지, 그것도 아니면 어떤 자객이 그를 죽였는지 알 수 없다. 군주가 세상을 떠났으니 장사를 지내야 했다. 오기에게 억눌렸던 귀족들도 왔다. 장례가 치러지는 곳에서 귀족들은 오기를 향해 반기를 들었다. 이 돌발 사건이 사전에 은밀히 계략을 꾸며 진행되었는지는 확실치 않다. 어쨌든 귀족들은 오기를 보자 원수를 만났다는 듯이 눈에 쌍심지를 켜고 목소리를 높여 욕을 하며 오기를 향해 화살을 날렸다. 오기는 한 마리 고슴도치처럼 되었다. 순식간에 온몸에 화살을 맞았던 것이다. 오기는 자신의 죽음이 코앞에 다가왔음을 알았다. 그러나 자신의 죽음을 헛되게 할 수는 없었다. 그의 성격이 이를 용납하지 않았기 때문이다. 오기는 이들 적의 무리를 향해 고함을 질렀다.

"네놈들에게 용병이 무엇인지 한번 보여주마!"

확대경

오기는 자신의 죽음이 코앞에 다가왔음을 알았다. 그러나 자신의 죽음을 헛되게 할 수는 없었다. 그의 성격이 이를 용납하지 않았기 때문이다. 오기는 이들 적의 무리를 향해 고함을 질렀다. "네놈들에게 용병이 무엇인지 한번 보여주마!" ……그는 삶의 마지막 순간에도 법률 조문을 이용하여 상대에게 반격하는 일을 잊지 않았다.

그런 뒤 온몸에 박힌 화살을 그대로 지닌 채 초도왕의 영침靈寢으로 달려들어 임금의 주검 위에 엎드렸다. 왜 그랬을까? 임금의 주검을 보호하기 위해서였을까? 아니었다. 주검 위에 엎드린 오기는 이제 곧 다가올 죽음을 앞두고 자기 몸에서 화살 하나를 급히 뽑아서 자기 몸 밑에 있는 임금의 주검에 힘을 다해 꽂아 넣었다. 그러면서 오기는 이렇게 한 마디 내질렀다.

"신하들이 반란을 일으켜 임금의 주검에 화살을 날렸다!"

그는 초나라의 법률을 이용하여 자기의 적들을 사지로 몰아넣기 위하여 이렇게 소리를 질렀다. 초나라 법률에는 누구라도 무기로써 임금의 몸을 건드린 자는 삼족을 멸한다는 조항이 있었다고 『여씨춘추』「귀졸」은 기록으로 남기고 있다.

오기는 법가 인물로서 손색이 없었다. 그는 삶의 마지막 순간에도 법률 조문을 이용하여 상대에게 반격하는 일을 잊지 않았다. 오기는 죽었다. 게다가 죽은 뒤 격노한 귀족들에게 그의 사지가 찢겨 나갔다. 그러나 귀족들과 가솔들의 마지막 날도 바로 눈앞이었다. 새 임금, 곧 초숙왕楚肅王이 자리에 올랐다. 그도 당연히 변법에 찬성했다. 어쩌면 난을 일으킨 그 귀족들을 몹시 미워했는지도 모른다. 그는 자리에 오른 뒤, 왕의 주검에 무기를 대는 자는 중죄로 다스린다는 초나라의 법률 조문에 따라 반역의 무리를 엄벌에 처했다. 『사기』의 기록에 따르면, 모두 일흔 집안 남짓한 귀족 가족이 반역의 무리로 멸족되었다고 한다. 『여씨춘추』는 오기의 마지막 계책을 높이 찬미하며, 그의 재치가 참으로 민첩했다고 기록했다. 바로 오기가 제 몸에서 화살을 뽑아 임금의 주검 위에 꽂아 넣은 '뒤집어씌우기' 행동을 가리키고 있다. 죽음을 앞에 두고서도 그는 상대방에게 치명적인 일격을 잊지 않고 가했다. 오기는 바로 이런 인물이었다. 그는 이런 일을 해낼 수 있는 인물이었다. 그는 억울한 죽음도 그대로 받아들일 만큼 너그럽고 따스한 마음을 가진 겸약한 군자가 아니었다. 진정 그런 인물이 아니었다. 이에 대한 『여씨춘추』의 자세한 기록은 오기의 성격과 그대로 부합한다.

오기의 변법은 처음부터 수많은 난관에 부딪쳤다. 귀족의 권력을 박탈하는 데서, 다시 말하면 이들의 인사에서부터 손을 썼기 때문이다. 역사의 경험에 의하면, 이런 개혁은 저항이 대단히 심했기에 심지어는 중간에서 그만두는 일이 많았다. 오기의 개혁도 어쩌면 십 년, 아니면 일 년에 그쳤을지도 모른다. 십 년이라지만 그가 살아 있을 때의 귀족 권력에 대한 약화 정책 효과는 그가 죽으면서 화살 하나를 임금의 주검에 꽂은 것보다 더 크지 않았을 것이다. 70명이 넘는 귀족에다 그 가솔까지 더하면 결코 적은 숫자가 아니잖은가! 오기가 죽음에 임하여 행한 한 차례의 행동은 귀족들에게는 큰 화근을 안겼지만 새로 자리에 오른 초숙왕에게는 생각도 영민하게 만들며 운도 트이게 했다. 초숙왕은 오기의 마지막 한 수를 이용하여 귀족 세력을 깨끗이 제거할 수 있었다. 오기는 자신의 죽음으로써 왕권에 걸림돌이 될 세력을 깨끗이 없앴으니, 이는 새로 자리에 오른 초숙왕에게 큰 도움을 준 셈이다. 그러기에 오기의 변법이 상앙의 변법처럼 그렇게 철저하지 않았다고는 하지만 뒤를 이어 자리에 오른 초나라 군주 선왕宣王과 위왕威王 시기의 강성에 일정한 영향을 미쳤다고 할 수 있다. 더욱이 귀족 세력의 약화에는 커다란 작용을 했다. 이것이 바로 그 유명한 오기의 변법이다.

확대경

오기는 자신의 죽음으로써 왕권에 걸림돌이 될 세력을 깨끗이 없앴으니, 이는 새로 자리에 오른 초숙왕에게 큰 도움을 준 셈이다.

오기의 변법을 이야기하다 보니 상앙의 변법을 이야기하지 않을 수 없다. 그렇다면 상앙의 변법은 어떻게 전개되었을까? 상앙의 변법은 오기의 변법과 어떤 차이가 있었을까? 상앙은 오기와 비교하여 어떤 인물이었을까?

8장 상앙商鞅, 진나라에 오다

상앙은 진나라에서 변법을 추진했다. 상앙은 변법을 추진해 진나라를 강성의 길로 이끌며 여섯 나라를 하나로 통일하여 진나라를 우뚝 서게 만드는 데 조금도 모자람이 없는 큰 역할을 했다. 그렇다면 상앙은 어떤 인물이었을까? 그리고 그는 어떤 상황 속에서 진나라로 왔을까?

전국칠웅이 펼친 경쟁 속에서 진나라는 처음에는 다른 나라를 누르며 앞설만한 실력이 없었다. 그러나 상앙이 진나라로 와서 변법을 펼친 뒤, 전국시대 각 제후국 사이에 놓여 있던 힘의 균형은 그만 깨어지고 결국은 진나라가 천하 통일의 기초와 실력을 다지게 되었다. 그렇다면 진나라에서 변법을 추진한 상앙은 도대체 어떤 인물이었을까? 그는 어떤 상황 속에서 진나라로 왔을까? 또 그는 어떻게 중요한 자리를 차지할 수 있었을까?

확대경

중국 고대사를 이해할 때 상앙의 변법을 제대로 파악하지 못하면 그 근본을 찾아낼 수 없다.

중국 고대사를 이해할 때 상앙의 변법을 제대로 파악하지 못하면 그 근본을 찾아낼 수 없다. 상앙의 변법은 그 당시 경쟁에서 가장 적합한 국가 체제를 만들어 냈다. 그리고 칠웅이 병립한 상황에서 진나라가 두각을 나타내며 천하를 통일하도록 이끌었다. 진나라는 여섯 나라를 통일하며 천하를 좌지우지하게 되자 그 체제를 전국으로 밀고 나아갔다. 그러했기에 이후 이천여 년 동안 불거진 수많은 문제는 훌륭하든 부족하든, 약점이든 장점이든, 상앙의 변법에서 모든 본질을 찾아야 한다.

우리는 춘추시대 진나라의 진목공秦穆公이 개국 12년(일설에는 20년) 서융西戎을 그대로 누를 만큼 춘추오패 중에 그 업적이 대단했을 뿐만 아니라 참으로 현명한 군주였음을 잘 알고 있다. 그러나 진목공도 끝내 삼진三晋의 벽을 넘지 못했다. 어쩔 수 없이 서쪽으로 진출해 변경을 개척할 수밖에 없었다. 진목공이 세상을 떠난 뒤, 진나라는 대국이 되어 시종 제나라와 진晋나라, 그리고 초나라와 병립하며 춘추시대 후기까지 내려왔다. 그러나 국가의 발전도 올바른 사람이 되는 일과 같아서 물을 거슬러 배를 저으며 앞으로 나아가지 않으면 퇴보할 수밖에 없다. 상앙이 변법을 펼치기에 앞서 대략 5, 60년 동안은 진나라의 '앞으로 나아가지 않으면 퇴보하는 현상'이 매우 뚜렷했다. 또한 군주가 주마등처럼 자주 바뀌었다는 점이 문제였다. 고대 정치를 살펴보면 성공하지 못하는 절대 기준이 있으니, 그것은 제왕의 재위 기간이 십몇 년에 한 번, 3년이나 5년 만에 한 번, 심지어는 몇 달 만에 한 번씩 바뀌면, 이 국가는 분명 혼란에 빠진다는 사실이다. 진나라는 한동안 이런 혼란에 빠졌다. 진조공秦躁公을 시작으로 꽤 여러 명의 군주가 짧은 기간 동안 바뀌었던 것이다. 조공은 그 이름으로 보아도 훌륭한 군주는 아니었다. 그가 자리에 오른 지 13년이 지나 회공懷公이 자리를 이었지만 그도 무대에 오른 지 얼마 되지 않아 누군가의 반란으로 살해되었다. 그리고 회공의 손자 영공靈公이 자리를 이었지만 겨우 10

 **확대경**

국가의 발전도 올바른 사람이 되는 일과 같아서 물을 거슬러 배를 저으며 앞으로 나아가지 않으면 퇴보할 수밖에 없다

년 만에 세상을 떠났다. 이제 영공의 막냇삼촌인 간공簡公이 뒤를 이어 자리에 올랐다. 그 다음은 혜공惠公이었다. 그러나 모든 권력은 그의 어머니 손안에 있었다. 이 당시, 위나라 사람이 나서서 권력을 진헌공秦獻公이 잡도록 했다. 이때부터 진나라 정치는 호전될 기미를 보이기 시작했다. 이어 헌공이 세상을 떠나고 효공孝公이 정권을 잡았다.

> 진조공은 재위 기간이 겨우 13년에 불과했는데, 세상을 떠난 뒤 그의 뒤를 이은 몇몇 군주도 재위 기간이 하나같이 길지 않았다. 어떤 군주는 부하의 반란으로 피살되었고, 또 다른 군주는 질병으로 단명하며 주마등처럼 자주 바뀌었다. 이리하여 진나라는 참으로 오랜 기간 혼란 상태에 빠질 수밖에 없었다. 이런 상황은 이 시대 진나라의 유능한 군주 진효공이 자리에 오르고 나서야 큰 전기를 맞았다.

진효공이 무대에 오르고 나서 처음으로 한 일은 현명한 인재를 두루 찾는다며 내린 조서였다. 옛말에 '새로 부임한 관리는 세 개의 횃불처럼 의욕적으로 일을 한다.'[30]라고 했다. 진효공이 세 개의 횃불처럼 의욕에 차서 힘 있게 추진한 일은 무엇이었을까? 현명한 인재를 구하는 일이었다. 고대 정치에서는 현명한 인재가 제자리에 있으면 만사가 훌륭하게 진행되었다. 효공은 자리에 오르자 곧 현명한 인재를

30 新官上任三把火.

널리 구한다는 조서를 내렸다. 그가 현명한 인재를 널리 구한다는 조서의 내용은 『사기』「진세가秦世家」에 기록으로 전한다.

"옛적에 우리 선조 목공은 기岐와 옹雍 사이에서 굴기하여 문덕과 무공을 중시했으며, 동쪽으로는 진晋나라의 내란을 평정하고 황하를 진晋나라와의 경계로 삼았고, 서쪽으로는 융적戎翟을 제패하고 땅을 천 리에 이르도록 넓혔으니, 천자는 패주로 인정했고 제후는 모두 달려와 축하를 했다. 이는 후세에 큰 바탕이 되었으니 참으로 영광이었다."[31]

효공은 먼저 자국 역사를 되돌아본다. 한 나라나 민족의 역사는 중요한 정신적 자원이다. 때로는 이 역사가 지하에 매장된 몇만 톤의 석탄이나 석유보다 더 중요하다. 어떤 인물이든 모두 일정한 역사와 문화가 빚어낸다. 어느 나라 백성이든 자기 역사에 대한 감정은 얼마만큼 천성적인 듯하다. 예컨대, 중국인은 한漢이나 당唐의 흥성을 떠올리면 피가 좀 더 빨리 돌며 열정적인 파동을 일으킨다. 진효공은 이런 점을 잘 알았기에 자리에 오르자마자 목공 시기 진나라의 눈부셨던 모습을 말했다. 그는 당시 서쪽 기산岐山과 옹지雍地에서 덕을 쌓으며 무공을 이룩하기 시작했으며, 동쪽으로는 진晋나라에서 난이 일어나 그 나라의 세 군주가 새로 나라를 세우는 데 도움을 주었다고 말했다. 이는 모두 진나라가 큰 위신을 세울 수 있는 일이었다. 조서는 진나라가 삼진

중국인은 한漢이나 당唐의 흥성을 떠올리면 피가 좀 더 빨리 돌며 열정적인 파동을 일으킨다.

31 昔我繆(穆)公, 自岐雍之間, 修德行武, 東平晋亂, 以河爲界, 西覇戎翟, 廣地千里, 天子致伯, 諸侯畢賀, 爲後世開業, 甚光美.

의 높은 벽을 끝내 넘지 못한 일은 지나치고, 이어서 서쪽으로 향해 나아가 서융西戎을 제패한 일을 언급하고, 주천자가 당시 '패주'의 멋진 칭호를 우리에게 내렸으며, 제후들도 우리를 축하했다고 말했다. 목공의 활동은 얼마나 위대하고 얼마나 웅장한가! 이것이 조서의 첫 부분이었다.

두 번째 부분에서는 화제를 바꾼다.

"여공厲公, 조공躁公, 간공簡公, 출자出子 등이 자리에 있던 한동안은 나라가 안녕하지 못했다."[32]

이렇게 자기 나라가 편안치 않았음을 말한다. 먼저 위대한 역사, 찬란한 역사를 말하고 다시 앞에 가로놓인 어려움을 말하고 있으니, 이는 문장의 논리에도 맞는다. 뒤이어 그는 '나라 안의 근심과 걱정으로 바깥으로 눈길 돌릴 겨를이 없다.'[33]라고 말을 잇는다. 나라 안에 우환이 잇달아 일어나 나라 밖으로 땅덩어리를 넓힐 방법이 없었다고 이르며, 그 결과 삼진이 우리 조상들의 하서河西 지방 땅을 공격하여 앗아간 아픈 사건을 말한다. 버젓한 목공의 후손으로서 삼진의 업신여김을 받아서야 되겠는가! 목공이 자리에 있을 때를 생각해 보면, 진晉나라의 삼대 군주를 우리가 세웠는데, 지금 이들이 뜻밖에도 우리를 짓밟으며 황하 서쪽의 큰 땅덩어리를 차지할 줄이야 누가 생각이나 했겠는가! 이야말로 울화가 터질 일 아닌가? 효공의 이 말은 진나라 사람들의 가슴에 불을 지를 수 있었다. '제후들이 우리를 얕

32 會往者厲, 躁, 簡公, 出子之不寧.

33 國家內憂, 未遑外事.

산시陝西 바오지寶鷄 태공묘太公廟에서 출토된 악기 진공박秦公鎛

보니 이보다 더 큰 치욕이 어디 있는가?'[34]라고 말을 이어간다. 효공은 정말로 대단하다. 그는 진나라 사람들의 수치심까지 건드렸다. 『중용中庸』은 '부끄러움을 아는 것은 용기에 가깝다.'[35]라고 일렀다. 수치심은 인격의 한계선이며, 또 인격의 반동력이다. 우리가 부족하다고 느끼거나 어떤 점이 다른 사람보다 못하다고 느낄 때, 수치심은 우리를 진보하게 만들 수 있다. 수치심이 없으면 발전할 수 있는 동력을

34 諸侯卑秦, 醜莫大焉.

35 知恥近乎勇.

잃게 된다. 이제 효공은 다시 말머리를 바꾼다.

"헌공께서 자리에 올라 변경의 백성을 어루만져 위로하고 도읍을 역양櫟陽으로 옮기시고 병사를 일으켜 동쪽 지방 정벌에 나서며 목공의 옛 땅을 다시 찾고 목공의 정령政令을 다시 손보려고 했다."[36]

헌공이 자리에 오른 뒤, 먼저 변경을 안정시키고 동쪽으로 진출하려 했다고 이른다. 이는 세상을 떠난 자기 아버지를 찬미하는 말이다. 동쪽으로 향해 나아가려던 일은 진나라 사람이 목공 이후 마음속에 자리 잡은 병소病巢였기에 이 점을 말한 것이다. 서쪽으로의 진군은 아무리 해도 마음에 차지 않았다. 번성하는 중원의 문화 지역으로 가야만 비로소 만족할 수 있었다. 여기서 진나라의 큰 뜻이 어디 있는지 알 수 있다. 효공은 '과인은 선왕의 뜻을 그리워하며 언제나 가슴 아프다.'[37]라고 했다. 동쪽으로 향해 나아가려 했지만 끝내 뜻을 이루지 못한 선왕의 마음을 생각하며 언제나 가슴 아파하는 모습이 보인다.

이제 효공은 현명한 인재를 찾으려는 뜻을 드러낸다.

"빈객이나 여러 신하들은 계책을 올려 진나라를 강하게 만들 수 있기를"[38] 바란다. 이 조서는 온 천하를 향한다. 빈객 가운데 누구라도 뛰어난 계책이 있어 진나라를 신속하게 강성의 길로 끌어올릴 수 있는 자에게는 '벼슬을 높여주는 데 그치지 않고 땅까지 나누어 주

---

36 獻公即位, 鎮撫邊境, 徙治櫟陽, 且欲東伐, 復繆公之故地, 修繆公之政令.

37 寡人思念先君之意, 常痛于心.

38 賓客群臣有能出奇計強秦者.

겠다.'고 선포한다. 현명한 인재가 앞으로 나서서 멋진 계책을 내놓으면 큰 벼슬을 내리는 데 그치지 않고 땅까지 떼어주며 제후에 봉하겠다는 말이다. 이렇게 공명과 부귀로써 사람들을 고무시켰다. '땅덩어리를 나누어 받으며 제후에 봉해지는 일'은 당시 뜻을 품은 선비들의 큰 소망이었다. 진효공은 벼슬을 내리고 작위를 안기는 방법으로 현명한 인재가 뛰어난 계책을 내놓도록 자극했다. 효공은 새로 자리에 오르자 진나라 사람들에게 희망을 안겼다. 그가 진나라 모든 백성의 의지를 한데 모아 나라를 강성하게 만들고 동쪽으로 발전하려면 누구에게 의지해야 할까? 현명하고 덕이 있으며 재능이 넘치는 인물에게 의지할 수밖에 없다.

진효공은 자리에 오른 뒤, 진나라의 발전을 도모하기 위하여 현명하고 유능한 인재를 널리 구한다는 조서를 내렸다. 바로 이런 상황 속에서 어떤 이가 진나라로 왔다. 그는 진나라의 역사를 바꾸었을 뿐만 아니라 중국 2천여 년의 봉건 시대에도 깊고 큰 영향을 끼쳤다. 이 사람은 누구였을까?

진효공이 현명한 인재를 널리 찾는다는 조서를 내리자 누군가 진나라를 찾았다. 누구였을까? 바로 상앙商鞅이었다. 분명 당시 적지 않은 인물이 진나라로 와서 기회를 잡으려고 했을 것이다. 그러나 이 중에서 오직 한 사람만이 가장 돋보였으니, 바로 상앙이었다. 마침내 상앙이 진나라에 입국했다.

당시, 상앙은 아직 상앙이라는 이름으로 불리지 않았다. 그의 본명은 공손앙公孫鞅이고, 오기와는 동향으로 위衛나라 출신이기에 위앙衛鞅으로 불리기도 했다. 『사기』「상군열전商君列傳」에는 상앙이 위나라 귀족의 방계 자손이라고 일렀다. 또 상앙은 어려서부터 형명刑名의 학문을 좋아했다는 기록도 보인다. 이 점은 오기와는 다르다. 오기는 유학 출신이고, 상앙은 형명의 학문을 좋아했기 때문이다. '형刑'이란 형법刑法의 형刑이다. 무엇이 '형명의 학문'인가? 법과 규칙의 조문, 판례, 그리고 소송 사건 등에 관한 학문을 말한다. 이는 위衛나라와 관련이 있다. 위나라는 지금의 황하 남북의 대평원 지대에 위치했다. 서주西周가 건국될 때, 이곳은 그 많은 은상殷商 유민의 거주지였다. 서주는 영토를 나누어 제후를 세울 때, 주공파周公派 '문왕의 열 아들' 가운데 강숙康叔, 곧 주공의 동생을 위나라의 제후로 봉하였다. 강숙을 이렇게 제후로 봉한 것은 그의 재능이 뛰어났기 때문이다. 은상의 옛 땅이 잘 다스려지지 않았기에 재능이 뛰어난 강숙을 보낸 것이다. 『상서尙書』「강고康誥」에는 주공이 강숙에게 은상 유민을 어떻게 하면 잘 다스릴 수 있는지, 그 가운데 특히 법률문제를 이야기한 장면이 기록으로 남아 있다. 주공은 강숙에게 이렇게 이른다.

"네가 갈 그곳은 지난날 은상의 도성이 있던 곳으로 은상 사람들이 많이 살고 있다. 그곳 백성을 다스리는 데 우리 주나라 법으로 되겠느냐? 안 될 것이다. 우리의 법으로 은상 유민을 다스린다면 그들에게는 익숙하지 않을 것인즉, 어떻게 하면 좋겠느냐? 은상의 법률로 백성을 다스리면 그들도 우리가 자신들을 업신여긴다고 말하지 않을 것이다."

은상의 문화는 5백 년 동안 축적되어 법률이나 형벌 등이 매우 발달했으며 그 내용도 아주 풍부했다. 전국시대 대학자 순자荀子는 『순자荀子』「정명正名」에서 '형명刑名은 상商으로부터 와야 한다.'고 일렸다. 앞으로 법률의 체계를 세우려면 수많은 법조문이 은상의 경험을 따라야 한다는 말이다. 그러기에 위앙은 비록 희姬 성의 후예지만 어려서부터 은상의 문화가 넘치는 곳에서 생활하며 그곳 문화의 영향을 받아서 형명의 학문을 좋아했다. 이것이 바로 법가의 특징이다. 전국시대의 법가는 고대 문화 가운데 형명 부분을 확대시키고 우물을 파서 물을 긷듯이 역사 문화의 심층을 향해 형명의 물을 길어 올렸다. 그러나 유가는 이런 물을 길어 올리지 않고 역사 문화의 심층을 향해 덕행의 물을 길어 올렸다. 고대 정치에서는 덕도 중시하고 법도 중시했다. 그런데 유가는 덕을, 법가는 법을 더 중시했을 뿐이다.

확대경

전국시대의 법가는 고대 문화 가운데 형명 부분을 확대시키고 우물을 파서 물을 긷듯이 역사 문화의 심층을 향해 형명의 물을 길어 올렸다. 그러나 유가는 이런 물을 길어 올리지 않고 역사 문화의 심층을 향해 덕행의 물을 길어 올렸다. 고대 정치에서는 덕도 중시하고 법도 중시했다. 그런데 유가는 덕을, 법가는 법을 더 중시했을 뿐이다.

위앙도 당시 적지 않은 사람들처럼 위나라로 갔다. 위문후가 다스리던 이 나라가 당시 가장 진보적이며 강대한 나라였기에 아직 팔팔하게 젊은 위앙도 위나라로 달려와 기회를 잡으려고 했다. 그는 오기보다 한참 아래였다. 당시 오기는 위나라에서 비바람을 부를 만큼 당당하여 서하西河에서 큰 공훈을 세웠지만, 위앙은 아직 하찮은 인물로서 그저 이곳에서 기회가 오기를 기다려야 했다. 그가 찾아가서 제 몸을 의탁한 주인은 공숙좌公叔痤였다. 공숙좌는 오래지 않아서 위앙이 정말로 대단하다는 것을 알았다. 그러나 위앙은 위나라에 왔지만 한낱 새까만 젊은이에 지나지 않았다. 이때, 위문후도 세상을 떠났고, 인재 문제를 두고 위문후와 별 차이가 없었던 위무후도 이 세상 사람이 아니었다. 그럼 누가 왕위에 있었을까? 양혜왕이었다. 위나라의 패업은 양혜왕 때 이미 기울었다고 언급한 바 있다. 양혜왕은 인재를 대하는 태도에 문제가 있었다. 손빈을 쓰지 않고 방연을 가까이 한 사실만 봐도 그러했다. 위앙도 그의 눈에는 들지 않았다.

공숙좌도 나이 들어 걸핏하면 병석에 누웠다. 어느 날, 병으로 누워 있는 그를 양혜왕이 문안 왔다. 이때, 공숙좌는 양혜왕에게 이렇게 아뢰었다.

"제 밑에 나이도 그렇게 많지 않고 세운 공로도 없지만 괜찮은 인물이 하나 있습니다. 그에게 국정을 맡기면 전도가 양양할 것입니다. 그는 가히 재상이 될 만한 인재입니다."

이 말을 들은 양혜왕은 이렇게 말했다.

"그렇습니까? 그럼 써야겠습니다!"

입으로는 이렇게 말했지만 마음속으로는 오히려 의문을 드러내며 믿으려고 하지 않았다. 공숙좌는 얼른 눈치를 채고 양혜왕에게 다시 이렇게 아뢰었다.

"폐하께서 그를 쓰지 않아도 좋습니다. 하지만 쓰지 않으시려면, 그를 재빨리 처치하셔야 합니다. 그래야 그가 뒷날 우리 위나라에 큰 화가 되는 걸 막을 수 있습니다."

공숙좌는 생각의 방향이 명확하지 않아서 그를 쓰지 않으면 죽여야 한다고 생각했다. 그런데 결과는 어떠했을까? 양혜왕은 입으로만 '좋습니다, 정말 좋습니다. 그런데 다시 좀 생각해 봅시다!'라고 말하고는 자리를 떴다.

사람의 성격은 다면적이다. 공숙좌는 일국의 대신으로서 충성스럽게 나라의 이익을 도모하며 오로지 위나라를 위하여 생각하고 구상했다. 그러나 군주가 자리를 뜨자 그의 마음은 위앙이라

확대경

공숙좌는 생각의 방향이 명확하지 않아서 그를 쓰지 않으면 죽여야 한다고 생각했다. 사람의 성격은 다면적이다. 그는 귀신이 되었다가 금세 귀신을 잡은 이가 되기도 했다.

는 중서자中庶子의 주인 신분으로 돌아와서 위앙을 위하여 생각하기 시작했다. 그는 귀신이 되었다가 금세 귀신을 잡은 이가 되기도 했다. 공숙좌는 위앙에게 자기가 방금 양혜왕과 나눈 이야기를 털어놓았다.

"그대를 쓰지 않으려거든 없애야 한다고 임금께 말씀드렸으니 빨리 떠나시오. 그대가 지금 떠나면, 나는 나라에 충성을 다하고 친구에게도 우정을 다한 게 되오!"

그의 말을 들은 젊은 위앙은 크게 웃으며 세상사를 환히 안다는 듯이 이렇게 말했다.

"맘에 들지 않아서 쓰지 않으려 한다니 저를 죽일 리 없습니다. 오히려 저는 안전합니다. 제가 떠나려는 것은 제 문제일 뿐이지 임금께서 저를 없애려 하기 때문이 결코 아닙니다!"

상앙은 너무도 잘 알고 있었다. 이 사건을 통해서도 양혜왕이 조부의 패업을 이은 부친의 패업을 잇지 못한 이유를 알 수 있다. 인재를 알아보는 능력을 볼 때 양혜왕은 그야말로 안목이 좁은 속물이었으며, 시대의 흐름도 읽을 줄 모르는 멍청한 인물이었다.

공숙좌가 세상을 떠난 뒤, 위나라에 머물고 있던 상앙은 비록 아무런 생명의 위험도 없었지만 위나라 군주에게 중용될 리도 없었고 그의 재능을 펼칠 공간도 없었다. 바로 이때, 진효공이 인재를 널리 구하기 위한 조서를 내렸다는 소식이 상앙의 귀에 들어왔다. 상앙은 진나라로 가서 기회를 잡기로 결정했다. 그러나 민간인 신분에 지나지 아니한 그가 어떻게 진효공을 뵐 수 있었을까?

바로 이때, 진효공이 현명한 인재를 널리 구한다는 조서를 내렸다는 소식이 위나라에까지 전해지자 상앙은 진나라로 들어왔다. 진나라에 온 상앙이 의탁한 인물은 태감 경감景監이었음이 역사서에 매우 착실하게 기록되어 있다. 그가 의탁한 인물은 육신이 온전치 못했다. 이를 두고 많은 사람들은 상앙이 일처리에 꼼꼼하지 못했기 때문이라고 생각한다. 그렇다면 상앙은 무슨 까닭으로 경감에게 먼저 접근했을까? 경감이 진효공과 가까운 인물이었기 때문이다. 상앙은 뜻을 이루기 위하여 '세상에 나설 때의 원칙'을 따지지 않았다. 유가에서는 이런 점을 상당히 따졌다. 예컨대, 공자는 열국을 주유하며 어느 나라에 가면 누구 집에 머무를 것인가를 꼼꼼하게 따졌다. 유가에서는 자신의 명예를 대단히 소중하게 여겼던 것이다. 정통파의 입장에서는 상앙이 기회를 잡으며 보인 모습을 그렇게 좋게 보지 않았다.

경감은 진효공에게 상앙을 재빨리 천거했다. 상앙이 진효공을 처음 만났을 때, 상앙은 그 자리에서 자신의 치국 이념을 그대로 털어놓았다. 진효공은 그의 옆에 앉아 듣기 시작했다. 한참을 귀를 기울이던 진효공은 곁에 있는 벽에 머리를 스르르 기대더니 이내 잠이 들었다. 상앙이 자리를 뜬 뒤, 진효공은 경감을 부르더니 이렇게 목소리를 높였다.

"어디서 그런 놈을 데리고 왔소? 한참을 이야기해도 몽땅 다 말도 안 되는 얘기만 늘어놓으니 어찌 잠이 안 올 수 있겠소?"

진효공은 이렇게 짜증을 냈다.

집으로 돌아온 경감은 상앙을 나무랐다.

"그대는 재능이 대단하잖소? 모든 일을 훌륭하게 처리할 수 있다기에 그대를 추천했더니, 대체 어떻게 임금을 졸도록 만들었소? 그대가 아무리 훌륭해도 임금께는 수면제였을 뿐이오."

상앙은 웃었다. 그리고 이렇게 말했다.

"제가 임금께 드린 말씀은 제도帝道, 곧 제왕의 길이었습니다."

도대체 무엇이 '제도'인가? 학계에는 서로 다른 견해가 존재한다. 어떤 이는 '제도'란 바로 '도가道家의 길'을 말하며, 추구하는 것도 '도가의 학문'이라고 주장한다. 설욕을 위해 조급증을 가지고 동쪽으로 진출하려는 마음에 안달을 하던 진효공에게는 '제도'가 맞지 않았다. 진효공은 공명심이 지극히 강한 인물이었기 때문이다. 또 다른 이는 '제도'란 '요순堯舜의 길'이요 '상황오제三皇五帝의 길'이라고 말한다.

상앙은 경감이 자신을 나무라자 이렇게 말했다.

"제도로는 분명 안 되는군요. 그럼 좋습니다. 한 번만 더 기회를 주십시오. 내용을 한번 바꾸도록 하겠습니다."

결국 이번에도 되지 않았다. 임금이 아무런 흥미를 보이지 않았던 것이다. 진효공은 경감에게 이렇게 내질렀다.

"그런 놈은 이제 부르지 마시오. 날마다 그런 놈들이 찾아오니 이제는 질렸소!"

경감은 상앙에게 또 이렇게 물었다.

"어떻게 아직도 임금의 마음을 움직이지 못하오?"

상앙은 이렇게 대답했다.

"이번에 제가 올린 말씀은 왕도王道였습니다."

'왕도'란 삼왕三王, 즉 '하夏, 상商, 주周' 이렇게 '삼왕의 길'을 가리킨다. 상앙은 말을 이었다.

"임금께서 다시는 저를 찾지 않으려는 것도 무리가 아닙니다. 제가 왕도를 말씀 올릴 때, 임금께서는 '왕도를 실현하기란 참으로 어렵소. 왕도를 실현하려면 오랜 세월이 필요한데, 나는 그렇게 오래 살 수 없지 않소?' 라고 이르셨습니다. 그러면서 제게 다른 이를 찾으라고 하셨습니다."

잠시 뜸을 들인 상앙은 마지막으로 경감에게 이렇게 말했다.

임금께서 좋아하시는 것을 이제 완전히 알았습니다. 바로 맥을 짚어냈습니다."

진효공은 무엇을 원했을까? 그가 원한 것은 패도覇道, 곧 진나라를 신속하게 부국강병의 길로 이끌어 맞붙는 전쟁마다 승리를 거두며 다른 나라의 땅덩어리와 백성을 겸병할 수 있는 길, 곧 패도였다.

마지막으로 진효공이 상앙의 패도를 들으며 자기도 모르게 엉덩이 밑에 깔린 자리를 상앙 쪽으로 옮겨갔다고 『사기』는 기록한다. 이 자리에서 진효공은 상앙의 패도에 관한 주장을 그대로 받아들였다. 자신의 주장을 진효공이 받아들이자 상앙이 내놓은 한 마디가 『사기』「상군열전」에 기록으로 남아 전한다.

"(진나라는) 이렇게 하여도 은殷이나 주周의 덕행과 어깨를 겨룰 수 없습니다."[39]

진효공은 패도만 받아들였을 뿐 제도와 왕도는 받아들이지 않았다. 이제 진나라는 강대해질 수 있다. 그러나 진나라가 아무리 강해져도 역사상 지위는 상商이나 주周, 이 두 왕조에 비하여 더 융성하고 더 위대한 경지에 이르기 힘들다, 바로 이런 뜻이다. 상앙은 정말 이

39 然亦難以比德于殷周矣.

렇게 말했을까? 개인적인 생각으로는, 이는 상앙의 말이 아니라 사마천의 생각이라고 믿는다. 상앙이 진나라에서 실천하겠다고 내놓은 주장은 진나라를 통치할 수 있는 권력을 손에 쥐고 천하를 통일하는 길로 이끌 수 있다. 그런데 그 뒤, 천하를 통일한 뒤에는 어떻게 다스릴 것인가? 이런 문제에 이르렀을 때, 진나라는 궁지에 빠질 수밖에 없다.

상앙은 세 가지 주장, 곧 제도, 왕도, 패도를 모두 가슴에 지니고 있었다. 이규李逵를 만나면 날이 넓고 평평한 큰 도끼를 내놓고, 노달魯達을 만나면 선장禪杖을 꺼내고, 송강松江을 만나면 강호의 의기를 이야기하면 되었다. 이것이 바로 전국시대 선비들에게 항상 나타났던 모습이었으며, 이 시대 책사들의 풍모였다. 상대편에 따라 필요한 것을 내놓으면 되었던 것이다. 상앙을 책사라고 말하기는 참으로 힘들다. 그러나 그에게는 분명 책사의 기질이 얼마만큼 있었던 것도 사실이다. 일을 처리할 수 있다면, 그리고 상대가 나를 필요로 한다면, 태감의 집에도 머물 수 있었다. 또 몇 가지 주장을 갖고 있다가 이것이 필요하다면 이것을 내놓고 저것이 필요하다면 저것을 내놓으면 되었다. 상대편이 나를 쓰기만 하면 되었던 것이다. 『전국책』에는 수없이 많은 이런 인물이 기록으로 남아 있다. 이 시대 글깨나 읽었다는 선비들은 임기응변에 참으로 능하여 줏대 없이 이쪽에 붙었다 저쪽에 붙었다 하기를 밥 먹듯이 했으니, 이들이 바로 책사였다. 전국시대의 책사란 이렇게 간단하게 뭉뚱그릴 수 있다.

확대경

상앙은 세 가지 주장, 곧 제도, 왕도, 패도를 모두 가슴에 지니고 있었다. 이규李逵를 만나면 날이 넓고 평평한 큰 도끼를 내놓고, 노달魯達을 만나면 선장禪杖을 꺼내고, 송강松江을 만나면 강호의 의기를 이야기하면 되었다. 이것이 바로 전국시대 선비들에게 항상 나타났던 모습이었으며, 이 시대 책사들의 풍모였다. 상대편에 따라 필요한 것을 내놓으면 되었던 것이다.

확대경

전국시대의 책사란 이렇게 간단하게 뭉뚱그릴 수 있다. 입은 있지만 입장은 없고, 지력은 있지만 덕행은 없고, 방법은 있지만 주장은 없다. 지력으로 말하자면, 그들은 모두 누구보다 나았다. 그러나 덕행으로 말하자면, 그들은 생각조차 하지 못했다. 그리하여 그들은 그저 자기의 의견이나 주장을 펼 수 있는 입은 있었지만 정치적 입장은 없었으며, 덕행에 대한 자기 입장도 없었다. 결론적으로 말하자면, 그들은 모두 실용주의자였다.

입은 있지만 입장은 없고, 지력은 있지만 덕행은 없고, 방법은 있지만 주장은 없다. 그들은 수많은 방법을 가지고 있었지만 도대체 미래에 펼쳐야 할 정치는 어떤 형태여야 하는지, 어떤 것이 이상에 맞는지를 책사들은 생각조차 하지 않았다. 역사와 사회에 대한 거시적인 주장이 그들에게는 없었다. 지력으로 말하자면, 그들은 모두 누구보다 나았다. 그러나 덕행으로 말하자면, 그들은 생각조차 하지 못했다. 그리하여 그들은 그저 자기의 의견이나 주장을 펼 수 있는 입은 있었지만 정치적 입장은 없었으며, 덕행에 대한 자기 입장도 없었다. 결론적으로 말하자면, 그들은 모두 실용주의자였다. 자기를 쓰면, 바로 인생의 최대 목적인 명예와 지위를 얻을 수 있었기 때문이다. 상앙은 물론 책사는 아니었지만, 그에게는 실용주의 색채가 참으로 두드러졌다.

상앙은 진나라로 온 뒤, 진효공과 세 차례 얼굴을 마주했다. 세 차례 가운데 마지막 만남에서 패도로써 마침내 진효공의 마음을 움직였다. 진효공은 상앙을 임용하여 변법을 추진하기로 마음을 굳혔다. 그러나 이렇게 되자 몇몇 대신들이 불만을 삭이지 못했다. 그들은 궁전에서 상앙과 공개 토론을 벌이려고 했다. 그렇다면 그들이 공개 토론에서 내놓은 주장은 무엇이었을까? 또 공개 토론의 결과는 어떠했을까?

진효공은 상앙을 임용하여 대대적으로 대사를 추진하려고 마음을 굳혔다. 그러나 변법의 추진이 어디 말처럼 그렇게 쉽겠는가? 토론을 거치며 공감대가 필요했다. 고대 정치에도 나름대로 진보적인 일면이 있었다. 진효공은 수많은 대신들을 한 자리에 불러 모아 각자의 생각을 내놓으라고 했지만 결국은 서로 다른 의견만 불거졌다. 이러한 의견의 대립은 주로 상앙과 두 사람 사이에서 드러났다. 이 두 사람은 감룡甘龍과 두지杜摯였다. 이들은 변법에 반대하는 수구파의 대표였다. 『사기』는 이들의 의견 대립을 기록으로 남겼다.

당시 상앙이 먼저 발언에 나섰다.

"머뭇머뭇 의심하며 일을 행하면 명예도 얻을 수 없고 공도 세울 수 없습니다."[40]

일을 처리할 때 머뭇머뭇 거리고, 밥을 먹을 때 뜨거울세라 두렵고, 손은 내밀 때 내 손 물어버릴세라 두렵다면, 어떤 일도 하지 못한다는 말이다. 상앙의 이 말은 참으로 일리가 있으니, 문학사에서도 이른바 '국외자'의 형상이 있다. 그는 아침에 자리에서 일어날 때에도 머뭇머뭇 망설이며 바지조차 못 입으니, 이게 무엇인가? 이것이 바로 '머뭇머뭇 의심하며 일을 행하면 명예도 얻을 수 없고 공도 세울 수 없다.'는 말이다. 상앙은 여기서 그치지 않고 한 마디 덧붙였다.

"보통 사람을 뛰어넘는 이의 행동은 언제나 세상의 비난을 받고, 홀로 뛰어난 견해를 가진 사람은 반드시 보통 사람의 웃음거리가 됩

40 疑行無名, 疑事無功.

니다."[41]

이 말은 자못 오만한 관점에서 출발했다고 볼 수 있다. 남다른 견해를 가진 사람은 다른 사람의 오해를 받을 수 있고, 앞으로 나라에 큰 공을 세울 수 있는 사람은 백성의 반대를 받을 수 있다는 말이다. 이는 예부터 지금까지 일을 처리하는 사람이 언제나 부딪치는 어려움이었다. 일을 벌이지 않으면 모두 단결하며 화목할 수 있지만 일을 벌이면 반드시 반대가 있게 마련이다. 상앙은 다시 덧붙였다.

"어리석은 자는 일이 끝난 뒤에도 알아차리지 못하고, 총명한 자는 앞으로 일어날 일을 미리 알아차립니다."[42]

우둔한 이는 아무것도 분명하게 알아차리지 못하고 흐리멍덩하지만 지혜로운 자는 일이 일어나기 전에 그 기미와 방향을 알아차린다는 말이다. 이 말도 틀린 말이 아니다. 그는 덧붙였다.

"백성과 함께 새로운 일의 시작을 꾀할 수는 없지만 그들과 함께 성공의 기쁨을 나눌 수는 있습니다."[43]

이야말로 백성을 얕보는 말이다. 일을 어떻게 처리할 것인가, 이 문제를 놓고 일반 백성과 함께 토론할 수는 없으나, 목표를 달성하려면 이들이 이루어진 일을 보고 즐거움을 누리게 할 수는 있다는 말이다. 백성을 멸시하는 데 그치지 않고 백성을 적대시하는 것은 법가 사상의 특징이다. 물론 다른 면에서 보면, 모든 일마다 백성과 함께

41 有高人之行者, 固見非于世; 有獨知之慮者, 必見敖于民.

42 愚者暗于成事, 知者見于未萌.

43 民不可與慮始, 而可與樂成.

토론을 벌인다고 그 일들이 반드시 훌륭하게 처리되는 것은 아니다. 진리는 종종 소수의 손안에 있다. 그러나 정치를 하는 이가 대중을 깔보고 변법도 이런 식으로 추진한다면 그 해독은 비교적 클 수밖에 없다. 이렇게 백성을 깔보았기에 상앙의 다음 말은 더욱 오만했다.

"최고의 덕을 찾으려는 자는 세속에 휩쓸리지 않고, 큰일을 하려는 자는 보통 사람과 공모하지 않습니다."[44]

그러니까 지덕을 갖춘 인물이 큰일을 하려면 범속한 사람과 어울릴 수 없고, 큰일을 하기 위하여 보통 사람인 백성과 토론할 필요가 없다는 말이다.

이제 감룡이 입을 열었다.

"성인은 민풍을 거스르지 않고도 백성을 교화시킬 수 있고, 총명한 사람은 법을 바꾸지 않고도 나라를 다스릴 수 있습니다."[45]

그는 변법의 어떤 점에 반대했는가? 진정한 성인은 '민풍을 거스르지 않고도 백성을 교화시킬 수 있다.'고 했다. 이른바 '민풍을 거스르지 않고도 백성을 교화시킬 수 있다.'는 이치는 유가에서도 중시했다. 요순堯舜도 백성을 이만큼 대했고 걸주桀紂와 같은 폭군도 백성을 이만큼 대했으니, 이것은 아무런 잘못이 없다. 그러나 감룡의 논리와 요점은 여기에 있지 않았고, 오로지 변법을 반대하는 데 있었다. 그가 한 말은 단독으로 보면 이치에 맞지만 진나라가 현재 처한 상황으로 보면 이런 이치를 말하는 것은 책임을 지지 않겠다는 태도일 뿐이

44 論至德者不和于俗, 成大功者不謀于衆.

45 聖人不易民而敎, 智者不變法而治.

었다. 진나라는 목공 이래 내리막길을 걷기 시작하여 갈수록 그 속도가 빨라지고 있었다. 이런 상황에서 어디에 무슨 좋은 방법이 있어 정치를 의탁할 수 있겠는가? 그 밖에도 전국시대에 들어와서는 제후들도 진나라를 얕보며 야만족 취급을 했다. 진효공 이전에는 한참 동안이나 중원 여러 제후들의 회맹에 참여조차 할 수 없었다. 여러 제후들이 함께하려고 하지 않았기 때문이다. 이는 진나라를 열국 밖으로 밀어내며 배제하는 것과 같았다. 진나라는 이렇게 고립되어 있었다. 그러기에 이는 감룡이 실제 상황을 전혀 모르고 입만 나불거리며 내놓은 말이라고 할 수 있다. 그는 이렇게 말을 이어갔다.

"민풍에 순응하여 교화하면 힘들이지 않고도 성공할 수 있고, 법을 좇아 나라를 다스리면 관리들도 익숙하고 백성들도 안정됩니다."[46]

진나라는 마땅히 옛날부터 내려오는 관례를 따라 나라를 다스려야 성공할 수 있다는 말이다. 그러자 이때 상앙이 나섰다. 그는 감룡이 한 말은 모두 세속적인 견해로써 이치에 맞는 것 같지만 실제로는 전혀 중요하지도 않은 헛소리일 뿐이라고 반박했다. 이어서 상앙은 이렇게 말했다.

"보통 사람은 낡은 습속에 만족하고 책깨나 읽었다는 인물은 책에 나오는 견해에 구애됩니다."[47]

감룡이 세속적인 견해를 한사코 부둥켜안은 채 물러서지 않는다

46 因民而敎, 不勞而成功; 緣法而治者, 吏習而民安之.

47 常人安于古俗, 學者溺于所聞.

고 지적하면서 그들이 지난날의 낡은 관념에 빠진 데다 오래된 지식 구조와 틀에 박힌 생각에 만족하며 사람들을 속이고 있다는 말이다.

"삼대의 예법이 달랐지만 천하를 통일할 수 있었고, 오패의 법제가 달랐지만 패권을 차지할 수 있었습니다."[48]

진정한 왕자는 이 왕과 저 왕 사이에 구별이 있어야 한다. 그러나 각자 자기가 처한 실제 상황에 맞춰 나라를 다스린다. 이것을 '삼대의 예법이 달랐지만 천하를 통일할 수 있었다.'라고 한다. 하夏, 상商, 주周, 이 세 왕조는 각각 고유한 특징으로 천하를 통일할 수 있었다.

남편이 저자에서 옷감을 샀다. 집으로 돌아온 남편은 자기 아내에게 옷감을 내놓으며 바지를 지어 달라고 했다. 아내는 어떤 모양으로 만들어야 하느냐고 물었다. 남편은 옛날 모양으로 만들면 된다고 대답했다. 옛날 그 바지에는 구멍이 하나 뚫려 있었다. 아내도 같은 곳에 구멍을 하나 냈다. 결국 옛날부터 내려오는 이 일화처럼 할 수는 없다는 말이다. 이것이 바로 '각주구검刻舟求劍'으로 일종의 경직된 사고방식이다. 춘추시대 오패는 모두 자기만의 방법이 있었다. 그야말로 실사구시實事求是에 충실했으며 변증법에 부합했다.

두지도 이때 앞으로 나서며 입을 열었다.

"100배의 이익이 없으면 이미 있던 법을 고칠 수 없으며 10배의 효과가 없으면 이미 있던 기구를 바꿀 수 없습니다. 이미 있는 법에 잘못이 없으면 옛것을 따라야 잘못이 불거지지 않습니다."[49]

---

48 三代不同禮而王, 五伯不同法而霸.

49 利不百, 不變法; 功不十, 不易器. 法故無過, 循禮無邪.

무슨 말인가? 변법이란 할 만한 가치가 있어야 할 수 있다는 말이다. 가치 있는 변법이라면 얻을 수 있는 이익이 지난날의 법보다 100배, 10배는 넘어야 진행할 수 있다는 뜻이다. 그는 이렇게 상앙의 변법에 반대했다. 노련하고 신중한 것 같지만 실제로는 행동 없이 주장만 하는 두지는 '머뭇머뭇 의심하며 일을 행하면 아무런 공을 세울 수 없는 이'의 전형적인 모습이다. 지금 변법도 없는데 어느 누가 이익의 크기를 가늠할 수 있겠는가?

몇 사람이 이렇게 입씨름을 벌였지만 진효공은 곁에서 듣기만 했다. 그러나 진효공은 결국 명확히 깨달았다. 감룡, 두지는 가만있을 생각 같은데, 우리 진나라를 이렇게 놔둘 작정이란 말인가? 이런 태도는 젊은 데다 뛰어난 기상이 넘쳐흐르는 진효공의 성격과도 맞지 않았다. 결국 진효공은 상앙의 의견을 받아들여 변법을 추진하기로 결정했다. 그는 곧 상앙을 좌서장左庶長으로 임명했다. 사람을 썼으면 그에게 권력을 주어야 했기 때문이다. 이렇게 변법은 시작되었다.

문헌은 변법이 이제 막 시작되는 때에 상앙이 '사목지신徙木之信'이라는 말을 만들었다고 기록한다. 어느 날, 상앙은 도성의 남쪽 문 앞에 커다란 나무막대기를 하나 세우도록 했다. 그런 뒤, 누구라도 이 나무막대기를 도성의 북문 앞으로 옮기는 자에게는 금 열 냥을 상으로 내리겠다고 포고했다. 금 열 냥이라니! 이 포고문을 본 백성들은 가슴에 의혹이 생기고 답답함을 느꼈다. 이렇게 큰 상금이라면 몇 년이나 걸려야 벌 수 있는 돈이었다. 이 나무막대기를 옮기지 않을 리가 없다고? 여기서 저기까지 옮기면 이렇게 많은 상금을 준다고? 우리를 속이는 게 아닐까? 다 옮기고 나서 상금을 안 주면 어쩌지? 사람들은 모두 머뭇머뭇 망설였다. 하찮은 백성들은 평시에도 수없이 속으며 살아왔던 것이다. 상앙이 나섰다고는 하지만 과거에 당한 경험이 있는데, 이들이 경험주의의 착오에 빠질 리가 있겠는가! 상앙은 누구도 손을 대지 않자 포고문을 고쳐서 내걸었다. 나무 막대기를 옮기는 자에게는 금 오십 냥을 상으로 내리겠다! 게라도 집어삼킬 정도로 겁이라곤 하나도 없는 젊은이가 용감하게 나섰다.

확대경

하찮은 백성들은 평시에도 수없이 속으며 살아왔던 것이다. 상앙이 나섰다고는 하지만 과거에 당한 경험이 있는데, 이들이 경험주의의 착오에 빠질 리가 있겠는가!

'한 번 속는 셈 치고 옮겨 보지 뭘!'

이번에 만난 관원은 달랐다. 뜻밖에도 상금을 그대로 안기는 게 아닌가!

상앙은 이렇게 함으로써 법가의 특징을 그대로 구현했다. 명령은 지켜야 하고 금지 사항은 행하지 말아야 하며 약속은 반드시 지킨다는 원칙을 특별히 강조하는 게 바로 법가의 특징이었다. 정부가 정치적 명령이나 법령을 발포하고 나면 반드시 백성들에게 신임을 얻어야 한다는 것이 초기 법가의 기본 정신이었다. 이 일은 『상군서商君書』에 기록으로 남아 있다. 그런데 몇몇 학자들은 상앙보다 앞서 오기도 이런 일을 했다고 지적한다. 물론 가능한 일이다. 그러나 오기가 한 일을 상앙도 이어서 할 수 있다. 오기도 초기의 법가로서 명령은 그대로 따라 움직여야 하고 금지 사항은 행하지 말아야 하고 약속은 반드시 지켜야 한다는 원칙을 강조했다. 그리고 정부는 백성들에게 신임을 얻어야 한다고 생각했다. 이는 참으로 중요한 이야기이다. 『논어』에서도 자공이 스승인 공자孔子에게 이렇게 묻는 장면이 있다.

"나라가 존재하려면 어떤 조건이 필요합니까?"

공자는 이렇게 대답한다.

"먼저 먹을 것이 넉넉해야 한다. 그 다음에는 나라를 지킬 무기가 있어야 하고, 마지막으로 정부에 대한 백성의 신임이 있어야 한다."

총명한 자공은 다시 묻는다.

"어쩔 수 없이 그 가운데 하나를 버려야 한다면 먼저 어떤 것을 버려야 합니까?"

"무기를 먼저 버려야 한다. 무기가 없어도 나라는 존재할 수 있다."

"나머지 둘 가운데 하나를 버려야 한다면 어떤 것을 버려야 합니까?"

"먹을 것이다. 먹을 것이 없어도 나라가 존재할 수 있지만 정부가 백성의 신임을 잃으면 나라가 존재할 수 없기 때문이다."

법가는 이런 점에서 유가와 참으로 통하는 바가 있다. 정부가 내린 명령이나 법률의 엄숙함과 백성의 신임을 잃을 수 없음을 아울러 강조하고 있기 때문이다.

확대경

먹을 것이 없어도 나라는 존재할 수 있지만 정부가 백성의 신임을 잃으면 나라가 존재할 수 없다. 법가는 이런 점에서 유가와 참으로 통하는 바가 있다. 정부가 내린 명령이나 법률의 엄숙함과 백성의 신임을 잃을 수 없음을 아울러 강조하고 있기 때문이다.

상앙의 변법에 대한 기록은 『사기』뿐만 아니라 『상군서』에도 있다. 『상군서』에는 법령을 어떻게 공정하게 실시할 것이며 또 어떻게 공정하게 집행할 것인가의 문제를 언급하고 있다. 상앙은 이에 대하여 수많은 방법을 생각했다. 그 가운데 국가가 법률사무소 같은 기구를 광범위하게 설립하여 일반 백성에게 진나라의 법률을 전문적으로 해석하도록 하는 것도 있다. 백성들이 모두 하나같이 법률을 잘 알면, 관리들이 법을 집행할 때 제멋대로 마구 손을 쓸 수 없을 것이다. 『상군서』에는 법률의 공정성을 중시하고 법 앞에서는 만민이 평등하다는 초기 법가 사상이 비교적 분명하게 드러나 있다.

상앙은 자기의 학문과 이상을 추구하며 진나라를 강성의 길로 들어가게 하는 데 몸을 바친다. 그렇다면, 그는 어떻게 일을 추진했을까? 상앙이 추진한 일로 진나라는 어떤 효과를 얻었을까? 그리고 최후에 상앙 자신에게 돌아온 것은 무엇이었을까?

9장 변법으로 진나라를 강하게 만들다

상앙의 변법은 전국시대의 형세를 바꾸었을 뿐만 아니라 중국 역사에도 깊은 영향을 끼쳤다. 그렇다면 상앙이 진나라에서 추진한 변법이 마침내 성공할 수 있었던 이유는 무엇이었을까? 또 상앙 변법의 구체적인 내용은 어떠했을까? 그리고 상앙 변법의 이점과 폐단은 무엇이었을까?

상앙은 자기주장을 펼친 결과 마침내 진효공의 신임을 얻었다. 진효공은 상앙을 임용하여 변법을 추진하기 시작했다. 상앙의 변법은 진나라를 강성의 길로 이끌어 천하 통일의 굳건한 기초를 다졌다. 상앙이 진나라에서 밀고나간 변법은 전국시대의 형세를 바꾸었을 뿐만 아니라 중국 역사에도 깊은 영향을 끼쳤다. 전국시대에는 수많은 제후국들이 변법으로 강성을 도모했지만 오로지 진나라만이 최종적으로 성공할 수 있었던 이유는 무엇이었을까? 상앙의 변법은 구체적으로 어떤 일을 추진했을까? 그리고 오늘날 우리는 상앙의 변법을 어떻게 평가해야 할까?

오늘날 학자들은 상앙의 변법을 연구하며 모두 18년에 걸친 이 시기를 두 단계로 구분해야 한다고 생각한다. 첫 단계에서 변법은 진나라 사람들에게 토지 개간을 호소하며 '간령墾令'을 널리 알린다. 이 명령의 원본은 오늘날에는 없지만 『상군서』에는 '간령' 한 편이 보존

되어 있다. 이는 당초의 문건인 '간초령墾草令'과 내용상 공통점이 많다. 따라서 이를 통하여 애초에 상앙이 발표한 '간초령'의 내용을 엿볼 수 있다.

먼저 변법은 토지를 개간하여 농업을 발전시키려고 했다. 이는 모든 부국강병의 기본으로 변법의 진보적인 일면을 보이고 있으니, 바로 생산의 발전을 중시하고 있다는 점이다. 당연히 이에 따라 생각을 넓혀 보면, '간초령'이 진나라에서 하달되었다는 사실은 바로 진나라에 농업 발전에 필요한 매우 넓은 공간이 있었음을 말해준다. 바꾸어 말하면, 진나라에는 대량의 황무지가 존재했다. 그 의미는 농경 발전의 초기라는 점과 농업 인구의 희소함이다. 진나라 농업 발전 역사를 살피면, 위수 상류 지역과 견수汧水가 합치는 지대, 곧 '견위汧渭 사이의 땅'과 같은 일부 지역에는 장래성이 있는 적지 않은 '옛 주나라 백성'이 거주하며 주나라 당시의 농업을 계속하고 있었다. 이 밖의 매우 광대한 지역은 이와 달리 농경문화를 바탕으로 한 생활이 비교적 단순했을 가능성이 높다. 앞에서 전국시대에 들어서도 진나라는 동방 제후국들에게 야만족 취급을 받았다고 말한 바 있다. 이는 진나라 백성이 농사를 지으면서도 유목민 생활을 하는 상태와 관계가 있을지도 모른다. 잊지 말아야 할 사실은 진나라 백성들이 과거 오랫동안 유목이 가능한 지역에서 살았다는 점이다. 이들은 전국시대에 이르러서도 상당히 강렬한 유목민 색채를 띠었으니, 그럴 만했다. 이런 상황은 사실 상앙의 변법이 성공할 수 있는 원인 가운데 하나였다.

상앙이 변법을 통하여 농업을 발전시키려 했던 것은 농업과 전쟁을 서로 결합하기 위해서였다. 황무지를 개간하여 농업을 발전시킴과 동시에 변법은 상공업에 타격을 가하기로 원칙을 확정했다. 농업 생

쪼그려 앉은 자세로 활을 쏘는 병마용-2호 갱에서 출토되었다.

산이 발전하면 식량이 넉넉해지고, 그러면 국가 재정도 증가하면서 백성들도 부유해진다. 그러나 이런 점은 상앙 변법의 일면일 뿐이다. 상앙의 변법에는 한 가지 중요한 지도 사상이 있으니, 바로 '이출일공利出一孔'이다. '이출일공'이란 진나라 백성이 부귀를 얻거나 토지를 손에 넣으려면, 국가를 위해 전쟁터로 나아가서 싸워야 한다는 단 하나의 방법만 있다는 의미이다. '여러 가지 방법'이 아니라 오직 '하나' 밖에 없다는 것을 어떻게 보증하는가? 국가가 또 다른 강제 수단을 써서 개인의 상공업 발전을 억제하고 이에 종사하는 이들에게 타격을 가해야 한다. 어떻게 억제하고 타격을 가할 것인가? 사실상 방법은 간단했다. 정치적으로는 그들에게 지위를 주지 않았고, 경제적으로는 그들을 중과세로 가혹하게 뜯어냈다. 여기에는 문제가 있다. 고대에 농업은 모든 문명의 바탕이었지만, 농업의 발전에 따라 상업이나 수공업, 그리고 기타 산업도 반드시 발전해야 했다. 그러나 상앙의 변법을 보면 '이출일공'을 보증하기 위하여 개인이 경영하는 상공업까지 아예 억제했다.

'이출일공'에는 상응하는 조치가 따랐다. 농민이 토지를 손에 넣으려면 어떻게 해야 할까? 나라를 위하여 반드시 싸움터에 나서야 했다. 나라는 싸움터에서 세운 공훈에 따라 토지로써 장려했다. 이 때문에 스무 등급으로 작위를 나누는 제도를 만들었다. 적을 하나 죽이는 군공을 세우면 어떤 작위를 내릴 것인지 명확한 규정이 있었다. 죽인 적의 숫자가 증가함에 따라 작위도 높아졌다. 기록에 따르면, 적의 머리 숫자가 하나면 1급 작위를 받을 수 있었으니, 이로써 1경頃, 곧 100무畝의 토지를 손에 넣을 수 있었다. 벼슬을 할 마음이 있다면, 1급 작위는 50석 봉록을 받을 수 있는 관원이 될 수 있었으며, 2등급의 작위라면 100석 봉록을 받을 수 있는 관원이 될 수 있었다. 5등급 작위에 이르면 300호에서 내는 세금 수입까지 누릴 수 있었으며, 6등급 작위에 이르면 그 대우가 현령縣令과 비슷했다.

이것이 이른바 '이출일공'이다. '이출일공'의 기본 사상은 '구농귀전驅農歸戰'이다. 춘추 이래 여러 나라는 온갖 변법을 추진했지만 이처럼 전쟁과 토지, 그리고 공명을 결합한 상앙의 변법만이 가장 큰 성공을 거두었다. 상앙의 생각은 주도면밀했으며 논리는 빈틈이 없었다. 그는 농업을 중시하면서 상공업에 타격을 가하려고 했다. 왜 그랬을까? 생활 속에서 출발하면 이 문제를 잘 이해할 수 있다. 어떤 농민이 10무畝의 땅을 가지고 있다. 이 땅에 옥수수나 밀을 심는다. 이 땅에서 얼마만큼의 옥수수나 밀을 거둘 수 있을까? 조금이라도 경험이 있는 사람이라면 농작물의 작황만 보아도 마음속에 계산이 선다. 관원이라면 수확량에 따라 어느 만큼의 세금을 거두어야 할지 분명하게 계산할 수 있다. 그러나 장사는 이와 다르다. 이 상인의 집은 허베이에 있지만 산둥으로 가서 장사를 할 수도 있고 베이징으로 달려가서 매매를 할 수도 있다. 그러니 도대체 얼마나 돈을 벌었는지 누가 알겠는가? 금은붙이를 자그마한 보따리로 만들어 가만가만 집으로 돌아오면, 그가 올해 얼마나 돈을 벌었는지 쥐도 새도 모를 수밖에 없다. 이 밖에도 이곳저곳 두루 돌아다닌 경험이 많으면 보고 들은 것도 따라서 많아지고 식견도 넓어져서 쉽사리 순종하려고 하지 않는다. 이것이 바로 상앙이 상공업에 타격을 가한 이유이다. 이렇게 타격을 가해서 상공업에 종사하지 못하게 만들면 이들은 농사에 뛰어들지 않을 수 없다. 상공업을 경영하던 사람뿐만 아니라 힘들여 학문을 잘 익힌 이도 관리가 될 수 있었다. 그런데 상앙은 이런 길도 막아버렸다. 제후들을 찾아 유세를 벌이며 살아가는 이들도 그 길을 막아버렸다. 이 밖에도 여관을 열어 돈을 버는 경우 등도 거

확대경

어떤 농민이 10무畝의 땅을 가지고 있다. 이 땅에서 얼마만큼의 옥수수나 밀을 거둘 수 있을까? 조금이라도 경험이 있는 사람이라면 농작물의 작황만 보아도 마음속에 계산이 선다. 관원이라면 수확량에 따라 어느 만큼의 세금을 거두어야 할지 분명하게 계산할 수 있다. 그러나 장사는 이와 다르다. 이 상인의 집은 허베이에 있지만 산둥으로 가서 장사를 할 수도 있고 베이징으로 달려가서 매매를 할 수도 있다. 그러니 도대체 얼마나 돈을 벌었는지 누가 알겠는가? 금은붙이를 자그마한 보따리로 만들어 가만가만 집으로 돌아오면, 그가 올해 얼마나 돈을 벌었는지 쥐도 새도 모를 수밖에 없다. 이 밖에도 이곳저곳 두루 돌아다닌 경험이 많으면 보고 들은 것도 따라서 많아지고 식견도 넓어져서 쉽사리 순종하려고 하지 않는다. 이것이 바로 상앙이 상공업에 타격을 가한 이유이다.

의 다 특별한 허가를 얻어야 영업을 할 수 있도록 만들었다. 이것이 바로 '이출일공'이요 '구농귀전'이었다.

상앙의 변법이 중요시한 것은 농업 중시였다. 게다가 농업 중시와 천하 통일을 하나로 결합하였다. 이렇게 하여 진나라는 대량의 황무지를 개간하여 식량 생산량을 증가시켰을 뿐만 아니라 군대의 전투력도 대대적으로 증강시켰다. 이와 동시에 상앙은 변법을 추진하면서 사소한 부분까지도 구체적인 규정을 만들어 시행했다. 그렇다면 이런 규정의 내용은 무엇일까? 또 상앙은 왜 이렇게 하려고 했을까?

농민에게 농사를 짓게 하려면 사회 조직이 필요했다. 상앙의 변법에는 대단히 중요한 정신이 있었다. 바로 소농小農 중시였다. 변법 가운데에는 또 다른 원칙이 있었다. 형제 둘이 모두 스물에서 서른 살로 어른이 되었는데도 분가를 하지 않으면 어떻게 했을까? 이들에게 세금을 두 배로 받아가겠다고 한 목적은 어디에 있었을까? 그들을 강제로라도 분가시켜 소가족을 만들게 했다. 어떤 남자가 여자를 아내로 맞아 두세 명의 아이를 낳으면, 이런 가정이 가장 훌륭했다. 이렇게 다섯 식구로 이루어진 가정이 정부에서 가장 좋아하는 가정 규모였다. 상앙이 변법을 통하여 실제적인 전통으로 만들어낸 소농 형태를 훗날 권력을

확대경

다섯 식구로 이루어진 가정이 정부에서 가장 좋아하는 가정 규모였다. 상앙이 변법을 통하여 실제적인 전통으로 만들어낸 소농 형태를 훗날 권력을 손에 쥔 황제들은 특별히 좋아했다. 그 이유는 관리하기에 좋았기 때문이다. 상앙의 변법은 중국 2천여 년의 역사에 큰 영향을 끼쳤다. 뒷날의 중국 고대 사회는 대체로 소농이 많았다. 특히 다섯 식구로 한 가정을 이룬 경우가 많았을 때 왕조는 번영하고 부강했다. 그 이유는 세원이 풍부했기 때문이다. 왕조에서 가장 미워한 게 무엇이었을까? 바로 토지의 겸병이었다.

손에 쥔 황제들은 특별히 좋아했다. 그 이유는 관리하기에 좋았기 때문이다. 중국에서 상앙의 변법은, 앞에서 이야기했듯이, 중국 2천여 년의 역사에 큰 영향을 끼쳤다. 뒷날의 중국 고대 사회는 대체로 소농이 많았다. 특히 다섯 식구로 한 가정을 이룬 경우가 많았을 때 왕조는 번영하고 부강했다. 그 이유는 세원이 풍부했기 때문이다. 왕조에서 가장 미워한 게 무엇이었을까? 바로 토지의 겸병이었다. 토지의 겸병이 일어나면 한 가정은 명의상으로는 다섯 식구 또는 그보다 좀 많을 가능성이 높지만 실제로는 수천수만 무畝의 땅을 점유하고 대량의 노동 인구를 숨겼던 것이다. 이런 가정에서도 다섯 식구에 해당하는 세금을 내었으니 정부로서는 이만저만 손해가 아니잖은가! 진한 이후 위진남북조에 이르기까지 황제의 권한에 활기가 없었던 이유가 무엇이었을까? 가장 중요한 원인 가운데 하나가 바로 대갓집의 존재였다. 그들은 수많은 인구를 감추고 대량의 토지를 점유했다. 실제로 상앙은 변법을 추진할 때 한 가지 원칙을 확립했다. 한 가정에 건장한 남자 두 명이 있으면 반드시 분가해야 한다는 원칙이 바로 그것이었다. 이것이 바로 상앙 변법에서 보인 소농 중시이다.

이 밖에 변법은 집집마다 소농을 조직했다. 바로 '십오제什伍制'로 조직하여 실행했다. 『사기』「상군열전」에는 이렇게 나온다.

"열 가정을 하나의 십什으로, 다섯 가정을 하나의 오伍로 편성하도록 명령을 내리고, 이들이 서로 감시하고 고발하도록 하였다. 한 가정이 법을 어기면 열 가정이 연루되어 응분의 처벌을 받았다. 간사하고 흉악한 일을 보고도 고발하지 않으면 요참의 형벌로 다스렸으며 고발하는 이에게는 적의 머리를 베는 것과 같은 상을 내렸다."[50]

이 명령은 참으로 무시무시하여 백성들을 처음부터 끝까지 남김없이 엮었다. 무엇 때문에 이렇게 했을까? 서로 감독함으로써 사람들이 법에 어긋난 짓은 물론 국가의 활력을 해치는 일도 감히 못하도록 하는 데 목적이 있었다. 이를 위하여 서로 감시하고 고발하게 만들었다. 만약 이웃이 잘못을 저질렀는데도 '고발하지 않았다가', 나중에 이 사실이 밝혀지면 요참을 당해야 했다. 고발하면 어떻게 했을까? 적의 목을 베었을 때와 같은 작위를 내렸다. 이렇게 백성들 사이에 고발을 부추겼다.

역사를 되돌아보면, 관중이 변법을 추진할 때에도 백성을 사士, 농農, 공工, 상商으로 각기 조직하여 몇 집을 하나의 군사 단위로 만들었다. 이렇게 겹겹이 조직하여 몇 집에서 장병 하나를 뽑아 일정 기간 제나라를 전쟁 체제로 조직했다. 그러나 관중은 서로 고발하고 들추어내어 까발리라고 하지는 않았다. 이런 방법은 훗날 잘못된 정치로 평가됐다. 사실상 사회를 인간 지옥으로 만들었기 때문이다. 이것도 법가의 변법이 인지상정에 신경을 쓰지 않았기 때문에 생긴 지나친 결점으로 그 피해는 참으로 컸다. 이런 고발 정책이 없었더라면 자기가 범한 잘못은 자기 잘못일 따름이었다. 하지만 당장에는 이웃 사람이 고발하지 않을지라도 언젠가는 다섯 가정이 함께 말려들 수 있다. 이는 어떤 결과를 몰고 올까? 다섯 가정이 함께 모반할 수도 있다. 이런 결과는 애초에 변법을 계획한 자가 생각지도 못한 것일 수 있다. 사람들이 도난

서로 고발하고 들추어내어 까발리는 방법은 훗날 잘못된 정치로 평가됐다. 사실상 사회를 인간 지옥으로 만들었기 때문이다.

50 令民爲什伍, 而相牧司連坐, 不告奸者腰斬, 告奸者與斬敵首同賞.

을 방지한다고 금은보화를 상자에 넣어 꽁꽁 묶어놓지만 이는 도둑에게 오히려 편리할 뿐이라고 장자는 말했다. 도둑이 이 상자를 손에 들고 내뺄 때, 상자가 잘 묶여 있으면 얼마나 순조롭겠는가! 상앙이 추진한 변법도 이렇게 엄격한 고발 제도를 실시했으니 이와 다를 바 없다.

그러나 앞에서도 이야기했듯이, 상앙의 변법은 그래도 사회 정의를 추구하려는 정신이 있었다. 상앙, 오기 같은 법가의 핵심 인물들은 백성을 통제하는 외에도 귀족의 특권 제한에 신경을 썼던 것이다. 오기의 변법은 먼저 귀족을 겨냥했다. 오기는 귀족과 대치하면서도 물러서지 않았기에 변법을 철저히 추진하기가 힘들었다. 귀족들의 태도는 강경했다.

'밖에서 굴러온 네놈이 아무리 강경하게 밀어붙여도 안될거야. 그래, 네놈이 온 힘을 다해 우리 초나라 귀족과 맞선다면 실패로 끝날 수밖에 없어.'

이렇게 귀족들의 반대는 끈질겼다.

그러나 상앙의 변법은 대체로 하찮은 백성부터 겨냥했다. 나라의 바탕이 되는 백성을 군사적 원칙과 천하 통일 목표에 맞춰 어떻게 전쟁 조직 전체에 적절하게 넣을 것인가에서 변법을 시작했다. 상앙의 변법은 백성을 조직 속 하나의 부품으로 만드는 데 힘을 기울였다. 조금도 빈틈없이 섬세하고도 짜임새 있게 만드는 것이 상앙 변법의 특징이었다. 그러나 상앙은 초기의 법가로서 특별히 사회 정의를 실현하려고 했다. 이런 점은 마땅히 인정받아야 한다. 예를 들어, 상앙은 백성을 통제하는 동시에 '왕족이라도 전쟁터에서 공을 세우지 않은 자는 그 집안의 족보에 넣을 수 없다.'[51]는 주장을 펼쳤다. 이른바 왕족이란 군주의 사돈에 팔촌까지도 여기에 속한다. 상앙은 이런 사람은 태어나면서부터 진나라 귀족이 되어서는 안 된다고 주장했다. 옛날에는 이들은 태어나면서부터 귀족이었다. 하상주 이래 언제나 같았다. 주문왕周文王의 자손, 주무왕周武王의 자손, 상탕商湯의 자손, 이들은 대대로 부귀를 누렸다. 그러나 이런 낡아빠진 규정을 상앙은 인정하지 않았다. 군사적인 공훈이 없으면 왕실의 족보에 들어갈 수 없다고 분명히 선을 그었다. 진나라에는 태어나면서부터 귀족이 되는 일은 없어졌다. 이런 점에서 상앙도 오기처럼 귀족을 겨냥한 면이 있다. 이 때문에 그도 오기와 비슷한 결말을 맞았다.

어떻든 상앙은 사회 정의를 중시했다. 이 점은 토지를 가진 자에 대한 세금 징수로 나타났다. 토지를 가진 만큼 세금도 그만큼 거두었던 것이다.

종합하면, 첫 번째 단계의 변법은 아래와 같이 몇 가지 방면에서 추진되었다.

첫째, 농업을 중시했다. 그리고 소농을 중시했다.

둘째, 백성을 십오제에 따라 조직하여 연좌제로써 백성들이 상호 감시하도록 요구함으로써 백성에 대한 정부의 통제를 용이하게 했다.

셋째, 상공업에 타격을 가하며 농업 외에 부귀에 이르는 통로는 모두 막아버렸다. 이것을 이출일공, 구농귀전이라고 한다.

넷째, 백성이 군공을 세우려는 열정을 자극하기 위하여 20개 등급으로 나누어 작위를 주는 제도를 실행했다.

---

51 宗室非有軍功論, 不得爲屬籍.

상앙은 자기가 집정하는 동안에 위와 같은 조치를 시행하며 법가 특유의 원칙으로 공정하게 일을 처리했다. 이에 따라 진나라는 전쟁에 대한 열정이 넘치는 나라로 신속하게 바뀌었다. 위에서부터 아래까지 싸움터에 나서는 일이라면 활력이 넘쳐흘렀다. 진나라는 마치 전쟁 불도저인 양 천하 통일에 이르기까지 동방을 향해 맹렬한 기세로 밀고 나갔다.

상앙은 첫 번째 변법을 추진하면서 구농귀전을 가장 중요시했다. 이 조치는 아주 빠른 효과를 드러내며 진나라의 국력과 군사력을 신속하게 증강시켰다. 상앙은 이런 바탕 위에서 더 깊이 변법을 진행했다. 그렇다면 변법의 주요 내용은 무엇이었을까? 이는 또 진나라에 어떤 영향을 끼쳤을까?

대략 8, 9년이 흐른 뒤, 상앙은 2단계 변법을 실시했다. 먼저 도성을 함양咸陽으로 옮겼다. 진나라의 도성은 지난날 옹雍(지금의 산시 펑샹鳳翔), 역양櫟陽(지금의 산시 셴양咸陽 동북, 위수渭水 북안)이었지만 지금은 함양으로 옮겼다. 이런 흐름은 진나라의 역사 발전의 큰 흐름과 연관되었으니, 바로 동쪽을 향한 발전과 그대로 부합된다. 역양은 동북쪽으로 약간 치우쳐 있었다. 당시 안읍이 위나라의 도성이었던 시절, 진나라는 위나라와의 투쟁을 염두에 두고 이곳에 도성을 두기로 했지만, 이제 위나라는 큰 문제가 되지 않았기에 도성을 조금 더 동쪽으로 옮기게 된 것이다. 함양은 북쪽으로는 황토 고원이었고 남쪽으로는 위수와 맞닿았으며 동쪽은 함곡관函谷關과 그대로 통하는 전략 요충지였다. 상앙이 이곳에 도성을 세우기로 한 결정은 그 속셈이 너무도 명확했다. 천하를 제패한 맹주로서 제후들을 온 사방에서 불러 알현하도록 만들겠다는 것이었다. 이런 당당한 기백이 상앙 변법의 두 번째 단계에서 벌써 드러났다.

두 번째 단계에서 추진한 조치는 어떤 것이 있었을까? 부賦의 징수였다. 이로써 재정 수입을 새롭게 증가시켰다. 이는 진나라에서 처음으로 실시했다. 그럼 부賦란 무엇인가? 먼저 이는 세稅와는 다르다. 오늘날 사람들은 세에 대해서는 잘 알고 있지만 부에 대해서는 생소하다. 부는 바로 인두세人頭稅이므로 사람 수에 따라 징수한다. 세는 재산 수입 상황에 따라 징수한다. 부는 징수하는 목적이 다르다. 한자의 '부賦' 자를 보면 '패貝'와 '무武'가 결합된 글자로 군사와 관계가 있다. 이론적으로 보면, 부는 군사에 필요한 곳에 지출할 국가의 재정 수입이다. 국가는 어떤 근거로 사람 수에 따라 부를 징수하는가? 사람은 누구나 평화롭게 살고 싶다. 그러나 평화롭게 살려면 국가는 반드시 전쟁 준비를 해야 한다. 군사 예산이 있어서 지출할 수 있어야 한다. 사람마다 평화로운 삶을 영위하려면 군대 양성에 쓰일 일부분의 돈을 국가에 내놓을 책임이 있다. 그러나 상앙이 부를 징수한 목적은 어쩌면 또 다른 목적이 있었을 가능성이 높다. 바로 남는 것은 덜어서 모자라는 곳에 보탠다는 생각이었다. 예컨대, 몇몇 대가족이 그렇게 많은 식구를 거느리고 있다면, 머릿수에 따라 부를 거두었다. 여기에는 상공업을 억제하려는 의도도 있었다. 몇몇 거상은 집안에 적지 않은 노복을 두고 있었다. 이들에게도 마찬가지로 머릿수에 따라 부를 거두었다. 따라서 상앙의 변법은 새로운 재정 수입을 증가시켰다. 이렇게 상앙은 여러 가지 측면을 깊이 고려했다.

상앙이 사람 수에 따라 징수한 부는 진한 이후의 역사에 매우 큰 영향을 끼쳤다. 상앙의 변법이 중국 후대에 깊고 크게 영향을 끼쳤다고 말하는 데에는 그가 진나라에서 확립한 부의 징수도 하나의 이유가 된다. 천하를 통일한 후, 진의 역사는 매우 짧게 끝났다. 여기서는 한대漢代를 예로 들어보자. 한대에는 소농으로서 다섯 식구 가정에서 10무畝의 땅에 농사를 지었다고 치자. 금년 작황이 좋든 나쁘든 사람 머릿수에 따라 부로써 거두는 돈은 문제가 되지 않는다. 자연이 순조롭지 않아서 작황이 좋지 않으면 세稅는 적게 거둘 수밖에 없지만 부賦는 사람 머릿수에 맞추어 거두면 되었기 때문이다. 이 돈을 다른 명목으로 한 가정의 성년 남자가 납부해야 될 돈과 합하면 수많은 소농을 파산으로 이끄는 중요한 원인이 될 수밖에 없다. 그러나 다섯 식구의 가정이 파산에 이르러도 사람이 있다면 그래도 돈을 내야 했다. 왜냐하면 지방 관리는 장부에 적힌 사람 머릿수에 따라 거두었기 때문이다. 이 사람은 파산했지만 관리의 장부상 셈은 완성되어야 했다. 이 돈을 내지 못하면 지방 관리는 그를 협박이라도 해서 돈을 거둬야 했다. 이렇게 파산한 집안은 도망을 갔다. 그것도 토지를 버리고. 어디로 갔을까? 누구라도 밥을 준다면 그곳으로 달려갔다. 이는 몇몇 돈 있고 힘 있는 대가족에게는 기회였다. 첫째, 토지가 대량으로 방치되었으니 땅값이 아주 싸졌고 이에 따라 대량으로 토지를 구입할 수 있었다. 둘째, 더 이상 저렴할 수 없을 만큼 저렴해진 노동력을 얻을 수 있었다. 셋째, 돈과 힘을 모두 갖고 있었기에 지방 관리들도 이들을 어찌할 수 없었다. 국가가 머릿수를 기준으로 부를 거두는 일은 사실 함께 손을 맞잡을 수 있는 사람을 적국으로 밀어버리는 정책이었다. 대체로 서한 후기에서 동한까지 이런 사회 세력은 점점 늘어나다가 그 뒤 위진남북조를 거쳐 중당中唐에 이르면 머릿수에 따라 거두었던 부는 명문 대부호의 성장을 직접 초래하는 결과에 이르렀다. 동한이 황제의 권력이 붕궤된 뒤 오랫동안 황제의 권력이 활기를 되찾지 못했던 원인도 아마 여기 있었을 것이다. 사람을 바탕으로 한 부세 정책은 당나라 중기에 대부분 바뀌었다. 그러자 명문대가도 사라졌다. 진한 이후 왕조가 반복적으로 출현할 수밖에 없었던 고질적인 증상은 분명 상앙의 변법에 그 근원이 있다고 본다. 그러기에 상앙의 변법을 자세히 살피면 나중에 중국에서 일어난 수많은 문제들을 밝혀낼 수 있다.

확대경

대체로 서한 후기에서 동한까지, 그 뒤 위진남북조를 거쳐 중당中唐에 이르면 머릿수에 따라 거두었던 부는 명문 대부호의 성장을 직접 초래하는 결과에 이르렀다. 동한이 황제의 권력이 붕궤된 뒤 오랫동안 황제의 권력이 활기를 되찾지 못했던 원인도 아마 여기 있었을 것이다. 사람을 바탕으로 한 부세 정책은 당나라 중기에 대부분 바뀌었다. 그러자 명문대가도 사라졌다.

이 밖에 전면적으로 현縣을 두어 전국을 관리한 행정 개혁이 있었다. 현은 진나라의 몇몇 지경에 일찍부터 있었지만 상앙은 변법을 추진하며 현을 두는 제도를 널리 펼치며 일반화했다. 이로써 여기저기 흩어져 있던 주민들을 한데 모아 현이라는 일급 행정 기구를 설립했다. 이는 뒷날 진한의 군현제郡縣制와 관계가 있다.

게다가 도량형을 통일했다. 법가는 사회에서 일어나는 사기를 방지하고 불공정을 막기 위하여 그들만의 기본적인 사상이 있었으니,

상앙이 변법을 시행하면서 통일된 도량형으로 제작한 되–용적은 198.57㎤

확대경

법가는 사회에서 일어나는 사기를 방지하고 불공정을 막기 위하여 그들만의 기본적인 사상이 있었으니, 바로 도량형의 통일이 그것이다. 이는 참으로 긍정할 만한 가치가 있다. 왜냐하면 사회 정의를 추구하려는 이상이 훌륭했기 때문이다.

바로 도량형의 통일이 그것이다. 되와 말, 저울대와 저울추, 그리고 장丈과 척尺에는 모두 통일된 표준이 있었다. 이것도 긍정할 만한 가치가 있다. 왜냐하면 사회 정의를 추구하려는 이상이 훌륭했기 때문이다.

두 번째 단계의 변법에는 또 하나의 커다란 사건이 있었다. 바로 '천맥법阡陌法'의 시행이 그것이다. 상앙은 변법을 추진하면서 정전제井田制를 폐지하고 천맥법을 펼쳤다. 이것이 무슨 의미일까? 과거에는 정전제를 폐지하고 천맥법을 실시한 것을 두고 토지의 사유제를 확립했다고 여겼다. 즉 지난날의 정전제의 몇몇 한계를 타파하고 토지를 농민이 장악하도록 돌려주었다는 말이다. 현재 이 문제에 대해서는 서로 견해가 다르다. 적지 않은 학자들은 상앙의 '천맥법'이 '전무제田畝制'의 개혁일 뿐이라고 생각한다. 과거에는 100보를 한 무畝로 삼았지만, 이제는 240보를 한 무로 함으로써 토지의 구획을 다시 바꾸었기에 토지의 사유와는 관계가 크지 않다는 것이다. 이것은 상앙의 변법에 대하여 오랫동안 논쟁을 벌여온 문제 가운데 하나였다. 상앙의 변법은 토지 사유제를 세웠는가 아니면 강화했는가? 필자의 얕은 견해로는 대답이 부정적이다. 그 이유는 상앙 변법의 기본 정신은 국가 권력의 강화로써 다른 강대국과 패권을 다투며 패자가 되려는 데 있었기 때문이다. 토지는 농민이 쓸 수 있도록 돌려주었다. 이 토지를 양도나 매매도 할 수 있었다. 그러나 세금을 거두는 문제는 전적으로 조정에서 결정했다. 이것이 바로 동방, 그것도 중국에서는 토지에서 거두는 세금을 두고 국가는 직접적으로 소농과 대립했다는 마르크스의 주장이다. 무슨 뜻일까? 내게 돌아온 토지를 아들에게도 내려줄 수 있고, 이웃에게 팔아버릴 수도 있으며, 그냥 버려둘 수도 있다면, 이는 마치 사유제 같지만, 납세 문제를 볼 때 그 토지에서 100근의 식량이 나왔다면 조정에서 10근을 가져가고 싶으면 10근을 가져가고, 15근, 20근을 가져가고 싶으면 15근, 20근을 가져갈 수 있으니, 이런 문제를 두고 토지를 경작하는 소농은 어떤 말도 할 수 있는 권리가 없었다. 이런 사유제는 사유제라고 할 수 없고, 이런 사유제라면 가짜 사유제요, 아무리 양보해서 말해도 심각하게 불완전한 사유제였기 때문이다. 그러나 상앙 변법의 기본 정신은, 그리고 근본적인 목적은 어떻게 백성에게 유리하게 할 것인지 또는 백성의 생존 권익을 높일 것인지에 있지 않았다. 이와는 달리 상앙의 변법이 온힘을 다해 추진하려던 것은 백성을 국가의 전쟁 체제 속의 일부로 어떻게 만들 것인가에 있었다. 그러기에 몇몇 학자들은 천맥법에 의한 토지 구획 짓기는 사실상 전무제를 손본 것이라고 생각한다. 농민에게 토지를 내어주면서 어떻게 땅을 측정할 것인가, 1무를 얼마만한 크기로 할 것인가 등의 내용은 경작과 관리를 편리하게 할 수는 있어도 이것이 바로 사유제의 확립이라고 한다면 아무래도 어폐가 있다.

상앙의 변법은 진나라를 전쟁에 적합한 거국 체제로 만들었다. 이는 진나라를 전국시대 대합병의 잔혹한 현실 속에서 살아남게 했을 뿐만 아니라 결국 여섯 나라를 무너뜨리고 천하를 통일시킨 힘이었다. 오늘을 사는 우리는 상앙의 변법을 어떻게 평가해야 할까? 상앙의 변법은 진나라에, 아니 중국 역사에 어떤 영향을 끼쳤을까?

확대경

진나라는 소농을 중시하고 기타 산업은 아예 적대시까지 했다. 이런 정책은 장기적으로 보면 사회 발전에 불리하다. 특히, 당송唐宋 이후에는 인구가 많은 데다 산천과 벌판은 온통 농사를 짓는 이들로 가득한 상태였다. 많은 이들이 오랫동안 농업의 발전에만 주력하다 보니 문제는 갈수록 심각해졌다. 그러기에 중국에서는 거의 몇 백 년을 사람 때문에 내리막을 걸었다고 말하는데, 필자가 거슬러 올라가 보니, 상앙의 변법에서 그 원인을 찾을 수 있었다.

앞에서 농업의 발전은 상공업 등 기타 다양한 산업의 발전을 필연코 가져올 수밖에 없다고 말했다. 그러나 이와는 달리 진나라는 소농을 중시하고 기타 산업은 경시했다. 아니 기타 산업은 아예 적대시까지 했다. 이런 정책은 장기적으로 보면 사회 발전에 불리하다. 특히, 당송唐宋 이후에는 인구가 많은 데다 산천과 벌판은 온통 농사를 짓는 이들로 가득한 상태였다. 많은 이들이 오랫동안 농업의 발전에만 주력하다 보니 문제는 갈수록 심각해졌다. 그러기에 중국에서는 거의 몇 백 년을 사람 때문에 내리막을 걸었다고 말하는데, 필자가 거슬러 올라가 보니, 상앙의 변법에서 그 원인을 찾을 수 있었다.

이출일공이든 구농귀전이든, 방금 이야기했듯이, 모두 '간령'에서 시작했으니, 이는 바로 진나라의 농업이 비교적 원시 상태였음을 드러낸다. 그러나 제齊나라는 서주로부터 계산해도 몇 백 년 동안 농업이 매우 발달한 상태였다. 더구나 제나라는 농업을 바탕으로 한 상공업도 매우 발달했다. '이출일공' 정책을 이런 곳에서 실행할 수 있었을까? 불가능하다. 이것은 진나라에서나 실행할 수 있다. 왜냐하면 이곳의 역사와 문명의 발전이 상대적으로 낙후되었기에 유목에서 농경으로의 이행이 이루어지는 시기에 소농을 중시하는 상앙의 정책은 그 시행이 가능했다. 그런데 진나라는 상앙의 변법이 일단 성공을 거두었기 때문에 상앙이 확립한 체제를 산둥 지방은 물론 전국적으로 밀고 나갔지만, 이는 발을 깎아서 신발에 맞추는 것처럼 억지 적용일 수밖에 없었다. 상앙의 변법에 대해 우리는 적절한 대우를 해줘야 한다. 실리를 따라 만들어진 체제는 참으로 현실적이었다. 어느 시기에는 변법으로 만들어진 진나라에 활기가 넘쳐흐를 수 있었다. 그러나 이것은 사람을 죽임으로써 얻어진 작위가 만들어낸 자극 때문이었다. 그러기에 당시 제후들은 진나라를 가리켜 '잔인한 나라', '적의 목을 벤 공훈을 앞세우는 나라'라고 입을 모았다. 이런 나라의 백성들은 날마다 소리 높이며 적의 목을 더 많이 베려고 악을 쓰고, 적의 머리로 토지를 얻고, 작위를 얻고 영예까지 얻으려고 했으니, 이런 나라가 어찌 두렵지 않았겠는가? 진나라는 장평長平에서 벌어진 전쟁에서 하룻밤에 40만이나 되는 항복한 병사를 생매장했고, 이궐伊闕에서 벌어진 전쟁에서는 24만이나 죽였다. 하지만 이렇게 많은 사람을 꼭 죽여야 했던가? 그러기에 변법이 몰고 온 전쟁과 정복의 야만스러움은 상앙 변법의 심각한 역사적 결함이다.

또한 상앙 변법에서 그가 추구했던 정의 사회를 향한 이상이 피비린내로 가득했음을 인정해야 한다. 무엇보다 그렇게 크지 않은 잘못에도 무거운 형벌을 내렸다. 이것도 법가들의 생각이었다. 우리는 유가가 백성에 대하여 인정을 베풀 것을 강조한 반면 법가는 유가의 이런 점을 공격했음을 잘 알고 있다. 『상군서』를 보면 유가는 날이면 날마다 인仁을 내세우지만 이것은 바로 사람들에게 어떻게 인을 베풀 것인지를 모르기 때문이라는, 유가에게 보내는 법가의 질문을 만날 수 있다. 또 날이면 날마다 애愛를 말하지만 이는 곧 사람이 어떻게 사랑을 베풀어야 하는지를 모르기 때문이라는 질문도 만날 수 있다. 이것이 암시하는 바는 너무도 분명하다. 법가는 법으로써 사람들이 인을 행하지 않을 수 없도록 만들며, 법으로써 사랑을 행하지 않을 수 없도록 만든다. 그러나 이렇게 강제적으로 탄생한 '인仁'과 '애愛'가 그래도 '인仁'이며 '애愛'일 수 있을까? 이것이 문제였다. 하지만 이 점을 법가는 생각하지 않는다. 사람들에게 '인애仁愛'를 행하지 않을 수 없도록 강요한 이상 그 기본적인 태도는 '형벌로써 형벌 억제하기'였다. 하나의 비유를 들어보자. 길이 있다. 길고 긴 경사로를 30m 올라가야 한다. 자신도 힘들다는 것을 느끼지 못한 채 이렇게 길고 긴 경사로는 오를 수 있다. 그러나 30m나 되는 높은 담이 쌓여 있으면 넘어갈 수 있는 이가 거의 없다. 어떤 인물이 사소한 죄를 저질렀는데, 누구도 그를 따끔하게 손보지 않으면 이어서 큰 죄를 저지르고, 천천히 쌓여서 길고 긴 경사로 30m를 오른 셈이 된다. 그러나 만약 길에 쓰레기를 좀 버렸다고 손발을 잘라버려도, 법가는 그가 다음에는 감히 죄를 짓지 않을 거라고 말한다. 이것이 바로 '형벌로써 형벌 억제하기'이며 법가의 논리이기도 하다.

실제로 이 논리는 앞뒤가 맞지 않는다. 공자는 덕행으로써 다른 이를 타일러 가르치고 예법으로써 사람을 가지런하게 하면 사람들이 서로 사랑하고 아낄 뿐만 아니라 수치심을 가질 수 있다고 말했다. 뒤집어 보면, 어떤 이가 저지른 아주 작은 잘못을 두고 그를 한 대 때리거나 심지어 그의 신체에 상해를 가하면, 이는 곧 그 사람의 자존심에 상해를 가하는 것이다. 인격의 최저 한계는 자존이다. 자존은 바로 부끄러움을 아는 데 있다. 부끄러움을 알면 그런 일은 하지 않는다. 그러나 한 번의 징벌이 한 사람의 수치심의 한계를 충분히 깨뜨릴 수도 있다. 어떻게? 사회에 위험한 적을 만들

확대경

어떤 이가 저지른 아주 작은 잘못을 두고 그를 한 대 때리거나 심지어 그의 신체에 상해를 가하면, 이는 곧 그 사람의 자존심에 상해를 가하는 것이다. 인격의 최저 한계는 자존이다. 한 번의 작은 징벌이 한 사람의 수치심의 한계를 충분히 깨뜨릴 수도 있다.

가능성이 높다, 원한은 보복을 낳는다, 물건 몇 점을 훔쳤다고 손을 자르다니, 무슨 근거로! 이런 원한의 마음은 더 큰 반감을 불러일으킨다. 그러기에 진나라는 통일을 이룬 뒤, 도처가 도둑이요 범인이었다. 여기서 세상물정에 어두운 법가의 모습을 알 수 있다. 법가는 대단히 현실적이고 실익을 소중히 여기는 것 같지만 어떤 생각들은 오히려 세상물정에 어두운 데다 거칠고 몰상식한 면이 있다. 유가도 때에 따라서는 이런 점이 있지만 여리고 착한 모습인데 비하여 법가는 무정하고 냉혹한 모습이다.

확대경

법가는 대단히 현실적이고 실익을 소중히 여기는 것 같지만 어떤 생각들은 오히려 세상물정에 어두운 데다 거칠고 몰상식한 면이 있다. 게다가 무정하고 냉혹한 모습이다.

바로 형벌로써 형벌을 억제한다는 이런 논리 때문에 상앙이 변법을 시행하던 때에 유향劉向이 『신서新序』에서 말한 참상을 우리는 보게 된다. 『신서』는 상앙이 '여섯 자가 넘으면 벌했다.'[52]라고 일렀다. 이 말은 표면적으로는 도량형 위반을 불허한다는 말이지만, 실은 백성들이 툭하면 벌을 받을 수 있다는 말이다. 물론 과장된 표현이지만 길을 걷는 걸음걸이가 조금이라도 크면 안 되었던 것이다. 길가에 재를 버려도 혹독한 벌을 내렸다. 또한 '위수 가에 하루 7백여 명의 죄수를 헤아리니, 위수가 온통 붉은색으로 가득하여, 통곡 소리가 천지에 가득했다.'[53]고 했다. 상앙의 변법에 반대하는 자가 이렇게 많았기에 죄수도 그만큼 많았던 것이다. 위수 부근에서는 법을 어긴 사람들

52 步過六尺者有罰. *이전에는 여덟 자를 한 보로 하여 토지 단위를 계산했지만, 상앙은 여섯 자를 한 보로 하여 토지 단위를 계산했다. (역주)

53 一日臨渭而論囚七百餘人, 渭水盡赤, 號哭之聲于天地.

이 하루에도 7백여 명이나 사형을 당했다. 위수는 붉은색으로 물들고 통곡 소리는 천지를 뒤흔들었다. "포악하도다! 참으로 포악하도다! 잔혹하고 잔혹하도다!" 물론 유향의 이런 표현이 과장이었을 수도 있지만 하찮은 백성에 대한 잔혹함은 믿을 만한 일이다.

상앙이 이렇게 폭력으로 법을 추진하자 백성들만 이를 반대하는 것이 아니었다. 고관과 귀인들도 반대했으니, 그 가운데 태자의 스승인 공자건公子虔도 있었고 태자도 있었다. 『사기』「상군열전」에는 태자가 법령을 위반하자 상앙이 이렇게 말했다는 기록이 있다.

"태자는 한 나라의 중심으로 앞으로 제왕의 자리에 오를 인물이니 그를 손댈 수는 없소."

그럼 누구를 벌해야 할까? 그의 스승을 벌해야 했다. 이리하여 상앙은 '그의 행위를 감독해야 할 스승 공자건을 처벌하고 그에게 지식을 전수해야 할 스승 공손고公孫賈를 묵형에 처했다.'고 이어서 기록하고 있다. 태자의 두 스승이 모두 응분의 처벌을 받았다. 그런데 이들은 모두 대귀족이었다. 이 사건을 통해 상앙의 성격이 두드러지게 나타난다. 옛말에 이르기를 '왕자가 법을 어기면 백성과 같은 죄로 다스린다.'고 했다. 이 말의 근원을 파고들면 상앙에 이른다. 그는 이렇게 온 마음을 다해 나랏일을 했다. 또한 그는 법이란 참으로 단순하다고 생각했다. 일을 처리하는 데에 매우 과감하고 단호했다. 아예 뒤로 빠질 방법은 생각지도 않았으며 농간을 부려 이익을 챙기거나 책임을 면하려고 교활한 짓을 하지 않았다. 이런 점은 마땅히 존중해야 한다.

여기 한 가지 사건이 일어난다. 변법이 막 시작될 때, 한 무리의 사람들이 상앙을 욕했다. 변법이 한동안 시행되자 진나라 전체는 질서정연하게 다스려지고 백성들은 고분고분 순종했다. 진나라의 전쟁 조직은 위에서부터 아래에 이르기까지 일사불란하고 멋지게 돌아갔다. 바로 이때, 상앙을 욕하던 이들이 이제는 상앙을 칭찬했다. 당시 상앙은 눈살을 찌푸리며 이렇게 말했다.

"그들이 처음에는 나를 욕하더니 이제는 또 칭찬하니, 이는 바로 행정을 방해하는 짓이지."

상앙은 이들을 멀리 변방으로 유배시켰다. 이처럼 상앙의 변법은 찬성도 안 되고 반대도 안 되었다. 찬성해도 한 방 먹이고 반대해도 한 방 먹였으니, 그저 하찮은 백성은 입 닥쳐라 하는 식이었다. 참으로 마음대로 아닌가! 상앙은 왜 이렇게 사람들의 원한을 샀을까? 오기처럼 아내를 죽이지도 않았잖은가? 오기처럼 어머니의 죽음에도 집으로 돌아가지 않은 일이 없었잖은가? 그는 이렇게 부도덕하고 비열한 인간이 아니었다. 그러나 위에서 아래까지 모두 그를 반대했다. 왜 그랬을까? 위의 사건을 보면 참으로 분명해진다. 상앙은 자기의 이상에 빈틈없이 충실했다. 또 자기의 이상을 완벽하게 집행하려고 했다. 그러나 그는 너무 잔혹했다. 인정이라곤 전혀 없었다. 이런 인물은 참으로 뜨겁게 살았다. 살아있을 때에는 호화롭게 생활했고 죽을 때에도 매우 참혹하여 거열형車裂刑에 처해졌으니, 뜨거운 탕면에 매운 고춧가루 타서 통째로 마시는 것처럼 조금도 거침이 없었다. 그에게는 사람들이 존중할 수밖에 없는 모습이 있는가 하면 참으로 사람들이 무시할 수밖에 없는 모습도 있었다. 그는 전국시대에 극단적인 인격의 존재라 할 수 있

확대경

상앙은 자기의 이상에 빈틈없이 충실했다. 또 자기의 이상을 완벽하게 집행하려고 했다. 그러나 그는 너무 잔혹했다. 인정이라곤 전혀 없었다. 그에게는 사람들이 존중할 수밖에 없는 모습이 있는가 하면 참으로 사람들이 무시할 수밖에 없는 모습도 있었다.

다. 춘추시대에는 이런 인물이 없었다. 진한 이후에도 이런 인물이 적었다. 전국시대에만 이런 인물이 나타났다.

상앙의 변법은 18년 동안 추진되었다. 상앙 자신은 온전히 제 몸 하나 돌보지 않았기에 큰 성취를 이룰 수 있었다. 그러나 상앙의 인격적 특징 때문에 그는 결국 '거열형'을 받으며 비참한 말로를 맞았다. 대관절 상앙은 어찌하여 '거열형'을 받게 되었을까?

10장 상앙의 비극

상앙의 변법으로 진나라는 정치적으로나 군사적으로나 놀랄 만한 변화가 일어났다. 더구나 여러 제후국들과의 경쟁에서 기회를 먼저 잡으며 강대한 진의 모습이 형성되었다. 그러나 진효공이 갑자기 세상을 떠나자 상앙 본인에게는 거대한 재난이 닥쳤다. 기원전 338년, 상앙은 진효공을 이어 자리에 오른 진혜왕秦惠王에게 거열형을 당했다. 그의 죽음은 후세 사람들에게 수없이 많은 논쟁의 여지를 제공했다. 어떤 이는 그가 냉정하고 은혜를 모르는 데다 독단적으로 일을 처리하는 등 터무니없이 엉터리라고 질책하는가 하면, 또 다른 이는 그가 도덕적으로 고결해 다른 이의 모범이 된다고 찬미했다. 온갖 논쟁을 다 불러일으키고 있는 역사적 인물인 상앙을 도대체 어떻게 평가해야 할까?

기원전 338년, 진혜왕은 상앙을 모반죄로 판결하고 거열형에 처했다. 진나라는 상앙이 변법을 추진하기 전에는 그저 얻어터지기나 하는 약소국이었다. 그러나 변법을 추진한 뒤, 구농귀전은 진나라의 군사력을 크게 높이며 빠른 속도로 나라를 강대하게 만들었다. 나라는 부유해지고 군대는 강해졌다. 그러나 진나라가 강대해지는 데 큰 공을 세운 상앙은 왜 이렇게 비극적인 결말을 맞아야 했을까? 후세 사람들은 상앙과 그의 변법에 대해서 여러 가지 서로 다른 평가와 의견을 내놓았다. 그렇다면 이런 중요한 역사적 인물을 오늘날에는 어떻게 인식하고 평가해야 할까?

상앙의 변법으로 국가는 강성해졌다. 전국시대라는 이 천하 대란의 시대에 열국 체제는 과연 적합한가를 검증해야 했다. 시대에 맞는 체제라야 전쟁에 승리하며 천하를 차지할 수 있었다. 상앙의 변법은 국가 체제를 합병에 알맞은 기제로 만들었다. 이와 동시에 앞으로도 중국에 큰 영향을 끼칠 경국 이념, 곧 중국식 중농주의를 확립했다. 바로 소농 중시와 상공업 억제가 기본적 특징이었다. 이런 국가는 폭넓은 세원을 갖출 수 있다. 중농주의 치국 이념은 진한 이후에도 계속 이어졌다. 이는 중국 2천 년 왕조 정치에 기본적으로 큰 변화가 없었다.

단기적으로 볼 때, 상앙의 변법으로 진나라는 강성해졌을 뿐만 아니라 여러 가지 효과도 즉시 나타났다. 앞에서 우리는 위문후가 위나라를 패자의 위치로 올려놓았을 때, 위나라 세력은 황화를 넘어 낙수洛水 서쪽 일대에 이르러 하서의 일개 군 지역까지도 온통 그들의 땅이 되었다고 이야기했다. 이는 진나라 입장에서는 큰 우환거리였다. 게다가 말할 수 없을 만큼 큰 치욕이었다.

상앙이 변법을 시행한 지 십몇 년 동안 빠르게 나타난 효과는 바로 하서 지역의 회수였다. 그 동안 원리元里, 안읍安邑, 그리고 고양固陽 등에서 벌어진 세 차례의 전쟁에서 모두 승리를 거두었다. 변법을 추진하며 국가를 완전히 새로운 이념으로 다스린 결과 전쟁에서도 그 예리함을 드러낼 수 있었다. 대합병이라는 공사장에 투입된 신식 불도저가 매우 날카로운 성능을 발휘하는 것과 같았다.

세 차례 전투는 모두 위나라 양혜왕이 도성을 동쪽으로 옮기면서, 즉 위나라 정치의 중심이 동쪽으로 이동하면서 발발했다. 위나라는 동쪽으로 도읍을 옮기면서 제나라와 충돌을 빚었다. 10년 동안 위나라와 제나라 사이에는 계릉桂陵에서 벌어진 전쟁에 이어 마릉馬陵에서도 전쟁을 치러야 했다. 그런데 강대한 위나라의 동진이 진나라에게 기회를 안겼다. 진나라는 세 차례의 전쟁에서 모두 승리하며 잃었던 땅을 되찾았다. 예컨대, 안읍에서 터진 전쟁은 기원전 341년에 일어났다. 이때 진나라 사령관은 상앙이었다. 그럼 위나라 사령관은 누구였을까? 공자앙公子卬이었다. 원래 그는 상앙과는 친한 친구였다. 상앙은 일찍이 위나라에서 지낸 적이 있었다. 전쟁이 터진 뒤, 상앙은 상대방 사령관이 공자앙이라는 이야기를 듣자 자신과 공자앙의 관계를 이용하기로 작정했다. 그는 공자앙에게 편지를 썼다. 우리는 친한 친구지만 유감스럽게도 각자 자기 주인을 위해 최선을 다하는 몸이 되었다, 한번 만나서 이야기나 나누어 보자, 수많은 병사들이 칼날 앞에 고통을 받아야 할 필요가 없잖은가, 이런 내용이었다. 편지를 본 공자앙은 상앙을 찾아왔다. 그러나 이것이 홍문연鴻門宴, 아니 홍문연보다 더한 홍문연이 될 줄이야 어찌 알았으랴! 항우는 홍문에서 베푼 잔치에서 실패했다. 그러나 상앙은 공손앙과의 만남을 성공한 홍문연으로 만들었다. 상앙은 공자앙이 도착하자 이것저것 따지지 않고 그대로 그를 체포했다. 상앙은 항우가 아니었다. 믿음이나 의리 따위는 아예 따지지도 않았다. 그러나 상앙도 이 일 때문에 위나라 사람들에게 밉보이며 큰 고통을 받아야 했다. 전쟁 중에도 찾아온 사자의 목을 베지는 않았다. 그런데 상앙은 친구로서 이야기를 나누자며 부르더니 체포하고 말았다. 그것도 사령관을. 위나라 입장에서는 이야말로 정말 용서할 수 없는 일이 아닌가!

확대경

이것이 홍문연鴻門宴, 아니 홍문연보다 더한 홍문연이 될 줄이야 어찌 알았으랴! 항우는 홍문에서 베푼 잔치에서 실패했다. 그러나 상앙은 공손앙과의 만남을 성공한 홍문연으로 만들었다. 상앙은 공자앙이 도착하자 이것저것 따지지않고 그대로 그를 체포했다.

여러 해에 걸친 개혁과 그 효과의 축적으로 진나라는 부국강병의 모습이 이미 두드러졌다. 그러나 국력을 진정으로 검증하려면 진나라 사람들의 자신감을 고무해야 했다. 자신감이야말로 전쟁 승패의 결정적 요소였기 때문이다. 원리, 안읍, 그리고 고양에서 벌어진 전쟁으로 진나라는 강대한 위나라에 큰 타격을 주고 넘치는 위풍을 드러내 보였다. 이와 동시에 진나라 국내외 정세는 조용하게 바뀌고 있었다. 그렇다면 이런 변화는 무엇을 내포하고 있을까?

세 차례에 걸친 전쟁이 끝나면서 당시 진나라의 열국 가운데 지위는 당장 달라졌다. 진나라는 잇단 성공으로 그대로 '천자의 맏이'가 되었다. 진효공 12년, 낙양에서 겉만 그럴 듯하고 실속이라고는 하나도 없이 지내던 주왕周王은 진나라를 '맏이', 곧 '패자'로 인정하며 패주로 봉했다. 이 '패자'라는 칭호는 당시 주천자의 지위가 비록 싸구려였을지라도 그의 위세가 아직까지는 남달랐기에 이 하사품은 진나라의 위세를 높이는 데 일정한 역할을 했다. 어쨌든 분명 영예로운 일이었기 때문이다. 이것도 상앙 변법의 효과였다.

국내 정치 분야에서 변법의 효과는 더욱 현저했다. 『사기』「상군열전」에는 이런 기록이 있다.

"(상앙이 변법을) 펼친 지 10년이 되자 진나라 백성들은 모두 기쁨에 넘쳤으며, 길에서는 다른 사람이 떨어뜨린 물건을 줍지 않았고, 산에는 도적이 없었으며, 집집마다 부유함으로 넘쳤다. 백성들은 국가를 위해 용감하게 싸움터에 나섰고, 개인의 이익을 두고 감히 다툼을 벌이지 않았으며, 작은 마을에서나 큰 도시에서나 사회 질서는 안정되었다."[54]

상앙이 개혁을 주관한 지 십몇 년에 진나라는 질서정연해졌다. 법가로서 그의 주장은 분명 멋지게 실현되었다. 능력이나 방법 면에서 상앙은 절대로 부족함이 없었다. 소국이었던 진나라를 그의 손이 대국으로 바꾸었던 것이다. 몇 년이 지난 후 순자가 한 차례 진나라를 방문했다. 당시 진나라는 소왕昭王이 자리에 있을 때였다. 순자가 만난 이는 재상 범저范雎였다. 범저는 순자에게 이렇게 물었다.

"선생께서 보시기에 우리 진나라의 모습은 어떻습니까?"

순자는 질문에 이렇게 대답했다.

"관리 사회의 기풍은 매우 발라 사리사욕을 채우기 위해 감히 작당을 꾀하는 자들도 없으니, 참으로 훌륭하오. 그리고 정부는 일처리 효율이 높을 뿐만 아니라 어떤 일도 지체함이 없으니 정무에 부지런한 정부요. 게다가 백성들은 너무도 질박하여 옷차림이나 단장이 수수하고 민간에 유행하는 노랫소리도 가볍지 않은 데다 관원을 두려워하며 참으로 고분고분 순종하고 있소."

잠시 뜸을 들인 순자는 마지막으로 한 마디 덧붙였다.

"여러 가지가 고루 좋은데, 단지 부족한 점이 하나 있소. 진나라에는 유학자가 없었소. 유학자가 있다면 진나라는 더 훌륭해질 수 있을 텐데 말이오."

순자는 진나라 재상과 얼굴을 맞대고 이야기했기 때문에 어쩌면 직언을 하기가 곤란했을지도 모른다. 그러나 그의 뜻은 분명하다. 그도 진나라의 정치 질서를 긍정적으로 보았지만 진나라가 '패도覇道'

54 行之十年, 秦民大說, 道不拾遺, 山無盜賊, 家給人足. 民勇于公戰, 怯于私鬪, 鄕邑大治.

를 행한다고 생각했던 것이다.

빈틈없이 질서정연한 국가의 모습은 바로 강력한 통제의 결과였으니, 순자는 이런 말을 통하여 진나라를 비판하려 했다. 게다가 순자는 비록 응후應侯 범저范雎와 이야기를 나누고 있었지만 사실 평가 대상은 상앙이 진나라에 남긴 정치였다. 『사기』나 순자의 견해를 통해 상앙의 관리 아래 천하를 통일하려는 한 제후국의 질서정연하고 발전된 모습을 볼 수 있다. 법가의 방침을 그대로 따랐던 진나라는 아직은 막바지에 이르지 않았던 것이다. 오히려 대합병의 시대에 상앙의 법가 정치는 바야흐로 찬란한 빛을 발하고 있었다.

세 차례 전쟁을 치르면서, 상앙은 군 지휘자로서의 능력도 유감없이 드러냈다. 그가 이룬 가장 눈부신 공로는 황하 서쪽의 넓은 지역의 수복이었다. 그 공으로 진효공은 그에게 상商을 봉지로 내리고 상군商君으로 봉했다. 위앙衛鞅이 제후가 된 것이다. 그런데 상앙이 봉지로 받은 상은 어느 지역일까? 오늘날 산시성陝西省 한수漢水를 따라 동남쪽으로 내려가다가 허난河南과 맞닿은 일대가 바로 상이다. 진효공은 이 지역의 현을 몇 개 떼어 상앙에게 주었다. 이때가 상앙의 전성기였다. 어떤 사료에서는 진효공이 자신이 죽은 뒤 상앙에게 자리를 물려줄 생각까지 했다고 말한다. 그러나 이는 그렇게 믿을 만하지 못하다. 진효공이 상앙을 대단히 신임하며 총애했다고 말할 수 있다. 진효공과 상앙은 역사상 사람들이 흠모해 마지않는 한 쌍의 임금과 신하였다. 진나라 임금은 모든 것을 내려놓고 상앙에게 일처리를 맡겼다. 이런 군주도 역사상 더러 있었다. 진효공도 그런 군주 가운

확대경

진효공과 상앙은 역사상 사람들이 흠모해 마지않는 한 쌍의 임금과 신하였다. 진나라 임금은 모든 것을 내려놓고 상앙에게 일처리를 맡겼다. 이런 군주도 역사상 더러 있었다. 진효공도 그런 군주 가운데 하나였다.

데 하나였다.

위앙은 상군이 된 다음에 자못 득의양양했다. 사물은 극에 달하면 반드시 반전하게 마련이라는 도가의 말은 참으로 이치에 어그러짐이 없다. 『사기』「상군열전」에는 '상군이 진나라 재상에 오른 지 10년이 되자 수많은 황제의 가솔과 친척들이 모두 그를 미워했다.'[55]고 나온다. 이들은 이렇게 상앙을 미워했지만 어쩔 수 없었다. 임금이 그를 지지했기 때문이다. 이때, 조량趙良이란 자가 상앙을 만났다. 상앙은 그에게 이렇게 물었다.

"내 그대와 친구가 되고 싶소. 나와 가까이 지낼 수 있겠소?"

조량은 이렇게 대답했다.

"저도 정말 그러고 싶습니다만 감히 그럴 수 없습니다."

상앙이 다시 물었다.

"어째서 감히 그럴 수 없다는 거요?"

조량이 말했다.

"어떤 사람이 자기 자리가 아닌데도 자리를 차지하면, 이것을 일러 권력과 지위를 탐한다고 말합니다. 자기 명성이 아닌데도 자기가 차지하면, 이것을 일러 명예를 탐한다고 말합니다. 이 두 가지 '탐욕'이 참으로 위험합니다. 어르신께서는 자리를 잘못 차지했습니다. 그리고 어르신의 명성도 잘못 얻어진 것입니다. 그래서 저는 어르신과 친구되기를 원치 않습니다. 그저 그냥 이야기하다가 끝나면 그만이니 이제 두 번 다시 이런 이야기는 하지 않는 편이 낫겠습니다.."

55 商君相秦十年, 宗室貴戚多怨望者.

상앙은 조량이 자기에게 '두 가지 탐욕'이 있다는 말이 너무도 이해하기 어려워서 이렇게 물었다.

"그대가 그렇게 말했으니 하나만 더 물어보겠소. 그래, 그대는 진나라에 대한 나의 다스림이 싫다는 말이오?"

조량은 이렇게 대답했다.

"그런 이야기가 아닙니다. 제가 말씀드린 것은 어르신의 업적이 아니라 바로 어르신의 사람됨입니다. 도가에서는, 다른 이의 뜻을 좇을 수 있으면 총聰이요, 자아 성찰을 할 수 있으면 명明이요, 자신을 자제할 수 있으면 강强이라고 말했습니다."

이것이 조량이 상앙에게 건네려는 인생철학이었다. 그는 세 가지를 말했다. 총, 명, 강이 바로 그것이다. 무엇을 '총'이라고 하는가? 다른 이의 뜻을 좇으며 자신의 양심의 소리를 들을 수 있는 것을 '총'이라고 한다. '명'은 무엇인가? 능히 자아 성찰을 할 수 있는 것을 '명'이라고 한다. '강'은 무엇인가? 자신을 이길 수 있는 것이 바로 '강'이다. 즉 인간에게 참으로 귀중한 것은 자신을 정확히 아는 일이라는 이야기이다. 조량은 이런 말로써 상앙을 조금이나마 일깨우려고 했다. 당시 상앙의 처지가 실제로 대단히 위험했음을 알 수 있다. 그러기에 조량은 도가의 인생 지혜로써 그에게 두려움을 주며 단단히 일깨우고 있다.

그러나 상앙은 이런 말이 귀에 들어오지 않았다. 그의 머리는 조량이 가리키는 곳으로 생각하지 않고 오로지 자기가 이룩한 공적 속에 그대로 빠지며 거기서 벗어날 줄 몰랐다. 상앙은 다시 물었다.

"그대가 이렇게 말한 이상, 내 그대에게 묻겠소. 그대가 보기에 지금 진나라를 다스리는 나와 옛적 목공 시절 진나라를 다스리던 오고대부五羖大夫를 견주면 누가 더 현명하다고 보시오?"

당시 상앙은 참으로 우매하고 완고한데다 약삭빠르지도 않아서 상대방의 조언에 전혀 마음을 열지 않았다. 바르게 가리켜도 보이지 않았고 곧은 말도 귀에 들어오지 않았다. 뜻밖에도 상앙은 상대방에게 자신을 백리해百里奚와 견주면 어떠냐고 물었다. '오고대부'란 바로 백리해이다. 상앙이 이렇게 말한 이상 조량도 상황을 좇아 따르며 그대로 말을 이어갔다.

"일천 장의 양가죽은 여우 겨드랑이 모피 한 장만 못하고, 수많은 사람이 함께 내뱉는 '옳소'라는 말은 한 사람의 '아니오', 이 한 마디만 못하다고 했습니다."[56]

일천 장의 양가죽은 오고대부와 관계가 있다. 백리해는 양가죽 다섯 장으로 바꿔온 인물이기 때문이다. 어떻든 강직하여 아부하지 않으며 자기의 의견을 끝까지 지키는 인물을 높이 산다는 말이다. 잠시 뒤 조량은 다시 말을 이었다.

"주무왕周武王은, 아니라고 말하는 선비 한 사람 때문에 승리할 수 있었고, 주왕紂王은 자기와 다른 의견에 귀를 기울이지 않았기에 정치가 어지러워졌습니다. 당시 오고대부는 어떻게 정치 무대에 올랐습니까? 오고대부는 당초에 신분도 매우 비천했습니다. 그러나 군주는 그의 뛰어난 재능을 알아보고 한낱 소먹이 목동에 불과했던 그를 재상의 자리로 발탁했습니다. 백리해는 재상의 자리에 오른 뒤, 동쪽으로는 진晉을 평정했고, 남쪽으로는 초楚를 눌렀으며, 서쪽으로는

56 千羊之皮, 不如一狐之液; 千人之諾諾, 不如一士之諤諤.

여러 오랑캐들이 우리 진나라로 찾아와 임금을 알현하도록 만들었습니다. 그는 공로가 커질수록 더욱 겸손하여, 공무로 집을 나설 때에도 수레에 오르지 않았고, 아무리 더운 날에도 양산을 펼치지 않았습니다. 백리해는 백성들에게도 친근하여 그의 공로는 백성들 마음속에 있었습니다. 그가 세상을 떠났을 때, 백성들은 눈물을 흘리며, 대부께서 가셨네, 지도자께서 가셨네, 이제 어찌하면 좋으냐며 울부짖었습니다. 바로 이런 분이 오고대부였습니다. 그럼 이제 어르신 자신을 살펴보시지요. 먼저 어르신께서는 입신한 방법이 바르지 않았습니다. 어르신께서는 누구에게 의지하여 입신하셨습니까? 바로 태감이 아니었습니까?"

조량의 말은 상앙의 오래된 상처의 딱지를 들추려는 게 아니라 그를 일깨우기 위해서였다. 입신이 올바르지 않았기 때문에 얼마나 많은 이들이 그를 미워하는가! 태감에 기댄 상앙의 입신에 대하여 옛사람들은 그렇지 않다고 생각하는 이가 많다. 사실 태감의 무리 속에 나쁜 이만 있는 게 아니었다. 그러나 상앙의 입장에서는 입신을 위해 태감에게 다가가기로 한 선택은 찬 밥 더운 밥 가릴 여유조차 없었던 다급함의 표현이었다. 조량은 여기서 그치지 않고 말을 이었다.

"보십시오. 어르신께서는 상군으로 봉해진 뒤, 문을 나서면 수많은 무리가 앞뒤로 에워싸 그 위용이 대단했고, 열 대가 넘는 수레가 어르신과 함께했을 뿐만 아니라 수레에는 온통 완전무장한 병사들이었습니다. 게다가 어르신께서는 여기에 그치지 않고 자기가 최고라고 우쭐대기까지 했습니다. 온갖 것 다 얻은 듯이 우쭐거리며 사람의 눈길을 너무 끌려고 했습니다."

잠시 뜸을 들인 조량은 마지막으로 이렇게 말했다.

"이제 어르신께 한 말씀 권하고자 합니다. 어르신의 권력을 빨리 내려놓아야 합니다. 그리하여 임금께서 훌륭한 분을 다시 쓰도록 하십시오. 이렇게 해야 어르신께서는 앞으로 비참한 말로를 면할 수 있습니다."

사마천은 『사기』에서 조량이 상앙에게 권한 이 사건을 크게 강조했다. 심지어는 변법 내용에 대한 설명보다 더 상세하게 서술했다. 그런데 이 사건은 사실이었을까? 의문이 들지 않을 수 없다. 사마천이 이렇게 특히 강조하여 표현한 것은 어쩌면 사마천의 상앙에 대한 견해일 가능성이 크다. 즉 '상앙은 지나치게 공명을 탐하며, 덕을 쌓는데 지나치게 마음을 쓰지 않았고, 정말로 나아갈 때와 물러설 때를 몰랐다.'는 것이다.

확대경

사마천이 이렇게 특히 강조하여 표현한 것은 어쩌면 사마천의 상앙에 대한 견해일 가능성이 크다. 그는 '상앙은 지나치게 공명을 탐하며, 덕을 쌓는데 지나치게 마음을 쓰지 않았고, 정말로 나아갈 때와 물러설 때를 몰랐다.'라고 했다.

이런 사마천의 견해는 사실인까? 이 점은 잠시 뒤에 다시 언급하기로 하고, 먼저 상앙에게 곧 닥칠 심각한 변고를 보자. 진효공이 자리에 오른 지 20여 년이 지나 세상을 떠나고 새 임금이 자리에 오른 것이다. 새로 자리에 오른 임금은 상앙을 몹시 미워했다. 새로 자리에 오른 임금은 바로 진혜왕秦惠王이었다.

천자가 바뀌면 신하도 바뀌는 법, 진혜왕이 자리에 오르자 상앙의 처지에는 명암이 완전히 바뀌어 이 사태를 단시간 내에 받아들여야 하는 격변이 발생했다. 진효공의 상앙에 대한 은총은 이미 지나간 옛일이었고, 새로 자리에 오른 군주 진혜왕은 상앙을 몹시 미워했다. 동시에 변법은 수많은 귀족 계층의 이익을 건드렸기에 이들 귀족도 상앙을 향해 반발하기 시작했다. 그렇다면 마지막으로 상앙을 기다리는 결말은 무엇이었을까?

진혜왕이 자리에 올랐다. 그의 스승은 바로 상앙에게 비참하게 당한 공자건이었다. 효공이 세상을 떠나고 새 임금이 등극했다. 공자는 『논어』「학이學而」에서 이렇게 말했다.

"아버지가 가던 길을 3년 동안 바꾸지 않으면 효孝라고 할 수 있다."[57]

하지만 새로 자리에 오른 진왕이 어디 이런 점을 생각이나 하겠는가. 더구나 태자 곁의 사람들은 벌써부터 멋진 생각을 꾹 참고 있었다. 그들은 새 임금이 자리에 오르기만 하면 상앙이 모반을 획책한다고 그대로 고발하며 그를 죽이지 않으면 절대로 물러서지 않을 태세였다. 게다가 새로 자리에 오른 임금 자신도 상앙이 그의 스승을 손본 뒤부터 그를 몹시 싫어하던 터였다. 혜왕도 결코 겁약하고 무능한 인물은 아니었다. 우리는 앞으로 그가 진나라의 천하 통일 과정에서 보일 뛰어난 능력을 만나게 될 것이다. 그러나 그 자신은 감정적으로 상앙에게 모욕을 받았다고 생각했기에 그가 자리에 오른 것 자체가 상앙에게는 사실상 큰 불운일 수밖에 없었다.

혜왕이 자리에 오른 지 얼마 되지 않아서, 공자건이 상앙을 고발했다. 이 일을 배후에서 교사한 인물이 바로 혜왕이었을 가능성이 매우 크다. 혜왕은 조금도 머뭇거리지 않고 바로 군사를 보내 상앙을 체

57 三年無改于父之道, 可謂孝矣.

포하려고 했다. 상앙은 안 되겠다 생각하며 그대로 달아났다. 어디로 달아났을까? 그는 위나라로 달아나려고 마음먹고 그쪽으로 달려갔다. 위나라 사람들은 상앙을 보자 그만 화가 머리끝까지 솟구쳤다. 네 이놈, 어디 감히 우리나라로 오겠다고? 무슨 얼굴로? 진나라 사람이라면 다 받아줄 수 있지만, 네놈만은 안 돼. 네놈은 너무 인정이 없단 말이야! 이것이 바로 인정사정없이 부당한 방법으로 공자앙을 손본 결과였으니, 상앙은 이미 위나라 사람의 공적이었던 셈이다.

상앙은 어쩔 도리 없이 다시 진나라로 되돌아왔다. 도망을 다니던 어느 날 밤, 그는 객점에 들렀다. 상앙은 설마 자신이 어느 날 칠흑처럼 캄캄한 밤에 객점을 찾아들 줄을 생각조차 못했다. 세상사 사람을 희롱한다더니, 당초 변법을 추진하던 때에 상앙은 객점을 경영하려면 엄격한 절차에 따라 등록을 하고 객점에 든 손님도 엄격하게 조사하여 보고한 뒤에야 유숙시킬 수 있다는 규정을 만들었다. 게다가 만약 보고 없이 손님을 받은 사실이 밝혀지면 재산을 몰수하는 데 그치지 않고 주인의 목까지 베도록 했다. 결국 상앙은 이날 밤 객점에 들려고 했지만 주인은 절대 받아들이려 하지 않고 이렇게 말했다.

"상군商君께서 내리신 법에는 여행증이 없는 자를 받아들이면 그 주인도 연좌한다고 했습니다."

상군이 진나라 백성에게 내린 법에는 정부에서 발행한 여행증이 없는 손님을 객점에서 받았다가, 만약 그 손님이 범인이라면, 그가 무슨 죄를 범했든 객점 주인도 같은 죄로써 다스리니, 감히 아무나 받을 수 없다는 뜻이었다. 이것이 바로 상앙이 만든 연좌법 아니었던가! 상앙은 그제야 자신이 분명 이런 법을 만들었다는 생각이 떠올랐다. 자신이 백성에게 공포한 '상군의 법'이, 자기가 만든 형틀에 스스로 갇힌 목수처럼, 자신을 옥죄는 형틀이 될 줄이야 전혀 예상치 못했던 일이었다.

"아, 법의 장난질이 이 지경에 이를 줄이야!"

역사서에 기록된 이 글을 읽은 독자들의 반응은 각자 다르다. 상앙을 좋아하지 않는 이들은, 결국 스스로를 옭아맸구나 하며 매우 통쾌하게 생각한다. 사실상, 상앙이 온 마음과 정성을 기울여 만든 국가의 법률은 모든 백성에 대하여 같은 태도였다. 상앙이 만든 진나라 정치는 법률의 구속을 받는 모든 인물의 권익에 대해서 멸시하고 말살했다. 그는 자신이 오늘 이 지경에 이르렀기에 그 속의 참 맛을 경험하고 그 자신의 입으로 이 말을 뱉도록 만들었으니, 결국 그가 만든 정권의 본질을 그대로 남김없이 까발린 셈이다.

확대경

자신이 백성에게 공포한 '상군의 법'이, 자기가 만든 형틀에 스스로 갇힌 목수처럼, 자신을 옥죄는 형틀이 될 줄이야 전혀 예상치 못했던 일이었다. 상앙을 좋아하지 않는 이들은, 결국 스스로를 옭아맸구나 하며 매우 통쾌하게 생각한다.

상앙은 밖으로 달아나려고 했지만 갈 곳이 없었다. 사회의 구석진 곳에 몸을 숨기려고 했지만 법률이 너그럽게 받아주지 않았다. 어쩔 수 없이 자신의 봉지로 돌아갈 수밖에 없었다. 그는 자신의 최후의 모습을 잘 알았기에 아예 재빨리 자신의 봉지 안에 있는 백성을 무장 조직하여 국가를 상대로 한바탕 모반을 벌이려고 했다. 이 강성한 나라를 제 손으로 빚은 법가 인물이 뜻밖에도 자신의 이론과 주장을 고려하지 않고 이 강대한 나라와 너 죽고 나 죽기 식으로 맞붙으려고 했다. 그러나 무슨 말을 해도 상앙에게는 제 목숨이 무엇보다 중요했다. 다른 어떤 숭고한 생각도 그에게는 없었다. 막다른 길에 몰린 상앙은 계란으로 바위치기를 선택했다. 결과는 뻔했다. 그는 바로 체포되었다. 『사기』「상군열전」은 이렇게 기록했다.

"진혜왕은 상군을 거열형에 처하고 여러 대중에게 보였다."[58]

진혜왕은 상앙을 체포한 뒤, 그의 사지를 몇 대의 마차에 각각 매단 뒤, 말에게 채찍을 가하여 사방으로 내달리게 하여 상앙의 몸을 찢었다. 다섯 마리의 말로 사람의 몸뚱이를 찢는 형벌은 당시 진혜왕이 생각할 수 있었던 가장 잔혹하고도 가장 시원스러운 형벌이었다. 진혜왕은 이 형벌을 상앙에게 써먹었다. 그런데 이렇게 찢어놓는 것으로는 아직 끝나지 않았다. 찢겨진 상앙의 머리를 여러 백성들이 보도록 곳곳에 전시했던 것이다. 동시에 임금은 이런 지시를 백성에게 내렸다.

확대경

다섯 마리의 말로 사람의 몸뚱이를 찢는 형벌은 당시 진혜왕이 생각할 수 있었던 가장 잔혹하고도 가장 시원스러운 형벌이었다. 진혜왕은 이 형벌을 상앙에게 써먹었다. 상앙이 만든 법의 냉혹한 정신은 그를 미워하는 진혜왕에 의해 한 점 에누리 없이 계승되었다. 이야말로 상앙은 죽어서도 죽지 않은 게 아니고 무엇이겠는가!

"상앙 같은 모반은 아예 꿈도 꾸지 말라!"

그 누구도 상앙처럼 국가에 반항하는 짓은 배우지도 말라! 상앙은 이제 국가에 반항하는 부정적 인물의 전형이 되었으니, 참으로 아이로니컬하다. 상앙으로서는 죽어서도 죽지 않았다고 할 수 있다. 왜 그럴까? 그는 죽었다. 그것도 이렇게 비참하게 죽었다. 그러나 그가 만든 법의 냉혹한 정신은 그를 미워하는 진혜왕에 의해 한 점 에누리 없이 자기도 모르는 사이에 계승되었기 때문이다. 이야말로 상앙은 죽어서도 죽지 않은 게 아니고 무엇이겠는가!

나중에 『사기』는 진왕이 상앙의 가족까지 멸했다고 기록했다. 상앙은 이렇게 여러 해 동안 거액의 재물을 쌓으며 수없이 많은 이들을

58 秦惠王車裂商君以徇.

양육했지만 이것도 모두 끝이었다. 상군의 죽음은 우리를 한숨짓게 한다. 이는 모두 그의 인간됨과 관계가 있다. 그리고 그의 이상과도 관계가 있다.

> 상앙이 진나라에서 변법을 추진한 지 20여 년, 드디어 용맹한 기상이 넘쳐흐르는 데다 강대하고 부유한 진 제국이 탄생했다. 그러나 국가의 강대한 변혁은 필연적으로 각 방면의 이익을 건드리며 갈등을 유발시켰다. 이 때문에 상앙에 대하여 어떤 이는 비난을 퍼붓는가 하면, 또 다른 어떤 이는 칭찬을 아끼지 않으며 높이 평가한다. 그에 대한 평가는 몇 천 년 계속해서 이어진다. 그렇다면 후세 사람들은 대관절 상앙을 어떻게 평가했을까?

자못 과장된 문헌 기록이 있긴 하지만 상앙은 그 사람됨이 오기와 견주어 그렇게 부도덕하기 짝이 없는 인물은 아니었다고 말할 수 있다. 그러나 그의 이념이나 주장을 오기와 서로 견준다면 확실히 또 다른 해독이 있었다. 상앙은 세상을 떠난 뒤 수없이 많은 논쟁거리를 남겼다. 오늘날에도 상앙에 대한 사람들의 평가는 의견이 분분하고 복잡하여 어떤 이는 찬미하지만 또 다른 어떤 이는 비난한다. 그렇다면 상앙 본인이 목표를 달성하기 위해 수행한 활동과 그의 죽음에 대하여 어떻게 이해할 수 있을까?

먼저 옛 사람들의 견해를 한번 살펴보자.

사마천의 견해부터 알아보자. 사마천은 『사기』「상군열전」의 본문을 다 쓴 뒤에, 그가 예전에 하던 대로 '태사공왈太史公曰'로 시작하는 한 단락의 글을 덧붙였다. 여기에서 사마천은 상앙을 어떻게 평가했을까? 그는 '상군은 천성으로 냉혹한 인물'[59]이라고 일렀다. 이것이 바로 역사학자들의 상앙 평가 기조였으며, 훗날 수많은 이들의 상앙 평가도 모두 이와 같은 기조였다. 사마천은 또 이렇게 말했다.

"그가 당초에 제왕의 길로써 효공에게 유세한 것을 고찰하면, 겉만 번지르르한 헛된 말에 의지했지, 그 자신의 능력은 아니었다."[60]

당초 그가 진효공을 만나 자기의 주장을 펼치며 설득할 때, 사실 그는 여러 방법을 가슴속에 담아두고 있었다. 제도에 왕도에 패도까지 준비해서 이게 안 되면 저걸 내놓았다. 사마천은 참으로 정확하게 파악했다. 그러했기에 이는 상앙의 사람 됨됨이의 본질이 아니라고 말했다. 상앙은 표준적인 법가 인물이다. 그러나 그가 군주에게 접근하여 자기의 주장을 실현하려면 달리 방법이 없었다. 오로지 일반적인 책사처럼 그렇게 할 수밖에 없었다. 이것이 그의 본질을 대표할 수는 없다. 따라서 상앙은 필경 책사는 아니라고 말할 수 있다. 전국시대 책사들은 입은 있지만 입장은 없었고, 방법은 있지만 주장은 없었으며, 지력은 있지만 덕행은 없었다고 앞에서 이야기한 바 있다. 그러나 상앙은 이런 인물이 아니었다. 그에게는 이상이 있었다. 더구나 그 이상을 현실에서 실현할 수 있는 큰 인물이었다. 또 그는 선진先秦 시대 대표적인

확대경

상앙에게는 이상이 있었다. 더구나 그 이상을 현실에서 실현할 수 있는 큰 인물이었다. 또 그는 선진先秦시대 대표적인 지식인이었다. 그 시대 선비들 특유의 실천 정신을 가지고 있었기 때문이다.

59 商君, 其天資刻薄人.

60 迹其欲干孝公以帝王術, 挾持浮說, 非其質矣.

지식인이었다. 그 시대 선비들 특유의 실천 정신을 가지고 있었기 때문이다. 선진 시대 여러 학파는 이상과 이론, 그리고 실천적인 면에서 서로 다른 모습을 보이고 있었다. 유가는 효도를 소중하게 여겼다. 몸뚱이와 머리카락과 살갗은 모두 부모로부터 받았기에 효도의 주요 표현은 제 몸을 보석처럼 귀히 여기며 지켜서 자기의 몸뚱이를 손상시켜서는 안 된다고 했다. 예컨대, 증자曾子는 임종을 앞두고 이마의 주름살까지 쫙 펴며 있는 힘을 다하여 제자들에게 이렇게 말했다.

"내 손을 한번 펼쳐 보아라. 그리고 내 발도 한번 벌려 보아라. 그래, 형을 받은 흔적이 있는가?"

족쇄나 수갑을 채우는 형벌을 받으면 흉터가 남게 마련이다. 제자들은 아무런 흉터가 없다고 아뢰었다. 그러자 증자는 만족하며 이렇게 말했다.

"나는 한평생 수신하며 내 몸 챙기기를 엄격히 하여 어떤 형벌도 받은 적이 없다. 이제 이렇게 온전한 모습으로 조상을 뵐 수 있으니 효도에 부족함이 없다."

이것이 바로 유가에서 말하는, 최후에 이르기까지 그대로 지녀야 할 효도의 실천 정신이다. 법가의 실천 정신은 상앙의 착실한 실천으로 법가가 이상으로 하는 사회와 정치 현실에 대체적인 접근을 이루었다.

사마천은 이어서 이렇게 말했다.

"게다가 임금의 총신 태감의 추천에 의지하여 임용되자 공자건을 형벌하고, 위나라 사령관 공자앙을 속였으며, 조량의 충고에 귀를 기울이지 않았으니, 이는 상군이 인정을 모르는 잔인한 인물이었음을 증명하기에 부족함이 없다."[61]

사마천은 그의 입신 방법이 바르지 않았다고 말한다. 이 밖에도 그가 권력을 잡은 이후에도 태자의 스승을 손보고 적장을 속이기까지 했다고 이른다. 여기에 더하여 조량은 그에게 도가의 인생철학을 말했지만 상앙은 귀 기울여 듣지도 않았으니, 이 모든 것이 인정을 모르는 잔인한 인물임을 표현한다는 뜻이다. 여기에 사마천은 상군이 냉혹하고 박정하다는 뜻을 거두어들이지 않았다. 그가 일처리에 덕행을 생각지도 않았을 뿐만 아니라 덕을 쌓기에도 주의를 기울이지 않았다고 강조한다. 뒤를 이어 그는 이렇게 말한다.

"내가 일찍이 『상군서』의 「개색開塞」과 「경전耕戰」편을 읽었는데, 그 내용과 그 자신의 행동이 서로 비슷하였다. 결국은 진나라에서 모반을 했다는 악명을 받았으니, 이것도 까닭이 있구나!"[62]

『상군서』의 「개색」과 「경전」편을 읽으며 그의 사람됨과 그의 주장이 하나같음을 알았다고 말한다. 그러했기에 이 사람이 결국 진나라에서 악명을 얻었으니, 이는 오히려 이론과 실제가 서로 일치하는 모습이라는 것이다. 이 대목에서 이런저런 이야기가 오르내렸지만 결국은 두 글자이니, 하나는 '각박刻薄'의 '박薄'이요, 다른 하나는 '소은少恩'의 '은恩'으로, 결국은 각박소은刻薄少恩을 가리킨다. 어떻든 상앙을 좋아하지 않는다, 이것이 바로 사마천의 견해이다.

확대경

각박소은刻薄少恩은 상앙에 대한 사마천의 견해이다. 어떻든 사마천은 상앙을 좋아하지 않았다.

사마천은 한나라 초기에서 중기까지의 인물

61 且所因由嬖臣, 及得用, 刑公子虔, 欺魏將卬, 不師趙良之言, 亦足發明商君之少恩矣.

62 余嘗讀商君開塞耕戰書, 與其人行事相類. 卒受惡名于秦, 有以也夫!

이었다. 한대 후기에는 한왕조 종친으로 대학자인 유향劉向이 있었다. 유향은 왕망王莽 등 외척이 득세하던 시기에 살았다. 한왕실에 지극히 충성스러웠던 유향은 상앙에 대하여 다른 견해를 가지고 있었다. 그는 『신서新序』에서 이렇게 말했다.

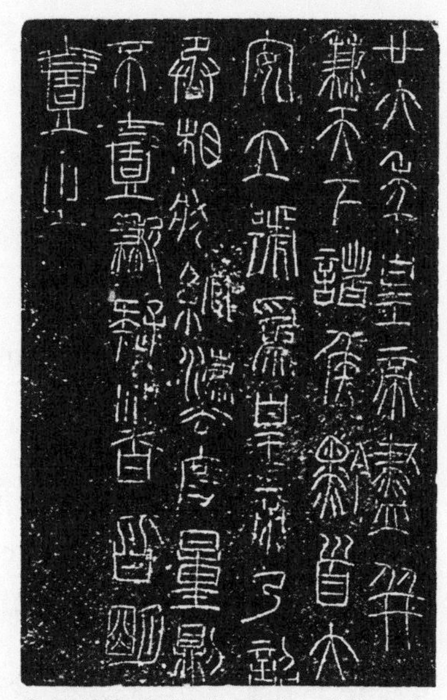

진시황 때 반포한 통일 도량형 조서–상앙은 세상을 떠났지만 변법은 여전히 계속되었다.

"무릇 상군은 온몸을 다했을 뿐 두 마음을 품지 않았으며, 나라를 위해 모든 것을 바치며 자신의 사적인 일은 돌보지 않았다."63

상군은 군주를 섬김에 이제껏 다른 마음을 품지 않았으며 오로지 모든 일을 나라를 위해 생각했고 자기 자신의 생사는 돌보지 않았다는 말이다. 그는 같은 책에서 또 이렇게 덧붙였다.

"안으로는 백성들을 직조와 경작에 매달리게 하여 나라를 부유하게 만들고, 밖으로는 전쟁에서 세운 공으로 상을 내림으로써 병사들을 북돋았으며, 법령은 반드시 실행하여 안으로는 권세 있는 자에게 아첨하지 않아도 되었고, 밖으로는 소외되는 일이 없었으니, 법령

63 夫商君極身無二慮, 盡公不顧私.

의 시행으로 허위와 위선이 사라졌다."[64]

그는 세 가지 면에서 상앙을 찬미한다. 첫째, 생산을 중시하여 정부는 먼저 경작과 직조 산업을 발전시킨 결과 국가를 부강하게 만들었다는 점이다. 다음으로, 대외 전쟁에서 상벌을 중시하여 이십군공작제二十軍功爵制를 시행함으로써 국민들에게 전쟁에 대한 열정을 끓어오르게 했다는 점이다. 셋째, 만들어진 법령은 반드시 실행하며 권세 있고 지위 높은 사람들에게 비위를 맞추려고 알랑거리지도 않았기에 오히려 법 집행을 엄정하게 할 수 있었다는 점이다. 또한 유향은 『상서尙書』「홍범洪范」의 말을 끌어와서 상앙이 '불편부당不偏不黨'하다고 했다. 상앙은 일을 처리함에 편파적이지 않았을 뿐만 아니라 사리사욕을 위해 패거리도 짓지 않았다는 평가였다. 게다가 그는 『시경詩經』 속의 '서주가 가는 길이 숫돌 같고 그 곧기는 화살 같네.'[65]라는 시구를 써서 상앙의 올바름을 형용했다. 이 시구의 뜻은 서주西周의 정도正道는 화살대처럼 곧다는 말이다. 상앙은 사마천이 보기에는 덕이라고는 하나도 쌓지 않은 인물이었지만, 유향의 눈에는 정직하고 아첨을 모르는 인물이었다. 그러나 유향도 『신서』에서 상앙을 이렇게 비판했다.

"안으로는 칼로써 다스리는 형이 가혹했고, 밖으로는 참형으로써 다스리는 형이 대단했다."[66]

64 使民內急耕織之業以富國, 外重戰伐之賞以勸戎士, 法令必行. 內不阿貴寵, 外不偏疏遠, 是以令行而禁止, 法出而奸息.

65 周道如砥, 其直如矢.

66 內刻刀鋸之刑, 外深鈇鉞之誅.

바로 형법 쓰기를 너무 중시하여 걸핏하면 사람을 사형에 처했다는 말이니, 이런 정치는 참으로 잔혹할 수밖에 없다. 우리는 앞에서 상앙이 변법을 추진하면서 어떤 날은 하루에도 7백 명이나 되는 사람을 죽였다고 말한 바 있다. 이것이 바로 유향의 폭로이다. 유향은 상앙의 사람됨이 좀 더 너그럽고 신중했더라면, 또 덕행을 조금이라도 중시했더라면 얼마나 좋았을까 하는 아쉬움을 드러내고 있다. 그러기에 사마천의 평가와 비교한다면, 유향의 상앙에 대한 평가는 이분법으로써 그의 공적과 동시에 사람됨의 한계를 말하고 있다.

> 전국시대를 두루 살펴보면, 당당하게 패권을 거머쥔 일세의 뛰어난 임금이나 문무를 겸비한 호걸이 곳곳에 있었다. 그러나 상앙처럼 후세 사람에게 극단적인 두 갈래의 평가를 받는 이는 그렇게 많지 않다. 잔인한 데다 인정까지 없다는 견해는 물론 군주를 섬김에 두 마음 품지 않았으며 나라를 위해 자신을 돌보지 않았다는 평가는 서로 다른 시대 다른 사람의 생각이었다. 2천여 년 전의 이 인물을 오늘날에는 어떻게 평가해야 할까?

그렇다면, 오늘날에는 상앙을 어떻게 평가해야 할까? 상앙은 앞에서도 이야기했듯이, 전국시대를 진정 대표하는 인물이다. 그와 오기의 공통점은 국가 권력을 잘 유지하기만 하면 천하가 태평스럽고 훌륭하게 된다고 굳게 믿었다는 점이다.

그러기에 그들은 강렬한 권력 이상주의의 색채를 띠면서 정치는 법과 형벌로써 천하의 죄악과 불공평을 단절할 수 있다고 강조한다. 이런 점 때문에 우리는 그를 이상주의자라고 부른다. 그럼 이상주의

자란 어떤 사람인가? 이들은 '당연히 해야 된다'는 이치를 견지하며 사회 문제의 해결을 오로지 논리의 추단과 연역으로부터 시작하기를 좋아한다. 예컨대, 상앙의 법에서는 길에 재를 버리는 자에게 왜 중형을 내렸을까? 법가의 논리에 따르면 작은 잘못도 크게 벌함으로써 사회의 악폐는 일소되고 풍기는 정화될 수 있다고 보았다. 어떤 사람도 감히 생명의 위험을 무릅쓰고 법을 어기려고 하지 않을 것이기 때문이다. 그러나 사회생활은 복잡할 뿐만 아니라 논리에 맞는 일도 현실과는 동떨어질 때가 많다. 법을 중시하는 법가 인물이 생각지도 못하는 것은, 논리적으로는 비록 막힘이 없을지라도 일단 이런 논리를 복잡다단한 사회 속에서 실천했을 때, 얻어진 결과는 주관적인 생각과는 완전히 상반될 가능성이 높다는 점이다. 이는 『사기』 속에도 그대로 드러난 바 있다. 『사기』에는 유명한 전기 한 편이 있다. 바로 「항우본기項羽本紀」이다. 「항우본기」는 항우의 숙부 항량項梁 이야기부터 시작한다. 항량은 초나라 귀족의 후예로서 민간에 몸을 숨기고 별의별 궁리를 다하며 진나라를 뒤엎으려고 한다. 항량은 어느 날 역양櫟陽에서 잘못을 저지르고 관아에 잡히는 몸이 되었다. 향량 집안사람은 그를 구해내기 위해 오늘날 안후이安徽의 어느 현으로 달려가서 도와줄 연줄을 찾았다. 그리고 이 연줄을 바탕으로 관계를 한 발 한 발 역양까지 넓히며 끝내 항량을 구해냈다. 이것이 비록 큰 사건은 아니었을지라도 눈빛이 횃불처럼 밝았던 왕부지王夫之는 이를 놓치지 않고 꿰뚫어보았다. 왕부지는 그의 『독통감론讀通鑑論』에서 이 사건을 이렇게 평가했다.

"보았는가, 진 제국은 살인한 자는 사형에 처하고 중형으로 다스려 법률이 무서울 만큼 엄격한 것처럼 보이지만, 그들은 사회의 본질을 몰랐다. 법조문이 엄중할수록 지방 관리의 권력은 더 커지고, 따라서 음모도 더욱 많아지고 사회를 향해 쌓인 원한도 커지게 마련이다. 결국 마지막에는 모두 함께 일어나서 포악한 진나라를 주벌誅伐할 수밖에 없었다."

확대경

진 제국은 살인한 자는 사형에 처하고 중형으로 다스려 법률이 무서울 만큼 엄격한 것처럼 보이지만, 그들은 사회의 본질을 몰랐다. 법조문이 엄중할수록 지방 관리의 권력은 더 커지고, 따라서 음모도 더욱 많아지고 사회를 향해 쌓인 원한도 커지게 마련이다. 결국 백성들이 반란을 일으킬 수밖에 없다. 누구를 향해 반란을 일으킬까? 진왕조를 향해 반란을 일으킨다.

속된 말로 한다면, 왕조는 가마솥과 같아서 가마솥에 콩을 볶으면 모두 함께 먹지만, 솥이 폭발하면 그 솥은 바로 진왕조의 것이니, 솥이 폭발한 뒤의 결과도 왕조가 떠맡아야 한다. 수많은 지방 관리가 국가의 주요 법을 조종하며 사리사욕에 사로잡혀 마구 부정을 저지르고 백성들을 기만하면 결국 백성들이 반란을 일으킬 수밖에 없다. 누구를 향해 반란을 일으킬까? 진왕조를 향해 반란을 일으킨다. 실제로 왕부지는 이런 교훈을 총정리했다. 상앙을 비롯한 이들은 가혹한 형벌과 엄격한 법률이 범죄를 없애고 정치의 공평함을 유지할 수 있다고 생각했다. 그러나 법이 엄중하면 엄중할수록 범죄 현상은 더욱 두드러지고 백성들도 걸핏하면 잘못을 범하게 마련이다. 게다가 관원들은 온갖 수단과 방법을 다 동원해 법을 악용하기에 범죄 현상은 더욱 심각해진다. 이런 점들을 그들은 전혀 몰랐다. 그들이 백성들을 압박하며 원한을 사면, 이 원한은 쌓이고 쌓여서 결국 왕조를 뒤엎으려고 일어서게 마련이다. 진왕조 체제는 가혹한 형벌과 법 집행으로 백성을 상대했기에 문제가 불거질 수밖에 없었다.

현실에서 벌어지는 사회생활의 논리는 사상가의 머릿속에서 생각해낸 논리보다도 훨씬 복잡하다. 법가 인물은 공부만 알고 세상사에는 참으로 어두웠다. 이런 면이 유가 선비들에게만 있다고 생각지 말라. 법가인 상앙이나 오기 같은 인물도 공부만 알고 세상사에는 이렇게 어두웠으니! 법가가 가진 특징은 이들이 펼친 법가 이론에 그대로 드러났다. 상앙, 오기, 신도愼到, 그리고 신불해申不害는 모두 초기 법가에 속한다. 초기 법가의 저작인 『상군서』는 물론 『신자愼子』에도 이런 주장이 어느 정도 담겨 있다. 바로 '공의公義를 존중한다.'는 말이다. 무슨 뜻인가? 초기 법가의 이상 가운데는, 법률은 백성을 제약할 뿐만 아니라 군주와 권세 있는 자도 제약한다는 말이 있다. 이것을 이들은 '공의 존중'이라고 표현했다. 이 정신은 옛말에 이른 대로 '왕자도 법을 어기면 백성과 같은 죄로 다스린다.'는 것이다. 이것이 초기 법가 사상이었다. 법률은 누구나 지키며 따라야 한다는 말은 참으로 맞는 말이다. 상앙에게 죽음을 안긴 진정한 원인은 변법으로 사람들을 그렇게 많이 죽인 데 있지 않고, 그가 태자의 스승에게 밉보인 데 있다. 사람들은 언뜻 보기에 이상하다고 여길 수 있다. 그런데 사마천은 어떻게 공자건과 같은 인물을 손본 사람을 옳지 않았다고 여겼을까? 규정을 해친 대표적인 인물이었기 때문이다. 다시 한 번 자세히 생각하면, 사마천이 꼭 동의하지 않았다고는 할 수 없다. 그도 사실은 이렇게 하는 것이 지혜롭지 않다고 생각했다. 상앙의 변법은 사회적 특권 계층을 없앨 생각도 힘도 없었다. 그런데도 그들에게 온통 밉보였으니 결과가 좋았겠는가?

초기의 법가는 '공의 존중'을 소중히 여겼다. 상앙의 변법을 검토한다면 어떤 부분이 성공했을까? 의심할 나위 없이 '아래로 백성을 제약한' 부분이 될 것이다. '위로 군주를 제약한' 부분은 어떤가? 상앙의 죽음은 이런 이상이 현실 앞에 부딪치며 여지없이 조각났음을 증명했다. 상앙은 먼저 권세 있는 자에게 부딪치며 여지없이 패배를 당했다. 그리고 거열형을 받기에 이르렀다. 상앙의 죽음은 법가 이론 가운데 훌륭한 부분이 무너졌음을 널리 알렸다. 백성을 손보고 백성을 처단한 바로 이 점에서 이들 법가 이론은 철저했다. 그들은 사회의 불공정한 부분을 손보려고 했지만, 결과는 한 마디 말로 돌아왔을 뿐이다. '할 수 없지!', 여기에 그치지 않고 상앙 자신을 비참한 죽음으로 몰아넣었다. 개인적인 시각으로 본다면, 사람들은 그에게 나쁜 감정을 가지고 있지 않다. 그는 오기가 아니었다. 또 그는 그렇게 많은 하자도 없었다. 그러나 그의 법가 이론은 쓸모없는 부분이 너무 많았다. 게다가 공교롭게도 이 쓸모없는 부분이 실행에 옮겨졌다. 이것이 상앙에 대한 필자의 개인적인 얄팍한 견해이다.

확대경

상앙의 죽음은 법가 이론 가운데 훌륭한 부분이 무너졌음을 널리 알렸다. 백성을 손보고 백성을 처단한 바로 이 점에서 이들 법가 이론은 철저했다. 그들은 사회의 불공정한 부분을 손보려고 했지만, 결과는 한 마디 말로 돌아왔을 뿐이다. '할 수 없다!',

요컨대, 상앙의 변법으로 진나라는 강성해졌다. 진나라는 상앙이 살아있을 때에 벌써 불도저처럼 동쪽을 향해 영토를 확장했으며, 전국시대 역사에도 새로운 변화를 가져왔다. 그렇다면 그 이후에 어떤 변화가 일어났을까?

11장 합종연횡合縱連橫

전국시대 중기에 이르면, 진秦, 제齊, 초楚 삼국이 날로 강대해지면서 각 나라 사이의 충돌도 갈수록 격렬해졌다. 군웅이 어깨를 겨루며 갈등과 분쟁이 날로 결렬해지는 때에 각 나라 사이에는 한 무리의 특수한 인물들이 활약하기 시작했으니, 이들은 여러 나라를 돌아다니며 자신의 지혜와 말재간으로 이해와 득실을 진술하고 밝힘으로써 나라와 나라 사이에 한바탕 세상을 깜짝 놀라게 할 큰 변화를 불러일으켰다. 이들이 바로 일찍이 한 시대를 풍미하던 전국시대의 종횡가縱橫家로서 달리 책사策士라고도 불렀다. 그렇다면 우리는 이들 전국시대 책사의 역사적 지위와 역할을 도대체 어떻게 평가해야 할까?

상앙의 변법이 추진된 뒤, 위나라만 홀로 강성한 상황은 이제 더이상 존재하지 않았다. 이를 대신하여 진秦, 제齊, 초楚 등 군웅이 함께 어깨를 겨루는 상황이 시작되었다.

이리하여 각 제후국의 관계는 더욱 복잡하게 변하여 나라와 나라 사이에는 오늘의 친구가 내일은 적으로 바뀌기도 했다. 적과 친구를 가늠할 수 있는 유일한 기준은 바로 자신의 이익이었다. 주변국과 어떻게 지낼 것인가? 어떻게 해야 자신의 이익을 유지하며 보호할 수 있을까? 이것이 각 제후국들이 가장 먼저 고려해야 할 문제였다. 이런 역사적 지점에서 한 무리의 특수한 인물들이 출현했으니, 이들은 청산유수 같은 말솜씨 하나로 각국을 두루 다니며 이해와 득실을 진술하고 밝혔으니, 이 가운데 가장 유명한 이가 바로 소진蘇秦과 장의張儀였다. 그렇다면 소진과 장의, 이 두 사람 외에 전국시대 책사로서 이름난 또 다른 인물은 누구일까? 이들은 전국시대에 국가 관계와 역사의 흐름에 어떤 영향을 끼쳤을까?

마릉에서 벌어진 전쟁에서 패배함에 따라 위나라의 패업은 와르르 무너지고 말았다. 이제 전국시대의 역사는 중기로 접어들었다. 전국시대 중기의 특징은 무엇이었을까? 바로 군웅의 천하 쟁탈전이었다. 때는 이미 위나라만 강대국이 아니었다. 위나라는 이제 기울고 있었다. 하늘에는 하나의 태양만 있지 않았다. 서쪽에는 진나라가 큰 변법을 거치며 우뚝 솟았고, 동쪽에는 제나라가 마릉에서 벌어진 전쟁을 거치며 그 세력이 하늘을 찌르고 있었으며, 남쪽에는 초나라가 오기의 변법 뒤 초선왕楚宣王과 위왕威王의 계획적인 통치를 거치면서 그 세력이 매우 왕성해지고 있었다. 당시, 역사의 대세는 서쪽의 강력한 진나라에 남쪽의 웅대한 초나라, 그리고 동쪽에는 전공도 혁혁한 제나라가 주도했다. 여기에 더하여 북쪽의 조나라와 연나라도 위세를 드러낼 수 있었지만 아직은 위세를 드러내지 않고 있었다.

확대경

전국시대의 역사는 중기로 접어들며 군웅이 천하를 두고 쟁탈전을 벌였다. 서쪽의 강력한 진나라에 남쪽의 웅대한 초나라, 그리고 동쪽에는 전공도 혁혁한 제나라가 주도했다. 여기에 더하여 북쪽의 조나라와 연나라도 위세를 드러낼 수 있었지만 아직은 위세를 드러내지 않고 있었다.

여기에는 지리적인 문제가 있다. 지도를 보면 이들 강국은 모두 주변에서 일어선 나라들임을 알 수 있다. 이들은 전쟁을 벌여도 뒷걱정을 할 필요가 없었다. 바로 지리적인 이점 때문이었다. 서쪽의 진나라, 동쪽의 제나라, 그리고 남쪽의 초나라, 이 세 강국 사이에 낀 나라는 바로 삼진三晉의 한韓, 조趙, 위魏, 여기에 더하여 중산국中山國이 있었다. 전국시대 역사가 중기에 접어들면 먼저 중간에 낀 이 몇 나라가 동쪽으로는 제나라, 서쪽으로는 진나라, 그리고 여기에 더하여 남쪽으로는 초나라 사이에서 엎치락뒤치락 분쟁을 벌였다. 먼저 이 시기는 여러 나라가 함께 존재하는 교착 상태로 그 형세가 얽히고설켜 복잡하기 이를 데 없었다. 또 칠웅이 대체적으로 짧은 기간이나마 균형을 유지하고 있었다. 중간에 낀 몇몇 나라는 상대적으로 약소했기에 이들은 생존을 위하여 다른 나라와 반드시 연합해야 한다는 것을 분명하게 알았다. 그것도 제나라나 초나라와 연합하여 위협이 가장 큰 진나라에 맞서는 게 제일이라고 생각했다. 그러나 각국은 각자의 이익을 두고 서로 속셈이 달랐다. 연합을 하는 데도 겉으로는 친한 것 같았지만 속은 딴판인 경우가 많았다. 이 때문에 짧은 기간의 균형은 한번 후하고 불면 그대로 깨어질 위태로운 균형이었다. 이런 역사적 대세 속에 새로운 현상이 나타났다. 바로 '합종연횡'이다. 때는 바야흐로 전국시대의 중기 전반부였다.

'합종연횡'이란 무엇인가? '종縱'과 '횡橫'부터 이야기를 시작해보자. 중국인은 일반적으로 동서를 횡이라 하고 남북을 종이라고 한다. 지도를 보면, 진나라는 서쪽에, 제나라는 동쪽에, 연나라는 북쪽에, 그리고 초나라는 남쪽에 자리하고 있다. 또 중원에는 조나라, 위나라, 그리고 한나라와 중산국 등이 있다. 만약 진나라가 동방의 어떤 한 나라와 연합하여 다른 나라를 타격한다면 이를 연횡이라 부른다. 바

〈출행도出行圖〉 후베이성 징먼荊門에서 출토된 칠화漆畫

로 동서로 손을 맞잡았기 때문이다. 또 만약 한나라, 조나라, 위나라에 중산국이 동쪽으로 제나라와 연합하여 서쪽으로 진나라와 맞선다면 이것 또한 연횡이라고 부른다. 여기에 더하여 만약 한나라, 조나라, 위나라 등 삼진의 나라가 뭉쳐서 서쪽의 진나라 또는 동쪽의 제나라에 맞선다면 이는 합종이 된다. 바로 남북으로 힘을 합쳤기 때문이다. 서쪽의 진나라는 물론이고 동쪽의 제나라도 삼진 등 몇 개의 나라가 합종하는 것을 원하지 않았기에 이들은 이런 일이 일어날 가능성을 아예 무너뜨릴 방법을 생각했다. 그 방법은 일반적으로는 삼진 가운데 어느 하나를 자기 편으로 끌어들여 힘을 유도하는 것이었다. 그러기에 합종이 있으면 또 연횡이 있었다. 마치 화목하지 못한 한 쌍의 부부처럼 합치지 않으면서도 떨어질 수 없는 것과 같았다.

확대경

합종이 있으면 또 연횡이 있었다. 이는 마치 화목하지 못한 한 쌍의 부부처럼 합치지 않으면서도 떨어질 수는 없는 것과 같았다.

『한비자韓非子』「오두五蠹」는 합종과 연횡에 대하여 참으로 멋지게 요약했다.

"합종이란 약한 자 여럿이 합하여 하나의 강한 자를 공격하는 것이고, 연횡이란 하나의 강한 자에 기대어 다른 약한 자를 공격하는 것이다."[67]

그러나 합종과 연횡은 먼저 합종부터 시작되었다. 구체적으로 말하면 삼진의 한나라, 조나라, 위나라가 송宋나라, 그리고 중산국과 연합하여 진나라에 맞서면서 시작되었다.

---

67 從(縱)者, 合衆弱以攻一强, 而衡(橫)者, 事一强以攻衆弱也.

그렇다면 합종연횡을 주장한 사람은 누구였을까? 이를 주장한 사람들의 면모를 보면 참으로 방대하다. 이 시기만 해도 외교를 통하여 이런 주장을 펼치려던 인물들이 크고 작은 무리를 이루어 출현했으며, 종횡의 책략을 주장한 이도 함께 나타났다. 뒷날 이들 무리를 가리켜 종횡가縱橫家라고 일렀다. 전국시대는 학문의 절정기였다. 이른바 '백가쟁명百家爭鳴'이라고 하는데, 그 가운데 하나의 학파가 바로 종횡가이다. 이들은 책사 또는 술사術士라고도 하는데, 이들 중에 가장 이름난 이가 소진과 장의였다. 그러나 합종과 연횡은 결코 이 두 사람으로부터 시작되지 않았다. 더구나 소진은 활동 연대가 얼마간 늦은 때였다. 비교적 이른 시기에 합종을 제창한 이로는 혜시惠施와 공손연公孫衍을 꼽아야 마땅하다. 먼저 가장 오래 전의 인물인 혜시부터 알아보자.

혜시가 누구인가? 옛말에 '재능이 대단하기 여덟 말이요, 학문이 넘치기 다섯 수레'[68] 라고 하여 재능이 뛰어난 두 사람을 꼽았다. 앞 구절의 재능이 대단하기 여덟 말이 가리키는 이는 조식曹植이다. 남조南朝의 사영운謝靈運은 천하의 재능이 모두 열 말이 있다면, 조식이 여덟 말을 차지했고, 나머지 두 말을 다른 이들이 나누어 가졌다고 말했다. 다음 구절인 학문이 넘치기 다섯 수레가 가리키는 이가 바로 지금부터 이야기하려는 혜시이다. 혜자惠子라고도 불리는 그는 철학자이며 학자였다. 혜시가 합종을 주장하기 시작할 때, 어떤 이가 그에게 이렇게 물었다.

68 才高八斗, 學富五車.

"집에서는 열심히 학문을 하지 않더니, 나서서는 무슨 합종이란 말입니까?"

혜시는 이렇게 대답했다.

"지금 합종을 하지 않으면 백성을 구할 도리가 없기 때문이오."

그는 또 이렇게 비유까지 덧붙였다.

"어떤 이가 당신 아들 머리를 때리려고 합니다. 그러나 머리 대신 돌을 때려도 된다면, 당신은 당연히 그에게 돌을 때리게 할 것이오. 자기 아들 머리를 때리는 게 아니라 말이오!"

이 비유는 자신이 학자로서 기꺼이 정치에 뛰어들려는 것은 더 많은 사람들이 평안을 얻게 하려는 데 그 목적이 있다는 말이다. 이것은 바로 돌로써 아이의 머리를 보호하는 것과 같다. 혜시가 보기에, 학문을 하지 않고 합종을 주장하는 것은 자기 희생으로 평화를 얻기 위해서였다.

혜시를 말하면서 또 한 명의 대철학자를 언급하지 않을 수 없다. 이 사람은 혜시의 가까운 벗이기도 했지만 논쟁의 적수이기도 했다. 그는 바로 장자莊子였다. 이들 두 사람이 주고받은 이야기는 『장자莊子』에 넘칠 정도지만, 『장자』「추수秋水」 중에 혜시가 장자와 함께 호수濠水 다리 위에서 물고기를 보면서 나눈 이야기가 가장 유명하다. 장자와 혜시는 호수 다리 위에 함께 서서 물속에서 노니는 물고기를 살펴보고 있었다. 이때 장자가 불쑥 한 마디 던졌다.

"피라미가 저렇게 유유히 노니는 걸 보니 저 물고기도 즐거운가 보네."

물속에서 놀고 있는 물고기가 얼마나 즐거운지 한번 보게! 혜시는 철학자였다. 장자의 이 말에 결함이 있다고 생각한 혜시는 당장 이

⊙ 장자莊子

렇게 되물었다.

"그대는 물고기도 아니면서 어떻게 저 물고기가 즐거운지 아는가?"

자네와 나는 똑같은 인간이기에 서로 같은 느낌을 가질 수 있어서 자네가 즐거우면 나도 자네가 즐겁다는 것을 알 수 있지만, 물고기가 즐거운지 즐겁지 않은지 우리 인간이 어떻게 알 수 있단 말인가? 혜시는 분명 장자가 한 말의 맹점을 잡아냈지만, 장자는 당장 그 자리에서 재빠르게 둘러댔다. 장자의 머리가 이렇게 잽싸게 돌아가는 것을 어찌하겠는가?

"그대는 내가 아니면서 어떻게 내가 물고기의 즐거움을 모른다고 하는가?"

이것이 혜시와 장자에 관한 첫 번째 이야기이다.

혜시와 장자에 관한 또 다른 이야기도 있다. 이것도 그의 합종 책략과 관계가 있다. 그리고 이 이야기도 『장자』「추수」에 기록으로 남아 있다. 앞에서 혜시가 돌로 사람의 머리를 대체한 이야기가 나왔다. 이를 위하여 혜시는 위나라로 와서 정치에 뛰어들었다. 그리고 얼마 지나지 않아 재상 자리에 올랐다. 얼마 뒤, 장자는 옛 친구와 한담이나 나눌 생각으로 송宋나라에서 위나라로 왔다. 혜시는 이에 크게 긴장하며 아랫사람을 시켜 위나라에서 장자를 사흘 동안 밤낮으로 찾았다. 장자를 찾으려고 한 이유는 어쩌면 장자가 위나라에서 음모를 꾸미며 자기 권력을 빼앗을까봐 두려웠기 때문인지도 모른다. 결과적으로 장자를 찾아내지 못했는데, 참으로 신출귀몰하게도 바로 그때 장자가 그의 눈앞에 나타났다. 혜시는 자못 의아한 나머지 이렇게 물었다.

"내가 사람을 보내 그대를 사흘 밤낮으로 찾았지만 찾지 못했는데, 그대는 어떻게 내 앞에 이렇게 달려올 수 있었나?"

장자는 이렇게 말했다.

"이건 그대가 관여할 바 아니네. 내 먼저 그대에게 한 가지 이야기를 하겠네."

그리고 장자는 이렇게 입을 열었다.

"남쪽나라에 살고 있는 봉황이라는 새가 저 북쪽 바다로 날아가는 길에 오동나무가 아니면 깃들지 않았고, 대나무 열매가 아니면 먹지도 않았으며, 달콤한 샘물이 아니면 마시지도 않았네. 참으로 가소로운 일은, 까마귀 한 마리가 죽어서 썩어가는 쥐를 보자 얼른 자기 가슴에 안은 뒤, 머리 들어 저 하늘을 날아가는 봉황을 보자, 자기 가슴에 안은 쥐를 가로챌세라 짐짓 생각하며 '까악'하고 소리쳤다는 거네!"

이보게, 혜시! 오늘 그대가 재상 자리에 앉았다고, 썩어가는 쥐를 가슴에 안은 까마귀처럼 나에게 '까악'하고 소리칠 작정인가? 이것도 혜시에 관한 일화이다.

이런 옛 이야기는 모두 오랜 친구 사이에 오간 장난기 섞인 농담이었다. 장자는 순수한 고답파高踏派로서 여러 나라가 반죽음이 되도록 싸우든 말든 자신과는 전혀 상관없는 일이라고 생각했다. 혜시는 이런 장자와는 달리 세상을 구하려는 마음을 가졌다. 합종은 바로 이렇게 혜시에게서 시작되었으며, 바로 그에게서 나온 주장이었다. 왜 그럴까? 그는 위나라를 위해 일했기 때문이다.

혜자는 본래 송宋나라 사람으로 장자와는 동향인이다. 그렇다면 그는 왜 위나라로 왔을까? 이 일은 마릉에서 벌어진 전쟁에서부터 이야기를 시작해야 한다. 마릉에서 벌어진 전쟁에서 위나라는 제나라에 대패하며 강성했던 국력도 쇠퇴하기 시작했다. 양혜왕은 체념하지 않고 널리 현명한 인재를 불러들였다. 혜자도 이렇게 양혜왕과 만나게 되었다. 이때 혜왕은 혜자에게 이렇게 말했다.

"자, 마릉에서 벌어진 전쟁에서 내 아들이 죽었고, 우리 위나라 국력도 적잖이 약화되었소. 제나라는 나에게는 불구대천의 원수요. 우리 위나라 안에 있는 병력을 다시 보강하여 제나라와 자웅을 한번 겨뤄볼 작정이오!"

혜자가 입을 열었다.

"폐하께서는 필부나 자랑할 법한 용기를 뽐내고 있습니다. 이렇게 하면 되지도 않을 뿐만 아니라 문제를 해결할 수 없으니, 제가 폐하께 방법을 하나 올릴까 합니다."

잠시 뜸을 들인 뒤, 혜자는 이렇게 말했다.

"폐하께서 만약 원수를 갚을 생각이라면 차라리 태도를 바꿔 제나라와 서로 사이좋게 지내시며 왕으로 자처하도록 하십시오. 그러면 제나라는 분명 초나라에게 밉보일 것이고, 초왕은 싸움을 걸어오는 제나라를 가만두지 못하고 반드시 손볼 것입니다. 폐하께서 한 번 생각해 보기 바랍니다. 초나라가 이렇게 여러 해 동안 남쪽에 웅크린 채 가만히 있었던 것은 실컷 먹고 마셨기 때문입니다. 그러나 제나라는 다릅니다. 그들은 우리와 마릉에서 방금 전쟁을 벌인 뒤라 국력이 심각하게 소모된 상태입니다. 제나라와 초나라가 정말로 붙는다면 누가 이길까요? 초나라가 승리할 게 너무나 뻔합니다. 이렇게 되면 우리는 초나라를 이용하여 우리 원수를 갚는 게 아니겠습니까?"

혜시는 이런 계책을 왜 내놓았을까? 위나라의 철천지원수가 바로 제나라였음을 바로 계산했기 때문이다. 이리하여 당시 초위왕楚威王 치하의 초나라를 싸움터로 끌어들일 작정이었다. 혜시는 초위왕이 명성을 좋아하지만 속셈은 그렇게 깊지 않다는 것을 잘 알고 있었다. 그러기에 초위왕에게 덫을 놓으며 그를 이용하여 제나라를 무너뜨릴 생각이었다. 여기에 바로 혜시가 내놓은 계략의 요점이 있다. 이것이 바로 종횡가가 사람을 요리하는 권모술수이며, 각 나라 사이에 놓인 일촉즉발 직전의 공포감을 주는 균형을 이용하여 자기 힘이 아닌 남의 힘으로 상대방을 타격하는 방법이었다.

확대경

이것이 바로 종횡가가 사람을 요리하는 권모술수이며, 각 나라 사이에 놓인 일촉즉발 직전의 공포감을 주는 균형을 이용하여 자기 힘이 아닌 남의 힘으로 상대방을 타격하는 방법이었다.

양혜왕은 혜자의 계책을 받아들여 서주徐州에서 두 나라 사이에 한 차례 회맹을 가졌다. 서주는 지금의 산둥성 웨이산호微山湖 부근에 있다.

회맹에서 위나라는 제나라에게 왕의 휘호를 건넸다. 제나라는 매우 흐뭇해하며 허울만 좋은 이 왕의 칭호를 받아들였다. 이 사실을 안 초나라는 과연 시기심을 누르지 못하고 그대로 군사를 동원하여 제나라를 공격했다. 제와 초, 이 두 나라 군대는 서주 일대에서 한 차례 전투를 벌였다. 결과는 제나라의 참패였다. 이것이 우리가 목격한 초기의 합종으로써 위나라가 남쪽의 초나라와 손을 마주 잡고 남북 합작으로 제나라에 원수를 갚은 이야기이다. 그러나 이 한 차례의 합종은 객관적인 모습이었다. 원래 초나라는 위나라와 협력할 생각이 없었지만 위나라가 놓은 덫에 빠졌을 따름이었다. 혜시는 분명 여러 나라 사이의 미묘한 관계와 심리를 교묘하게 활용했다. 이로부터 합종과 연횡 활동은 왕성하게 일어났다.

> 혜시는 한낱 책사로서 겨우 말 몇 마디로 초나라와 제나라 사이에 전쟁을 일으키며 위기에 처한 위나라가 당한 업신여김을 풀어주었다. 이로써 전국시대에는 그럴듯한 모략을 가진 책사가 국가에 얼마나 중요한 의미를 가졌는지 알 수 있다. 이 밖에 개성 있는 책사로는 또 어떤 인물이 있었을까? 그리고 오늘날까지 전해 내려오는 이들에 관한 이야기로는 어떤 것들이 있을까?

혜시 이후 위나라 정계에서 활약한 합종파 인물로는 공손연公孫衍이 있다. 『전국책』에는 그를 일러 서수犀首라고 했다. 서수란 코뿔소의 머리이다. 코뿔소의 머리에는 두 개의 뿔이 자라는데 위와 아래로 하나씩 뿔이 나 있다. 그런데 여기에서 말하는 서수는 관직 명칭으로, 어떤 학자는 뒷날의 호아장군虎牙將軍에 해당하는 관직이라고 생각한다. 요컨대, 공손연은 '서수'라는 호칭을 동반한 매우 특출한 인물이다. 동시에 그에게는 정말로 유명한 적수가 하나 있었으니, 바로 장의張儀였다. 초기의 합종파와 연횡파 속에서 이들 둘이 가장 명성을 날렸다.

맹자는 이들 두 종횡가와 같은 시기에 살았다. 맹자의 제자 경춘景春이 어느 날 스승과 함께 이야기를 나누다가 이 두 종횡가를 화제로 삼게 되었다. 이때 경춘이 스승인 맹자에게 이렇게 여쭸다.

"공손연이나 장의가 어찌 대장부가 아니겠습니까! 한 번 노하면 제후들이 두려워할 뿐만 아니라, 이들 자신은 편안히 생활하고 천하도 태평하니 말입니다."[69]

『맹자』「등문공하滕文公下」에 나오는 말이다. 그런데 맹자의 대답은 참으로 거침이 없었다.

"이들이 무슨 대장부란 말이냐! 그들은 비천한 여자들이나 할 행동을 하고 있다."

그들은 오로지 권세 있는 자만 돌보며 권세 있는 자들이 이렇게 생각하면 그들도 이렇게 행하니, 이는 시집가서 첩이 될 여인이 시어머니 말 들으려다가 남편 말 듣는 것처럼 순종으로써 정도를 삼으려 한다. 공손연과 장의는 오로지 권세 있고 높은 자리에 있는 이를 위해 일하니, 이는 비천한 여자들이나 할 행동으로 사람을 대한다는 말이다. 맹자의 이 꾸짖음이 맞든 아니든 경춘의 말로 본다면, 당시 두 사람의 영향력이 굉장했음을 알 수 있다. 그들이 한 번 발을 탕하고

69 公孫衍, 張儀, 豈不誠大丈夫哉! 一怒而諸侯懼, 安居而天下息.

구르면 천하가 벌벌 떨었던 것이다. 공손연과 장의는 그들이 살던 시대에 한 사람은 합종을 위해 바삐 움직였고, 또 한 사람은 연횡을 위해 바삐 움직임으로써 합종과 연횡이라는 대사를 도모했다.

사마천은 『사기』에 이들 종횡가를 언급하며 소진과 장의가 계책으로 벌이는 암투를 기록했지만, 사실 합종연횡은 공손연과 장의가 서로 어깨를 겨루었으니, 이들 두 사람 사이에 벌어졌던 경쟁을 한번 살펴보자.

공손연은 위나라 사람이다. 그는 진혜왕이 자리에 오른 지 5년이 되는 해에 진나라로 와서 대량조大良造라는 벼슬을 했다. 대량조는 등급이 그리 낮지 않은 관직이다. 공손연은 진나라가 동쪽으로 영토를 확장하는 데 기여하며 자기 조국 위나라를 세차게 휘몰아치도록 했다. 이에 힘입어 진나라는 적지 않은 영토를 확보했다. 이렇게 몇 년이 지났을 때, 생각지도 않게 장의가 진나라로 오더니 몇 마디 말로 진혜왕을 사로잡았다. 생각해 보면, 군주가 누구의 어떤 일을 좋아하는 것이 참으로 비이성적일 경우가 많다. 공손연의 눈에는 장의가 아무리 봐도 거동이 음흉하고 악당처럼 보였지만 진혜왕은 그렇지 않아서 그와 죽이 맞았고 그를 좋아했다. 요컨대, 같은 위나라 사람인 장의는 비록 뒤에 왔지만 굴러온 돌이 박힌 돌을 빼내듯이 진나라에 온 지 오래지 않아서 공손연을 자리에서 몰아냈다.

자리에서 밀린 공손연은 화가 난 나머지 그만 위나라로 돌아와서 당장 태도를 바꾸어 장의와 한 판 벌이기로 했다. 장의가 연횡을 내세우면 공손연은 합종을 내세울 태세였다. 또 장의가 합종을 주장하면 공손연은 분명 연횡을 주장할 태세였다. 우리는 이런 사람이 바로 책사라는 사실을 알아야 한다. 책사의 공명심은 대단히 커서 모든 문제를 자기의 공명을 기준으로 생각했다. 이들은 연횡파도 될 수 있고 합종파도 될 수 있었다. 합종이든 연횡이든 어느 것이 자기의 공명, 곧 자기의 명예와 이익에 더 유리할 것인가만 따졌다. 그러했기에 그들의 호주머니 속에는 오직 한 가지 패만 있는 게 결코 아니었다. 이것이 바로 이들 책사의 특징이었다. 맹자는 이들이 비천한 여자 같다고 욕을 했으며, 사마천은 이들이 남의 나라를 아예 망쳐버리는 '위험한 인물'이라고 말했다. 뒷날 사학자는 물론 백성들까지도 모두 이들을 좋아하지 않았으니, 이는 이들이 명예와 이익을 지나치게 따졌던 것과 매우 깊은 관계가 있다.

확대경

책사의 공명심은 대단히 커서 모든 문제를 자기의 공명을 기준으로 생각했다. 이들은 연횡파도 될 수 있고 합종파도 될 수 있었다. 합종이든 연횡이든 어느 것이 자기의 공명, 곧 자기의 명예와 이익에 더 유리할 것인가만 따졌다.

공손연은 위나라로 돌아온 뒤, '오국상왕五國相王'을 크게 주장하며 내세웠다. 이때, 진나라 쪽에서는 연횡을 시작했으니, 이는 장의의 계책이었다. 게다가 장의는 진혜왕에게 이런 의견을 내놓았다.

"폐하께서는 지금 저를 재상 자리에서 내쫓았다고 천하에 널리 알리시기 바랍니다. 이렇게 고육지책을 쓴 뒤, 저는 위나라로 가겠습니다."

무슨 말일까? 공손연도 벌써 위나라로 돌아가지 않았는가? 그러니까 자기도 가겠다는 뜻이었다.

"가서 폐하를 대신하여 우리 진나라와 연합해야 한다고 위나라를 설득하겠습니다."

『사기』는 장의의 행동은 바로 천하의 제후에게 본보기를 만들어 보이려는 데 있다고 말한다. 즉 천하의 제후들이 위나라가 진나라를 받들어 모시는 모습을 본받게 하려는 데 있다는 것이다. 그러면 이제

'오국상왕'은 물거품이 되는가? 그러나 공손연도 그렇게 호락호락 만만한 인물이 아니었다. 장의가 그를 진나라에서 밀어내 위나라로 돌아왔는데, 생각지도 않게 감히 또 따라오다니! 공손연은 온갖 방법을 생각하며 장의의 코를 납작하게 만들려고 했다.

그는 한나라를 불러들이기로 작정했다. 공손연은 사람을 보내 한나라의 집권자 한공숙韓公叔에게 이렇게 말하도록 했다.

"장의가 위나라에 온 건 진나라와 위나라를 연합시키기 위해서입니다. 진나라와 위나라가 연합해 어쩌려는 걸까요? 바로 폐하의 한나라를 쳐서 한나라 땅덩어리를 집어삼키려는 데 그 목적이 있습니다."

잠시 뜸을 들인 뒤, 공손연이 보낸 사자는 다시 입을 열었다.

"여러 가지 상황을 보면, 진나라가 위나라와 연합하여 폐하의 한나라를 친다면, 한나라는 분명 당해내지 못할 것입니다."

이야기를 다 들은 한공숙은 이렇게 물었다.

"맞는 말이오. 그럼 어떡하면 좋겠소?"

"위나라 군주께서 말씀하셨습니다. 그분께서 장의를 소중히 여기는 건 땅덩어리를 조금이라도 얻을 생각 때문이라고 말입니다. 바로 폐하의 한나라를 쳐서 한나라의 땅덩어리와 백성을 조금이라도 얻기 위함이 아니겠습니까? 폐하께서는 지금 당장 조그마한 지방 하나를 내놓으면 바로 얻는 게 아니겠습니까? 그러나 이 땅덩어리는 진나라에 줄 수는 없고 위나라에 주어야 합니다. 이렇게 되면 위나라는 이익을 손에 넣고 다시는 진나라와 힘을 합쳐서 전쟁을 벌일 일이 없게 됩니다."

한공숙은 이 말을 듣고 이렇게 말했다.

"좋소. 땅덩어리를 하나 주겠소!"

만약 전쟁에 지면 땅덩어리를 더 주어야 할 것인즉, 그러면 게도 잃고 구럭도 잃는 게 아닌가! 이제 닭도 날아가고 달걀도 깨지게 생겼다면 둘 중 하나를 선택해야 했다. 한나라는 과연 땅덩어리 하나를 위나라에 올렸다. 위나라도 이제 진나라와의 연맹을 내팽개쳤다. 이 모습을 본 장의는 어쩔 수 없이 돌아가야 했다. 공손연은 자기가 원하는 대로 위나라 재상 자리에 올랐다. 이번에 벌어진 공손연과 장의의 대결은 공손연의 승리로 막을 내렸다.

그렇다면 '오국상왕'은 또 어떻게 된 일일까?

이 '오국상왕'도 장의와 관계가 있다. 장의가 진나라에 온 이후부터 이야기가 시작된다. 그는 진나라 군주에게 왕으로 자처하도록 부추겼다. 따라서 진혜공을 이제는 혜공이라 부르지 않고 혜왕, 곧 진혜왕이라고 고쳐 불렀다. 상앙의 변법 이후 진나라는 강국이 되었다. 이제 진나라 군주는 왕으로 불리게 되었다. 이는 바로 천하의 제후를 통치하겠다는 뜻이었다. 그러자 동방 여러 나라 제후들은 화들짝 놀라며 자못 긴장했다. 공손연은 기회를 만들어 동방의 다섯 나라와 연합하여 함께 서로 왕이라고 부르자며 책동을 벌이기 시작했다. 진나라가 흉악하게 날뛰며 위력으로 왕이라 자처하는데, 우리도 그저 조용히 있을 줄 아는가? 우리도 왕이라 자처할 수 있다. 게다가 함께 서로 왕으로 부르자며 약속했다. 너희 진나라처럼 스스로 왕이라 칭하며 으스대진 않겠다! 이렇게 서로 왕이라 부르기로 약정한 나라는 한, 조, 위, 연에 이어 중산국까지 끼었으니, 이것이 바로 공손연이 내놓은 이른바 '오국상왕'이다. 공손연은 각 나라를 향해 호떡 하나씩을 던지며 공표했다. 다섯 나라는 일단 서로 왕이라고 부름으로써 함께 서쪽의 진나라와 맞설 수 있다고 생각했다. 이는 참으로 매력적이었다.

진나라는 강대해지자 천하를 향해 스스로 왕으로 자처했다. 그러나 각 제후국은 즉시 강렬한 반응을 일으켰다. 강대한 진, 제, 초 등 세 나라가 세력을 확장하자 상대적으로 비교적 약한 위, 한, 조, 연, 그리고 중산국 등 다섯 나라가 손을 맞잡고 서로 왕으로 부르며 초보적인 정치 연맹을 이루었으니, 이것이 바로 역사상 '오국상왕' 사건이었다. 그러나 약한 나라 사이에 이루어진 이번 연맹은 오히려 복잡한 변화를 일으켰다. 강국과 약소국 사이에 벌어진 대결은 거듭 책사들이 쏟는 관심의 초점이 되었다. 그렇다면 '오국상왕'은 대체 어떤 문제를 일으켰을까? 책사들은 이 사건을 통해 어떤 역할을 했을까?

사실상 '오국상왕'은 그렇게 순조롭게 진행되지 못하고, 중간에 약간의 문제가 불거졌다. 어떤 문제가 불거졌을까? 서로 손을 맞잡은 이 다섯 나라 가운데 좀 색다른 나라가 하나 있었으니, 바로 중산국이었다. 이 나라의 땅덩어리는 실제로 너무 작았기 때문에 색달랐다고 말했다. 한, 조, 위는 어쨌든 삼진의 나라로 영토가 넓었다. 또 연도 북쪽 큰 땅덩어리를 차지하고 있었다. 그러나 중산국은 땅덩어리도 작은데 어떻게 왕이라 부를 수 있단 말인가? 『전국책』「중산책」에 이런 기록이 있다.

"공손연은 제나라, 조나라, 위나라, 연나라, 중산국, 이 다섯 나라 군주를 왕으로 옹립했지만, 중산국의 군주를 맨 나중에 추대 옹립했다."[70]

중산국이 일찍이 왕이라 불리길 원치 않았던 것이 아니라, 한나라, 조나라, 위나라 등이 중산국의 군주를 왕이라 부르기를 망설이며 머뭇거렸던 것이다. 이렇게 작은 나라가 어떻게 우리와 맞먹을 수 있겠는가! 네 나라는 여전히 마음이 편하지 않았던 듯 한참이나 머뭇거렸다. 그 사이에 '오국상왕' 소식을 제나라도 알게 되었다.

이 소식을 알게 된 제나라는 당연히 불쾌했다. 그러나 제나라는 능청스럽게도 이렇게 말했다.

"당신들 몇 나라가 왕으로 자처하는 것을 우리 제나라도 반대하지 않는다. 그러나 눈곱만한 중산국도 왕으로 자처하다니, 이는 우리 제나라로서는 맞장구칠 수 없는 일이다. 중산국이 무슨 왕으로 자처할 만한 자격이 있단 말인가!"

사실 당시 제나라는 조나라와 손을 맞잡고 중산국을 멸한 뒤 땅덩어리를 나누어 챙길 속셈을 하고 있었다. 그러나 만약 다섯 나라가 서로 왕이라고 부르며 동맹을 결성하면 제나라로서는 손을 쓸 수가 없게 된다. 그랬기에 제나라는 중산국이 왕으로 자처하는 것에 동의하지 않았다. 제나라는 중산국을 이들 연맹에서 빼려고 안달했다. 이는 아프리카 대초원의 사자나 표범이 쓰는

제나라는 조나라와 손을 맞잡고 중산국을 멸한 뒤 땅덩어리를 나누어 챙길 속셈을 하고 있었다. 그러나 만약 다섯 나라가 서로 왕이라고 부르며 동맹을 결성하면 제나라로서는 손을 쓸 수가 없게 된다. 그랬기에 제나라는 중산국이 왕으로 자처하는 것에 동의하지 않았다. 제나라는 중산국을 이들 연맹에서 빼려고 안달했다. 이는 아프리카 대초원의 사자나 표범이 쓰는 계략과 같았다. 이들은 들소 무리를 만나면 그 가운데 단 한 마리를 무리로부터 고립시킨 뒤에야 손을 본다. 이런 심보가 당시 제나라의 음흉한 모습으로 드러났다.

70 犀首立五王, 而中山後持.

계략과 같았다. 이들은 들소 무리를 만나면 그 가운데 단 한 마리를 무리로부터 고립시킨 뒤에야 손을 본다. 이런 심보가 당시 제나라의 음흉한 모습으로 나타났다.

이렇게 되자 중산국은 이제 새로운 방법을 생각해야 했다. 『전국책』은 당시 중산국이 장등張登이라는 책사를 찾았다고 기록했다. 장등은 '미책微策', 곧 '미묘한 계책'을 잘 쓰는 인물이었다. 중산국의 군주는 장등에게 이렇게 말했다.

"자, 우리는 왕으로 자처하고 싶지만 제나라가 반대하고 다른 몇 나라는 머뭇거리고 있는데, 이런 상황을 볼 때, 어떡하면 좋겠소?"

장등은 이렇게 대답했다.

"돈과 수레를 많이 주시면 제가 해결하겠습니다."

돈과 수레를 받은 장등은 당장 제나라로 달려가서 전영田嬰을 찾았다.

전영은 크게 이름을 떨친 인물은 아니었지만, 그의 아들은 정말 널리 이름을 날렸다. 우리가 잘 아는 맹상군孟嘗君 전문田文이 바로 그의 아들이다. 어떻든 당시 전영은 제나라의 정무를 주관했다. 장등은 전영에게 이렇게 말했다.

"듣자 하니, 당신네 제나라 군주는 중산국이 왕으로 자처하는 모습이 보기 싫은 모양입니다. 게다가 조나라, 아니 심지어는 위나라와 함께 중산국을 삼킬 작정까지 한다는데, 이건 계산 착오라고 생각합니다. 중산국은 조나라, 위나라와 땅을 맞대고 있습니다. 조나라는 위나라와 함께 이 고깃덩이를 노려보고 있지만, 지금은 오로지 강한 진나라 때문에 어쩔 수 없이 그들은 손을 맞잡고 있을 따름입니다. 그러면 당신네는 중산국에게 밉보이게 될 터이고, 그 결과는 넉넉히 짐작할 수 있을 것입니다. 중산국은 오로지 조나라와 위나라에 기대며 흔들리지 않는 마음으로 이 두 나라와 사이좋게 지낼 수밖에 없습니다. 이렇게 되면, 제나라는 무엇을 얻을 수 있겠습니까! 이와는 달리 만약 지금 중산국에게 왕으로 자처할 수 있게 한다면, 중산국은 분명 제나라에 감격한 나머지 조나라와 위나라로 향한 마음도 느슨해질 것입니다. 이게 제나라로서는 쉽게 이익을 차지할 수 있는 길이 아니겠습니까?"

전영은 이 말을 듣고 제법 일리가 있다고 생각했다. 그리하여 '오국상왕'에 고개를 끄덕였다. 다시 말하면, 중산국도 그들 나라와 함께 왕으로 자처할 수 있다는 데 동의했다.

전영이 이렇게 동의하자, 장등은 중산국으로 돌아왔다. 이때, 제나라에도 장추張丑라는 모사가 있었다. 그는 이 소식을 듣자 전영을 찾아가서 이렇게 입을 열었다.

"어르신, 그의 말에 동의하면 안 됩니다. 장등은 대단히 교활할 뿐만 아니라 미묘한 계책에 뛰어난 자입니다."

『전국책』「중산책」에는 '같은 목표를 가진 자는 서로 미워하고, 같은 걱정을 가진 자는 서로 가까이 한다.'[71]는 구절이 있다. 같은 욕망이나 목표를 가진 사람은 심리적인 거리를 두고 쉽게 미워하지만, 만약 두려움의 대상이 같다면 그들은 쉽게 뭉칠 수도 있다는 말이다.

지금 다섯 나라가 서로 왕이라 부르는데, 제나라는 '바다를 가지고 있는 나라'로 불리는 대국이면서도 오히려 이 일에 끼이지도 못하

71 同欲者相憎, 同憂者相親.

고 있다. 말하자면, 다섯 나라는 진을 두려워하고 또 우리를 두려워하기에 서로 왕으로 부르며 힘을 합하려고 한다. 그러나 지금은 좋다. 지금 제나라가 중산국이 왕으로 자처하는 일에 동의한 것은 사실 중산국을 끌어안을 생각 때문이다. 하지만, '오국상왕' 그 자체는 서쪽의 진나라는 물론 동쪽의 제나라와도 맞서려는 것인데, 지금 제나라가 중산국을 끌어안으면 나머지 네 나라가 우리 제나라를 더욱 미워하게 될 것이다. 한낱 자그마한 중산국을 얻으려고 삼진에다 연나라까지 포함한 몇 나라에게 잘못보인다면, 이는 실책이 아닌가?

장추의 말에도 정말 일리가 있다. 그러나 전영은 그의 말에 귀 기울이지 않았다. 이때 제나라는 이제 막 마릉에서 벌어진 전쟁을 끝내고 그야말로 나날이 번성하고 있었으니, 국정을 손에 쥔 전영은 '오국상왕'에 전혀 마음을 두지 않았던 것이다.

그러나 장등의 계책이 벌써 끝난 것은 아니었다. 그는 자기 나라로 돌아오자마자 그가 방금 제나라에서 돌아왔다는 특수한 처지를 이용하여 한나라, 조나라, 위나라에 소식을 전했다.

"제나라가 황하 동쪽 편에서 당신네 나라를 치려고 합니다."

세 나라는 처음에는 하나같이 이렇게 생각했다.

"장등이 아무 일도 없는데 파란을 일으키는군. 제나라가 왜 우리를 친단 말인가?"

그러자 장등은 이렇게 말했다.

"현재 벌어지고 있는 상황을 보십시오. 제나라는 중산국을 자기 편으로 끌어들이며 왕으로 자처하려는 중산국의 뜻에 동의했습니다. 이는 자기 나라의 특수한 지리적 이점을 이용하여 삼진을 먹으려는 속셈이 아니고 무엇이겠습니까? 이제 막 제나라에서 돌아왔기에 나는 그곳 사정을 너무나 속속들이 알고 있습니다."

이야기를 여기까지 하고 보니, 중산국의 위치를 간단하게 소개할 필요가 있겠다. 중산국은 오늘날 허베이성 스자좡石家庄 이북의 딩저우定州와 바오딩保定 일대까지로 북으로는 연나라와 경계를 맞대고 동으로는 황하에 닿아 있다. 그러기에 장등은 제나라가 황하를 건너 중산국을 근거로 하여 삼진을 치려 한다고 말한 것이다.

한나라, 조나라, 위나라 등 몇 나라는 장등이 가지고 온 소식을 듣고 이리저리 셈을 하며 따졌다. 제나라가 중산국을 제 편으로 끌어들일 수 있다면 우리라고 못 끌어들일까? 이리하여 재빨리 중산국이 왕으로 자처하도록 했다. 앞에서 '중산국의 군주를 맨 나중에 추대 옹립했다.'고 말했다. 한나라, 조나라, 위나라는 본래 중산국이라는 이렇게 작은 나라가 함부로 끼는 것은 의미가 없다고 생각했지만 지금 제나라가 중산국을 제 편으로 끌어들인다는 말을 듣자 이 보잘것 없는 형제를 자기 패거리에 받아주는 게 훨씬 안전하다고 생각했다. 이리하여 한 책사의 노력으로 자그마한 중산국도 당당하게 왕으로 자처할 수 있게 되었다. 이런 사람이 바로 책사였다. 이들이 벌인 몇몇 계책에 대하여 후세 사람들은 아직도 진지하고 성실한 연구를 이루어내지 못했다. 이들의 성공 수단은 열국 관계의 복잡성을 이용하고 열국의 심리를 좇아 이들의 이익과 손해의 각도에서 사람의 마음을 움직이는 것이었다. 전국시대에는 나라와 나라 사이가 이해관계로 얽혀 있었다. 책사들은 이런 면에서 그야말로 유감없이 능력을 발휘했다. 이들은 『삼국지三國志』 속 인물들

확대경

이런 사람이 바로 책사였다. 이들의 성공 수단은 열국 관계의 복잡성을 이용하고 열국의 심리를 좇아 이들의 이익과 손해의 각도에서 사람의 마음을 움직이는 것이었다. 전국시대에는 나라와 나라 사이가 이해관계로 얽혀 있었다. 책사들은 이런 면에서 그야말로 유감없이 능력을 발휘했다.

과 견주어도 결코 모자람이 없었다. 그러나 이들의 한계는 오로지 권모술수만 알 뿐 더 큰 시스템을 몰랐다는 데 있다. 하지만 이러한 책사의 술수는 효과를 보며 '오국상왕'은 얼마간 성공을 거두었다.

> '오국상왕'은 비록 약한 나라 사이에 잠시 이루어진 초보적인 연맹이었지만 이는 다른 강대국의 반감과 경계심을 불러일으키며 그들의 눈엣가시가 되었다. 몇몇 열강은 이미 그들이 차지한 우세한 위치를 전혀 잃지 않으려고 했다. 이리하여 연맹을 맺은 다섯 나라를 겨냥한 일련의 행동을 시작했다. 그렇다면 전국시대 중기에 발생한 약소국 연맹은 결국 어떤 결말을 맞았을까?

'오국상왕'에 대하여 불쾌하게 생각한 이가 한 사람 더 있었으니, 바로 초왕이었다. 초왕은 중원의 다섯 나라가 연합하면서도 한 마디 통지도 없었을 뿐만 아니라 자신을 부르지도 않았다는 데 생각이 미치자 솟아나는 분노를 누를 수 없었다. 화가 난 초왕은 군대를 출동시켜 그대로 위나라를 쳤다. 그 결과, 초나라는 이 한 번의 출병으로 위나라의 여덟 개 성을 단번에 차지해 버렸다. '오국상왕'으로 손을 맞잡지 않았던가? 어떻게 위나라는 얻어터져도 이렇게 신나게 얻어터질 수 있단 말인가? 이로써 '오국상왕'은 사실 아무런 실용 가치가 없음이 드러났다. 그저 겁쟁이들이 한 패가 되어 밤길 걸으며 서로 마음이나 든든해지려고 했을 뿐이었다. 당시 진혜왕은 '오국상왕'을 겨냥하여 멋들어진 말 한 마디를 남겼다.

확대경

이로써 '오국상왕'은 사실 아무런 실용 가치가 없음이 드러났다. 그저 겁쟁이들이 한 패가 되어 밤길 걸으며 서로 마음이나 든든해지려고 했을 뿐이었다.

"마치 여러 마리 닭을 묶으면 한 곳에 깃들이게 할 수 없는 것과 같으니(합종은 이루지 못하니), 이는 참으로 분명한 이치도다!"[72]

『전국책』「진책 1」에 기록으로 전하는 구절이다. 옛적에는 닭이 나무 위에 깃들었다. 몇 마리 닭의 발을 같이 묶으면 한꺼번에 나무 위로 절대 오를 수 없다는 게 진혜왕이 말한 뜻이다. 한 마디로 다섯 나라가 맺은 연맹의 성격을 규정한 셈이다. 게다가 또 이 말은 이후 몇 차례에 걸친 동맹군의 진나라를 향한 공격 행동에도 그대로 적용되었다.

진혜왕으로 말하자면, 사실상 '오국상왕'에서 시샘을 낼 사람은 바로 자신이 아닌가! 더구나 진나라는 동방의 여섯 나라에 대한 질투심도 정말 대단했다. 진나라는 질투 단지에 푹 잠겼다 나온 샘 많은 여자 같았다. 그리하여 진나라는 이들을 멸망시킬 방법만 생각했다. 그런데 진나라는 바로 지금 질투심이 마구 솟구쳤다. 어떻게 해야 될까? 진나라는 두 가지 계책을 잇달아 내놓았다. 먼저 '오국상왕'과 같은 해(기원전 323년)에 교상嚙桑(지금의 장쑤성 페이현沛縣 서남)으로 제나라와 초나라를 불러 회맹했다. 세 강국이 손을 맞잡았던 것이다. 이로써 '오국상왕'에 맞서는 모습을 드러냈다. 그 이듬해에는 표면상 장의를 재상 자리에서 물러나게 했다. 그리고 그를 위나라로 파견하여 재상 자리에 오르도록 했다. 그러나 당시 공손연도 한사코 반대했고 혜시도 나서서 막았기에 장의는 목적을 달성할 수 없었다. 진나라는, '문文'으로 안 되면 이제 '무武'를 쓰겠다, 이렇게 작정하고 군사를 몰

72 猶連鷄之不能俱止于棲之明矣!

아 위나라를 공격했다. 위나라는 다시 몇 개의 성을 진나라에 내주어야 했다.

그러자 이번에는 공손연이 가만있지 않았다. 그는 당장 '오국공진五國攻秦' 카드를 뽑아 들었다. 다섯 나라가 연합하여 진나라를 공격한 '오국공진'은 기원전 318년에 터졌다. 강대한 진나라에 맞서 처음으로 다섯 나라가 연합하여 함께한 행동이기에 그 기세가 엄청날 것 같았다. 그러나 진혜왕이 일찍이 '여러 마리 닭을 한데 묶으면 깃에 오를 수 없다.'고 말한 대로 사실은 다섯 나라가 '한데 묶여진 닭'이 되어 아무런 힘도 쓰지 못했으니, 닭털을 모아 만든 먼지떨이만도 못했다. 싸움이 아직 제대로 벌어지지도 않았는데, 위나라가 앞으로 나서며 초나라와 진나라에 화해할 생각을 했다. 참으로 '군대가 힘을 합쳐도 모아지지 않은' 전형적인 형국이었다. 게다가 일터에 나섰지만 힘을 쓰지 않는 모습이요, 또 양심이라고는 전혀 없는 상태였다. '오국상왕'은 위나라에서 제안하지 않았던가? 그런데 전투가 아직 본격적으로 벌어지기도 전에 위나라는 무릎부터 먼저 꿇었으니!

그렇다면 진정으로 나서서 힘을 쓴 나라는 어느 나라였을까? 문헌의 기록은 상세하지 않다. 그러나 사람들은 진나라와 맞붙으며 함곡관까지 들이친 나라는 한나라와 조나라였을 것으로 추측한다. 이 두 나라 가운데 조나라는 진나라에 어떤 손해도 보지 않은 듯 좀 의뭉한 점이 있었다. 다섯 나라가 한 나라를 상대로 벌인 전쟁이라면 당연히 우세를 차지해야 했다. 그러나 군대가 잡다하고 마음도 하나로 모아지지 않았다면 결과는 필연적으로 엉망일 수밖에 없다.

기원전 318년, 다섯 나라는 진나라를 공격하며 함곡관까지 내달았다. 거세게 밀려오는 다섯 나라 기세는 처음에야 거세게 출렁이는 물결 같았지만 함곡관에 실제 다다르자 이 거센 기세는 이미 모래사장에 찰랑이는 물결과 다름없었다. 이런 모습을 보자 진나라는 이렇게 생각했다.

'원래 너희들은 이 모양이구나!'

이리하여 다음해인 기원전 317년, 진나라는 군사를 일으켜 되치고 나왔다. 함곡관까지 나오는 데 그치지 않고 아예 동쪽을 향해 멀리 내뺀 다섯 나라 연합군을 추격하여 전쟁의 불꽃은 그대로 수어修魚(지금의 허난성 위안양原陽)까지 옮겨 붙었다. 이곳에서 한나라 군대는 한꺼번에 몇 만 명이 목숨을 잃었다. 진나라는 여기서 멈추려고 하지 않았다. 이들은 계속 추격에 추격을 거듭하며 승리의 여세를 몰아 안문安門(지금의 허난성 쉬창許昌 북쪽)까지 다다랐다. 추격을 당한 연합군은 그대로 깨어지며 산산조각이 났다. 다섯 나라가 연합하여 진을 공격한 이 일은 이렇게 이들 다섯 나라의 체면을 여지없이 구기며 막을 내렸다. 동시에 '오국상왕'에 가득 불만을 품고 있었던 동쪽의 제나라도 이 기회를 놓치지 않고 배후에서 위나라를 습격했다.

첫 번째로 이루어진 다섯 나라의 합종은 이렇게 체면을 구기며 허둥지둥 판을 거두었다. 군사적 패전으로 뿔뿔이 흩어짐에 따라 다섯 나라 연맹은 흐지부지되고 말았다. 진나라로 말하자면, 다섯 나라가 자초한 말썽을 수습하며 강력한 모습을 크게 떨쳤다. 여기에 더하여 동방 여러 나라에게 획기적인 모습을 보였다. 진나라는 이번에는 다른 나라를 겨냥했다. 바로 초나라였다. 여기서 '초나라를 속인 장의' 이야기가 탄생한다.

12장 초나라를 속인 장의張儀

강대한 진나라는 동방 각국의 연합을 깨트리기 위하여 먼저 초나라부터 손을 댔다. 초나라를 손보는 과정에 책사 장의가 참으로 큰 역할을 했다. 말재주가 정말로 뛰어난 장의는 초나라와 동방 여러 나라가 연합하는 위험을 없애기 위하여 초나라를 속이는 방법을 썼다. 초나라를 손바닥에 올려놓고 우롱했던 것이다. 그렇다면 장의는 구체적으로 어떻게 행동했을까?

당시 진나라로 말하자면, 가장 큰 근심은 실력이 강대한 제나라와 초나라가 연합하여 함께 진나라에 맞서는 일이었다. 만약 이런 상황이 발생하고, 여기에 더하여 다른 나라들마저 남의 집에 불난 틈을 타서 한몫 챙기려고 대든다면, 이제 막 강성의 길로 들어선 진나라는 치명적인 재난을 맞을 가능성이 매우 높았다. 이리하여 진나라는 장의를 초나라로 파견했다. 장의는 일련의 계략을 잇달아 내놓으며 제나라와 초나라 사이에 이미 맺어진 연맹을 와해시켰을 뿐만 아니라 위기를 번번이 벗어났다. 그렇다면 장의는 대체 어떤 인물이었을까? 또한 매우 높은 명성을 가졌던 이 인물을 어떻게 평가해야 할까?

『사기』는 장의의 전기를 기록할 때에, 먼저 일화 한 도막을 내세웠다.

장의는 유세 방법을 다 익힌 뒤에 그 솜씨를 일단 시험해 보고 싶었다. 이리하여 그는 초나라 재상과 접촉하기 시작했다. 어느 날, 초나라 재상이 마련한 술자리에 참석할 기회가 생겼다. 그런데 공교롭게도 이 자리에서 초나라 재상이 아끼던 아름다운 옥이 사라졌다. 자리에 함께했던 이들은 모두 장의를 지목하며 수군거렸다.

"저놈이 분명하단 말이야!"

"저놈 저 궁상맞은 꼴 좀 봐, 저놈이 분명해!"

그들은 장의를 잡아 매질을 했다. 장의는 매를 수백 대 맞았지만 끝내 인정하지 않았다. 온몸이 상처투성이가 될 정도로 맞았지만 시인하지 않았던 것이다. 사마천은 이 사실을 기록하면서 이 인물의 성격적인 특징을 부각시키려고 했다. 어떤 특징인가? 바로 '고집'이었다. 이런 인물이 바로 장의였다.

결국 장의는 뜻밖의 일에 정신을 차리지 못하고 얼떨떨한 모습으로 집으로 돌아왔다. 그의 아내는 집으로 돌아온 그의 몸이 성한 데라곤 하나도 없는 꼴을 보고 이렇게 말했다.

"유세하는 방법인지 뭔지 공부하지 않았더라면 오늘 이 꼴이 되었겠어요?"

장의의 아내가 한 이 말은 장의가 아내가 주는 정신적인 스트레스를 무릅쓰고 유세 방법을 익히려 했음을 넌지시 알려준다. 그러나 장의는 아내 말에는 신경을 쓰지 않고 이렇게 말했다.

"내 몸이 온통 성치 않은 것만 보지 말고 내 몸에 이 한 가지가 아직 붙어 있는지, 이것만 보면 되오."

그러면서 장의는 손가락으로 입을 가리키며 이렇게 물었다.

"그래, 내 혀가 아직 그대로 있소?"

"그대로 있군요."

"혀가 어디 망가지진 않았소?"

"망가지진 않았군요."

"그럼 됐소!"

장의는 마지막으로 이렇게 말했다.

"혀가 그대로인데다 성하기까지 하다니, 됐소!"

이것이 바로 사마천의 인물 묘사 기술이다. 그는 만화적 수법으로 한 인물의 영혼을 묘사하는 데 참으로 뛰어났다. 또 그는 '위험한 인물'이라고 장의를 묘사함으로써 그를 좋아하지 않는 속마음까지 드러냈다. 그러나 장의는 사마천이 제공하는 만화적 수법만을 통해서 볼 수 없다. 더구나 진나라가 천하를 통일하는 데 기여한 그의 역할은 말하지 않고, 그가 벌인 유세만 말했다. 게다가 그는 기본 입장이 있었다. 그는 줏대 없이 여기저기 기웃거리지도 않았다. 여기에 더하여 그는 줄곧 진혜왕과 좋은 관계를 유지했다. 분명히 말할 수 있는 것은 그가 은혜를 입으면 그 은혜를 잊지 않았으며, 미워하는 사람은 꼭 손을 보고야마는 인물이라는 점이다. 만약 사마천이 말한 매 맞은 일화가 사실이었다면, 이는 뒷날 장의가 초나라를 속인 일에 앞서 숨겨놓은 복선이라고 할 수 있다. 무슨 까닭으로 그는 초나라를 그렇게 미워하며 업신여겼을까? 어쩌면 젊은 시절 초나라 재상에게 아무런 잘못도 없이 얻어맞은 일과 관계있을지도 모른다. 옛말에 이르기를 군자에게 밉보일 수는 있어도 소인에게 밉보여서는 안 된다고 했는데, 초나라는 소인에게 밉보였던 것이다.

확대경

더구나 진나라가 천하를 통일하는 데 기여한 장의의 역할은 말하지 않고, 그가 벌인 유세만 말했다. 게다가 그는 기본 입장이 있었다. 그는 줏대 없이 여기저기 기웃거리지도 않았다. 여기에 더하여 그는 줄곧 진혜왕과 좋은 관계를 유지했다. 분명히 말할 수 있는 것은 그가 은혜를 입으면 그 은혜를 잊지 않았으며, 미워하는 사람은 꼭 손을 보고야마는 인물이라는 점이다 실제로 장의는 책사의 한 사람으로서 통일 전쟁 중에 제 역할을 할 수 있었다. 그 바탕을 결정하는 것은 그의 두 어금니 사이에 있는 혀가 아니었다. 장의의 혀가 할 수 있는 역할은 근본적으로 진나라의 발전 상황에 달려 있었다.

동쪽으로 향한 진나라의 발전은 결국 '오국상왕'을 거쳐 이 다섯 나라가 손을 맞잡고 진나라를 치는 상황을 만들어냈다. 더 이상 무리하게 동쪽을 향해 나아갔다간 무슨 일이 생길 수도 있었다. 동방 여러 나라가 아무리 약해도 진나라를 직접 쳤다가는 문제가 생길 수 있었다. 그러나 하늘도 진나라를 도왔으니, 역사는 진나라에 또 하나의 기회를 주었다. 진나라가 아무런 힘도 들이지 않고 전략적 요충지를 손에 넣게 만들었던 것이다. 때에 따라서는 한 시대의 흥성이나 한 국가의 강성에는 모종의 하늘 뜻이 있어서 하늘의 도움이 바탕이 된다.

확대경

때에 따라서는 한 시대의 흥성이나 한 국가의 강성에는 모종의 하늘 뜻이 있어서 하늘의 도움이 바탕이 된다.

그렇다면 장의가 초나라를 속이기 전에 하늘은 어떻게 진나라를 도왔기에 그렇게 손쉽게 전략 요충지를 얻을 수 있었을까? 사천 일대의 지방 정권이 일으킨 혼란 때문이었다.

사천은 간략하게 줄여서 '촉蜀'이라고 부른다. 옛적에 부르던 호칭에 그 기원이 있다. 아득히 먼 옛날, 개명開明이라는 왕이 고촉古蜀을 세웠다. 개명 이전에는 전설적인 잠총蠶叢, 어부魚鳧, 그리고 두우杜宇가 있었다. 개명왕 이후 십여 대를 거치며 전국시대에 이르렀다. 이렇게 사천 성도成都를 중심으로 그 일대에는 촉蜀이 있었다. 동시에 오늘날의 쓰촨성 동부 충칭重慶 일대에는 또 다른 나라인 파巴가 있었다. 파는 춘추시대의 소국인 파자巴子의 후예였다. 개명왕과 같은 핏줄인 촉왕에게는 동생이 하나 있었다. 구체적으로 어느 때의 촉왕이었는지는 모르지만 지금의 한중漢中 땅에 봉해지자 그는 저苴라는 나라를 세웠다. 이 저라는 나라가 발전을 거듭하여 전국시대에 이르러서는 촉과의 관계는 점점 더 멀어지고 오히려 파와의 관계가 점점 더 밀접해졌다. 그러자 촉은 불만을 이겨내지 못하고 저와 싸움을 벌였다. 두 나라는 동시에 진나라에 상황을 전하며 서로 진나라가 자기 편에 설 수 있게 되기를 바랐다. 이는 진나라에 절호의 기회가 된 사건이었다. 사천 지방을 어떻게 할 것인가? 때는 바로 진혜왕이 자리에 있을 때였다. 이 문제를 둘러싸고 진혜왕 밑의 대신들은 양쪽으로 의견이 갈렸다. 양쪽의 의견 가운데 한 쪽은 장의로 대표되었다. 장의는 어떤 태도를 보였을까? 그는 촉과 저의 일에 관여하는 데 반대였다. 장의의 이런 태도는 서남쪽의 중요성에 대한 인식 부족 때문이었는지

쓰촨四川 청두成都에서 출토된 청동입인상青銅立人像

도 모른다. 아니면 무슨 다른 속셈이 있었는지도 모른다. 장의는 당시 분명 연횡파였다. 그는 진나라의 서남쪽을 향한 발전에서 '연횡'의 감각을 찾을 수 없었다. 그가 생각하는 연횡은 동쪽으로 향한 '연'으로, 그런 면에서 그에게는 방법이 있었다. 그러기에 서남쪽으로 어떻게 '연'을 할 수 있을까 생각했기에 반대했다. 그는 동쪽으로 나아가야만 한다고 생각했다. 수어修魚에서 벌어진 전투에서 다섯 나라를 크게 이긴 여세를 몰아 신속하게 중원으로 들어가서 의양宜陽을 거쳐 동주東周로 내달으며 주왕실 주위의 요새를 모두 막아버리고, 숨만 겨우 붙어 있는 주왕실이 가진 귀한 보물을 모두 내놓도록 강요해야 한다는 것이 그의 생각이었다. 이렇게 하면 진나라의 위풍은 더욱 당당해지고, 제후들은 더욱 두려워하게 된다는 것이었다. 그러니 서남쪽으로의 발전이 무슨 의미가 있겠는가? 이런 뜻이었다.

이때, 다른 쪽의 대표 인물이 앞장서서 장의의 의견에 반대했다. 그는 바로 사마조司馬錯였다.

『사기』의 견해에 따르면, 사마조는 사마천의 오랜 조상이다. 사마천도 촉을 정벌하자고 주장했던 이 조상을 영광으로 여겼다. 그럼 사마조는 어떤 태도를 보였을까? 『전국책』「진책 1」에는 그의 주장이 기록으로 남아 있다.

"신이 아는 바로는, 나라를 부강하게 하려면 반드시 먼저 영토를 확장해야 하고, 군대의 전투력을 강하게 하려면 반드시 먼저 백성을 풍족하게 해야 하며, 천하를 얻으려면 반드시 먼저 어진 정치를 베풀어야 한다고 했습니다. 이 세 가지를 이룬 뒤에야 천하를 자연스레 얻을 수 있습니다."[73]

사마조는 먼저 몇 가지 기본 원리를 내세웠다. 나라를 부유하게 만들 작정이라면 세력이 미칠 수 있는 땅덩어리가 커야 한다, 군대를 강하게 만들 작정이라면 백성이 부유해야 한다, 그리고 왕으로 자처할 작정이라면 스스로 덕행을 넓히어 세상 사람들이 괜찮다고 생각하도록 주의를 기울여야 한다는 것이 그의 기본 원리였다. 그런 뒤, 그는 촉을 정벌해야 할 이유를 말하기 시작했다.

"지금 사천 일대는 폭군들의 난으로 어지럽습니다. 촉과 저는 내부도 어지러운 데다 서로 치고받으며 떼놓을 수조차 없을 지경입니다. 이때, 우리 진나라가 이들을 손보며 이 땅을 차지하면 그만큼 이익을 얻을 수 있을 뿐만 아니라 난리를 평정한 행동으로 훌륭한 명성까지 얻을 수 있습니다. 지금 난리를 틈타서 사천 지방을 평정하면 그 땅덩어리는 폐하의 것이옵니다. 게다가 이 지방의 혼란한 모습을 없애니, 이야말로 덕을 쌓는 게 아니겠습니까!"

이 '덕'이란 진나라 입장에서 본 것일 뿐, 남의 나라 정권을 뺏으면서 무슨 '덕'을 입에 올리겠는가?

당연히 사마조가 말하는 이 '덕'이란 진나라 입장에서 본 것일 뿐, 남의 나라 정권을 뺏으면서 무슨 '덕'을 입에 올리겠는가? 그의 말도 실은 진왕이 듣기에 좋을 어법이었다. 여기서 그치지 않고 그는 말을 이었다.

"이와는 달리 우리가 이들을 그냥 두었다가는, 난리가 어느 정도에 이르면 그곳에 새로운 정권이 들어설 테고, 그러면 그 지방은 영원히 우리 진나라 손안에 들어오지 않을 수도 있습니다. 주왕周王을 넘어뜨리려면, 이는 새겨야 할 교훈으로 남게 될 것입니다."

---

73 臣聞之, 欲富國者, 務廣其地; 欲强兵者, 務富其民; 欲王者, 務博其德. 三資者備, 而王隨之矣.

잠시 뜸을 들인 뒤 사마조는 다시 입을 열었다.

"얼마 전, 우리 진나라가 왕으로 자처하자 바로 '오국상왕' 사태를 야기하며 동방의 다섯 나라가 손을 맞잡고 우리를 치려고 나섰습니다. 지금 분명 손을 써서 주왕실을 멸하려고 하지만 주왕이 비록 실속이라고는 전혀 없는 존재일지라도 주천자나 주왕실은 필경 몇 백 년 동안 천하의 주인이었으니, 주왕실의 존재는 바로 한 시대가 아직 끝나지 않았음을 보여주는 표지입니다. 또 이미 오래된 열국 관계가 아직도 계속되면 균형이 유지된다는 뜻이기도 합니다. 현재, 폐하께서 왕실을 단장하고 나면 천하가 새 임금을 냈다는 의미이기에 누구도 상관하지 않을 것입니다. 그러나 그때가 되면 어쩌면 다섯 나라가 손을 맞잡고 우리 진나라를 공격하는 데 그치지 않고 천하의 제후들이 모두 우리와 죽기 살기로 싸우려 들 것입니다. 그러면 우리에게 반드시 승산이 있다고 할 수 없습니다. 결국 우리는 여우도 잡지 못하고 온 몸에 노린내만 묻힐 가능성이 높습니다."

사마조가 이렇게까지 말하자 진혜왕은 정신이 번쩍 들었다. 진혜왕은 비록 상앙을 저 세상으로 보냈지만 결코 멍청하지는 않았기에 진나라의 강성한 역사에서 그의 지위는 대단히 중요했다. 그는 사마조는 물론 장의와 그 밖에 도위都尉 한 명에게 병사를 주어 사천 지방 정권을 평정하도록 했다.

이리하여 장약張若이 촉을 다스리는 역사가 열리게 되었다. 사천 지방은 다스리기 힘들었지만 역사상 이 지방을 훌륭하게 다스린 이는 모두 훌륭한 신하였다. 이름을 날린 문옹文翁의 경우도 그렇다. 진나라는 파촉 땅을 손에 넣은 뒤 장약을 이 지방을 다스릴 관리로 임명하고 중원에 살고 있던 1만여 명의 백성을 이곳으로 이주시켰다. 장약은 이 지방을 다스리는 동안에 소금, 광석, 제철 등의 여러 산업을 발전시켰으며, 특히 견직물 생산에 힘을 기울였다. 이곳에서 생산된 면직물은 금강수錦江水에 깨끗이 씻었기에 그 색깔이 산듯하고 아름다웠다. 이 밖에도 장약은 이곳에 성을 세우고 군대를 조련시켰다.

진나라가 파촉을 손에 넣은 것은 분명 전략상의 승리였다. 왜 그럴까? 천시天時와 지리地利를 말하는데, 사천 지방을 차지했다는 것은 천하 통일을 놓고 보면 바로 지리地利를 차지한 것이나 마찬가지였기 때문이다. 역사상, 대체로 섬서 지방 일대에 도읍을 세우면 사천 땅을 더욱 중요하게 여겼다. 예컨대, 당나라 때에는 어떤 인물이 사천 지방 최고 장관으로 임명되면, 얼마 뒤 조정으로 들어가서 재상이 되겠구나 하고 자연스레 짐작했다. 그러기에 사천 지방을 일러 '재상으로 오를 수 있는 땅'이라고 불렀다. 섬서 지방에 도읍을 세우고 사천 지방까지 손에 넣었다면, 이는 바로 든든한 후방이 있다는 뜻이었다. 무슨 말인가? 비록 진천秦川이나 위수渭水 유역의 땅이 비옥하고 풍요롭기는 하지만 나라 전체의 기본은 이곳의 경제만으로는 부족하여 '파촉 지방의 풍요로움'이 절실하게 필요했다. 전략적인 면에서 보면, 진晋나라 사람이 쓴 『화양국지華陽國志』에 사마조가 촉 정벌을 논한 이야기가 기록으로 남아 있다.

"사천 지방을 통제하면 초나라를 통제하게 되고, 초나라를 통제하면 바로 천하를 통제하게 됩니다."

이 구절은 『전국책』에는 보이지 않지만 대단히 중요하고 딱 맞는 말이다. 초나라는 장강 상류 사천분지로부터 나왔기에 유리한 지대를 차지하고 있다. 사천을 손에 넣으면 초나라를 쉽게 손에 넣을 수 있다. 또 초나라를 손에 넣으면 천하를 손에 넣기 쉽다. 이 말을 사마조가 직접 했는지는 알 수 없다. 그 당시에 이렇게 말했는지 아니면 나중에 누군가 덧붙였는지는 알 수 없지만, 이 몇 마디 말은 합병 전쟁에서 지리적 전략에 자못 부합한다. 사마조의 훌륭한 생각으로 결국 진나라는 사천 지방을 점령했다. 이리하여 진나라는 높은 지대에서 초나라를 엿볼 수 있게 되었다. 그 뒤에 장의가 초나라를 속인 사건이 발생했다.

확대경

사천을 손에 넣으면 초나라를 쉽게 손에 넣을 수 있다. 또 초나라를 손에 넣으면 천하를 손에 넣기 쉽다. 이 말은 합병 전쟁에서 지리적 전략에 자못 부합한다.

> 상앙의 변법 이후 진나라는 이미 몰라보게 강대해졌다. 그러나 이런 변화는 다른 제후들을 깊은 불안에 빠뜨렸다. 제나라와 초나라 같은 대제후국도 빈번히 접촉하기 시작하며 진나라를 누르기 위한 준비로 연맹의 실마리를 열었다. 그렇다면 이런 지극히 불리한 상황에 대응하기 위하여 진나라는 어떤 방법을 생각해냈을까?

진나라는 장의를 초나라로 보내 계략을 펼치기로 했다. 방법은 위나라를 다룬 것과 같았다. 우선 장의가 필요 없다고 선포했다. 진나라는 짐짓 장의를 쫓아내는 것처럼 꾸몄고, 곧 이어 장의는 초나라로 왔다. 장의가 위나라에서 만났던 이는 공손연과 혜시, 이 두 총명한 인물이었다. 그가 초나라에서 만났던 또 다른 이는 누구였을까? 초회왕楚懷王이었다. 초나라에도 총명한 인물이 없지는 않았다. 그러나 초나라에서는 총명한 인물이 쓸모없었다. 기록에 따르면, 초회왕은 장의와 죽이 맞아서 그에게 재상의 관인을 건넸다고 한다. 뒤에 장의는, 내가 초나라와 진나라를 사이좋게 만들 수 있었다고 말했다. 이

때 장의의 정체는 그 꼬리가 보였다.

"진나라가 상어商於 일대 땅덩어리 6백 리를 초나라에 넘겨주도록 하겠습니다."

상어 일대는 오늘날 산시陝西와 허난河南, 여기에 더하여 후베이湖北 서북 경계 일대를 포함한 땅으로 전략적 요충지였다. 초왕은 이 말에 기쁨이 넘쳐 어쩔 줄 몰랐다. 이야말로 떡이 그대로 입에 들어온 게 아니고 무엇인가! 그것도 달콤한 팥소가 가득 든 떡이. 그는 덩실덩실 춤까지 추고 싶었다.

장의는 이 떡을 초회왕에게 보인 뒤 조건을 한 가지 내걸었다.

"초나라는 어떤 일이 있어도 제나라와 단교해야 합니다!"

진나라가 가장 두려워하는 게 바로 제나라와 초나라 사이의 연맹이라고 앞에서 말했다. 참으로 당연했다. 제나라와 초나라가 손을 맞잡고 다시 다섯 나라가 연맹한다면, 진나라로서는 이보다 더 큰 골칫거리는 없었다. 그러기에 진나라는 초나라를 손보려고 했다. 초나라가 제나라와 맺은 관계는 어떤 일이 있어도 끊어야 했다. 이것이 바로 장의가 내놓은 6백 리 땅덩어리라는 큰 떡 뒤에 숨은 속셈이었다. 그러나 6백 리 땅덩어리는 초회왕에게는 대단히 큰 유혹이었다. 맹자는 일찍이 전국시대 각 제후국이 가진 가장 큰 욕망은 땅덩어리와 백성이라고 말했다. 바로 이 두 가지에 대한 욕망이 너무 강했기에 초회왕은 한편으로는 사자에게 장의를 모시고 진나라로 가도록 했고, 다른 한편으로는 단교한다는 문서를 제나라에 보냈다. 그러나 진나라로 간 사자는 진나라에 도착한 뒤 장의의 코빼기도 볼 수 없었다. 이 세상에 장의란 인물이 사라지고 없는 듯했다. 진나라에서는 사자에게, 장의가 수레에서 떨어지며 크게 다쳐서 바깥출입을 못한다고 말했다.

그럼 준다던 땅덩어리는? 준다고 했던 사람이 보이지 않으니! 이 소식은 초나라에 전해졌다. 초회왕의 일관된 모습으로 보자면, 그는 마치 척추신경으로 모든 일을 사고하는 듯 일을 처리함에 머리는 도무지 쓰지 않는 것 같았다. 사태가 이 지경에 이르렀는데도 그는 아직 이 일이 속임수라는 사실을 몰랐다. 장의가 보이지 않고, 또 진나라에서 약속을 지키지 않는 것은 초나라가 제나라와의 관계를 깔끔하게 정리하지 않았기 때문이라고 생각했다. 『사기』에는 초회왕이 제나라와 관계를 끊었음을 진나라가 믿도록 하기 위하여 아예 여러 사람을 제나라 조정으로 보내 고래고래 큰 소리로 욕을 하며 날뛰도록 했다는 기록이 있다. 『사기』의 이런 기록은 마치 전설 같아서 가능성이 별로 없지만 진나라가 초나라와 제나라 사이의 단교를 부추긴 것만은 의심할 나위 없다.

확대경

초회왕의 일관된 모습으로 보자면, 그는 마치 척추신경으로 모든 일을 사고하는 듯 일을 처리함에 머리는 도무지 쓰지 않는 것 같았다

옳지! 제나라에 욕지거리도 퍼부었으니 이제 땅덩어리를 주겠지, 초회왕은 이렇게 생각했다. 초회왕은 사신을 다시 보내 땅덩어리를 내놓으라고 요구했다. 그제야 장의가 나타났다. 초나라 사자는 얼른 이렇게 말했다.

"아니, 장의 어르신, 우리는 제나라와의 관계를 싹 끊었소. 이제 어르신께서 하신 약속을 지켜야겠소. 자, 그 땅을 우리에게 주시지요."

장의는 짐짓 모르는 체하며 이렇게 되물었다.

"땅이라니요?"

사자가 말했다.

"상어 일대 6백 리 땅 말이오!"

장의는 오히려 눈을 크게 뜨며 되받았다.

"내 언제 6백 리 땅을 말했소? 당신네 임금께서는 머리도 나쁘고 귀도 망가졌단 말이오? 나는 단지 저기서 저기까지 6백 리라고 말했을 뿐이지 이제껏 상어 6백 리는 입에 올리지도 않았소! 관아에서는 문서로 말하고 개인 사이에서는 인장으로 말하는데, 초나라가 나에게 6백 리를 달라는 건 대체 무슨 근거가 있소?"

이것이 바로 사람들이 모두 잘 알고 있는 장의가 초나라를 속인 이야기 중에 하나이다.

이 소식은 초나라에 전해졌다. 초회왕은 버럭 화를 냈다. 그런데 그가 보인 즉각적인 반응은 자신을 속였으니 진나라를 공격하겠다는 것이었다. 초회왕은 대장군을 보내 단양丹陽에서 진나라와 한판 벌일 준비를 하라고 명령했다. 단양은 한중漢中에서 멀지 않은 곳이었다. 이때, 진나라는 비록 파촉을 손에 넣었다고는 하지만 한중 땅은 아직 초나라 수중에 있었다. 초회왕은 지린내 풀풀 풍기는 전쟁을 한중에서 그렇게 멀지 않은 단양에서 벌이려고 했다. 앞에서 이야기했듯이 초나라에도 총명한 인물이 있었다. 당시 진진陳軫이라는 책사가 앞으로 나서며 초회왕에게 전쟁을 벌여서는 안 된다고 목소리를 높이며 계책을 하나 내놓았다.

"폐하, 진나라에 우리의 성 몇 개를 주겠다고 빨리 알리십시오. 그들도 우리를 속이지 않았습니까? 우리도 성 몇 개를 준다고 이르며 칼끝을 제나라로 돌리면 우리가 돕겠다고 이르십시오. 진짜 제나라를 치게 되면 분명 땅덩어리를 차지할 터이고, 그때, 진나라를 향해 우리에게도 그 땅덩어리를 좀 나누어 달라고 요구하면, 이야말로 괜찮은 일이 아니겠습니까? 이게 진나라와 한판 붙는 것보다야 더 낫지 않겠습니까?"

진진이 내놓은 계책도 괜찮은 방법이었지만 초회왕은 이때 벌써 그의 초라하기 짝이 없는 이성도 잃어버리고 그저 짜증만 잔뜩 남아서 진진의 말은 아예 귀에 들어오지도 않았다.

단양에서 벌어진 전투에 이어 남전藍田에서도 전투가 벌어졌다. 단양은 한중에서 가까웠다. 여기서 한바탕 전투가 벌어졌을 때, 초나라 장군은 둘이었다. 그 중 소휴昭睢는 전방에 있었으며, 다른 장군인 소서昭鼠는 한중에 주둔하고 있었다. 진나라는 초나라에 장군이 둘이라는 것을 알고 두 장군의 관계를 이간질하기로 마음먹었다. 간사하기 짝이 없었던 진나라 사람이 소서를 찾아 이렇게 말했다.

"이번 전쟁에서는 소휴가 전쟁터 앞에 나섰소. 만약 그가 이 전투를 승리로 이끈다면 그는 아마 바로 진나라도 치려고 할 거요. 그럼 어떻게 되겠소? 당신이 머문 한중으로부터 병사를 받아 그는 큰 공을 세우고 당신이 거느린 병사는 숫자가 줄어 공을 세우지 못할 거요. 지금, 우리는 당신 소서를 위해 하는 말이오. 어쩌겠소? 우리 진나라가 이제 한중을 치겠다고 소리 높이면 초나라도 그대 있는 곳에서 병사를 빼내지 못할 것이오. 그러면 그대는 안전할 수 있을 게요."

진나라는 이렇게 두 장군의 이해관계를 이용하는 데 그치지 않고 소서의 개인적인 이기심까지 들썩이며 소휴와 소서 두 장군이 전투에서 마음을 하나로 모으지 못하도록 자극했다. 결국 단양에서 벌어진 전투에서 소휴가 나서서 싸우면 소서는 표면적으로는 도와주는 체하며 실은 수수방관한 결과 초나라는 패배했다. 『사기』「초세가楚世家」는 이렇게 기록했다.

"(초회왕) 17년 봄, 진나라와 단양에서 벌어진 전투에서 진나라는 우리 군을 대파하며 8만 병사를 죽이고 우리 대장군 굴개屈匄와 비장裨將 봉후추逢侯丑 등 70여 명을 포로로 잡았다."[74]

병사 8만에 장군 두 명, 게다가 대부 70여 명이 모두 진나라에 포로로 잡혔고 한중 땅도 잃었으니, 이야말로 참패였다. 초회왕은 이때 주머니를 털린 노름꾼처럼 잃으면 잃을수록 본전을 찾으려는 생각만 했다. 그는 이제 군대를 보내 남전에서 다시 한판 벌이려고 했다. 소휴가 앞으로 나서며 말렸으나 아무 소용이 없었다. 진나라는 기꺼이 다시 상대해주었다. 결과는 물론 초나라의 참패였다.

두 차례의 참패로 초나라의 원기는 크게 상처를 입었다. 초나라는 오기의 변법 이후 초선왕楚宣王, 초위왕楚威王의 통치를 거치며 그 세력이 전성기에 이르렀다. 초위왕은 일찍이 서주徐州에서 제나라 군대를 대파하면서 세력이 절정에 이르렀다. 얼마 뒤 초회왕이 자리를 이었다. 그는 자신이 야무지다고 생각하며 북방의 여러 나라가 합종하여 진나라를 공격할 때, 그도 한때 이에 편승했지만, 참으로 머리가 아둔하여 진나라의 손바닥 위에서 놀면서도 전혀 깨닫지 못했다.

두 차례 전쟁에서 승리하자 진나라는 다시 계책을 내놓았다. 그 계책이란 초회왕을 자기편으로 끌어들이기였다. 진나라는 이제 자기가 하고 싶은 일이라면 손바닥을 뒤집듯이 제 마음대로 할 수 있었다. 초회왕 쯤이야 얼마든지 다룰 수 있다고 생각했다. 진왕은 이렇게 제안했다.

---

74 十七年春, 與秦戰丹陽, 秦大敗我軍, 斬甲士八萬, 虜我大將軍屈匄, 裨將軍逢侯丑等七十餘人.

"초회왕, 너무 화내지 마시오. 우리가 당신을 쳐서 한중 땅을 차지했지만, 우리는 한중 땅을 나누어 절반을 당신에게 주겠소, 그러면 안 되겠소? 한중 땅 절반을 돌려주겠소."

그러나 생각지도 못하게 초회왕은 오히려 뻣뻣하게 물러서지 않고 이렇게 말했다.

"한중 땅 절반은 필요 없소. 이 몸은 장의 그놈의 모가지가 필요하오!"

이 소식은 장의도 알게 되었다. 그러나 장의는 두려워하지 않았을 뿐만 아니라 오히려 자발적으로 앞으로 나서서 진왕에게 임무를 맡겨달라고 간청했다.

"좋습니다, 제가 가겠습니다."

이리하여 그는 목에 힘을 준 채 초나라로 왔다.

장의는 신용도 지키지 않을 말로 초나라를 속인 행위로 제나라와 초나라 사이의 연합을 단절시켰을 뿐만 아니라 위에서 아래까지 초나라 사람들에게 큰 치욕을 안겼다. 그런데 장의가 스스로 죽을 길을 찾아왔다. 초나라로선 전혀 예상치도 못한 일이었다. 지난날 당한 치욕을 깨끗이 씻을 수 있는 멋진 기회가 왔는데, 초나라 사람들은 당연히 이 기회를 놓칠 리 없었다. 그러나 사건의 결말은 예상을 뛰어넘었다. 그렇다면, 도대체 어떤 희한한 사태가 발생했던 것일까? 장의가 초나라로 온 결과는 어떠했을까?

장의는 초나라에 오자마자 감금되었다. 그러나 장의는 초나라 안

굴원屈原

의 사정을 잘 알고 있었다. 그는 초나라에 똑똑한 인물이 누구인지, 자기가 이용할 수 있는 인물은 누구인지도 잘 알고 있었다. 게다가 초회왕이 가장 신임하는 인물이 누구인지도 잘 알고 있었다. 『사기』에는 장의가 초나라에 와서 몇몇 소인배를 이용한 이야기가 기록으로 남아 있다. 그들은 누구였을까? 먼저 근상대부靳尚大夫이다. 근상은 굴원屈原을 박해하는 데 나름대로 '공로'를 세운 인물이다. 근상대부는 굴원을 호되게 핍박함으로써 한낱 대부의 신분에 불과했던 굴원을 『이소離騷』를 쓴 대시인으로 변화시켰다. 이 밖에도 초회왕이 총애하는 정수鄭袖라는 부인이 있었다. 몇 번째 부인인지는 잘 모르지만 초회왕은 그녀를 몹시 좋아했다. 초회왕은 밖에서는 남자들의 꾐에 빠지고 집에 돌아와서는 여자들의

확대경

초회왕은 밖에서는 남자들의 꾐에 빠지고 집에 돌아와서는 여자들의 속임수에 걸렸으니, 안팎으로 우매하게 당하기만 했다.

속임수에 걸렸으니, 안팎으로 우매하게 당하기만 했다. 그것도 비교적 철저하게. 장의는 이 점을 눈여겨보고 돈을 뿌리며 근상을 매수하고 다시 그를 통하여 정수와 관계를 맺으려고 했다.

정수는 어떤 인물이었을까? 굴원을 괴롭히는 데 그녀도 한 몫 했다. 물론 그녀가 부린 가장 지독한 솜씨는 시인을 괴롭히는 게 아니라 초회왕의 새 여자를 괴롭히는 데 써먹었다. 위나라가 초나라에 잘 보이기 위해 미인 하나를 골라서 초회왕에게 올렸는데, 초회왕은 이 여자를 대단히 총애했다는 이야기가 『전국책』에 기록으로 남아 있다. 어떻든 초회왕이 자신이 아닌 새 여자를 총애한 사건은 정수에게 큰 위협이었다. 그러나 정수에게도 방법이 있었다. 그녀는 '후비后妃의 덕'이라는 카드를 꺼내 들었다. 그녀는 조금도 시샘하는 모습을 드러내지 않았다. 그녀는 가장 좋은 옷을 골라서 위나라에서 온 동생에게 입혔으며, 가장 좋은 집을 골라서 위나라에서 온 동생을 머물게 했으며, 가장 능숙한 계집종과 하인을 골라 위나라에서 온 동생이 부려먹도록 했다. 게다가 한결같이 '동생'이라고 부르면서 살갑게 대했다. 이런 모습을 본 초회왕은, 정수야말로 정말로 대범하고, 정말로 품성이 아름답다고 생각했다. 이렇게 되자 정수에 대한 호감은 물론 신임도 더욱 두터워졌다. 위나라에서 온 미인은 그녀와 정수도 '같은 욕심을 가진 자는 서로 미워하는' 관계가 된다는 점을 전혀 생각지도 못하고, 정수가 말하는 것은 그대로 믿으며 어떤 방비도 하지 않았다. 어느 날, 정수는 위나라에서 온 미인에게 이렇게 말했다.

"우리 대왕께서는 언제 어디서나 자네를 아끼고 사랑하여 눈에 넣어도 아프지 않을 정도이네. 그런데 내가 알기로는 대왕께서도 자네에게 만족하지 못하는 부분이 하나 있네."

당연했다. 결함 하나 없이 완벽한 사람이란 있을 수 없고, 아무것도 섞이지 않은 순금이란 존재할 수 없는 법이다. 미인이라도 흠 하나 없는 완벽한 미인일 수는 없지 않은가! 정수가 한참이나 입을 다문 채 뜸을 들이자 위나라에서 온 미인은 자못 긴장했다. 대왕께 불만을 준 결함이 무엇인지 정말로 알고 싶었던 것이다. 정수는 물고기가 이제 미끼에 걸렸음을 알고 느긋하게 여유를 부리며 입을 열었다.

"동생, 이건 대왕께서 나와 한담할 때 하신 말씀인데, 자네는 다 좋은데 코가 좀 좋지 않다고 말일세."

위나라에서 온 이 미인은 정수가 한 말을 참말로 여기고 그 뒤로는 초왕을 뵐 때마다 자기도 모르게 자기의 결함인 코를 언제나 손으로 가렸다. 무슨 일인지 몰라 가슴이 답답해진 초왕은 어느 날 정수에게 이렇게 물었다.

"위미인이 나만 보면 언제나 코를 가리는데 무엇 때문인지 알고 있소?"

정수는 이렇게 대답했다.

"대왕께서 묻지 않으시니 저도 말씀드릴 수 없었습니다. 그래서 오랫동안 입을 다물고 있었습니다. 그런데 위미인이 코를 가리는 까닭은, 위미인이 제게 원망했지만, 대왕의 옥체에서 풍기는 냄새를 도무지 견딜 수 없었기 때문이라고 합니다. 그래서 언제나 코를 가린다고……."

자기 몸에서 나는 냄새가 싫어서 코를 가린다는 말에 초회왕은 그대로 벌컥 화를 내며 소리를 높였다.

"여봐라, 위미인의 코를 당장 베어내라!"

참으로 악독하기 짝이 없는 정수였다. 이런 고약한 생각을 일으킨 풍부한 상상력이 정말 대단하다! 사람 하나 해치는 일이 그야말로 노부인의 코풀기였으며, 누워서 떡 먹기였다. 이것이 정수가 위나라에서 온 미인을 해친 이야기이다. 그런데 그녀는 장의를 위해서는 또 다른 방법이 있었다.

정수가 쓴 방법은 얼굴을 온통 눈물범벅으로 만들기였다. 참으로 비장한 솜씨였다. 그녀는 날마다 초회왕 앞에서 소리 내어 울었다. 왜 울었을까? 다 이유가 있었다. 근상이 정수를 어떻게 매수했을까? 돈을 건네며 허물없이 친근하게 대하는 한편, 방법까지도 일러주었다.

장의는 진나라 임금이 아끼는 신하로서 우리 대왕의 화를 풀어주기 위해 직접 찾아왔다. 그러나 초나라에서 정말 그를 죽이려 한다면, 진나라 임금이 손을 써서 구하지 못할 것 같은가? 어떻게 구할 것인가? 당연히 우리 초왕에게 금은보화와 아름다운 여인을 듬뿍 올릴 게 아닌가! 진나라에서는 가장 멋진 금은보화에 가장 아름다운 여인을 보낼 것이다. 근상은 이렇게 늘어놓았다.

근상이 금은보화를 말해도 정수는 두렵지 않았다. 그러나 아름다운 여인을 입에 올리자 얼이 빠질 정도로 두려웠다. 어느 날 진나라에서 이런 저런 미녀를 정말로 보낸다면, 이 어찌 골칫거리가 아니겠는가! 비록 자기에게 이들을 없앨 계략이 모자라지 않을지라도 계략을 쓰려면 신경을 쓰지 않을 수 없지 않은가? 어쩌면 올지도 모를 진나라의 미녀를 국경 밖에서 막아내는 게 훨씬 간편하지 않겠는가? 이리하여 그녀는 회왕 앞에서 소리 내어 울며 이렇게 아뢰었다.

"대왕께서는 우리들 여인 몇을 강남으로 빨리 쫓아버리십시오!"

초회왕은 너무도 기이하여 그 까닭을 그녀에게 물었다. 정수는 이렇게 대답했다.

"대왕께서 지금 장의를 죽이려는 건 바로 진나라에서 미인 몇 명을 받을 생각 때문이 아닙니까! 대왕께서는 이런 생각을 갖고 계시지 않습니까!"

그녀는 이렇게 말하며 소리 내어 울었다. 울며불며 쉬지 않고 노래하듯 중얼거리듯 계속했다. 이렇게 초회왕을 그만 안절부절못하며 어쩔 줄 모르게 만들었다. 초회왕은 어쩔 도리 없이 그녀를 보듬으며 이렇게 말했다.

"그럴 리가 없소. 장의를 죽인다고 누가 그랬소?"

정수는 이렇게 받았다.

"장의가 우리 초나라를 업신여겼다고 대왕께서 말씀하셨습니다. 그러나 그는 진나라의 충신이옵니다. 그도 어쩔 수 없어서 자기 주인을 위해 최선을 다하고 있는 게 아니겠습니까! 그 양반은 자기 맡은 일을 자기 주인을 위해 하게 마련이고, 우리를 해치려는 것도 자기 주인을 위해 하는 게 아니겠습니까!"

아무튼 이렇게 울며불며 야단법석을 떨며 이리저리 초회왕의 심사를 마구 어지럽히며 어수선하게 만들었다.

동시에 근상은 조정에서도 각자 자신의 주인을 위해 온힘을 다해야 한다는 등의 논리를 퍼뜨렸다. 정수는 집안에서 베갯머리송사를 벌이고 근상은 조정에서 여론몰이를 하는 등 한꺼번에 양쪽에서 몰아치자 초회왕의 척추신경은 다시 한 번 반사하며 장의를 풀어줄 수밖에 없었다. 이것이 바로 장의가 초나라를 속인 이야기이다.

확대경

정수는 집안에서 베갯머리송사를 벌이고 근상은 조정에서 여론몰이를 하는 등 한꺼번에 양쪽에서 몰아치자 초회왕의 척추신경은 다시 한 번 반사하며 장의를 풀어줄 수밖에 없었다.

장의가 초나라를 속인 일을 두고 현대의 역

사학자들은 고대 문헌에 과장된 요소가 많이 들어있다고 생각한다. 다시 말하면 장의가 초나라를 속인 사건을 너무 크게 확대하여 기록했다는 것이다. 그 가운데 '상어 일대 땅덩어리 6백 리' 이야기가 지금도 가장 큰 의문으로 남아 있다. 역사학자들의 고증에 따르면 당시 상어 일대 땅덩어리는 처음부터 진나라 손안에 있었던 게 아니라 초나라 손안에 있었다고 한다. 그런데 어떻게 진나라 사람이 상어 일대 땅덩어리를 초왕에게 주겠다는 이야기를 할 수 있었겠는가? 그러기에 어떤 이는 장의가 초나라를 속인 일은 분명 후세 사람이 억지로 갖다 붙여 만든 이야기라고 말한다. 그러나 초회왕이 일찍이 진나라 책사에게 우롱을 당했다는 사실은 틀림이 없다.

장의가 위세도 등등하게 제후들 사이를 오갈 때, 진나라 정계에는 다시 한 번 커다란 변화가 발생했다. 이번의 변화도 장의의 처지를 바꾸었다. 그렇다면 장의의 운명은 결국 어떤 결말을 맞았을까?

장의의 말로는 어땠을까? 장의가 초나라를 속인 뒤 오래지 않아 진혜왕이 세상을 떠났다. 뒤를 이어 자리에 오른 이는 진무왕秦武王이었다. 진무왕이 자리에 오르자 장의는 제 뜻을 제대로 펼칠 수 없었다. 그는 진무왕에게 사랑을 받지 못했던 것이다. 임금이 바뀌면 신하도 바뀔 수밖에 없다는 말 말고는 이 일을 밝힐 만한 이유가 없다. 뜻을 펼치지 못하게 된 장의는 다시 위나라로 돌아왔다. 그는 위나라로 돌아가기에 앞서서 진무왕에게 그래도 한 가지 의견을 내놓았다.

"제게 계책이 하나 있습니다. 저는 사람들의 미움을 받아서 어디를 가든 저를 미워하는 이를 만날 수밖에 없습니다. 더구나 제나라 사람들은 저를 정말로 미워합니다. 무슨 까닭일까요? 제나라와 초나라 사이에 맺어진 연맹을 허물어버린 게 바로 저이기 때문입니다. 제가 이제 위나라에 머물게 되면 제나라에서는 군대를 일으켜 위나라를 칠 게 뻔합니다. 물론 저를 해치우기 위해서입니다. 그러기에 대왕께서 저를 위나라에 보내면 바로 위나라에 화근을 안기는 게 됩니다."

진왕은 장의가 내놓은 말을 듣자 이렇게 한 마디 했다.

"좋소."

그러나 마음속으로는 오히려, 모두 당신을 좋아하지 않는다고 생각했다. 이리하여 장의는 위나라로 왔다. 아니나 다를까, 제나라는 장의가 위나라로 왔다는 이야기를 듣자 그대로 군사를 내보내 장의를 잡으려고 했다. 위왕은 이 소식을 듣자 초조한 마음에 어쩔 줄 모르며 장의에게 이렇게 말했다.

"그대가 우리 위나라에 전쟁을 불러들였소, 어쩌면 좋겠소?"

장의를 쫓아낼 마음을 드러낸 것이다. 장의는 안절부절못하는 위양왕魏襄王에게 이렇게 아뢰었다.

"제 뜻을 전할 사람을 하나 뽑아 제나라로 보내기 바랍니다."

위왕은 풍희馮喜라는 인물을 장의의 뜻을 전할 인물로 뽑아서 제나라로 보냈다. 풍희는 제나라 임금에게 장의의 뜻을 올렸다.

"폐하께서 지금 위나라와 전쟁을 벌이려는 것은 장의를 잡으려는 데 그 목적이 있지만, 이는 바로 진나라의 간사하고 교활한 계략에 그대로 걸려든 것입니다. 장의는 위나라로 떠나기에 앞서서 진왕에게 벌써 이렇게 말한 바 있습니다. 자기는 사람들의 미움을 샀기에 위나라로 오면 제나라에서 분명 군사를 일으켜 위나라를 칠 것이라고 말입니다. 그런데 제나라 변방이 허술해진 틈을 타서 진나라는 군사를 일으켜 위나라 영토를 뚫고 지나가서 그대로 주왕실을 없애면 된다고 말입니다. 이것이 바로 장의가 위나라로 온 진정한 속셈입니다. 그가 폐하께서 위나라를 치도록 유인한 것이나 다름없습니다. 진나라는 오히려 이 기회를 이용하여 이익을 차지할 게 뻔합니다."

이 말을 들은 제왕은 이렇게 말했다.

"내가 이런 꾐에 빠져 진나라에게 이익을 안겨줄 순 없소!"

이리하여 제나라는 위나라를 치려던 생각을 아예 접어버렸다.

장의는 자기 생애의 마지막 얼마 동안을 위나라에서 보냈다. 그의 모든 것을 진나라 임금이 다 좋아하지는 않았지만 그의 혀가 존재했기에 그는 자기 목숨을 보존할 수 있었다. 그는 위나라에 온 지 한 해가 못 되어 세상을 떠났으니 천수를 다 누린 셈이다.

장의는 전설 속의 과장된 부분을 제거하더라도 사실상 진나라의 충신이었다. 그것도 진혜왕의 충신이었다. 『사기』에 기록된 장의의 몇 가지 뻔뻔스런 짓거리는 사람들에게 증오심을 불러일으킨다. 그러나 초나라를 속임수로 꾐에 빠뜨리며 제나라와 초나라 사이에 맺어진 연맹을 단절시킨 것은 진나라로 말하자면 그대로 장의의 공로였다. 초나라는 어떻게 그리도 쉽게 그의 속임수에 당했을까? 깊이 생각해 보면, 진나라의 실력이 강대했기에 모두 그를 무서워했던 것이다. 그가 땅덩어리를 내놓으며 사이좋게 지내자고 하면 각국은 하나같이 그렇게 하기를 간절히 바랐다. 기본적으로 상앙의 변법으로 진나라가 강대한 위치를 확실하게 점한 뒤에는 그가 어느 나라를 치려고 마음만 먹으면 어디든 칠 수 있었고, 어느 나라를 괴롭히려고 마음만 먹으면

장의張儀

어디든 괴롭힐 수 있었으니, 결국 주도권은 진나라 손안에 있었다. 이런 배경이 있었기에 장의의 혀도 먹혀들 수 있었다. 그러기에 책사 장의의 활동이 효과를 발휘할 수 있었던 배후에는 바로 뒤를 받쳐준 진나라의 실력이 있었다고 말할 수 있다.

단양丹陽에서 벌어진 전쟁으로 초나라는 한중 땅을 잃었다. 남전藍田에서 벌어진 전쟁에서는 또 많은 병사들을 잃은 데다 몇몇 장군까지 잃으며 회복할 수 없을 만큼 원기에 큰 손상을 입었다. 초나라는 내리막길을 걷기 시작했다. 이로써 진나라는 천하를 통일할 가능성이 더욱 높아졌다. 게다가 동방의 여러 나라에서도 변고가 생기기 시작했다. 문제는 연나라에서 먼저 터졌다. 연나라에서 문제가 터지자 제나라는 이익을 차지하려고 덤볐다. 그러나 제나라는 스스로 화를 자초하며 쇠락했으니, 이 모든 것이 장의가 초나라를 속인 뒤에 발생한 사건이었다.

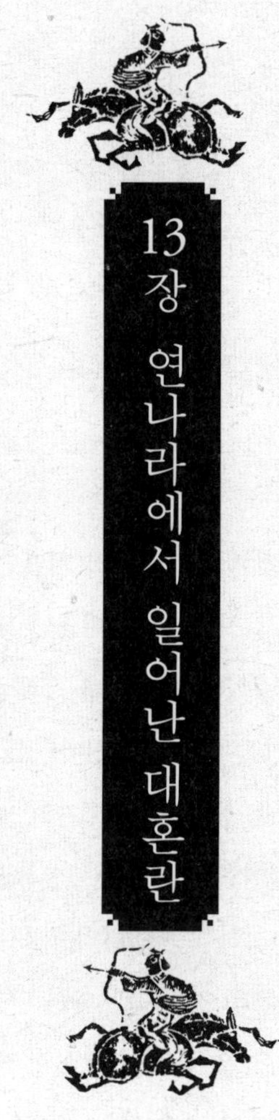

13장 연나라에서 일어난 대혼란

여러 제후국들이 변법을 통하여 잇달아 강대하게 변해갈 때에, 북방의 연나라에서도 큰일이 생겼다. 그러나 이 사건은 시의에도 맞지 않았을 뿐만 아니라 연나라 조야에도 거대한 재난을 안기며 연나라를 파멸 직전까지 몰아갔다. 도대체 어떤 사건이었을까?

기원전 316년, 연왕 쾌噲는 갑자기 기발한 생각을 머릿속에 떠올렸다. 옛적에 어질고 지혜롭기로 이름난 요堯와 순舜이 아랫사람에게 자리를 물려주었다는 사실을 흉내 내기로 한 것이다. 이 일은 한바탕 큰 재난을 일으키며 연나라를 그대로 혹독한 시련 속으로 몰아넣었음은 물론 주변 국가의 침범까지 불러왔다. 내부의 혼란을 틈타 일어난 이 난국은 연나라를 지도상에서 지워버릴 듯하였다. 그러나 하늘은 연나라를 도왔다. 큰 재난이 지난 뒤, 연나라는 사람들을 경복시킬 만한 군주를 맞았다. 그의 영도 아래 연나라는 새로운 활력을 얻으며 점차 강대해지기 시작했다. 여러 제후국들과의 패권 경쟁 가운데 점차 입지를 굳혔던 것이다. 그렇다면 연왕 쾌는 무슨 까닭으로 선양禪讓이라는 어리석은 행동을 저질렀을까? 전쟁이 끊이지 않던 전국시대에 연나라는 도대체 어떤 시련을 겪었을까?

진나라가 파촉을 손에 넣고 초나라를 치고 삼진을 치며 피가 튀고 칼날이 번득이는 시대에 당시 중국 북부 연나라에서는 이상한 사건이 발생했다. 연나라의 군주가 뜻밖에도 자기 자리를 다른 이에게 선양하겠다는 생각을 갑자기 떠올렸던 것이다. 이 일은 당시에는 전혀 어울리지 않았기에 사람들을 깜짝 놀라게 만들었다.

자기 자리를 다른 사람에게 물려줄 생각을 한 연나라 군주 쾌는 대권을 자지子之에게 넘기려고 했다. 자지는 당시 연나라의 재상이었다.

잠시 연나라에 대하여 말해 보자. 연나라의 중심 지역은 지금의 베이징北京으로 남으로는 허베이 북부, 북으로는 랴오닝, 그리고 네멍구와 접경을 이루었다. 1970년대에 고고학자들은 베이징 팡산구房山區 유리하琉璃河 일대에서 초기 서주의 고분과 주거지를 포함한 유적지를 발견했다. 이곳에서 적지 않은 청동기가 출토되었는데, 그 가운데 극화克盉와 극뢰克罍라는 청동기에 새겨진 명문銘文에는 주나라 초기에 연나라를 봉한 내용이 기록되어 있다.

서주 초기부터 연나라의 역사가 시작되어 전국시대에 이르기까지 모두 9대가 흘렀지만 『사기』에는 어떤 사건도 기록되지 않았다. 이후 한동안 시간이 지난 뒤, 『사기』는 연나라 혜공惠公 때인 서주 말년에 주의 여왕厲王이 자기 나라 사람에게 축출된 이야기를 한다. 그리고 다시 2대가 지나면 춘추시대가 된다. 얼마 뒤, 또 연산燕山 일대의 산융山戎이 연나라의 생존을 위협하자 제나라의 환공桓公이 관중管仲을 시켜 산융을 쳐서 연나라의 위기를 해소시켰다는 기록이 있다. 산융 토벌을 기록한 문헌에는 고죽孤竹 등 몇몇 지방 이야기도 함께 언급했다. 그 뒤, 전국시대 초까지 연나라에 관한 문헌 기록은 많지 않다. 당시 위나라가 강성한 데다 초나라와 진나라도 강성했기에 연나라는 영향력이 거의 없을 정도로 알려지지 않았다.

그러나 기원전 320년에 이르러 연나라도 새 임금이 자리에 올랐다. 새로 자리에 오른 연나라 임금은 연왕쾌燕王噲였다. 그의 특징은 무엇이었을까? 『사기』에는 어떤 기록도 없지만 『한비자』에는 이 임금에 대한 약간의 언급이 있다. 그는 자리에 오른 뒤 가무도 음악도 좋아하지 않았으며 더구나 아름다운 여자도 좋아하지 않았음은 물론 큰 건축물을 짓는 일에도 관심을 기울이지 않았다고 한다. 아무튼 부귀하고 사치스러운 생활에는 흥미를 느끼지 않았던 모양이다. 그렇다면 그는 어떤 일을 좋아했을까? 땀 흘리며 손수 밭 갈고 씨 뿌리며 일하기를 즐겼다. 그가 현명하다는 말인가? 그럴 수 있다. 명성을 얻으려는 행동이었을까? 그럴 수도 있다. 어쨌든 그는 다른 나라 군주와는 달리 참으로 유별났다. 좀 너그럽게 본다면 천성으로 권력에 대한 욕심이 없었던지 대권을 다른 사람에게 넘겨주려고 했을 정도였으니, 어쩌면 납득할 수 없을지도 모른다. 이것도 아니면 그는 천성이 어질고 너그러워서 바보에 가까운 인물이었을지도 모른다. 『논어』「양화陽貨」에서 공자는 '인仁을 좋아하면서 배우기를 즐기지 않으면 그 폐단은 어리석게 된다.'고 일렀다. 사람이 천성으로 어질고 너그러워도 공부하지 않으면 자신이 언제 어느 곳에 있는지도 모를 정도로 어리석음에 빠질 수 있다는 말이다. 연왕쾌가 즉위한 다음의 취미나 기호를 보면 '그 폐단은 어리석게 된다.'는 말이 떠오른

확대경

그가 현명하다는 말인가? 그럴 수 있다. 명성을 얻으려는 행동이었을까? 그럴 수도 있다. 어쨌든 그는 다른 나라 군주와는 달리 참으로 유별났다. 좀 너그럽게 본다면 천성으로 권력에 대한 욕심이 없었던지 대권을 다른 사람에게 넘겨주려고 했을 정도였으니, 어쩌면 납득할 수 없을지도 모른다. 이것도 아니면 그는 천성이 어질고 너그러워서 바보에 가까운 인물이었을지도 모른다.

다. 대합병이 이루어지며 토지와 백성을 더 차지하기 위하여 서로 치고 싸우기에 몰두했던 전국시대에 그는 '선양'이라는 참으로 희한한 짓을 저질렀으니, 이야말로 '어리석음'이 아니고 무엇인가!

그는 선양할 마음을 먹었다. 자기가 가진 대권을 그의 재상인 자지에게 물려주려고 했다. 그렇다면 자지는 어떤 인물인가? 『한비자』는 자지가 연나라에서 정권을 잡은 뒤, 능력도 괜찮았고 일도 잘 처리했지만 자기 패거리를 만들며 스스로 세력을 확장하려 했다고 넌지시 시사했다.

어느 날, 자지는 자리에 앉아서 멀리 떨어진 문을 보며 갑자기 눈을 가늘게 뜨고 이렇게 말했다.

"아, 백마가 저 문으로 지나가는 것 같소!"

고지식한 이가 그의 말을 듣자 이렇게 받았다.

"그렇습니까? 저는 아무래도 보이지 않습니다!"

그런데 사람의 속마음을 잘 꿰뚫어보는 이가 곁에 있다가 이렇게 말했다.

"그렇습니다, 저도 보았습니다!"

자지는 사실 이런 말로 상대방의 자기에 대한 충성심을 시험했다고 한비자는 말했다. 자지의 사람됨과 그가 쓴 수단을 조금이나마 엿볼 수 있는 일화다. 없던 일도 꾸며내는 모습을 보면 조고趙高의 지록위마指鹿爲馬의 내력을 떠오르게 한다. 알고 보면, 노회한 조고의 기량은 제 스스로 재빠르고 명쾌하게 만들어낸 발명품이 결코 아니었다.

연왕쾌가 임금 자리에 흥미를 느끼지 못하자 마음이 움직인 인물이 있었으니 바로 자지였다. 만약 연왕쾌가 자발적으로 왕위를 물려준다면 재상의 자리를 지키고 있던 자신이 연나라의 새로운 군주가 될 가능성이 가장 높았던 것이다. 그러나 이런 일에 자신이 앞으로 나서기에는 적당하지 않았다. 바로 이때, 두 사람이 앞으로 나섰다. 누구였을까? 연왕쾌는 이들의 의견을 듣고 자발적으로 왕위에서 물러났을까?

『사기』의 기록에 따르면, 연왕이 자지에게 왕위를 선양하려고 할 때, 적어도 두 사람의 꼬드김을 받았다고 한다. 그 가운데 한 사람이 소대蘇代였다. 소대는 어떤 인물이었을까? 『사기』에 따르면 소대는 소진蘇秦의 동생이다. 그러나 마왕퇴馬王堆에서 『전국종횡가서戰國縱橫家書』라는 백서가 출토된 이후, 학자들은 오랜 연구 끝에 만약 진짜로 소대라는 인물이 있었다면 이 인물은 소진의 동생이 아니라 소진의 형이어야 한다는 결론을 내렸다. 이 사람은 자지와 친분이 매우 두터웠다고 『사기』는 전하고 있다.

연왕쾌가 자리에 오른 지 3년 만에 다섯 나라가 손을 맞잡고 진나라를 공격한 사건이 발생했다. 연나라도 이 일에 참여했다. 대체로 이때부터 자지가 연나라의 재상이었던 듯하다. 자지가 연나라의 재상이 된 뒤 오래지 않아 제나라에 있던 소대가 연나라로 왔다. 이때, 연왕쾌가 소대에게 이렇게 물었다.

"제나라 임금은 어떻소?"

이 물음에 소대는 이렇게 대답했다.

"뭐 별로입니다!"

당시 제나라는 위왕威王이 방금 세상을 떠나고 선왕宣王이 자리를 이은 지 불과 몇 년밖에 되지 않았다. 선왕은 제법 능력이 있는 인물이었다. 그런데 소대가 이렇게 별로라고 말할 줄은 연왕도 예상하지 못했다. 연왕쾌는 답답하고 궁금한 나머지 다시 물었다.

"어째서 제왕을 그렇게 평가하시오?"

소대는 천천히 입을 열었다.

"제가 별로라고 말씀드린 건 제왕이 대신들을 신임하지 않는 데다 권력까지 대신에게 맡기지 않기 때문입니다."

이것이 소대가 제왕이 별로라는 근거였다. 사마천은 소대가 이렇게 말한 것은 연왕쾌에게 자지를 중용하며 권력을 그에게 넘기라는 꼬드김이었다고 설명한다. 소대가 연왕을 꼬드긴 것은 자지가 돈을 썼기 때문이었음을 쉽게 알 수 있다. 자지가 조종한 결과는 어떠했을까? 어질고 너그러운 나머지 이제는 어리석음에 이른 연왕이 그대로 낚시에 걸려들었다. 당시 연왕은 소대에게 이렇게 말했다고 한다.

"과인은 제왕처럼 변변치 않은 임금이 아니라 훌륭한 임금이 되어 대신들을 신임할 것이오."

이것이 소대에게 빠진 첫 번째 미혹이었다. 물론 『사기』 기록의 사실 여부는 더 연구할 필요가 있다.

그렇다면 두 번째 인물은 누구였을까? 녹모수鹿毛壽였다. 그는 숨어사는 선비였다. 그는 단약을 먹지도 않았고 벽곡辟穀도 하지 않았지만 연왕쾌에게 이렇게 아뢰었다.

"폐하, 폐하께서 훌륭한 명성을 얻으려면 이제 더 높은 것을 추구하시기 바랍니다. 예부터 지금까지 누구의 명성이 제일 높습니까? 요堯의 명성이 가장 높습니다. 요는 성왕입니다. 어떻게 성왕이 되었을까요? 자기 권력을 아들에게 넘기지 않고 덕망 높은 현인에게 넘겼기 때문입니다. 훌륭한 명성을 얻어 그 이름을 길이 남기려면 권력을 지금 당장 자지에게 넘기면 됩니다."

숨어살던 선비가 이렇게 시시한 생각을 내놓았다. 소대가 돈 때문이었다면 이 은사도 아마 세상 밖에 숨어 지내던 수전노였는지 모른다. 그는 다시 입을 열어 이렇게 아뢰었다.

"당시 요는 대권을 허유許由에게 넘기려고 했습니다. 주의해야 할 것은, 요가 덕망 높고 현명한 인물에게 자리를 넘기려는 데에 유가에서는 순舜에게 넘기라고 말했고, 장자와 같은 도가에서는 허유에게 넘기라고 말했다는 점입니다."

녹모수는 은사로서 도가의 서적을 공부했기에 허유에게 자리를 넘기라는 말을 한 듯하다. 허유는 어떻게 했을까? 허유는 이 자리를 받지 않았다. 이 때문에 요는 더욱 훌륭한 이름을 널리 얻을 수 있었다. 녹모수가 이렇게 말한 까닭은 너무도 분명하다. 연왕이 대권을 자지에게 시원시원하게 넘기라는 뜻이다. 어리석은 연왕은 자지는 허유가 아니라는 사실을 생각지도 못했다. 만일 선양한다면 자지는 얼씨구나 하고 아무렇지도 않게 대권을 냉큼 받으리라는 것을 몰랐다. 이들의 꾐과 기만에 연왕은 그만 대권을 자지에게 공손하게 넘겼다.

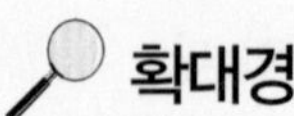

확대경

어리석은 연왕은 자지는 허유가 아니라는 사실을 생각지도 못했다. 선양한다면 자지는 얼씨구나 하고 아무렇지도 않게 대권을 냉큼 받으리라는 것을 몰랐다.

연왕이 대권을 내놓을 즈음, 『사기』는 이름을 알 수 없는 어떤 인물이 앞으로 나서며 이렇게 말했다고 기록했다.

"그해, 대우大禹도 대권을 익益에게 넘겼지만, 그분은 동시에 자기 아들 계啓에게도 벼슬을 주었습니다. 우가 세상을 떠나자 그의 아들 계는 대권을 다시 빼앗았습니다."

이 말에 연왕쾌는 정신이 번쩍 들었다.

'자지에게 선양하려면 좀 철저하게 해야 하는데 나는 지금 그렇게 처리하지 못하고 있구나!'

이리하여 그는 태자의 권력을 빼앗고 삼백 석 이상 받는 크고 작은 벼슬아치를 모두 파면하고 말았다. 그러나 자지에게는 더 큰 권력을 내렸다. 연왕의 어리석음이 이 지경에 이르렀으니! 이것이 바로 연왕쾌의 해괴하기 짝이 없는 선양이었다.

전국시대 연나라에서 어떻게 선양이라는 이런 낡아빠진 관념이 아직도 존재할 수 있었을까? 게다가 어떻게 끝내 이렇게 불행한 현실로 나타났을까? 필자는 지리적 위치나 지역 문화라는 시각에서 몇 가지로 해석할 수 있다고 생각한다.

앞에서 우리는 당시 관중이 제환공을 받들며 산융을 토벌할 때 고죽국을 찾아냈다고 말한 바 있다. 고죽은 어디에 있었나? 옛것에 대한 연구 성과로 상나라 후기 청동기 명문에서 고죽국의 자취를 발견할 수 있다. 학자들은 기물의 출토 지점을 바탕으로 고죽국이 지금의 후베이성 루룽盧龍, 첸안遷安 일대라고 판단한다. 고죽국은 본래 은상 시기에도 존재했던 제후국이었다. 이들의 성은 묵태墨胎 씨로 그 세력 범위는 북쪽으로는 오늘날의 랴오닝 카쥐喀左 지역에 이르고, 남쪽으로는 허베이 북부 일대에 이른다. 문헌이나 전설 속에서 고죽국은 백이伯夷와 숙제叔齊라는 두 사람과 큰 관계를 맺고 있다. 『이당사자二堂舍子』라는 경극에서 극중의 유언창劉彦昌은 '옛날 고죽군에 백이와 숙제라는 두 성인이 있었으니……'라고 노래한다. 전설에 따르면 고죽국의 임금님은 늘그막에 재간이 남달리 뛰어난 숙제를 자기 뒤를 이을 인물로 세울 생각을 했지만 결과적으로 숙제는 자리를 계승하지 않으려고 했다. 그리고 백이도 아버지의 뜻을 거스르지 않으려고 했다. 이렇게 백이와 숙제 형제 둘이 모두 서로 양보하려다가 결국은 둘 다 멀리 달아나서 수양산首陽山에서 굶어죽었다. 청동기는 고죽국의 존재를 증명하고 있다. 이 고죽국은 연나라에서 멀지 않은 곳에 위치했다. 백이와 숙제는 역사에서도 실존 인물이었다. 『논어』에서 공자는 이 두 인물을 두루 찬미하고 있다. 『논어』「공야장公冶長」에서는 '지난날 다른 사람이 저지른 악행을 생각하지 않았기에 원망하는 일도 극히 드물었다.'[75]라고 했으며, 「술이」에서는 그들이 '인을 구하여 인을 얻었다.'[76]라고 했다. 이들 형제는 선양에도 귀를 기울이지 않았지만 군주의 권력에 대해서도 그렇게 마음을 기울이지 않았다. 이 점은 권력욕에 냉담한 연왕쾌의 모습과 비슷하다. 연산燕山은 남북이 온통 산악 지대로 상대적으로 폐쇄적인 지역이다. 이곳에 사는 이들에게는 아주 오래된 이런 문화 관념이 끊이지 않고 내려왔을 가능성이 크다. 앞에서 말한 것처럼 옛날 고죽 땅은 연나라와 매우 가깝기에 연왕쾌도 이런 오래된 관념의 영향을 받았을 가능성이 있다. 물론 이것은 그저 추측일 따름이다.

연왕쾌는 이런 오래된 관념을 받아들였다. 그런데 어떤 이는 그의 이런 고지식하고 융통성이라고는 전혀 없는 점을 이용하여 풍파를 일으키며 사단을 만들기도 했다. 이리하여 한두 사람의 책사에 시시하고 유치한 은사까지 가세하여 뜻밖에도 자지가 책동한 선양이라

75 不念舊惡, 怨是用希.

76 求仁得仁.

는 황당한 사건을 현실로 만들었던 것이다.

> 기원전 316년, 연왕쾌는 스스로 왕의 자리에서 물러나 권력을 자지에게 넘겼다. 굴러들어온 떡을 앞에 두고 자지는 미칠 듯이 기뻤다. 그러나 사건은 그렇게 간단하지 않았다. 한 바탕 재난이 연나라를 향해 죄어오기 시작했다.

그렇다. 연왕쾌는 마침내 권력을 자지에게 넘겼고 자지는 목적을 달성했다. 선양으로 굴러온 대권을 손에 넣은 것이다. 그러나 그가 자리에 오르고 보니 전혀 그럴 일이 아니었다. 이는 자지가 재간이 없었다는 말이 아니다. 그가 자리에 오른 일이 명분도 정당하지 않았고 조리도 맞지 않았던 것이다. 자지는 선양에 미혹하여 연나라 대권을 빼앗았으니, 이는 다른 제후들이 원하는 바가 아니었다. 허베이 만청滿城에서 발굴된 전국시대 중산국 임금의 주전자 위쪽에 새겨진 명문에는 연나라에서 일어난 선양 사건에 대한 평가가 참으로 혹독하여 '대의를 돌보지 않았다.'[77]라고 질책했다. 사실 이런 행동이 시대와는 동떨어졌다는 말이다. 이 밖에도 연나라의 선양이 '제후와 의논하지 않았다.'며 비난하기도 했다. 이 말은 연나라에서 그런 행동을 하면 천하에 대란이 일어날 수도 있다는 뜻이다. 요컨대, 연나라에서 일어난 선양이 불러온 것은 관념의

확대경

요컨대, 연나라에서 일어난 선양이 불러온 것은 관념의 전도였다. 그리고 시대와도 동떨어졌기에 질책을 받을 수밖에 없었다.

---

77 不顧大義.

전도였다. 그리고 시대와도 동떨어졌기에 질책을 받을 수밖에 없었다. 이와 같은 일은 춘추시대에도 있었다. 예컨대, 송양공宋襄公이 이전의 낡은 방법으로 춘추시대에 전쟁을 벌인 것도 하나의 관념이 시대와 동떨어졌기 때문에 벌어진 사례였다. 이번의 선양도 바로 같은 식이었다.

연왕의 선양은 제후들의 반대를 불러일으켰을 뿐만 아니라 나라 안에서도 커다란 분열을 가져왔다. 자지를 따라 나선 무리들은 분명 새로운 임금 밑에서 본모습을 숨기며 한 자리를 차지하려는 이들이었다. 그러나 연나라의 태자 평平은 죽지 않았으며, 또 그를 따르는 무리도 적지 않았다. 연나라는 이제 양분되어 선양을 해야 한다는 무리와 왕위를 계승하는 제도를 그대로 유지해야 한다는 무리로 갈렸다. 이런 상황에서는 어느 누구도 나라를 훌륭하게 다스릴 수 없었다. 자지가 자리에 오른 지 3년이 채 못되어 연나라는 뒤죽박죽이 되고 말았다.

이런 점이 다른 제후에게는 기회가 되었다. 이 기회를 틈타 제나라가 연나라를 공격했다. 제나라는 연나라와 가까웠다. 그리고 당시 제나라는 강성했다. 또 다른 이웃 조나라는 무령왕武靈王이 자리에 막 올랐을 때였다. 당시 조무령왕이 벌인 군사 개혁은 아직 대규모로 진행되지 않았기에 국력이 부족한 상태였다. 따라서 조나라는 앞으로 나서며 연나라를 간섭하기에는 좀 일렀다.

제선왕은 연나라가 내란으로 어지럽다는 것을 안 뒤, 큰 이득을 얻을 기회가 왔다고 생각했다. 그는 연나라의 혼란한 틈을 놓치지 않았다. 그리하여 온 힘을 기울여 연나라를 칠 준비를 했다. 이 사건에 대하여 맹자도 언급한 바 있다. 『사기』에는 당시 맹자가 이렇게 말했다는 기록이 있다.

"지금 연나라를 치는 것은 당시 주문왕이나 주무왕이 상을 치는 것처럼 때가 맞으니 기회를 놓치지 말아야 한다."[78]

『맹자』에도 이에 대한 기록이 있으나 그 뜻은 크게 다르다. 『맹자』는 제나라가 연나라를 치려고 심동沈同이라는 이를 특별히 파견하여 개인적인 신분으로 당시 제나라에 있던 맹자에게 이렇게 물었다고 이른다.

"연나라를 칠 수 있을까요?"

맹자는 당시 이렇게 대답했다.

"칠 수 있습니다."

그러나 생각지도 못하게 상황은 결코 순조롭지 않았다. 제나라 군대가 연나라에 진입한 뒤 진흙탕에 빠지며 스스로 빠져나올 수 없는 형편에 처했던 것 같다. 제나라 사람들은 후회하기 시작했다. 어떤 이는 맹자를 원망하기까지 했다.

"선생께서는 당시에도 우리 제왕을 꼬드기며 연나라를 치라고 하지 않았소?"

맹자는 어떻게 대답했을까?'

"당시에는 분명 칠 수 있다고 했지만 난 누가 칠 수 있다고는 결코 말하지 않았소이다."

이 말을 잘 들여다보자. 맹자의 재치를 찬미한 학자도 있긴 하지만, 사실상 이는 오리발 내밀기이다. 심동이 개인적인 신분으로 맹자

---

78 今伐燕, 此文, 武之時, 不可失也!

에게 물었다지만, 제왕이 심동을 보냈다는 것을 맹자가 정말 몰랐을 리 없잖은가? 제나라가 연나라를 칠 수 있느냐고 물은 것이지 제나라 아닌 다른 나라가 연나라를 칠 수 있겠느냐고 물은 게 아니잖은가? 맹자가 칠 수 있다고 말할 것은 바로 이 뜻을 알고 동의했다는 말이 아닌가? 이렇게 오리발을 내밀 수도 있단 말인가? 맹자는 대학자로서 아성亞聖이라 불리지만 그도 말을 잘못할 수 있다. 성현이라고 어찌 잘못이 없을 수 있겠는가! 후세 사람도 맹자를 반드시 두둔할 필요는 없다. 사람은 누구나 잘못을 범할 수 있기 때문이다.

확대경

맹자는 대학자로서 아성亞聖이라 불리지만 그도 말을 잘못할 수 있다. 성현이라고 어찌 잘못이 없을 수 있겠는가!

맹자 눈에는 연왕쾌의 선양이 시의적절하지 않았다. 그래서 자신의 의견을 말했다. 왕이 된 자가 손에 쥔 정권은 하늘이 준 것이기 때문에 제멋대로 선물 돌리듯이 이놈에게 주고 저놈에게 줄 수 있는 게 아니라는 말이다. 하늘이 이 권력을 누구에게 줘야 한다고 결정했을 때에야 가능하다는 것이다. 맹자가 한 말의 뜻을 곱씹으면, 하늘이 바로 보편적인 민의民意이다. 그는 연왕쾌의 선양은 천심인 민의에 어긋난다고 여겼다. 그러했기에 그는 제왕에게 연나라를 칠 수 있다고 했다.

제나라가 연나라를 친 이야기를 계속해보자. 연나라의 당시 상황은 이러했다. 나라 안에서 일어난 큰 혼란을 겪으며 연나라 태자는 장군 시피市被와 손을 잡고 자지를 공격했다. 이 과정에서 두 사람은 모두 목숨을 잃었다. 이들은 제나라와 연락을 주고받았다. 제나라는 이들을 지지했다. 제나라 군대가 들어온 것은 이들과 서로 연락을 주고받음으로써 이루어졌을 가능성이 높다.

제나라 군대가 연나라 경내에 들어온 지 얼마 되지 않아서 연나라 백성들은 이들이 자기들을 돕기 위해 온 의로운 군대가 아니라는 사실을 알게 되었다. 제나라 군대는 하나같이 강도였기 때문이다. 이들은 난을 평정하지 않고 강도짓이나 했다. 이들은 연나라의 종묘에 들어가서 큰 쇠솥과 옥그릇 등 나라의 귀한 보물을 전부 가져갔다. 게다가 불을 지르고 사람까지 죽였다. 이렇게 되자 연나라 사람들의 애국심은 그대로 폭발했다. 제나라 군대는 연나라 사람들이 함께 엮은 반항이라는 진흙구덩이에 빠지는 꼴이 되었다. 제선왕은 이때 또 맹자에게 물었다.

맹자孟子

"어쩌면 좋겠습니까?"

맹자는 먼저 제나라 군대가 연나라에 들어온 뒤 벌인 행위를 세차게 비판했다.

"제나라 군대는 왕자의 군대로서 티끌만한 잘못을 저질러서도 안 됩니다. 그러나 지금 이들은 재물을 탈취하고 국보를 약탈하는가 하면 살인에 방화까지 했으니, 이는 잘못된 일입니다. 한껏 강해진 제나라를 열강들은 두려운 눈길로 바라보고 있습니다. 그런데 지금 이렇게 연나라를 점령하여 땅덩어리는 배로 늘었는데, 인의를 행하지 않으니 이제 곧 제후들이 서로 손을 맞잡고 제나라를 손보려 할지도

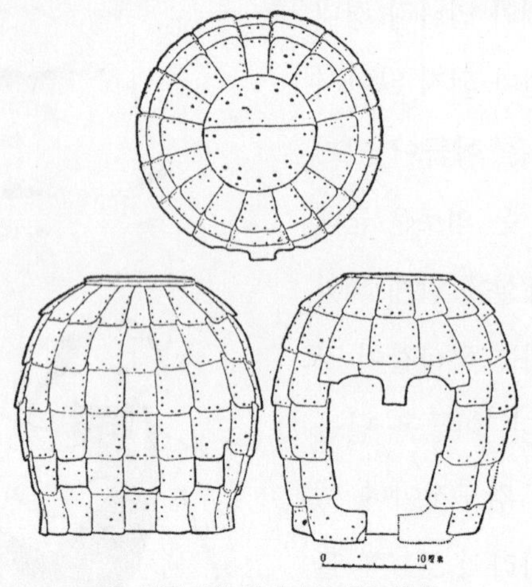

전국시대 연나라의 철주鐵冑

모릅니다."

잠시 숨을 돌린 맹자는 이런 의견을 내놓았다.

"종묘에서 약탈한 보물과 물건들은 그들에게 빨리 돌려주기 바랍니다. 여기에 더하여 연나라 사람과 의논하여 그들 마음에 드는 새 임금을 세운 뒤에 얼른 철군하기 바랍니다."

제나라는 허둥지둥 군대를 철수했다.

당시 제나라 군대만 연나라를 친 건 아니었다. 중산국과 같은 작은 나라도 제나라 군대가 연나라를 치는 틈을 타서 불난 집에 도둑질하듯이 끼어들어 이익을 조금이라도 차지하려고 했다. 이는 중산국 임금의 주전자에 새겨진 명문에 기록으로 남아 있다. 그러나 바로 맹자가 말했듯이 다른 열강들도 제나라 군대가 연나라에 진입하여 연나라를 없애버릴 것 같은 모습을 보이자 그들도 연나라를 구하기 위하여 궁리하기 시작했다. 조나라, 위나라, 초나라 등 몇몇 열강들은 손을 맞잡고 제나라 군대를 눌렀다. 동시에 조나라의 무령왕이 앞으로 나서서 연나라에 새 임금을 세울 작정을 했다. 연나라의 태자 평은 전사했기에 무령왕은 한나라에서 인물을 찾았다. 연나라의 공자 직職이 그곳에서 망명 생활을 하고 있었기 때문이다. 그가 훗날의 연소왕燕昭王이다. 무령왕은 대신을 보내 그를 연나라로 모시도록 하였다. 이리하여 연소왕이 자리에 오르며 연나라 왕위를 이었다. 연나라의 큰 혼란은 이로써 끝을 맺었다고 할 수 있다.

기원전 312년, 연소왕이 자리에 올랐다. 연나라 39대 임금이 된 소왕은 자리에 오르자 곧 연나라를 강대하게 만들겠다는 마음을 굳혔다. 그 후 몇 십 년 동안 연나라는 그의 영도 아래 하늘과 땅이 뒤집힐 만한 큰 변화가 일어났다. 그렇다면 연나라에서는 도대체 어떤 변화가 일어났을까? 낙후된 연나라의 모습을 바꾸기 위하여 연소왕은 어떤 정책을 썼을까?

새로 자리에 오른 연왕은 부강한 나라를 만들기 위하여 분발했다. 『사기』는 연소왕이 자리에 오른 뒤 죽은 이를 기리고 산 이를 위로하며 백성들과 함께 기쁨과 슬픔을 나누었다고 기록했다. 더욱 중요한 것은 겸손하고 낮은 자세로 이 세상의 현인들을 큰돈을 들여 널리 불러 모았다는 사실이다.

연소왕 아래 곽외郭隗라는 인물이 있었다. 어느 날, 연소왕은 그에게 이렇게 물었다.

"어떻게 해야 큰 혼란으로 망가진 우리 연나라를 구해낼 수 있겠소?"

확대경

새 임금의 이런 뜻이 있었기에 큰 재난 뒤의 폐허 속에서 연나라는 다시 일어설 수 있었다.

새 임금의 이런 뜻이 있었기에 큰 재난 뒤의 폐허 속에서 연나라는 다시 일어설 수 있었다.

곽외는 새 임금의 이 말을 듣자 조용히 입을 열었다.

"예부터 지금까지 이런 분들이 있었습니다. 먼저 황제로 일컬을 수 있는 분으로 이들은 모두 현인들을 스승으로 모시며 대우했습니다. 다음으로 왕으로 일컬을 수 있는 분으로 이들은 모두 현인을 친구로 대우했습니다. 또 패권을 차지했다고 할 수 있는 분으로 이들은 모두 현인을 대신으로 대접했습니다. 마지막으로 나라를 망친 군주가 있습니다. 그런데 이들은 모두 현인을 노복으로 다루며 이래라저래라 턱짓으로 부렸습니다. 폐하께서는 제왕이나 왕이 될 작정이라면 마땅히 현인을 존중해야 합니다. 이것이 연나라를 일으키기 위하여 먼저 알아야 할 일입니다."

연소왕은 다시 곽외에게 물었다.

"어떻게 해야 현인들을 불러들일 수 있겠소?"

곽외의 대답은 연소왕을 자못 경악하게 만들었다.

"폐하께서 현인을 정말로 불러들이려면 먼저 저부터 시작하옵소서!"

연소왕이 온통 의혹스러운 모습을 보이자 곽위는 '천금으로 말뼈다귀를 산 이야기(千金市馬骨)'를 꺼냈다.

"옛적에 어떤 임금께서 천리마를 갖고 싶었습니다. 임금께서는 대신에게 천금을 주어 천리마를 찾도록 내보냈지만 3년이 지나도 찾지 못했습니다. 일이란 종종 이러하여 눈을 뜨고 현인을 찾아도 꼭 찾을 수 있는 게 아닙니다. 뒷날 임금께서는 곁에 있던 환관에게 천금을 주며 천리마를 찾아오도록 했습니다. 그런데 그는 천리마 한 필 사는 데 단돈 오백 금만 썼다는 것입니다. 이 말을 듣고 임금께서는 미칠 듯이 기뻐했습니다. 그러나 어디 이런 천리마가 있겠습니까! 이건 그대로 말 뼈다귀였습니다. 임금께서는 당연히 화가 치밀었습니다. 살아 있는 말과 말 뼈다귀를 구별 못하는 그를 처벌하려고 했습니다. 그러자 이 환관은 이렇게 말했습니다.

'화를 푸시고 제가 올리는 말씀을 들으소서. 제가 천리마가 있다는 말을 듣고 사려고 할 때, 천리마는 벌써 죽은 뒤였습니다. 당시 저는 그만 둘까 생각하다가 그래도 생각을 바꾸었습니다. 제가 만약 말 뼈다귀를 사면, 아는 이는, 임금께서 죽은 천리마의 뼈다귀마저 사려고 하는데 살아서 생기 넘치는 천리마야 말할 게 뭐 있겠어, 이렇게 말할 게 아니겠습니까!'

따라서 관건은 우리들의 태도를 분명하게 드러내는 일입니다. 우리가 천리마를 구한다는 바로 그 결심을 드러내야 합니다. 천리마라면 그 뼈다귀까지 우리는 필요로 한다, 그러면 살도 가죽도 터럭도 모두 갖춘 천리마가 그치지 않고 우리에게 올 게 아니겠습니까? 과연 3년 동안 천리마는 줄을 이어 이 나라로 찾아왔습니다."

이 이야기를 다 끝내고 곽외는 또 이렇게 한 마디 덧붙였다.

"제가 바로 이 천리마의 뼈다귀와 맞먹습니다. 재간으로 말하자면 저는 실로 버려진 나무못이나 못쓰게 된 써레 같은 존재이지만 폐하께서 이런 저를 존중하며 중용하고 현인으로 대우한다면 저보다 큰 능력을 가진 이가 어찌 찾아오지 않겠습니까?"

연소왕은 이 말에 일리가 있다고 생각하며 곽외를 위하여 관사를 짓고 그를 스승으로 받들며 정중하게 모셨다.

『사기』가 소개한 곽외와 그가 말한 전설은 참으로 생동감 넘치고 전기적 색채가 자못 농후하다. 어떻든 나라를 강성하게 만들려면 널리 현인을 불러들여 현인의 정치를 펼쳐야 한다는 점을 강조하려는 곽외의 훌륭한 생각을 『사기』는 기록으로 남겼다. 그렇다면 그 효과는 어떠했을까? 『사기』는 연소왕이 곽외를 높이 받들자 선비들이 연나라로 가려고 줄을 이었다고 기록했다. 또 악의樂毅가 위나라에서 연나라로 왔으며, 추연鄒衍은 제나라에서 연나라로 찾아왔고, 극신劇辛은 조나라에서 연나라로 왔다고 기록했다. 악의는 이름난 장군으로 나중에 그와 관련된 고사가 나온다. 그러나 뒷날 역사학자들의 고찰에 따르면, 『사기』의 이런 기술은 시대를 잘못 짚었을 가능성이 있다. 악의가 연나라로 온 것은 연소왕이 막 자리에 올랐을 때가 아니라 그보다 더 늦은 시기였다는 것이다. 더구나 극신은 전국시대 후기의 장군이다. 또 추연도 전국시대 후기의 사상가에 속한다. 그러나 이 점은 크게 중요하지 않다. 『사기』에 기록된 표면적인 글자만으로 속뜻을 그르치며 읽을 게 아니라 실제로 사마천이 강조한 것은 '선비들이 연나라로 가려고 줄을 이었다.'는 점이다. 연소왕이 온 마음을 다하여 현인들을 곁으로 모시며 이룬 뛰어난 효과를 돋보이려는 표현이었다.

연소왕이 가까이 모신 현인 가운데는 참으로 특수한 인물이 있었다. 이 인물은 누구였을까? 소진이었다. 소진은 이때 연나라로 왔다. 기록에는 진짜 소진도 있지만 가짜 소진도 있다. 진나라에서 유세했지만 성공하지 못하고 다시 조나라에서 유세하는 등 여섯 나라를 교묘하게 꼬드겨서 여섯 나라 재상의 관인을 허리에 찼다는 『전국책』 속의 소진 이야기는 기본적으로 거짓이다. 이는 뒷날 책사들이 꾸며낸 이야기이다. 소진 말고도 장의가 있다. 이들은 공손연이나 혜시 이후에 합종연횡으로 큰일을 이루어낸 책사들로서 이들의 사적은 그 뒤에 큰일을 이루려던 책사들이 침을 흘리며 책사 본래의 필요성을 주고받는 가운데 나왔을 가능성이 높다. 이리하여 소진이나 장의 뒤에 나온 책사들은 사실이든 사실이 아니든 이런 일들을 상상하고 과장하여 소진, 장의의 고사를 꾸며냈을 것이다. 이들이 꾸며낸 글들은 참으로 보기에는 좋지만 사실은 이른 시기 중국의 문언소설이라고 할 수 있다. 『전국책』에 기록된 소진과 장의의 고사는 대부분 거짓이다. 이 점은 사마천의 책사에 대한 부정적인 견해에도 영향을 끼쳤다. 사마천은 책사들을 '나라를 위태롭게 만드는 선비'라고 했다. 1973년, 후난 창사長沙 마왕퇴에서 『전국종횡가서』라는 백서가 출토된 이후, 진짜 소진에 대한 기본적인 이해가 이루어졌다. 그러나 전통적인 문헌 기록은 소진이 살았던 연대까지 잘못되어 있다.

소진은 대책사로서 전혀 손색이 없는 인물이었다. 그는 상대방의 마음을 헤아리는 데 정말로 뛰어났다. 상대방의 마음 헤아리기는 책사로 성공할 수 있는 첫 번째 조건이었다. 소진은 연나라에 온 뒤 연소왕을 자세히 살폈다. 그리고 연소왕이 연나라를 다시 일으켜 세우고 제나라에 당한 원한을 되돌려주려는 심사로 가득하다는 것을 알아냈다. 소진은 이 점을 누구보다 빨리 헤아렸다.

소진은 연나라에 온 지 얼마 되지 않아서 연왕에게 가만히 이렇게 아뢰었다.

"폐하, 폐하의 마음을 저는 잘 알고 있습니다."

연왕은 이렇게 되물었다.

"내가 무슨 마음을 먹고 있단 말이오?"

소진은 이렇게 말했다.

"폐하께서는 언제나 높은 누각에 오르시면 저 멀리 동남쪽을 바라보십니다. 폐하께서 제나라를 향해 원한을 갚으려는 게 아닙니까?"

이 말을 듣자 연왕은 얼른 입을 열었다.

"정말로 영리하오, 내 맘을 그대로 꿰뚫어보았소!"

연왕도 여간 호쾌하지 않았다. 그대가 이렇게 알아맞힌 이상 나도 더 이상 속이지 않겠다는 생각이었다. 그는 소진에게 이렇게 일렀다.

"그렇소, 진정한 실력자를 앞에 두고 거짓말을 할 순 없소. 그래, 나는 원수를 갚아야 하오!"

소진도 이 말을 받았다.

"제가 폐하를 돕겠습니다!"

이제 소진이 제나라에 첩자로 잠입하여 제나라를 깊은 구렁텅이로 밀어 넣으며 다시는 빠져나올 수 없도록 만든 이야기가 이어진다. 그렇다면 그 이야기는 도대체 어떻게 탄생했을까?

14장 제나라를 기우뚱하게 만든 소진 蘇秦

전국칠웅 가운데 제나라는 진나라 다음으로 강대한 국가였지만 결국 진나라에게 먹히고 말았다. 어떤 이는 진나라가 너무 강했기 때문에 제나라가 끝내 망하는 비참한 꼴을 당했다고 생각한다. 또 어떤 이는 제나라가 스스로 멸망을 자초했다고 생각한다. 자기 나라를 진나라에 공손하게 바쳤다는 것이다. 그렇다면 그처럼 강했던 제나라는 어찌하여 끝내 쇠락을 향해 나아갈 수밖에 없었을까?

제나라의 멸망은 전국시대 역사에서 참으로 극단적인 사건이었다. 제나라는 오래된 제후국으로서 전국시대에 들어오며 다른 성을 가진 인물에게 정권이 넘어갔지만 제위왕의 통치를 거치며 다시 많은 인구를 보유해 경제적으로는 부유하고 문화적으로는 앞선 동방의 강대국이 되었다. 제나라는 제후국 가운데 가장 강성한 나라 가운데 하나였다. 그런데 마지막에는 소진이라는 한낱 책사의 손에 나라를 망치고 말았다. 그렇다면 소진은 도대체 어떤 일을 했으며 어떻게 제나라를 쇠퇴하게 만들었을까?

연나라가 제나라를 향해 원수를 갚는 데 책사 소진이 결정적 역할을 했다. 그는 연소왕의 파견으로 제나라에 잠입하여 이간책을 펼쳤다. 소진이 펼친 이간책은 정보를 만드는 일도 정보를 보내는 일도 아니었다. 제나라의 군사 기밀을 연나라로 보고하는 것이 주된 임무가 아니었다. 그렇다면 그는 주로 어떤 일을 했을까? 그는 제나라가 잘못된 군사 노선을 택하여 깊은 구렁텅이에 빠지도록 온갖 계략을 동원했다.

당시 제나라 임금은 제민왕齊閔王이었다. 그는 일을 크게 벌이며 공을 세우기를 좋아했다. 소진은 이 점을 그대로 이용했다. 제민왕은 당시 송나라를 겸병하려고 온 힘을 기울이고 있었다. 소진은 제민왕이 이렇게 하도록 꼬드겼다. 제민왕이 참으로 어렵고 위험한 길을 걸으려고 했기에 소진은 아예 그를 이런 길로 가도록 인도했다. 이렇게 깊은 구렁텅이로 빠뜨리며 연나라가 복수의 목적을 달성하도록 이끌었다.

소진에 대해 먼저 분명하게 말할 것이 있다. 바로 진짜와 가짜 소진 문제이다.

『전국책』을 열면 첫 번째 부분이 「동주책東周策」이고, 두 번째 부분은 「서주책西周策」, 그리고 세 번째 부분이 「진책秦策」이다. 이 「진책」 가운데 두 번째 꼭지에 바로 연횡의 책략으로 진나라 임금에게 유세한 소진의 이야기를 기록했다. 소진은 진나라 임금에게 신바람이 나도록 의기양양하게 쉬지 않고 번드르르하게 말했지만 듣는 이는 흥미를 느끼지 않았다. 소진의 유세를 들은 진나라 임금은 바로 진혜문왕秦惠文王이었다. 그는 막 상앙을 저세상으로 보내고 저 먼 곳에서 찾아온 세객을 별로 좋아하지 않았다. 소진이 아무리 그럴 듯한 말로 연횡이 굉장히 좋다고 해도 그는 아무런 흥미를 보이지 않았다. 소진은 자기의 유세가 뜨겁게 타올라도 상대방의 마음을 흔들 수 없었으니, 결국은 어쩔 도리 없이 몸에 지닌 노잣돈도 다 날리고 땡전 한 푼 없이 돌아서야만 했다. 실패로 기가 꺾인 소진은 고향인 낙양으로 돌아왔다. 『전국책』은 고향으로 돌아온 그를 어떻게 묘사했을까? 그가

신은 신발은 다 해지고 각반도 떨어졌다고 기록했다. 옛날에는 먼 길을 떠날 때면 종아리의 아픔을 덜기 위하여 각반을 찼다. 또 그 자신은 책을 넣은 자루를 짊어졌는데, 겉모양이 초췌한데다 얼굴은 거무튀튀하여 온통 창피한 모습이었다고 기록했다. 유세에 나섰다가 부귀도 얻지 못하고 돌아왔으니 피로하고 부끄러움까지 겹쳐 그야말로 의기소침하여 낙담한 모습이 아니었겠는가!

실의에 빠져 돌아온 소진을 가족들은 어떻게 맞았을까? 『전국책』은 소진이 집으로 돌아왔을 때, '아내는 베틀에서 내려오지도 않았고, 형수는 밥솥에 불을 지피지도 않았으며, 부모는 그와 말을 하려고 하지 않았다.' 고 기록하고 있다. 밖에서 실의에 빠져 돌아왔다면 집안 식구들은 그래도 따스하게 맞아야 했지만, 결과는 어떠했는가? 그의 아내는 베틀에 앉아 베를 짜다가 남편이 돌아왔지만 거들떠보지도 않았다. 형수는 집안에서 부엌일을 관장하는 솥뚜껑 운전수였지만 돌아온 시동생의 꼬락서니를 보더니 아예 밥 한 그릇 내놓지 않았다. 아버지와 어머니는 집안에 있었지만 이 운수 사나운 자식과 말 한 마디 나누려고 하지 않았다. 가만 생각해 보라. 이것은 바로 『전국책』이 섬세하게 묘사한 부분으로 소설가의 세부 묘사 수법과 너무도 일치하지 않은가? 집안 식구들은 모두 어떤 인물들인가? 하나같이 지위나 재산에 따라 사람을 대하는 소인배였다. 이것이 바로 소진의 생활환경이었다.

확대경

집안 식구들은 모두 어떤 인물들인가? 하나같이 지위나 재산에 따라 사람을 대하는 소인배였다. 이것이 바로 소진의 생활환경이었다.

소진은 큰 자극을 받았다. 그는 이렇게 탄식했다.

"아내는 나를 남편으로 여기지 않고, 형수는 나를 시동생으로 여기지 않으며, 어머니 아버지는 나를 아들로 여기지 않으니, 이 모든 것이 다 진나라의 잘못이로다!"

소진은 이들이 자기에게 보낸 대우를 돌이켜 생각하며 그래도 하늘을 원망하거나 다른 사람을 탓하지 않았다. 오히려 맨손으로 돌아온 제 잘못을 시인했다. 소씨네 집안의 가풍에 따르면 집안의 어떤 인물이 밖으로 나가서 아무런 공명도 없이 풀이 죽어 돌아오면 소진도 그를 비웃어야 했던 것이다. 부끄러움을 아는 것이 바로 용기라고 했다. 그렇지 않은가? 『전국책』은 소진이 '밤에도 책을 꺼냈다.'고 기록했다. 집안에 쌓인 책을 모두 다시 펼쳐 놓고 큰 결심으로 부지런히 공부했다는 말이다. 소진의 이런 정신은 장의와 거의 비슷하다. 장의는 혓바닥만 있으면 됐다고 했다. 그럼 소진은? '공부에 몰두한 스님'이 된 소진은 책으로 뜻을 이루려고 했다. 그는 집안에 쌓인 책 가운데 특별히 『태공음부경太公陰符經』을 꺼냈다. 생각에 생각을 골똘히 하며 외울 것은 외우고 기록할 것은 기록하며 넓은 곳에서 출발하여 깊고 세밀한 데 이르고 요점을 간명하게 제시할 수 있도록 실질적인 주요 의미를 밝히려고 애쓰는 등 온힘을 기울였다.

밤이면 온 가족이 코를 골며 잠들었지만 그는 혼자서 책을 읽었다. 그도 피곤하여 졸음이 왔지만 그는 잠을 쫓을 수 있는 방법을 생각해 냈다. 한낮에 뾰족한 송곳을 마련했다가 깊은 밤 졸음이 오면 이 송곳으로 자기 넓적다리를 꾹꾹 찌르며 이렇게 중얼거리곤 했다.

"유세 방법을 익히면 어찌 재물과 부귀를 얻지 못하랴! 그러니 어떻게 잠을 잘 수 있단 말인가!"

이렇게 피를 뚝뚝 흘리며 못난 자신을 되돌아보았다. 이것이 바로 소진이었다. 그는 열심히 노력하기로 마음을 굳혔기에 송곳으로 자기

확대경

그는 열심히 노력하기로 마음을 굳혔기에 송곳으로 자기 넓적다리를 찌르며 졸음을 쫓을 수 있었다. 『전국책』은 이렇게 자못 만화 같은 수법으로 소진의 굳은 마음을 두드러지게 표현했다. 이는 아무도 모르는 사이에 이 인물의 대단함을 드러내는 방법이었다. 부귀와 공명을 위해서라면 피와 살로 이루어진 몸도 그대로 내던지고 자기의 넓적다리도 송곳으로 찌를 수 있다니!

소진은 깊은 산속에서 한동안 수련을 끝낸 뒤 울퉁불퉁한 근육을 뽐내며 산을 내려오는 무협 소설 속의 협객 같았다.

넓적다리를 찌르며 졸음을 쫓을 수 있었다. 『전국책』은 이렇게 자못 만화 같은 수법으로 소진의 굳은 마음을 두드러지게 표현했다. 이는 아무도 모르는 사이에 이 인물의 대단함을 드러내는 방법이었다. 부귀와 공명을 위해서라면 피와 살로 이루어진 몸도 그대로 내던지고 자기의 넓적다리도 송곳으로 찌를 수 있다니!

거의 1년 만에 소진은 『음부경』 등의 책들을 다 읽고 핵심을 터득했다. 『전국책』은 '한 해만에 연구를 성공적으로 마치고, 이제는 살아 있는 군주를 분명 설득할 수 있겠다, 소진이 이렇게 말했다.'[79]라고 기록했다. 소진은 다른 사람의 속마음을 헤아리는 기술이 비약적으로 발전하여 스스로도 숙달된 경지에 이르렀다고 판단하며 은근히 기뻐하였다. 이 정도의 숙달된 기술이라면 어떤 군주라도 설복시킬 수 있을테니! 소진은 깊은 산속에서 한동안 수련을 끝낸 뒤 울퉁불퉁한 근육을 뽐내며 산을 내려오는 무협 소설 속의 협객 같았다. 소진은 지위나 재산에 따라 사람을 대하는 소인배 같은 집안 식구들을 뒤로 하고 먼저 연나라로 와서 성공적으로 유세를 마쳤다. 그리고 다시 조나라로 가서도 역시 성공적으로 유세를 했다. 결국 그는 동방의 여섯 나라에 대한 유세를 성공적으로 끝냈다. 그리고 여섯 나라 재상 관인을 허리에 꿰

79 期年揣摩成, 曰: '此眞可以說當世之君矣!

어 찼다.

그는 초나라로 유세를 떠나는 길에 고향 집에 들렀다. 소진은 평민 출신으로 하찮은 계층에 속했다. 그가 만약 얼마 되지 않는 땅덩어리에 안주했다면 지금의 자신은 존재하지 않았을 것이다. 하층 계급에 속했던 그의 집안은 전답조차 많지 않았다. 그는 낙양으로 돌아왔다. 이번 길은 그야말로 금의환향이었다. 이제 그는 옛날의 그가 아니었다. 지금의 그는 영광으로 넘쳤다. 『전국책』은 낙양을 지난다는 소식을 들은 그의 부모가 집안 손질은 물론 길을 깨끗이 청소하고 음악에다 술자리까지 준비하고 삼십 리 밖 교외에까지 그를 영접하러 나갔다고 기록했다. 일찍이 그의 부모는 자식을 앞에 두고 거들떠보지도 않았으며 말도 한 마디 던지지 않았다. 그러나 지금, 아들이 재상 관인을 차고 돌아온다는 말을 듣자 집안은 물론 도로까지 깨끗이 청소하고 누대에는 노래꾼에 배우까지 모셨다. 이것도 부족하다고 생각한 두 어른은 낙양 교외 멀리까지 마중을 나갔다. 그럼 소진의 아내는? 감히 자기 남편을 똑바로 쳐다보지 못하고 가만히 곁눈으로 보며 공손히 남편의 말에 귀를 기울였다. 그럼 형수는? 뱀처럼 구불구불 기어가서 시동생을 맞았다. 소진과 형수의 관계는 참으로 재미있다. 『전국책』은 이 부분에서 소진이 아내와 나눈 이야기는 한 마디도 없고 오히려 형수와 나눈 이야기를 이렇게 기록했다. 소진은 형수가 땅바닥을 기어서 오자 이렇게 묻는다.

"아니, 전에는 그렇게 도도하시더니 지금은 어찌 이렇게도 겸손하십니까?"

소진의 형수는 오히려 정직하기 짝이 없었다. 아예 노골적으로 이렇게 말했던 것이다.

확대경

소진의 형수는 오히려 정직하기 짝이 없었다. 아예 노골적으로 이렇게 말했다.
"지위도 높아지고 돈도 많아졌기 때문입니다."
형수의 노골적인 말에 소진은 그대로 탄식했다.
소진의 가정에는 어떤 인물이 있었는가? 남녀노소 집안 식구가 모두 재물과 권력에 치우친 소인배들이었다.

"지위도 높아지고 돈도 많아졌기 때문입니다."

형수의 노골적인 말에 소진은 그대로 탄식했다.

"아, 가난하면 부모도 자식을 자식으로 여기지 않더니 부귀해지니 친척도 두려워하는구나! 이 세상에 힘 있는 자리와 부귀는 결코 소홀히 여길 게 아니구나!"

소진과 형수가 나눈 이야기에는 참으로 깊은 뜻이 있다. 유세에 성공한 소진은 돈도 많고 힘도 커졌다. 그러자 형수는 한 마리 뱀처럼 땅바닥을 기어서 그를 맞으러 왔다. 왜 이렇게 행동했을까? 다른 사람 마음 헤아리는 데 뛰어난 소진이 이를 몰랐을까? 알았을 것이다. 알면서도 물었다. 그러니까 깊은 뜻이 있다. 먼저 이런 물음은 소인배가 뜻을 이룬 뒤에 던지는 익숙한 모습이다. 또 이런 물음은 묻는 이의 엉큼한 심리를 드러낸다. 앞에서 우리는 『전국책』 속의 소진은 소설가의 필법으로 빚어진 가짜라고 말했다. 그 가운데 특별히 소설가의 필법에 그대로 부합하는 부분은 바로 전형적인 환경에서 빚어낸 전형적인 인물이다. 전형적인 환경이란 자연이나 산천, 그리고 이런 사회에서 생활하는 인간은 말할 것도 없고 소규모의 가정, 특별히 가정 안에서의 인간관계를 포함하여 인간이 성장하는 데 가장 구체적인 환경을 말한다. 소진의 가정에는 어떤 인물이 있었는가? 남녀노소 집안 식구가 모두 재물과 권력에 치우친 소인배들이었다. 그러기에 뜻을 이룬 소진도 재물과 권력에 따라 행동하는 인물일 수밖에 없었다. 그가 내뱉은 '아'라는 감탄사는 재물과 권력에 눈이 먼 소인배가 불행 가운데 가다듬은 확신에 찬 생활의 본질이다. 이것이 바로 문학적인 필법으로 탄생한 소진이다. 인물을 묘사하는 데 인물의 영혼까지 깊이 들어가기란 실로 간단한 일이 아니다.

그러나 여기에서 꼭 짚어야 할 것은 소진에 대한 『전국책』의 기록은 전체적으로 그를 찬미하는 심정으로 기술되었다는 점이다. 소진이 남긴 자취는 전국시대 후기 몇몇 책사들의 눈에는 그야말로 눈부시게 빛나는 본보기였다는 것이 학자들의 연구 결과이다. 그러기에 그들은 소진을 기록하면서 대부분 상상에 의지하여 소진의 공로를 하늘 끝까지 과장했다. 그들은 소진에 대한 넘치는 흠모로 군침을 흘리며 그의 이야기를 기록했을 것이다. 그러나 허구로 메워진 상상 속에도 어느 만큼의 진실은 존재한다. 이들은 부귀와 영화를 숭상했던 책사들의 영혼을 그려냈던 것이다.

> 소설가의 붓 아래 소진은 여섯 나라 재상의 관인을 차고 홀가분하게 열국을 오간 성공적인 인물로 묘사되었다. 소설가는 소진을 미화했지만 역사적인 시각으로 본다면 이는 가짜 소진이라고 할 수 있다. 역사상의 소진은 막 사회에 발을 디디고 나왔을 때 번번이 난관에 부딪쳤다. 이렇게 뜻을 이루지 못하고 있을 때, 참으로 공교롭게도 연소왕이 천하의 현인을 널리 불러들이기 시작했다. 이리하여 소진은 연나라로 와서 연소왕의 신임을 깊이 받았다. 소진과 연소왕이 책략을 의논할 때, 제나라가 이들의 눈에 들어왔다. 소진은 연나라를 위하여 도대체 어떤 일을 벌였을까?

소진蘇秦

그렇다면 역사상 진짜 소진은 도대체 어떤 일을 벌였을까? 실제로 출토된 문헌 『전국종횡가서』에 따르면 소진은 대부분의 책사 생애를 연나라를 위하여 바쳤다. 그는 연나라에 온 뒤, 연소왕이 제나라에 복수할 마음으로 가득하다는 것을 눈치채고 연나라 군주가 소원을 이루는 데 힘을 기울였다.

그렇다면 어떻게 해야 제나라에 복수할 수 있었을까? 소진은 한 가지 방법을 내놓았다. 그는 연소왕에게 이렇게 아뢰었다.

"오획烏獲은 천근이나 되는 무거운 물건도 들어 올릴 수 있는 장사였습니다. 그러나 그도 칠팔십 노인이 되자 곁에서 누가 부축해야만 걸을 수 있었습니다."

이것이 바로 연나라가 복수할 수 있는 기본 전략이었다. 어떻게 한단 말인가?

"우리는 강대한 제나라를 칠팔십 먹은 오획으로 바꾸어 누가 곁에서 부축해야만 걸을 수 있도록 만들어야 합니다."

이것이 바로 소진이 연왕과 함께 세운 계책이었다. 이제 소진을 제나라로 보내 그 나라를 깊은 구렁텅이에 빠뜨리기로 했다. 구체적으로 어떻게 했을까? 소진을 제나라에 밀정으로 잠입시켜 그가 가진 다른 사람의 마음을 깊이 헤아릴 줄 아는 장점을 유감없이 발휘하도록 했다. 소진은, 그것도 진짜 소진은 열국의 형세와 그들 사이의 이해관계, 그리고 열국 사이의 균형과 불균형에 대하여 너무도 똑똑히 꿰뚫어보고 있었다. 『전국종횡가서』에는 소진이 연소왕에게 올린 몇 마디 말이 기록으로 남아 있다.

"이번에 파견되어 제나라의 대신이 되면 먼저 제나라가 연나라를 몰래 음해하지 못하도록 하겠습니다. 또 제나라와 조나라의 관계를 소원하게 하여 갈수록 점점 멀어지게 만들겠습니다. 그리하여 폐하께서 '큰일'을 하는 데 도움이 되도록 하겠습니다. 바로 이것이 폐하께서 제게 기대할 일입니다."[80]

'큰일'이 무엇일까? 연왕이 제나라에 원한을 갚는 일이다. 소진은 이런 목적을 가지고 제나라로 왔다.

제나라로 온 소진은 온갖 계략으로 이간질하고 정탐하는 등 여러 가지 활동을 했다. 그러나 이런 일이 결코 순탄치만은 않았다. 기원전 330년, 소진이 처음으로 제나라에 온 해였다. 당시 제나라 군주는 제민왕이었다. 원래 연왕이 소진을 통해 펼치려던 이간책은 긴 시간이 필요한 책략이었다. 결과는 어땠을까? 연소왕은 원수를 갚으려는 마음이 너무 간절한 나머지 다른 사람의 주장을 좇아 군사를 일으켜 제나라를 무력으로 쳤다. 두 나라 사이에 싸움이 벌어지자 소진은 어쩔 수 없이 연나라로 돌아왔다. 이 싸움에서 연나라는 패배했다. 연나라는 제나라의 상대가 되지 못했다. 제나라를 깨뜨리려면 먼저 그 나라 내부에서 기회를 만들어 스스로 넘어지도록 만들어야 했다. 한

80 臣循用于齊, 大可以使齊毋謀燕, 次可以惡齊趙之交, 以便王之大事, 是王之所與臣期也.

차례 곡절을 겪은 뒤, 연왕은 이간책을 쓰려는 마음을 비로소 굳혔다. 소진은 다시 제나라로 파견되었다.

소진은 떠나기에 앞서 연왕에게 이렇게 말했다.

"제가 이번에 가는 데에는 아무런 문제가 없습니다. 그러나 제게 한 가지 의견이 있으니 들어주소서. 폐하께서는 이번에는 지난번처럼 하시면 안 됩니다. 저번에 폐하께서는 제가 제나라에 막 발을 들여놓기 바쁘게 그만 제나라를 치셨습니다. 두 해도 되지 않았으니, 제가 펼친 계책이 아무런 효과도 보지 못할 때였습니다. 이번에는 결코 이래서는 안 됩니다. 제가 올리는 이 말씀을 폐하께서는 깊이 새기셔야 합니다."

여기에 더하여 소진은 옛 이야기까지 하나 덧붙였다.

"옛적에 어떤 남편이 있었습니다. 그는 오랫동안 집을 떠나 멀리 나가 있었습니다. 그런데 집안에 있던 아내가 다른 사내와 눈이 맞았습니다. 집안에는 남편의 첩도 있었습니다. 얼마 뒤, 남편이 돌아올 때가 되자 이 사내는 이렇게 말했습니다.

'그대 남편이 돌아오면 어떻게 하지? 곧장 들통이 날 텐데.'

이 여자는 이미 마음의 준비가 되었다는 듯이 이렇게 대답했습니다.

'벌써 준비가 다 되었습니다. 그 양반이 돌아오면 독주 한 잔만 먹이면 끝이 아니겠습니까?'

과연 며칠 뒤 남편이 돌아왔습니다. 이 여자는 첩을 시켜 돌아온 남편에게 독주를 올리도록 하였습니다. 그런데, 이 여자에게는 숨겨둔 사내가 있지만, 첩에게는 없지 않습니까! 첩은 남편에게 정말로 충성을 다했습니다. 첩은 독주 잔을 받쳐 들고 머뭇머뭇 깊은 걱정에 잠겼습니다. 어떻게 할 것인가? 본처는 이 집안의 마님으로 나에게 남편을 죽이라고 했는데, 내가 발을 떼지 않으면 마님이야 상관없겠지만, 만약 남편을 죽이면, 남편은 억울함을 당하는 게 아닌가, 이렇게 생각했습니다. 본처야 바깥에 다른 사내가 있으니 괜찮지만, 자신은 그대로 과부가 되는 게 아닌가, 이렇게 발을 떼지 않고 머뭇거리다 한 가지 생각이 떠올랐습니다. 그녀는 짐짓 발에 무엇이 걸린 것처럼 비틀거리다가 술을 땅바닥에 엎질렀습니다. 남편은 첩의 이런 행동이 자기를 위한 것인 줄도 모르고 화를 내며 그녀를 때렸습니다."

잠시 뜸을 들인 소진은 다시 입을 열었다.

"그렇습니다. 첩은 그렇게도 충성을 바쳤지만 결과적으로 아무것도 모르는 남편에게 얻어맞았습니다. 저는 제가 제나라로 간 지 얼마 되지도 않아서 폐하 곁의 여러 대신들이 방금 말씀드린 아내처럼 행동할까봐 참으로 두렵습니다."

그리고 마지막으로 소진은 이렇게 한 마디 덧붙였다.

"그러니 폐하께서는 결코 흔들려서는 안 될 것입니다."

이 이야기를 통하여 소진은 자신을 첩에 비유했으니, 맹자가 옳고 그름을 가리지도 않고 소신 없이 남의 말을 따르는 이를 꾸짖은 일과 그대로 일치한다.

이리하여 소진은 두 번째로 제나라에 왔다. 이번에 연왕은 소진에게 150대의 수레를 내림으로써 연나라가 제나라와의 관계를 중시한다는 뜻을 표시했다. 이때, 제나라의 내정에도 약간의 변화가 있었다. 소진이 처음 제나라에 왔을 때에는 제나라의 집권자가 맹상군 전문, 곧 전영의 아들이었다. 전문은 당시 연횡을 주장하며 진나라에 접근하며 두 나라의 연맹을 강조했다. 소진이 다시 제나라에 왔을 때,

제민왕은 벌써 전문을 멀리했으며, 또 외교정책도 제민왕 자신이 주도했다. 이때 제민왕은 합종을 주장했다. 그것도 특별히 조나라와의 관계를 발전시키려고 했다. 이때 조나라는 조무령왕이 추진한 '호복기사胡服騎射' 정책이 자못 효과를 보고 있었다. 제민왕은 조나라와 좋은 관계를 유지함으로써 송나라를 합병하는 데 유리한 위치를 차지하려고 했다. 이것이 바로 제민왕의 속셈이었다. 그러나 매미 잡으려는 사마귀 뒤에 참새가 자기를 노리고 있는 줄 모른다고 눈앞의 이익에만 눈이 어두워진 제민왕의 머리 위에 또 다른 음모가 내리누를 줄이야 그 자신도 눈치를 채지 못했으니, 이는 바로 소진과 연소왕이 꾸민 음모였다. 두 가지 방향에서 이 음모는 동시에 진행되었다.

> 제나라가 송나라를 공격하도록 충동질하여 이들의 국력을 소모시킨다. 여기에 더하여 제나라를 여러 제후국이 비난하는 표적으로 만들며 위험한 경지에 빠뜨린다. 이것이 소진이 연소왕과 남몰래 꾸민 계략이었다. 처음으로 제나라에 왔을 때 소진의 이 계략은 실패했다. 그렇다면 이번 두 번째 행차에서는 이들이 세운 음모가 성공했을까?

소진이 두 번째로 제나라에 왔을 때, 제나라도 한 가지 일 때문에 머리를 앓고 있었다. 당시 진나라 임금은 진소왕秦昭王이었다. 그는 동쪽으로의 확장 정책이 연달아 성공을 거두자 왕으로 자처하는 데 만족하지 않고 황제라는 이름으로 불리고 싶었다. 자기 혼자만 황제라는 칭호를 가지기에는 외톨이가 되는 것 같아서 제나라를 끌어들여 함께 황제라는 칭호를 쓰고 싶었다. 제나라는 황제로 불리는 게 괜찮다는 생각에 칭제하려고 했다. 바로 이때 소진이 두 번째로 제나라에 왔다. 제민왕은 소진에게 이 문제에 대한 의견을 물었다. 그러자 소진은 이렇게 대답했다.

"지금과 같은 형편에 다른 나라에서 하자는 대로 하려면 안 하느니만 못합니다. 하지만 진나라의 제의를 당장 거절하지 마시고, 진나라가 칭제한 뒤 여러 제후국의 반응을 가만 살피신 뒤, 천하의 제후들이 반대를 하지 않으면, 그때 제나라가 칭제해도 늦지 않습니다. 또 천하가 모두 반대하면 폐하께서는 그만 두시면 됩니다. 그러면 온 제후들의 신임을 얻을 수 있을 겁니다. 진나라가 제나라와 함께 칭제하려는 건 바로 제나라와 연합하여 조나라를 칠 생각이 있기 때문입니다. 그러나 제가 보기에는 조나라를 치는 것보다 송나라를 치는 게 더 유리합니다. 지금 허울뿐인 칭제를 하지 말아야 천하의 제후들이 안심할 테고, 그러면 실익을 챙기며 송나라를 칠 수 있습니다. 만약 칭제를 고집하신다면 제후들이 눈을 부라리고 폐하를 노려볼 것입니다. 그러면 폐하께서는 어떤 몸짓을 취해도 불편할 것입니다."

이런 말 저런 말이 오갔지만 결국은 제나라가 칭제를 하지 말라는 소진의 태도는 그가 연소왕과 꾸민 전략과 일치했다. 바로 제나라가 송나라를 치도록 부추겼던 것이다. 일단 제나라가 송나라를 치면 제후들이 제나라를 손보려고 일어설 터이니 큰 재앙이 닥칠 게 뻔했다.

제민왕은 소진의 의견을 듣고 칭제할 생각을 거두었다. 그리고 예전처럼 스스로 왕으로 칭했다. 이렇게 되자 진나라는 제민왕을 밉게 보기 시작했다. 제나라는 진나라와의 관계가 악화된 이상 조나라를 곁으로 끌어들일 수밖에 없었다. 이는 말할 것도 없이 소진이 중간에서 중재했다. 당시 조나라의 권력자는 봉양군奉陽君 이태李兌였다. 제나라는 조나라와 아阿(지금의 산둥성 랴오청聊城 동남)에서 한 차례 회맹을 가졌다. 이 회맹은 연소왕을 약간 당황하게 만들었다. 애초에 그는 소진과 함께 제나라와 조나라의 관계를 이간시키기로 계책을 세웠기 때문이다. 그런데 지금 어떻게 소진은 제나라와 조나라를 연합시키는 중개 역할을 하고 있을까? 소진은 연소왕에게 재빨리 글을 올렸다.

"당황하지 마옵소서. 이 두 나라가 연합만 하면 제나라와 진나라의 관계는 소원해지고 제민왕은 안심하고 송나라를 칠 것입니다."

바로 이런 상황에서 제민왕은 송나라를 쳤다.

제나라는 송나라로 진격하여 몇 차례 전투 끝에 적지 않은 땅덩어리를 손에 넣었다. 그러나 이런 행동은 그 목표가 너무나 컸기에 제후들을 깜짝 놀라게 만들었다. 제나라가 정신을 차리고 살펴보니 형세가 자못 좋지 않은지라 얼른 병사들을 철수시켰다. 여기서 꼭 말하고 싶은 것은 이 전쟁에 연나라에서 도움을 주려고 파견한 장수 하나를 우쭐한 제민왕이 그만 죽였다는 사실이다. 연왕이 보인 첫 번째 반응은 불같은 화였다. 그러나 어쩔 도리 없었다. 지금 연나라는 제나라의 적수가 되지 못했던 것이다. 그러기에 책사의 권유를 받아들여 솟아오르는 화를 억지로 참았을 뿐만 아니라 사람을 보내 제왕에게 잘못을 빌었다. 작은 일을 참지 못하면 큰일을 도모할 수 없다. 현명한 연소왕은 그래도 참을 줄 알았다.

이어서 방금 말했던 제나라와 조나라가 아에서 거행한 회맹으로 다시 돌아가 보자. 진나라는 이 사실을 알고 너무도 불쾌한 나머지 조나라에 이태를 자리에서 몰아내라고 요구하며 압력을 가했다. 이태도 결코 호락호락한 인물이 아니었다. 그도 이에 상응하는 대책을 세웠다. 어떤 대책이었을까? 그는 다섯 나라 연맹을 새로 짰다. 다섯 나라란 삼진의 한나라, 조나라, 위나라에 연나라와 제나라였다. 다섯 나라의 새로운 연맹에 소진이 적지 않은 역할을 했다. 연소왕도 진나라와 맞서는 데 반대할 이유가 없었다. 오히려 제민왕은 더욱 좋아했다. 왜 그랬을까? 그는 다섯 나라가 공동으로 진나라에 맞서며 주의력을 그곳으로 옮기는 틈에 송나라를 치려는 속셈이었기 때문이다. 『전국책』「진책」에는 소진이 합종을 주장하며 동방 각국이 합종하는 데 선도자가 되었다고 했으니, 이는 당시 소진의 행동을 보아 이렇게 표현했을 가능성이 높다.

다섯 나라가 새로운 동맹을 맺으며 대대적으로 진나라와 힘을 겨루려고 할 때, 제민왕은 군사를 일으켜 송나라를 쳤다. 그는 다섯 나라가 손을 맞잡고 진나라를 향해 진공하고 있던 때에 자기 군대를 이동시켜 송나라를 공격하는 전쟁에 투입했다. 결국 다른 네 나라는 제나라가 송나라를 치려고 하자 그대로 태도를 바꾸었다. 이들에게 공동의 적은 원래 진나라였다. 그러나 이제 제나라가 이들의 적이 되었다. 이들은 진나라로 향하던 칼끝을 제나라를 치는 데로 돌렸다. 진나라는 이때에도 모든 이의 적이 아니었다. 오히려 다른 몇몇 나라와 연합하여 제나라를 손보았을 가능성이 있다. 초나라와 위나라는 지리적인 이점에 따라 군대를 파견하여 제나라와 실질적인 충돌을 했다. 동시에 한나라, 조나라, 위나라는 연나라와 연락을 주고받으며 제나라 군대가 송나라 군대와 전선에서 맞붙은 기회를 틈타서 제나라의 퇴로를 끊으려고 했다. 이런 정보에 접한 제민왕은 상황이 제나라에 불리하다는 것을 알아차렸다. 결국 두 번째로 이루어진 송나라 정벌은 다시 허사가 되었다.

제나라가 송나라를 치도록 재촉하기 위하여 소진은 연나라, 제나라, 진나라, 그리고 조나라 등을 부지런히 오갔다. 그러나 제나라는 두 차례나 송나라를 쳤지만 성공을 거두지 못했다. 그렇다면 소진은 또 어떤 계책을 떠올렸을까?

두 차례나 송나라를 쳤지만 뜻을 이루지 못한 제민왕은 그래도 단념하지 않았다. 이런 상황에서 소진도 단념하지 않았다. 그가 제나라에서 하려던 일을 이루지 못하고 제나라를 예정된 구렁텅이로 빠뜨리지 못하자 소진도 이제 조급해지기 시작했다. 이리하여 소진은 새로운 방법을 생각하며 어떤 사람에 대해 공작을 벌였다. 그는 누구였을까? 바로 조나라의 집정자 이태였다. 그는 조나라로 달려와서 봉양군 이태를 찾았다.

"어르신께서는 조나라에서 정권을 잡은 지 여러 해가 되었습니다. 그리고 이제 연세도 드셨으니 뒤로 물러설 계획을 세워야 할 것입니다."

사람은 늘그막이 되면 편히 쉴 곳을 찾아야 하는 법, 그리고 권력과 지위가 높고 기세도 대단하면 늘그막에 필요한 물질적 조건도 충분해야 한다. 소진은 이런 점에서 출발하여 이태를 향해 정신적인 공작을 벌였다. 그는 또 이렇게 일렀다.

"제나라가 송나라를 친 건 사실 작은 속셈이 있었기 때문입니다. 송나라를 손에 넣은 뒤 혼자 차지할 생각이 아니라 땅덩어리 한 쪽을 떼어내어 봉양군 어르신께서 늘그막에 지낼 곳으로 올리려고 했습니다."

이것이 바로 소진의 책략이었다. 결국 소진은 이태를 설복했다. 이는 조나라를 설복했다는 말과 다름이 없었다. 제민왕도 조나라와 연나라가 송나라를 겸병하려는 그의 뜻에 동의했다고 생각했다.

이리하여 제민왕은 이제 세 번째로 군대를 동원하여 송나라를 쳤다. 이번에는 제대로 뜻을 이루었다. 이렇게 뜻을 이루며 목적을 달성할 수 있었던 것은 송나라 내부에서 일어난 몹쓸 상황과 밀접한 관계가 있다. 당시 송나라 군주는 바로 이 나라 마지막 임금 송강왕宋康王이었다. 그는 '걸송桀宋'이라는 별호를 가졌을 정도로 정신 상태가 정상이 아니었으니 송양공宋襄公의 영혼이 몸에 붙은 것 같았다. 유전자는 어쩌지 못하는 듯 새로 태어난 송양공처럼 고루하고 진부한 생각으로 자신은 절대로 잘못을 저지르지 않는다고 생각했다. 제나라가 송나라를 호시탐탐 노려보며 침을 흘리고 있을 때, 송강왕은 열이 올라 주위의 몇몇 나라와 난처한 관계에 빠지는 것도 마다않고 설薛이나 등滕 등 자그마한 나라를 치며 만족했다. 심지어는 초나라까지 건들며 약간의 이익을 보기도 했으며 제나라와도 치고받았다. 북쪽으로는 제나라와 맞서고 남쪽으로는 초나라와 치고받으며 자기야말로 정말 대단하다고 생각했다.

기원전 286년, 제나라가 세 번째로 송나라를 치기 얼마 전, 송나라에서는 괴이한 일이 발생했다. 참새둥지에서 참매의 일종인 솔개가 날아올랐던 것이다. 점치는 이에게 길흉을 묻자 점치는 이는 복채를 챙긴 뒤 이런 헛소리를 지껄였다.

"참 좋은 현상입니다. 참새둥지에서 이렇게 커다란 참매가 날아올랐다는 건 우리 자그마한 송나라가 판을 뒤집고 패권을 차지하라는 말입니다!"

새둥지 안에서 일어난 비정상적인 현상이지만 해석이 이러니 가볍게 처신할 일이 아니었다. 그러나 송강왕은 뜻밖에도 이를 믿으며 자기가 패주가 될 수 있다는 생각에 사로잡혔다. 이제는 이 세상에 그를 어떻게 할 자가 없었다. 그는 사람을 미치게 만드는 약을 먹은 것처럼 하늘로 화살을 날리고 땅으로 매를 내려치며 국가의 종묘는 물론 토지신을 모신 사당에도 불을 질렀다. 그는 이렇게 해야 세상의 귀신이 초조한 얼굴로 자신을 두려워하고, 결국 자기가 패자의 위치에 오를 수 있다고 생각했다. 참으로 기괴하게도 그는 온 백성들에게 자기를 위해 만세를 높이 외치도록 명령했다. 그는 집안에서 술을 마시면서도 대신들에게 만세를 외치도록 했다. 이 소리를 들은 이들도 만세를 따라서 외치니 정원에서도 거리에서도 온 나라의 도성이 만세 소리로 가득했다. 미치광이는 어디에나 있다. 그러나 미쳐도 이렇게 미친 이는 참으로 보기 드물었다. 그는 송양공보다 훨씬 더 미쳤다. 송양공은 송강왕에 비하면 참으로 정상적인 사람이었다. 결국 그의 태자는 형세가 좋지 않다고 생각하며 나라 밖으로 몸을 피했다.

확대경

미치광이는 어디에나 있다. 그러나 미쳐도 이렇게 미친 이는 참으로 보기 드물었다. 송강왕宋康王은 정신 상태가 정상이 아니었으니 송양공宋襄公의 영혼이 몸에 붙은 것 같았다. 그러나 송양공은 송강왕에 비하면 참으로 정상적인 사람이었다.

제나라는 송강왕이 이미 정신병 말기에 이르렀다고 판단하고 군사를 일으켜 송나라를 공격했다. 제나라 군대가 물밀듯이 밀려오자 변경에 사는 백성이 송강왕에게 소식을 알렸다. 제나라 오랑캐가 쳐들어왔다! 그러나 정신착란에 빠졌던 송강왕은 제나라 오랑캐가 밀려온다는 말에도 그저 불쾌한 얼굴을 보이며 이렇게 말했다.

"참새둥지에서 솔개가 날아올랐는데, 어떻게 제나라 오랑캐가 쳐들어온단 말인가?"

그는 도무지 이치에 맞지 않다고 생각했다. 곁에 있던 이들은 아예 송강왕이 듣기 좋은 말만 했다. 이런 소식은 '도저히 일어날 수 없는 일'이라고 아뢰었다. 그리고 번거롭고 성가신 소식을 가져왔다며 달려온 이의 목을 베었다. 또 다른 백성이 제나라 오랑캐가 쳐들어왔다는 소식을 알리자 그의 목도 베었다. 세 번째 인물은 요령도 있고 총명했다. 그는 송강왕에게 이렇게 보고했다.

"제나라 오랑캐는 무슨 제나라 오랑캐입니까? 그런 오랑캐는 아예 보이지도 않습니다. 나라 안 백성들이 모두 이렇게 편안한데 그런 일은 있을 수 없습니다!"

이 사람의 말에 기분이 한껏 좋아진 송강왕은 큰 상을 내렸다. 이 사람은 큰 상금을 손에 쥐자 그대로 멀리 달아났다.

이렇게 제나라 군대는 신속하게 송나라를 무너뜨렸다. 제민왕의 세 번째 송나라 공격은 참으로 쉽게 끝났다.

제민왕은 당연히 기분이 좋았다. 별의별 궁리를 다하며 이렇게 여러 해를 보낸 끝에 마침내 서주 초에 세워진 역사 깊은 송나라를 무너뜨렸던 것이다. 회하淮河 북쪽 송나라의 큰 땅덩어리가 제나라 손안에 떨어지게 되었으니, 이 얼마나 멋진 일인가! 대체로 이 무렵 이태에게 보낸 예물 몇 가지도 깨끗이 잊어버리고 눈앞의 목적 달성으로 제나라는 온통 기쁨에 빠졌다.

그러나 바로 이때, 다섯 나라 동맹이 또 이루어졌다. 게다가 이번에는 다섯 나라 동맹 가운데 네 나라만 손을 잡은 게 아니라 진나라도 군대를 파견하여 제나라를 향해 옥죄었다. 제나라가 송나라를 멸한 사건은 여러 해 동안 행동을 함께하지 못하던 동서남북 여러 제후들이 함께 나서서 제나라를 손보게 만들었다. 초나라도 군대를 파견했다. 그러나 초나라의 이번 군대 파견은 그 속셈이 자못 음험하여 제나라를 돕는다는 구실을 내세웠다. 그렇다면 연나라는 어떤가? 제민왕이 별의별 궁리를 다하며 송나라를 넘어뜨리려고 했던 것처럼 연나라도 여러 모로 궁리하고 계산하며 제나라에 복수하려고 했다. 제나라가 이제 천하 제후들의 적이 되자, 연나라는 마침내 복수할 기회를 만났다. 역사는 연나라가 내보낼 수 있는 군대를 모두 파견했다고 기록했다. 게다가 연소왕은 나라 안에서 가장 재능이 뛰어난 대장군 악의를 상장군으로 파견했다. 악의는 진나라, 한나라, 조나라, 위나라의 군대를 모두 지휘하게 되었다. 제후 연합군은 서북 방면에서 제나라로 대거 진입했다. 제서濟西에서 제후 연합군은 제나라 수비군을 대파했다. 그 뒤, 진나라는 삼진의 군대와 더불어 철군했다. 그러나 연나라는 아직도 복수가 제대로 이루어지지 않았다고 생각했다. 악의는 군대를 지휘하여 계속 제나라 깊숙이 들어갔다. 악의의 군사적 재능은 이번에 충분히 드러났다. 그가 지휘하여 이끈 군대는 승승장구 파죽지세로 밀어붙이며 제나라의 도성 임치臨淄를 압박했다. 제민왕은 멀리 내뺄 수밖에 없었다. 그 당시 제나라 군대가 연나라에 들어왔을 때처럼 연나라 군주도 제나라 도성에 있던 보물과 제사에 필요한 기물을 모두 연나라로 옮겼다. 그제야 연소왕은 기뻐하며 직접 제수濟水 강변으로 찾아와 군사의 노고를 치하했다. 이 자리에서 연소왕은 악의를 창국군昌國君에 봉했다. 악의가 제나라에 온 지 5년, 제나라의 70개 남짓한 성읍을 손에 넣었으니, 제나라는 거의 연나라 차지가 된 셈이었다. 함락되지 않은 곳은 겨우 즉묵卽墨과 거莒뿐이었다.

그렇다면 제민왕은 어떻게 되었을까? 앞에서 악의가 임치를 공략할 때 멀리 내뺐다고 말했다. 그는 먼저 위衛나라로 달려갔다. 그리고 위나라에 섞여들어 잘난 체하며 거들먹거렸다. 먹을 것까지 차지하며 거드름을 피웠다. 위나라 사람들은 이 모양을 보자 그를 손보려고 했다. 그러자 그는 어쩔 수 없이 다시 노魯, 추鄒 같은 자그마한 나라로 내뺐다. 하지만 이전과 마찬가지로 거들먹거리며 남의 존경을 받지 못했다. 견딜 수 없었던 그는 마지막으로 다시 자기 나라 거莒로 달려갔다가 결국 제나라를 돕는다는 깃발을 세우며 나섰던 초나라 군사의 손에 들어갔다. 초나라 장군 요치淖齒는 도리에 어긋난 그의 여러 잘못을 하나하나 통쾌하게 꾸짖은 뒤 그의 넓적다리힘줄을 발라내고 나무에 매달아 죽을 때까지 내버려두었다.

제나라는 몇 대에 걸친 앞선 임금의 훌륭한 통치로 강성한 국가로 발전했지만 제민왕의 손에 이렇게 큰 재난을 자초하고 말았다. 제민왕이나 송강왕이 염라대왕 앞에서 부를 소곡小曲은 모두 '죽음을 모르는 귀신'이었다.

확대경

제민왕이나 송강왕이 염라대왕 앞에서 부를 소곡小曲은 모두 '죽음을 모르는 귀신'이었다.

그렇다면 사람들은 이렇게 물을 수 있다.

"제나라를 재난으로 몰아넣은 소진은 어떻게 되었죠?"

소진은 죽었다. 제후들의 군대가 제나라를 공격하며 제민왕이 임치를 빠져나갈 즈음에 죽었을 것이다. 그가 쓴 이간책이 크게 성공을 거두었을 때, 진상은 분명해졌다. 그러기에 제민왕은 자기 넓적다리힘줄이 발리기 전에 어쩌면 바쁜 와중에도 여유를 가지고 그를 해치웠을지 모른다.

물론 이로써 제나라가 완전히 끝장난 건 아니었다. 제나라는 다시 나라를 세울 수 있었다. 그렇다면 제나라는 어떻게 다시 나라를 일으켜 세웠을까? 게다가 앞으로 일어날 제나라의 발전은 전국시대에 어떤 영향을 끼쳤을까?

15장 나라를 다시 일으켜 세운 전단 田單

연소왕은 복수를 위해 소진을 제나라에 잠입시켰다. 그리고 남몰래 꾸민 계략을 성공적으로 달성했다. 제민왕은 피살되고 제나라는 겨우 성읍 두 곳만 남긴 채 나머지는 모두 연나라에 점령당했다. 제나라는 순식간에 멸망의 운명에 처하게 되었다. 이런 위급한 고비에 제나라를 다시 일으켜 세울 영웅이 나타났다. 바로 전단田單이었다.

연나라 대군은 악의의 지휘 아래 대거 제나라로 밀고 들어와서 제나라의 도성을 포함하여 모두 70개 남짓한 성읍을 함락했다. 그러나 제나라는 멸망하지 않았다. 영웅적인 인물이 앞으로 나서서 제나라를 다시 일으켜 세웠던 것이다.

연소왕은 소진과 힘을 합쳐 마침내 강대한 제나라를 쇠퇴의 경지로 몰아넣었다. 천하를 두고 어깨를 겨루던 전국칠웅 가운데 맨 먼저 위나라가 나가떨어졌다. 그 다음이 초나라였으며, 이어서 제나라가 그 뒤를 이었다. 이 세 나라의 쇠퇴는 그대로 자업자득이었다. 노자가 '세상 사람들이 아름다움으로 알고 있는 아름다움은 바로 추함이다.'[81]라고 한 말은 참으로 훌륭하다. 쇠퇴한 세 나라 제후들은 자기들

81 天下皆知美之爲美, 斯惡已.

의 정책이 하나같이 아름답다고 생각했으며 이 정책으로 빚어질 앞날도 아름다울 것이라고 믿었다. 그러나 문제는 이들이 '아름다움을 아름다움으로만 알 뿐이지', '아름다움' 뒤에 숨은 위험을 모른다는 데 있었다. 제민왕이 제나라를 망친 것이 연소왕이 소진과 함께 이간책을 쓴 결과처럼 보이지만 사실 진정으로 '제나라를 망친 선봉'은 제민왕 자신이었다. 그가 없었다면 연나라가 남몰래 꾸민 계책은 목적을 달성하기 힘들었다.

연나라의 복수 이야기를 계속해보자. 연소왕은 복수를 하며 벌인 전 과정을 통하여 사실상 알게 모르게 두 가지 방법을 썼다. 남모르게 쓴 방법은 소진의 이간책이었으며, 드러나게 쓴 방법은 악의의 공략이었다. 연소왕이 덕망 높고 현명한 인물을 널리 불러들일 때 악의도 연나라로 왔다. 이때 그는 연소왕에게 이렇게 말했다.

"제나라에 복수하려면 어쨌든 연합전선을 펼쳐야 합니다. 조나라, 위나라와 연합하고 초나라도 불러들이는 게 좋습니다."

여기에 더하여 악의는 이렇게 건의했다.

"조나라를 통하여 진나라에 이렇게 전해야 합니다. 우리가 연합하여 제나라를 치려는데 이는 진나라에도 유리하다고 말입니다."

연소왕은 악의가 내놓은 방법이 훌륭하다고 생각했다. 그리하여 그를 장군으로 앉히고 외교사절을 이끌고 열국을 돌도록 하였다. 소진은 이간책으로 제민왕과 제나라를 불더미 위로 올려놓으며 그의 임무를 성공적으로 완수했다. 그러자 연나라는 다른 한쪽 주먹을 내질렀다. 바로 악의를 앞세운 공략이었다. 이제 그를 유용하게 써먹을 때가 되었던 것이다. 악의는 먼저 조나라, 위나라, 그리고 진나라 등 여러 나라의 연합군을 이끌고 제서에서 제나라 군대를 대파하고 그

확대경

전국칠웅은 다양한 각도에서 균형을 이룬 형국이었다. 어느 한 나라가 멸망하여 없어지면 이 균형이 깨어질 수밖에 없었기에 이익을 얻지 못한 나라들은 한사코 가만 있으려하지 않았다.

들의 주력군을 소멸시켰다. 그 뒤, 연나라 군대를 이끌고 계속 제나라 깊숙이 힘차게 나아갔다. 다른 여러 제후국 군대는 철수하여 자기 나라로 돌아갔다. 그 이유는 철수가 그들의 이익에 부합했기 때문이다. 전국칠웅은 다양한 각도에서 균형을 이룬 형국이었다. 어느 한 나라가 멸망하여 없어지면 이 균형이 깨어질 수밖에 없었기에 이익을 얻지 못한 나라들은 한사코 가만 있으려 하지 않았다. 바로 이 때문에 조나라, 위나라, 그리고 진나라 등 몇 나라는 제서에서 제나라 주력군을 무릎 꿇리고 제민왕에게 송나라에서 철군하도록 으름장을 놓은 뒤 자신들도 철군했다. 그러나 연나라는 복수하려고 은밀하게 계략을 꾸민 지 오래였다. 제나라는 당초 연나라에서 일어난 내란을 틈타 연나라로 쳐들어가서 이 나라의 보물과 제기를 약탈하여 자기 나라로 가져가지 않았던가? 인과응보라고 했다. 이제 연나라도 눈에는 눈, 이에는 이라는 생각으로 제나라의 보물을 자기 나라로 약탈해 갔다.

그러나 이런 일을 하려면 속도가 빨라야 했다. 진나라, 조나라, 위나라 등은 철군했지만 그들이 만약 연나라가 제나라에 대하여 야심을 품고 있다고 생각되면 제민왕을 손본 것처럼 그대로 밀고 들어와서 연나라를 가만두지 않으려 할 것이다. 바로 악의의 재간이 필요할 때였다. 악의는 제나라를 공략하는 데도 참으로 빠르고 날랬다. 아주 짧은 시간 안에 제나라의 70곳 넘는 성읍을 손에 넣었다. 그러나 연나라 군대가 임치를 점령한 뒤에는 침략자의 면모를 감추지 못했다. 『사기』「악의열전樂毅列傳」에는 '악의는 임치에 쳐들어온 뒤, 제나라의 보물과 제기를 몽땅 연나라로 옮겼다.'[82]라고 기록했다. 이를 본 연소왕은 기분이 한껏 좋아서 친히 군사의 노고를 치하했다. 그러나 이때 악의의 생각은 당시 제선왕의 군대가 연나라에서 벌인 행동과는 전혀 다른 곳에 있었다.

악의는 제나라 대부분을 신속하게 평정했지만 두 개의 성읍만은 끝내 손에 넣지 못했다. 앞에서 이야기했듯이 두 개의 성읍이란 거莒와 즉묵卽墨이다. 이제 그가 힘을 모아 이 두 곳의 성읍을 손에 넣으려고 했을 때, 하늘은 그의 편이 아니었다. 연소왕이 세상을 떠났던 것이다. 중국 옛 정치철학 가운데에는 이른바 황로지술黃老之術이 있다. 그 가운데 군주가 어떻게 장생을 누릴 것인가, 즉 장수에 대한 내용을 주로 다룬 부분이 있다. 고대 체제에서 유능한 군주의 장수와 정책의 안정은 바로 나라의 행운이었다. 연소왕의 죽음은 제나라에 있던 악의의 행동에 직접적으로 영향을 끼쳤다. 연소왕의 용맹과 재기는 악의의 행동에 힘을 실어 주었다. 그러했기에 악의는 제나라에서 자기 재능을 유감없이 펼칠 수 있었다. 그러나 이제 연소왕이 세상을 떠났으니 이는 악의에게 큰 부담이었다. 그가 진행하던 일을 계속 이어나가기 힘들어졌기 때문이다.

새로 자리에 오른 연왕은 누구였을까? 혜왕惠王이었다. 그는 태자의 자리에 있을 때 악의와 별로 좋은 관계를 유지하지 못했다. 무슨 까닭이었는지 역사는 아무런 기록을 남기지 않았다. 임금의 사랑을 받는 대신은 어떤 일이 있어도 임금 곁의 태자에게 주의를 기울이지

82 樂毅攻入臨淄之後, 盡取齊寶物祭器輸之燕.

확대경

임금의 사랑을 받는 대신은 어떤 일이 있어도 임금 곁의 태자에게 주의를 기울이지 않는 경우가 많다. 그러다가 이것이 오히려 후환이 된다. 태자가 자리에 오르면 이 대신이 국가에 끼친 큰 공헌은 물론 그가 가진 나라 다스리는 큰 재간도 따지지 않고 먼저 내치려고 했다.

않는 경우가 많다. 그러다가 이것이 오히려 후환이 된다. 태자가 자리에 오르면 이 대신이 국가에 끼친 큰 공헌은 물론 그가 가진 나라 다스리는 큰 재간도 따지지 않고 먼저 내치려고 했다.

연혜왕이 자리에 오르자 제나라는 이것이 바로 하늘이 준 기회라고 생각하며 악의와 새 임금 사이에 불화를 일으키며 이간질을 시작했다. 악의가 자기 나라에 들어온 지 벌써 여러 해가 되었지만 70개 넘는 성읍을 점령하고도 단 2개의 성읍을 손에 넣지 못하고 있으니 이는 그에게 다른 생각이 있기 때문이라며 연혜왕을 부추겼다. 다른 생각이란 무엇일까? 그들은 악의가 새로 자리에 오른 연왕에게 불만을 품고 있다며 말을 만들었다. 또 그가 오랫동안 이곳에 버티고 있다가 제나라의 임금이 될 생각을 가지고 있다는 말까지 덧붙였다. 제나라 사람들은 악의가 오랫동안 이곳에 머무는 것을 환영한다는 말까지 보탰다. 제나라는 이런 소식을 연나라에 알렸다. 혜왕은 악의를 부정적으로 생각했던 터라 이 소식을 듣자 두말하지 않고 기겁騎劫을 장군으로 임명하여 악의의 병권을 빼앗은 뒤 그 자리에 앉혔다. 악의는 어쩔 수 없이 조나라로 달아났다. 조나라에서는 당연히 그를 환영하며 그 자리에서 망제군望諸君으로 봉했다.

악의의 역사상 고사는 여기에서 기본적으로 끝난다. 망제군이 된 악의는 이제 다시는 역사가가 대서특필할 만한 어떤 행동도 하지 않았다. 그러나 악의는 염파廉頗나 백기白起 같은 전국시대의 일반적인 장군과는 달랐다. 그가 남긴 글이 세상에 전해 오고 있기 때문이다. 중국인으로서 제갈량을 모르는 이는 없다. 제갈량은 젊은 시절 걸핏하면 자신을 관중이나 악의에 견주곤 했다. 그러나 당시 사람들은 이를 인정하지 않았다. 안목도 그렇고 그런 보통 사람 눈에는 아직 젊은 제갈량이 참으로 수려하게 생겼지만 이들과는 다르다는 것이었다. 『삼국지』는 박릉博陵의 최주평崔州平이나 영천潁川의 서서徐庶만이 제갈량이 스스로 비교할 수 있는 인물이라고 인정했다. 실제로 제갈량은 분명 악의와 너무도 비슷하다. 바로 그의 『출사표出師表』가 그러하다. 옛적에 『출사표』를 읽고 눈물을 흘리지 않는 이는 충신이 아니라는 말이 있었다. 어떤 학자는 이 『출사표』가 바로 악의의 『보연왕서報燕王書』를 참고했다고 말할 정도이다. 악의가 쓴 이 편지는 무엇일까?

악의가 달아난 뒤, 연나라 군대는 제나라에서 더 이상 버틸 수 없었다. 기겁은 근본적으로 임무를 수행할 능력이 없었다. 이때가 되어서야 연혜왕은 일을 그르쳤다고 생각하며 악의에게 편지를 썼다.

"내가 다른 사람의 말을 잘못 들었던가 보오. 그래서 그대 자리에 다른 이를 앉혔던 거요. 그러나 내 본심은 그대가 밖에서 너무 고생하며 신고를 겪었기에 잠시 쉬게 하고 싶었던 거요."

악의는 연혜왕의 편지를 받고 답신을 보내지 않으면 예의가 아니라고 생각하며 붓을 들었다. 그는 당시 자신이 연소왕에게 의탁하며 함께 계책을 세운 일을 먼저 이야기했다. 그는 대신이 된 자는 임금의 지지가 있어야 하지만 군주가 마음을 바꾸어 한을 품은 채 끝내야 하는 경우도 많다는 말도 덧붙였다. 그 예로 그는 오자서伍子胥를 들었다. 오왕吳王 합려闔閭가 그를 신임했기에 그는 오나라 군대를 이끌고 나아가서 신속하게 초나라의 수도 영도郢都를 쳤지만 새로 임금의 자리에 오른 부차夫差는 그를 다시는 신임하지 않고 죽음으로 몰아넣었다. 오자서는 죽기에 앞서 자기 눈알을 도려내어 성문 위에 걸어 달라고 말했다.

"오나라가 어떻게 망하는지 내 눈으로 보아야겠소!"

이런 일화는 그 쓰임이 매우 적절하다. 이 외에도 악의의 편지 속에 쓰인 한 마디 말은 지금도 널리 전해 내려온다. 그는 군자란 '관계가 멀어졌다고 그 사람의 악담을 해서는 안 된다.'[83]라고 말했던 것이다. 이 말은 『사기』「악의열전」에 기록으로 전한다.

확대경

전국시대는 품위 있는 행동을 별로 중시하지 않던 시대였다. 난폭한 기운만이 무겁게 드리워졌고 폭력이 설치던 시대였다.

전국시대는 품위 있는 행동을 별로 중시하지 않던 시대였다. 난폭한 기운만이 무겁게 드리워졌고 폭력이 설치던 시대였다. 그러나 이 편지에는 끈끈한 정이 가득하여 악의에게 광채를 한껏 더하고 있다.

연소왕이 세상을 떠난 뒤, 이제 막 자리에 오른 연혜왕은 제나라가 펼친 이간책에 말려들며 악의를 제거하고 기겁에게 군사를 맡겨 공략하도록 했다. 그렇다면 거와 즉묵, 이 두 성은 어떻게 그렇게 견고했을까? 성안에 있던 이들은 어떤 일을 했을까?

사건은 또 다른 방향으로 나아갔다. 우리가 방금 이야기했듯이 악의가 제거되자 상황은 걷잡을 수 없는 상태로 진행되었다. 만약 악

83 交絶不出惡聲.

의를 교체하지 않았더라면 결과는 어떠했을까? 많은 이들은 악의를 바꾸지 않았더라도 연나라 군대가 제나라에서 맺은 결과는 좋지 않았을 것이라는 결론을 내린다. 왜일까? 연나라 군대는 제나라에 진입한 뒤 보물과 종묘의 제기를 약탈하며 완전히 침략군 행세를 했다. 그러니 제나라 사람들이 가만히 있을 리가 없었기 때문이다. 게다가 당시 여러 강자들이 병립하던 형세 속에서 다른 제후들도 제나라가 당하는 꼴을 가만히 두고 볼 리 없었다. 실제로 연나라 군대는 제나라에서 저항과 반격을 받고 있었다.

악의는 군대를 이끌고 제나라에 막 들어와서 이 나라의 몇몇 인물을 이용하려고 했지만 오히려 거절을 당했다. 제나라 화읍畵邑에는 왕촉王蠋이라는 현인이 살고 있었다. 학자들의 고증에 따르면, 왕촉은 원래 직하학궁에서 존경받던 스승이었으나 제민왕 때 직하학궁이 쇠락하자 자기 고향으로 돌아와서 머물렀다고 한다. 악의는 군사를 이끌고 제나라에 들어온 뒤, 왕촉이 거주하고 있던 곳을 더욱 보호하고 어떤 이도 여기서 소란을 피우지 못하도록 명령을 내렸다. 또한 악의는 직접 왕촉을 찾아갔다.

"선생께서는 현인이라고 들었습니다. 선생을 장군으로 봉하고자 하오니, 바라옵건대 우리와 힘을 합하여 이 전쟁에 도움을 주시옵소서."

악의는 잠시 말을 멈추었다가 다시 입을 열었다.

"제가 선생께 일만 호를 드려 부귀한 생활을 누릴 수 있도록 하겠습니다."

이 말을 들은 왕촉의 대답은 지금도 중국인들에게 회자된다.

"열녀는 두 사내를 모시지 않고, 충신은 두 임금을 섬기지 않소."

이렇게 악의의 요청을 단호하게 거절했다. 그는 악의가 다시는 이런 생각을 가지지 못하도록 악의가 자리를 떠나자 그대로 목을 매어 세상을 버렸다. 이것이 바로 지식을 갖춘 제나라 원로의 모습이었다.

문헌에는 이제 겨우 열 살 남짓한 소년이 침략군에 반항한 일이 기록으로 남아 있다. 왕손고王孫賈라는 소년의 반항은 요치가 제민왕을 죽인 뒤에 일어났다. 초나라 군대는 겉으로는 제나라를 돕는다고 했지만 실제로는 연나라 군대보다 더 악랄하게 행동했다. 요치는 제나라의 대권을 장악한 뒤, 제민왕의 넓적다리힘줄을 발라내고 죽음으로 몰아넣었다.

확대경

초나라에서 온 장군이 제나라 임금을 죽였다. 그러자 제나라 사람들의 마음은 그대로 불타올랐다. 나라 사랑하는 마음이 솟아올랐던 것이다.

초나라에서 온 장군이 제나라 임금을 죽였다. 그러자 제나라 사람들의 마음은 그대로 불타올랐다. 나라 사랑하는 마음이 솟아올랐던 것이다. 제나라 임금이 아무리 나빠도, 또 아무리 덕이 없어도, 다른 나라에서 온 장군이 그분을 죽이는 일이 어떻게 가능하단 말인가! 이때, 영웅적인 소년이 앞으로 나섰으니, 그가 바로 왕손고였다. 이 영웅적인 소년 뒤에는 영웅적인 어머니가 있었다. 왕손고의 어머니는 아들에게 이렇게 말했다.

"너도 이제 열 살이 되었으니 정치를 알아야 할 나이이다. 그런데 네가 날마다 이른 아침에 집을 나가서 밤이 되어서도 돌아오지 않으면 어미는 문간에서 기다리며 널 생각한다. 또 저녁에 나갔다가 이른 새벽이 되어도 돌아오지 않으면 이 어미는 골목어귀까지 나가서 널 기다린다. 지금 우리 임금께서 좋든 싫든 다른 나라 사람에게 목숨을 내놓았으니 이제 다시는 돌아오시지 못하게 되었다. 그러니 어찌 백성이 된 우리가 나랏일에 가만있을 수 있겠느냐?"

어머니의 말은 왕손고의 용기를 북돋워 주었다.

소년은 이 말을 듣자 피가 끓어올랐다. 영웅적인 기개가 용솟음쳤다. 그는 용감하게 큰길로 나아가서 소리 높여 외쳤다.

"초나라 사람 요치란 놈이 우리 임금을 죽였소. 나와 함께 원수를 갚을 이는 좌단左袒하시오!"

'좌단'이란 옛 의식의 하나로서 왼쪽 어깨의 맨살을 드러낸다는 뜻이다. 그가 이렇게 여러 사람을 향해 호소하자 많은 이들이 앞으로 나서며 그와 함께 행동하기로 했다. 이리하여 이들은 그대로 요치가 있는 곳으로 내달았다. 요치를 찾아내자 이들은 그의 반응을 기다리지도 않고 그대로 그의 목을 내렸다. 요치는 꿈에도 생각 못했겠지만 소년의 손에 목숨을 잃고 말았다.

한 원로와 소년의 이야기를 통하여 우리는 제나라 백성들의 기본적인 정서를 대체로 읽을 수 있다. 그러나 단 한 사람만으로는 어쩔 수 없다. 또 얼마 되지 않는 이들의 의분과 용기만으로도 망해가는 제나라 문제를 해결할 수 없다. 지금 제나라에 필요한 것은 영웅이었다. 다행히도 오랜 역사를 가진 나라에 영웅이 없을 리 없었다. 제나라에 꼭 알맞은 영웅이 때맞춰 나타났으니, 바로 전단田單이었다.

확대경

지금 제나라에 필요한 것은 영웅이었다. 다행히도 오랜 역사를 가진 나라에 영웅이 없을 리 없었다. 제나라에 꼭 알맞은 영웅이 때맞춰 나타났으니, 바로 전단田單이었다.

이름만 보아도 알 수 있듯이 전단은 제나라 종실로서 제선왕이나 제민왕과 같은 성씨였으며 왕실의 먼 일파였다. 전단은 재간이 넘쳤다. 게다가 다양한 방책을 쓸 줄도 알았다. 그러나 평화로운 시기에는 넘치는 재간에 다양한 방책이 있어도, 왕실과 동족 관계에 있어도 재능을 펼칠 수 있는 공간이 주어지지 않았다. 전

⬆ 제후들이 패권을 다투던 시기에 사용한 전투용 '작은 수레'
–'작은 수레'라고는 하지만 사실은 조금도 작지 않다. 수레의 길이는 3m 안팎, 차실車室에는 세 사람이 앉을 수 있다. 갑옷을 입고 활을 든 오른쪽 병사가 우두머리이다. 왼쪽에 앉은 병사는 긴 창을 들고 적을 찔러 죽이는 임무를 가진다. 그리고 갑옷을 입고 중간에 앉은 병사는 이 수레를 운전하는 책임을 진다.

단은 시장 관리를 책임지는 하찮은 벼슬아치인 시연市掾이었다. 『논어』에서 공자는 '부귀를 얻으려면 내 비록 채찍을 잡더라도 이 일을 하겠다.'라고 말했다. 여기에서 공자가 말한 '채찍을 잡는 일'이 바로 시장을 관리하는 벼슬아치였다. 이들은 온종일 채찍을 들고 여러 사람 앞에서 이래라저래라 소리를 높여야 했다. 또 이들은 백성들에게 몹시 사납게 굴었기에 너절하고 더러운 사내라는 말을 들었다. 전단은 바로 이런 벼슬아치였다. 그는 집안 식구를 부양하기 위해 이렇게 저자에까지 끼어들었다. 난세에 영웅이 나고 정국이 요동칠 때 충신이 나타나게 마련이다. 제민왕이 나라를 망치자 전단은 영웅으로서의 본색을 분명하게 드러냈다.

당시 임치가 깨지자 성안에 있던 전단은 어쩔 수 없이 가족을 이끌고 안평安平(지금의 산둥성 쯔보시淄博市 린쯔臨淄 동쪽 부근)으로 도피했다. 안평도 위험스러워지자 그는 가족들을 이끌고 달아나려고 했다. 이번에 그는 즉묵으로 갈 생각이었다. 가족과 함께 가려면 수레가 필요했다. 옛날에 사람을 태우는 수레는 굴대가 참으로 길었다. 두 개의 수레바퀴 밖으로 한 마디나 더 뻗어 나갔다. 이를 일러 곡轂이라고 했다. 굴원의 '수레의 곡이 부딪치고 짧은 칼이 날카롭게 접전을 펼치네.'[84]라는 시에 나오는 '곡轂'이 바로 굴대가 밖으로 뻗어 나온 부분이다. 전단은 이 굴대의 긴 곡을 보자 밖으로 뻗어 나온 한 부분을 잘라내라고 분부했다. 그리고 여기에 쇠로 만든 테를 두르도록 했다. 사람들은 처음에는 무슨 뜻인지 몰랐지만 몸을 피해 탈출할 때에는 그 뜻을 알게 되었다. 안평 성 밖 큰길에는 몸을 피해 탈출하는 수레로 가득했다. 이때, 수레바퀴 밖으로 길게 내민 굴대는 큰 골칫거리였다. 모두가 뒤질세라 앞을 다투는 마당에 밖으로 길게 내민 굴대 때문에 이리 부딪치고 저리 부딪치며 수레가 뒤집히기도 했고 두 대의 수레가 서로 밀치고 제치느라 오히려 움직일 수 없게 되기도 했다. 참으로 이리저리 뒤엉켜 혼란스럽기 짝이 없었다. 하지만 전단 가족이 탄 수레는 굴대가 짧았기에 이 틈을 비집으면서도 걸리거나 부딪치지 않고 빠져나갈 수 있었다. 위험한 상황을 술술 빠져나와 탈출할 수 있었다. 전단의 넘치는 지혜가 잠깐이나마 모습을 드러낸 순간이었다.

전단 일행이 즉묵에 왔을 때, 제민왕은 이미 세상을 떠난 뒤였다. 얼마 뒤, 성을 지키던 즉묵의 대부도 세상을 떠났다. 이렇게 큰 성읍

84 車錯轂兮短兵接. 굴원의 시 『국상國殤』에 나오는 한 구절이다.

에 백성을 이끌 지도자가 없어서야 되겠는가. 모든 사람들은 그들을 이끌며 성을 지킬 지도자로 전단을 추대했다. 이리하여 지략이 넘치는 전단은 제나라를 다시 일으켜 세울 자리에 올라섰다.

전단은 군사와 국정을 책임질 큰 임무를 짊어진 고관도 귀인도 아니었다. 그는 임치성臨淄城의 말단 벼슬아치로서 제나라 임금과 종씨이기는 했지만 그 관계는 상당히 멀었다. 전단은 당시 제나라에 거와 즉묵 두 지방만 남았다는 사실을 잘 알고 있었다. 그리고 강대한 연나라에 견주어 제나라의 실력은 너무나 보잘 것 없다는 사실도 잘 알고 있었다. 이런 상황에서 연나라를 향해 경솔하게 대들었다가는 실패할 게 너무도 분명하다는 사실도 잘 알고 있었다. 그렇다면 이렇게 불리한 상황에서 전단은 어떻게 행동했을까?

전단은 지도자로 추대된 뒤, 백성들을 조직하여 성을 손보고 전쟁 준비에 들어갔다. 그는 이 동안에 한 가지 이상한 일을 벌였다. 성안에 남은 제나라 사람에게 날마다 정원에서 조상을 위해 제사를 모시도록 명령했던 것이다. 그러자 새들이 큰 무리를 지어 성안의 집집마다 정원 위로 날아와서 맴을 돌았다. 이런 모습을 본 연나라 사람들은 참으로 기괴하게 느꼈다. 그들은 이것이 전단의 계책일 줄이야 전혀 눈치 채지 못했다. 전단은 연나라 사람이 속임수에 넘어갔다는 사실을 알고 사방에 유언비어를 퍼뜨렸다.

"신이 하늘에서 인간 세상으로 내려와서 나에게 시의적절한 대책을 일러주었다."

당연히 연나라 사람이 잘 듣도록 퍼뜨렸다. 그 뒤, 그는 다시 성 안에 있는 이들에게 이런 내용을 퍼뜨리도록 명령했다.

"신이 내려와 우리 제나라 군대의 참모가 되었다."

즉묵의 병사 중에 좀 덜렁대는 녀석이 있었다. 그는 이 말을 듣고 전단에게 이렇게 말했다.

"어르신, 신이 하늘에서 내려왔다는데, 그 말씀이 옳다면, 제가 아니겠습니까? 요 이틀 동안이 지난날과는 어떻게 이렇게 다르게 느껴질까요?"

말을 마치자 전단이 믿지 않을까 두려워진 그는 얼른 내빼려고 했다. 전단이 이렇게 말할 줄은 생각지도 못했던 것이다.

"맞네, 맞아, 바로 자넬세!"

그는 자기의 운명을 바꿀 만한 헛소리가 참말이 될 줄은 예상도 못했다. 전단은 그를 불러 얼굴을 동쪽으로 향하여 꿇어앉아 큰 예를 올리도록 하였다. 그는 이 상황을 받아들이지 못하고 어쩔 줄 몰라 쩔쩔매며 얼른 입을 열었다.

"어르신, 제가 그만 어르신을 속였습니다. 제가 어떻게 신이 될 수 있겠습니까?"

그러나 전단이 무표정한 모습으로 그에게 이렇게 이를 줄은 몰랐다.

"앞으로 그런 말은 하지 말게, 자넨 신이야! 알아 두게, 앞으로 다시는 자네가 신이 아니라는 말은 해서 안 되네!"

이리하여 전단은 그를 모든 사람 앞에서 추천하며 이렇게 말했다.

"이 분이 내가 말한 신사神師로서 우리 제나라를 구해줄 구세주요!"

그러고 나서 전단은 이 신사의 이름을 빌려 말씀을 내려 보냈다.

"우리는 연나라 사람들이 우리 제나라 성 밖에 사는 백성들의 코를 베어낸다는 사실을 정말 무서워한다. 연나라 사람들은 이들 코가 없는 이들을 대오의 앞에 세워 우리를 향해 진공하게 만든다. 코가 없는 이들이 뻥 뚫린 콧구멍을 우리에게 향한 채 진공하면 우리는 분명히 무너진다. 이것은 내가 한 말이 아니라 신이 한 말이다."

연나라 사람은 이 말을 듣자, 신이 그렇게 말했다면 그렇게 한번 해 보자, 이렇게 생각했다. 연나라 사람은 성 밖에 사는 제나라 사람의 코를 베어냈다. 속임수에 넘어간 연나라 사람들이 제나라 백성의 코를 베어내려고 하자 성 밖에 사는 제나라 백성은 이들을 당연히 미워했다. 오히려 그들의 군대인 체하며 아무것도 하지 않았고, 또 코가 베이지 않은 이들은 아예 멀리 도망을 갔다. 성을 지키던 제나라 사람은 연나라 사람이 투항한 이들에게까지 이렇게 잔인하게 행동하는 것을 보자 스스로 의지를 굳게 다졌다.

이것이 바로 전단의 특징이다. 가짜 신을 만들어 자기의 신사로 삼은 목적은 무엇이었을까?

"미신을 수단으로 하여 가르친다."

바로 이것이 답이었다. 그는 당시 일반인들의 미신을 이용했다. 그는 신의 말씀이라는 핑계를 내걸며 자기의 목적을 달성했던 것이다. 뒷날 진승陳勝과 오광吳廣이 봉기했을 때도 '구화호명篝火狐鳴'[85]의

85 밤중에 불을 통에 담아서 도깨비불처럼 어렴풋하게 비치도록 하고, 동시에 여우 울음소리를 내도록 만들었음.

계책을 이용하지 않았던가? 사마천의 『사기』「화식열전貨殖列傳」에는 비교적 초기의 지역 민속을 언급하고 있다. 여기에서 제나라 사람들은 성격이 느릿느릿하여 거드름을 피우는 것 같지만 사실은 '넘칠 만한 익지匿智'가 있다고 말했다. '익지匿智'란 무엇인가? 다른 이에게 알리지 않고 마음속에 감춰둔 계책이다. 위 이야기를 보면 전단이야말로 '넘칠 만한 익지'를 갖춘 전형적인 인물이다. 그의 계책은 귀신을 구실로 삼아 연나라 사람을 우롱하며 그들을 자기가 마련한 '말도 안 되는 소리'로 빠뜨렸다.

확대경

제나라 사람들은 성격이 느릿느릿하여 거드름을 피우는 것 같지만 사실은 '넘칠 만한 익지匿智'가 있었다. '익지'란 다른 이에게 알리지 않고 마음속에 감춰둔 계책이다.

또 다른 소식은 더욱 기이하다. 전단은 제나라가 가장 두려워하는 것은 연나라 사람이 성 밖 제나라 사람들이 모신 조상의 묘지에 군대를 주둔시키고 무덤을 파헤치며 우리를 모욕하는 일이라고 신이 말했다고 선언했다. 연나라 사람이 정말 이렇게 한다면 제나라 사람도 끝장 아닌가? 연나라 군대는 이 소식을 듣고 전단이 내린 말을 그대로 행동으로 옮겼다. 바로 이때 연나라 군대 총사령관은 기겁이었다는 사실에 주목해야 한다. 그는 이류나 삼류도 못 되는 잡동사니 장군이었다. 이들이 제나라 사람들의 조상 무덤을 파헤치자 제나라 백성들은 화를 참을 수 없었다.

『사기』에는 전단이 쓴 계책을 '역이용'으로 묘사하며 '이간책'이라고 일렀다. 우리는 연소왕과 소진, 이렇게 군주와 신하가 제나라를 곤경에 빠뜨릴 때도 동일한 이간책을 썼음을 잘 알고 있다. 그런데 이제 '넘칠 만한 익지'를 갖춘 전단도 이간책을 쓰고 있다. 소진은 제나라 충신으로 가장했지만 전단은 짐짓 귀신을 불러들여 일을 벌였다. 적에게 유리할 것 같은 정보를 보내어 그들을 농락했다. 전단은 두 번째 계략까지 성공시킨 뒤, 제나라 사람들의 마음을 한곳으로 모았다.

이어진 계책은 거짓 항복이었다. 전단은 제나라 백성이 현재 정서가 매우 격앙된 상태로 정신이 고도로 통일되었음을 알아차리고 하나로 굳게 단결시키며 새로운 계획을 펼치기 시작했다. 그는 병사들과 고락을 같이하며 손수 작업 도구를 손에 들고 성벽을 손질했으며, 또 자기의 처첩을 모두 군대에 편입시켰다. 예전의 전쟁, 특히 전국시대의 전쟁에서는 여성도 전쟁에 참여했다. 이는 제나라뿐만 아니라 진나라도 마찬가지였다. 건장한 여성이라면 얼마든지 종군할 수 있었다. 또 신체가 좀 약한 여성은 후방에서 병참 보급 업무를 보면 되었다. 전단이 이렇게 한 것은 제나라 사람들이 너무 적었기 때문이다. 여성들을 참전시키려면 스스로 먼저 모범을 보여야 했다. 전단은 자기의 첩은 물론 본처까지 군대 조직에 편입시켰다. 이 밖에 그는 적지 않은 재산까지도 내놓았다. 계략만 다양해서는 안 되었기에 그는 자기 식구들에게도 진심을 보이며 희생을 요구했다. 이렇게 해야 사람의 마음을 한데 모으며 큰일을 이룰 수 있었기 때문이다. 사람들은 전단이 일반 병사들 앞에 서서 자신을 희생하면서 열심히 일하자 그를 진심으로 옹호하며 지지했다. 그래도 얼마 정도의 군대가 있었기에 전단은 또 다른 계획에 착수할 수 있었다.

바로 거짓 항복이었다. 한낮이 되자 전단은 건장한 병사들을 뒤로 물리고 연약한 여자들에게 성벽 위에 올라 성을 지키도록 했다. 동시에 자기가 앞으로 스스로 나서서 연나라 사람에게 글을 보냈다.

"즉묵성을 이제는 지킬 수 없어서 항복하고자 합니다."

게다가 부자들에게서 적지 않은 돈을 모았다. 그리고 이들 부자들이 직접 연나라 고급 장교들에게 돈을 안기며 이렇게 사정했다.

"우리 성을 함락했을 때, 우리 가족들을 제발 보호해 주십시오!"

아무튼 항복하려는 모습은 전단의 안배 아래 참으로 핍진하게 연출되었다. 연나라 군대는 완전히 진실이라고 믿었다.

전단은 갖가지 방법으로 즉묵성의 군대와 민간인을 격려했다. 연나라 군대를 뼛속까지 깊이 미워하며 결사적으로 맞서려는 제나라 사람들의 결심을 끝까지 유지시키려는 데 그 목적이 있었다. 역사는 전단이 연나라 군대의 경계심을 누그러뜨리기 위하여 일부러 연약한 여자를 성벽 위에 배치하여 성을 지키게 했다고 기록했다. 전단은 여기에 더하여 즉묵성 안의 금은보화를 모아서 연나라 장교들에게 보내며 성을 그들에게 바치고 항복하겠다는 뜻을 전했다. 그렇다면 도대체 전단의 항복은 어찌 된 일일까?

군대에는 이런 옛말이 있다.

"적이 투항할 때에는 경계를 강화하라."

그러나 연나라 군대는 이류 삼류 잡동사니에 지나지 않았다. 제나라 사람들의 항복은 그들로서는 전혀 거추장스러운 일이 아니었다.

확대경

군대에는 이런 옛말이 있다. "적이 투항할 때에는 경계를 강화하라."

전단은 연나라 군대를 공략하기 위한 준비를 갖추었다. 이 공략에는 화우진火牛陣을 쓰기로 결정했다. 그는 성 안에 남아 있던 소를 모두 찾아냈다. 당시 전단은 천 마리 남짓한 소를 찾아냈다고 한다. 그러나 이에 대해 훗날의 사학자들은 믿으려고 하지 않았다. 즉묵성

산시山西 허우마侯馬의 청동기 주조 유적지에서 발굴된 '수면함훼문양전개도獸面銜虺紋樣展開圖'

이 포위된 지 너덧 해가 되었는데, 어떻게 이렇게 많은 소가 있을 수 있단 말인가? 이것이 의문이었다. 그러나 전단이 소에 불을 붙여 공략했다는 말은 사실이다. 그 뒤, 전단은 소의 몸에 새빨간 비단옷을 입히고 옷 위에는 오색찬란한 용의 무늬를 그리게 했다. 이와 더불어 가장 요긴한 일은 동원된 모든 소의 뿔 위에 칼을 매달아 묶고 소꼬리에는 기름을 가득 담은 갈대를 동이는 작업이었다. 갈대는 속이 비었기 때문에 넣을 수 있는 기름의 양도 많았다.

그 뒤, 전단은 성벽에 구멍을 파고 이들을 숨겨 놓았다. 항복하기로 약정된 날이 되자 전단의 명령 아래 이미 파놓았던 구멍을 열어젖히고 제나라 사병들과 부녀자들은 모두 이 많은 소들 뒤에 서서 함께 꽹과리를 쳤다. 동시에 소꼬리에 매달린 갈대에 불을 붙였다. 꽹과리 소리는 산을 울렸고, 꼬리에 불이 붙은 소는 커다란 눈을 부릅뜨고 미친 듯이 연나라 병영을 향해 와르르 내달았다. 이 모습을 본 연나라 군대는 그만 눈이 휘둥그레졌다. 그들을 향해 내달아오는 이는 항복한 군사가 아니라 목숨을 잃게 된 마왕 같은 소의 무리였다. 와르르 내달으며 밀려오는 기세등등한 소들의 무리에 연나라 진영은 그대로 큰 혼란에 빠졌다. 장군 기겁도 쇠뿔과 소의 발굽 아래 목숨을 잃었다.

이것이 바로 역사상 이름을 널리 떨친 전단의 화공火攻이다. 그가 벌인 공략은 화공이면서 또한 우공牛攻이다. 화공에 사나운 소를 교묘하게 결합했기 때문이다. 동물을 이용한 전투는 역사상 여러 가지 기록이 있다. 서주 초에 주공은 전투에서 코끼리를 이용했다고 한다. 또 뒷날 중원에서 코끼리는 멸절되었지만 소는 멸절되지 않았기 때문에 전단은 이를 새로운 방향으로 발전시켜 불과 소를 조합하여 전투를 치렀으니, 이야말로 군사에서 발휘된 창의적인 모습이다. 이런 일은 서방에도 있었다. 서방의 옛 로마 시대에 카르타고 사람으로 이름을 떨친 한니발 장군은 로마 제국과 전쟁을 벌이면서 화우진을 한 차례 사용했다. 그러나 그가 쓴 화우진은 쇠뿔 위에 불을 붙였다고 역사는 기록했다. 동서를 서로 비교하여 어느 쪽이 더 재치 있는가? 말하지 않아도 분명하다.

전단이 쓴 화우진은 연나라 침략군을 돌이킬 수 없을 정도로 파괴했다. 이리하여 전단은 날로 힘이 강해지던 제나라 군대를 이끌고 잃어버린 땅을 재빠르게 수복했다. 그 동작이 얼마나 재빨랐던지 마치 가을바람에 낙엽이 쓸리는 것 같았다. 제나라 땅을 다 회복하는 데는 그리 많은 시간이 걸리지 않았다. 지혜가 넘쳤던 전단은 나라가 위급한 고비에 처하자 민심을 추스르며 백성을 하나로 모아서 연나라 군대를 지혜롭게 몰아냈다. 다 죽어가던 제나라는 이제 다시 살아났다.

나라를 되찾았으니 임금이 있어야 했다. 이때, 제나라에 새 임금이 나타났다. 그가 바로 제양왕齊襄王이다. 제양왕의 아명은 법장法章으로 제민왕의 아들이다. 민왕이 피살된 뒤, 법장은 일반 백성들 속으로 도망을 가서 태사太史 교敫의 집에 숨었다. 그는 이곳에서 정원에 물을 주는 등 집안의 허드렛일을 도우며 자기가 왕의 아들이라는 말을 감히 입 밖에 내지 않았다. 그러나 태사 교의 딸이 예리한 안목으로 사람을 알아보았다. 아무리 보아도 법장이 평범한 인물이 아니었던 것이다. 그녀는 법장을 따랐다. 그러다가 이 둘 사이에는 사랑이 싹텄다. 부모에게 알리지도 않고 단지 매파의 말만 들은 상태에서 이들은 아들까지 낳았다. 태사 교는 이 일로 한평생 딸을 보려고 하지 않았다. 그는 딸을 버리지는 못하고 평생 얼굴을 마주하지 않았다. 다른 사내와 사통한 딸에게 덕행이라고는 하나도 없다고 생각했기 때문이다. 전단이 연나라 군대를 쫓아낸 뒤, 임금의 자리에 앉힐 인물을 찾기 시작하자 법장이 나타나서 자기가 바로 민왕의 아들이라고 밝혔다. 이리하여 법장을 제나라의 새 임금으로 세웠다. 태사 교의 딸은 왕후가 되었다. 그러나 그녀의 아버지는 여전히 딸을 끝내 마주하지 않았다.

제양왕은 자리에 오른 지 얼마 되지 않아 세상을 떠났다. 양왕의 아들, 바로 태사 교의 딸이 낳은 아들이 왕위를 계승했다. 그가 바로 제나라 마지막 군주 제왕건齊王建이다. 그에게는 어찌하여 '민왕'이니 '양왕'이니 하는 시호가 없을까? 그가 자리에 오른 지 사십여 년 뒤에 진나라가 제나라를 멸망시켰기 때문이다. 나라가 멸망했는데 나라를 망친 군주에게 무슨 시호가 있을 수 있겠는가? 제왕건이 자리에 있을 때, 그의 어머니가 자기 아들을 줄곧 보좌했기에 40여 년 동안 나라 안에는 큰 일이 일어나지 않았다. 이는 제나라가 잘 다스려지면서 국력이 회복되었기 때문이 아니라 진나라가 손을 떼며 온전치 못한 제나라를 손보지 않았기 때문이다. 그러나 40여 년이나 이런 상태가 유지되었던 것은 혜안으로 사람을 볼 줄 아는 왕후가 일정한 역할을 했기 때문이다.

대체적으로 볼 때, 제나라는 전국시대에 강대한 세력을 가진 대국으로 경제는 물론 문화와 군사가 발달했다. 그러나 제위왕처럼 지혜 넘치는 군주도 있었지만 제민왕이 잘못된 길로 들어서면서 그만 와르르 무너지고 말았다. 제나라는 전단과 같은 영웅이 다시 나라의 명맥을 이었다고는 하지만 역사는 이제 다시 이 나라에 기회를 주지 않았다. 앞에서 전국칠웅 모두가 천하를 통일할 수 있는 가능성이 있다고 말했다. 그러나 제나라의 역사는 이제 아무런 희망도 없었다. 제나라의 성쇠는 대단히 깊은 역사적 교훈을 지니고 있다. 이를 근거로 진나라의 천하 통일 원인을 살펴보자. 첫째, 진나라 자신이 강대했음을 반드시 인정해야 한다. 둘째, 동방의 여러 강국들이 올바른 방향으로 가지 못한 것에도 절반의 원인이 있다고 봐야 한다. 이런 교훈은 진시황의 중국 통일 경험보다 더욱 음미할 만한 가치가 있다.

확대경

동방의 여러 강국들이 올바른 방향으로 가지 못한 것도 절반의 원인이 있다고 봐야 한다. 이런 교훈은 진시황의 중국 통일 경험보다 더욱 음미할 만한 가치가 있다.

제나라 상황은 이러했다. 그러나 동방에는 아직 연나라나 조나라 등이 있었다. 이들의 상황은 어떠했을까?

16장 호복기사 胡服騎射

전국시대 조무령왕의 호복기사胡服騎射는 조나라의 역사를 바꾸었을 뿐만 아니라 그 당시는 물론 이후의 중국 사회에도 커다란 영향을 끼쳤다. 그렇다면 조무령왕은 왜 호복기사를 추진하려고 했을까? 그가 호복기사를 추진한 배후에는 어떤 전략이 숨어 있었을까?

전국시대 조나라 역사에 뛰어난 재능과 원대한 계략을 가진 군주가 출현했으니, 바로 조무령왕이다. 조무령왕은 자리에 있는 동안 군사 개혁이라는 입장에서 호복기사를 추진하며 조나라를 군사 강국으로 이끌었다. 그러나 그는 집정 후기에 왕위 계승 문제를 두고 우유부단하게 감정적으로 일을 처리함으로써 결국 사구沙丘에서 굶어죽고 말았다. 일대의 영웅이 이렇게 허둥지둥 세상을 끝냈으니 이에 대해 후세 사람들은 진심으로 깊이 탄식하고 있다.

연나라가 제나라에 복수한 때를 앞뒤로 조나라는 중요한 개혁을 추진했다. 바로 조무령왕의 호복기사가 그것이다. 물론 호복기사를 주도한 이는 조무령왕이다. '영왕靈王'이란 두 글자는 그가 세상을 떠난 뒤에 그에게 붙인 시호이다. '영靈'이란 시호에 대하여 말할 필요가 있다. 조무령왕의 '영靈'은 어떤 의미일까? 옛날에 나온 책인 『일주서逸

周書』「시법해諡法解」편에는 어떤 이가 죽은 뒤에 '영靈'이라 칭하는 이유로 이런 논리를 펼쳤다.

첫째, 죽었지만 그 사람이 세웠던 큰 뜻이 이루어졌을 때, '영'이라고 부를 수 있다.

둘째, 자리에 있었을 때, 나라를 혼란에 빠뜨렸지만 그런대로 괜찮아서 나라에 근본적인 손상을 입히지 않았으면, 이 사람에게도 '영'이라는 칭호를 붙일 수 있다.

셋째, 귀신의 일을 알아서 능히 귀신과 통할 수 있으면, 또 '영'이라고 부를 수 있다.

넷째, 본인의 게으름으로 이름을 떨쳤을 때도 '영'이라는 시호를 얻을 수 있다.

다섯째, 세상을 떠난 뒤, 귀신의 능력을 드러내며 조화를 부리면 이때에도 '영'이라고 부를 수 있다.

여섯째, 귀신에게 제사를 올리며 백성을 혹사하고 물자를 낭비했다면, 세상을 떠난 뒤에 역시 '영'이라고 부를 수 있다.

이상 여섯 경우를 보면 조무령왕은 대체로 앞의 세 가지와 부합한다. '세상을 떠났지만 생전에 그가 세웠던 큰 뜻이 이루어졌다.'는 점이다. 그가 세상을 떠난 뒤에 조나라는 강국으로 변했으니 그의 호복기사 개혁과 관계가 있다. 이 밖에 '나라를 혼란에 빠뜨렸지만 근본적인 손상은 없었다.'는 점이다. 분명 조무령왕은 재위 후기에 아무런 까닭도 없이 대권을 내주며, 자기 아들이 자리를 잇도록 안배하지 않음으로써, 조나라를 한바탕 내란으로 몰아갔다. 그리고 이 와중에 자신도 세상을 떠났다. 그러나 이 내란은 결코 조나라의 근본적인 바탕에는 영향을 주지 않았다. 여전히 강성한 기세를 유지했던 것이다.

확대경

조무령왕은 귀신에 기대어 일을 처리하지는 않았다. 그러나 그는 스스로 귀신을 빌어 음모를 꾸미지는 않았지만 죽은 지 얼마 되지 않은 귀신, 다시 말하면 그의 조상을 앞세워 일을 처리하기도 했다. 예컨대, 멋진 꿈을 꾸었다든지 꿈에 나타나서 무언가 알려주었다는 등등이 그러하다. 어떻든 '영'이라는 글자로 조무령왕을 개괄하는 것은 그래도 자못 생동감이 넘친다.

또한 '귀신과 능히 통할 수 있었다.'는 점은 조무령왕과는 어쩌면 크게 맞지 않을 수도 있다. 그는 귀신에 기대어 일을 처리하지는 않았다. 그러나 그는 스스로 귀신을 빌어 음모를 꾸미지는 않았지만 죽은 지 얼마 되지 않은 귀신, 다시 말하면 그의 조상을 앞세워 일을 처리하기도 했다. 예컨대, 멋진 꿈을 꾸었다든지 꿈에 나타나서 무언가 알려주었다는 등등이 그러하다. 어떻든 '영'이라는 글자로 조무령왕을 개괄하는 것은 그래도 자못 생동감이 넘친다.

그렇다면 이러쿵저러쿵 말은 많았지만, 조무령왕은 도대체 어떻게 나타났을까? 조무령왕은 조간자趙簡子의 십대손이다. 조간자는 삼가분진 과정에서 대단히 큰 역할을 했다. 기원전 325년, 조무령왕이 자리를 이었다. 이때, 그는 나이가 어렸기 때문에 선왕의 신하 비의肥義가 보좌했다. 비의 말고도 그의 곁에는 몇 명의 박학다식한 인물이 있었다. 이로써 그가 교육을 훌륭히 받았으리라 미루어 짐작할 수 있다. 몇 년 동안 계속된 옛 신하의 보좌와 박학다식한 이들에게 받은 훌륭한 교육으로 그는 비의를 높이 존경하고 나이 든 다른 이들을 받들 줄도 알았다. 이렇게 훌륭한 임금이 될 징조가 뚜렷했다.

조무령왕이 재위할 때에 바로 전국시대 중기가 시작되었다. 여러 해 전에는 공손연이나 장의가 서로 합종과 연횡을 펼치고 있었다. 공손연은 '오국상왕五國相王'과 '오국공진五國攻秦'을 창도했으니, 바로 조무령왕이 자리에 오른 지 10년이 지난 때였다. 당시 다섯 나라가 서로 왕이라 칭하기로 했으니, 다섯 나라란 한나라, 조나라, 위나라, 연나라, 그리고 중산국이었다. 이들 다섯 나라는 작은 패거리가 되어 서로 왕으로 칭했다. 이는 진나라를 견제함과 동시에 동쪽으로는 제나라에 맞서겠다는 데에 그 목적이 있었다. 이것이 바로 '오국상왕'이다. 이 뒤, '오국공진'도 있었다. 오국상왕에서 한 걸음 더 나아가서 다섯 나라가 진나라를 공격하려고 하자 진혜왕이 한 유명한 말이 『전국책』「진책」에 기록으로 남아 있다.

"몇 마리 닭을 묶으면 한 곳에 깃들 수 없다."

당시 조무령왕은 비록 나이가 젊었지만 이런 사실을 깊이 꿰뚫고 있었다. 다섯 나라가 서로 왕이라고 칭하던 때에 조무령왕은 대외적으로는 왕이라 칭했지만 자기 나라 백성과 신하에게는 오히려 이렇게 말했다는 기록이 『사기』에 남아 있다.

"왕으로 칭하려면 왕으로 칭할 만한 실력이 있어야 하오. 그런데 지금 우리가 어디 그런 실력이 있소? 그러니 그대들은 나를 왕이라 부르지 말고, 예전처럼 '군君'으로 부르면 되오."

조무령왕이 이렇게 말한 것을 보면 참으로 '영靈'이라고 부를 수 있을 만큼 총명하기 짝이 없었다. 아니나 다를까, 다섯 나라가 함께 진나라를 공격했지만 군대가 온전히 힘을 모으지 못하여 싸움 한 번 변변히 하지 못하고 그대로 패배하고 말았다. 그 이듬해 진나라가 반대로 치고 들어와 수어修魚에서 전투를 벌이자 한나라와 조나라 군대는 그대로 참패했다. 이는 조무령왕을 겨냥하여 벌인 작전이었음이 분명하다. 닭털을 모아 부채를 만든다며 모두가 한데 힘을 모았지만 닭털이 너무 부족했다. 실력이 모자랐기에 진나라를 상대하기에는 아직도 멀었던 것이다. 필자는 이 뒤에 추진된 조무령왕의 호복기사가 이때 보고 느낀 상황과 매우 큰 관계가 있다고 본다.

조무령왕은 온 마음을 한데 모아 강성을 도모하며 개혁을 진행했다. 개혁을 하려면 많은 이들이 찬성할 만한 이유가 있어야 했다. 조무령왕은 오랫동안 우환거리로 남아있던 중산국을 겨냥했다.

> 중산국은 원래 백적白狄이었다. 이들은 변방에서 무리지어 살다가 뒤에 중원으로 진입하여 앞선 농경문화를 받아들이며 세운 나라였다. 지금의 허베이 스자좡石家庄 이북에서 바오딩保定 이남까지가 이들 지역이었다. 전체 지역이 동북쪽으로는 연나라와 접경을 이루고 나머지는 모두 조나라가 둘러싸고 있었다. 조무령왕이 자리에 오르기 전에도 조나라는 늘 이 중산국을 없애려고 했지만 모자라는 국력으로 허덕이며 결국 성공하지 못했다. 조나라는 대합병의 시대에 큰 성과를 내려고 했지만 중산국이 장애로 막아섰을 뿐만 아니라 항상 위험으로 존재했다. 이렇게 중산국은 조나라의 우환거리였다.

역사는 조무령왕이 재위 17년에 남다른 행동을 했다고 기록했다. 겨우 몇 사람만 데리고 중산국 깊숙이 잠입하여 야대野臺라는 높은 곳에 올라 중산을 바라보았다는 것이다. 조무령왕이 자신의 용기와 지모를 크게 드러내 보인 셈이다. 중산국을 멸하려는 큰 뜻은 조무령왕의 정책에 중대한 영향을 끼쳤다. 그는 대세를 거스르는 행동을 하려고 했다. 어째서인가? 우리는 조나라가 원래 지금의 산시山西 타이위안太原에서 뒷날 허베이 한단邯鄲이라는 대평원으로 도읍을 옮겼음을 알고 있다. 그 뒤, 위나라도 도성을 대량으로 옮겼다. 당시 조나라와 위나라는 모두 천하를 차지하기 위하여 동쪽으로 나아가서 중원을 손에 넣으며 발전하려는 태세를 갖추었다. 그러나 여기에서 주목할 부분은, 조무령왕의 생각이 이와 달랐다는 사실이다. 그는 평원을 차지하기 위하여 서북쪽으로 눈길을 돌렸다. 조나라 서북쪽은 당시 변방 족속들의 생존 지역이었다. 변방에 살고 있던 융적戎狄 무리들이 일군 문명을 결코 얕보아서는 안 된다. 이들 융적은 어떤 특징이 있었을까? 이들은 전쟁을 두려워하지 않았다. 서주 시대 주목왕周穆王이 천하를 순유하면서 오늘날의 신장新疆 일대에 들렀다. 왜 이곳에 들렀을까? 그는 초원 문명을 통하여 전쟁 역량을 받아들이고 싶었다. 초원에는 무엇이 있었을까? 전쟁에 필요한 말과 가죽이 있었다. 신장 일대는 가장 이른 시기에 사용하던 철기가 발견된 지역이다. 이는 조무령왕의 통찰력과 큰 차이가 없다. 조무령왕은 대세를 거스르는 행동을 했다. 그러나 그는 평원에 발붙이고 승리를 손에 쥐려면 반드시 서북쪽의 전쟁 자원을 손에 넣어야 한다는 점을 알고 있었다. 당시 조나라 북쪽 변경 황하 동쪽에는 누번樓煩이, 황하 서쪽에는 임호林胡가 살고 있었다. 이 두 무리는 모두 기마민족이었다. 이들도 전투용 수레를 가지고 있을 정도였으니, 결코 낙후한 민족이 아니었다. 조무령왕은 왕년에 수어에서 치러진 전쟁에서 패배한 경험이 있었다. 또 그가 자리에 오른 지 10여 년이 지났을 때 높은 곳에 올라 중산을 가까이서 바라보고 멀리 제나라까지 바라본 적도 있었다. 이때 그의 마음속에 이미 큰 그림이 그려졌으리라 추측할 수 있다. 그의 통찰력도 매우 독특함을 알 수 있다.

조무령왕 19년 이른 봄, 그는 여러 신하들을 소집하여 회의를 열었다. 무려 닷새나 계속된 이 회의에서 중산국을 공략하여 무릎 꿇릴 책략을 확정했다. 그 후, 조무령왕은 예하 부대를 이끌고 한단을 출발하여 지금의 허베이 딩저우定州 일대인 방자房子까지 내달았다. 또한 중산의 영토를 스치고 지나 계속 서쪽으로 달려서 지금의 산시山西와 산시陝西가 만나 경계를 이루고 황하가 크게 굽이치는 곳까지 이르렀다. 이곳에서 조무령왕은 황화黃華라는 높은 산에 올라 멀고 가까운 곳의 광경을 사방으로 둘러보았다. 이때, 그의 곁에는 누완樓緩이라는 심복 책사가 있었다. 조무령왕은 자신이 마음속으로 여러 해 동안 궁리했던 속셈을 누완에게 남김없이 다 털어놓았다. 그는 조나라의 역사까지 함께 말했다.

"돌이켜 보면, 우리의 10대조와 9대조, 그리고 조간자와 조양자趙襄子는 모두 능력이 참으로 대단했소. 그들은 상황 파악을 정확히 하며 우리 조나라 남쪽으로는 부하滏河와 장하漳河를 경계로 삼아 장성을 쌓았소. 이와 동시에 얼마간의 땅덩어리를 손에 넣으며 오랑캐를 물리쳤소. 그러나 참으로 안타깝게도 이분들은 모두 너무 일찍 세상을 떠나는 바람에 그만 큰 뜻을 이룰 수 없었소. 이제 이 일을 이룰 차례가 내게 돌아왔소. 우리 조나라의 형편을 보면 안으로는 중산이라는 골칫덩이가 있고, 서쪽으로는 진나라와 한나라에다 임호와 누번까지 있으며, 북쪽으로는 연나라가 있으니, 이렇게 광활한 나라에 강대한 군대가 없다면 어떻게 버틸 수 있겠소? 그러니 나도 상황을 면밀히 살펴서 호복기사를 실제로 진행하려고 하오!"

조무령왕은 자기 속셈을 다른 사람에게 처음으로 털어놓았다. 누완은 이 말에 동의했다. 그 뒤, 조무령왕은 곧장 호복기사를 추진하기 위하여 의견을 달리하는 이들을 설득하기 시작했다. 그는 먼저 자기 스승 비의부터 찾았다. 비의와는 생각이 통했다. 또 일반 대신들도 반대하기란 쉽지 않았다. 그러나 단 한 사람만이 좀 특이했다. 누구였을까? 조무령왕의 숙부 공자 성成이었다. 그는 군왕의 손윗사람이었다. 그의 영향력은 대단했다. 조무령왕도 이 점을 잘 알고 있었다. 숙부인 공자 성이 자기가 추진하려는 개혁을 지지한다면 쉽게 성공할 수 있을 테지만 혹여 반대라도 한다면 일은 곤란한 방향으로 꼬일 수 있었다. 그렇다면 어떻게 해야 할까? 조무령왕은 먼저 왕설王紲이라는 인물을 파견했다. 왕설이 하는 말을 다 들은 공자 성은 어물어물 발뺌을 했다. 찬성하지 않았던 것이다.

"'중국中國'이 뭔지 아시오? 예악 문화가 눈부시고 높은 교양이 있는 곳이 바로 중국이오. 복장은 바로 문화와 교양을 대표한다오. 우리가 다른 사람과 다른 옷을 입는 건 풍부한 재물과 우수한 교육으로 빚어진 결과로 바로 문명의 상징이오. 그런데 지금 우리 임금께서는 머리에 문제가 생긴 것 같소. 우리 신분을 대표하고 우리 문명을 대표하는 복장을 버리고 오랑캐들에게 배운단 말이오? 그러다가 천하에 큰 난리가 일어나지 않겠소? 우리 중국이 그런 중국이 될 수 있단 말이오? 또 그런 문화인이 될 수 있단 말이오?"

그의 말에는 굽힐 줄 모르는 강직한 이유가 숨어 있었다.

조무령왕은 숙부의 의견을 안 뒤, 마음속으로 이렇게 생각했다.

'숙부께서는 재능은 물론 수완도 있으니 직접 댁으로 찾아가서 시비곡직을 따지면 될 거야.'

조무령왕은 친히 숙부의 집을 찾았다. 그는 몇 마디 의례적인 말을 몇 마디 건넨 뒤 곧바로 주제로 들어갔다.

"숙부님, 복장 문제를 두고 숙부님과 한번 이야기를 나누려고 합니다. 숙부님, 무엇을 복장이라고 합니까? 복장은 문화를 대표하고

확대경

무엇이 예의인가? 조무령왕은 문제를 철학 수준으로 내놓았다. 사람이 의복을 입는 이상 그래도 편리해야지 않겠는가? 예의니 문명이니 하는 것도 모두 우리가 일을 하는 데 편리를 위하여 존재하는 게 아니겠는가? 우리들의 모든 문명이나 온갖 예의 시설도 우리 삶을 더욱 아름답게 만들기 위함이 아니겠는가?

예의를 대표합니다. 그렇다면 여쭙고 싶습니다. 무엇이 예의인지요? 이 문제는 꼭 묻고 싶었습니다. 사람은 왜 의복을 입을까요?"

조무령왕은 문제를 철학 수준으로 내놓았다. 인류는 왜 의복을 입어야 하는가? 그리고 무엇을 위해 의복을 입어야 하는가? 사람이 의복을 입는가, 아니면 의복이 사람을 입는가? 대답은 분명 '사람이 의복을 입는다.'이다. 보온을 위하여, 보기에 좋게 하려고, 그리고 신분을 표시하기 위하여 등등, 모두가 사람을 위하여 그렇게 입는다. 조무령왕은 다시 입을 열었다.

"사람이 의복을 입는 이상 그래도 편리해야지 않겠습니까? 예의니 문명이니 하는 것도 모두 우리가 일을 하는 데 편리를 위하여 존재하는 게 아니겠습니까? 우리들의 모든 문명이나 온갖 예의 시설도 우리 삶을 더욱 아름답게 만들기 위함이 아니겠습니까?"

어떤 것이 근본일까? 서양에는 '안식일은 사람을 위해 세웠다.'는 말이 있다. 이 말은 조무령왕이 드러내려는 뜻과 다름이 없다. 의복을 입은 것은 몸을 따뜻하게 하기 위한 수단이다. 그렇기 때문에 어떻게 입든지 무엇을 입든지 변할 수 있다. 이 점을 설명하기 위하여 그는 예를 들기까지 했다.

"숙부님, 북방 사람들은 모자를 쓰고 예복을 입지만, 동남 일대 사람들은 단발에 문신을 하지 않습니까? 이게 모두 편리를 위해서가 아니겠습니까?"

조무령왕의 의복 문제에 대한 이런 이해는 사상사에서 그에게 하나의 자리를 남겨줘야 한다. 그의 생각은 『주역周易』에서 강조하는 변하면 통하고 통하면 오래 간다는 철리와 그대로 일치한다.

조무령왕은 이어서 이렇게 말했다.

"지금 우리 조나라는 호복기사를 해야 합니다. 호복기사가 보기 좋아서도 아니고 신선해서도 아닙니다. 조나라는 동으로 연나라만 있는 게 아니라 오랑캐와도 서로 맞닿아 있고, 북으로도 오랑캐들이 살고 있는 광대한 지역이 있습니다. 또 서쪽으로는 한나라, 진나라와 국경을 맞대고 있으며 남쪽으로는 상당上黨의 산악 지대와 맞대고 있습니다. 이렇게 큰 땅에서 만약 신속하게 부대를 이동시킬 수 없다면, 안 될 일입니다, 물을 거슬러 배를 몰 때, 앞으로 나아가지 않으면 뒤로 밀리게 됩니다. 원래 우리 조나라는 강대했지만 불과 몇 년 전에는 자그마한 중산국이 제나라의 지지를 등에 업고 감히 우리를 향해 이빨을 드러내고 눈을 부라리면서 대들었습니다. 그러나 지금까지 이 원수를 아직 갚지 못했잖습니까? 대국이 대국다운 기세를 보이지 못하면 소국이 감히 업신여기려고 합니다. 이럴 때 우리가 가만히 있다면 어디 될 일이겠습니까?"

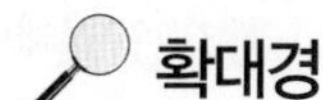

대국이 대국다운 기세를 보이지 못하면 소국이 감히 업신여기려고 합니다.

원칙에서부터 습속에 이르기까지, 그리고 대책에서부터 현실에 이르기까지 조무령왕의 말 한 마디 한 마디는 공자 성을 탄복시켰다. 이제 공자 성이 입을 열었다.

"내 조카이자 임금이여, 그대 수준이 나보다 훨씬 높소. 나야말로 고집불통이었소! 그대가 한 말의 이치를 잘 알았으니, 이제 나는 복장을 바꾸는 일에 동의하오!"

그 뒤, 공자 성은 호복을 입고 입궐했다. 조무령왕은 한 차례 설

전국시대 갑옷 입고 말 탄 무사가 호랑이를 찌르는 모습

득 공작을 펼친 뒤 호복기사 정책을 대규모로 밀고 나갔다.

그렇다면 호복기사란 무엇인가? '호복胡服'은 어떤 복장인가? 선배 학자 왕궈웨이王國維는 『호복고胡服考』라는 글에서 '호복'에 대하여 전문적으로 고증했다. 중원의 복장은 전쟁용 수레를 이용한 전투에 적응한 것이다. 옛날 귀족들의 기본은 상의하상上衣下裳이었다. 가장 안쪽에는 위와 아래가 이어진 통치마 비슷한 심의深衣를 입었다. 그리고 심의 밖으로 상반신에는 저고리를 걸치고 하반신에는 앞치마를 둘렀으며 종아리에는 각반을 찼다. 이런 복장은 전쟁용 수레를 타고 싸우기에는 편리하지만 말을 타는 데는 불편할 수밖에 없다. 심의를 입고 허리에는 앞치마를 두르고 어떻게 말을 탈 수 있겠는가? 조무령왕이 호복을 선택한 것은 바로 기마 작전에 적응하려는 데 목적이 있었다. 왕궈웨이의 고증에 따르면, 호복에 쓰는 모자를 혜문관惠文冠이라고 했다. 혜문왕惠文王은 바로 조무령왕의 아들로서 호복기사 정책을 계속 추진했다. 혜문관의 두드러진 특징은 싸움 잘하는 할鶡이라는 들새의 깃털을 위쪽에 꽂았다는 것이다. 할은 들새의 일종이다. 이 새의 특징은 수컷 두 마리가 싸웠다 하면 한 쪽이 죽어야만 싸움이 끝난다는 점이다. 이 새의 깃털을 모자에 꽂아서 용감하게 싸움을 잘하며 목숨을 아끼지 않는다는 의미를 더했다. 진나라가 통일한 뒤, 혜문관은 하인이나 쓰는 모자가 되었다. 진나라는 이 모자를 폐기하지 않고 하인들만 쓰도록 했으니, 이로써 경시한다는 의미를 드러냈다. 어떻든 이 모자는 이어져 내려오다 뒷날 중국 경극에서 주유周瑜와 같은 몇몇 인물들이 꿩의 깃털을 두 가닥 꽂음으로써 무장의 신분임을 표시했다. 이것이 혜문관과 관계가 있는지는 알 수 없다.

한편, 의복을 보면 상반신은 습襲이고 하반신은 바지였다. 습이란 몸에 조이는 상의로 허리는 거두어 조이고 아래쪽은 벌어져서 말을 타기에 편리하다. 하반신엔 바지를 입었다. 이 바지가 오늘 우리가 입는 바지와 같은 모양인지 단언하기 어렵다. 문물이 발견되기 전에는 조무령왕 바지의 구체적인 스타일은 의문으로 남을 수밖에 없다. 대체적인 모습은 위에는 몸에 조이는 옷을 입고 아래에는 말 타기에 편리한 바지를 입었다는 것이다. 이 밖에 상의 소매는 비교적 좁아서 말을 타고 활을 쏘기에 편리했다. '호복'의 대체적인 모양은 이러했다. 요컨대, 의복에 관한 조무령왕의 생각은 진효공보다 훨씬 수준이 높았다. 군사 장비나 작전 방식에 국한한다면 이것만으로도 정말 대단했지만 개혁의 본질로 보자면 진나라보다 못했던 것도 사실이다.

조무령왕은 뛰어난 재능에 원대한 계략까지 갖춘 군주였다. 그는 북방 유목민족의 군사적 장점을 대담하게 익히며 전국적으로 '호복기사'를 널리 시행했다. 호복기사는 군사적인 개혁일 뿐만 아니라 동시에 한 나라의 오래된 풍속을 개혁하는 일이기도 했다. 전통적인 관념에 대한 혁신이었기 때문이다. 그렇다면 조무령왕은 어떤 전략으로 골칫거리인 중산국 문제를 해결하려고 했을까?

조무령왕은 호복기사가 이루어지면 먼저 중산국을 칠 작정이었다. 그러나 그는 이를 위해서 오히려 서북쪽으로 나아갔다. 이런 행동의 진짜 의도는 당시 임호나 번루의 상층부와 접촉하려는 데 있었다. 왜냐하면 이들에게는 전투 준비에 필요한 말이 있었기 때문이다. 호복기사를 향한 개혁은 상앙의 변법처럼 일련의 정책을 수년 동안 계속 밀고나가야만 효과를 보는 게 아니었다. 불과 몇 년이면 장비를 갖출 수 있었고, 이것으로 오래된 작전 설비를 바꾸면 되었다. 실제 상황도 조무령왕 재위 19년에 개혁을 주장하여 20년에는 중산국에 잇단 공격을 퍼부으며 타격을 입히기 시작했다. 전쟁이 막 끝나자 눈치 빠른 조무령왕은 당장 진나라, 초나라, 그리고 제나라로 사신을 보내어 중산국을 칠 수밖에 없었던 사정을 밝히며 이들 대국을 향해 사상 공작을 펼쳤다. 조무령왕은 이때 중산국을 크게 칠 기회를 정확하게 포착했다. 당시 진나라는 자리를 막 이은 소왕 초기였다. 게다가 방금 터진 내란으로 대권이 외숙인 위염魏冉과 태후의 손안에 있었다. 권력의 분배가 고르지 않았기에 민심은 흉흉하고 사람들은 능력을 발휘하기 힘들었다. 또 제나라의 제민왕은 이때 두 눈 부릅뜨고 송나라를 노려보고 있었다. 이들은 조나라와 좋은 관계를 맺으며 송나라를 집어삼키려고 했다. 여기에 더하여 당시 연나라는 제나라를 노려보며 오로지 원수를 갚으려는 마음만 먹고 있었다. 이런 시기에 조무령왕은 중산국을 쳤다. 이처럼 기회를 참으로 멋지게 잡았다.

21년이 되자 조나라는 또 다시 중산국을 대거 공격했다. 이때는 호복기사 개혁을 펼친 지 겨우 1년이 지난 뒤였다. 조나라는 이때 북쪽 길과 남쪽 길로 나누어 병사를 갈랐다. 북쪽 길로 진격할 군사 가운데에는 적지 않은 호인胡人들도 있었다. 이런 점을 우리는 눈여겨보아야 한다. 호복기사는 중원 사람들만 이들 호인들의 복장을 착용하는 데 그치지 않고 변방에 사는 많은 사람들까지 조나라 군대의 대오 속으로 흡수했다. 조무령왕은 친히 남쪽 길로 향하는 군대를 이끌고 한단을 출발했다. 여기서 주의할 점은 이들 군대 속에 여전히 전투용 수레가 있었다는 사실이다. 그는 전투용 수레를 결코 몽땅 버리지 않았다. 총명한 조무령왕이 전투용 수레를 한 대도 남김없이 버릴 수는 없었다. 이는 실제 수요를 생각해서도 맞지 않았기에 그렇게 하지 않았다. 이렇게 두 가지를 결합하여 공격한 결과 전과는 크게 늘어났다. 대체로 7곳의 성읍이 손안에 들어왔다. 중산국은 사태의 심각성을 깨닫고 4곳의 성읍을 다시 바쳤다. 양보해서 분쟁을 끝내기 위해서였다.

그 뒤, 조무령왕은 23년과 26년에 다시 중산국을 공략했다. 26년, 조무령왕은 중산국이 이제는 저항할 힘도 없다는 것을 알고 적수로 생각하지 않았다. 실제로 중산국은 5년을 더 버티다 조나라에 점령되었다. 조무령왕 26년, 이번에는 성읍을 공격하고 그 땅을 뺏으며 북으로는 연나라와 대代나라에 이르고, 서쪽으로는 운중雲中과 구원九原에 이르렀다. 그는 공격의 창끝을 북쪽과 서쪽으로 향하며 그대로 운중과 구원 일대에 이르며 땅덩어리를 크게 확장했다. 그는 이미 손에 넣은 전략적 요충지를 더욱 굳건히 지키기 위하여 조나라의 관

확대경
조무령왕은 천재였지만 한편으로는 늘 이상한 생각을 했다. 그는 재능과 지혜는 대단했지만 제왕으로서의 책략은 모자랐다.

리와 백성을 이곳으로 대거 이동시켰다. 당시 조무령왕의 기세는 그야말로 대단했으며 그가 벌이는 활동도 정말 활발했다.

조무령왕은 천재였지만 한편으로는 늘 이상한 생각을 했다. 어떤 이는 조무령왕의 재능과 지혜는 대단했지만 제왕으로서의 책략은 모자랐다고 말한다. 그는 자리에 오른 지 27년이 되는 해에 갑자기 신경이 이상해지며 괴상한 생각을 하기 시작했다. 조나라 임금은 자신과는 상관없으니 공자 하何에게 자리를 넘겨야겠다고 생각했던 것이다.

조무령왕의 총명한 머릿속에는 자신만의 계산이 있었다. 권력을 아들에게 넘긴 뒤 자신은 온 힘을 서북쪽에 집중하겠다는 속셈이었다. 조무령왕은 서북 지방 경략에 필요한 큰 계획을 그제야 드러냈다. 호복기사, 이는 중산국을 멸하려는 데 그 목적이 있는 듯하지만 사실 중산국을 멸하는 것쯤이야 전주곡에 지나지 않았다. 그의 눈은 강대한 진나라를 주시하고 있었다. 그의 모든 전략의 최고점은 바로 진나라였다. 『사기』「조세가趙世家」는 조무령왕이 자리를 물려준 뒤의 이야기를 이렇게 기록하고 있다.

"호복을 입고 사대부를 거느리고 서북쪽 오랑캐 땅을 순시했다. 그는 운중과 구원을 통해 남쪽 진나라를 습격하려고 했다. 이리하여 그는 사신의 모습으로 변장하고 진나라에 들어갔다. 진소왕은 알아채지 못했지만 그가 떠난 뒤 장대한 그 모습이 신하의 기개가 아닌지라 즉시 사람을 보내 뒤를 쫓았다. 하지만 주부主父는 이미 말을 달려 진나라의 관문을 빠져나간 뒤였다. 자세히 캐물어보고 나서야 주부임을 알았다. 진나라 사람은 그만 질겁을 했다."[86]

그는 운중과 구원을 거쳐 남쪽으로 진나라를 습격하려고 했다. 황하가 크게 방향을 틀어 굽이도는 곳 바오터우包頭와 투어커투어托克托 일대, 따라서 오늘날 네이멍구內蒙古 허타오河套 지구에서 그대로 남쪽으로 내달아 진나라를 습격하여 뒤로 빠질 여지를 차단하려고 했다. 조무령왕이야말로 참으로 '영靈'이란 이름을 받기에 모자람이 없을 만큼 전략적인 안목을 가지고 있었다. 진나라를 치려면 한단邯鄲 일대에서 출발해서는 가망이 없었다. 함곡관函谷關이나 효함崤函 땅이 그 얼마나 견고하게 막아섰는가! 그러나 진나라가 막강한 군대로 수비하기에 손에 넣을 수 없다는 말은 참으로 고정관념이었다. 조무령왕은 이 점을 알아차렸기에 기발한 계략과 남다른 셈으로 서북지방 운중과 구원에서 기병을 이끌고 자기 군사가 가진 호복기사라는 우세한 조건을 이용하여 그대로 진나라로 내달으려고 했다. 참으로 멋진 전략 아닌가! 군사사軍事史는 조무령왕이 전략 설계 면에서 그의 영웅적 기개와 남달리 높은 식견이 유감없이 발휘되었다고 말한다. 이러했기에 그는 호랑이굴에 깊숙이 들어가서 진나라 도성을 한 바퀴 돌아보는 모험을 감행했다. 그의 담력과 용기는 진왕을 그대로 기겁하게 만들었다.

조무령왕이 호복기사를 추진한 뒤, 조나라의 군사력은 대폭 강해지며 전국시대 군사 강국으로 뛰어올랐다. 어떤 학자는 진

86 身胡服將士大夫西北略胡地, 而欲從雲中, 九原直南襲秦, 于是詐自爲使者入秦. 秦昭王不知, 已而怪其狀甚偉, 非人臣之度, 使人逐之, 而主父馳已脫關矣. 審問之, 乃主父也. 秦人大驚.

나라가 여섯 나라를 통일하지 못했더라면 여섯 나라를 통일하는 데 가장 가능성이 컸던 나라가 바로 조나라라고 말했다. 그러나 역사는 가설을 용납하지 않는다. 이후의 역사 전개를 보면 조무령왕의 뛰어난 재능과 원대한 계략은 더 이상 이어지지 않았다.

그러나 조무령왕의 이상한 생각은 그를 재앙에 빠뜨렸다. 이 일은 참으로 기괴하다. 한번 생각해 보라. 운중이나 구원을 관리하려면 계속 임금 자리에 있는 게 방해가 되지 않겠는가? 그런데 조무령왕이 자리를 아들에게 물려주려는 데는 사실 또 다른 말 못할 사정이 있었다. 그는 공자 하의 어머니를 너무 좋아했던 것이다. 이건 또 어떻게 된 일인가?

조무령왕은 벌써 오래 전, 그러니까 자리에 오른 지 16년이 지난 해에 꿈을 꾸었다. 꿈에 그는 꽃과 같이 아름답고 노래까지 잘 부르는 미녀를 대택大澤에서 만났다. 꿈에서 깬 뒤에 조무령왕은 꿈속에서 만난 이 미녀의 성은 분명 영嬴이라고 되풀이하여 말했다. 아는 것을 들어 임금 비위 맞추는 데 뛰어난 사관이 증거를 내놓았다.

"조간자께서 자리에 있을 때, 그분께서도 꿈을 꾸었습니다. 여러 대가 지난 뒤에 순舜 임금 후대 어느 손녀가 며느리가 될 거라는 꿈을 꾸었다는 것이 기록에도 남아 있습니다."

사관이 이렇게 거짓말을 꾸며댔다. 이것이 바로 조무령왕이었다. 그는 이렇게 괴이한 일을 터뜨리기를 좋아했다. 결국 꿈속에서 본 여자를 맞아들이기로 한 것이다. 그런데 어떻게 찾아내는가? 사실 별 어려움이 없었다. 임금이 찾아내려고만 하면 틀림없이 찾아낼 수 있었다. 대신 가운데 오광吳廣이란 자가 자기 딸의 성을 고친 뒤 조무령왕에게 올렸고 이 딸이 공자 하를 낳았다.

'사내대장부도 다정한 감정이 없을 수 없다.'는 말이 있다. 그러나 사랑에 빠지면 영웅도 쓸모없는 인간이 될 가능성이 높다. 이 사건을 보면 조무령왕도 일반적인 나리들에게서 드러나는 결함을 그대로 내보였다. 후처를 사랑하니까 후처가 낳은 아들까지 사랑했던 것이다. 사실 조무령왕의 본처에게도 태자가 있었다. 그러나 신경세포의 못된 장난으로 만들어진 꿈은 이 대영웅을 지극히 평범한 인물로 만들었다. 호복기사로 운중과 구원에서 진나라를 기습하려던 전략은 정말로 대단한 전략이었다. 그런데 남녀의 정은 끈끈하기 그지없어 결국은 한량없는 어리석음으로 빠뜨렸다. 어쨌든 조무령왕은 자리를 공자 하에게 물려주었다. 그러나 원래의 태자 장章은 이 사실을 받아들일 수 없었다. 조무령왕 집안에 일이 터진 것이다.

확대경

'사내대장부도 다정한 감정이 없을 수 없다.'는 말이 있다. 그러나 사랑에 빠지면 영웅도 쓸모없는 인간이 될 가능성이 높다. 호복기사로 운중과 구원에서 진나라를 기습하려던 전략은 정말로 대단한 전략이었다. 그런데 남녀의 정은 끈끈하기 그지없어 결국은 한량없는 어리석음으로 빠뜨렸다.

공자 하가 자리에 오르니 곧 조혜문왕趙惠文王이다. 조혜문왕이 자리에 오른 지 4년이 되던 해에 여러 신하들을 한 자리에 모아 회의를 열었다. 여러 신하들이 모이자 주부主父 조무령왕이 곁에서 가만히 엿보았다. 무엇을 보려고 했을까? 원래 태자였던 장章을 살펴보려고 했다. 태자 장의 억울하게 당했다는 듯 고통스러운 모습이 눈에 들어왔다. 조무령왕은 그만 가슴이 두근거리기 시작했다.

'내가 아들을 너무 푸대접했구나!'

그러자 그의 결함 하나가 또 불거졌다. 여자나 지닐 법한 감상적인 인정이었다. 아들 문제 때문에 조무령왕은 갈수록 멍청해지며 자

확대경

역사적 인물은 이렇게 복잡했다. 한때는 위대한 영웅이었지만 이제는 감상적인 인정이나 베풀 줄 아는 아낙네가 되었기 때문이다. 또 뛰어난 재능과 원대한 계략을 지닌 인물이었다가 다시 집안 재산처럼 나라를 고르게 나누어 주려는 인물이 되기도 했기 때문이다. 일처리를 놓고 벌이는 갈팡질팡한 태도는 이런 두 가지 인격을 하나로 합치기 힘들게 한다.

기주장 하나 없는 가장으로 완전히 전락하고 말았다. 그는 다시 괴이한 생각을 떠올렸다. 조나라를 두 동강으로 나눈 뒤 대군代郡 일대의 땅덩어리를 태자 장에게 주기로 작정했다. 조무령왕의 '영靈' 기운은 이제야 절정에 이르렀다. 조나라는 하나의 국가였다. 농사꾼 몫의 집안 재산이 아니었다. 그러나 역사적 인물은 이렇게 복잡했다. 한때는 위대한 영웅이었지만 이제는 감상적인 인정이나 베풀 줄 아는 아낙네가 되었기 때문이다. 또 뛰어난 재능과 원대한 계략을 지닌 인물이었다가 다시 집안 재산처럼 나라를 고르게 나누어 주려는 인물이 되기도 했기 때문이다. 일처리를 놓고 벌이는 갈팡질팡한 태도는 이런 두 가지 인격을 하나로 합치기 힘들게 한다. 어떻든 조무령왕은 분열된 자신의 인격 때문에 내부 갈등을 일으켰다.

옛 태자 장 곁에는 전불례田不禮라는 대신이 있었다. 나쁜 일이 무서운 게 아니라 나쁜 사람이 무섭다는 말이 있다. 공교롭게도 전불례는 음험하기 짝이 없는 인물이었다. 이런 그가 그만 사달을 내고 말았다. 사구沙丘에서 주부를 굶어 죽인 큰 변고를 일으킨 것이다. 대체 어찌된 일일까?

조혜문왕 4년, 군신을 알현한 주부는 조나라를 둘로 나누려고 했지만 아직 마음을 확정하지 못했다. 조무령왕과 아들 혜문왕은 함께 사구에 있는 별궁으로 가서 머물렀다. 『사기』는 이들 부자가 궁전에 머물지 않았음을 특별히 강조했다. 양대의 국왕이 함께 도성을 벗어났으니, 이는 물고기가 깊은 물을 떠난 것과 다름이 없었다. 전불례와 태자 장은 이야말로 기회가 틀림없다고 생각하고 패거리를 이끌고 반란을 일으켰다. 이들은 주부의 명령이라는 거짓말로 늙은 신하 비의를 죽인 뒤, 다시 조혜문왕 세력과 맞섰다. 대신 이태李兌와 공자 성成은 병사를 이끌고 주부와 혜문왕 구조에 나서서 반란군을 해치웠다. 태자 장은 이제 외돌토리가 되어 주부의 궁으로 달려가서 몸을 숨겼다. 주부는 이때 나이든 아비의 자비로운 마음을 보였지만 사실은 아낙네나 지닐 좁은 소견일 뿐이었다. 그 녀석을 내보내기만 하면 끝이 아니겠는가? 하지만 그는 그렇게 하지 않고 오히려 보호했다. 결국 공자 성과 이태가 이끈 병사들이 주부가 머물러 있던 궁전을 에워쌌다. 얼마 뒤, 옛 태자 장이 세상을 떠났다. 정상대로라면 주부도 아무 일이 없었을까? 그렇지 않았다. 이태와 공자 성 두 사람은 서로 의견을 나누었다. 우리 두 사람이 태자 장을 잡으려고 임금이 머물고 있는 궁전을 겹겹이 포위하여 곤경에 빠뜨렸으니, 이는 죽어 마땅할 죄를 지은 게 아닌가! 차라리 이렇게 된 바에야 끝장을 보자, 이들은 이렇게 생각하며 주부의 궁전을 계속 에워싸고 풀지 않았다. 이렇게 석 달이 지났다. 석 달이 지나자 일세의 영웅 조무령왕은 결국 굶어도 어쩔 방법이 없었다. 집안에 있던 참새만 못 살게 되었다. 이제 막 부화한 새끼 참새를 먹기도 했지만 이것도 그렇게 많지 않았다. 얼마 후, 그는 굶어 죽었다. 이때 조혜문왕은 나이가 아직 어렸다. 그도 어쩔 수 없었다. 이리하여 일세의 영웅이면서 어리석기 짝이 없었던 인물로 '영靈'이라는 칭호를 받은 조왕은 이렇게 서글프고 비참하게 자기의 일생을 끝냈다. 그러나 그가 호복기사로 조나라에 이룩한 군사적 토대는 상실되지 않았다. '나라를 혼란에 빠뜨렸지만 그래도 나라가 근본적인 손상을 입지 않았으면, 영靈이라는 칭호를 붙일 수 있다.'

고 했다. 바로 이런 사람이 조무령왕이었다.

전국시대 중기 후반부에 진나라와 맞설 수 있었던 나라는 오직 조나라뿐이었다. 하늘도 조나라 편이었다. 그 뒤에도 진나라와 맞서는 가운데 전투 경험이 풍부하고 싸움에도 능할 뿐만 아니라 지략까지 넘치는 인물이 잇달아 나와서 역사에 적지 않은 활극을 연출했다.

17장 장군과 재상의 화해

염파廉頗와 인상여藺相如 이야기는 모르는 이가 없을 정도이다. 이들은 '장군과 재상의 화해'라는 드라마를 함께 연출했다. 조나라는 장군 염파와 재상 인상여를 중용했다. 두 사람은 힘을 합쳐 외교와 군사에서 큰 성공을 거두었다. 그리하여 진나라가 감히 경솔하게 조나라를 넘보지 못하도록 압박했다. 그렇다면 염파와 인상여 사이에는 어떤 일이 있었을까?

전국시대 조나라 역사에서 조무령왕의 죽음은 참으로 안타까운 일이었다. 모든 역사 인물은 한계가 있게 마련이다. 그렇다면 조무령왕 다음에 재위한 그의 아들 조혜문왕은 어떠했을까? 역사는 조나라에 조무령왕과 같은 군주를 또 다시 출현시키지는 않았지만 인상여와 염파 같이 청사에 이름을 길이 빛낼 특별한 인물을 잇달아 등장시켰다.

호복기사를 추진했던 조무령왕은 이해하기 힘든 상황 속에서 세상을 떠남으로써 우리를 안타깝게 한다. 그렇다면 조혜문왕은 어땠을까? 이것이 바로 조무령왕 뒤의 역사이다. 조혜문왕 통치 아래 조나라에는 몇몇 특별한 인물이 나타났다. 이들은 누구였을까? 인상여, 염파, 그리고 조사趙奢 등이 바로 이들이다. 그 가운데 염파와 인상여는 장군과 재상의 화해 이야기로 인구에 널리 회자된다.

염파는 혁혁한 전공으로 빛나는 당당한 장군으로서 조혜문왕이

⬆ 삼성퇴三星堆 문화에 속하는 고옥벽古玉璧

자리에 오른 뒤에도 적지 않은 공훈을 세웠다. 이와는 다르지만 인상여도 조혜문왕 시기의 뛰어난 인물이었다.

조혜문왕 16년, 조나라는 보물 하나를 손에 넣었다. 화씨벽和氏璧이었다. 고대 중국의 옥기는 종琮, 환環, 벽璧 등 여러 가지가 있었다. 그 가운데 벽은 형상이 커다란 원반 모양으로 가운데에 자그마한 구멍이 있다. 화씨벽은 당시 세상 사람이 다 아는 보물로 핏빛이 섞인 옥기였다. 그런데 이것이 문제의 원인이 되었다. 『한비자』「화씨」편에는 벽의 내력에 대해 말하고 있다. 초나라 형산荊山에서 나온 이 벽은 화씨和氏가 발견했다. 화씨는 한 덩어리의 옥을 얻게 되자 초여왕楚厲王에게 올렸다. 그러나 돌덩어리로 오인한 임금은 그의 한쪽 발을 잘라버렸다. 초무왕楚武王이 자리를 잇자 화씨는 이것을 다시 올렸다. 그러나 다시 돌

확대경

화씨벽은 당시 세상 사람이 다 아는 보물로 핏빛이 섞인 옥기였다. 그런데 이것이 문제의 원인이 되었다.

덩어리로 오인하여 그의 나머지 한쪽 발을 잘라버렸다. 얼마 뒤, 초문왕楚文王이 자리에 오르자 양쪽 다리가 다 잘려 없어진 화씨는 다시 이 옥을 올렸다. 초문왕의 부하는 그제야 이 옥이 값을 헤아릴 수조차 없을 만큼 귀한 보배임을 알아차리고 옥기로 다듬은 뒤 화씨벽이라 이름을 붙였다. 이것이 한비자가 우리에게 말한 참으로 비통하고도 가슴 저린 이야기이다.

어떻게 된 영문인지 모르지만 이 벽은 조나라로 왔다. 그러나 벽은 오히려 조나라의 골칫덩어리가 되었다. 화씨벽이 조나라에 있다는 소식을 들은 진소왕은 이렇게 생각했다.

'천하 최강의 나라는 우리 진나라인데, 화씨벽도 내 손안에 있어야 마땅하지!'

진나라는 당장 조나라에 글을 보냈다.

"우리의 성읍 15곳을 화씨벽과 바꿀 생각이오, 어떻소?"

15곳이나 되는 성읍을 한 덩어리 옥과 바꾸겠다고 나선 것이다. 이것이 바로 이 옥의 가치였다. 황금은 값이 있지만 옥은 값을 셈할 수 없다는 속담이 있다. 옛적에 가장 귀중한 것은 황금이 아니라 옥이었다. 여기에는 문화적인 원인이 있으니, 유가에서는 옥을 군자의 덕에 견줄 수 있다고 여겼다. 양저良渚와 홍산紅山 두 곳의 신석기 시대 문화 유적지에서는 옥기가 대량으로 출토되었다. 중국인의 옥기에 대한 사랑은 참으로 오래되었다. 아주 먼 옛날에도 옥이야말로 천지의 정령이라고 생각하며 옥을 감상할 줄 알았다.

확대경

황금은 값이 있지만 옥은 값을 셈할 수 없다는 속담이 있다. 중국인의 옥기에 대한 사랑은 참으로 오래되었다. 아주 먼 옛날에도 옥이야말로 천지의 정령이라고 생각하며 옥을 감상할 줄 알았다.

화씨벽으로 다시 돌아가 보자. 조나라에 와서도 옥은 풀기 어려운 문제를 안겼다. 지금 진나라에서 교환을 제의했는데, 이 옥을 내줄 것인가, 아니면 내주지 말 것인가? 조왕은 대신들과 의논에 의논을 거듭했다. 그래도 생각을 결정할 수 없었다. 만약 이 옥을 진나라에 건넸지만 진나라에서 성읍을 내주지 않으면 어쩔 것인가? 그렇다고 옥을 내주지 않으면? 진나라가 화를 벌컥 내며 병사를 이끌고 쳐들어오면 어쩔 것인가? 바로 이때, 태감의 우두머리인 묘현繆賢이 앞으로 나서며 이렇게 말했다.

"저희 집에 재주 넘치는 사인舍人이 있습니다. 바로 인상여藺相如라는 인물인데, 그에게는 분명 방법이 있을 것입니다."

사인이란 권세와 지위가 높은 집안에서 양성하는, 재간과 기예를 갖춘 인물을 말한다. 전국시대에는 이런 인물을 양성하기 좋아하는 괜찮은 집안이 많았으며, 이런 기풍도 대단히 성했다.

조혜문왕은 묘현의 이 말을 듣고 이렇게 말했다.

"이 자리에 모인 공경公卿들도 이렇게 난처한 모습인데, 그대 집안의 하찮은 사인에게 무슨 방법이 나오겠소?"

그러자 묘현은 물러서지 않고 이렇게 말했다.

"솔직히 말씀드리면, 당시 제가 폐하께 큰 죄를 저지르고 멀리 연나라로 도망갈 작정이었습니다."

묘현이 이런 말을 조혜문왕에게 할 수 있었던 걸 보면 혜문왕도 속이 좁아 의심이나 하는 그런 군주는 아니었던 것 같다. 묘현은 하던 말을 다시 이었다.

"결국 저희 집 사인 인상여가 앞으로 나서며 저를 막아섰습니다. 그는 제게 이렇게 물었습니다.

'왜 연나라로 가려고 하십니까?'

저는 이렇게 대답했습니다.

'몇 년 전 내가 우리 임금을 모시고 연나라로 갔을 때, 연나라 임금이 내 손을 가만히 잡으며, 우린 더욱 가까워져야 하오, 이렇게 일렀네. 이 말이 있었기에 지금 그곳으로 갈 생각이네. 그분이 나를 받아주지 않을까?'

그런데 생각지도 않게 인상여는 이렇게 말하는 게 아니겠습니까?

'그렇지 않습니다, 어르신! 어르신은 당시 우리 임금을 모시고 연나라에 갔으니 어르신은 우리 임금의 총애를 받는 신하이기에 연왕도 그렇게 말한 것이지, 어르신을 보고 그렇게 말한 게 아닙니다. 연왕의 말은 우리 조나라와 잘 지내자는 뜻입니다. 그런데 지금 어르신은 임금께 잘못을 저지르고 죄를 지은 신하로서 연나라에 가려고 하니, 연왕은 오히려 어르신을 묶어 조나라로 보내려고 할 겁니다.'

저는 당시 이 말을 듣고, 정말 일리가 있구나, 이렇게 생각했습니다. 그럼 어떻게 하면 좋을까, 갈피를 잡지 못하고 있는데, 인상여는 이렇게 말했습니다.

'아니, 어르신이 잘못하지 않았습니까? 도끼를 짊어지고 가서 고분고분 죄를 자백하시어 죽이든 살리든 임금께 맡기는 게 바른 도리 아니겠습니까!'

뒷날 폐하께서도 제가 진정으로 잘못을 인정하는 줄 아시고 용서해 주셨습니다. 그러기에 제가 보기에 인상여라면 이번 일에도 무슨 좋은 수가 있으리라 믿습니다."

조혜문왕은 길게 이어진 묘현의 말을 다 듣고 나서 이렇게 일렀다.

"그를 한번 불러 봅시다."

이리하여 조혜문왕은 인상여를 불러 얼굴을 마주했다. 인상여는 상황을 안 뒤, 이렇게 말했다.

"진나라가 화씨벽과 바꾸려는 조건을 우리가 받아들이지 않으면 이치에 맞지 않습니다. 성읍 15곳이라면 얼마나 넓은 땅덩어리입니까! 폐하께서 받아들이지 않는다면 잘못은 우리가 안게 됩니다. 그러나 우리가 그 옥덩어리를 그들에게 넘겼지만 그들이 우리에게 성읍을 넘기지 않으면 이치를 어긴 쪽은 바로 진나라가 됩니다. 그러니 넘겨야 합니다."

조혜문왕이 입을 열었다.

"진나라에 옥덩어리를 건넸지만 만약 그들이 우리에게 성읍을 넘기지 않으면 어쩌겠소? 게다가 진나라에 옥덩어리를 넘기려고 해도 감히 이 옥덩어리를 가지고 갈 사람도 없으니 말이오."

인상여는 오히려 차분하게 말했다.

"정말로 갈 사람이 없다면 제가 가겠습니다. 그들이 성읍을 내주면 이보다 더 좋을 수 없지만, 만약 성읍을 내주지 않으면 제가 이 옥덩어리를 아무 탈 없이 우리 조나라로 다시 가져오겠습니다."

그가 말한 '아무 탈 없이'라는 구절은 참으로 깊이 음미할 만한 가치가 있다. 인상여의 속셈은 너무도 분명하다.

'이 옥덩어리를 정말 아무 탈 없이 다시 가져올 수 있다, 어떤 일이 있어도 아무 탈 없이 가져오지 않을 수 없다!'

조혜문왕은 인상여가 분명 좋은 방법을 가지고 있다고 생각했다. 그리하여 그에게 하인 몇 사람을 딸려 이 옥덩어리를 가지고 진나라로 가도록 했다.

역사에는 인상여의 출신에 관한 기록이 거의 없다. 그가 평민 출신으로 당시 환관의 가신이었다는 점만 알 수 있다. 조나라와 진나라 사이에 불거진 정치적 격돌 속에서 인상여는 옥덩어리를 아무 탈 없이 흠 하나 없는 상태로 조나라로 다시 가져와야 할 임무를 어떻게 완수했을까?

진소왕은 조나라가 자기 나라에 화씨벽을 건넬 작정이라는 소식을 듣고 뛸 듯이 기뻤다. 그는 당연히 조나라가 보낸 사자를 만나야 했다. 만나지 않고서야 어떻게 이 아름다운 옥덩어리를 볼 수 있겠는가! 그렇다면 진소왕은 인상여를 어디에서 접견했을까? 장대章臺였다. 이곳은 장화대章華臺라고도 불리는 곳으로 위수渭水 남쪽에 위치한 행궁의 별관이었다. 당시 진나라 궁전은 함양에 있었다. 당시 열국이 서로 내왕할 때 보인 예절에 따르면 다른 나라 사신을 접견하면서 행궁의 별관으로 이끄는 행위는 예의에 어긋났다. 이는 진나라가 조나라를 아예 대수롭지 않게 여긴다는 의미였다. 인상여도 이를 알아차리지 못했을 리 없다.

장대에서 인상여는 화씨벽을 진소왕에게 건넸다. 진소왕은 벌써부터 화씨벽 이야기를 들어온 터라 손안에 넣게 된 지금 두 눈은 번쩍 빛났다. 게다가 입까지 다물지 못하고 이리저리 뒤집으며 한참이나 보더니 곁에 있던 비빈들에게 넘겼다. 여기서 말하는 비빈이란 그의 첫째 부인부터 둘째 부인, 셋째 부인, 그리고 N번째 부인까지였다. 이렇게 많은 비빈들에게 보였다. 이들이 다 보자, 이제는 곁에 있던 문무 신하들까지 다 보도록 했다. 곁에 있던 이들은 만세 소리 높여 이 세상에서 가장 귀한 보물이 마침내 진나라 것이 되었다며 환호했다.

그러나 진나라 쪽에서는 오로지 환성만 높였을 뿐 15곳 성읍에 대해서는 아무도 말하지 않았다. 인상여는 자기를 포함한 조나라 사자를 이렇게 푸대접하는 그들의 모습을 지켜보았다. 그럼 어떻게 할 것인가? 인상여에게는 방법이 있었다. 그는 진왕이 더 이상 아무 말도 하지 않고 자리를 뜬다면, 기회가 사라진다는 것을 잘 알고 있었다. 재치 넘쳤던 인상여에게 순간적으로 한 가지 계책이 떠올랐다. 이와 동시에 그는 자리에서 벌떡 일어나 이렇게 말했다.

"폐하께서는 너무 기뻐하지 마시고 제 말에 귀를 기울이소서. 이 화씨벽이 멋지다고, 세상에서 제일 멋진 보물이라고 말들 하지만 이 보물에도 자그마한 흠이 하나 있습니다."

아니, 흠이 있다고? 진소왕은 당연히 귀를 기울였다. 어디에 흠이 있단 말인가? 인상여는 조용히 입을 열었다.

"제가 대왕께서 보시도록 가리켜 드리겠습니다."

진소왕은 진심으로 알아야겠다며 화씨벽을 인상여의 손안에 돌려주었다.

그러자 진소왕이 전혀 생각지도 못했던 상황이 벌어졌다. 인상여는 화씨벽을 손에 넣은 뒤 몇 발자국 뒤로 물러서며 커다란 기둥에 기대섰다. 그리고 불같이 화를 냈다. 바로 이 대목을 주목해야 한다. 인상여가 커다란 기둥에 기대선 것이 바로 넘치는 재치였다. 기둥에 기대서지 않고 대청 중앙에 섰다면, 이들이 날린 화살 한 방이면 그대로 끝장났을 것이다. 인상여는 완전히 다른 사람으로 바뀌었다. 조금 전까지 보이던 상냥하고 온화한 얼굴과는 전혀 달랐다. 인상여는

확대경

혈기에는 혈기로 목숨에는 목숨으로 맞서지 않는다면 어떻게 아무 탈 없이 이 옥덩어리를 자기 나라로 다시 가져갈 수 있겠는가?

자신이 홀로 강대한 진나라와 외롭게 맞서고 있음을 잘 알고 있었다. 필사적인 용기를 가지고 혈기에는 혈기로 목숨에는 목숨으로 맞서지 않는다면 어떻게 아무 탈 없이 이 옥덩어리를 자기 나라로 다시 가져갈 수 있겠는가? 지혜는 물론 용기까지 아울러 가졌던 인상여는 자신의 혈기는 말할 것도 없이 몸뚱이까지 이 도박에 내걸었다.

그는 다시 입을 열어 말하기 시작했다.

"폐하께서는 15곳의 성읍을 내놓으며 이 화씨벽과 바꾸자고 했습니다. 당시 우리 조나라 대신들은 진나라가 지금까지 욕심이 한이 없고 남을 속여먹는 데 이골이 났기에 줄 수 없다고 했습니다. 그러나 저는 진나라에 건네자고 주장했습니다. 일반 백성들도 서로 속이지 않는데 하물며 진나라 같은 대국이 우리 조나라를 속일 리 없다면서 말입니다. 하지만 생각지도 못하게 폐하께서는 저를 대하는 예절이 참으로 오만했습니다. 이 보물을 먼저 비빈들에게 보이는 등 우리 사신들을 희롱하는 모습이 분명했습니다. 저는 폐하께서 성읍을 우리에게 줄 생각이 전혀 없다는 것을 알았습니다. 그래서 저는 이제 이 화씨벽을 다시 가져가려고 합니다. 폐하께서 지금 감히 어쩔 생각이 있어도 저를 몰아세우지 마십시오."

그는 기둥을 한번 힐끗 보더니 다시 입을 열었다.

"저를 몰아세우면 저는 제 머리와 화씨벽을 기둥에 함께 내려치며 깨어버리고 말겠습니다."

얌전하고 고아하던 인상여가 뜻밖에도 이런 수를 쓰려고 하자 진왕은 예상도 못했던 벽에 부딪쳤다. 이 옥덩어리가 제 목숨을 내던지기로 작정한 인물의 손안에 있다는 게 참으로 큰 잘못이었다. 진소왕은 그만 멍해졌다. 그러면서 마음속으로는, 저 보물, 내 보물, 이렇게 부르짖었다. 조나라에서 온 저 놈이 눈을 부릅뜨고 이빨을 내보이며 보물을 깨뜨리려고 하다니! 아무리 권위가 있어도 저 옥덩어리가 깨어지는 것을 막을 수 없다니! 그는 얼른 입을 열었다.

"가만, 가만! 할 말 있으면 지금 하시오!"

진소왕은 연기를 시작했다.

"사관을 이곳으로 빨리 데려오너라. 빨리, 빨리! 자, 빨리 조나라에 넘길 성읍을 골라서, 여기 이 조나라 사신에게 넘겨라!"

인상여는 이 옥덩어리를 손에 쥐고 있었다. 바로 저 진왕의 약점을 손에 움켜쥔 것이나 마찬가지였다. 바로 탐욕이, 저 옥덩어리를 향한 지나친 탐욕이 진왕에게 저렇게 큰 두려움을 안겼다. 인상여는 진소왕에게 가장 중요한 것을 손에 쥐고 있었다.

'나는 몇 푼이나 될까, 그것도 네놈 진소왕 눈에 나는 몇 푼이나 될까! 그러나 하잘것없는 내가 네놈 약점을 그대로 쥐고 있다!'

이것이 인상여의 속셈이었다. 이것이 또 그의 승리를 확신케 하는 요소였다. 그는 진왕의 약점은 물론 가장 취약한 부분을 잘 알고 있었다. 진소왕은 어쩔 도리가 없었다. 마치 한판 전투에서 패배한 것처럼 하는 수 없이 짐짓 연기를 했다. 그냥 쉴 새 없이 손짓하며 짐짓 이 성읍을 떼어서 조나라에 넘기자고 연기를 했다.

확대경

인상여는 이 옥덩어리를 손에 쥐고 있었다. 이는 저 진왕의 약점을 손에 움켜쥔 것이나 마찬가지였다. 바로 탐욕이, 저 옥덩어리를 향한 지나친 탐욕이 진왕에게 저렇게 큰 두려움을 안겼다. 그는 진소왕에게 가장 중요한 것을 손에 쥐고 있었다. 이것이 인상여의 속셈이었다. 이것이 또 그의 승리를 확신케 하는 요소였다. 그는 진왕의 약점은 물론 가장 취약한 부분을 잘 알고 있었다.

연기를 끝낸 진왕은 마음속으로, 이젠 옥덩어리를 내게 넘기겠지, 이렇게 생각했다. 그러나 인상여도 진왕의 연기가 거짓이라는 것을 알고 있었다. 옥덩어리를 손에 넣으면 곧장 인상여의 목을 칠 게 너무도 분명하지 않은가! 이렇게 멋진 옥덩어리를 감히 기둥에 내던지려고 허튼 수작을 벌였는데, 진소왕이 가만둔다면 오히려 이상한 일이 아니겠는가!

하지만 인상여는 이미 도망갈 구멍을 마련한 상태였다.

"우리 대왕께서는 옥덩어리를 진나라로 보내기 전에 닷새 동안 재계하며 정말로 온 마음을 다해 소중하게 다루었습니다. 지금 우리 두 나라가 성대하고도 장중하게 기록으로 남기며 옥덩어리와 15곳의 성읍을 바꾸려고 한 이상, 진나라 국왕께서도 정중하게 이 일을 처리해야 할 것입니다. 이렇게 많은 비빈을 앞에 두고 행궁의 별관으로 와서 옥덩어리를 받아서야 어디 될 일입니까? 예의를 갖추어야 될 일입니다."

그러면서 인상여는 이렇게 제의했다.

"닷새 동안 재계한 뒤, 진나라는 가장 정중한 의식을 치르며 옥덩어리를 받으시고 우리 조나라에 15곳의 성읍을 넘겨야 할 것입니다."

당시 진소왕은 벌써 인상여에게 코가 꿴 상태로 그의 탐욕스런 약점을 어쩌지 못하는 형국이었다. 그러했기에 인상여의 제의에 동의할 수밖에 없었다.

"좋소, 그렇게 하겠소!"

그러면서 속으로는 이렇게 생각했다.

'네놈이 그렇다면 재계하지, 하지만 닷새만 기다리면 그만이야.

닷새 뒤 네놈을 손봐도 늦지 않지!'

그러나 그가 생각지도 못했던 것은 이 닷새는 인상여가 옥덩어리를 아무 탈 없이 조나라로 다시 돌려보내기에 충분한 시간이라는 점이었다. 객관으로 돌아온 인상여는 잘 포장된 옥덩어리를 하인에게 건네며 지름길을 찾아 빨리 조나라로 돌아가라고 명령했다. 진나라는 닷새 뒤 옥덩어리를 건네받은 뒤 15곳의 성읍을 건네주지 않을 게 분명했던 것이다.

닷새 뒤 인상여가 왔다. 진소왕은 갖가지 의식을 진행할 준비를 끝냈다. 그리고 인상여에게 이렇게 말했다.

"자, 이제 옥덩어리를 이리 내놓으시오, 내 얼마나 가슴 조이며 기다렸는지 아시오!"

『사기』「염파·인상여열전廉頗·藺相如列傳」은 이때 인상여가 이렇게 말했다고 기록했다.

"진나라는 목공穆公 이래 스물 몇 명의 군주가 있었지만 맹약을 굳게 지킨 이가 이제껏 없었습니다. 저는 실제로 대왕께 속은 뒤, 우리 조왕께 누를 끼칠까 두려워하며 소중한 옥덩어리를 사람을 시켜 돌려보냈습니다. 좁은 길을 통하여 벌써 옥덩어리는 조나라에 돌아갔습니다. 더구나 진나라는 강하고 조나라는 약한데, 대왕께서는 사신을 조나라로 보내면, 조나라에서는 즉시 옥덩어리를 보낼 것입니다. 오늘날 대왕의 진나라가 강대하니 먼저 15곳의 성읍을 떼어서 조나라에 넘겨주신다면, 조나라가 어찌 감히 옥덩어리를 움켜쥔 채 대왕께 미움을 사겠습니까? 저는 대왕을 속인 죄로 마땅히 주살되어야 하니, 바라옵건대 끓는 기름 솥에 넣어 삶으시기 바랍니다. 그리고 대왕과 여러 대신들은 이 일에 대하여 깊이 생각하시기 바랍니다."[87]

확대경

이처럼 급박한 위기 상황 속에서 이렇게 거침없이 앞으로 나서며 입을 열었으니, 이야말로 대단한 담력과 용기였다. 이것이 또 인상여의 용기이면서 슬기였다. 특별한 상황에서 자신의 목숨을 너무 소중히 여기면 오히려 목숨을 잃을 수밖에 없다.

이처럼 급박한 위기 상황 속에서 이렇게 거침없이 앞으로 나서며 입을 열었으니, 이야말로 대단한 담력과 용기였다. 이것이 또 인상여의 용기이면서 슬기였다. 『노자』는 '자신을 낮추면 오히려 존경을 받고, 생사를 헤아리지 않으면 오히려 목숨을 온전히 보존할 수 있다.'[88]라고 했다. 특별한 상황에서 자신의 목숨을 너무 소중히 여기면 오히려 목숨을 잃을 수밖에 없다. 바보나 머저리일수록 저승사자는 이들을 전적으로 찾게 마련이다. 인상여는 벌써부터 계산을 하고 있었다. 그가 이렇게 말하자 진왕은 두려움에 떨었다.

당시 진왕 곁에도 인상여의 목을 베어야 한다고 주장하는 이가 있었다. 그런데 진왕이 여전히 옥덩어리를 탐냈던지, 아니면 인상여의 위엄 넘치는 당당함에 떨었던지, 그것도 아니면 양쪽 다였는지, 진왕은 이렇게 말했다.

"아니, 아니, 됐소! 옥덩어리를 잠시 우리가 손에 넣지 못했다고 어찌 사람의 목을 치겠소? 그러니 그를 보냅시다!" 이리하여 진왕은 인상여를 정식 사신 신분으로 접견한 뒤에 자기 나라로 돌려보냈다.

....

87 秦自繆(穆)公以來二十餘君, 未嘗有堅明約束者也. 臣誠恐見欺于王而負趙, 故令人持璧歸, 間至趙矣. 且秦强而趙弱, 大王遣一介之使至趙, 趙立奉璧來. 今以秦强而先割十五都予趙, 趙豈敢留璧而得罪于大王乎? 臣知欺大王之罪當誅, 臣請就湯鑊, 唯大王與群臣孰計議之.

88 後其身而身先, 外其身而身存.

인상여는 이제 호랑이 아가리에서 벗어났다. 호랑이 입에 물렸다가 다시 달아나게 되었으니 이야말로 구사일생이었다. 화씨벽은 그대로 돌아왔고, 조나라는 진나라 앞에서 더 이상 굽실거리지 않은 큰 영웅 하나를 내놓게 되었다. 조혜문왕은 기분이 한껏 좋아서 인상여를 대부로 높이며 국정에 참여할 수 있는 길을 터 주었다. 화씨벽을 흠 하나 없이 다시 조나라로 가져온 것이 바로 인상여가 세운 첫 번째 공훈이었다.

> 흠 하나 없이 완벽한 모습으로 화씨벽을 조나라로 다시 가져온 일은 인상여가 『사기』에 처음으로 멋들어지게 등장한 모습이었다. 그러나 진나라와 조나라 사이에 벌어진 외교전은 아직 끝나지 않았다. 바로 그 유명한 민지澠池에서 열린 회맹이 뒤를 이었기 때문이다. 그렇다면 이번 외교전에서 인상여는 어떤 재주와 지혜를 드러냈을까?

뒤를 이어 또 다른 사건이 터졌다. 민지에서 열린 회맹이 새로 터진 사건이었다. 조혜문왕 2년, 진소왕은 초나라를 치기 위하여 조나라와 가까워지려고 자발적으로 나섰다. 그는 민지에서 두 나라 임금이 회맹을 갖자고 조나라에 제안했다. 진나라는 조나라를 자기편으로 끌어들일 작정이었다. 그러나 조혜문왕은 두렵기 짝이 없었다. 왜냐하면 얼마 전에 진나라가 초나라 회왕懷王을 억류한 사건이 있었기 때문이다. 초회왕은 남전藍田에서 진나라와 회맹을 가졌다. 그런데 바로 여기에서 진나라 사람에게 억류되었다. 진나라는 초회왕에게 자기들이 제시한 여러 조건을 받아들이라고 압박했다. 초회왕은 달아나려고 했다. 그는 머리 잘린 파리처럼 이리 부딪치고 저리 부딪치며 온 힘을 다했지만 결국은 달아나지 못하고 세상을 떠나야 했다. 이 때문에 제후들은 진나라야말로 흉포하기 짝이 없는 나라로 신의라고는 조금도 없다며 믿으려고 하지 않았다. 지금 민지에서 회맹을 한다고 사람을 보내 알려 왔지만, 그들이 조왕을 초회왕처럼 대하지 않는다고 누가 감히 보장할 것인가? 그러기에 조혜문왕의 심장은 두근거릴 수밖에 없었다. 비록 조나라에 인상여나 염파 같은 현명한 인물이 있었기에 얼마큼 힘이 되기는 했지만 진나라 군주와 마주할 생각을 하니 조왕은 두려울 수밖에 없었다.

그러나 조왕은 인상여, 염파와 더불어 의논한 끝에 가기로 결정했다. 만약 가지 않는다면 외교적으로 먼저 패배를 인정하는 꼴이 되었기 때문이다. 그들은 인상여가 조왕을 수행하기로 결정하고 동시에 도망갈 방법까지 미리 준비해 두었다. 염파는 조왕이 떠나기에 앞서 이렇게 아뢰었다.

"저는 이번 길을 30일로 잡았습니다. 만약 30일 후에도 돌아오시지 않으면 새 임금을 세우도록 하겠습니다."

이것이 조왕이 염파와 인상여, 이 두 신하와 함께 마련한 계책이었다. 조왕이 정말로 초회왕처럼 진나라에 억류되어 30일이 지나도록 돌아오지 못하면 조왕의 신분은 자동적으로 폐기되는 것이다. 조왕이 이런 안배를 받아들이기란 결코 쉬운 일이 아니었다. 하지만 국가대사는 기본적으로 개인의 권력과 지위보다 훨씬 중요했다. 그러했기에 대신들은 감히 이런 계획을 세웠다. 이런 일은 춘추시대에도 있었고 그 뒤에도 있었다. 춘추시대 송양공宋襄公이 초나라 사람에게 잡히자 송나라에 머물러 있던 공자 어魚는 따로 새 임금을 세움으로써 초나라가 이익을 차지하지 못하도록 하였다. 명明나라 때, 토목보土木堡에서 맞붙은 전쟁에서 영종英宗이 몽고의 오이랏瓦剌 군사에게 잡혔지만, 대학사 우겸于謙이 앞으로 나서서 새 황제를 세우는 방법을 강구했다. 나라의 이익과 종묘사직은 그 무엇보다 소중했다. 조혜문왕이 이 계책에 동의할 수 있었던 것은 물론 남다른 기개가 있었기 때문이다. 염파와 인상여 같은 명장과 명신이 모두 조혜문왕 시대에 있었다는 것은 결코 우연이 아니었다.

확대경

나라의 이익과 종묘사직은 그 무엇보다 소중했다. 조혜문왕이 이 계책에 동의할 수 있었던 것은 물론 남다른 기개가 있었기 때문이다. 염파와 인상여 같은 명장과 명신이 모두 조혜문왕 시대에 있었다는 것은 결코 우연이 아니었다.

이렇게 조혜문왕은 인상여를 대동하고 민지로 왔다. 민지는 지금의 허난성 멘츠澠池에서 서쪽으로 멀지 않은 곳이다. 이곳은 원래 한나라 땅이었지만 지금은 진나라 땅이 된 곳이다. 진나라와 조나라, 이 두 나라 군왕이 서로 얼굴을 마주하고 이야기를 나누는 사이에 진소왕이 갑자기 한 가지 간교한 계책을 떠올리면서 조혜문왕에게 이렇게 말했다.

"듣자 하니 조나라 음악이 훌륭한 데다 한단邯鄲에는 미녀가 많아서 가무가 발달했다지요. 또 조왕께서도 음악에 조예가 깊다 하니, 어디 한 곡 들려주시지요."

갑작스런 제안에 조혜문왕은 어쩔 도리 없이 한 곡을 탔다. 진왕은 다 듣고 나더니 소리 높여 크게 웃으며 이렇게 말했다.

"아, 멋집니다. 정말 멋집니다."

그러고 나서, 진나라의 사관을 부르더니 이렇게 분부했다.

"기록해 두시오, 어느 해 어느 달에 조왕이 진왕을 위해 연주했다고 말이오!"

산시성山西省 샹편현襄汾縣 타오쓰陶寺 마을 선사시대 유적지에서 출토된 토고土鼓- 진흙으로 만든 악기. 고대 사회에서는 이미 그 유래가 깊다.

진소왕의 이 말은 조왕을 진왕 앞에서 연기나 하는 어릿광대로 본 것이나 다름없었다. 또 조나라 사람 눈에 모래를 뿌리고 비비는 것과 마찬가지였다. 외교가 이루어지는 곳에서 벌어진 진왕의 이런 행동은 참으로 예의에 어긋나는 짓이었다.

조왕과 함께하던 인상여는 이런 모습을 하나도 빠짐없이 눈여겨보고 있었다. 뭐 이런 놈이 다 있지! 인상여는 조금도 머뭇거리지 않고 바늘과 바늘 끝이 서로 부딪치듯이 그대로 팽팽하게 맞섰다. 재치 넘치는 인상여는 그 자리에서 당장 커다란 자배기를, 그 흔한 자배기를 찾아 들더니 그대로 진왕 앞으로 쫘당당 소리가 나도록 내던지려는 자세를 보이며 이렇게 말했다.

"우리 대왕께서도 진왕께서 진나라 소리를 잘한다는 이야기를 들어 알고 있습니다. 더구나 자배기로 음악을 연주하는 데 뛰어나다는 이야기를 여러 번 들었습니다. 이제 한번 자배기를 두드리시어 즐거운 시간을 주옵소서!"

진소왕은 인상여가 이런 수를 내놓을 줄이야 생각지도 못했기에 아예 화를 내며 거절했다. 인상여는 자배기를 진왕 앞으로 안고 가더니 바닥에 꿇어앉아 다시 한 번 자배기 연주를 청했다.

"자배기 연주 한 곡을 청하옵니다."

진소왕이 이래도 꼼짝하지 않자, 인상여는 두 눈을 부릅뜬 채 진소왕을 노려보며 이렇게 말했다.

"다시 거절하거나 다섯 발자국 안에 연주하지 않으시면, 제 피가 대왕 몸에서 튈 것입니다!"

그 계책이 화씨벽을 흠 하나 없이 조나라로 다시 가져갈 때와 하나도 다름이 없었다. 제 목숨을 두려워하지 않는 행동이었던 것이다. 진왕이 천군만마를 가지고 있을지라도 지금 이 순간에는 내 목숨을 어쩔 수 없지 않겠는가! 지금 네놈은 바로 내 앞에 있으니, 손만 뻗치면 네 목숨을 바로 없앨 수 있다! 평시에 군왕은 앞뒤로 사람들이 에워싸고 구름과 안개를 타고 하늘을 날듯이 사라지기에 보통 사람이 접근할 수 없었다. 여러 가지 국가 기관이 그를 보호했던 것이다. 그러나 지금처럼 가까운 거리는 온갖 웅장함이나 기세 따위로 군왕에게 치장된 위엄을 무색하게 만들었다. 오로지 사람 대 사람, 기백 대 기백, 그리고 배짱 대 배짱만이 남아 있을 뿐이었다. 이로써 인상여는 두 번에 걸친 진나라와의 대결에서 먼저 감제고지를 점거했다. 이렇게 뛰어난 용기를 발휘한 것은 바로 낮은 신분으로 높은 이를 건드리며 거침없이 일어섰기에 가능했다. 우리는 인상여가 어떻게 생겼는지 알지 못한다. 그러나 그의 부릅뜬 두 눈은 사람들을 겁에 질리게 했음이 분명하다. 당시 진왕 곁에도 앞으로 나아가려는 이가 있었지만 인상여가 이들을 두 눈 부릅뜨고 노려보자 그만 다리가 머리의 명령을 기다리지 못하고 덜덜 떨리며 뒤로 물러났다고 한다. 이것이 인상여의 독특한 점이다. 뒷날, 드라마에서 『장군과 재상의 화해』를 노래했지만 인상여의 이런 특징은 그렇게 멋지게 표현하지 못하고 마치 제갈량처럼 점잖고 고상한 인물로 그리는 데 그쳤다. 하지만 사실은 다르다. 그는 전국시대의 강렬한 색채를 지닌 인물로서 절반은 점잖고 고상했지만 절반은 강철처럼 굳세고 강했다. 제갈량은 기품이 시원스럽고 우아한데다 기개가 대단했다. 인상여는 또 다른 풍모를 지니고 있었다. 물론 그도 그렇긴 했지만 기골이 장대하거나 초인적인 능력이나 재주를 가지지는 않았다. 그는 청동이었으며 불순물이 조금도 섞이지 않은 쇳덩이였다. 그는 조용하고 엄숙한 가운데 사람의 마음을 끌어당기는 힘이 있었다.

확대경

인상여는 전국시대의 강렬한 색채를 지닌 인물로서 절반은 점잖고 고상했지만 절반은 강철처럼 굳세고 강했다. 그는 조용하고 엄숙한 가운데 사람의 마음을 끌어당기는 힘이 있었다.

당시 진소왕은 인상여의 돌발적인 협박에 그대로 제압되었다. 평상시의 위풍도 어디로 가버렸는지 모를 정도로 당황하여 허둥대며 정신을 차리지 못했다. 그는 무의식적으로 두드릴 수 있는 물건을 손에 들고 커다란 자배기 위를 의기소침한 채로 내려쳤다. 인상여도 당장 자기 나라 사관을 곁으로 불러 이렇게 일렀다.

"기록해 두시오, 어느 해 어느 달에 진왕이 조왕을 위해 자배기를 두드리는 연주를 했다고 말이오!"

진왕은 아무래도 자기 앞에서 이렇게 방자한 조나라 사람을 가볍게 용서할 수 없었다. 하지만 민지 회맹에 참석했던 조왕도 인상여도 모두 떠났기에 어떻게 할 수 없었다. 어떻게 이렇게 되었을까? 먼저 인상여는 아주 가까이에서 그들 진왕의 마음을 어지럽게 만들 정도로 겁을 먹였다. 이 밖에 『사기』는 '조나라도 병사들을 더욱 강하게 배치하여 진나라의 습격에 대비했기에 진나라도 감히 경솔하게 손을 쓰지 못했다.'[89] 고 기록했다. 염파가 이끄는 군대가 이곳에서 멀지 않은 곳에 주둔하고 있었음이 분명하다.

이번 진나라와의 회맹에서 조나라는 체면 깎이는 일이 없었기에 조왕은 자못 기분이 좋았다. 나중에 그는 인상여를 조나라 재상의 자리에 앉혔다. 바로 염파보다 윗자리였다.

인상여는 화씨벽을 흠 하나 없이 조나라로 되가져오고 민지에서의 회맹도 성공적으로 끝내면서 조혜문왕의 마음에 들게 되었다. 이리하여 그는 한낱 사인에서 조나라의 상경上卿이 되었다. 당시 염파의 직위도 상경이었지만 옛 사람들은 우右를 위로 여겼기에 인상여의 지위가 염파를 압도했다. 염파는 몇 년 동안의 전쟁을 거치며 큰 공을 세우고 나서야 이 지위를 얻을 수 있었다. 이 때문에 염파는 정말로 불쾌했다. 그렇다면 이런 일에 직면하여 인상여는 어떻게 후세에 널리 칭송되도록 일을 처리했을까?

이것으로 염파는 마음이 크게 상했다. 염파의 공훈은 참으로 탁

---

89 趙亦盛設兵以待秦, 秦不敢動.

확대경

염파는 인상여의 '입과 혀가 지닌 능력'을 우습게 여겼다. 그런 능력에는 큰 지혜와 용기가 있어야 한다고 생각했다. 게다가 기름 솥에도 뛰어들고 칼 같은 산에도 뛰어오를 만한 것이라야 했다.

월했다. 나는 이렇게 여러 해 동안 전투를 벌이며 야전에서 성읍을 공격하는 중에 큰 공을 세웠지만, 인상여는 그저 입과 혀로써 능력을 발휘하였을 뿐인데, 이제 그의 직위가 오히려 내 위에 있으니, 정말로 불공평하잖은가! 염파는 인상여의 '입과 혀가 지닌 능력'을 우습게 여겼다. 그런 능력에는 큰 지혜와 용기가 있어야 한다고 생각했다. 게다가 기름 솥에도 뛰어들고 칼 같은 산에도 뛰어오를 만한 것이라야 했다. 그는 인상여가 자격이나 경력도 별것 없고 출신도 미천한 데다 자기처럼 전공을 세우지도 않았다고 생각했다. 그는 이렇게 말했다.

"저 양반이 입궐하면 그냥 욕을 보여야지!"

염파는 이미 민지 회맹에서 30일이 지나도 군왕이 돌아오지 않으면 새 임금을 세우며 나라를 위해 큰일을 마다하지 않으려던 그 신하가 아니었다. 사람은 누구나 단점이 있다. 염파는 이때 오로지 제 생각만 하는 소갈머리 좁은 인물일 뿐이었다. 나라를 위해 큰일을 마다하지 않으려던 신하는 불평에 씩씩거리며 화만 내는 신하로 바뀌고 말았다.

인상여는 염파의 반응을 알고 입궐하지 않았다. 염파와의 충돌을 아예 피했다. 그는 염파의 화가 가라앉기를 기다렸다가 그때에 다시 보기로 마음먹었다. 그런데 생각지도 못하게 어느 날 문밖에 나섰다가 그만 염파와 맞닥뜨렸다. 인상여는 맞은편에서 염파가 오자 곧장 수레를 돌려 집으로 돌아가려고 했다. 오늘날 한단에는 '회거항回車巷'이라는 고적이 있다. 옛말에 이르기를 자신을 살필 줄 아는 이는 현명하고, 자신을 억제할 줄 아는 이는 강하다고 했다. 인상여는 자신을 억제할 줄 아는 인물이었다. 그는 두 차례나 진왕과 부딪치면서 불같이 화를 내며 두 눈 부릅뜨고 피 끓는 용기를 보였지만 염파와의 관계를 해결할 때는 온전히 인내하며 물러설 줄 아는 모습을 보임으로써 전혀 다른 인물로 변했다. 자신을 억제할 줄 몰랐다면 어떻게 이런 행동을 보일 수 있었겠는가? 이야말로 인상여의 대단한 기개라고 아니할 수 없다.

당초 인상여는 환관 집안의 사인이었지만 지금은 그의 집에도 사인이 많았다. 인상여가 염파와 맞닥뜨리자 이렇게 몸을 피하는 모습을 본 그의 수하 사인 가운데 인상여를 좇으며 자기 인생의 기회를 잡으려던 몇몇 인물들은 가만있지 않았다. 이들은 이렇게 말했다.

"저희가 어르신 집안의 문객이 되어 이렇게 따르는 건 어르신께서 높은 뜻이 있는데다 정의롭기 때문입니다. 하지만 지금 어르신께서 염파 장군 앞에서 보인 행동은 정말로 창피하기 짝이 없습니다. 저희는 진짜 얼굴을 들 수 없을 지경입니다. 계속 이럴 작정이라면, 저흰 어르신 곁을 떠날 수밖에 없습니다!"

인상여는 수하의 이런 인물들에게 조용하게 일렀다.

"여러분, 여러분도 한번 생각해 보시오. 염파 장군을 진소왕과 견준다면 누가 더 셀까요?"

이들은 이렇게 대답했다.

"당연히 진소왕이 세지요! 염파는 한낱 장군에 지나지 않을 뿐입니다."

인상여는 다시 말했다.

"맞소. 내가 당시 두 차례나 진소왕과 상대했지만, 나는 그를 두려워하지 않았소. 그런데 내가 염 장군 하나를 설마 두려워하겠소? 하지만, 여러분, 진나라 왕에 맞서 목숨 걸고 맞설 수 있지만, 우리 조나라 장군과는 목숨 걸고 맞설 수 없잖소? 목숨 걸고 맞설 수 없을 뿐만 아니라 그에게 양보까지 해야 하오. 왜 그래야 할까요? 우리 조나라가 지금 이렇게 안전한 건 바로 진나라가 우리를 향해 상식에 벗어난 일을 감히 벌일 수 없기 때문이오. 이는 바로 우리 두 사람이 있기 때문이 아니겠소? 만약 장군과 재상인 우리 두 사람이 사이가 틀어져 서로 부딪친다면, 그때에는 나와 염 장군 두 사람의 개인적인 영욕이 아니라 조나라의 안위에 큰 문제가 생길 거요! 그래서 내가 참은 것이지 내가 그를 두려워하기 때문이 아니요. 또 대세가 있기에 나 개인의 영욕에 매달리며 염 장군과 다툴 수는 없소!"

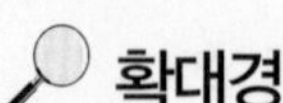
확대경

인상여의 인격은 참으로 흠잡을 데 없이 훌륭했다. 진나라 임금 앞에서 그는 목숨을 걸고 매섭게 맞섰지만, 동료와의 관계에서는 오히려 도량 넓은 군자의 풍모를 보였다. 그는 열사였다. 사람을 감동시키고 드높은 기세를 지키는 대장부요 큰 영웅이었다.

『사기』는 인상여의 인격이 참으로 흠잡을 데 없이 훌륭하다고 기술했다. 진나라 임금 앞에서 그는 목숨을 걸고 매섭게 맞섰지만, 동료와의 관계에서는 오히려 도량 넓은 군자의 풍모를 보였다. 도량 넓은 군자의 풍모를 보일 수 있었지만, 피 끓는 용기로 목숨 걸고 진왕과 맞설 수도 있었으니, 양쪽 모두 그대로 타당하다. 바로 이런 인물이 인상여였다. 그는 옛날의 열사였다. 열사라고 반드시 죽어야 하는 것도 아니다. 사람을 감동시키고 드높은 기세를 지키는 대장부요 큰 영웅이라면 바로 절개 곧은 열사이다. 이지李贄는 『사기』를 읽으며 인상여가 염파에게 양보하며 물러서는 장면에 이르자, 이야말로 큰 영웅이요 대장부이며 성인이요 크게 깨달은 나한羅漢이며 큰 보살이라고 일렀다. 이지는 명나라 말기를 살며 진실하고 미더운 사람을 만나기 힘들었다. 눈앞에 보이는 이들은 하나같이 흉하고 썩어빠진 인물들뿐이었다. 그러했기에 인상여와 같은 활력과 생기가 넘치는 인물을 만나자 최고의 예를 다하여 우러를 수밖에 없었다.

염파도 지개가 넘쳤다. 『사기』는 인상여가 그렇게 참는 까닭을 알게 된 염파가 가시나무 회초리를 등에 지고 인상여의 집으로 가서 용서를 빌었다고 기록했다. 가시나무 회초리를 지고 잘못을 빌었다는 뜻을 지닌 '부형청죄負荊請罪'라는 말의 전고는 바로 여기에 있다. 결국 이 두 사람은 생사와 고락을 함께할 만큼 절친한 친구가 되었다. 이것이 바로 그 유명한 '장군과 재상의 화해' 이야기이다. 이 두 사람은 모두 호걸이었다.

『사기』의 염파 이야기에 대하여 명나라 때 학자는 의문을 제기했다. 사마천이 쓴 인상여와 염파 이야기가 소설가의 수법이라는 것이다. 분명 소설 창작으로 말하면, 한 편의 전기로서 멋진 문언 소설이라 할 수 있다. 인상여가 뒤로 물러서서 큰 기둥에 몸을 기댄 채 불같이 화를 내며 두 눈으로 기둥을 노려보는 모습을 보면, 이건 그대로 『삼국연의三國演義』나 『수호전水滸傳』의 필법이다. 이 밖에 또 다른 하나는 흠 하나 없이 화씨벽을 조나라로 되가져온 사건도 문제가 있을 수 있다. 애초에 인상여는 조나라가 진나라에 화씨벽을 건네지 않는다면 이치에 맞지 않다고 말하지 않았던가? 그러나 인상여는 진나라에 가서 진왕를 닷새나 재계하게 한 뒤에 옥덩어리를 가만히 자기 나라로 돌려보냈으니, 이는 처음에 말한 견해와 어느 정도 차이가 있다. 이런 것들이 앞 시대 학자들이 『사기』를 읽으며 의혹을 제기했던 부분이다. 「염파·인상여열전」의 어떤 부분은 그 내용에 사마천의 각색과 과장이 있었음을 인정할 수 있지만 인상여와 염파, 이 두 인물이 조나라 역사에 끼친 역할은 사마천의 상상에서 나온 게 아님이 분명하다. 사마천 앞의 한문제漢文帝 시기를 살았던 가의賈誼는 조나라에 인상여라는 인물의 존재는 행운이라고 말했다. 그러기에 몇 가지 사실과 부합되지 않은 부분이 있을지라도 『사기』는 후세 사람에게 성격이 분명한 두 인물을 남겼다. 나라에 충성을 다한 두 사람의 신하, 두 사람의 열사, 그리고 두 사람의 호걸이 그러하다. 더구나 이들의 형상은 마치 살아 있는 듯이 생동감이 넘쳐흐른다.

조나라는 조무령왕 이후 여전히 강하고 용맹스럽게 우뚝 서서 전국시대 중후기에 진나라와 맞설 수 있는 유일한 나라였다. 이는 먼저 조무령왕의 개혁에 그 공을 돌려야 마땅하다. 그 다음으로 조혜문왕의 넓은 도량은 말할 것도 없고 수하의 대신들이 오로지 사직만을 생각하며 사직을 먼저 앞세운 그 기상도 조나라가 우뚝 서게 된 중요한 원인이었다.

그렇다면 이런 인물들이 모두 사라진 뒤, 조나라는 어떻게 되었을까? 또 훗날의 진나라는 어떻게 되었을까?

18장 진나라의 동점東漸

전국시대 중기 이후, 진 제 초 세 나라가 정립해 온 원래의 상황에 큰 변화가 일어났다. 먼저 연나라가 원수를 갚으며 제나라를 멸했다. 뒤이어 제나라가 다시 나라를 일으켜 세웠다고는 해도 이미 큰 상처를 입었다. 동시에 조나라는 조무령왕의 '호복기사' 개혁 실행으로 신속하게 우뚝 일어서며 진나라와 맞설 수 있는 능력을 갖게 되었다. 그렇다면 오래 된 맞수가 쇠락하고 새로운 맞수가 나타난 상황에서 진나라는 어떻게 대응했을까? 기원전 311년, 진혜왕이 세상을 떠나고 이어서 자리에 오른 진나라의 새 통치자는 중원을 제패하며 패자가 될 꿈을 어떻게 실현해 나아갔을까?

전국시대 중기에 접어들며 칠웅 사이에 벌어진 패권 다툼은 더욱 맹렬해졌다. 기원전 314년부터 기원전 279년까지 30여 년 동안 중대한 역사적 사건이 동방에서 발생했다. 원래 진나라, 제나라, 그리고 초나라 등 세 강국이 패권을 두고 펼치던 국면에 중대한 변화가 발생했다. 기원전 311년, 능력이 넘치던 진혜왕이 세상을 떠나고 새로 자리에 오른 진나라 통치자는 중원을 제패하려는 꿈을 어떻게 실현해 나갔을까?

기원전 314년에서 기원전 279년에 이르는 30여 년의 역사에 동방에서는 몇 가지 중대한 사건이 발생했다. 먼저 연나라의 굴기와 제나라의 멸망에 이은 부활, 동시에 조무령왕의 호복기사가 그것이다. 그렇다면 30여 년 동안 진나라에는 무슨 일이 있었을까?

기원전 310년을 전후하여 진혜왕이 세상을 떠나고 장의도 밀려났다가 얼마 뒤 세상을 버렸다. 한 세대의 인물이 사라지자 진나라에는 새로운 세대를 이끌 임금이 자리에 올랐다. 이 인물이 바로 진무왕秦武王이다. 진무왕은 기원전 310년에 자리에 올랐다. 그는 부친인 혜왕과 성격이 아주 달랐다. 그는 밖으로 드러나게 떠벌리며 과감하게 나섰고 무력을 사용하여 재능을 펼치기를 즐겼다. 폄훼하는 뜻을 가진 낱말이긴 하지만, 솥을 들다가 종지뼈를 부러뜨린다는 겉으로 드러난 뜻 외에도 힘이 부족하여 감당하기 어렵다는 속뜻을 지닌 '거정절빈擧鼎絶臏'이라는 성어가 있다. 옛 중국어인 이 낱말에는 전고典故가 있다. '거정'이란 힘이 있어 큰 솥을 위로 들어 올릴 수 있다는 말이다. 항우는 어땠는가? 그는 양손으로 산을 뽑을 수 있었다고 하니, 솥 하나 위로 들어 올리는 것쯤이야 누워서 떡 먹기 아니었겠는가? 그러나 이런 힘도 없으면서 들어서 위로 올리려다가는 종지뼈가 부러지며 그대로 황천길로 갈 수도 있다. 이를 일러 자신의 능력을 정확히 모른다고 한다. '거정절빈'이라는 낱말의 전고가 말하는 이는 바로 진무왕이다.

확대경

'거정절빈擧鼎絶臏'이라는 성어가 있다. 옛 중국어인 이 낱말에는 전고典故가 있다. '거정'이란 힘이 있어 큰 솥을 위로 들어 올릴 수 있다는 말이다. 이런 힘도 없으면서 들어서 위로 올리려다가는 종지뼈가 부러지며 그대로 황천길로 갈 수도 있다. 이를 일러 자신의 능력을 정확히 모른다고 한다.

진무왕이 자리에 올랐을 때, 천하 통일을 향한 진나라의 기세는 정말 대단하여 마음만 먹으면 무엇이든지 할 수 있었다. 바로 이때, 동방의 몇몇 나라는 모두 진나라를 두려워하며 복종했다. 이런 상황 속에서 용맹과 위세를 드러내기 좋아하는 진무왕은 그대로 동쪽으로 치고 나가서 주나라 왕실까지 손에 넣으려고 했다. 하지만 그는 가장 나쁜 책략을 택했다. 주나라 왕실을 넘어뜨리면 실속은 별로 없고 악명은 오히려 더할 것이기 때문이다. 당시 사마조가 진혜왕 앞에서 촉

확대경

주나라 왕이라지만 제 자리에서 겨우 목숨을 부지하며 생기 하나 없이 빌빌거렸지만, 그는 그래도 상징적인 존재였다. 진나라가 주왕을 틀어쥐어도 천하의 제후들은 가만있었다.

을 치는 문제를 두고 논쟁을 벌일 때, 그 이치를 이미 분명하게 밝힌 바 있다. 주나라 왕이라지만 제 자리에서 겨우 목숨을 부지하며 생기 하나 없이 빌빌거렸지만, 그는 그래도 상징적인 존재였다. 진나라가 주왕을 틀어쥐어도 천하의 제후들은 가만있었다. 그러나 진무왕은 그렇게 깊이 생각하지 않았다. 그는 수하의 대신 감무甘茂를 보내 이 일을 처리하도록 명령하면서 이렇게 일렀다.

"과인은 수레에 앉아서 삼천三川을 지나며 주왕실을 엿보겠소. 이렇게만 된다면 죽어도 여한이 없겠소."[90]

이 이야기는 『사기』「진본기秦本紀」에 기록으로 남아 있다. 여기서 '죽어도 여한이 없겠소.'라는 말은 주무왕의 참언讖言이 되었다.

감무도 현명한 신하였다. 그는 삼천 통과가 정치적으로 볼 때 나쁜 영향이 매우 크다는 사실을 잘 알았다. 이 밖에 구체적인 작전은 물론 전술상으로도 어려움이 너무나 많았다. 진나라 동쪽에서 낙양에 이르는 데에는 대체로 남북 두 길이 있었다. 북쪽 길은 황하를 따라 그대로 가야 한다. 이 길은 참으로 힘든 길이었다. 이 일대는 한나라와 위나라를 통과하는 동서 교통의 큰 길이 있었기에 두 나라의 막강한 군대가 수비했다. 또 하나의 길은 효산崤山 남쪽을 거쳐 의양宜陽을 지나 다시 낙수洛水를 따라 낙양에 이르렀다. 의양은 교통의 요새로써 한나라에서 장악하고 있었다. 감무는 진무왕에게 이렇게 아

90 寡人欲容車通三川, 窺周室, 死不恨矣.

되었다.

“주나라 왕실을 엿보시려면 의양으로 통하는 길을 지나야 하는데, 이는 정말로 힘듭니다! 의양은 비록 하나의 현縣에 지나지 않지만 실제 실력으로 보자면 오히려 군郡입니다. 의양 바로 북쪽은 한나라의 중요한 군이 몇 개나 있어 의양과 연결됩니다. 게다가 그 북쪽의 몇 개 군은 전시 물자를 충분히 비축하고 있습니다. 만약 이곳을 친다면 한나라는 죽기 살기로 맞설 것입니다.”

그가 이렇게까지 말했지만 진무왕은 아예 귀를 기울이지도 않고 그래도 감무에게 가서 치라고 일렀다. 명령을 받은 감무는 공격했다. 결국 다섯 달이나 걸려서 의양을 손에 넣었다. 의양을 손에 넣었다는 것은 참으로 결정적인 사건이었다. 왜냐하면 진나라의 동진에 중요한 거점이 생겼기 때문이다. 이는 물론 나중의 일이다.

진무왕은 원하는 대로 뜻을 이루었다. 주나라 왕실을 엿볼 수 있었던 것이다. 그는 주나라 왕실로 쫓아가서 대정大鼎을 보았다. 그 해, 바로 춘추시대 초장왕楚庄王은 낙양 부근에서 솥의 무게를 물어보았다가 주나라 왕손 만滿의 은근한 나무람을 들었다. 왕손 만은 이렇게 말했다.

“솥의 무게는 무게의 문제가 아니라 천덕天德의 문제입니다. 우리 주나라 왕실에서는 아직 철저하게 이 천덕을 잃는 큰 잘못을 저지르지 않았기에 솥의 무게를 물을 수 없습니다.”

그러나 진무왕 때에 이르러 주나라 왕실은 이미 쓸모가 다 되었다. 진무왕이 큰 솥과 맞상대를 했던 것이다. 진무왕은 용맹과 위세를 즐겼기에 기분이 좋으면 그저 혈기만 넘치는 필부의 용기를 발휘했다. 그의 곁에는 행동을 같이하는 몇몇 동료도 있었고 사이가 가까운 친구도 있었다. 그 가운데 임비任鄙, 오획烏獲, 맹열孟說, 세 사람은 몸집이 큰 역사였다. 진무왕은 주나라 왕실의 큰 솥을 보자 곁에 있던 세 사람과 함께 힘겨루기를 하며 누가 큰 솥을 들 수 있을지 견주기로 했다. 우지직, 그의 다리가 체면을 세우지 못하고 그만 종지뼈가 부러졌다. 이 일로 그는 세상을 떠나고 말았다.

기원전 307년, 진무왕이 갑자기 세상을 떠났다. 이때, 그의 나이 겨우 스물세 살이었다. 진무왕에게는 뒤를 이을 아들이 없었기에 그와는 아버지는 같지만 어머니는 다른 동생 영직嬴稷이 자리를 이었다. 그가 바로 뒷날의 진소양왕秦昭襄王, 달리 일컬어 진소왕秦昭王이다. 그러나 역사의 기록에 따르면, 당시 진소왕은 자리에 올랐지만 왕권을 그대로 장악하지 못했다. 진나라 국정을 차지한 인물은 따로 있었다.

진소왕이 왕위에 오르면서 한 여인이 무대에 등장했으니, 그녀는 후궁의 신분에서 무대 전면에 나와 진나라의 국정을 주재했다. 이 여인이 바로 선태후宣太后였다. 그녀는 혜왕의 후궁으로 진소왕의 어머니였다. 그녀의 친정은 초나라였으며, 초나라의 국성은 미芈였다. 그러했기에 선태후는 진나라 궁중에서 미팔자芈八子라는 별호로 불렸다. 도대체 '미팔자'는 무슨 의미인가? '팔八'은 뭘까? 상세한 기록은 없지만 어쨌든 그녀는 미팔자였다. 그녀에게는 위염魏冉이라는 동생이 있었다. 물론 친동생은 아니었다. 옛적에는 아버지가 같지만 어머니는 다른 경우에도 친형제로 보았다. 어머니가 같고 아버지는 다른 경우에는 성이 다른 형제가 된다. 위염과 선태후는 성이 다른 형제였다.

그러나 이것이 이들 누나와 남동생 두 사람 사이에 아무런 영향도 주지 않았다. 선태후에게는 미융芈戎이라는 다른 동생도 있었다. 미융은 뒷날 화양군華陽君이 된다. 위염과 미융은 선태후를 위하여 모든 일을 재치 있게 처리했다. 진무왕이 갑자기 세상을 떠나자 수완이 자못 넘쳤던 선태후는 위염의 보좌를 받으며 진소왕을 새 임금으로 세웠다. 새 임금은 물론 무왕의 동생이었다. 이 일을 진행하는 데 조무령왕이 거들며 도움을 주었다. 소왕이 자리에 앉는 데에는 몇 가지 다른 의견이 있었다. 이 때문에 진나라 고위층에 있던 어떤 인물이 문제를 일으켰다. 당시 공자 출신으로 서장庶長 자리에 있던 장壯이 들고일어났다. 여기에는 진무왕의 친어머니는 물론 그의 아내 등이 관련되었음이 분명하다. 그러나 선태후의 수하에는 위염이 있었다. 당시 위염은 진나라 도성 방어의 군권을 장악하고 있었다. 이는 수도방위사령관에 해당하는 직책으로 막강한 힘을 가지고 누이가 소왕의 자리를 안정적으로 지키는 데 큰 도움을 주었다.

이렇게 선태후가 자리에 오름으로써 위염도 대권을 손아귀에 넣었다. 위염은 진나라 재상 자리에 25년 동안 다섯 차례나 오르고 내렸다. 이 시기는 바로 연나라, 제나라, 조나라 등 세 나라에 큰일이 발생했던 중요한 시기였다. 그렇다면, 선태후와 위염은 정권을 잡은 뒤 도대체 어떤 일을 했을까?

먼저 선태후부터 이야기하자. 선태후는 말할 것도 없이 역사나 문학의 무대에서 한결같이 독특한 인물이었다. 무엇이 독특하단 말인가? 가장 두드러진 점은 그녀가 마음 내키는 대로 행동하고 하고 싶은 대로 말을 내뱉었다는 사실이다. 선

확대경

선태후는 말할 것도 없이 역사나 문학의 무대에서 한결같이 독특한 인물이었다. 무엇이 독특하단 말인가? 가장 두드러진 점은 그녀가 마음 내키는 대로 행동하고 하고 싶은 대로 말을 내뱉었다는 사실이다.

태후가 조정에 든 지 오래지 않아 한나라에서 사신을 보내 도움을 요청했다. 당시 초나라가 한나라를 공격했기에 한나라는 진나라의 도움이 필요했다. 사신은 이런 말 저런 말로 도움을 청했지만 진나라는 도움을 주려고 하지 않았다. 왜 그랬을까? 선태후가 내놓은 말을 보면 알 수 있다. 알고 보면 한나라가 무언가 이익이 될 만한 것을 진나라에 내놓지 않았다. 선태후는 당시 사신에게 이 점을 일깨우려고 이렇게 말했다. 이 말이 참으로 남다르다.

"나는 집안에 있던 아낙네로서 사회 경험이 그다지 많지 않소. 그러나 나도 선왕을 모시며 몇 가지 장면을 본 적이 있소. 선왕께서 밤에 잠을 주무시며 한 다리를 내 몸 위에 올려 누르면, 난 참으로 무겁다는 생각이 들었소. 하지만 온몸을 내 몸 위에 올려 누르면, 오히려 난 무겁다는 생각이 전혀 들지 않았소. 왜 그런지 아시오?"

선태후는 한나라에서 온 사신을 뚫어져라 바라보며 물리학과는 거리가 먼 이런 심오한 문제를 내놓았다. 그런 뒤 자문자답하듯이 이렇게 말했다.

"바로 나에게 이익이 있기 때문이 아니겠소!"

뒤에 숨은 뜻이 너무나 분명했다. 한나라가 진나라를 무겁게 내리누를 뿐 아무런 이익이 없으니 어떻게 도와주겠는가, 이런 뜻이었다. 넓고 번듯한 조정에서, 그것도 많은 이들이 보는 앞에서 선태후는 잠자리에서 벌어졌던 짓거리를 들어서 제 뜻을 드러냈으니, 참으로 독특하고 남다르다. 이런 여인이 바로 선태후였으니, 그렇게 깊이 연구하지 않아도, 생각하는 바를 거침없이 내뱉는 시원시원한 인물이었음을 알 수 있다.

이보다 훨씬 특이한 일도 있었다. 선태후는 '선왕'이 일찍 세상을 떠나자 그만 적막함을 참지 못하고 마음에 맞는 인물을 스스로 찾았다. 바로 위추부魏丑夫였다. 그녀는 세상을 떠나기에 앞서 곁에 있던 이에게 위추부를 함께 묻어 달라는 의견을 내놓았다. 대신들은 반대했다.

"태후께서 세상에 있을 때 모셨으면 이제 되었습니다. 세상을 떠나면서도 남자를 데리고 저 세상을 가신다면, 선왕은 또 어떡하란 말씀입니까?"

선태후는 그제야 그만두었다.

그러나 그녀가 저지른 또 하나의 사건은 후세 사람이 차마 입에 올리기 민망한 일이다. 무슨 일이었을까? 의거왕義渠王을 유인하여 죽였다. 어떻게 유인하여 죽였을까? 자신만의 독특한 수법으로 일을 처리했다. 바로 여인의 몸이었다. 의거는 당시 진나라 주위 변경에 살고 있던 무리였다. 당시에 쓰던 용어로 말하자면 오랑캐였다. 이들은 진나라 주위에서 살았기에 진나라로서는 바로 곁에 존재하는 환난이요 골칫거리였다. 정식으로 군사를 몰아 크게 치면 주먹으로 벼룩을 치는 것처럼 그들은 그대로 달아났고, 살그머니 건드리면 오히려 아무 쓸모없었다. 이렇게 여러 해 동안 진나라는 이 골칫거리를 해결할 수 없었다. 그러나 선태후는 아주 간단하게 이 문제를 해결했다. 의거왕은 영민하고 용맹스럽게 생긴 데다 그 행동도 야성미가 넘치고 호기롭고 씩씩하여 선태후를 반하게 만들었다. 두 나라가 서로 오가는 가운데 선태후와 의거왕, 이 두 사람도 한 번 만나고 두 번 만나며 서로 접촉하면서 눈짓으로 마음을 전하다가 그만 불꽃이 튀며 아이까지 낳았다. 몇 년이 지나자 선태후는 사랑이 식었는지 의거왕에게 싫증을 느끼게 되었다. 이때, 그녀는 어쩌면 나랏일을 앞에 세우며 남녀 사이의 사랑은 그 뒤로 두었는지 모른다. 그리하여 그녀는 의거왕을 늘 만나던 후궁으로 유인한 뒤 그대로 죽여 버렸다. 참으로 간단했다. 여러 해 동안 골칫거리였던 의거 문제를 이렇게 거침없이 해결했던 것이다.

뒷날 누군가는 이 일을 평가하면서 도덕적 관점에서 보지 말고 문화적 관점에서 보아야 한다고 말했다. 당시 진나라 땅은 풍속이 개방적이었기에 선태후와 같이 걸출한 과부가 저지른 이런 일쯤이야 조금도 기괴하지 않았다는 것이다. 어쨌든 선태후는 어떤 관례도 굳이 지키려고 하지 않았으며, 오히려 새로운 일을 대담하게 할 생각으로 가득한 인물이었다. 기록에 남은 옛적 여인의 무리 가운데 그녀는 자못 독특했다. 그녀는 말뿐만 아니라 하는 짓도 예사롭지 않았기에 사람들을 어리둥절하게 만들곤 했다.

당시 진나라 조정을 좌우한 인물로는 선태후의 동생 위염도 있었다. 위염은 진소왕을 자리에 앉히는 데 큰 공을 세웠기에 선태후의 총애와 신임을 받았을 뿐만 아니라 오랫동안 진나라의 군권을 장악했으니, 그야말로 일인지하 만인지상이었다. 그러나 뒷날 그에 대한 평가는 포폄이 하나같지 않다. 그렇다면 위염은 대체 어떤 인물이었을까? 왜 그와 선태후가 권력을 행사했던 20여 년이 진나라가 여섯 나라를 꺾으며 통일하는 데 튼튼한 바탕을 마련했다고 말하는가?

다시 위염에 대하여 말해 보자. 위염의 성격은 역사서에 적잖이 기록되어 있다. 아무튼 그는 진나라에서 건들거리며 큰 벼슬을 하는

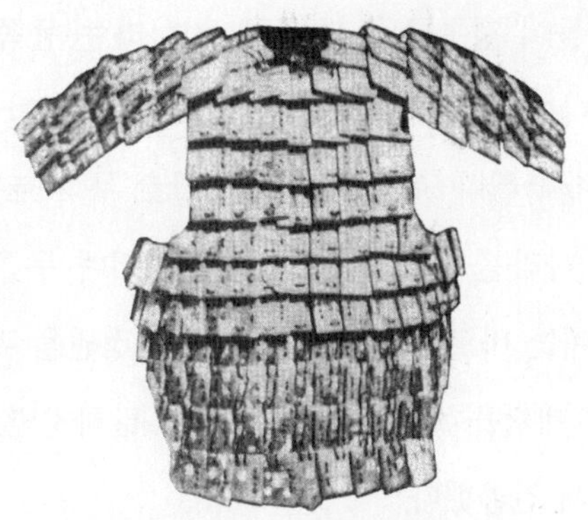

전국시대 진나라 병사가 입었던 갑옷

동안 오르내림을 거듭했다. 공자는 일찍이 초나라 영윤令尹 자문子文이 세 차례나 재상에 임명되었으나 기쁜 표정을 짓지 않았고, 세 차례나 해임되었으나 노한 표정을 짓지 않았다고 말했다. 그런데 위염은 무려 다섯 차례나 올랐다가 다섯 차례나 내려왔다. 그와 선태후와의 관계로 다섯 차례나 오르내린 것은 때로는 전략상의 고려 때문일 수도 있었다. 예컨대 초나라와 관계를 원만하게 이끌기 위하여 초나라 출신의 위염이 진나라 재상이 될 수 있었던 것이다. 그러나 이런 원인이 없다고는 할 수 없다. 요컨대 위염이 권력을 행사했던 20여 년 동안, 천하의 대세는 서쪽의 진나라 외에 동쪽의 제나라와 남쪽의 초나라 등 세 강국이 정립한 상태였다. 당시 동방에 여섯 나라가 있긴 했지만 진정으로 힘을 행사하며 천하를 겨룰 수 있는 나라는 이 세 나라뿐이었다. 조나라도 있잖은가? 당시 조무령왕은 온 힘을 중산국에 쏟으며 이곳으로 진공할 생각만 하고 있었다. 위염이나 화양군 등은 비록 외척의 무리에 속했지만 뒷날 중국의 역사학자들 가운데 특히 유가 관념을 이어받은 역사학자들은 이들을 별로 높게 평가하지 않는다. 하지만 이들이 정무를 주관할 때, 진나라는 동쪽으로 대대적인 진공을 펼치며 나아갔다. 요컨대 위염이 20여 년 동안 펼친 군사노선은 기본적으로 정확했다. 뒷날 진나라가 칼로 무 자르듯이 겸병을 펼치며 동방 여섯 나라를 낙엽 쓸 듯이 패배시키며 무릎 꿇릴 수 있는 바탕을 마련한 이는 바로 위염이었다. 위염은 정권을 쥐고 있을 때 동방을 향한 진공 계획을 세웠다. 구체적으로 말하자면, 두 갈래로 나누어 동방을 향해 진공했다.

당시 진나라와 동방의 관계를 보면, 동쪽으로는 삼진이 있었고 남쪽으로는 초나라가 있었다. 지금 진나라 세력은 벌써 서남쪽으로는 양자강 연안 구당협瞿塘狭 일대까지 이르러 사천 지방도 그들 땅이었다. 대세는 이미 이를 벗어나 동방 진공으로 흘렀다. 길은 세 갈래뿐이었다. 북로, 중로, 남로가 그러했다.

먼저 북로를 보자. 북로는 황하를 건너 지금의 산시山西 북쪽을 거쳐 조나라 태항산을 지나야 했다. 이 길은 진나라 사람이 20여 년 동안 골라 쓰지 않았다. 왜 그랬을까? 비교적 어려웠기 때문이다. 먼저, 당시 조나라는 조무령왕이 임금의 자리에 있었다. 그는 결코 호락호락 넘어갈 만큼 만만한 인물이 아니었다. 적국의 지도자에 대해 연구한 정치가라면 상황을 명백히 파악할 수밖에 없는 일이었다. 조무령왕이 있는 한 진나라가 맞붙어 싸울 상대로 그를 선택할 리 없었다. 다음으로, 북로는 지리적 조건이 불리했다. 선택할 만한 길은 중로와 남로였다. 이 두 방면은 동방으로 밀고나아가기에 적합했다. 먼저 남로를 살펴보자.

앞에서 말했듯이 선태후는 초나라 출신이다. 그리고 위염이나 미융도 모두 선태후가 초나라에서 데리고 온 인물이다. 누나가 두 동생을 데리고 왔던 것이다. 그러했기에 진나라 사람은 초나라에 대하여 먼저 주고 나중에 치는 등 강온 책략을 썼다.

먼저 이들은 정권을 쥔 뒤, 초나라와 손을 맞잡는 노선을 택했다. 이때, 초나라는 무엇을 했을까? 이번에 우리 땅 아가씨가 진나라로 가서 태후가 되어 하고 싶은 일은 다 할 수 있게 되었는데, 초나라와 진나라 사이에 관계가 좋지 않을 리 없잖은가? 이렇게 생각하며 만족했다. 이런 생각은 종종 약한 나라 쪽에서 강한 나라를 향해 간절히 바라는 마음에서 나온 분에 넘치는 소원이기 십상이지만, 실은 스스로 자신을 위로하는 마음일 수밖에 없다. 선태후와 위염은 이 점을 이용했다. 진혜왕을 시작으로 진나라는 갖가지 그럴 듯한 술수로 초나라를 괴롭히며 업신여겼다. 이런 정책은 선태후가 초나라 출신이라고 바뀌지는 않았다. 오히려 갈수록 거리낌이 없었고 갈수록 악랄해졌다. 한 차례 치고는 다시 어르고, 다시 한 차례 치고는 다시 또 어르곤 했다. 어르고 또 어르는 것은 한 번 더 세게 치려는 데 그 목적이 있었다. 『사기』에는 전국시대로부터 진한 시대에 이르기까지 참으로 널리 전해온 말이 있다.

확대경

이런 생각은 종종 약한 나라 쪽에서 강한 나라를 향해 간절히 바라는 마음에서 나온 분에 넘치는 소원이기 십상이지만, 실은 스스로 자신을 위로하는 마음일 수밖에 없다.

"진나라가 여섯 나라를 멸했다. 그러나 초나라는 실로 아무 잘못이 없었다."[91]

진나라가 여섯 나라를 멸하는데 초나라 사람이 가장 억울하게

91 秦滅六國, 楚實無罪.

확대경

『사기』에는 전국시대로부터 진한 시대에 이르기까지 참으로 널리 전해온 말이 있다.
"진나라가 여섯 나라를 멸했다. 그러나 초나라는 실로 아무 잘못이 없었다."
진나라가 여섯 나라를 멸하는데 초나라 사람이 가장 억울하게 누명을 썼지만 실은 아무 잘못이 없다는 말이다. 이 때문에 이런 말도 생겨났다.
"초나라에 비록 세 집만 있을지라도 진나라를 무릎 꿇릴 수 있다."
초나라 사람들은 진나라가 천하를 통일한 뒤에도 이렇게 진나라에 원한이 사무쳤던 것은 그때 진나라가 초나라를 업신여기며 괴롭힌 데다 특별히 초회왕에 대한 생각이 정말로 결연했기 때문이다.

누명을 썼지만 실은 아무 잘못이 없다는 말이다. 이 때문에 이런 말도 생겨났다.

"초나라에 비록 세 집만 있을지라도 진나라를 무릎 꿇릴 수 있다."[92]

그랬기에 뒷날 항우는 정예 병력 8천을 이끌고 오강烏江을 건너 서쪽으로 진격했다. 이 부대는 진나라를 향해 원수를 갚으러 나섰던 것이다. 그것도 아니라면 강렬한 복수의 빛깔을 띤 군대라고 할 수 있다. 초나라 사람들은 진나라가 천하를 통일한 뒤에도 이렇게 진나라에 원한이 사무쳤던 것은 그때 진나라가 초나라를 업신여기며 괴롭힌 데다 특별히 초회왕에 대한 생각이 정말로 결연했기 때문이다.

진소왕은 자리에 오르고 난 뒤, 기원전 304년에 초나라 회왕에게 편지를 보내며 초나라의 약소국 심리 상태를 이용하기 시작했다. 초나라 사람들은, 진나라 후궁을 장악하고 있으니 우리야말로 어떤 도움을 얻을 수 있지 않겠는가 생각했다. 진나라는 이런 점을 이용하며 초회왕을 불러 황극黃棘(지금의 허난성 신예현新野縣 북쪽)에서 회맹하려고 했다. 어떻게 꼬드겼을까? 용庸(지금의 후베이성 주산현竹山縣 동남) 일대를 초나라에 주겠다고 기분을 맞추며 꼬드겼다. 아무래도 이익을 건네며 초회왕의 환심을

92 楚雖三戶能亡秦.

사야 했기 때문이다. 선태후는 '이익'에 대하여 참으로 잘 아는 인물이었다. 초회왕은 기뻐서 어쩔 줄 몰랐다. 진나라와의 관계는 이렇게 갑자기 긴밀해졌다. 그 뒤, 진나라는 한나라와 위나라를 치기 시작했다. 남쪽의 초나라는 벌써 진나라가 던진 자그마한 이익에 정신은 어질어질하고 눈은 가물가물한 상태가 되어 한나라와 위나라 일에 눈길을 돌릴 생각조차 하지 않았다. 초나라는 원래 우리와는 같은 편이었잖은가? 그런데 지금 어떻게 한 쪽 다리를 진나라에 걸칠 수 있단 말인가? 한나라와 위나라는 당연히 화가 머리끝까지 올랐다. 이리하여 한나라와 위나라는 제나라와 연합하여 변심한 초나라를 쳤다. 초회왕은 두렵지 않았다. 그에게는 진나라라는 배후가 있었던 것이다. 그는 태자를 진나라에 인질로 보냈다. 인질이 된 이는 태자 횡橫이었다. 태자 횡은 나중에 경양왕頃襄王이 된다. 물론 경양왕은 초회왕의 아들이다.

그런데 하늘은 초나라를 돕지 않았다. 태자 횡은 진나라에서 한동안 보냈다. 그는 이때 진나라의 어느 대부와 분별없이 나누던 이야기가 싸움으로 번지며 생각지도 않게 진나라 대부를 때려죽이고 말았다. 사람을 때려죽였다. 태자 횡은 사단이 났음을 알아차렸다. 어떻게 할 것인가? 고분고분 사형을 받을 것인가? 초나라 태자는 귀한 집안 도련님이니 이런 것을 알기나 했을까? 또 자기 어깨에 두 나라 외교를 위한 큰 임무가 놓여 있다는 것을 알기나 했을까? 그는 냅다 달렸다. 삼십육계 줄행랑을 쳤다. 어디로 갔을까? 자기 나라로 내달렸다. 여기까지 읽으면 적지 않은 이들은 이 사건이 초나라와 진나라 관계에 끼칠 영향에 대하여 생각하지 않을 수 없다. 사실 이 사건은 영향을 끼칠 수도 끼치지 않을 수도 있다. 영향을 끼치고 말고는 초나라에 결정권이 있는 게 아니라 진나라에 있었다. 진나라가 초나라를 골칫덩이로 여기며 치려고 했다면 이유는 충분했고, 게다가 정정당당하기까지 했다.

공교롭게도 진나라의 위엄과 선태후의 마음은 이제 다시 초나라를 어르며 달래기보다는 오히려 공격하는 데 있었다. 그러기에 이 사건은 참으로 심각한 국면을 만들었다. 물론 진나라로서는 참으로 기뻐할 만한 일이었다. 태자 횡이 뜻밖에도 이들에게 멋진 구실을 제공했기 때문이다. 자기 나라 대부를 때려죽였다. 게다가 사람을 때려죽인 것으로 그치지 않고 몸을 피해 도망을 갔다. 진나라는 당연히 용서하지 않고 군사를 이끌고 초나라를 치기로 했다. 진나라가 파병하여 초나라를 치려면 한나라, 위나라와 원만한 관계를 만들어야 했다. 어떻게 하면 될까? 이들이 원래 가지고 있던 땅덩어리를 돌려주면 되었다. 이리하여 진나라는 제나라, 한나라, 위나라와 연합하여 초나라를 쳤다. 『사기』「초세가楚世家」에는 이런 글이 기록으로 남아 있다.

"진나라는 제나라, 한나라, 위나라와 함께 초나라를 공격하여 초나라 장군 당매唐眛를 죽이고 중구重丘를 점령한 뒤 돌아갔다. 29년, 진나라는 다시 초나라를 공격하여 초나라 군사 2만 명을 없애고 장군 경결景缺까지 죽였다."[93]

몇 년 동안, 초나라는 진나라가 제멋대로 가지고 노는 상황에서 두 명의 장군은 물론 수만이나 되는 병사와 소중한 성읍까지 잃어버렸다. 이랬다저랬다 제 마음대로 할 수 있었던 진나라는 지금 소매가

93 秦乃與齊, 韓, 魏共攻楚, 殺楚將唐眛, 取我重丘而去. 二十九年, 秦復攻楚, 大破楚, 楚軍死者二萬, 殺我將軍景缺.

길면 춤추기 좋고 밑천이 든든하면 장사하기 쉽다고 했듯이 하고 싶은 것은 다 할 수 있었다. 친정집이면 뭘 하는가, 나라가 힘이 없으면 이런 것을 바란다는 자체가 실현 불가능한 헛된 꿈인 것을! 초회왕은 이제 완전히 피동적일 수밖에 없었다. 만약 당초에 제나라, 한나라, 위나라 등 몇 나라와 군건하게 함께했더라면, 이런 일이 없었을 게 아닌가? '사리사욕에 눈이 어둡다'는 말이 있다. 사람들은 걸핏하면 조그마한 이익에도 눈이 어두워지고 정신까지 혼미해진다. 초회왕의 한평생은 '사리사욕에 눈이 어두웠다'는 한 문장으로 집약할 수 있다. 진왕은 이 자그마한 이익을 이용하여 그를 속였고, 그는 이렇게 사리사욕에 집착했다. 그리고 새로 자리에 오른 진왕도 이렇게 그를 업신여기며 얕보았다. 그는 아직도 사리사욕에 눈이 어두웠던 것이다. 사리사욕에 눈이 어두운 사람은 어디에나 있지만 어두워도 이 정도에 이르면 정말로 대단하다.

확대경

'사리사욕에 눈이 어둡다'는 말이 있다. 사람들은 걸핏하면 조그마한 이익에도 눈이 어두워지고 정신까지 혼미해진다. 초회왕의 한평생은 '사리사욕에 눈이 어두웠다'는 한 문장으로 집약할 수 있다. 사리사욕에 눈이 어두운 사람은 어디에나 있지만 어두워도 이 정도에 이르면 정말로 대단하다.

초나라는 이래서는 안 되겠다 싶었던지 제나라와 연합하려고 했다. 이리하여 초회왕은 다시 태자 횡을 제나라에 인질로 파견했다.

사실 전국시대 중기 이후에 오면, 일곱 나라가 서로 패권을 차지하기 위해 벌인 투쟁도 진나라, 제나라, 초나라라는 대국끼리 벌이는 힘겨루기로 점차 변화 발전해 갔다. 그러기에 진나라가 가장 원하지 않는 경우는 제나라와 초나라의 동맹이었다. 그런데 바로 이때 초나라 태자가 갑자기 제나라로 갔다. 제나라와 초나라가 장차 연합할 게 뻔했다. 진나라는 이 골칫거리를 어떻게 해결했을까?

진나라는 초나라가 자기 곁을 떠나 진나라와 연합하려고 하자 불안하기 짝이 없었다. 이리하여 진소왕은 초나라를 자기편으로 끌어들일 계략을 펼치기로 하고 초회왕에게 글을 보냈다. 그는 온갖 듣기 좋은 소리를 늘어놓은 뒤, 당시 태자 횡이 자기 나라로 돌아간 일을 꺼냈다.

- 원래 우리 두 나라는 사이가 좋았는데 당신의 태자가 우리 대부를 때려죽였소. 우리 사람을 죽였지만, 그 잘못을 내게 시인했다면 아무 일도 없었을 것 아니오? 그런데도 왜 도망을 갔겠소? 아직 어린 나이라 사태를 파악할 줄 몰랐기 때문이오.

이렇게 장황하게 이야기를 늘어놓으며 진나라가 초나라를 친 것은 원인이야 있지만 진나라에게 온갖 책임이 다 있는 건 아니라고 했다. 어쨌든 이 글에서 가장 관건이 되는 말은 '지금 우리 두 나라 관계가 좋지 않으면 어떻게 여러 제후를 호령할 수 있겠는가?'[94] 하는 부분이었다. 모르는 사이에 초회왕을 높이 추어올리고 있다. 초회왕은 따스한 정을 느끼며 진나라를 향해 뜨겁게 손을 내밀었다. 그는 원래 마음이 차디찼지만 마치 감전이나 된 듯이 갑자기 뜨거워졌던 것이다. 그리고 진나라의 초청에 응하며 다시 진나라 사람과 무관武關에서 만나기로 했다.

94 今秦楚不歡, 則無以令諸侯. 『사기』「초세가」에 나오는 구절이다.

이때에도 앞으로 나서며 초나라가 다시 진나라와 친교를 맺으려는 데 반대하는 이가 있었다. 그 가운데 한 사람이 대시인으로 이름난 굴원이었다. 굴원은 당시 대부였다. 그의 한평생을 연구한 어떤 학자는 그가 정치적으로 제나라와의 연합 노선을 줄곧 견지했다고 보았다. 그러나 굴원의 말에 초회왕은 귀도 기울이지 않았으며 아예 쓸모없다고 생각했다. 당연히 쓸모 있다고 생각했다면 굴원도 『이소』를 지었을 리 만무하다. 결국 초회왕은 무관의 모임에 참석하려고 떠났다. 그러나 무관에 도착하자마자 진나라는 그를 감금했다. 그런 뒤, 초나라의 땅덩어리 할양을 요구 조건으로 내세웠다. 초회왕이 좀 흐리멍덩할지라도 줏대가 없는 인물은 아니었다. 그는 단호하게 거절했다. 진나라는 그가 아직도 강경하게 버티자 그만 진나라에 잡아 가두었다. 하지만 초회왕은 단념하지 않고 조나라로 달아났다. 조나라는 그를 받아들이지 않았다. 그는 진나라에 다시 잡혀 감금되었다. 결국 그는 치밀어 오르는 화를 참지 못하고 세상을 떠났다. 초나라는 자기 임금이 죽자 제나라에 있던 태자를 모셔다 경양왕頃襄王으로 세웠다. 『사기』「초세가」에는 진나라가 몹시 화가 나서 '병사를 무관으로 보내 초나라를 공격하여 대파하고 초나라 병사 오만의 목을 베고 석읍析邑을 포함한 15개 성읍을 손에 넣은 뒤 초나라를 떠났다.'[95]는 기록이 있다.

남로를 통한 진공은 그 효과가 괜찮았다. 위염을 비롯한 이들은 기쁨에 넘쳐 진소왕을 황제로 일컬을 생각을 했다. 상황이 이 정도로

---

95 發兵出武關攻楚, 大敗楚軍, 斬首五萬, 取析十五城而去.

멋진데 자기의 군주가 아직도 '왕王'이라면 결코 만족할 수 없으니 아예 황제로 일컬어야 한다고 생각했다. 하지만 자기 나라만 황제로 일컬으면 외톨이가 될 것 같아서 제나라를 끌어들여 함께 황제로 일컫기로 작정했다. 이것도 제나라의 환심을 사는 방법 가운데 하나였다. 이때 제나라 왕은 제민왕이었다. 그는 황제라는 말을 듣고 뛸 듯이 기뻤다. 진즉부터 갖고 싶던 칭호였으니! 그러나 소진이 나서서 제민왕을 설복시켰다.

"폐하, 생각을 거두시기 바랍니다. 지금 우리는 그만한 실력이 없습니다. 그렇게 되면 천하의 제후들이 폐하를 미워할 것입니다."

제민왕은 이 말에 황제로 불릴 생각을 접었다.

진소왕이 스스로 황제가 되자 또 다른 합종이 이루어졌다. 삼진에 제나라, 연나라까지 손을 맞잡고 진나라를 치기로 한 것이다. 진나라는 일시적으로 피동적인 위치로 빠져들었다. 그러나 이번 다섯 나라가 연합하여 진나라를 치기로 한 것은 진나라에게도 중대한 전환점이었다. 다섯 나라가 서쪽으로 진나라를 치려고 할 때, 다섯 나라 가운데 하나인 제나라는 소진의 책동 아래 대거 군사를 일으켜 송나라를 멸했다. 사실 제나라는 연나라가 세운 복수의 계략에 넘어간 것이다. 이렇게 되자, 진나라를 치려고 나섰던 다른 몇 나라는 모두 창끝을 제나라로 돌렸다. 진나라도 이 기회를 놓치지 않고 제나라 공격의 대열에 합류했다. 제서濟西에서 이들 나라의 군대는 제나라 군대를 대파했다. 그 뒤, 연나라 장군 악의는 자기 나라 군대를 이끌고 파죽지세로 밀고 들어가서 제나라 도성 임치를 손에 넣으며 제나라를 거의 멸망에 이르게 했다. 이리하여 진나라는 더 큰 규모로 동점할 수 있는 기회를 맞았다. 그들은 곧 남로의 초나라에 더욱 심각한 타격을 주었다. 이때, 사람을 마구 죽인 장군 하나가 초나라를 치는 큰 전쟁 중에 역사 무대에 등장했다. 그는 누구였을까?

19장 사람을 마구 죽인 장군

진소왕 시기에 세력을 점차 동쪽으로 옮겨가기 위하여 세운 큰 계획은 남로와 중로로 나누어 동방의 여러 나라로 진공하는 일이었다. 기원전 278년, 진나라 장군 백기白起는 초나라 주력 부대에 심한 타격을 주며 초나라 도성 영郢을 돌파했다. 이는 남로에서 거둔 중대한 승리였다. 그러나 중로를 통한 진공은 그렇게 순조롭지 않았다. 진나라 군대는 먼저 이궐伊闕에서 벌어진 전투에서 큰 승리를 거두었지만, 이어서 벌어진 알여閼與 전투에서는 오히려 크게 패하고 말았다. 그렇다면 백기는 군사를 이끌고 어떻게 초나라 중심 지역까지 깊숙이 들어가서 일거에 초나라 도성을 격파했을까? 이궐에서 벌어진 전투에서 진나라가 큰 승리를 거둘 수 있었던 원인은 무엇이었을까? 그러나 알여에서 벌어진 전투에서는 무슨 까닭으로 크게 패했을까? 누가 진나라의 진공에 장애물이 되었을까?

제나라와 연나라가 혼전 상태에 빠지자 진나라는 기회를 놓치지 않고 기원전 280년 남로를 통하여 광활한 영토를 소유하고 있던 초나라로 대거 진격했다. 기원전 278년, 진나라 장군 백기는 초나라 주력 부대에 큰 타격을 입히고 초나라 도성 영을 깨뜨리며 진나라의 통일 전쟁에 서막을 열었다. 그러나 중로를 통한 전쟁은 순조롭지 않아서 이궐에서 벌인 전투에서는 큰 승리를 거두었지만 이어서 조나라에 맞서 알여에서 벌인 전투에서는 크게 패배하고 돌아서야 했다. 그렇다면 백기는 어떻게 자기 군사를 이끌고 초나라 깊숙이 침공하여 일거에 초나라 도성까지 깨뜨릴 수 있었을까? 또 알여에서 벌어진 전투에서 패배한 책임은 누구에게 있었을까?

진나라로 말하자면, 악의의 제나라 침공과 이 때문에 벌어진 제민왕의 망국은 참으로 멋진 사건이었다. 진나라가 여러 해 동안 가장 두려워한 상대는 바로 제나라였다. 그런데 지금 제나라는 스스로 불러들인 재앙으로 마침내 쓰러졌으니, 이제는 다시 일어서는지 지켜보기만 하면 되었다. 지난날에는, 진나라가 동방의 어떤 나라를 손보려면 반드시 제나라의 존재를 고려해야만 되었다. 동방의 어떤 나라든 제나라의 지지를 얻기만 하면 진나라는 이 나라를 다시는 살아날 수 없을 정도의 상황으로 몰아넣을 수 없었기 때문이다. 지금 제나라가 앙심을 품은 연나라에 드디어 넘어졌으니, 이는 참으로 맞이하기 힘든 멋진 기회가 아닐 수 없었다. 이리하여 진나라는 제민왕의 망국 이후 그대로 조나라, 위나라, 초나라를 향해 진격했다. 진나라는 조나라와 위나라 쪽에서 적지 않은 성읍을 점령했지만 가장 큰 전공을 거둔 곳은 역시 초나라 공격에서 거둔 성공이었다.

남쪽 초나라 쪽에서 총사령관을 맡은 장군은 역사상 그 이름도 혁혁한 장군 백기였다. 백기는 섬서陝西 출신으로 위염의 천거로 장군에 임명되었다. 그러했기에 장차 그의 운명은 양후穰侯 위염의 운명에 따라 기복을 같이했다. 백기는 백전백승하며 헤아릴 수 없을 만큼 많은 사람을 죽였다. 문헌에는 그의 모습을 이렇게 묘사했다.

"머리는 자그마한데다 뾰족하고 얼굴은 새하얗다. 두 눈은 자그마했지만 정기가 넘쳐서 한 곳을 눈길 한번 돌리지 않고 오랜 시간 뚫어져라 바라볼 수 있었다."

이런 인물이 사람을 죽이는 데 눈도 깜짝하지 않았다.

기원전 280년, 때는 진소왕 27년이었다. 진소

확대경

백기는 백전백승하며 헤아릴 수 없을 만큼 많은 사람을 죽였다. 문헌에는 그의 모습을 이렇게 묘사했다. "머리는 자그마한데다 뾰족하고 얼굴은 새하얗다. 두 눈은 자그마했지만 정기가 넘쳐서 한 곳을 눈길 한번 돌리지 않고 오랜 시간 뚫어져라 바라볼 수 있었다." 이런 인물이 사람을 죽이는 데 눈도 깜짝하지 않았다.

⬆ 후베이湖北 장링江陵 망산望山 1호 초나라 무덤에서 출토된 채칠목조좌병彩漆木雕座屏

왕은 연나라 군대가 제나라로 들어오고 제민왕이 세상을 떠난 멋진 기회를 놓치지 않고 사마조에게 군대를 이끌고 농서隴西로부터 촉군蜀郡을 거쳐 초나라의 검중黔中 지역을 향해 진격하도록 명령했다. 사마조는 초나라의 검중 지역을 포함하여 상용上庸(지금의 후베이성 주시현竹溪縣 동남)과 한북漢北의 큰 땅덩어리를 점령했다. 모든 역량을 초나라 공격에 집중하기 위하여 진왕은 조혜문왕을 민지로 특별히 초청해 만나며 친교를 맺기도 했다. 이 때문에 인상여가 진소왕에게 자배기를 두드리는 연주를 강박한 사건이 벌어지기도 했다. 기원전 279년, 진나라는 다시 병력을 물길과 육로 둘로 나누어 대거 초나라를 공격했다. 한쪽 길은 백기가 군사를 이끌었다. 이들이 진나라의 주력 부대였다. 다른 쪽은 촉에서 출발하여 양자강을 따라 동쪽으로 내려왔다. 당시 사마조는 촉을 정벌하는 일을 두고 촉을 손에 넣으면 남쪽 경영에 큰 바탕이 된다는 말을 했다. 지금 대군을 이끌고 촉에서 동쪽으로 내려온 이는 촉을 잘 다스려 큰 성과를 낸 장약張若이었다. 그가 이끈 군대는 주로 양자강 상류 일대에서 초나라 군사를 견제했다.

백기가 거느린 군대가 주로 공격한 대상은 초나라의 언鄢(지금의 후베이성 이청宜城 서남)이었다. 이곳은 초나라 도성 영(지금의 후베이성 장링

江陵 북쪽)의 보호막으로 영에서 북쪽으로 멀지 않은 곳이다. 이곳은 초나라로서는 또 다른 서울이었다. 이런 중요성 때문에 이곳에는 초나라의 주력군이 다수 집결해 있었다. 이곳에서 전쟁이 벌어진다면 초나라 입장에서는 생사를 건 결전을 벌여야 할 판이었다. 백기는 언의 서쪽 산위에 장곡수長谷水라는 물이 흐르고 있다는 사실을 알아냈다. 백기는 이 물을 이용하기로 했다. 언을 물로 휩쓸기로 마음먹은 것이다. 그는 자기의 장병들에게 언으로부터 백 리 안팎 떨어진 장곡수가 있는 곳에 제방을 쌓으라고 명령을 내렸다. 장곡수는 그리 크지 않았지만 일단 제방을 쌓아 막고 나니 크지도 작지도 않은 호수가 되어 하나의 성읍을 물로 휩쓸기에는 충분했다.

전투가 시작되었다. 초나라 군대는 목숨을 걸고 싸웠다. 그러나 그들은 싸워야 할 상대가 사람이 죽어도 눈 하나 깜짝하지 않는 장군 백기라는 것을 몰랐다. 여기에 더하여 전술에 능한 백기가 그들의 목숨을 그대로 앗아갈 큰 제방을 쌓았다는 사실은 더욱 몰랐다. 그 당시 전쟁에서 가장 두려워하는 것은 성이나 요새 공격이었다. 『손자병법』「모공」에서도 성이나 요새를 공격하는 군대는 분노한 장군에 개미떼처럼 성벽을 기어오르는 병졸 가운데 삼분의 일이 목숨을 버려도 공격이 반드시 성공하는 건 아니라고 일렀다. 장군 백기가 그의 부하들에게 개미떼처럼 성벽을 기어올라 성읍 언을 공격하게 만들 리는 없었다. 전투가 시작된 뒤, 진나라 군사는 멋진 기회가 이르자 그대로 장곡수의 제방을 무너뜨렸다. 그러자 곧바로 큰물이 세차게 흐르며 성읍 언에 있던 그 많은 사람들을 군인이든 민간인이든, 늙은이든 젊은이든, 이 집 자손이든 저 집 자손이든 하나도 가리지 않고 모두 다 물귀신으로 만들었다. 『수경주水經注』「면수沔水」에는 수십만이나 되는 백성과 병사들이 물결 따라 흘러 얼마만큼의 시간이 흐르자 성읍 동쪽 일대에는 수십만 구의 주검이 물에 붇고 햇볕에 부풀어 시체 썩는 고약한 냄새가 코를 찔렀다고 기록했으니, 이야말로 인간 지옥이었다. 또 위와 같은 문헌에는 후세 사람들이 성읍 동쪽 일대의 물이 많은 곳을 '취지臭池'로, 성읍을 잠기게 만들었던 도랑을 일러 '백기거白起渠'로 불렀다고 한다. 이로써 백기에 대한 분노와 증오를 드러냈던 것이다. '침략을 막을 수 있다면/어찌 그 많은 살상이 있어야 하는가?'[96]라고 옛 시인은 노래했다. 이 시는 장군이 지켜야 할 규범은 물론 양심 있는 장군의 직무 준칙을 표현하려고 했다. 그러나 백기는, 아니 진나라 장군은 이런 규칙을 절대로 지킬 리 없었다. 왜 그랬을까? 원인은 진나라의 체제에 있다. 우리는 저 앞에서 상앙이 싸움터에서 세운 공훈에 셈하여 20가지 등급에 따라 작위를 나누어 주는 제도를 만들어 베어낸 적의 머리 숫자로 부귀를 바꾸었다고 말한 바 있다. 이런 정책의 책동 아래, 사람을 죽이는 일은 그냥 죽이든 물에 빠뜨려 죽이든 어떤 양심의 가책도 받지 않고 오로지 얼마나 많이 죽였느냐는 숫자만이 죽이는 것으로 즐거움에 빠진 이들의 심리를 만족시켰다. 진나라 장병의 눈에는 전쟁터에서 보이는 적군은 인간이 아니라 모두가 부귀와 바꿀 수 있는 현찰이었다. 단순한 전술로 본다면, 백기가 쓴 전법은 참으로

확대경

상앙은 싸움터에서 세운 공훈에 셈하여 20가지 등급에 따라 작위를 나누어 주며 베어낸 적의 머리 숫자로 부귀를 바꾸게 했다. 진나라 장병의 눈에는 전쟁터에서 보이는 적군은 인간이 아니라 모두가 부귀와 바꿀 수 있는 현찰이었다. 진나라의 천하 겸병 전쟁은 이렇게 잔인무도했다.

96 苟能制侵陵, 豈在多殺傷. 두보杜甫의 시 『전출새前出塞』에 나오는 구절이다.

빼어나다고 할 수 있다. 진나라 병사를 조금이라도 적게 희생시킬 수 있었기 때문이다. 그러나 물에 잠겨 죽은 무고한 생명을 보면 이야말로 저승사자의 방문이었다. 진나라의 천하 겸병 전쟁은 이렇게 잔인무도했다.

성읍 언이 공격을 받으며 깨어지자, 초나라 도성 영은 진나라 군사의 칼날 앞에 그대로 드러났다. 이듬해(기원전 278년, 진소왕 29년), 백기는 승리의 기세를 몰아 도성 영을 함락했다. 동시에 진나라 군사는 서릉西陵으로 진격하여 세상을 떠난 초나라 임금의 능묘를 태워버렸다. 초나라는 수백 년 된 도성을 지키지 못했으니, 종묘와 사직도 돌볼 겨를 없이 오로지 눈물로 종묘에 이별을 고하고 다른 곳으로 도성을 옮겼다. 경양왕은 초나라의 잔여 세력을 이끌고 진陳(지금의 허난성 화이양淮陽)으로 천도했다. 초나라는 춘추시대 이래 최고의 자리에 오른 패주를 출현시키며 한창 번성한 세상을 열었던 남쪽의 오래된 대국이었다. 하지만 진나라의 칼날과 수공 작전 아래 무너지고 말았다. 이제 초나라는 짧은 세월 안에 다시는 진나라에 어떤 위협도 될 수 없었다. 초나라 도성 영을 깨는 데 공을 세운 백기는 무안군武安君에 봉해졌다.

앞에서 우리는 진소왕 시기에 결정된 동쪽을 향한 진공 계획이 남로와 중로로 함께 진행되었지만, 그 가운데 남로로 통한 진공에서 중대한 승리를 거두었다고 말한 바 있다.

언과 영에서 벌어진 전투에서 심각한 타격을 입으며 도읍까지 옮긴 뒤, 초나라는 한층 더 약해졌다. 그러나 중로에는 그래도 한나라, 위나라, 조나라 등 세 나라가 있었다. 이들은 진나라가 중로로 진격하여 공격하는 데 가장 큰 장애물이었다. 그렇다면 진나라가 중로를 통하여 거둔 성과는 어떠했을까?

이제 다시 눈길을 중로로 돌려보자. 중로에서 시작된 공격은 백기가 영을 깨뜨리는 시기보다 약간 일렀다. 중로를 통한 공격에서 총사령관을 맡은 이는 백기였다. 진나라 입장에서는 중로를 통하여 공격하는 것이 가장 간단했다. 그 가운데 가장 원했던 길은 황하를 따라 동쪽으로 향하는 것이었지만 참으로 어려움이 많았다. 다행히도 동방으로 통하는 중요한 성읍 의양이 벌써 진나라 손안에 들어 있었다. 그러했기에 진나라는 중간으로 난 길인 의양 쪽으로 가야 했다. 바로 황하의 지류인 낙수를 따르는 길이었다. 의양에서 다시 동쪽으로 향하면 이궐伊闕이라는 대단히 중요한 길목이 나온다. 이수伊水는 이궐을 거쳐 흐른다. 이곳 양안에 죽 늘어선 산봉우리를 마주하여 나오면 바로 좁은 지대에 이른다. 진나라는 이 좁은 지형을 이용하여 한나라, 위나라 군대와 한 판 싸움을 벌일 생각을 했다. 양후 위염과 백기 등은 한나라와 위나라의 군대를 이궐의 협소한 곳으로 유인할 방법을 강구하며 미리 계책을 꾸몄다. 전투에 투입될 군대의 숫자로 보자면 한나라와 위나라가 더 많았다. 왜냐하면 이궐은 한나라 땅이었기 때문이다. 그들이 지킬 땅은 바로 자기가 살고 있는 곳이었기에 지리적으로도 유리한 위치를 차지했다. 그러나 진나라는 높고 험한 산을 넘어와야 했기에 전투에 투입할 수 있는 병력이 한정될 수밖에 없었다. 진나라의 계획은 한나라와 위나라의 대군이 그들의 모든 힘을 충분히 펼칠 수 없는 곳에서 자신과 전투를 벌이는 것이었다.

진나라는 먼저 사마조에게 군대를 이끌고 등현鄧縣 일대로 진공하여 한나라와 위나라의 남쪽 끝을 소란스럽게 만들게 하고, 동시에 또 다른 부대는 북쪽에서 해解(지금의 산시山西 린이臨猗)를 치도록 했다. 이렇게 하여 양쪽에서 협공하는 태세를 갖추었다. 한나라와 위나라는 사태의 흐름을 두고 그래도 괜찮다고 생각했다. 두 나라 연합군은 출병하여 의양을 공격했다. 이 성읍을 다시 손에 넣을 작정이었다. 이리하여 한나라와 위나라 군대는 이궐 쪽을 향해 이동했다. 그러나 이들은 예상치도 못하게 진나라의 계략에 그대로 빠져들었다.

기원전 294년, 백기는 신성新城을 공격했다. 신성은 이궐에서 남쪽으로 멀지 않은 곳에 위치했다. 그러자 한나라는 신성을 구하기 위하여 수십만 대군을 파견했다. 이리하여 이궐 전투는 정식으로 시작되었다. 백기는 다른 부대를 보내 한나라와 위나라 군대의 좌우 양쪽으로 우회하여 동쪽을 치도록 했다. 한나라와 위나라 군대도 이에 따라 뒤로 물러나며 이궐 일대로 다가갔다. 이렇게 되자 한나라와 위나라의 수십만 대군은 바로 이궐의 협소한 곳에 끼이는 꼴이 되었다. 한차례 맞붙은 결과 진나라의 완승으로 끝났다. 한나라와 위나라는 참패하며 목이 베인 자가 모두 24만 명이었다. 전국시대 여러 전투에서 사상자 숫자가 가장 많기로는 장평長平에서 벌어진 전투가 으뜸이었다. 그 다음이 바로 이 전투였다. 한나라와 위나라는 24만이나 되는 장병이 사라졌다. 이렇게 큰 승리를 거둔 진나라 대장군 백기는 더욱 위풍당당한 모습을 보였고 자그마한 두 눈동자도 한층 더 반짝반짝 빛을 냈다.

확대경

이렇게 큰 승리를 거둔 진나라 대장군 백기는 더욱 위풍당당한 모습을 보였고 자그마한 두 눈동자도 한층 더 반짝반짝 빛을 냈다.

이궐에서 벌어진 전투로 한나라와 위나라의 전투력을 갖춘 군대는 소멸되었다. 이런 상황에서 진나라 군대는 발길을 멈추지 않고 중로를 통하여 계속 앞으로 나아가며 공격을 멈추지 않았다. 기원전 276년, 기원전 275년을 앞뒤로 두 차례나 위나라의 도성 대량으로 쳐들어갔다. 목적은 너무나 분명했다. 위나라를 멸망시키는 것이었다. 동방의 제후들은 이를 지켜보며, 이거 정말 큰일 났다, 진나라가 이렇게 나간다면, 우리 모두 끝장이다, 이렇게 생각했다. 이제 한나라, 조나라, 위나라는 힘을 합치지 않을 수 없었다. 이 때문에 진나라가 펼친 대량에 대한 공격은 성공을 거두지 못했다. 이뿐만 아니라 삼진이 연합한 지 얼마 뒤 연나라도 이들 진영에 가입했다. 진나라가 동방을 향해 진격하려는 계획에 차질이 빚어졌다.

이 때문에 진나라는 지금의 산시山西와 허난河南이 맞닿은 지대인 황하 이북의 남양南陽으로 눈길을 돌렸다. 남양은 원래 위나라 땅이었으나 어쩔 수 없이 진나라로 넘긴 곳이었다. 이곳은 전략적 의의가 자못 큰 도시이면서 중요한 길목으로 진나라가 장악하고 있었다. 동쪽으로 나아가며 대량을 쳐서 손에 넣을 수 없게 된 진나라는 또 다른 방식을 택할 생각을 했다. 그들은 직접적으로 동쪽을 치지 않고 남양을 거쳐 북쪽으로 가서 한나라와 인접한 상당지구上黨地區를 공격하여 손에 넣으려고 했다. 대량을 치는 데 불리한 현실을 직시한 진나라는 군사 목표를 이쪽으로 옮겼다. 이리하여 진나라와 조나라는 알여에서 크게 맞붙게 되었다.

알여는 자그마한 마을 이름이다. 도대체 이곳은 어디였을까? 대체로 두 가지 의견이 있다. 지금의 산시성山西省 허순和順이라는 설이 있는가 하면, 산시성山西省 리청현黎城縣이라는 설도 있다. 지리적으로 볼 때, 후자의 의견이 더욱 타당한 듯하다. 왜 그런가? 태항산은 허베이 일대로부터 남쪽으로 쭉 뻗어 황하 북쪽 기슭 일대까지 이르며 서쪽의 황토 고원과 동쪽의 대평원을 나눈다. 이 산은 또 수많은 지맥이 있다. 상당지구는 바로 태항산의 지맥이 형성한 지역으로 가장 높은 곳은 해발 1천 미터 안팎이며, 비교적 낮은 곳도 4-5백 미터나 된다. 장하漳河는 바로 이 상당지구에서 발원한다. 장하 상류에는 청장淸漳과 탁장濁漳 등 두 개의 지류가 있다. 전국시대에는 대체로 탁장 이북은 조나라에 속했고, 그 이남은 한나라에 속했다. 그렇다면 알여는 어디였을까? 당시 조나라에 속했지만 지금은 산시성 리청현으로 탁장 기슭이어야 한다. 이 부근에 있는 산 하나는 중요한 군사 거점이다. 만약 알여가 정말로 지금의 산시성 리청현 부근이었다면, 장하를 따라 동쪽으로, 다시 말하면 지금의 허난과 허베이가 맞닿은 지대, 곧 당시 위나라의 평원 지대를 통제할 수 있는 곳이다. 동시에 리청 일대의 장악으로 또 다른 교통 노선, 즉 바로 이곳에서 당시 조나라 한단으로 통하는 길까지 통제할 수 있었다. 진나라가 알여를 치려는 데는 이곳을 거점으로 삼아 지금의 산시성 리청을 장악하고 동남쪽을 향해 위나라로 진공하려는 의도 때문이었음이 분명하다. 또 동북쪽으로는 조나라로 진공할 수도 있었다. 조나라 도성 한단이 알여에서는 바로 코앞이었다. 진나라는 알여를 반드시 손안에 넣어야 했기에, 이 싸움은 참으로 지독할 수밖에 없었다.

기원전 270년, 진나라는 막강한 군대를 앞세워 조나라의 요지 알여를 공격했다. 이들은 알여를 거점으로 하여 더 나아가 조나라의 도성 한단까지 손에 넣으려고 계획했다. 그러나 이때, 조나라는 조무령왕의 '호복기사' 개혁을 거치며 군사력이 크게 증강된 상태였다. 게다가 당시 조나라에는 문신으로는 인상여, 무신으로는 염파가 버티고 있었을 뿐만 아니라, 군사적으로 뛰어난 인재까지 하나 더 있었다. 이 인재가 내놓은 기묘한 계략은 진나라의 진공을 격파하는 데 사실상 큰 역할을 했다.

알여에서 벌어진 전투에서 직접적으로 큰 역할을 한 인물은 마복군馬服君 조사趙奢였다. 솔직히 말해 그는 처음에는 군사와 아무런 관계가 없는 전부리田部吏였다. 어떤 사람을 전부리라 부르는가? 나라의 세금을 거두는 벼슬아치를 이렇게 불렀다. 농사를 지어도 나라에 세금을 바쳐야 한다. 마복군은 바로 이런 일을 관장하는 벼슬아치였다. 마복군은 참으로 착실하게 세금을 거두었다. 그런데 생각지도 못하게 한번은 조나라 어느 권문세가에게 세금을 받아내지 못하는 일이 벌어졌다. 권문세가란 바로 평원군平原君 조승趙勝이었다. 평원군은 조나라 귀공자로서 당시 자리에 있던 조나라 임금의 형제였다. 조사는 평원군 집에서 세금을 거두려고 했지만 이 집안에서 일하는 아랫사람이 납부를 거절했을 뿐만 아니라 그 태도도 무지막지했다. 조사가 평원군 댁으로 와서 세금을 받겠다니, 죽으려고 환장했는가! 이랬기에 옛적 왕조에서 권문세가를 좋아하지 않았던 것이다. 한 집안이 그렇게 많은 토지를 가지고 있으면서도 내는 세금은 너무 적었다. 그 집안에서 거두는 사람만 해도 천 명이 넘는 경우가 있었지만, 호적상으로는 불과 몇 명만 올리고, 대량의 노동력과 토지를 숨긴 채 세금은 아주 적게 냈다. 여기에 그치지 않고 행동마저 아예 무지막지하기 짝이 없었다. 그러니 이런 집안에 누가 시비를 걸려고 하겠는가? 더구나 보통사람의 입장에서는 평원군 댁이라면 더 물을 일도 없었다. 권문세가에 밉보일 까닭이 없었기 때문이다. 밉보여서 무슨 좋은 일이 있겠는가? 이런 생각은 정부라고 다를 게 없었다. 그러나 조사는 이런 인물이 아니었다. 그는 강직하고 사심 없는 인물이었다. 그는 평원군 집안의 가복이란 자가 세금 납부를 거부하며 상식 밖의 행동까지 하자 끝내 참지 못했다. 그따위로 하면 법에 따라 처리하겠다고 되뇌며 함부로 소동을 피웠던 아홉 놈을 잡아 목을 쳤다.

하지만 평원군은 끄덕도 하지 않았다. 이놈 봐라, 아홉이나 죽였다고! 한낱 전부리에 지나지 않는 조사에게 누가 이렇게 큰 배짱을 갖게 만들었단 말인가! 그는 조사를 자기 앞으로 불렀다. 조사는 침착하고 느긋하게 입을 열었다.

"제가 평원군 어르신께 묻고 싶은 말씀이 몇 마디 있습니다. 어르신께서는 귀공자이십니다. 어르신 집안에서 법을 지키지 않으신다면, 그럼 그 법은 그저 유명무실한 글자에 지나지 않는단 말씀입니까? 그 권위는 심각하게 약화될 수밖에 없습니다. 나라에서는 법이 있어도 집행할 수 없으니, 어떻게 나라가 강성해질 수 있겠습니까? 너무도 분명합니다. 나라가 약해지면 열강들이 족제비가 병든 병아리 물어가듯 우리 조나라를 향해 달려들 것입니다. 그러면 우리 조나라는 사라지게 됩니다."

당신, 평원군의 부귀가 어디서 생겼는가? 이 나라에서 생긴 게 아닌가! 나라가 망해 사라지면 당신의 부귀도 몽땅 물거품이다. 이런 이치는 이해하기 어렵지 않다. 그러나 옛적에 수많은 권문세가는 이런 이치를 알지 못했다. 참으로 간단한 이치를 몰랐다. 엎어진 둥지에 어찌 성한 알이 남을 수 있겠는가!

조사가 이렇게 말하자 가만히 듣고 있던 평원군은 이 사람이 정말로 대단한 인물이라는 생각이 들었다. 평원군은 온 나라의 세무를 담당하는 일을 조사에게 맡기라며 조왕에게 천거했다. 조사는 세금을 징수했다. 평원군도 건드렸는데, 그 어떤 이가 감히 납세를 거부하며 남에게 떠넘기려고 하겠는가? 『사기』에는 조사가 국가의 세수를 올리며 '나라의 곳간을 알차게 채웠다'[97]는 말로 간단하게 서술했다. 실제로 이 사건을 통해서도 알여 전투에서 조나라 쪽이 승리를 거둘 수 있었던 원인을 찾을 수 있다. 귀공자 신분이었던 조승은 자기 집안 아랫사람이 자기 세력을 믿고 남을 괴롭혔지만, 그래도 그는 어리석게도 그를 보호하려고 했다. 결국 그는 조사가 이렇게 현명한 인물이라는 것을 알아차리고 임금에게 온 나라의 세수를 관장하도록 그를 천거했다. 이로써 나라의 곳간이 충실해졌다. 전쟁에서 적과 맞설 수 있는 힘은 어디에서 나오는가? 그 힘은 전쟁에 필요한 물자를 공급하는 후방에서 나온다. 나라의 경제력이 승패를 좌우한다. 이 밖에도 염파나 인상여 같은 문무에 능한 어진 신하들이 있었기에 정치는 맑고 깨끗하여 무슨 일을 해도 순조로웠다. 요컨대, 이 시기에는 경제로 보나 여러 인재로 보나 조나라는 모자람이 전혀 없었다.

확대경

전쟁에서 적과 맞설 수 있는 힘은 어디에서 나오는가? 그 힘은 전쟁에 필요한 물자를 공급하는 후방에서 나온다. 나라의 경제력이 승패를 좌우한다.

알여에서 전쟁이 터지면서 진나라는 창끝을 조나라로 향했다. 그것도 조나라의 도성 한단을 향했다. 진나라가 알여를 손에 넣으려는 의도를 염파, 인상여, 마복군 등은 단박에 알아보았다. 그러면 이제 진나라와 한판 맞붙을 것인가? 이 문제를 두고서는 의견이 엇갈렸다.

97 府庫實.

조왕은 먼저 염파에게 물었다.

"알여에서 벌어진 전쟁에 우리가 싸워야겠소?"

이때 알여는 사실 조나라 손에 통제되고 있었다. 그런데 진나라가 달려와 포위를 하고 손에 넣으려고 하니, 싸워서 구해야 되는가? 이런 뜻이었다. 염파는 이 사건에 대한 자기만의 견해가 있었다.

『사기』는 염파가 한 말을 단 한 문장으로 기록했다.

"길은 멀고 지세는 험하여 구하기 힘듭니다!"[98]

확실히 한단에서 서쪽으로 길을 떠나면, 처음에는 평원이 펼쳐지지만, 얼마 가지 않아서 태항산에 접어든다. 그리고 가면 갈수록 힘든 오르막길이 계속된다. 게다가 한단에서 알여까지는 어쨌든 100km가 넘는데다 절반 넘게 산길이기에, 염파는 구하기 쉽지 않다고 생각했다.

염파 장군의 이런 의견을 들은 조왕은 이제 조사에게 같은 물음을 던졌다. 조사도 아주 간단하게 대답했다. 『사기』「염파·인상여열전」에는 그의 대답이 이렇게 기록되어 있다.

"길은 멀고 지세는 험하여 두 마리 쥐가 구멍 안에서 싸우는 것과 같으니, 용맹스러운 자가 승리를 손에 쥘 것입니다."[99]

염 장군의 말대로 그도 길은 멀고 지세는 험하다고 일렀다. 그러나 길은 멀고 지세는 험하다지만, 이런 조건은 조나라 군대에게도 진나라 군대에게도 마찬가지 아닌가. 이런 상황은 두 마리 쥐가 좁은

98 道遠險狹, 難求!

99 其道遠險狹, 譬之猶兩鼠鬪于穴中, 將勇者勝!

확대경

이런 상황은 두 마리 쥐가 좁은 구멍 안에서 싸우는 것과 같아서 용감한 자가 승리할 수밖에 없다. '좁은 길에서 서로 맞선다면 용감한 자가 승리한다!'

구멍 안에서 싸우는 것과 같아서 용감한 자가 승리할 수밖에 없다는 게 조사의 의견이었다. 조사의 이 말은 훗날 자못 유행하는 말이 되었다.

"좁은 길에서 서로 맞선다면 용감한 자가 승리한다!"

조사는 조나라에 승산이 있다고 보았다. 이 점에서 그의 의견은 염파와 달랐다. 물론 이 때문에 염파가 틀렸고 마복군이 맞았다고 간단하게 말할 수는 없다. 잘못을 범하지 않는 사람은 없다. 더구나 어떤 장군은 산악 작전에 익숙하지만 또 어떤 장군은 평원에서 벌어진 작전에 익숙할 수도 있기에 서로 다른 계산을 내놓을 수도 있다. 이번에는 마복군의 계산이 정확했다. 『사기』는 조사가 무대에 올라 묵직하고 웅장한 기세로 노련하게 작전을 이끌었다고 기록했다.

조왕은 단번에 잘 되었다고 생각했다. 이 전쟁에 사령관이 있었기 때문이다. 마복군 조사는 위기에 처한 나라를 구하기 위해 조나라 대군을 이끌고 알여로 나아갔다. 그리고 이곳에서 진나라 군대와 교전을 벌였다.

조왕은 마복군 조사에게 군대를 이끌고 나아가 알여의 포위를 풀라고 명령했다. 그러나 조사는 군대를 이끌고 도성 한단을 떠나 겨우 30리를 진군한 뒤 진을 치고 주둔했다. 이렇게 주둔한 지 28일이 지났지만 전혀 움직이지 않았다. 그렇다면 조사의 이런 기이한 행동 뒤에는 도대체 어떤 의도가 숨어 있었을까? 그는 어떻게 진나라 군대를 대파하고 알여의 포위를 풀었을까?

조사는 군대를 이끌고 한단을 떠나 겨우 30리를 행진한 뒤 더 나아가지 않고 그 자리에서 멈추었다. 전방에 상황이 발생했기 때문이다. 진나라 군대는 알여를 포위한 뒤, 소부대를 파견하여 오늘날의 서현涉縣, 우안武安을 잇는 산길을 따라 전진하더니 조나라 도성 한단에서 멀지 않은 곳에 주둔했다. 조나라의 행동을 감시하기 위해서였다. 『사기』는 진나라의 이 부대가 무안 일대에서 북을 치고 함성을 지르며 기왓장이 흔들릴 정도로 기세를 올렸다고 기록했다. 이런 모습을 본 조사는 이렇게 명령을 내렸다.

"더 나아가지 말고, 제 자리에 멈추어라!"

동시에 또 다른 명령을 내렸다.

"군사 문제로 나에게 의견을 내놓는 자는 군법에 따라 목을 베겠다!"

이렇게 한번 주둔한 조사의 군대는 28일 동안 꼼짝도 하지 않았다. 조나라 군대가 이렇게 틀어박혀 움직이지 않자 엉덩이에 뿌리가 나게 생긴 장교 하나가 가만있지 못하고 자기 생각을 내놓으려고 했다. 미안하지만, 목을 쳐라! 조사는 명령을 따르지 않은 이 장교의 목을 베었다. 이제 다시는 감히 불평하는 자가 나타나지 않았다. 군령은 무겁기가 산과 같았다.

조나라 군대의 위아래는 마복군의 작전을 도무지 알 수 없었다. 조 장군의 머릿속에는 도대체 어떤 생각이 들어있을까? 사실 답답한 사람은 조나라 군사만이 아니었다. 진나라 군대는 마복군이 군사를 이끌고 나오자 이들과 맞서려고 무안 일대에서 깃발을 흔들며 함성을 높였다. 그러나 오래지 않아서 그들은 그만 혼란에 빠졌다. 우리는 이렇게 한바탕 들볶았는데, 저들은 강가에서 햇볕 쬐는 악어처럼 엎드려 꼼짝도 않네. 10일, 20일, 이제 한 달이 다 될 판인데, 저놈 악어는 아직도 꼼짝도 않네! 그들은 사자를 보냈다. 사자라지만 사실은 첩자였다. 조나라 군영의 동정을 살피려고 보냈던 것이다. 두 나라가 교전하는 중에도 사자는 오갔다. 진나라 군대에서 보낸 사자가 찾아오자 마복군은 온갖 예의를 다하여 겸손하고도 조심스럽게 이들과 이야기를 나누었다. 게다가 음식도 나누고 술도 함께한 뒤 돌려보냈다. 진나라 군대에서 보낸 이들 첩자는 자기 나라 군영으로 돌아간 뒤 그들의 사령관에게 상황을 보고했다. 이번 출정에서 진나라 사령관은 호상胡傷 장군이었다. 사자는 조사가 이들을 접대한 상황은 물론 자기가 보고 생각한 바를 호상에게 알렸다. 호상은 조나라 군대가 무안 부근에 군영과 보루를 구축했으며, 사자까지 매우 예의 바르게 대했다는 말을 듣고 마음속으로 크게 기뻐하며 이렇게 말했다.

"도성을 떠나 겨우 30리, 군영을 구축하고 보루를 쌓은 뒤 잔뜩 움츠린 채 꼼짝도 않으니, 알여 땅이 그들 조나라 것이 아닌 모양이로다!"

그는 대단히 만족했다. 이제 알여 땅은 독안에 든 쥐 한 마리, 언제 잡느냐, 자기가 한 마디 던지면 끝이었다.

호상이 꿈에도 생각지 못했던 것은 조사는 이들 진나라 첩자를 떠나보내기에 앞서 아무도 몰래 자기 부대원을 쥐도 새도 모르게 1박 2일 만에 100km나 되는 길을 달려 알여에서 불과 25km밖에 떨어지지 않은 곳으로 이동시켰다는 사실이다. 조사의 지휘술이 얼마나 특별한지 잘 드러나는 이야기이다. 가만히 있을 때는 얌전한 처녀 같다가도 움직일 때는 그물을 벗어난 토끼처럼 빨랐던 것이다. 처음에는 똬리를 튼 뱀처럼 기괴할 정도로 조용한 쪽을 택했다. 그 뒤, 그 움직임은 화급한 일을 만난 이처럼 빠르기가 사람의 눈을 휘둥그레지게 만들었다. 이 속에 숨은 계략은, 먼저 적의 경각심을 느슨하게 만들고, 다음으로 적이 방심한 틈을 타서 허를 찌르는 데 있었다. 그렇게 먼 거리를 그의 부대원이 1박 2일 만에 달리리라고는 누구도 예상할 수 없었던 일이었다. 이런 일이 가능했던 조건은 바로 조무령왕의 호복기사였다. 행군으로는 이런 효과를 내기가 힘들지만 기병이었기에 쉽게 해낼 수 있었다.

확대경

조사의 지휘술은 참으로 특이했다. 가만히 있을 때는 얌전한 처녀 같다가도 움직일 때는 그물을 벗어난 토끼처럼 빨랐던 것이다. 처음에는 똬리를 튼 뱀처럼 기괴할 정도로 조용한 쪽을 택했다. 그 뒤, 그 움직임은 화급한 일을 만난 이처럼 빠르기가 사람의 눈을 휘둥그레지게 만들었다.

어쨌든, 전혀 생각지도 못하게 조나라 군대는 한 줄기 바람처럼 순식간에 적의 코앞에 들이닥쳤다. 병법을 보면 동작이 상대보다 빨라야 한다는 말이 있다. 마복군이 펼친 용병술이 바로 이런 이치에 그대로 부합했다.

뜻밖의 상황에 처한 진나라 군대는 재빨리 전열을 정비하여 공세를 취했다. 이때, 조사 밑에는 허력許歷이라는 초급 장교가 있었다. 그가 간 크게도 마복군에게 아이디어를 내놓겠다며 나섰다.

"우리 군대가 이렇게 재빨리 움직이며 진나라 군대를 어리둥절하게 만들었습니다. 그들은 분명 온힘을 다해 죽기 살기로 맞서려 할 것입니다. 현재, 우리는 진지를 튼튼하게 꾸며야 합니다. 그렇지 않으면 틀림없이 패배합니다."

마복군은 이렇게 말했다.

"좋은 의견 정말 고맙소!"

그는 그 자리에서 그렇게 하도록 명령을 내렸다. 허력은 이제 조사에게 이렇게 말했다.

전국시대 삼과청동극 三戈青銅戟

"제 의견은 다 말씀 드렸습니다. 이제 군법에 따라 처리하시기 바랍니다. 장군께서는 의견을 내놓은 자의 목을 내린다고 하지 않았습니까? 이제 제 차례가 되었습니다."

마복군은 웃으며 이렇게 일렀다.

"아니 기다리시오. 한단에서 내려올 명령을 기다렸다가 다시 봅시다!"

그러자 허력이 다시 입을 열었다.

"장군께서는 제 목을 치지 않으시렵니까? 그렇다면 의견을 하나 더 내겠습니다. 우리 군영 북쪽으로 멀지 않은 곳에 산이 하나 있습니다. 이 산을 먼저 차지하는 자가 승리를 거둘 것입니다."

이 말을 들은 마복군은 딱 한 마디만 했다.

"알았소."

그리고 재빨리 1만 명의 병사를 파견하며 이 산의 정상을 먼저 점령하라고 명령했다.

진나라 군대도 이 산의 정상을 차지하려고 달려왔지만 조나라 군대가 이미 점령한 뒤였다. 산 정상을 차지한 조나라 군대는 산꼭대기에서 매섭게 공격하여 파죽지세로 내몰아 호상의 군대를 대파했다. 알여에서 벌어진 전투는 마복군의 대승으로 막을 내렸다. 알여를 둘러싼 포위도 풀렸다. 그리고 조나라 서부에 활짝 열렸던 위험한 문도 다시 단단하게 닫혔다.

조사는 이때 세운 큰 공으로 마복군에 봉해졌다. 그러나 『사기』는 그의 전기를 단독으로 처리하지 않고 염파와 인상여 열전 뒤에 그를 덧붙여 기록하는 것으로 그쳤다. 조나라는 이 시기에 염파와 인상여 외에 마복군도 있었다. 그 뒤에는 또 이목李牧이 있었다. 이 몇몇 장군이 사라지자 조나라도 따라서 끝장이 났다.

알여에서 벌어진 전쟁은 칠웅이 병립했던 전국시대를 통틀어 진나라가 동방 각국과 치른 혼전 가운데 동방 국가가 거둔 참으로 보기 드문 승리였다. 이 전쟁의 승리는 군사 천재의 기발한 계략과 남다른 꾀와 밀접한 관련을 맺고 있다. 타고난 재능을 가졌던 마복군은 애초에 세금을 거두던 말단 벼슬아치였지만 침착하고 신중한 데다 군사적인 천부가 있었기에 기회를 만나자 그대로 찬란하고 눈부신 빛을 발휘했다. 마복군의 행위를 자세히 보면, 그는 다른 사람의 입을 막을 줄도 알았지만 다른 사람의 의견에 귀를 기울일 줄도 알았다. 이는 결코 독단적인 모습이 아니라 대장군의 바탕이 있었기에 가능했다. 동시에 이번에 벌어진 전쟁에서 승리할 수 있었던 요인이었다. 그것도 결정적인 요인이었다. 『사기』에는 아무런 설명이 없지만 조사의 군대가 1박 2일 만에 적의 코앞까지 내달을 수 있었던 데는 조무령왕의 호복기사가 큰 역할을 했음이 분명하다. 당초에 조무령왕이 누완이나 공자 성과 함께 호복기사를 반드시 이루어야 할 이유를 이야기할 때, 나라 땅이 넓은 조나라에 재빨리 움직일 수 있는 부대의 중요성을 말하지 않았던가? 훌륭한 군대의 장비와 훈련, 여기에 상대방이 전혀 예상치 못할 기묘

타고난 재능을 가졌던 마복군은 군사적인 천부가 있었기에 기회를 만나자 그대로 찬란하고 눈부신 빛을 발휘했다.

한 계략이 더해졌기에 이번 전쟁은 승리를 거둘 수밖에 없었다.

마복군은 이 전투를 통하여 조나라의 위풍을 한껏 올렸다. 진나라는 상당 지구를 거쳐 동방으로 진출하려던 꿈을 접어야 했다. 그러했기에 이 전쟁이 끼친 영향은 두 가지로 나눌 수 있다.

먼저, 진나라의 입장에서는 짧은 시간 안에는 이 노선으로 더 이상 나아갈 수 없게 되었다.

다음으로, 중로에 위치한 한나라에 새로운 압력이 조성되었다. 진나라는 방향을 바꾸어 계속 한나라를 향해 진공했다. 이렇게 원래의 노선으로 돌아온 것이다.

타고난 전략가 마복군에게는 아들이 있었다. 이 아들은 아버지의 뛰어난 모습을 처음부터 끝까지 보면서 자랐다. 부모는 자식이 처음으로 만나는 스승이기에 부모의 행위는 자식의 한평생에 큰 영향을 끼치게 마련이다. 그는 자기도 아버지처럼 큰 공을 세우겠다는 결심으로 온종일 병법을 읽으며 공부했다. 이 아들이 바로 조괄趙括이다. 얼마 뒤, 마복군의 아들 조괄은 아버지가 세운 전공이 그에게 남긴 후광을 몸에 지닌 채 전쟁터로 나섰다. 그렇다면 조괄은 어떻게 전쟁을 치렀을까?

20장 원교근공 遠交近攻

범저范雎는 전국시대 위魏나라 사람이었다. 그는 진나라 역사에서, 위로는 진효공과 상앙이 변법으로 나라를 강하게 만든 뜻을 이어받고, 아래로는 진시황과 이사李斯가 천하 통일의 위업을 이룰 수 있도록 앞길을 개척한 명재상이었다. 그는 진소왕이 선태후와 위염이 장악한 권력을 찾아오는 데 힘을 썼을 뿐만 아니라 '원교근공'이라는 책략을 내놓음으로써 진나라가 마침내 여섯 나라를 겸병하는 데 큰 역할을 했다. 그렇다면 하층민 출신이었던 범저는 어떻게 진소왕과 친교를 맺게 되었을까? 원래는 위나라 사람이었던 범저가 진나라의 천하 통일을 돕게 된 이유는 무엇이었을까?

기원전 270년, 진나라 군대는 알여에서 대패하며 참으로 깊은 좌절에 빠졌다. 그러나 이 패배는 중요한 인물 하나를 진나라 정치 무대로 등장시켰으니, 바로 진나라의 명재상 범저였다. 범저는 '원교근공'이라는 전략 방침을 분명히 내세우며 진나라의 여섯 나라 합병을 위한 발걸음에 더욱 속도를 올렸다. 그렇다면 하층민 출신의 범저는 어떻게 진소왕과 친교를 맺으며 중용되었을까? 또한 그가 내건 '원교근공' 계책의 내용은 무엇이었을까?

옛말에 '어떤 사람이 권력을 잡으면 그 주변 사람도 덕을 본다.'[100]는 말이 있다. 사람은 일단 권력을 잡으면 자기 세력을 키울 수밖에 없다. 그런데 이렇게 키운 세력이 작으면 왕권이 관여할 리 없겠지만,

100 一人得道, 鷄犬昇天.

세력이 커지면 왕권이 이를 가만둘 리 없다. 이것이 바로 왕권과 권신 사이에 공존할 수 없는 모습이다.

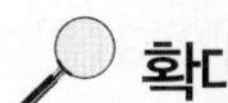

확대경

사람은 일단 권력을 잡으면 자기 세력을 키울 수밖에 없다. 세력이 커지면 왕권이 이를 가만둘 리 없다. 이것이 바로 왕권과 권신 사이에 공존할 수 없는 모습이다.

진나라 선태후는 대권을 장악한 시간이 길어지면서 개인적인 세력을 양성했다. 양후 위염이나 화양군 등이 이들 세력의 핵심이었다. 이들은 선태후의 깃발 아래 모여 점점 그 세력을 키웠다. 선태후의 뒷심이 있었기에 위염이 진나라 재상 자리에 있었던 시간은 무려 25년에 이르렀다. 토지를 비롯한 재산은 말할 것도 없고 관리를 임용하는 데도 말단 벼슬아치에서부터 고위직에 이르기까지 적지 않은 이가 바로 이들의 사람이었음이 몇 가지 자료를 통해 분명하게 드러난다. 그렇다면 진소왕을 예로 들어 보자. 진소왕은 기원전 307년부터 기원전 251년까지 모두 56년 동안 재위했다. 이로써 미루어 보면, 자리를 이어받았을 때는 기껏해야 열 살 안팎으로 매우 어렸을 가능성이 매우 높다. 범저가 진나라 재상으로 임명된 것을 기준으로 삼아도, 그가 진정으로 진나라 대권을 장악한 기간은 대략 15-6년일 것이다. 모후가 권력을 손아귀에 쥔 시간이 이렇게 길어지면서 태후와 위염의 세력은 갈수록 더욱 커지며 진나라의 천하 통일 진행에 장애물이 되었다. 다행히도 진소왕이 오래 살았기에 결국은 이들을 깨끗이 제거할 수 있었다.

기원전 270년(진소왕 37년), 알여에서 벌어진 전쟁에서 진나라는 완전히 패배했다. 이는 진나라가 동방 각국과 벌인 정복 전쟁의 역사에서 참으로 보기 드문 일이었다. 진나라가 이렇게 패배한 이유는 마복 장군의 기발한 계략과 남다른 계책 이외에 진나라 내부에도 원인이 있었다. 알여에서 맞붙은 전쟁은 기원전 270년에 시작되었다. 그러나 첫해에 양후 수하의 객경 조造라는 인물이 그에게 의견을 내놓았다는 기록이 『전국책』과 마왕퇴에서 출토된 『전국종횡가서』에 있다. 어떤 의견을 내놓았을까? 객경 조는 양후 위염에게 전쟁을 일으켜 제나라 일대의 더 많은 땅덩어리를 쟁취하여 위염의 봉지 도陶의 세력을 확충해야 한다고 말했다.

도(지금의 산둥성 딩타오定陶)는 전국시대 대도시로 춘추전국시대 여러 도시 가운데 매우 독특했다. 옛날에 도시의 발전은 주로 정치나 군사 발전에 따라 발걸음을 같이했기에 가장 큰 도시는 언제나 최대의 정치 중심이 아니면 군사 요지였다. 다시 말하면 순수하게 경제적인 형태의 도시는 매우 적었다. 그러나 춘추전국시대에는 생산력이 크게 발전한 시기였다. 이 지방은 사통팔달로 뚫린 교통의 요지인데다 동방의 넉넉한 물산과 여유 넘치는 상품 경제가 몇 백 년 이어지며 풍요로운 상공업 도시로 발전했다.

도는 한 마리 살진 오리였다. 중원의 여러 제후들은 모두 이 도시를 차지하려고 눈독을 들였다. 결국 강국 진나라가 먼저 차지했다. 진 소왕 때 진나라가 온갖 위험을 무릅쓰고 손안에 넣었던 것이다. 그러나 이 풍요로운 도시는 진나라 손에 들어갔지만 국가에는 아무런 이익이 되지 못했다. 위염이 진즉 이 땅을 봉지로 받았기에 온갖 이익을 이 양반이 독차지했기 때문이다.

이에 따라 객경 조가 위염에게 의견을 내놓게 된 것이다. 그는 양후에게 이렇게 말했다.

"지금 어르신께서는 하고 싶은 일은 다 할 수 있습니다. 만약 이곳 도를 중심으로 계속 기반을 확대하기 위해 어르신께서는 왕으로 자처하려면 왕으로 자처할 수도 있고, 패권을 차지하려면 패권도 차지할 수 있습니다."

객경 조가 내놓은 이 의견은 돈 주는 주인을 위해서만 일하고 미워하는 놈은 기회만 있으면 빰 때리는 당대 모사들의 전형적인 모습이었다. 전국시대에는 권세 있고 돈 있는 인물이 수많은 인재를 자기 집에서 먹고 재우며 양성했다. 이렇게 양성한 인물이 모두 인상여 같은 인물은 아니었다. 되지도 않을 말을 내지르며 주인을 공공의 이익을 위하여 일하도록 하지 않고 자기 뱃속만 채우게 만드는 인물이 더 많았다. 객경 조는 바로 이런 인물 가운데 하나였다. 객경 조는 위염에게 제나라의 강剛(지금의 산둥성 닝양寧陽 부근)과 수壽(지금의 산둥성 둥핑東平 동쪽)를 쳐서 도의 실력을 더 늘리라고 부추기는 의견을 내놓았다. 위염은 자기의 지반을 넓히기 위하여 당연히 전력을 다했다. 이듬해 알여에서 벌어진 전쟁에서 좋은 결과를 얻지 못한 것도 이렇게 최고위층에 문제가 있었기 때문이다. 위염 자신의 이기심 팽창은 이미 진나라의 겸병 대업에 영향을 끼치고 있었다. 위염의 좋은 날도 끝장이 멀지 않았다. 위염의 이기심은 알여에서 벌어진 전쟁에서 뿐만 아니라 대량을 치는 데도 나쁜 영향을 주었다.

전국시대 갑옷과 투구

당초 위염은 선태후와 함께 중요한 계획을 실행키로 약속하면서 군대를 남로와 중로로 나누어 동쪽을 향해 나아가기로 했다. 중로를 거쳐 몇 차례나 대량을 쳤지만 결과는 승리가 아니었다. 왜 승리하지 못했을까? 그 이유는 여러 가지였다. 그 가운데 위염의 이기심이 가장 큰 이유 가운데 하나였다. 『전국책』에는 위나라를 대표하여 찾아온 어떤 이가 위염에게 건넸다는 말이 기록으로 남아 있다.

"도 땅은 어르신 것입니다. 이제 어르신께서는 도의 남쪽을 쳐도 어르신 차지요, 도의 북쪽을 쳐도 어르신 차지입니다. 왜 그럴까요? 그건 위나라 도성이 넘어지지 않았기 때문입니다. 일단 위나라 도성이 넘어지면 소왕은 어르신께서 세운 공이 얼마나 큰지 따지려 들 것입니다. 그러면 어떻게 이 많은 땅이 어르신 손에 다 들어오겠습니까? 그러면 어르신께 정말로 골칫거리가 되지 않겠습니까?"

위염은 가슴이 털컥 내려앉았다. 이제 앞으로의 일처리 방향을 개인적인 탐욕이 좌지우지하게 되었다. 몇 차례나 대량을 공격했지만 실패로 끝난 것은 바로 이와 관계가 있다.

동방의 유세객이 이렇게 위염의 마음을 바꾸었으니, 이로써 동방 여러 나라의 적지 않은 이들이 진나라를 위해 일한다고 떠벌리는 위염의 속셈을 간파했음을 알 수 있다. 그런데 이 가운데 한 인물은 오로지 개인적인 욕심 때문에 나라를 그르쳤던 예전의 여러 가지 일들을 낱낱이 까발리며 위염을 타도하려고 나섰다. 누구였을까? 바로 범저였다.

범저는 저명한 정치가요 군사 책략가로서 진나라 역사에서 상앙, 장의, 이사 등과 함께 이름을 날린 명재상이었다. 그는 선태후와 위염이 장악한 권력을 진소왕이 되찾는 데 큰 도움을 주었을 뿐만 아니라 그가 내놓은 '원교근공' 책략은 진나라가 끝내 여섯 나라를 합병하는 데 대단히 중요한 역할을 했다.

『사기』「범저·채택열전范雎·蔡澤列傳」에는 범저의 주요 사적이 기록되어 있다. 범저는 위나라 사람이다. 삼진의 위나라는 많은 책사를 배출했으니, 공손연과 장의 다음으로 범저가 그 뒤를 이었다. 범저의 집안은 가난했다. 그는 애당초 위나라의 대부 수고須賈를 따르며 세상물정을 익혔다. 언젠가 그는 수고를 따라 제나라로 갔다. 이때, 그는 수고를 위해 외교 업무를 처리했다. 당시 제나라 임금은 제양왕이었다. 수고의 이번 외교 업무는 순조롭지 않았다. 그러나 범저는 자못 만족했다. 왜냐하면 제양왕이 그에게 상금을 내렸기 때문이다. 조리 있고 질서정연한 말솜씨를 본 제양왕이 그를 높이 평가했던 것이다. 이 때문에 샘이 난 수고는 범저를 제거하려고 마음먹었다. 귀국한 뒤, 수고는 이 일을 재상 위제魏齊에게 고해바쳤다. 이야기를 다 들은 재상은 범저란 놈이 이쪽 밥 먹으면서 저쪽과 내통한다고 의심하며 크게 화를 냈다. 수행했던 인물이 몰래 저쪽을 위해 일했다는 의심이 들면 한 차례 타이르는 것으로 끝내도 되지 않았을까? 하지만 이들은 그렇게 하지 않았다. 위나라의 공자이기도 했던 위제는 이 일을 두고 비교적 극단적인 선택을 했다. 그에게 모진 매를 내렸던 것이다. 그는 죽었다가 살아나기를 몇 차례나 거듭하며 모진 고초를 당했다. 갈빗대가 부러졌고 이도 떨어져나갔다. 그래도 만족하지 않았던 위제는 뒷간으로 그를 밀어 넣은 뒤 누구라도 그에게 오줌을 갈길 수 있게 했다. 이들은 그를 죽이려면 언제라도 죽일 수 있었다. 위제와 수고는 이렇게 철저했다. 그러나 이들은 범저가 하찮은 원한이라도 반드시 앙갚음을 하고야마는 인물이라는 사실을 생각지도 못했다. 범저는 이

확대경

위제와 수고는 범저가 하찮은 원한이라도 반드시 앙갚음을 하고야마는 인물이라는 사실을 생각지도 못했다. 범저는 이들을 배반하고 외부와 내통한 이가 결코 아니었다. 이번에는 이것으로 끝이었다. 하지만 이는 이들의 말로를 위해 준비된 멋진 연출이었다.

들을 배반하고 외부와 내통한 이가 결코 아니었다. 이번에는 이것으로 끝이었다. 하지만 이는 이들의 말로를 위해 준비된 멋진 연출이었다. 두고 보자, 산은 꼼짝 않아도 물은 흘러가나니!

범저는 뒷간에 드러누워서 온갖 방법을 다 생각했다. 결국 그는 뒷간을 돌보는 이를 설득시켰다. 뒷간을 돌보는 이는 참으로 선량했다. 그는 위제에게 뒷간에 있던 이가 죽었다고 보고했다. 아마 뒷간에서 벌을 받으며 오줌을 뒤집어써야 했던 이가 범저 한 사람만이 아니었던 모양이다. 위제라면 이런 짓을 충분히 할 수 있는 인물이 아닌가! 그가 이렇게 보고를 올리자 위제는 밖으로 들어내라고 명령했다. 범저는 이렇게 밖으로 나왔다. 뒷간에서 밖으로 나온 범저는 위나라 사람 정안평鄭安平을 찾아가서 자기 한 몸을 의탁했다. 정안평은 범저가 재난을 피하도록 몰래 보호했다. 이때부터 범저는 두 번 다시 범저로 불리지 않았다. 장록張祿으로 이름을 바꾸었던 것이다.

이때, 진나라에서 파견된 왕계王稽라는 사신이 대량으로 찾아와서 위나라 임금을 알현했다. 정안평은 범저가 겪은 일을 왕계에게 말했다. 왕계는 이야기를 듣더니 한 번 만나고 싶다고 했다. 한낮에는 만날 수 없으니 밤에 만나고 싶다고 덧붙였다. 범저는 왕계를 만났다. 범저는 비록 이는 빠져서 언청이가 되었지만 유창한 말솜씨에는 지장이 없었다. 그가 아직 말을 다 마치지도 않았는데, 왕계는 이렇게 일렀다.

"좋소, 그대가 어떤 인물인지 잘 알겠소! 아무 날 아무 때에 삼정

강三亭岡에서 나를 기다리면, 내 그대를 데려갈 것이오!"

삼정강은 위나라 도성 부근의 아주 작은 진터였다. 이리하여 범저는 약속한 날짜에 왕계를 만났다. 그리고 왕계를 따라 진나라로 떠났다.

왕계와 범저 일행은 위나라를 떠나 서쪽으로 갔다. 얼마 후에 진나라 경계에 이르렀다. 당시 진나라와 동방의 경계 지점은 함곡관 일대였다. 이 부근에는 호湖(지금의 허난성 링바오靈寶 일대)라는 지방이 있었다. 왕계와 범저 등이 이곳에 도착했을 때, 갑자기 한 무리의 병사가 앞쪽에 나타났다. 멀리서 봐도 그 기세가 예사롭지 않았다. 범저는 왕계에게 얼른 물었다.

"누구입니까? 정말 대단한 기세입니다."

왕계는 다시 살피더니 이렇게 대답했다.

"우리의 재상 양후입니다. 아마 관동關東으로 나아가셔서 우리 진나라 각 군현을 순행하시는 중인 것 같습니다."

이 말을 듣자 범저는 얼굴빛이 싹 달라졌다.

"안되겠습니다, 저는 숨어야겠습니다!"

왕계는 도무지 알 수 없었다. 그러자 범저는 이렇게 말했다.

"어르신의 재상께서는 관동에서 진나라를 찾은 저를 특별히 두려워할 것입니다!"

범저는 이렇게 말함으로써 위염의 약점을 들추어냈다. 위염은 자기의 권력을 튼튼하게 만들기 위해 산동의 유세객이 진나라로 오는 것을 두려워했다. 매서운 인물이 나타나서 말 한두 마디로 자기 권력을 허물세라 한시도 가슴 조이지 않는 날이 없었다. 위염이 자기의 권력과 세력을 위하여 자기보다 능력 있고 현명한 인물을 미워한다는 것을 진나라 사람이라고 다 분명히 알고 있지는 않았다. 오히려 동방의 선비들 가운데 이를 아는 이가 훨씬 많았다. 동방 선비 가운데 위염에게 문전박대를 당한 이가 얼마나 많았던가!

범저는 얼른 수레 안으로 들어갔다. 그리고 몇 가지 물건으로 몸을 덮으며 안전하게 숨었다. 잠시 뒤 병사들이 큰 무리와 작은 무리, 이렇게 두 무리로 나누어 정면을 향해 다가왔다. 위염은 목에 잔뜩 힘을 주고 수레 위에서 내려다보더니 이렇게 말했다.

"오, 그대는 우리 진왕을 모시는 알자謁者가 아니오!"

알자란 왕을 곁에서 모시는 벼슬아치였다. 알자는 손님을 접대하고 왕에게 소식을 올리는 일을 했다. 왕이 누구를 만나려고 하는지 또는 누구를 만나지 않으려고 하는지, 모두 알자를 거쳐서 통보했다. 왕계는 알자였다. 그러나 위염은 왕계를 안중에 두지도 않는 듯했다. 위염은 왕계를 뚫어져라 바라보며 이렇게 물었다.

"이번에 동방에 가보니 어떤 변화가 있었었소? 그곳 상황은 좀 어땠소?"

이건 모두 의례적인 말이었다. 그런 뒤, 바로 이렇게 물었다.

"동방에 사는 친구는 데려오지 않았겠지요? 데려와선 안 되오. 그쪽 친구들은 입만 번지르르하고 쓸데없이 너저분하기만 하지 새길 만한 어떤 뜻도 없으니, 데려오지 않는 게 좋소이다!"

왕계는 당연히 이렇게 말했다.

"그럼요. 데려올 리가 있겠습니까!"

양쪽 수레는 이렇게 지나쳤다. 범저는 그제야 얼굴을 내밀었다. 그러나 그는 결코 긴장을 늦추지 않고 왕계에게 이렇게 말했다.

"어르신 수레에 더 이상 있을 수 없습니다. 내려야겠습니다. 어르신과 좀 더 떨어져서 저쪽으로 피하겠습니다."

왕계는 이해할 수 없었다.

"무슨 말이오? 위염은 벌써 지나갔는데 무서워할 일이 무엇이오?"

범저는 이렇게 대답했다.

"위염은 정말로 지혜가 대단합니다. 일이 지난 뒤에 다시 생각하는 분입니다."

범저의 대답은 참으로 재미있다. 범저가 보기에 위염은 『삼국연의』에 나오는 조맹덕曹孟德처럼 대단히 영리하지만 반응은 반박자 늦은 인물이었다. 『삼국연의』를 보면, 조맹덕이 채모蔡瑁와 장윤張允의 목을 쳐 모두 죽인 뒤에야 자신이 오히려 주유周瑜의 이간책에 말려들었음을 알았으니, 반박자 늦었다는 말은 일이 지난 뒤에 다시 뒤돌아본다는 말이다. 사실 범저는 평상시에도 위염에 대하여 적지 않게 연구해 그의 특징을 잘 알고 있었다.

아니나 다를까 위염은 지나간 뒤에야 갑자기, 방금 왕계의 수레를 왜 뒤지지 않았는지 후회했다. 그는 사람을 보내 왕계의 수레를 한 차례 뒤지게 했다. 다행스럽게도 눈치 빠른 범저는 이미 자리를 떠난 뒤였다. 자리를 떠나지 않았더라면 골치 아픈 일이 생길 뻔했다. 이 사건도 주목할 만하다. 왕계가 누구인가? 바로 진소왕을 곁에서 모시는 관리였다. 이런 관리를 사람들은 두려워한다. 왜 그럴까? 왕의 곁에 있기 때문이다. 중국 고대 정치 사회에서는 최고 권력에 가까이 있는 자가 언제나 대단했다. 그리고 그들의 수완도 비상했다. 그러나 왕계는 알자이면서도 위염 앞에서 감히 당당하게 어깨를

확대경

중국 고대 정치 사회에서는 최고 권력에 가까이 있는 자가 언제나 대단했다. 그리고 그들의 수완도 비상했다.

펴지 못했다. 이로써 진소왕이 위염 앞에서 보일 행동을 엿볼 수 있다. 이때는 바로 진소왕 36년, 진소왕이 한 살 때 자리에 올랐다고 해도 서른여섯 살이었다. 위염은 진왕을 가장 가까이에서 모시는 시종 앞에서도 이렇게 방자했다. 『한서漢書』를 쓴 반고班固는 그를 일러 전형적인 '불학무식不學無識'이라고 했다. 왜 불학무식일까? 대신의 한 사람으로서 군왕 앞에서 삼가며 조심할 줄 모르고 방자하기 짝이 없었기 때문이다. 좀 점잖게 표현해도 대신의 본분을 지키지 않았으니, 이야말로 가장 큰 불학무식이다. 아무리 일을 잘 처리해도 먼저 자기 체신을 지키지 못했으니, 이야말로 불학무식 아닌가?

> 범저는 갖은 고생을 다 겪으며 이름도 성도 감춘 채 이 손 저 손을 거쳐 진나라로 왔다. 그러나 당시 정권은 재상 위염의 손 안에 있었고 진소왕은 구중궁궐에 있었다. 게다가 여러 제후국에서 찾아온 유세객들은 옥석을 분별할 수 없을 만큼 많았다. 여기에 더하여 진소왕은 이들 유세객들에게 좋은 인상을 가지지 않았기에, 범저는 진나라에 온 뒤에도 한동안 진소왕을 만날 수 없었다. 범저가 진나라에 온 이듬해, 바로 기원전 270년에 조나라 대장 조사가 알여에서 진나라 군대를 대파했다. 이 사건은 범저에게 더없이 좋은 기회를 주었다.

범저는 기회가 왔음을 알고 진왕에게 한 편의 글을 올렸다. 글은 제대로 진왕 앞에 도달할 수 있었다. 왕계가 바로 그의 친구였기 때문이다. 그런데 이 글은 어떻게 썼을까? 최대한 상대방의 약점을 잡아 공격해야 할 필요가 있었다. 지금 범저의 목표는 무엇인가? 바로 위염을 밀어내고 그 자리를 자신이 차지하는 일이었다. 그러나 위염 뒤에는 누가 있었을까? 선태후가 있었다. 선태후는 진소왕의 어머니였다. 이들은 혈육으로 맺어졌다. 그는 혈육으로 맺어진 관계에 틈을 내어야 했다. 따라서 이런 글은 결정적인 순간을 잘 포착해야 했다. 이 때문에 이런 글을 멋지게 쓰기란 정말 쉽지 않다. 뒷날, 유협劉勰이 『문심조룡文心雕龍』에서 상소문의 작법에 대하여 논술할 때, 범저의 이 글을 예로 들며, 상소문은 깊이에서나 분수에서나 그 정도가 알맞고, 해야 할 말은 하고, 하지 않아야 될 말은 하지 않으면서도 왕을 한없이 조심스럽게 이끌며 자기 의견에 한층 귀를 기울이게 해야 한다고 일렀다. 유협은 범저가 올린 이 글이야말로 상소문의 전범이라고 덧붙였다. 범저의 이 글은 『사기』「범저·채택열전」에 기록으로 남아 있다.

그렇다면 범저는 이 글에서 무슨 말을 했을까? 먼저 앞부분을 한번 보자.

"영명한 군주는 나라를 다스림에 공을 세운 이에게는 반드시 상을 내리고, 능력이 있는 이에게는 반드시 관직을 주어야 하며, 공이 큰 이에게는 봉록을 후하게 주고 작위도 높여야 합니다."

이어서 그는 이렇게 말했다.

"용렬한 군주는 그렇지 않아서, 자기가 좋아하는 이에게 상을 내리고, 싫어하는 이에게는 벌을 내립니다. 이것이 바로 용렬한 군주가 나라를 다스리는 방법입니다."

여기서 그는 잠시 말을 멈추었다. 그러나 지금까지 한 말의 뜻은 누구나 알 수 있다. 지금의 진나라는 용렬한 군주가 집권하고 있는 것 같다는 말이다. 이 글의 마지막 한 마디는 이렇다.

“제 허리, 제 몸뚱이는 도마 위에 올려 폐하께서 손댈 가치도 없다는 걸 저도 잘 알고 있습니다.”

이 말은 만약 자기 말에 잘못이 있다면 베어 죽여도 좋다는 뜻을 숨겨놓고 있다. 이 글은 반쪽만 슬쩍 보임으로써 잔뜩 호기심을 불러일으키며 함축적으로 지금의 진나라가 상벌이 분명치 않고 용렬한 군주가 정권을 쥐고 있음을 지적한다. 내가 도대체 무슨 까닭으로 용렬한 군주와 같다는 말을 들어야 하는가? 진왕은 지금 이렇게 물어봐야 한다. 이것이 바로 범저가 올린 글의 맛이다. 진왕을 자극하면서도 한걸음 더 나아가서 진왕에게 상황을 알아보려는 흥미를 불러일으키고 있다. 참으로 대담하다. 그리고 참으로 도전적이다.

두 번째 부분을 보자. 그는 진왕에게 이렇게 아뢴다.

“저는 지난날 이렇게 몇 가지 보석이 있었다는 말을 들었습니다. 주나라에는 지액砥砨이라는 보석이 있었으며, 송나라에는 결록結綠이라는 보석이 있었고, 양나라에는 현려縣藜라는 보석이 있었으며, 초나라에서 화씨박和氏璞, 곧 화씨벽和氏璧이 있었다고 합니다. 이 네 가지 보석은 모두 같은 특징이 있습니다. 이 보석은 처음에는 장인에게 쓸모없는 돌덩어리로 보였지만 사실은 그들의 눈이 너무도 평범하여 아름다운 옥을 알아보지 못했다는 것입니다. 그러나 결국은 천하의 이름난 기물이 되었습니다. 이처럼 슬기롭고 영명한 군주가 버린 인물이라도 나라를 강대하게 만드는 데 어찌 쓸모가 없겠습니까?”

지금 당신이 나를 무시하며 보통 사람과 같이 잡인으로 취급하며 아랫자리에 머물게 한다면, 이는 바로 나를 쓸모없는 돌덩어리로 여기는 게 아닌가? 이 돌덩어리가 바로 아름다운 옥을 품고 있다, 바로 이런 의미였다.

세 번째 부분에서는 이렇게 말한다.

"제 주머니 채우는 데 능한 대부는 나라에서 그 이익을 취한다고 들었습니다."

이 말투를 주의 깊게 살필 필요가 있다. 집안을 아주 부유하게 만든 자는 바로 나라 재산에서 그 부를 취했다는 말이다. 또 '나라를 부유하게 하는 자는 다른 나라에서 그 이익을 취한다.'고 했다. 진나라를 예로 들자면, 재산을 크게 늘리려면 다른 제후 나라에서 가져와야 한다는 뜻이다. 말은 들풀을 먹어야 살이 찌고, 사람은 기대 밖의 소득을 얻어야 재산이 늘게 마련이다. 이 말이 암시하는 뜻은 너무도 분명하다. 누군가 벌써 나라의 좀이 되어 나라를 거덜 내고 있다는 말이다. 천하에 영명한 군주가 있으면 그 아래 신하들도 나라의 이익을 해치며 제 속 채우기에 급급할 수 없다. 어째서 그럴까? 이 글은 이렇게 답을 내놓는다.

"군주가 생사를 결단할 수 있는 대권을 가지고 있기 때문입니다."

당신 나라에는 좀이 있다, 이제 당신은 겸허하게 충언을 받아들여 마땅히 앞으로 나서야 한다고 진소왕에게 암시하고 있다. 나라에 좀이 있다는 앞의 말은 진왕에게 경계심을 갖도록 부추기고 있으며, 앞으로 나서야 한다는 뒤의 말은 진왕에게 권력욕을 일깨우고 있다.

세 번째 부분에서 나타내려는 뜻은 분명하다. 이어서 그는 꼭 해야 할 말을 잊지 않았다. 만나서 이야기를 올릴 시간이 있으면 정말 좋겠다, 그리고 내가 올리는 이 말이 옳다면 당신은 나를 써라. 만약 내가 올리는 이 말이 옳지 않다면, 나의 목을 베라. 글은 아주 짧지만 얼핏 살펴도 이야기에는 모두 큰 원칙이 있다. 그러나 글 뒤에 숨은 뜻은 모두 진나라는 지금 큰 문제를 가지고 있으니 진왕께서 이를 알지 못한다면 정말로 안 될 일이라는 결론으로 귀결된다.

진소왕도 유능한 군주였다. 그는 이 글을 보더니 이 글을 올린 인물을 얕보아서는 안 된다고 생각했다. 진소왕은 그 자리에서 그를 접견하겠다는 소식을 전했다. 어디에서 만날까? 나라에 상벌이 분명하지 않고 좀이 있다는 등의 이야기를 방금 읽었는데, 이런 이야기라면 조정에서 큰 모임을 열어 모든 대신들이 다 모인 자리에서 함께 의논할 수는 없었다. 진왕은 그렇게 어리석지 않았다. 그는 별궁에서 그와 만나기로 했다. 비밀을 보장하기 위해서였다. 옛적부터 '군주가 비밀을 지키지 않으면 신하를 잃게 되고, 신하가 비밀을 지키지 않으면 절개를 잃게 된다.'는 명언이 있다. 제나라 환공은 관중과 더불어 나라의 큰 기밀을 의논할 때면 높은 누각으로 올라가서 이야기를 나누었다. 다른 사람이 들을세라 걱정되었기 때문이다.

진나라의 별궁 안에는 길고 긴 회랑이 있었기에 영항永巷이라고 불렀다. 범저는 이 길에 대하여 짐짓 모르는 체하며 영항으로 느닷없이 뛰어들었다. 그는 진왕이 이곳을 지난다는 것을 알고 있었기에 바로 이곳에서 기다렸다.

얼마 뒤, 진소왕이 다가왔다. 범저는 영항에 서 있었다. 태감과 호위병들은 그를 보자 소리 높여 꾸짖었다.

"비켜라, 폐하께서 납신다!"

범저는 바로 이 말을 기다리고 있었기에 오히려 단호하게 대꾸했다.

"진나라에 무슨 왕이 있단 말이오? 선태후와 양후 위염 말고 뭐가 더 있단 말이오?"

그는 모두 들으라는 듯이 이렇게 내뱉었다. 수레에 앉아 있던 진소왕도 이 말을 들었다. 두 사람은 얼굴을 마주했다. 먼저 진왕이 입을 열었다.

"오, 장 선생!"

그러면서 수레에서 내리더니 공손하게 예의를 다하여 인사를 나누었다. 곁에 있던 이들 중에는 범저를 아는 이도 있었고 모르는 이도 있었다. 『사기』는 이 부분을 기록하면서, 진왕이 장록을 손님으로 맞이하며 예를 다하는 모습을 본 사람들이 하나같이 공경하는 마음에 옷깃을 여미었다고 말했다. 이들은 놀랍기도 했지만 두렵기도 했던 것이다. 이들은 갈비뼈가 온전치 못하고 앞니까지 빠진 장록이 뜻밖에 이렇게 큰 재능을 가지고 있을 줄은 몰랐다.

범저는 마침내 진소왕을 만났다. 그의 말 한 마디 한 마디는 전혀 다른 눈으로 그를 보게 만들었다. 이리하여 진소왕은 그를 귀빈의 예로써 맞으며 궁전 깊숙한 곳에 위치한 밀실로 끌어들였다. 이때, 이치나 도리로 본다면, 범저는 이 천재일우의 멋진 기회를 결코 놓치지 않고 나라를 굳건히 세울 수 있는 큰 그림을 최대한 보여야 했다. 그러나 진소왕의 거듭된 요청에도 범저는 줄곧 말을 돌리며 대답을 내놓지 않았다. 그렇다면 범저의 이런 극히 비정상적인 행동에는 어떤 특별한 속셈이 있었을까?

자리에 들어 이야기를 나누기에 앞서서 진왕은 곁에 있던 사람들을 모두 쫓아내고 오직 두 사람만이 마주 앉았다. 진소왕은 마음속으로 이렇게 생각했다.

'그대가 앞서 내게 보낸 글을 보면, 식견이 대단하다는 점을 뽐내

고 있다. 처음부터 끝까지 나를 넌지시 비꼬며 진나라에는 왕이 없다고 했으니, 어디 한번 물어봐야겠다.'

"선생께서는 과인에게 어떤 가르침을 주실 작정이오?"

범저는 그 자리에서 진심으로 굽실거리며 예의를 다했다. 그런 뒤, 하고 싶은 말을 삼키며 다시 머뭇거렸다. 몸짓이 말보다 더 분명할 수 있다. 제가 정말로 말을 꺼내도 되겠습니까? 그는 해야 할 말이 있는 것 같기도 했지만 말 꺼내기를 두려워하는 것 같기도 했다. 이것은 범저의 남다른 몸짓이었을 뿐 사실은 군주에 대한 심리 변화를 이끄는 행동이었다. 범저는 뛰어난 책사로서 사람의 심리나 성격을 파악하는 데 대단히 능숙했다. 진나라에 들어와서 소왕에게 글을 올리기까지, 그리고 이 자리에서도 그는 이런 특징을 여지없이 보여주었다.

확대경

해야 할 말이 있는 것 같기도 했지만 말 꺼내기를 두려워하는 것 같기도 했다. 이것은 범저의 남다른 몸짓이었을 뿐 사실은 군주에 대한 심리 변화를 이끄는 행동이었다. 범저는 뛰어난 책사로서 사람의 심리나 성격을 파악하는 데 대단히 능숙했다.

그가 이런 모습을 보일수록 진왕은 더욱 다급해졌다. 왕이 그에게 무언가 물을 때마다 그는 무슨 말인가 할 듯이 머뭇거리다가 다시 입을 다물었던 것이다. 『사기』에는 범저가 '예, 예'라고만 소리 냈을 뿐, 다시 몇 차례 더 물어도 입가에 맴돌던 말을 다시 삼켰다고 기록했다. 이는 상대방을 안타깝게 하며 흥미와 바람을 야기했다. 그러나 범저의 이런 몸짓은 다음에 해야 할 말을 위한 포석이었다. 다급해진 진소왕은 범저에게 온갖 예를 다 바치며 이렇게 말했다.

"아무 문제없으니, 이제 그만 애를 태우시고 빨리 말씀하시기 바랍니다."

이제 결정적인 순간이 왔다고 생각하자 범저는 입을 열기 시작했다.

"폐하께서 이렇게 진심을 보이시니 말씀드릴 수밖에 없습니다. 예전에 주문왕께서는 한 늙은이가 강가에서 낚시질하는 것을 보고 함께 이야기를 나누다가 바로 한마음이 되어 이 분을 모시고 돌아갔습니다. 서주의 대업은 이렇게 이루어졌습니다!"

이것이 바로 범저의 기교였다. 어떤가? 옛 이야기부터 시작한 것이다. 이렇게 옛 이야기를 한 뒤, 또 이렇게 말했다.

"저는 지금 먼 곳 타향에 머무는 몸으로 한낱 유세객에 지나지 않으니, 폐하와는 정분이 두텁지 않습니다. 그러나 제가 올리는 말씀은 모두 폐하께서 큰일을 하도록 이끌 것입니다. 하지만 한 집안의 혈육 관계를 이간질한다는 의심을 받을 수도 있습니다. 그러했기에 생각에 생각을 거듭하며 이렇게 머뭇거렸습니다. 제가 두려움에 떨며 하고 싶은 말을 하려다가 입을 다문 이유는 여기에 있었습니다!"

이어서 범저는 격앙된 어조로 한 마디 더 내놓았다.

"저는 분명히 알았습니다. 사람은 한 번은 꼭 죽지 않습니까? 삼황오제도 이름난 성인도 다 죽었습니다. 춘추시대 오패도 이름난 현인도 다 죽었습니다. 역사상 전쟁터에서 용맹을 날렸던 자들도 다 죽었습니다. 힘깨나 쓰던 자도 다 죽었습니다. 폐하, 현명한 자나 어리석은 자나, 늙은이나 젊은이나, 잘난 자나 못난 자나, 결국 모두 죽었습니다! 저는 분명히 알았습니다. 어쨌든 오늘, 제가 드리려는 말씀은 바로 이를 인정해야 한다는 것입니다."

범저의 속셈은 분명했다. 이렇게 말할수록 진소왕이 그의 목을 자를 가능성은 점점 더 낮아졌다. 범저가 여기서 드러낸 책사로서의 수완은 나름대로 특징이 있다. 그는 정서를 격동시키며 사람을 감동

확대경

범저가 여기서 드러낸 책사로서의 수완은 나름대로 특징이 있다. 그는 정서를 격동시키며 사람을 감동시키려고 했다. 사람을 대하는 진심어린 말의 힘은 마치 자신을 똘똘 뭉쳐서 한꺼번에 진소왕의 뼛속, 핏속으로 스며들게 하려는 것 같았다.

시키려고 했다. 사람을 대하는 진심어린 말의 힘은 마치 자신을 똘똘 뭉쳐서 한꺼번에 진소왕의 뼛속, 핏속으로 스며들게 하려는 것 같았다.

상대방 마음을 움직이려는 그의 노력은 당장 큰 효과를 보았다. 진왕이 자기도 모르게 무릎을 꿇었던 것이다. 옛적에 공식적인 모임에서의 앉음새는 오늘날의 무릎 꿇고 앉기이다. 그러니까 엉덩이를 종아리 위에 올려놓으면 '좌坐'라고 일렀다. 몸뚱이를 위로 곧추 뻗으면 '기跽'라고 했다. 지금 진소왕도 몸뚱이를 위로 곧추 뻗으며 무릎을 꿇었다. 이는 경청하려는 간절한 모습이었다. 그는 이제 범저에게 이렇게 말했다.

"우리 진나라는 외진 곳에 위치했고 과인 또한 변변치 못하지만, 그래도 적극적으로 나서서 성과를 올리고 싶은 마음 간절합니다. 우리 진나라는 분명 성과를 올릴 수 있습니다! 선생께서는 다시는 과인을 애타게 만들지 마시고, 빨리 말씀해 주시기 바랍니다!"

이에 이미 깔아놓은 포석이 면밀하고도 확실하다는 것을 확인한 범저는 그제야 본론으로 들어갔다.

"폐하께서는 진나라의 형세를 보셔야 할 것입니다. 먼저 우리에게는 관중의 비옥한 땅이 있습니다. 또 사방이 모두 높은 산으로 둘러싸였고 험난한 관문이 있어서 수비하기에 아주 좋습니다. 이렇게 지리적 조건이 훌륭합니다.

또 하나는 폐하의 백성들은 상앙이 변법을 시행한 뒤, 개인적인 일을 두고 감히 악착 같이 싸움질하지 않고, 오히려 나라를 위하여 분투하려고 합니다. 이들을 천하의 패권을 다투는 곳으로 내보낸다면, 그대로 합격입니다. 그러나 이 몇 년 동안 전쟁터에 나섰다 하면 무슨 까닭으로 실패를 거듭했을까요? 재상 위염이 불충하고 폐하께서도 오판했기 때문입니다."

이 말을 내놓자 진소왕은 저도 모르게 다시 한 번 목을 길게 뺐다. 범저는 말을 이었다.

"양후 위염이 한나라와 위나라를 가로질러 제나라의 강剛과 수壽를 친 것은 좋은 계책이 아니었습니다!"

단도직입적으로 위염이 강과 수를 친 일을 그대로 지적했다. 대량을 손에 넣지 못하고 알여에서 벌어진 전투가 이 모양으로 끝난 것은 그 원인이 어디에 있을까? 범저는 진나라가 전략적으로 잘못을 범했기 때문이라고 생각했다. 그렇다면 인력과 물자를 쏟아부으며 강과 수를 치기로 마음먹은 자는 누구였던가? 그리고 이를 통하여 이익을 얻은 자는 누구였던가?

"이제 앞에서 말한 혈육으로 맺어진 관계로 말머리를 돌려 보겠습니다. 무슨 까닭으로 제가 혈육으로 맺어진 관계를 이간질한다는 의심을 받을 수 있다고 말했겠습니까? 바로 위염을 비판했기 때문입니다. 그는 폐하의 외숙으로 육친이 아니겠습니까!"

그러나 범저도 위염에 대한 공격을 여기서 끝냈다. 세상살이를 꿰뚫고 있었던 범저는 위염에 대한 험담을 너무 늘어놓으면 오히려 자기에게 크게 불리하다는 것을 잘 알고 있었다. 자기에게 가장 유리한 방법은 진소왕이 자기의 좋은 면만 보도록 만드는 일이었다. 바로 이 시각, 진나라의 천

확대경

세상살이를 꿰뚫고 있었던 범저는 위염에 대한 험담을 너무 늘어놓으면 오히려 자기에게 크게 불리하다는 것을 잘 알고 있었다. 자기에게 가장 유리한 방법은 진소왕이 자기의 좋은 면만 보도록 만드는 일이었다. 바로 이 시각, 진나라의 천하 겸병에 가장 훌륭한 대책을 내놓으면 바로 자기의 좋은 면을 잘 드러낼 수 있었다.

하 겸병에 가장 훌륭한 대책을 내놓으면 바로 자기의 좋은 면을 잘 드러낼 수 있었다. 이리하여 그는 화제를 바꾸어 이렇게 말했다.

"지금 폐하께서는 마땅히 책략을 바꾸어야 합니다. 폐하께서는 원교근공遠交近攻 책략을 취해야 할 것입니다."

'원교근공'이란 네 글자가 드디어 나왔다! 그는 이어서 이렇게 말했다.

"일단 이렇게 하면, 한 뼘의 땅이라도 차지하는 대로 폐하의 땅이 될 것입니다."

한 마디 한 마디가 모두 당당했으며, 한 마디 한 마디가 모두 사욕을 도모하는 위염의 고약함에 대한 조용하고 차분한 귀띔이었다. 정말로 예리하지 않은가!

진소왕은 '원교근공'이라는 네 글자를 듣고 두 눈이 번쩍 빛났다. 아, 이 분의 견해는 이렇게도 날카롭구나 하고 생각했다. 그러나 '원교근공'은 범저가 제일 먼저 내놓은 견해가 결코 아니었다. 일찍이 사마조가 촉 정벌을 논의할 때 이미 이런 견해를 내놓은 적이 있었다. 더구나 몇몇 동방의 제후들이 자기들을 치지 말라고 진나라를 설득할 때 더욱 분명하게 표현했다. 예컨대, 제나라가 사신을 파견하여 이와 같은 이치를 이야기한 것이 그러하다. 위염이 제나라를 치려고 할 때였다. 제나라 임금은 사신을 통해 마땅히 가까운 곳부터 쳐야 한다며 자기 뜻을 전했다. 마치 진나라를 생각하는 모양을 드러내면서 조나라가 중산국을 친 예를 들기까지 했다. 가까운 곳을 쳤기에 조나라는 홀로 큰 이익을 보았다는 말까지 덧붙였던 것이다. 그러나 분명하고도 간단한 말로써 이런 책략을 명확하게 설명하며 분석까지 한 일은 범저와 진소왕이 이번에 나눈 깊은 이야기를 통해 비로소 세상에 모습을 드러냈다. 범저는 처음으로 진나라의 입장에 서서 이 명제를 분명하게 전달함으로써 큰 공헌을 했다.

범저는 '원교근공'에 대하여 계속 이야기했다.

"한나라와 위나라가 위치한 곳은 중원입니다. 이곳은 진나라에서 가장 가까운 곳입니다. 중원에 있는 이 두 나라를 손에 넣어야 이를 기반으로 한 발자국 더 나아가서 초나라를 손보고 제나라를 처리할 수 있습니다. 심지어는 더 멀리 떨어진 나라까지 손안에 넣을 수 있습니다. 그러니 다른 나라를 치려면 먼저 한나라와 위나라부터 시작하여 불도저 같은 전략으로 한 발자국 나아가면 바로 한 발자국을 얻을 수 있습니다. 더구나 이렇게 차지한 땅은 모두 폐하의 것입니다."

소왕은 여기까지 듣자 의혹이 생겼다.

"과인도 그렇게 생각했소. 그러나 이 두 나라에 대하여 강온 양면 전략을 쓰면 결코 효과를 볼 수 없었소! 우리는 중로를 트려고 몇 년 동안 쳤지만 효과를 보지 못했소."

범저는 소왕의 이 말을 듣고 이렇게 말했다.

"이 일은 세 가지로 구분해서 처리해야 합니다. 폐하께서 겸손한 언사와 큰돈으로 먼저 그들을 우리 편으로 끌어들여야 합니다. 그래도 되지 않으면 토지를 할양하며 그들에게 뇌물을 주어야 합니다. 더 큰 이익을 위하여 자그마한 이익쯤은 희생해야 합니다. 그래도 되지 않으면 군사를 이끌고 나아가서 정벌해야 합니다. 이 세 가지 동작을 하나하나 구분해서 해야 합니다."

그런 뒤, 범저는 모든 준비가 다 되었다는 듯이 다시 입을 열었다.

"폐하께 간단하게 말씀 올리겠습니다. 한나라를 예로 들면, 우리가 제일 먼저 손을 써서 넘어뜨려야 할 상대입니다. 구체적인 방법을 말씀 올리면, 폐하께서는 한 무리의 군대를 보내시어 남양南陽(황하 북쪽 기슭, 태항산 남쪽 끝, 지금의 허난성과 산시성山西省이 경계를 이루는 지역) 지구의 몇몇 중요한 성읍을 쳐서 통제하면 한나라는 그대로 세 도막으로 갈라지고 맙니다."

진소왕은 범저의 이 말을 듣자 갑자기 가슴이 활짝 트이는 것 같았다. 이것이 바로 범저의 남다른 점이었다. 그는 큰 방향뿐만 아니라 구체적인 방략까지 이야기할 수 있었다. 훗날, 장평에서 전쟁에 터지기 전 얼마 동안, 진나라의 대체적인 전략은 범저가 이때 쓴 비책에 따른 것이었다. 이어서 금방 터진 장평 전투에서도 큰 승리를 거두었다. 범저의 생각은 하나하나 투철하기 그지없었다.

이렇게 이야기를 나눈 뒤, 범저는 잇달아 계책을 내놓았다. 그러면서 이런 말도 슬쩍 끼워 넣었다.

"제가 위나라에 있을 때에는 진나라에는 태후와 양후 위염만 있는 줄 알았습니다."

진소왕은 이 말을 귀담아들었다. 그리고 태후가 세상을 떠난 지 몇 달이 지나자 위염을 그의 봉지에서 내쫓았다. 이때부터 범저는 십여 년 동안 진나라 재상 자리를 지켰다.

원교근공 계책이 나온 뒤, 진소왕은 범저를 서로 마음을 터놓을 수 있는 신하로 여겼다. 주무왕이 강태공을 대하듯이 최고의 위치에 그를 모셨다. 진나라는 이로부터 원교근공의 새로운 책략을 펼치기 시작했다. 그렇다면 구체적으로 어떻게 그 책략을 펼쳤을까?

21장 뜨거운 감자 상당(上黨) 지구

진나라는 한나라의 상당 지구를 공격했다. 상당 지구를 지키던 한나라 장군은 진나라의 공세를 막아내지 못하자 상당 지구의 17개 성읍을 조나라에 올리려고 했다. 덩굴째 굴러온 호박을 앞에 두고 조나라 왕과 신하들은 어떤 반응을 보였을까? 진나라는 그대로 말없이 물러섰을까? 상당 지구에서는 끝내 어떤 파란이 일어났을까?

진나라 군대는 '원교근공'에 따라 한나라의 상당 지구를 공격했다. 수비를 맡은 한나라 장군은 진나라의 공세를 막아내지 못하자 상당 지구의 성읍 17곳을 조나라에 올리려고 했다. 그렇다면 진나라 군대가 눈을 부릅뜨고 노려보는 상황에서 조나라는 어떤 반응을 보였을까? 진나라 군대는 어떤 행동을 취했을까? 상당 지구는 결국 어떻게 참혹한 전쟁터로 변했을까?

확대경

진나라가 천하를 통일하는 과정은 8개의 글자로 요약할 수 있다. '합종연횡'과 '원교근공'이 바로 그것이다.

진나라가 천하를 통일하는 과정은 8개의 글자로 요약할 수 있다. '합종연횡'과 '원교근공'이 바로 그것이다. 범저가 진소왕에게 정식으로 원교근공 정책을 제안한 뒤, 효과는 금세 나타났다.

당시 진나라 군대의 주요 공격 방향은 한나라의 남양 일대였다. 범저가 계책을 올릴 때 이미 말했듯이 진나라와 한나라의 국경 지역 경계선은 가지런하지 않고 들쭉날쭉했다. 진나라의 입장에서 한나라는 바로 나무 안의 좀이요 그대로 눈앞의 골칫거리였다. 원교근공은 먼저 한나라를 치면서 시작해야 했다. 한나라를 공격하는 이유에 대해 범저는 이렇게 말했다.

"공격에 아무런 문제가 없습니다. 먼저 일단의 군대를 내보내 형양滎陽을 차지하면 공鞏(지금의 허난성 궁현鞏縣 서쪽)에서 성고成皐(지금의 허난성 잉양滎陽 서북쪽으로 10여 킬로미터 떨어진 곳)까지의 길이 끊깁니다. 그러면 한나라 도성 정鄭(지금의 허난성 신정시新鄭市)과 서부의 관계도 끊기게 마련입니다. 동시에 북부 상당 일대와 도성 사이에도 연락을 주고받을 수 없습니다. 단시간에 한나라는 그대로 세 도막으로 갈라집니다. 이렇게 되면 도대체 어떤 책략을 쓸 수 있겠습니까!"

진소왕은 등잔불에 불을 붙이자 온 방안이 환해지는 것처럼 문득 깨달음이 왔다. 이리하여 그는 이 계획을 그대로 밀어붙이라고 명령했다. 이렇게 한나라 남양 지구에 대한 공격은 시작되었다.

기원전 265년, 진나라 군대는 먼저 한나라의 소곡少曲(지금의 허난성 멍현孟縣 북쪽)을 쳤다. 이어서 고평高平(지금의 허난성 지위안濟源)을 손에 넣었다. 이 두 곳은 상당 지구에서 매우 가까웠다. 게다가 중요한 교통의 길목이었다. 이듬해인 기원전 264년, 백기는 형성陘城(지금의 산시성山西省 허우마侯馬 북쪽)을 공격하며 5만이나 되는 사람을 죽였다. 이 곳은 상당 지구로 향하는 도로에 근접한 곳이었다. 진나라는 몇몇 지점을 장악함으로써 상대방의 목줄을 죄는 계책을 쓸 수 있었다.

기원전 263년에 백기는 남양 지대로 돌아왔다. 기원전 262년에 진나라 군대는 야왕野王(지금의 허난성 신양沁陽)을 손에 넣었다. 야왕은 소수少水와 단수丹水, 두 물줄기가 합류하는 곳이다. 두 물줄기는 야왕에서 합류한 뒤 동남쪽을 향해 황하로 흘러든다. 단수 상류에 바로 상당 지구의 장평長平이 위치했다. 진나라가 한나라를 옥죄며 시작한 전쟁은 한 걸음 한 걸음 진격하며 성을 빼앗고 땅덩어리를 점령했다. 그리고 마침내 상당 지구에서 전투가 시작되었다.

한나라 군대는 당해낼 수 없었다. 당시 상당 지구에 주둔하며 이곳을 지키던 태수 풍정馮亭은 상당 지구를 지킬 수 없음을 알고 곧장 한나라 왕에게 보고했다. 한나라 왕은 진나라에 투항하라는 의견을 내놓았다. 그러나 풍정과 그의 부하들 생각은 한왕과는 전혀 달랐다. 이들은 진나라에 결코 무릎을 꿇지 않기로 했다. 이들은 설령 왕의 명령을 어길지라도 상당 지구를 조나라에 넘기기로 작정했다.

풍정의 결정은 사실상 조나라에 참으로 어려운 문제를 안긴 것과 다름이 없었다. 좋게 보자면, 이렇게 커다란 땅덩어리가 조나라 손에 들어가는 일이었다. 당시 풍정의 손안에는 17곳의 성읍이 있었다. 그러나 나쁘게 보자면, 풍정이 마련한 대책은 곧 자기에게 넘어온 재앙을 조나라에 덮어씌우는 일이었다. 조나라가 이 커다란 땅덩어리를 받아들이는 순간 바로 진나라를 건드릴 것이기 때문이었다. 이는 바로 제 몸에 불을 붙이는 것과 다를 바 없었다. 풍정은 땅덩어리를 조나라에 넘겨줄망정 진나라에는 넘겨줄 수 없다고 생각했다. 이 때문에 그는 그냥 비딱하게 나아갔다. 그러나 이런 행동은 한나라 왕의 의견을 등지는 데 그치지 않고 풀기 어려운 문제를 조나라에 넘기는 꼴이 되었다.

확대경

풍정의 결정은, 나쁘게 보자면, 자기에게 넘어온 재앙을 조나라에 덮어씌우는 일이었다. 조나라가 17곳의 성읍을 받아들이는 순간 바로 진나라를 건드릴 것이기 때문이었다. 이는 바로 제 몸에 불을 붙이는 것과 다를 바 없었다. 풍정은 땅덩어리를 조나라에 넘겨줄망정 진나라에는 넘겨줄 수 없다고 생각했다. 그의 행동은 풀기 어려운 문제를 조나라에 넘기는 꼴이 되었다.

당시, 조나라 왕은 조효성왕趙孝成王이었다. 그는 자리에 오른 지

불과 몇 해밖에 되지 않아서 정치 경험도 자못 부족했다. 그는 이 소식을 듣고 매우 기뻐했다고 『사기』는 기록했다. 이 17개의 성읍을 받아들일 것인지, 풍정의 투항을 허락할 것인지, 이런 문제를 놓고 대신들을 불러 토론했다. 그는 먼저 평양군平陽君 조표趙豹에게 물었다. 조표는 이렇게 말했다.

"진정으로 현명한 이는 아무런 까닭 없이 날아온 이익을 두려워합니다."

조표의 태도는 참으로 명확했다. 진나라와 전쟁을 일으킬 것이기 때문에 받아서는 안 된다는 의견이었다. 평양군 조표의 의견을 들은 조왕은 다음으로 평원군平原君과 조우趙禹의 의견을 물었다. 두 사람의 태도도 참으로 명확했다.

"백만 병사를 보내 공격해도 성읍 하나 차지하는 데 1년이 걸려도 힘듭니다. 그런데 앉아서 17개 성읍이 손안에 들어온다니 이렇게 큰 이익을 잃을 수 없습니다."

조왕은 이들이 그대로 자기 속셈에 그대로 부합하는 말을 하자, 조표의 반대쯤이야 큰 문제될 게 없다고 생각하며 풍정의 투항을 받아들이기로 했다.

큰일을 앞에 두고 내린 조효성왕의 이런 결정은 사실상 '묘산廟算'에 적절하지 않았다. '묘산'이란 무엇인가? 조정에서 해야 할 꼼꼼한 계산을 말한다. 『손자병법』은 「시계始計」에서 '묘산'을 언급하고 있다.

"적과 나에 대해 상황을 종합적으로 비교하여 다섯 가지 면에서 전쟁의 승부를 셈해야 한다."[101]

다섯 가지란 무엇인가? 도道, 천天, 지地, 장將, 법法이다. '도'란 나라 안의 정치 상황으로 백성과 정부가 한마음이냐 아니냐는 문제이다. '천'과 '지'는 천시지리天時地利, 곧 하늘이 내려준 좋은 시기와 지리적 이점을 말한다. '장'은 장군의 능력을 이른다. '법'은 군사 제도의 내용을 가리킨다. 만약 조왕이 다섯 가지 면을 비교했다면, 풍정이 올린 상당 지구를 넙죽 받아들이지 않았을지도 모른다. 자신이 스스로 셈할 수 없어도 조나라에는 정말로 지혜로운 이들이 많았다. 마복군 조사는 당시 세상을 이미 떠났지만 인상여는 분명 살아 있었을 테고, 염파도 앞으로 닥칠 전쟁에 군사를 이끌고 나아갈 만큼 시퍼렇게 살아 있었다. 기록을 살피면, 조왕이 이 계획을 결정했을 때, 이 두 사람은 참여하지 않았다. 『사기』「염파·인상여열전」은 당시 '인상여는 병세가 위중했다.'고 한다. 그러나 아무리 '병세가 위중했다'고 해도 그를 그 자리에 청하지도 않았다는 것은 말이 안 된다. 지난 왕조의 예를 보더라도 임금이 바뀌면 신하도 바뀌었다. 지난 임금을 모시던 신하가 새로 자리에 오른 임금의 총애를 받는다는 보장은 없었다. 상당 지구 17개 성읍처럼 자칫 잘못하면 나라가 망할 대사에 여러 사람을 청하여 상황을 분석하고 셈을 해야 할 판에 단지 공짜라고 덥석 받아들였으니, 조나라가 상당 지구 17개 성읍을 차지하면 진나라가 그저 말없이 물러설까? 이치를 따져보아도 조나라의 패착이었다.

확대경

상당 지구 17개 성읍처럼 자칫 잘못하면 나라가 망할 대사에 여러 사람을 청하여 상황을 분석하고 셈을 해야 할 판에 단지 공짜라고 덥석 받아들였으니, 조나라가 상당 지구 17개 성읍을 차지하면 진나라가 그저 말없이 물러설까?

또 진나라가 어떤 나라인가? 조나라도 물론

101 故經之以五事, 校之以計而索其情.

호복기사로 달라지긴 했지만, 진짜로 양쪽이 붙는다면 진나라를 당할 수 있는가? 다섯 가지 가운데 도와 천시 그리고 지리를 놓고 보면, 조나라는 그런대로 괜찮다. 그러나 국가 체제로 보면, 진나라는 이십 군공작제의 실행으로 전쟁터에서 세운 공을 으뜸으로 치는 나라였다. 상앙의 변법 이후 국가를 병영으로 만들어, 전쟁이라면 백성들이 소리치며 좋아라고 임하는 게 바로 당시 진나라의 기본 정신이었다. 날이면 날마다 진나라를 '승냥이 같은 나라'라고 욕하면서 이 나라 체제를 조나라가 몰랐단 말인가? 또 장군을 보더라도, 염파는 물론 맹장이긴 했지만 진나라의 왕흘王齕 같은 장군과 맞수가 되었을 뿐이다. 백기 같은 장군이 조나라에는 아직 없었다. 그 뒤, 백기가 왕흘의 자리를 넘겨받으며 전선으로 나왔지만 진나라는 이 소식을 알리지 않았다. 왜 그랬을까? 여러 나라 장군들은 하나같이 그를 두려워했고, 조나라도 백기가 전선으로 왔다는 말을 들으면 곧 철군시킬 게 뻔했기 때문이다. 어쨌든, 국력으로 보나 장군의 능력으로 보나 조나라가 승리할 가능성은 결코 높지 않았다. 그러나 최고 책임자는 이렇게 생각하지 않았다. 상당 지구 17개 성읍을 받아들이기로 쉽게 결정을 내렸다. 풍정이 던진 뜨거운 감자를 덥석 손에 쥐었던 것이다. 자칫 잘못하면 손에 화상을 입는 데 그치지 않고 두 팔까지 잘려나갈 수 있는 뜨거운 공짜 감자를 차지하지 않으면 숙맥이라도 된다는 듯이 덥석 손에 받았다. 이런 생각은 사실 노자가 말한 '세상이 모두 아름다움으로 알고 있는 것이 아름다움'이라는 얼간이의 심리였다. 아름다움만 보았지 '일음일양—

확대경

공짜 감자를 차지하지 않으면 숙맥이라도 된다는 듯이 덥석 손에 받았다. 이런 생각은 사실 노자가 말한 '세상이 모두 아름다움으로 알고 있는 것이 아름다움'이라는 얼간이의 심리였다. 아름다움만 보았지 '일음일양一陰一陽'을 일러 '도道'라는 것은 몰랐다. 양陽의 뒷면이 바로 '음陰'인 줄 아직도 깨닫지 못했다. 사리사욕이 사람의 지혜를 어지럽힌다.

陰一陽'을 일러 '도道'라는 것은 몰랐다. 양陽의 뒷면이 바로 '음陰'인 줄 아직도 깨닫지 못했다. 『한비자』에서도 이런 이야기가 있다.

어떤 도둑이 벌건 대낮에 저자에 나가서 다른 사람의 돈을 훔치다 잡혀서 매를 맞았다. 곁에 있던 이가 도둑에게 이렇게 물었다.

"어째 그리 간이 크오? 사람들이 보는 데서 훔치다니 말이오."

도둑의 대답은 이러했다.

"돈만 보였지 사람은 보이지 않았습니다."

사리사욕이 사람의 지혜를 어지럽힌다는 말이다.

그러나 다시 이야기를 되돌려 놓고 지금 생각해 보면, 상당 지구 성읍은 절대로 요구할 수 없었던가? 반드시 그런 것도 아니다. 요구해도 안 될 것 없었다. 그러나 반드시 한나라와 묵계가 이루어졌어야 했다. 아니 당시 위나라, 연나라, 그리고 제나라 등 몇몇 나라와 약정을 체결해야만 했다. 이렇게만 되면 모두 함께 진나라에 맞서는 꼴이 되어 큰 틀에서 출발할 수 있었다. 당연히 조나라로서도 상당 지구 17개 성읍을 혼자 삼킬 수는 없었다. 당시 조승은 온 힘을 다해도 한 해 동안 그 많은 땅덩어리를 손에 넣을 수 없다고 입에 달고 다녔다. 그는 이 땅덩어리를 공짜로 차지할 속셈이었다. 이런 심보를 가지고 어떻게 한나라를 포함한 다른 나라와 마음을 터놓고 협약을 맺을 수 있었겠는가? 이런 면에서 보면 조나라 권력층은 처음부터 고장으로 작동이 제대로 안 되는 상태였다. '군사 문제는 나라의 큰 문제로 생사와 존망이 달렸기에 결코 소홀할 수 없다.'라고 『손자병법』은 일렀다. 조승을 비롯한 권력층은 『손자병법』을 분명 읽어보았을 것이다. 그러나 이런 인물도 막상 사건을 앞에 두고 분별력이 흐려졌다. 결국 『손자병법』은 이들에게 아무런 역할도 하지 못했다.

조나라 임금은 눈앞의 이익에 눈이 어두워서 대신의 반대에서 불구하고 상당 지구를 조나라 판도로 받아들이기로 마음을 굳혔다. 그렇다면, 상당 지구를 조나라에게 올리기로 한 한나라 장군 풍정은 어떤 상을 받았을까? 그리고 그는 어떤 태도를 보였을까?

조나라는 조승을 보내 상당 지구 17개 성읍을 접수했다. 이제 한나라 땅이 조나라 수중으로 굴러들어왔다. 상당 지구는 원래 두 나라가 점유하고 있었다. 그런데 이제 거의 대부분의 땅덩어리가 조나라 차지가 되었다. 조승은 풍정에게 상을 내리려고 했다.

"우리 조나라의 규정에 따라 1만 호에 해당하는 성읍을 그대에게 내리고 태수로 임명할 터인즉, 그대는 세세대대로 후작으로 명예를 누릴 것이오. 이건 그대가 이렇게 많은 백성과 토지를 우리에게 올린 대가요."

그러나 풍정은 조나라가 내린 상을 받으려고 하지 않았다.

"저는 조나라에 투항하면서 세 가지 잘못을 범했습니다. 우선, 나라에서 지키라는 땅덩어리를 지키지 못했으니, 응당 순직해야 했습니다. 그러나 그러지 못했으니, 이는 의롭지 못한 행동이었습니다. 또 한나라 임금께서는 이 땅을 진나라에 넘기라고 했지만 듣지 않았으니 이 또한 의롭지 못한 행동이었습니다. 또한 주인을 배신하고 조나라에서 내려주는 상까지 받는다면, 이 역시 의롭지 못한 행동입니다. 저는 받을 수 없습니다."

풍정의 인격이 그런대로 괜찮았음을 알 수 있다. 그러기에 그가 처음부터 다른 이에게 온갖 재앙을 덮어씌우려고 했다고 말한다면 그로서는 어느 정도 억울할 수 있다. 그는 그렇게 음흉한 인물이 아니었다. 장평에서 전쟁이 벌어진 건 오로지 조나라 상층부의 정책 결정에 전적인 책임이 있었다. 뒷날 풍정의 후손은 조나라에서 줄곧 생활하며 몇몇 인재도 배출했다. 예컨대 풍당馮唐이 그러하다. '풍당이로 이광난봉馮唐易老 李廣難封'이라는 말을 남긴 바로 그 풍당이다. 그러나 이는 훨씬 뒤의 이야기니 여기서는 더 이상 말할 필요가 없겠다.

이어서 조승은 상당 백성에게 3급 작위를 내렸다. 이들이 모두 조나라와 함께 하기를 원하지 않았던가? 이로 보아 조나라에도 작위제가 있었던 듯하다. 그러나 이는 진나라처럼 전쟁에서 세운 공로를 으뜸으로 치는 제도와는 달랐다. 이 밖에 조나라에 몸을 의탁한 이들에게는 아무 일 없이 평안하게 살 수 있도록 하나같이 6금六金을 하사했다. 조나라는 상당 지구에서 살다가 투항한 백성들을 어루만지는 데 빈틈이 없었는데도 장평에서 벌어진 전쟁에서는 무슨 까닭으로 40만이나 되는 목숨을 죽음에 빠뜨렸을까? 어쩌면 이때 내놓은 상금이 큰 역할을 했을지도 모른다. 백성들이 조나라가 괜찮다고 생각하며 기꺼이 목숨까지 내놓았을 가능성이 크다.

확대경

조나라는 상당 지구에서 살다가 투항한 백성들을 어루만지는 데 빈틈이 없었는데도 장평에서 벌어진 전쟁에서는 무슨 까닭으로 40만이나 되는 목숨을 죽음에 빠뜨렸을까? 어쩌면 이때 내놓은 상금이 큰 역할을 했을지도 모른다. 백성들이 조나라가 괜찮다고 생각하며 기꺼이 목숨까지 내놓았을 가능성이 크다.

어쨌든 조나라 상층부의 정책 결정으로 재앙은 이미 싹을 틔우고 있었다.

조나라 효성왕은 상당 지구가 주는 이익만 보았을 뿐 상당 지구가 남몰래 감추어둔 거대한 위험을 소홀히 했다. 과연 진나라는 장군 왕흘을 보내 상당 지구로 진공했다. 조나라도 장군 염파를 보내 진나라와 맞섰다. 조나라 군대와 잔인무도한 진나라 군대는 싸움터에서 접전을 벌였다. 그렇다면 전쟁의 결과는 어떠했을까?

과연 진나라는 상당 지구의 몇몇 성읍이 조나라로 넘어갔다는 것을 알자 그대로 병사를 일으켜 진공했다. 조나라도 약한 모습을 보이려고 하지 않았다. 이리하여 기원전 262년, 대장 염파에게 군사를 딸려 상당으로 나아가서 적을 맞도록 했다.

염파가 이끄는 대군은 한단을 출발하여 오늘날의 쯔현磁縣 땅으로 내달아 태항산을 지나 다시 호관壺關을 거친 뒤 서남 방향으로 행진했다. 그리고 바로 그 자리에 군영을 설치했다. 실제로 상당 지구의 조나라 몇몇 성읍은 벌써 진나라가 점령하고 있었기에 염파로서는 차근차근 진을 쳐가며 확실한 방법을 택하여 싸울 수밖에 없었다. 염파는 참으로 오랜 시간을 써서 호관 서쪽에서 동쪽을 향하여 수십 킬로미터에 달하는 성벽을 돌로 쌓음으로써 조나라 군대 최후의 터전으로 삼았다. 게다가 서남쪽으로는 서북쪽에서 동남쪽을 따라 흐르는 단수의 동쪽 편에 조나라 군대를 위한 방어 시설을 구축하고 산 하나를 의지하여 조나라 군대의 사령부와 후방 병참 기지로 삼았다. 노련한 염파 장군은 여기에 더하여 강변을 따라 펼쳐진 길고 긴 바리케이드 전방 십여 킬로미터 떨어진 곳에 산과 물을 끼고 세력 균형을 이룰 주둔지를 건설하여 전초 기지로 만들었다. 염파 장군은 진나라 군대와 장기전을 펼칠 준비를 멋지게 갖추었던 것이다.

전쟁은 기원전 262년 여름에 시작하여 기원전 260년 장평長平에서 벌어진 큰 싸움을 끝으로 모두 3년이나 계속되었다. 결전이 벌어지기 전에 진나라와 조나라 양쪽 군대 사이에 몇 차례 소규모 전쟁이 터졌지만 조나라 군대는 우세를 드러내지 못했다. 그러나 『사기』「조세가」는 '조나라는 몇 차례 전투에서 비장 하나와 장교 넷을 잃었다.'라고 했으니, 이는 그래도 정상적이었다. 시간이 흐르자 전쟁은 서로 양보 없는 대치 상태로 빠져들었다.

골칫거리는 전방에서 일어나지 않고 후방에 있던 조나라 왕에게서 발생했다. 조왕은 전쟁이 결말을 내지 못하고 질질 끌자 그만 조급해지기 시작했다. 그는 대신 누창樓昌과 우경虞卿을 불러 새로운 계획을 모색하고 부대 배치를 의논했다. 누창은 큰 이익을 손에 쥘 수 없을 바에야 진왕과 재빨리 강화를 맺어 고분고분한 모습을 진왕에게 보이라고 부추겼다. 그러나 우경은 그 자리에서 반대하고 나섰다. 우경은 한평생 쌓인 울분으로 괴롭게 지낸 인물로서 뛰어난 재능에 도덕적인 품성까지 갖추었지만 뜻을 이루지 못했다고 사마천은 그가 쓴 전기에서 기록했다. 이번에도 조왕이 그에게 계략을 구했지만 누창이 강화를 맺어야 한다는 의견을 내놓자 그만 단호하게 반대하고 나섰다. 일이 이렇게 된 상황에서 조왕이 진왕과 강화하려고 해도 쉽지 않다는 것이 그의 의견이었다. 강화의 주도권이 이미 진나라 손에 넘어갔다는 게 그가 든 이유였다. 현재 진나라는 상당 지구에서 우리 군대를 거꾸러뜨리기 위하여 독한 마음을 품고 있기 때문에 사람을 보내 강화를 요청해도 들을 리 없다는 것이다. 그의 이 말은 사실 진나라가 벌써 기회가 왔음을 분명히 알아보고 조나라의 군사력을 그대로 무너뜨리려고 작정했다는 뜻이었다.

전쟁은 나라의 생존을 결정하게 마련이다. 애초에 풍정이 내놓겠다는 17개 성읍을 넙죽 받아들이기로 쉽사리 결정하고선 이제 와서는 또 강화한다고 나서니, 나랏일이 어디 아이들 장난이란 말인가!

전쟁은 나라의 생존을 결정하게 마련이다. 애초에 풍정이 내놓겠다는 17개 성읍을 넙죽 받아들이기로 쉽사리 결정하고선 이제 와서는 또 강화한다고 나서니, 나랏일이 어디 아이들 장난이란 말인가! 그는 몇 마디 말을 통해 이런 이치를 암시했다.

조왕은 우경의 말뜻을 알아듣고 더욱 조바심이 났다.

"그럼 어떡하면 좋겠소?"

이 물음에 우경은 이렇게 대답했다.

"굳이 물으신다면 방법이 있긴 합니다. 이 나라 금은보화와 가장 귀중한 물품을 가지고 초나라와 위나라로 보내시면 됩니다."

우경이 한나라를 편들지 않았음을 눈여겨보기 바란다. 조나라가 한나라에 속한 상당 지구 17개 성읍을 받아들임으로써 한나라를 화나게 했음을 알 수 있다. 우경은 조나라가 초나라, 위나라와 재빨리 연합하여 이들 나라를 조나라의 군사 행동에 호응하게 만들어야 한다고 주장했다. 이렇게 함으로써 새로운 합종 태세를 갖추면 진나라도 전선에서 군대를 철수할 생각을 하지 않을 수 없다는 이야기였다.

이렇게 조나라 고위층의 의견은 엇갈렸다. 서로 다른 두 의견이 나왔다. 이제 최고 정책 결정권자의 분명한 태도가 필요했다. 나라의 존망이 걸린 문제를 두고 1인자는 어떤 생각을 가지고 어떤 결정을 내릴 것인가? 어느 누구도 그를 대신하여 나설 수는 없었다.

"이렇게 하는 게 좋겠소!"

조효성왕은 누창 편에 서기로 마음을 굳혔다.

"사람을 보내 진나라와 강화를 맺으시오!"

이 결정은 참으로 심상치 않았다.

결국 강화를 맺기 위하여 정주鄭朱라는 자를 진나라로 보냈다. 당시 진나라는 누가 정권을 잡고 있었는가? 바로 범저였다. 그는 참으로 영리하고 총명한 인물이었다. 눈썹 하나라도 뽑아서 입으로 힘껏 불면 큰 울림을 낼 만큼 대단한 인물이었다. 그는 마음속으로 거듭 뇌었다.

'이것들 봐라, 강화를 요청하려고 사람을 보낸다고? 그래, 마침 잘 되었네, 이것들을 한번 이용해 봐야겠어!'

정주는 진나라로 오는 길에 그들이 자기를 대할 갖가지 모습을 상상했지만 이렇게 열정적으로 대할 줄은 미처 몰랐다. 진나라는 정말로 예의 바르고 공손하게 그를 접대했다. 그가 강화를 요청하자 받아들이겠다는 의사를 드러내며 정주를 정말 귀빈으로 대접했다. 이 소식은 조나라로 전해졌다. 불안과 초조로 가슴 조이며 어쩔 줄 모르던 조왕은 평화가 이제 곧 찾아올 것이라고 생각하며 기뻐서 어쩔 줄 몰랐다. 조왕은 우경에게 이렇게 말했다.

"누창이 내세운 계책이 어떻소? 정주가 진나라 최고 권력자의 환대를 받고 있다지 않소?"

그러나 우경은 단지 이렇게 한 마디만 내놓을 뿐이었다.

"잠시 두고 봐야겠습니다!"

그리고 마음속으로는 이렇게 중얼거렸다.

'진나라가 무슨 속임수를 쓰고 있는 게 분명해!'

사실이 그러했다. 범저는 정말로 정주를 열정적으로 맞았다. 더구나 자기가 조나라에서 온 사신을 이렇게 열정적으로 맞고 있다는 사실을 여러 나라의 사신들에게 교묘하게 드러냈다. 다른 나라 사신들은 이런 모습을 보자, 진나라와 조나라는 싸움을 치르면서 속으로는 무슨 꿍꿍이가 있는지 알 수 없다고 생각했다. 이 소식은 여러 나라에 전해졌다. 이들 나라는 이제 진나라와 조나라의 교전을 차가운 눈으로 바라보며 조나라를 도울 생각을 아예 접었다.

정주가 사신으로 진나라에 간 일이 실제 외교적으로는 진나라가 계획한 덫에 깊이 빠져들었음을 조왕이나 강화를 주장한 신하들은 전혀 생각지도 못했다. 당시 이렇게 여러 나라가 병립한 상황에서 외교의 실패는 그야말로 결정적인 타격이었다. 흥망을 결정하는 중요한 싸움의 승부가 어찌 전쟁터에서만 이루어지랴! 뛰어난 외교 활동으로 상대를 제압하는 싸움에서 조나라는 또 다시 밑지는 장사를 하고 말았다. 우경의 말에 귀를 기울이지 않은 결과 조나라는 외교적으로 패배하고 말았다.

상당 지구에서 벌어진 전쟁은 계속될 수밖에 없었다. 그것도 이제는 지구전으로 돌입했다. 노장 염파는 방어벽 공사를 벌이며 진나라 군대와 한판 교전을 준비했다.

진나라와 조나라 군대 사이에 전쟁이 터졌다. 조나라는 진나라와의 전쟁에서 이길 수 없음을 알고 강화를 하려고 했다. 그러자 진나라는 잔꾀를 부리며 속임수를 썼다. 이렇게 되자 조나라 대군은 상당 지구에서 버틸 수밖에 없었다. 쟁탈전은 그만 지구전으로 바뀌었다. 이는 조효성왕을 매우 초조하게 만들었다. 과연 조효성왕은 어떤 책략을 세웠을까?

염파는 염파대로 장군으로서 그만의 책략이 있었다. 전쟁이 계속되어 장기전으로 가면 지리地利나 인화人和를 보더라도 조나라에 유리하다고 판단했다. 상당 지구는 조나라와 가까운 거리에 있었고, 원래 한나라에 속한 상당 지구에 살던 백성들에게 조나라는 작위를 내리고 상금까지 주었기에 이들은 모두 조나라를 한마음으로 따랐다. 이 때문에 후방의 병참 보급에도 큰 문제가 없었다. 그러나 진나라는 이와 달랐다. 그들은 멀리 떨어져 있었기에 시간을 길게 끌수록 불리했다. 이 점을 노장 염파는 분명히 계산했다. 그러나 그를 뒷받침해야 할 조효성왕은 그렇게 생각하지 않았다. 장군과 임금 사이에 틈이 벌어진 것이다.

조효성왕이 조급해하자 곁에 있던 '애국자'도 속닥거리며 이러쿵저러쿵 불평을 늘어놓기 시작했다. 『손자병법』에는 장군에 대하여 논하여 이르기를 '무릇 장군이란 국가를 보좌하는 이로서 빈틈없이 국가를 보좌하면 강대해지고 소홀하게 보좌하면 반드시 쇠약해진다.'라고 했다. 염파가 전방에서 치르는 전쟁에서 그의 상대는 진나라 장군 왕흘이었다. 그와 양보 없이 맞서며 버틴다면 염파가 끝내 지지는 않았을 것이다. 그러나 문제는 그의 임금 조효성왕이 이런 대치 상태를 받아들여 허락하느냐에 달려 있었다. 『손자병법』「모공」에서는 군주가 자기 나라 군대가 나아갈 수 있는 조건을 갖추었는지도 모르면서 출격하게 만들거나, 어떤 상황에서 물러나야 하는지 모르면서도 물러나게 만들면, 이 군대는 실패할 수밖에 없다고 말했다. 또 군대의 내막을 모르면서 군사

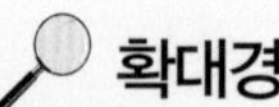
확대경

염파가 전방에서 치르는 전쟁에서 그의 상대는 진나라 장군 왕흘이었다. 그와 양보 없이 맞서며 버틴다면 염파가 끝내 지지는 않았을 것이다. 그러나 문제는 그의 임금 조효성왕이 이런 대치 상태를 받아들이며 허락하느냐에 달려 있었다.

에 간섭하면 장병들을 어쩔 줄 모르게 만들고, 군대 안의 임기응변의 책략을 알지 못하면서 군대 지휘에 참여하면 장병들을 걱정에 빠뜨린다고 일렀다. 그러면 결국 스스로 실패를 불러들이게 된다는 말이다. 지금 조왕이 염파의 행동에 온갖 이유를 대며 시시콜콜 헛된 지휘를 하는 건 바로 자기 군대를 혼란에 빠뜨리며 실패를 자초하는 것과 다름이 없었다.

염파를 역사상 여러 장군의 대오 속에 놓고 평가하고 판단한다면, 일류 장군으로 손꼽을 수는 없다. 왜냐하면 그는 결국 군주를 설득시키지 못하고 오로지 자기 계책만 좇았기 때문이다. 그는 소통에 문제가 있었다. 물론 조왕에게도 책임이 있지만 염파 장군에게도 책임이 없지는 않았다.

서한 시대에도 이와 같은 상황이 있었다. 한선제漢宣帝 때, 지금의 란저우蘭州 서쪽 청해青海 지역에는 수많은 강족羌族들이 살고 있었다. 이들은 이들 수령의 부추김을 받으며 변경에서 소란을 피웠고, 그 피해가 매우 심각했다. 한선제는 조충국趙充國을 장군으로 내세워 이들의 소란을 진압하도록 하였다. 황제는 조충국이 떠나기에 앞서 이렇게 물었다.

"그곳의 반란을 잠재우는 데 얼마나 걸리겠소?"

조충국은 이렇게 대답했다.

"군사상의 일을 어떻게 미리 단정할 수 있겠습니까? 백문이 불여일견이라고 그곳에 가서 상황을 직접 파악한 뒤에야 알 수 있습니다!"

그는 전장에 도착하여 그곳 상황을 자세히 관찰한 뒤에 군대를 한 곳에 주둔시킨 채 토지를 개간하기 시작했지만 적과 맞닥뜨리며 싸움은 하지 않았다. 한선제는 간섭하지 않았지만 곁에 있던 인물들이 가만있지 않고 입방아를 찧기 시작했다. 그러나 조충국은 몇 차례나 상주문을 올리며 한 곳에 주둔하고 토지를 개간하는 것이 유리한 12가지 이유를 붙이고 적과 싸움을 하는 것이 불리한 12가지 이유를 아울러 붙였다. 그도 처음부터 반대하는 이를 설득할 수 없었다. 그러자 한나라 때 4대 명재상 가운데 하나인 위상魏相이 앞으로 나서서 그를 위해 변호했다. 결국 조 장군은 싸움 한 번 하지 않고 강족 문제를 해결했다. 강호羌豪, 곧 반란을 일으킨 이들 두목은 잡혀서 목이 날아갔다. 황제도 처음에는 실패를 자초할 만한 행동을 할 뻔했지만 결국 한왕조의 황제와 재상은 속내를 잘 알았기에 조충국은 진중하게 싸움을 이끌 수 있었다.

그런데 염파는 조왕과 소통하지 못했다. 그러나 조충국은 소통했음은 물론 이름난 글까지 세상에 전하고 있으니, 그가 무장으로서 12가지 장점과 12가지 단점을 밝힌 상주문은 참으로 그 문장이 투철하고 깊이까지 있다. 지금 보아도 매우 훌륭한 이 문장은 참 장군으로서 그의 군사상 계략은 물론 숨은 책략까지 넘침을 알 수 있다. 『시경』에 나오는 '문과 무를 모두 갖춘 길보여, 세상 사람들이 모범으로 삼았네.'[102]라는 구절은 바로 문과 무를 두루 갖춘 장군에 대한 찬사이다. 장군은 국가의 흥망을 결정할 수 있다. 장군이 훌륭하면 국가가 안전하고 장군이 훌륭하지 못하면 국가가 재앙을 맞는다. 조나라가 상당 지구에서

확대경

참 장군은 군사상 계략은 물론 숨은 책략까지 넘친다. 장군은 국가의 흥망을 결정할 수 있다. 장군이 훌륭하면 국가가 안전하고 장군이 훌륭하지 못하면 국가가 재앙을 맞는다.

102 文武吉甫, 萬邦爲憲.

진나라와 맞섰을 때, 염파에게는 책임이 없었던가? 어떻게 임금에게 자기의 생각을 사리에 맞게 정확하게 올리지 못했던가? 단기적인 계획은 무엇이며 장기적인 전략은 무엇인지, 정확하게 분석하여 올렸다면 조왕을 충분히 설득할 수 있었을 것이다. 당시 인상여도 살아 있었고 게다가 우경도 살아 있었으니 이들이 곁에서 거든다면 충분히 가능한 일이었다. 조충국도 위상이 몇 마디 거들지 않았다면 아마 제 뜻을 이루지 못했을지도 모른다. 어쩌면 염파에게는 자기를 도울 이가 없어서 소통하는 데 힘을 쓰지 않았을 수도 있다. 장군이 전장에 있을 때에는 임금의 명령을 받지 않을 수 있다. 그러나 염파는 이렇게 할 수도 없었다. 그는 이런 장군이 아니었다. 상당 지구 문제를 두고 조왕은 장군이 스스로 일을 처리하도록 허락하지 않았을지도 모른다. 염파는 끝내 소환되었다.

그를 대신하여 장군으로 임명된 이는 누구였을까? 마복군 조사 장군의 아들 조괄趙括이었다. 조괄은 장군을 아버지로 두었기 때문인지 어려서부터 병법을 좋아했다. 게다가 병법을 말할 때 노장군 조사도 언제나 그를 뛰어넘는다고 말할 수 없을 정도였다. 이론은 모두 실제와는 같지 않다는 말이 있다. 공자는 듣기 좋은 말이나 보기 좋은 얼굴빛, 말솜씨가 뛰어난 이를 좋아하지 않았다. 노자도 말을 믿지 않아서, 말로써 설명할 수 있는 도는 도가 아니라고 일렀다. 이론은 필경 실천과는 다르다는 것이 바로 공자나 노자의 생각이었다. 전쟁은 더욱 그러하다. 그러나 조괄은 마치 징더전景德鎮에서 생산되는 도자기 한 점 한 점처럼 종이 위에 펼쳐진 도상작전에만 능할 따

확대경

이론은 필경 실제와는 같지 않다. 전쟁은 더욱 그러하다. 조괄은 마치 징더전景德鎮에서 생산되는 도자기 한 점 한 점처럼 종이 위에 펼쳐진 도상작전에만 능할 따름이었다. 이 때문에 그는 자기야말로 빈틈없는 인물이라고 믿었다.

릅이었다. 이 때문에 그는 자기야말로 빈틈없는 인물이라고 믿었다. 이때, 나라에서 그를 쓰기로 결정했다. 물론 그는 이 결정에 응했다.

그러나 생각지도 못하게 조괄의 어머니가 단호하게 반대하고 나섰다. 노부인은 자기 아들이 장군에 임명되어 염파를 대신하여 전선에 나서게 된다는 사실을 알자 그대로 조왕에게 상소문을 올렸다.

"그 아비 생시에 아들 조괄과 함께 병법을 논할 때가 많았습니다. 당시 아들이 아비를 능가할 경우가 많았습니다. 그때, 아비는 아들 조괄에게 이렇게 이르곤 했습니다.

'전쟁이란 생사가 걸린 문제이기에 집안에서 논의하는 것과는 다르다. 사람을 죽여야 할 때는 사람을 죽여야 하기에 이론이 아니라 죽고 살기이다. 게다가 기개는 물론 담력과 식견의 문제이기에 상황에 따라 기민하게 대처하며 그 자리에서 결단을 어떻게 내리느냐가 중요한 법이다. 병법을 입으로 말해야 쓸모없고, 앞으로 나아가서 싸우고 죽이는 데는 권법拳法을 외워도 소용없다.'

조괄의 아비는 이런 말까지 했습니다.

'우리 조나라가 앞으로 조괄을 장군으로 만들지 않으면 아무 일이 없을 테지만, 어느 날 그를 정말 장군으로 내세워 전쟁을 벌인다면, 국가는 큰 재앙을 만날 것이오!'라고 말입니다."

노부인은 여기서 그치지 않고 이렇게 말했다.

"못난 제가 관찰한 바에 따르면, 장군이 된 뒤 조사는 스스로 밥상을 날라 올린 이가 모두 수십 명에 이릅니다. 그리고 이들은 모두 그분이 존경하는 이들입니다. 그분이 친구로 대접한 이도 백 명이 넘으면 넘었지 그보다 적지는 않습니다. 이게 바로 그분의 사람됨이었습니다. 그분은 자기보다 더 나은 이가 있다는 것을 알고 이들에게 배울 줄도 알았습니다. 이 밖에도 그분은 임금이나 왕실이 내린 상을 받았지만 이것들을 집에 가져온 적이 없었습니다. 오히려 이것들을 다른 이에게 전부 나누어 주었습니다. 명령을 받들어 전선으로 나아갈 때에는 집안일을 모두 머릿속에서 버릴 줄도 알았습니다. 이것이 바로 그분의 사람됨이었습니다."

노부인은 다시 조괄에 대해 말하기 시작했다.

"그런데 조괄은 어떻습니까? 그가 장군이 되면 곧장 동쪽을 향해 존귀한 위치에 앉아서 자기는 주인으로 행세하고 다른 이들은 신하나 종으로 여기며 국가에서 내리는 금품을 다 챙겨 논밭이나 건물을 사는 데 쓸 것입니다. 이런 인물을 폐하께서는 그 아비에 그 아들이라고 여기시겠습니까? 절대로 그럴 수 없습니다. 이들 부자는 실로 마음씨가 서로 다릅니다. 이들 부자는 사람됨이나 품격에서 아무런 유전적 관계가 없습니다."

노부인이 상소문을 올렸지만 조왕은 아무런 답변을 내놓지 않았다. 그러자 노부인은 이렇게 말했다.

–호부란 옛적에 병력을 이동시키고 장군을 파견하던 증거물이었다. 명문에는 호부가 좌우 두 부분으로 나누어지며, 왼쪽은 왕에게, 오른쪽은 장군에게 있어서, 50명 이상일 경우에는 반드시 좌우 두 부분의 호부가 서로 일치해야만 가능하다고 일렀다. 그러나 돌발적인 상황이 발생했을 때는 예외로 삼았다.

전국시대 진나라의 신처호부新郪虎符

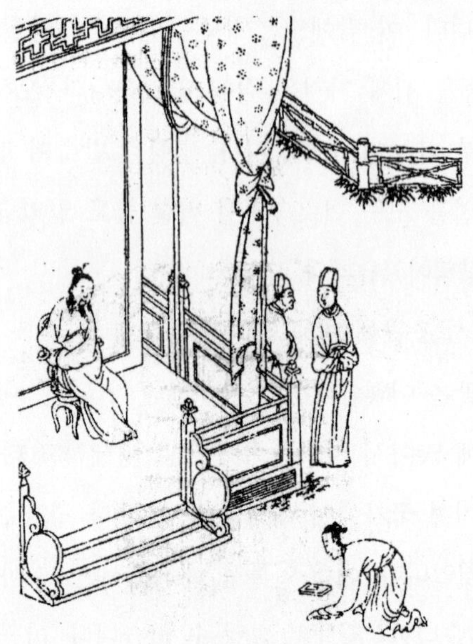

조괄趙括의 어머니

"좋습니다, 폐하께서 답변을 하지 않으셔도 상관없습니다. 장차 제 아들이 전선으로 나아가서 나라에 큰 화를 끼쳐도 폐하께서는 우리 일가친척을 함께 옭아매서는 안 될 것입니다. 저는 그 책임을 짊어질 생각이 없습니다. 제 아들이 잘못을 저질러도 저까지 책임을 묻지 말아야 할 것입니다. 그래서 제가 폐하께 미리 상소문을 올렸던 것입니다!"

결국 조괄 장군은 자신 넘치는 모습으로 상당 지구 전선으로 나아갔다. 그렇다면 그는 전선에 이른 뒤 어떻게 행동했을까?

22장 장평대전 長平大戰

진나라와 조나라 양쪽 군대는 상당 지구에서 결전을 벌였다. 이 전투에서 백기 장군이 이끄는 진나라 군대가 조괄 장군이 이끄는 조나라 군대를 크게 물리치고 승리했다. 더구나 진나라 군대는 항복한 조나라 병사 40만을 생매장했으니, 이는 전국 역사에서 가장 처참한 전쟁이 되었다. 그렇다면 이 전쟁에서는 어떤 일이 발생했을까? 조나라 군대는 왜 이렇게 처참하게 패배했을까?

조효성왕은 상당 지구라는 이익을 앞에 두고 지나친 욕심을 부린 나머지 결국 조나라를 전쟁의 구렁텅이로 빠뜨리고 말았다. 한번 터진 전쟁은 3년을 끌었지만 결국 진나라 군대가 크게 승리했다. 진나라는 조나라 병사 40만을 포로로 잡아서 이들을 모두 '생매장'했다. 이는 전국시대 역사에서 가장 큰 전쟁이었다. 그렇다면 조괄이 이끄는 조나라 군대의 주력 부대는 왜 이렇게 완패했을까? 이 전쟁은 중국 역사에 어떤 교훈을 남겼을까?

장평 대전은 기원전 262년에 시작하여 기원전 260년에 끝났으니, 전쟁은 3년이나 계속된 셈이다. 처음에는 조나라 장군 염파와 진나라 장군 왕흘이 맞서며 힘을 겨루었다. 그러나 2년 남짓 지난 뒤에 조나라는 장군을 바꾸었다. 염파를 내치고 그 자리에 조괄을 앉혔다. 전쟁의 형세도 갑자기 바뀌며 걷잡을 수 없는 상태로 진행되었다. 바로 이전에는 기본적으로 대치 상황이 이어지며 누가 이기고 누가 지는지 말하기 힘들었다. 그러나 조나라가 장군을 바꾸자 정세는 갑자기 달라졌다. 아주 빠른 속도로 조나라에 참패를 안기며 막을 내렸다. 이 전쟁은 전국 역사에서 가장 참혹한 전쟁이었으며, 규모 또한 가장 큰 전쟁 중 하나였다.

조나라가 장군을 바꾼 것은 장군과 조정 사이의 소통 부족 때문이었다. 조정은 객관적인 조건을 살피지도 않고 서둘러 목적을 달성하려는 마음이 가득한 나머지 젊고 혈기 왕성한 데다 오로지 도상작전에만 능한 군사 이론가 조괄을 전쟁터로 내보냈다. 조괄은 전쟁터에 이른 뒤 염파가 안배한 부대 배치를 자세히 살폈다. 먼저 돌로 쌓은 길고 긴 성벽이 서쪽에서 동쪽으로 모두 백 리에 걸쳐 이어져 방어를 위한 조나라 군대의 마지노선임을 알았다. 염파는 이 성벽을 수축하는 데 모두 1-2년의 시간을 썼던 것이다.

그는 다시 앞으로 나아가서 단수丹水 동쪽 기슭으로 왔다. 단수는 단주산丹朱山에서 발원했기에 이렇게 불렀다. 이 강은 대체로 북쪽에서 남쪽을 향해 동쪽 방향으로 치우쳐 흘렀다. 강 동쪽 기슭에 염파가 진지를 구축했는데, 돌로 쌓은 성벽과는 서북쪽 끝에서 이어져서 협각을 이루며 삼각지를 만들었다. 단수 동쪽 기슭은 서북쪽에서 동남쪽으로 몇 개의 산봉우리가 이어지며 낮은 골짜기를 이루었다. 그리고 서북 방향으로 가장 먼 곳 단수의 가장 상류에는 단주령丹朱嶺이 있었다. 그 아래 동남쪽으로 멀지 않은 곳에 한왕산韓王山이 있었다. 산 위에서 앞쪽으로 내려다보면 장평 마을 일대로 하천이 흐르는 골짜기에 눈이 미친다. 다시 아래쪽으로 더 가면 대량산大糧山이 있다. 조괄은 전선으로 온 뒤, 염파가 대량산에 만든 군사 지휘부를 발견했다. 그리고 조나라 군대의 군수물자도 대량산 부근에 쌓여있음을 알았다. 이곳은 높은 지대로 아래쪽을 굽어보기에 유리했다. 이런 것들을 조괄은 모두 살펴보았다. 이제 더 이상 앞으로 나아갈 수 없었다. 조괄이 이곳에 왔을 때 두 나라 군대는 대체로 단수를 경계 삼아 동서로 대치하고 있었기 때문이다. 그러나 군중에 있던 이는 그에게 단수 진지로부터 서남쪽으로 바라보면 먼 곳에 공창령空倉嶺이 있으며, 그곳이 바로 염파가 당초 구축한 첫 번째 방어 체계로서 세 개의 군영이 서로 귀퉁이를 이루는데, 그 가운데 가장 큰 것이 바로 공창령이라고 알렸을 것이다. 공창령의 조나라 군대 방어 진지는 지금의 산시성山西省 가오핑현高平縣으로부터 십여 킬로미터 떨어진 곳으로 당시에는 조나라 군대로서는 가장 전방에 위치한 진지였다는 것을 나중에 현지조사를 해서 알아냈다.

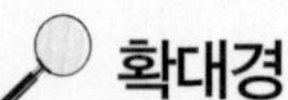

확대경

군사상의 방어선은 지금까지 하나의 선으로 이루어지지 않았음을 알아야 한다. 현재 관광 명소로 이름난 산해관山海關은 옛적에는 동북 지방의 주요 관문이었다. 그러나 전쟁이 일어나서 정말로 산해관을 공격한다면, 이 관문을 지킬 방법이 없었다. 그러기에 군대를 다시 북쪽 수십 리 떨어진 랴오닝성遼寧省 싱청興城 일대에 주둔시켜야만 산해관을 지킬 가능성이 있었다.

이것이 바로 염파가 당초에 온 정성을 다하여 꾸민 계획이었다. 군사상의 방어선은 지금까지 하나의 선으로 이루어지지 않았음을 알아야 한다. 현재 관광 명소로 이름난 산해관山海關은 옛적에는 동북 지방의 주요 관문이었다. 그러나 전쟁이 일어나서 정말로 산해관을 공격한다면, 이 관문을 지킬 방법이 없었다. 그러기에 군대를 다시 북쪽 수십 리 떨어진 랴오닝성遼寧省 싱청興城 일대에 주둔시켜야만 산해관을 지킬 가능성이 있었다. 마찬가지 이유로 염파는 단수 서남쪽 수십 리 떨어진 공창령에 첫 번째 전쟁터를 닦고 두 개의 장벽을 쌓음으로써 공창령 진지의 받침으로 삼았다. 이는 모두 단수 일선 방어를 튼튼하게 만들기 위해서였다. 전쟁을 앞둔 노장 염파의 빈틈없는 생각을 엿볼 수 있으니, 과연 염파는 전국시대 이름난 장군으로서 손색이 없다. 그는 동북쪽으로부터 서남쪽으로 향하여 수십 킬로미터에 달하도록 죽 이어진 지대에 멋진 방어 체계를 세웠다. 그러나 2년에 걸친 대치 상태에서 공창령과 그에 따라 서로 모퉁이를 이루었던 두 개 장벽을 적에게 빼앗기고 몇몇 장교와 부장마저 죽거나 부상까지 당하면서 조왕은 화를 참을 수 없었다.

빈틈없이 꼼꼼하게 만든 방어선이 조괄의 눈에는 아무것도 아니었다. 어쩌면 조괄은 오직 공격만이 가장 멋진 방어라고 생각했을지도 모른다. 이것도 틀린 이치는 아니다. 이론적으로는 통하지 않는 게 없었기 때문이다. 옛 장군은 이미 떠나고 새 장군이 왔다. 국자 하나에는 손잡이가 하나이듯이 사람은 저마다 자기 생각이 있고 자기만의 해법이 있는 법이다. 조괄은 이제 부대를 다시 새롭게 배치하기 시작했다.

확대경

옛 장군은 이미 떠나고 새 장군이 왔다. 국자 하나에는 손잡이가 하나이듯이 사람은 저마다 자기 생각이 있고 자기만의 해법이 있는 법이다. 조괄은 이제 부대를 다시 새롭게 배치하기 시작했다.

먼저, 조괄은 대량산에 있던 사령부를 한왕산으로 옮겼다. 한왕산과 대량산 사이에는 얼마만큼의 거리가 있었다. 이 밖에 군대에 필요한 군수물자는 한왕산에 두지 않고 대량산에 두도록 했다. 조괄의 한왕산 선택은 산 높은 곳에 올라 먼 곳을 조망하며 맞은편 기슭은 물론 광활하게 펼쳐진 곳까지 적군의 정세를 관찰하기에 비교적 편리했기 때문이었을 것이다. 그러나 군사 지휘부를 군수물자 적재소와 떨어지게 배치한 것은 적에게 좋은 기회를 주는 것과 다를 바 없었다. 하지만 아직은 문제가 크게 불거지지 않았다. 참으로 안타깝게도 조괄은 전선으로 온 뒤 염파가 내린 군령까지 바꾸었다. 생각을 바꾸고 전략을 바꾸면 저항에 부딪칠 게 뻔했기 때문에 사람도 바꾸어야 했다. 적지 않은 장교들이 이 때문에 물러날 수밖에 없었다. 그러자 일순간에 군심이 동요했다. 전하는 말에 따르면, 조괄이 온 뒤, 전략을 바꾸고 사람을 바꾸자 여덟 명의 장교가 나서서 온힘을 다해 말렸다고 한다. 그러나 조괄이 끝내 귀를 기울이지 않자 결국 이 여덟 명의 장교는 모두 칼을 뽑아 스스로 목숨을 끊었다.

진나라는 노련하고 신중한 염파가 제거되고 새로 조괄이 왔다는 소식을 들은 뒤 그들도 남몰래 장군을 교체했다. 누구로 교체했을까? 백기로 교체했다. 바로 살인 장군 백기였다. 원래 전선을 지휘하던 왕흘은 백기의 조수로 임명했다. 어쩔 수 없었다. 군사적인 재략으로 보나 전투에서 세운 공훈으로 보나 진나라에서는 그 어떤 장군도 백기 앞에서는 그 자리를 양보할 수밖에 없었다. 이 때문에 왕흘도 불평 한마디 늘어놓지 않았다. 왕흘도 자신이 군사적인 면에서 기껏해야 인재에 지나지 않지만 백기는 그야말로 천재임을 알고 있었던 것이다. 게다가 진나라는 백기를 상당 지구 전선의 지휘관으로 임명함과 동시에 군대 안에 지엄한 명령을 하달했다.

-무안군 백기가 장군에 임명되었다는 소식을 감히 발설하는 자는 목을 내릴 것이다!

그러했기에 백기는 은밀히 전선으로 올 수 있었다.

장평대전이 막바지에 이르렀을 때, 교전국 쌍방은 모두 사령관을 교체했다. 양쪽 사령관은 임지에 온 뒤 각자 부대 배치를 다시 했다. 그리고 최종적인 전투는 상당 지구의 장평 마을에서 펼쳤다. 그렇다면 장평대전의 과정은 어떠했을까? 그리고 이 전쟁 결과는 어떠했을까?

백기가 상당 지구 전선으로 온 뒤 얼마 지나지 않아 전쟁은 이제 다시는 교착 상태를 유지하지 않았다. 병사를 부리는 데 노련하고 악랄했던 백기는 '능력이 있으면서도 능력이 없는 것처럼 보이는'[103] 계책을 조괄을 향해 한 수 던졌다. 이 계책은 『손자병법』 첫 부분에 기록된 구절이다. 노련하고 악랄했던 백기는 조괄이 병법을 어느 정도 깊이 알고 있는지 한번 시험하고 싶었는지도 모른다. 진나라 군대는 출전하여 짐짓 약한 모습을 보였다. 조나라 군대와 맞부딪치면 그만 두부처럼 힘없이 무너지며 돌아서서 달아났다. 만약 노련한 장군 염파였다면 그냥 너희들 속셈을 모를 줄 아느냐, 더러운 짓일랑 말라고 소리쳤을 것이다. 그러나 새로 부임한 장군은 진나라에 대한 전투 경험도 부족했을 뿐만 아니라 오로지 도상작전에만 능하여 스스로 제일이라고 자부했기에 진나라 군대의 숨은 의도를 알아채지 못했다. 진나라 군대가 이렇게 나약하고 무능한 모습을 보이자 조괄은 노련하다는 염파의 무능을 머릿속에 떠올렸다. 진나라 군대가 이 정도밖에 되지 않는구나! 한 번 치면 저렇게 멀리 도망을 가는데, 노련하다는 염파는 2년 동안 도대체 뭘 했을까? 하룻강아지 범 무서운 줄 모른다고, 조괄이 바로 그러했다. 그는 당장 자기 사병에게 진중에서 뛰쳐나와 진나라 군대를 향해 공격하라고 명령했다. 조괄은 살인 장군 백기의 계략에 그대로 말려들고 말았다. 조괄의 군대가 자기 진지에서 떨

103 能而示之不能.

어져 나와 단수 맞은편 기슭의 좁고 긴 지대에 이르자 백기는 마음속으로 남몰래 기뻐하기 시작했다.

'네놈 망아지 발길질도 이젠 끝이야. 이제 내가 한번 맛을 보여주지!'

백기는 그를 상대하면서 두 번째 계책을 벌써 준비하고 있었다. 복병을 두 갈래로 나누어 조나라 군대를 포위 공격하며 갈라놓기로 했던 것이다. 먼저 2만 5천 병사로 조나라 군대의 후방을, 곧 돌덩이로 쌓아 만든 성벽 방어선을 재빨리 우회하여 퇴로를 차단하기로 했다. 그리고 기병 5천을 내보내 상대의 허를 찌르며 승리를 거머쥐기로 하고, 그대로 북쪽을 향해 내닫게 했다. 이렇게 하여 조나라 군대 사령부와 군수 물자를 쌓아둔 병참 기지를 갈라놓을 작정이었다. 이 작전은 그 속도가 얼마나 빨랐던지 조괄이 미쳐 반응할 사이도 없었다. 조나라 군대는 둘로 갈라지면서 포위를 당했다. 작전은 마치 날카로운 칼로 두부모를 갈라놓는 것 같았다.

전쟁은 진지에서 버티며 서로 양보 없이 맞서는 상태에서 신속하게 포위하고 섬멸하는 상태로 바뀌었다. 이 과정에서 진나라 군대는 인원의 부족을 깊이 느꼈다. 보위전保衛戰을 멋지게 치르려면 조나라 군대의 병참 보급과 인원 보충을 오랫동안 차단해야만 했다. 게다가 조나라가 또 다른 군대를 파견하여 포위권의 외부를 향해 쳐들어오는 것도 방비해야 했다. 이런 소식이 조정에 전해지자 진나라 임금은 친히 앞으로 나서서 하내河內(태항산 남단 동쪽의 황하 북쪽 지역) 일대의 15세 이상 남자를 모두 징발하여 전쟁에 투입하도록 조치를 내렸다. 조괄의 군대는 이제 후방과 연락을 취할 수 없게 되었으니 그대로 독 안에 든 쥐였다. 그의 군대는 하나같이 후방의 병참 보급을 받을 수도 없었고 비록 전선에서 멀리 떨어지긴 했지만 자기 나라와도 단절되어 버렸다. 그들은 겹겹이 싸인 포위망과 마주했으니, 이것이 독안에 든 쥐가 아니면 무엇이겠는가?

조괄의 군대는 이제 후방과 연락을 취할 수 없게 되었으니 그대로 독안에 든 쥐였다. 그의 군대는 하나같이 후방의 병참 보급을 받을 수도 없었고 비록 전선에서 멀리 떨어지긴 했지만 자기들의 정부와도 단절되어 버렸다. 그들은 겹겹이 싸인 포위망과 마주했으니, 이것이 독안에 든 쥐가 아니면 무엇이겠는가?

이 지경에 이르렀지만 조괄은 아무런 낌새도 알아차리지 못했다. 도상 작전에 익숙한 병법은 논리적으로는 막힘이 없었다. 이렇게 자그마한 강가를 얻었다고, 아니 울퉁불퉁한 산골짜기를 얻었다고 어디 될 일인가? 그가 어떻게 생각했는지 후세 사람들은 알 길이 없다. 그러나 이때 조나라 조정은 대세가 신통치 않다는 것을 알아차렸다. 조왕은 사자를 제나라로 보내 구원을 요청했다. 그러나 진나라가 진즉 손을 쓴 외교 행위가 이미 효과를 발휘하고 있었다. 제나라는 조왕의 요구를 들은 척도 하지 않았다. 하지만 역사는 당시 주자周子라는 인물이 앞으로 나서며 입술이 없으면 이가 시릴 수밖에 없다는 이치를 내세웠지만 아무 쓸모없었다고 기록했다. 이런 이치를 만약 장평대전 뒤에 말했더라면 아마 제왕을 설득시켰을 것이다. 왜냐하면 40여 만 명이나 되는 조나라 병사와 백성들이 사라지자 동방 여러 제후들은 같은 패거리가 불행을 당하면 함께 슬퍼할 수밖에 없다는 점을 그제야 분명히 느꼈기 때문이다. 그러나 장평대전에서는 아직 진짜 공방이 벌어지지 않았다. 피가 낭자한 전쟁판이 현실로 나타나지는 않았다. 입술이 없으면 이가 시릴 수밖에 없다는 이치는 그저 한낱 낡아빠진 말일 뿐이었다. 사람이란 이렇게도 우둔하다. 만약 인간이 여든 살에서 시작하여 돌잡이를 향해 거꾸로 나이를 먹어간다면 모두가 스승으로 우러러 받을 만한 인물이 될

확대경

사람이란 이렇게도 우둔하다. 만약 인간이 여든 살에서 시작하여 돌잡이를 향해 거꾸로 나이를 먹어간다면 모두가 스승으로 우러러 받을 만한 인물이 될 것이다. 인간은 오늘 이 시점에서 바로 내일 일어날 일을 모른다는 사실이 골칫거리이다. 그러나 여기에도 안목의 얕고 깊음이 있다.

것이다. 인간은 오늘 이 시점에서 바로 내일 일어날 일을 모른다는 사실이 골칫거리이다. 그러나 여기에도 안목의 얕고 깊음이 있다. 당시 큰 골칫거리는 제나라 군주의 안목이 매우 얕았다는 사실이다. 이렇게 되자 조나라는 고립무원에 빠지며 참패할 수밖에 없었다.

전쟁은 마지막 마무리 단계로 들어섰다. 이미 그물에 걸린 물고기, 이제 천천히 거두기만 하면 대어가 손안에 들어오게 마련이었다.

장평은 단수 기슭에 위치한 작은 마을이었다. 그러나 장평은 한 차례 큰 전쟁을 치르며 역사에 이름을 크게 남긴 마을이 될 운명을 지닐 수밖에 없었다. 조나라 군대는 진지를 벗어난 뒤, 단수 상류의 좁고 긴 골짜기에 몇 무리로 흩어지며 그대로 포위되었다. 장평을 포함하여 그 주위에서 조나라 군대는 겹겹이 포위되었다. 전쟁은 막바지에 이르렀다. 기원전 260년 9월, 조나라 병사는 46일이나 식량이 떨어진 상태가 계속되며 서로 잡아먹는 지경에 이르렀다고 『사기』는 기록하고 있다. 포위전은 비교적 짧은 시간 내에 해결될 전투가 아니었다. 이 기간에 몇 차례나 크고 작은 교전이 여러 번 있었다. 조나라 군대도 전투에 능했다. 최후의 순간에 이르자 조괄은 '총돌격'을 하기로 마음을 굳혔다. 어쨌든 조괄은 사내대장부였다. 그는 전군에 출격 명령을 내렸다. 너 죽고 나도 죽겠다는 결사적인 모습이었다. 조나라 군대는 미친 듯이 내달아 진나라 군대에 적잖은 상해를 입혔다. 뒷날 백기가 한 말을 보면, 진나라 군대도 절반은 장평대전에서 목숨을 내놓았다. 어느 정도 과장이 있을 수 있지만, 거대한 조나라 군대가 이렇게 생사가 갈려야 할 시각에 이르러 적에게 큰 피해를 주었다는 사실은 그래도 믿을 만하다. 그러나 조나라 군대는 겹겹이 싸인 포위망을 끝내 뚫지 못했다. 이들에게 포위망이 뚫렸다면 백기가 어찌 백기일 수 있겠는가?

결국 조괄은 어쩔 수 없음을 알고 몸에 갑옷을 걸친 채 부하를 이끌고 돌격했다고 『사기』「백기열전白起列傳」은 기록했다. '진나라 병사가 조괄을 사살했다.', 이것이 조괄의 마지막이었다. 저 멀리 머리에 투구를 쓴 장군이 보이자 진나라 병사가 화살을 날렸고, 이 화살에 조나라 장군은 목숨을 잃었다. 장군이 세상을 떠나자 나머지 병사들은 끝이었다. 이들은 굶어서 비틀거리는 모습으로 전투력이라고는 하나도 없었다. 『사기』는 이어서 '병사 40만이 항복했다.'라고 기록했다. 40만 병사가 무기를 내려놓은 것이다.

장평대전은 진나라 군대의 일방적인 승리로 막을 내렸다. 역사의 기록에 따르면, 조나라 병사 40만은 포로로 잡혀 모두 '생매장'되었다. 40만이란 숫자는 보기만 해도 가슴이 섬뜩하다. 그렇다면, 조나라 병사 40만이 '생매장'되었다는 기록에 대해 역사학자들은 어떻게 서로 다른 견해를 내놓고 있을까?

진나라는 40만의 포로를 어떻게 처리했을까? 『사기』「백기열전」은 전쟁이 끝난 뒤 상당지구는 모두 진나라 소유가 되었지만 이곳에 살던 조나라 백성들은 진나라를 따르지 않았다고 기록했다. 그럼 이들 조나라 백성들을 어떻게 처리했을까? 이들을 자유롭게 풀어 상당지구에서 계속 살게 할 수는 없었다. 이들을 진나라로 데려가면 어떨까? 그러나 가는 도중에 이들을 먹여 살릴 양식이 없었다. 모두 죽여 없애는 방법밖에 다른 수가 없었다. 그렇다면 어떻게 죽일 것인가? 『사기』는 항복한 이들 조나라 병사와 백성들을 속여 진정시킨 뒤 커다란 구덩이에 집어넣고 그대로 묻어 죽였다고 기록했다. 40만이나 되는 사람을 생매장했다니! 『사기』는 장평대전을 앞뒤로 모두 45만이나 되는 조나라 병사를 죽였다고 덧붙였다. 45만이라니! 정말 끔찍한 숫자이다. 항복한 조나라 병사는 하룻밤 사이에 모두 생매장되었다. 백기를 인간 백정이라 불러도 조금도 틀린 말이 아니리라!

확대경

45만이라니! 정말 끔찍한 숫자이다. 항복한 조나라 병사는 하룻밤 사이에 모두 생매장되었다. 백기를 인간 백정이라 불러도 조금도 틀린 말이 아니리라!

40만이나 되는 병사를 생매장했지만, 백기는 조나라 병사 가운데 240여 명을 가려 뽑아 자기 나라로 돌려보냈다. 나이 어린 이들을 돌려보내 조나라에 전쟁의 결과를 알리게 했다. 백기의 속셈은 이들 240여 명의 어린 병사를 병균 보유자처럼 만들어 일종의 공포심을 조나라에 심어주려는 데 있었다. 백기가 이렇게 한 것은 그의 일관된 생각 때문이었다. 장평대전이 끝난 뒤, 그의 군대는 재빨리 한단을 공격했다. 조나라는 공황 상태에 빠지며 당장 끝장났다. 그러나 그의 이런 군사 계획은 혼자만의 생각이 아니었다. 『사기』는 조나라 사람 모두가 경악했다고 기록했다. 이것이 바로 장평대전의 결말이었다. 3년에 걸친 전쟁은 이렇게 참혹하게 끝났다.

확대경

'조나라 사람 모두가 경악했다.' 이것이 바로 장평대전의 결말이었다. 3년에 걸친 전쟁은 이렇게 참혹하게 끝났다.

진나라 사람이 싸운, 이른바 통일 전쟁이란 질적으로 아주 형편이 없었다.

큰 전쟁은 우리에게 수없이 많은 생각할 거리를 던진다. 먼저 40만이나 되는 사람의 문제이다. 산시山西 지방의 진성허靳生禾와 세홍시謝鴻喜, 이 두 학자가 함께 펴낸 『장평대전長平之戰』을 보면 이 45만 명을 한꺼번에 죽인 것이 아니라 이 전쟁 전 과정을 통하여 40만이 죽었다고 해야 옳다는 견해를 내놓았다. 이것이 한 가지 견해이다.

다른 견해도 있다. 어떤 학자는 45만이라는 숫자는 모두 군인이 아니라고 말한다. 옛날의 작전을 보면 후방에서 군수 물자를 지원하는 일에 종사한 이들과 진짜로 전투에 참여한 병사의 비율은 3:1이었다고 한다. 따라서 군인 하나는 세 사람의 역부役夫와 힘을 맞추어야 했다. 만약 장평대전에서 45만 명이나 되는 조나라 사람이 죽었을때, 이것을 1:3의 비율로 계산한다면 15만 명의 군인에 30만 명의 민간인 역부가 될 가능성이 높다. 그렇다면 백기는 이들 민간인 역부를 왜 죽여 없앴을까? 그가 말했다는 '상당 지구 주민들은 진나라에 속하기보다는 조나라로 돌아가기를 원했다.'는 구절에서 그 이유를 짐작할 수 있다. 상당 지구는 상당히 넓었다. 풍정이 조나라에 올리려고 결심했던 곳은 모두 17개나 되는 성읍이었다. 이 밖에도 원래 조나라에 속했던 상당 지구 백성도 있었다. 그러기에 조나라 군대 속에는 상당 지구 본고장 사람들도 적잖이 있었다고 보아야 한다. 이들은 조나라 군대에 밥을 날라 준다든지 진지 공사에 참여하는 따위의 일을 통해 후방 지원 업무를 했을 것이다. 진나라 군대는 이들도 조나라 병사로 여기며 생매장했다. 따라서 30만이나 되는 백성들도 목숨을 잃었다. 이런 견해도 자못 일리가 있다. 과연 이와 같이 백기가 죽인 이들은 거의가 일반 백성이었다. 원망과 질투로 가득 채워진 그의 못된 마음이 결국은 큰 재앙을 일으켰다. 그는 상당 지구에 사는 주민들이 진나라를 따르기를 원하지 않았다고 말하지 않았던가? 원망과 질투로 넘쳤던 그의 못된 마음이 마침내 야수 같은 본성을 폭발시키며 이렇게 많은 사람을 죽였다.

그러나 이 문제는 명확하게 밝혀야 한다. 필자는 결국 고고학적인 발견으로 증명해야 한다고 생각한다. 예컨대 1995년에 바로 한왕산 기슭의 용루촌永祿村에서는 이李 씨 성의 어느 농민이 자기가 경영하던 토지에서 100구가 넘는 유골을 발견했는데, 이는 전쟁으로 죽은 유골임이 분명했다. 오늘날 산시성山西省 가오핑高平 지구도 역시 장평대전이 벌어졌던 옛 싸움터로서 면적만 해도 대단히 넓다. 그런데 이곳에서도 이런 구덩이가 여러 해 동안 적잖이 발견되었다. 그런데 이런 구덩이는 모두 몇 개나 될까? 이것들이 하나하나 발견되어 대략이라도 계산된다면 장차 어느 날엔가는 장평대전에서 얼마나 많은 이들이 죽었는지 그 답이 나올 수 있을 것이다. 어쨌든 항복한 병사 40만 명이 생매장되었다는 『사기』의 기록에 대한 갖가지 회의적 추측은 그저 추론일 뿐 오늘날까지 확실한 증거는 없다.

어떻든 이 전쟁에서 진나라는 항복한 병사들을 너무나 비인도적으로 대우했다. 무안군 백기의 이런 처리 방식에는 물론 그 나름대로는 근거가 있었을 것이다. 상당 지구 주민을 포함한 이들은 진나라의 적이었다. 이들을 풀어주기에는 마음이 결코 달갑지 않았다. 또 이들을 모두 진나라로 데리고 가는 도중에 모반을 한다면 어떻게 할 것인가? 가는 길에 먹고 마시고 싸는 문제는 어떻게 해결할 것인가? 진나라로서는 이들을 챙길 수 없었다. 이들을 죽여 없애는 것이 가장 확실한 방법이었다. 그에게는 참으로 여러 가지 이유가 있었다. 그러나 가장 큰 이유는 진나라 사람들이 보기에 이들은 아무런 가치가 없었다는 점이었다. 이로써 그 시대를 이해할 수 있다. 그리고 그 사람들을 이해할 수 있다. 진나라 사람이 싸운, 이른바 통일 전쟁이란 질적으로 아주 형편이 없었다.

장평대전이 끝난 뒤, 조나라는 눈에 띄게 쇠락했다. 하지만 진나라는 여섯 나라를 무너뜨릴 만한 실력과 결심을 분명하게 과시했다. 그들에게 천하 통일은 이제는 뒤집을 수 없는 역사의 추세였다. 그렇다면 전국시대 역사에서 가장 유명하고 참혹한 전쟁 가운데 하나인 장평대전을 우리는 어떻게 평가해야 할까?

이십사사二十四史에는 얼마나 많은 인물이 기록되어 있을까? 진나라의 백기는 하룻밤 사이에 40만 명을 해치웠다! 그러나 생각해 보면, 여기에는 배후에 숨겨진 원인이 있다.

옛날에 중국의 전쟁은, 그것도 서주西周에서부터 춘추 시기까지는 이렇게 반역사적이지는 않았다. 전국시대는 바로 앞 시대인 춘추시대와 서로 견주어 보면 참으로 칠흑같이 어두운 시대였다. 춘추시대 초나라 장왕莊王만 해도 패배한 적군을 대하는 태도가 달랐다. 언릉鄢陵에서 벌어진 전투에서 진晋나라 군대는 초나라 장왕의 군대에게 크게 패하자 한밤중에 황하를 건너며 밤새 와글거렸다. 이때, 초장왕은 자기 군대에 어떤 명령을 내렸을까?

확대경

이십사사二十四史에는 얼마나 많은 인물이 기록되어 있을까? 진나라의 백기는 하룻밤 사이에 40만 명을 해치웠다!

그들이 싸움터에서는 우리의 적이었지만, 집으로 돌아가면 한 사람의 아비요 아들이요 남편이요 사위이다. 우리가 한 사람을 죽이면 사회의 한쪽은 또 피눈물을 흘려야 한다.

"그들이 패배하여 도망을 친 이상 더 이상 그들 뒤를 쫓아가서 죽이지 말라. 그들이 싸움터에서는 우리의 적이었지만, 집으로 돌아가면 한 사람의 아비요 아들이요 남편이요 사위다. 우리가 한 사람을 죽이면 사회의 한쪽은 또 피눈물을 흘려야 한다."

춘추시대에는 이런 생각을 가진 임금이 있었으니, 우리는 이런 임금을 통하여 그 시대 문명의 수준을 상상할 수 있다. 그러나 전국시대에 이르러 진나라가 시행한 군공작제軍功爵制는 전공을 으뜸으로 여기며 적의 머리를 얼마나 차지하느냐에 따라 그만큼의 토지를 내렸다. 진나라의 모든 체제는 바로 이렇게 세워졌다. 제왕은 땅덩어리를 다투어 빼앗기 위하여 사람의 목숨을 돌보거나 아끼지 않았다. 사람의 목숨을 토지로 바꿀 수 있어야 사병도 기대할 수 있다는 게 진나라가 세운 논리였다. 그러니 이들 장군에게 무슨 휴머니티가 있겠는가? 그러기에 어떤 인물을 단순하게 나무랄 수는 없다. 또 누군가를 마구 욕하더라도 잔혹한 전쟁은 바로 이 시대 특유의 '문화'였다. 이 시대에 이르러 역사는 이렇게 진흙탕 속으로 빠져들었다. 이런 비인간적인 면모는 역사가 이 지경에 이르렀기 때문에 드러날 수밖에 없었다. 그런데도 백기를 나무라면 백기는 또 자기 나름대로 내세울 이유가 있을 것이다. 어쨌든 백기는 군사적으로 천재였다. 또 살인마였다. 그는 사람을 죽이는 습성이 몸에 밴 인물이었다. 그러나 그 배후에도 역사적 원인이 있었다.

또 하나, 단수 강가 곡구谷口라는 지방에는 수없이 많은 구덩이에 수없이 많은 백골이 있다는 말이 전해진다. 사람들은 항복한 병사를 생매장한 곳이 바로 이곳이라고 말한다. 어떤 학자는 이와는 달리 이곳에 이렇게 많은 백골이 묻힌 것은 한위漢魏 이후 이 지방 관리가 초원에 어지럽게 흩어진 백골을 수습하여 곡구 일대에 묻을 것을 호소했기 때문이라고 주장한다. 기록에 따르면 당나라 현종이 어느 해 노주潞州를 순시하며 이곳에 이르러 적당한 건축물을 세우고 이 지방에 성원곡省寃谷이라는 이름을 내렸다고 한다. 또한 곡구 지방은 살곡殺

장평대전 유적지 영록永祿 1호 유골 구덩이

谷, 원곡冤谷이라고도 부른다. 한바탕 전쟁이 일어나면 원곡, 살곡과 같이 수많은 원혼이 생긴다. 후세 사람들은 이곳에 사당을 세운다, 납골당을 세운다, 비를 세운다 하며 이 지방의 사악한 기운을 없애려고 했다. 이 밖에도 수많은 묵객들도 이곳에 와서 이들을 추모하며 시를 읊었다.

이 전쟁의 역사적 위치에 대하여 학자들은 상황이 새롭게 바뀌는 계기가 되었던 전쟁이라고 생각한다. 전쟁이 마무리된 뒤, 전국시대의 역사는 진나라의 천하 통일로 방향을 바꾸었다. 동방의 여섯 나라는 옛 이야기처럼 노새나 당나귀가 모두 말을 따를 수 없었듯이 결국은 모두 엉망진창이 되어 패배하고 말았다. 군사적으로나 천하 통일의 큰 흐름으로나 진나라는 이미 대세를 얻었음이 증명되었다. 그 뒤, 조건이 성숙되어 모든 일이 쉽게 이루어질 수밖에 없었으니, 진나라가 어떻게 이 여섯 나라를 쉽게 요리했을지 상상할 수 있다. 전쟁의 추세로 보아도 그러했다. 장평대전을 치른 뒤, 상당 지구 전체는 물론 태항산의 최전선 모두가 진나라 천하가 되었다. 이제 진나라는 승리할 수 있다는 확신을 가지고 태항산에 올라 동방 여섯 나라를 굽어보게 되었다. 그들이 바라본 동방 여섯 나라는 어떤 모습이었을까? 한나라, 위나라, 제나라, 조나라는 온통 상처투성이였다. 여섯 나라는 생기라고는 하나도 없이 초주검이 되어 신음하고 있었다. 진나라는 매우 만족한 웃음을 터뜨릴 수 있었다. 이것이 바로 장평대전의 역사적 위치이다.

그러나 장평대전에서 이렇게 많은 사람을 죽였는데 아무런 부작용이 없었을까? 물론 있었다. 어떤 부작용이었을까? 뒷날 적지 않은 학자들이 이 문제에 대하여 토론을 벌였다. 장평대전에서 사람을 그렇게 많이 죽임으로써 생긴 직접적인 부작용은 진나라가 조나라를 소멸시키는 데 무려 20년이나 걸렸다는 사실이다. 잔혹한 살인은 거대한 원한을 만들 수밖에 없다. 조나라는 이 원한으로 20년을 버틸 수 있었다. 동시에 이것은 더욱 큰 반응을 불러일으켰으니, 바로 동방의 여섯 나라가 서로 손을 굳게 맞잡고 진나라를 향해 적개심을 불태웠다는 사실이다. 장평대전은 진나라 군대가 그야말로 사람 잡아먹는 잔인무도한 패거리임을 철저하게 증명했다. 이때, 동방 여섯 나라는 함께 다리가 묶인 여러 마리 닭이 아니라 일순간에 진정으로 한마음이 되었다. 이후 오래지 않아 진나라가 한단을 포위하자 여러 나라가 나서서 조나라를 함께 구했다는 것이 이를 증명한다. 두보는 '침략을

확대경

잔혹한 살인은 거대한 원한을 만들 수밖에 없다. 조나라는 이 원한으로 20년을 버틸 수 있었다. 동시에 이것은 더욱 커다란 반응을 불러일으켰으니, 바로 동방의 여섯 나라가 서로 손을 굳게 맞잡고 진나라를 향해 적개심을 불태웠다는 사실이다. 이때, 동방 여섯 나라는 함께 다리가 묶인 여러 마리 닭이 아니라 일순간에 진정으로 한마음이 되었다.

막을 수 있다면/어찌 그 많은 살상이 있어야 하는가?'라고 노래했다. 그렇게 많은 살상을 저지른 뒤, 동방의 여섯 나라는 두려움 없이 목숨을 내걸었으며, 뒷날에는 그대로 원한을 되갚기까지 했다. 진나라 말엽, 항우는 장한章邯을 꺾고 투항한 진나라 병사 20만을 포로로 만들었다. 항우는 처음에는 이들을 데리고 갔지만 뒤에 이들 포로들이 모반할 마음이 있다는 것을 발견했다. 이때, 항우는 어떻게 했을까? 그들이 했던 그대로 처리했다. 항우도 20만이나 되는 이들 진나라 포로를 하나도 남김없이 죽였다. 이게 바로 원한을 원한으로써 갚은 게 아니고 무엇인가? 그러기에 위진남북조 시대의 학자 하안何晏은 백기가 항복한 병사를 생매장한 사건을 두고 이렇게 말했다.

"백기에게는 오로지 군사적 관점만 있었을 뿐 정치가로서의 도량은 부족했다."

백기가 그렇게 하자 동방 여섯 나라는 싸워도 죽고 싸우지 않아도 죽는다는 사실을 명명백백하게 알았다. 그리하여 동방 여섯 나라는 싸우는 길을, 그것도 끝까지 저항하는 길을 선택했다.

당연히 백기 자신도 좋은 결말을 맞지 못했다. 그렇다면 그는 훗날 어떻게 되었을까?

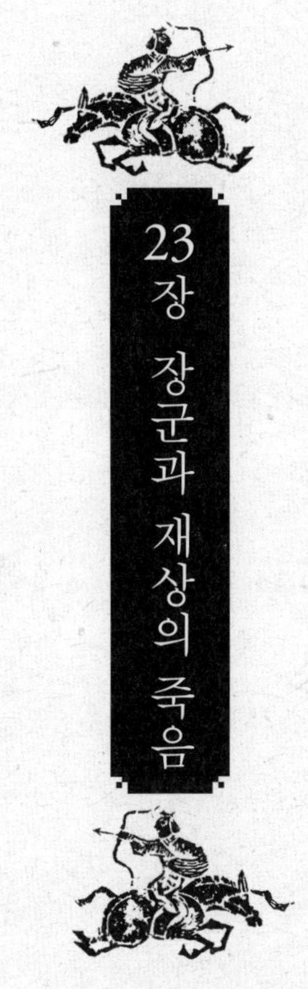

23장 장군과 재상의 죽음

백기는 진나라의 명장으로서 싸움터에서 보낸 그의 한평생 가운데 패배한 적이 거의 없었다. 범저는 진나라의 명재상으로서 진왕에게 원교근공이라는 이름난 책략을 올렸다. 이들 두 사람은 진나라의 천하 통일 과정에 참으로 큰 공을 세웠다. 그러나 이들은 끝내 까닭 없이 당해야 하는 죽음의 액운을 벗어나지 못했다. 그렇다면 이들은 왜 이런 말로를 맞아야 했을까?

백기와 범저는 진왕의 최측근으로 진나라의 천하 통일 과정에 속도를 크게 더했다. 그러나 이들 두 사람은 결국 진왕에게 목숨을 내놓아야 했다. 그렇다면 진왕은 이 두 공신을 왜 이렇게 잔혹하게 처리했을까? 그들은 대관절 무슨 짓을 했을까?

장평대전이 끝나자 백기는 자신의 뜻에 따라 부대를 한단으로 신속하게 이동했다. 그러나 군사상의 일은 군사전문가가 책임지고 결정할 수도 없었고 군사 법칙에 따라 해결할 수도 없었다. 백기는 뜻밖에도 조정의 반대 의견에 부딪쳤다. 『사기』의 기록에 따르면, 장평대전에서 참패한 조나라는 이때에도 진나라 조정 내부를 흔들며 진나라를 망칠 생각을 했다. 조나라는 소대蘇代라는 책략가를 진나라 재상 범저에게 보내 사상적인 설득을 벌이도록 했다.

『사기』는 어떻게 기록하고 있을까? 『사기』에는 소대가 범저를 찾아가서 이렇게 말했다고 기록했다.

"무안군 백기의 세력이 이미 장 승상(범저는 이미 장록張祿으로 개명했다) 당신을 눌렀소. 지금 다시 조나라를 치면 숨도 제대로 쉬지 못하고 기우뚱거리다가 쓰러질 게 분명하오. 그러나 이렇게 되면 무안군은 분명 진나라의 큰 공신으로 삼공 중 하나가 될 것이오. 하지만 당신은 어떨 것 같소? 미안하지만, 당신은 뭐 그리 큰 공훈도 없으니, 어쩔 수 없이 백기 장군 밑에서 굽실거리며 살아야 할 것 아니오? 만약 조나라가 망하고 나면, 진나라는 또 제나라를 칠 것이고, 제나라를 손에 넣고 나면, 연나라와 초나라도 이제는 문제될 게 없을 거요. 어쨌든 이제 당신이 공을 세울 기회는 갈수록 적어질 뿐만 아니라 아득해질 것이오. 그러니 깊이 생각하시어 다시는 이렇게 모든 공로를 백기 장군에게 올리지 마시고 간섭하시기 바랄 뿐이오."

범저는 이 말을 듣자 그만 가슴이 덜컹 내려앉았다.

'그래! 이제 백기가 여섯 나라를 모두 무너뜨리고 나면, 앞으로 내가 할 일은 없지 않은가!'

이리하여 범저는 진왕을 찾아가서 이렇게 아뢰었다.

"우리 진나라 병사는 너무 지쳤습니다."

범저는 병사를 사랑한다는 얼굴빛을 내보이며 다시 한 마디 덧붙였다.

"바라옵건대, 땅덩어리를 내어주어 강화를 바라는 조나라와 한나라, 이들의 요구를 들어주시옵소서."

『사기』는 또 다른 소식도 보충해 기록했다. 무슨 내용일까? 장평대전에서 조나라가 패배하자 조나라와 한나라는 곧장 사신을 진나라로 보내 강화를 요청했다. 큰 승리를 거머쥔 진왕은 그만 생각이 마비되어 범저의 말을 받아들이기로 했다. 조나라와 한나라는 땅덩어리를 진나라에 떼어주었다. 이제 전쟁은 잠시 중단되었다.

『사기』에 기록된 이런 사정에 대하여 오늘날의 역사학자는 그다지 신뢰하지 않으려고 한다. 사실 조나라는 책략가를 보낼 필요가 아예 없었다. 범저의 속셈이나 그와 백기의 관계로 볼 때, 범저는 이미 백기를 용납하지 못했다는 말이다. 무슨 말인가? 근원까지 가면 백기는 누구의 사람인가? 백기는 양후 위염이 천거하여 발탁한 인물이다. 그러니까 바로 위염의 사람이다. 범저는 온힘을 다하여 위염을 타도했다. 따라서 백기와 그의 관계가 좋을 리 없었다. 두 사람은 서로 다른 길에 서 있었다. 이런 일은 옛 관료 사회에서 흔히 볼 수 있다. 누구는 누구네 인물로 서로 관계를 맺으며 같은 줄에 서야 했다. '군자는 파벌을 만들지 않는다.'고 했지만, 사실 어느 왕조에 파벌이 없었던가? 겉으로는 파벌이 없는 것 같았지만 남몰래 파벌을 만들었다.

확대경

누구는 누구네 인물로 서로 관계를 맺으며 같은 줄에 서야 했다. '군자는 파벌을 만들지 않는다.'고 했지만, 사실 어느 왕조에 파벌이 없었던가? 겉으로는 파벌이 없는 것 같았지만 남몰래 파벌을 만들었다.

장평대전에서 백기가 거둔 승리는 파벌이라는 관점에서 말하자면 바로 범저의 패배였다. 범저와 백기의 대립은 장평대전 승리 후에 필연적으로 불거질 수밖에 없었다. 범저의 인격이 어떻게 다른 사람의 권유를 필요로 하겠는가? 백기의 군사 행동이 하나하나 승리하는 모습을 두 눈으로 지켜보면서 범저가 어떻게 가만 앉아만 있을 수 있었겠는가? 게다가 그는 일국의 재상 신분으로서 백기가 정복 전쟁에서 세우고 있는 공로를 잠시 멈추게 할 수 있었다.

한단 정복 전쟁은 걸음을 잠시 멈추어야 했다. 백기는 이 한 번의 멈춤이 몇 년 안에 다시는 조나라를 칠 수 없게 될 것이라는 점을 분명하게 인식했다. 전쟁이 무엇인가? 순식간에 이루어지는 끝없이 큰 변화, 이것이 바로 전쟁이다. 이렇게 백기와 범저의 갈등은 터지기 시작했다.

기원전 259년 정월이 되자, 진나라는 동방 정복에 나섰다. 동방 여러 제후국들을 향해 다시 한 번 공격을 시작했다. 공격에 나선 진나라 군대 사령관은 오대부五大夫 왕릉王陵이었다. 그는 군대를 이끌고 조나라 한단을 공격했다. 무안군 백기는 출전하지 않았다. 병으로 나서지 않았던 것이다. 진짜 병이 들었던 것인지 아니면 병이 들었다고 핑계를 댄 것인지 알 수 없지만, 어쨌든 이번 한단 공격에 백기는 대단히 소극적인 태도를 보였다. 결과적으로 왕릉의 한단 공격은 처음에는 그런대로 괜찮았지만 결국 진나라 장교 다섯을 죽음으로 몰아넣었다. 당시 백기의 병은 괜찮았다고 한다. 진왕은 왕릉을 대신하여 백기로 교체하여 한단을 칠 생각을 했지만 예상치도 못하게 백기는 거절했다. 『사기』「백기열전」은 이렇게 기록했다.

"제후국의 구원병이 날마다 오는 데다 그들의 진나라에 대한 원한도 벌써 쌓인 지 오랩니다. 지금 진나라는 비록 장평에서 조나라 군대를 소멸시켰지만 진나라 군대도 사망한 병사가 절반을 넘은지라 나라 안의 병력도 텅 비어 있습니다. 천 리 먼 길 산 넘고 물 건너 다른 나라의 수도를 먹으려 해도 조나라 군대가 성 안에서 응전하고 제후국의 구원병도 성 밖에서 공격하며 안팎으로 서로 호응하면서 진나라 군대를 깰 게 뻔합니다."[104]

그래서 그는 나서지 않겠다며 버텼다. 진소왕은 친히 백기를 찾았다. 그러나 진왕이 이렇게 그의 체면을 생각했는데도 그는 거절했다. 백기의 생각은 정확했다. 게다가 그는 또 다른 정황을 넌지시 흘렸다. 이는 범저의 인식과 서로 같았다. 다시 말하면 장평대전을 치른

확대경

백기는 진왕의 요청을 거절했다. 그는 처세술에서 총명하지 못함을 유감없이 드러냈다.

뒤, 진나라가 입은 손실이 매우 심각하다는 것이었다. 그러나 두 사람이 말한 목적은 달랐다. 백기는 진왕의 요청을 거절했다. 그는 처세술에서 총명하지 못함을 유감없이 드러냈다. 그의 이런 점은 독을 피하려다 오히려 스스로 죽음의 길로 들어선 것과 같았다. 그 뒤, 진왕은 범저를 보내 다시 무안군을 설득했다. 다른 사람을 보냈더라면 그런대로 괜찮았을 텐데, 범저가 오자 백기는 오히려 화를 참지 못하고 단호하게 거절했다.

"나는 지금 병중으로 몸이 온전치 못합니다."

그는 전과 마찬가지로 병을 구실로 내세웠다. 결국 예전과 같은 수법이었다.

'오, 그래! 네놈 같은 백정이 없어서 내가 이제껏 고기 한 점 못 먹고 있었겠느냐? 내 한단을 손에 넣고야 말 것이다! 네놈이 가지 않는다면 내가 다른 장군 못 찾을까보냐!'

진왕은 왕릉을 대신하여 왕흘을 전선으로 내보냈다. 그러나 왕흘은 몇 달 동안 한단을 포위했지만 함락할 수 없었다.

이때, 초나라와 위나라의 원군이 도착했다. 진나라는 적지 않은 손실을 입었다. 전쟁 상황은 날마다 진나라에 불리해졌다. 백기가 참으로 총명했다면 자기 입을 닫아야 했다. 그런데 백기는 그렇게 하지 못했다. 그는 마치 귀신에 홀린 사람처럼 오히려 쌀쌀맞고 가시 돋친 말을 쏟아냈다.

....

104 諸侯救日至, 彼諸侯怨秦之日久矣. 今秦雖破長平軍, 而秦卒者過半, 國內空. 遠絶河山而爭人國都, 趙應其內, 諸侯攻其外, 破秦軍必矣.

"내 말 안 듣더니 빰 맞는군!"

무슨 이익이라도 보았다는 듯이 우쭐거리며 즐거워했다. 듣기 좋은 말은 문밖출입을 하지 않지만 흉한 말은 천릿길도 마다 않고 나들이하는 법이다. 백기가 내뱉은 험담은 당장 진소왕의 귀에 들어갔다. 진소왕은 몹시 노했다. 전선에서 벌어진 전쟁이 순조로웠더라면 그가 무슨 말을 하든 상관하지 않았을 것이다. 그러나 패배했는데도 화풀이할 곳이 없던 때였다.

'이제 보니, 네놈이 집안에서 손 모으고 우리가 지라고 주문을 외웠겠다!'

진왕은 노했다. 네놈이 내놓은 계책을 듣지 않았다고 했지? 그래, 좋다, 이제 네 말을 들을 터이니, 나를 위해 가 봐라! 『사기』「백기열전」에는 진소왕이 무안군 백기에게 전선으로 나가도록 강제 명령을 내렸다고 기록했다.

"병이 나서 이제 곧 죽게 생겼다고 말하지 말고, 자질구레한 것 모두 물리치고 나를 위해 전선으로 나가게!"

지금 무안군 곁에는 염라대왕이 보낸 저승사자가 그에게 길을 떠나라고 재촉했다. 그는 다시 단호하게 거절했다. 자기 병이 대단히 심각하다는 이유를 내세웠다. 저번에는 그저 병이 있다고 말했지만, 이번에는 곧장 사망통지서라도 낼 듯이 죽을 만큼 병이 위중하다고 말했다. 분명 그는 자기에게 사망통지서를 내렸다. 싸움터에서 사람을 죽이면서도 눈 하나 깜짝하지 않던 백기였다. 그런 백기가 자기 무덤을 스스로 파면서도 역시 눈 하나 깜짝하지 않았으니!

무안군 백기는 최전선이 긴박하던 때에 몇 차례나 진소왕이

확대경

싸움터에서 사람을 죽이면서도 눈 하나 깜짝하지 않던 백기였다. 그런 백기가 자기 무덤을 스스로 파면서도 역시 눈 하나 깜짝하지 않았으니!

내린 명령을 거절했다. 이것만 해도 벌써 진소왕을 매우 불쾌하게 만들었다. 게다가 백기와 대립하고 있던 범저도 없던 내용까지 보태며 부추기자 진소왕은 갈수록 백기를 용인할 수 없게 되었다. 범저는 진나라 재상으로서 자리도 높고 권력도 막강했던 것이다. 그렇다면 백기는 결국 어떻게 끝을 맞이했을까?

진왕은 이렇게 말했다.

"좋아, 네놈이 벌써 깊이 병이 든 이상, 네놈은 이제 폐품일 뿐이야!"

그럼 어떻게 할 것인가? 진왕은 그의 모든 작위를 없애버렸다. 그러나 그의 군인으로서의 자격은 없애지 않았다.

'그래, 네놈 백기는 이제 사병일 뿐이다. 싸움터로 나아가라면 따라야 한다."

무안군이라는 작위가 없으니 이제 대장군이라는 계급도 없다! 그저 한낱 졸병의 신분만 있을 뿐이니 다른 모든 것은 끝나고 말았다. 진왕은 이제 그를 푸대접하여 밀음密陰이라는 곳으로 보냈다. 결국 백기는 진짜 병이 나서 움직이지도 못했다. 세 달 후에도 한단은 아직 손에 들어오지 않았다. 제후들의 군대는 진나라 군대를 공격하기 시작했다. 진나라 군대는 후퇴했다. 상황은 갈수록 좋지 않았다. 다급해진 진왕은 이번에도 백기를 머릿속에 떠올렸다. 그러나 그에게 벼슬을 다시 주며 임무를 맡긴 게 아니라 꼴 보기 싫은 그를 성 밖으로 몰아냈다. 최전선에서 패배한 화를 백기에게 분풀이했던 것이다.

함양성에서 꺼져버려라! 백기는 어쩔 수 없이 함양성을 떠나야했다. 진왕은 백기를 어떻게 처리할 것인가를 두고 범저를 비롯한 여러 신하들과 의논했다. 범저를 비롯한 여러 신하들은 진왕에게 올릴 말을 입을 맞추어 미리 준비했다.

"백기는 함양성을 떠날 때, 앙앙불락하며 듣기 싫은 말을 천박하게 내뱉었습니다."

범저가 백기에게 올린 최후의 이 말은 정말로 유용했다. 백기라는 배 한 척이 침몰하려는 때에 그에게 내린 마지막 한 방은 범저의 몫이었다.

진왕은 이 말을 듣고 더욱 크게 화를 냈다. 당시 백기는 벌써 함양 서쪽 두우杜郵에 와 있었다. 진왕은 사람을 보내 그를 따라잡은 뒤 검 한 자루를 그에게 내렸다. 물론 이 검은 바로 그가 장군일 때 쓰던 검이었다. 이제 이 검은 바로 그 자신이 스스로 목숨을 끊는 데 써야 했다.

백기는 자신에게 형벌을 가하기에 앞서 돌연 한 마디 말을 내뱉었다.

"내 어찌 이렇게 하늘의 노여움을 샀단 말인가? 또 하늘은 어찌 이렇게 몹쓸 벌을 나에게 내린단 말인가! 오지동이는 우물가에서 깨지고 장군은 싸움터에서 죽는다는데 나 백기는 지금 자신에게 칼을 들이대고 있으니, 이게 도대체 무슨 일인가? 게다가 이렇게 보잘 것 없는 작은 마을에서!"

스스로 검을 들어 자신을 베기에는 아무래도 마음이 내키지 않았다. 한참이나 망설이고 주저하던 그는 문득 깨달았다는 듯이 이렇게 중얼거렸다.

"죽어도 싸! 장평대전에서 항복한 조나라 병사 수십만을 속여서 생매장했으니, 죽어도 싸!"

죽을 때가 되어서야 양심이 이를 알아차렸다. 백기의 마음에는 항복한 병사를 죽이는 것이 옳다고 생각했을까? 양심으로 본다면, 그도 옳지 않았음을 알았을 것이다. 그러나 이렇게 여러 해 동안, 그는 양심을 모르는 장군으로 진나라의 천하 통일을 위해 싸웠다. 이제 죽음을 앞두었으니, 증자가 한 말과 그대로 일치한다.

"사람은 죽음을 앞두면 그가 하는 말에 거짓이 없다."[105]

바로 양심의 발현이다. 그러나 그의 양심의 '발현'은 어찌 이렇게도 더디단 말인가! 『사기』는 백기의 양심이 발현했다고 썼지만 사실은 그가 너무 늦게 깨달았다는 말이었다. 왜 이렇게 말했을까? 『사기』를 보면 항복한 병사를 죽여 없앤 인물이 또 하나 있다. 누구인가? 비장군飛將軍으로 이름난 이광李廣이다. 그는 항복한 병사를 거의 7~8백 명이나 죽였다. 이광은 어렸을 때부터 전쟁터에 나서서 양갓집 자제의 신분으로 수많은 전쟁을 겪었다. 그런데 이광은 공적이 대단했지만 제후로 봉해지지 않았다. 그도 갑갑한 마음에 번민했다. 그러나 그가 세상을 떠나기 오래 전에 누군가와 가벼운 한담을 주고받다가 제후로 봉해질 수 없었던 원인 이야기가 나오자 이렇게 입을 열었다고 한다.

"내가 제후로 봉해지지 못한 이유를 잘 아오. 항복한 병사를 죽였으니 어질고 착한 덕을 쌓지 못했던 거요."

105 人之將死, 其言也善.

이광이 양심의 발현으로 깨달은 시기는 백기보다 훨씬 이르다. 물론 이것은 『사기』의 기록이다. 『사기』를 한 권의 책으로 보면, 백기와 이광, 이 두 사람 중에 사마천은 이광을 훨씬 좋아했다. 어쩌면 양심의 발현이 일렀기 때문인지도 모른다.

마침내 백기는 죽었다. 백기를 죽음으로 몰아넣은 이는 누구였을까? 천하 통일을 향한 진나라의 발걸음을 늦춘 이는 누구였을까? 모두 범저였다. 그러나 장평대전의 위대한 승리는 누구의 정책이 만든 결과였을까? 누가 원교근공의 큰 책략을 명확하게 내놓았는가? 바로 범저였다. 이것이 바로 역사이다. 자신의 공명을 위하여 나라에 원대한 책략을 내놓을 수 있었다. 그 자신도 공명을 위하여 국가 대사를 지연시킬 수 있었다. 하지만 오랫동안 지연시키는 일에는 그가 주동해서 결정할 수 없었다. 그러나 지연시키려면 지연시킬 수 있었다. 저팔계豬八戒가 말하지 않았던가? 방귀가 바람을 일으키며 얼마만큼의 작용은 할 수 있다고. 일이 성공하든 실패하든 모든 책임은 오직 범저에게 있었다. 범저는 전국시대 선의의 성격적 특징을 그대로 드러낸 전형적인 인물이라고 할 수 있다.

범저 이야기를 계속해 보자. 그는 백기를 죽였다. 이것은 또 자신의 앞날에 화근을 숨긴 것이나 마찬가지였다. 왜 그런가? 백기는 천재적인 장군이었다. 진나라는 지금 천하를 통일하려고 한다. 바로 사람이 필요할 때, 진소왕은 비록 홧김에 백기를 없앴지만 천재적인 장군 백기를 진왕이 머릿속에 떠올리지 않을 수 없었다. 진나라가 천하를 통일하는 과정에 모두 1백 6십여만 명이 죽었다는 통계가 『사기』 속의 자료로 밝혀졌다. 예컨대, 이궐에서 벌어진 전쟁에서 24만 명, 수어에서 벌어진 전쟁에서 7만 명, 그리고 장평에서 벌어진 전쟁에서

산시陝西 바오지寶鷄 이먼益門 마을에서 출토된 금병철검金柄鐵劍

죽은 45만 명을 포함하여 한 차례 전투가 벌어질 때마다 목숨을 잃은 병사를 더하면 모두 1백 6십여만 명이 된다. 그렇다면 백기는 장군으로서 그가 지휘한 전쟁에서 모두 얼마나 많은 사람을 죽였을까? 92만 명이다! 다시 말하면 절반 이상을 그가 죽였다는 말이다. 그러기에 진나라의 천하통일에 그가 세운 공로는 정말 대단하다. 이런 사람을 바로 범저가 죽였다. 가을바람이 쌀쌀하게 불 때면 용감한 인물이 생각날 수밖에 없다. 언젠가 전쟁을 치러야 할 때가 오면, 진왕이라고 어찌 백기를 머릿속에 떠올리지 않을 수 있겠는가? 다른 사람을 다스릴 수 있는 군주가 그렇게 멍청할 수야 없잖은가? 진소왕과 같은 인물이 바보였겠는가? 그도 당연히 백기를 죽인 이 문제가 어디에서 비롯되었는지 되새겨볼 수밖에 없었다. 어느 누가 고약한 짓을 하며 내게 백기를 죽이도록 만들었을까? 일단 여기까지 이르면 범저는 운수 사나운 꼴을 당할 수밖에 없었다. 백기를 죽였을 때는 바로 진소왕 50 몇 년, 진소왕은 모두 52년 동안 자리에 있었으니, 이제 그도 끝자락에 와 있었다. 그렇다면 새 임금이 자리에 오르면 다시 결산을 볼 게 뻔했다. 새 임금은 자기 앞의 군주가 통치하던 시기의 일에 대하여 선왕보다 더 잘 아는 경우가 꽤 많았다. 당시 선왕이 백기를 죽일 때 누가 못된 짓을 하도록 부추겼는지, 그는 분명하게 알 수밖에 없다. 이런 점은 사람의 처세에 교훈을 준다. 좁아빠진 마음이 하자는 대로 해서는 안 된다. 머리 깎는 자는 다른 사람의 머리를 깎지만 어느 날엔가는 자기 머리도 다른 사람에게 깎이기 마련이다. 그대가 다른 사람의 머리를 깎으면, 그대 머리도 다른 사람에게 깎일 수밖에 없다. 이런 면에서 범저의 처세는 지혜롭지 못했다. 그의 공명심은 못된 장난을 벌였다. 또 소갈머리가 좁다보니 자신을 통제할 수도 없었다.

확대경

좁아빠진 마음이 하자는 대로 해서는 안 된다. 머리 깎는 자는 다른 사람의 머리를 깎지만 어느 날엔가는 자기 머리도 다른 사람에게 깎이기 마련이다. 그대가 다른 사람의 머리를 깎으면, 그대 머리도 다른 사람에게 깎일 수밖에 없다. 이런 면에서 범저의 처세는 지혜롭지 못했다. 그의 공명심은 못된 장난을 벌였다. 또 소갈머리가 좁다보니 자신을 통제할 수도 없었다.

범저는 진나라로 온 뒤, 재상의 자리까지 올랐다. 그러나 그의 도량은 지위가 높아짐에 따라 넓어지지 않았다. 자신의 공명을 위하여 그는 무안군 백기를 죽음의 처지로 몰아넣는 데 전혀 물러섬이 없었다. 그렇다면 곤경에 처했던 시절에 그를 못살게 굴었던 이들에게는 어떻게 대했을까?

범저는 젊은 시절 자기의 의견과 주장을 제후들에게 펼치며 위나라에서 직무를 맡았던 적이 있었다. 이때, 그는 외교사절을 이끄는 수고須賈를 모시고 제나라로 갔다. 제나라 임금은 그를 좋아했다. 위나라로 돌아온 뒤, 외교사절로 함께했던 수고는 위나라 재상 위제魏齊 앞에서 그의 험담을 했다. 재상 위제는 사람을 보내 그에게 매질을 하도록 했다. 얼마나 맞았던지 갈비뼈가 부러지고 이도 내려앉았다. 위제는 그래도 속이 풀리지 않아서 그를 뒷간으로 던져버렸다. 오줌을 누는 이는 그를 향해 오줌을 갈겼다. 그는 다른 사람의 요강 단지가 되었다. 다행히 정안평이라는 이가 그를 구해 주었다. 그 뒤, 진나라에서 온 사신 왕계가 그를 데리고 자기 나라로 갔다. 이제 그도 절망적인 상황을 벗어나서 새로운 삶을 살 수 있는 기회를 가지게 되었다. 이미 앞에서 이런 이야기를 했지만 여기에서 그의 이야기를 간략하게 하는 이유는 다음 이야기 때문이다.

범저는 뒷날 장록張祿으로 이름을 바꾸었다. 개명은 어쩌면 운명을 바꾸기 위해서인지도 모른다. 장록은 녹봉과 지위〔祿〕가 크게 펼쳐져서〔張〕 원한이 있으면 원한을 갚고 은혜를 입었으면 은혜를 갚아야 한다는 의미를 담았다.

확대경

개명은 어쩌면 운명을 바꾸기 위해서인지도 모른다. 장록은 녹봉과 지위[祿]가 크게 펼쳐져서[張] 원한이 있으면 원한을 갚고 은혜를 입었으면 은혜를 갚아야 한다는 의미를 담았다.

범저가 재상이 된 뒤, 그에게 재앙을 안겨 주었던 위나라 대부 수고는 사신의 신분으로 진나라에 와서 용서를 구하며 도움을 요청하게 되었다. 이때, 위나라 사신 수고는 진나라 재상을 만나야 했다. 수고의 눈에 진나라 재상이 바로 장록이었다. 범저는 수고가 왔다는 말을 듣자 마음속으로 이렇게 생각했다.

'제 명에 죽지 못할 놈이 이제 내 손안에 들어왔으니, 이번에는 내가 네놈을 한번 손보고 말 테다!'

범저는 일부러 그를 만나지 않으며 푸대접했다. 수고는 계속 체류할 수밖에 없었다. 그러던 어느 날, 범저는 갑자기 한 가지 생각을 떠올렸다. 그는 재상의 복장을 벗어버린 뒤, 해져서 너덜너덜한 옷을 걸치고 수고가 머무는 객사로 찾아갔다. 수고는 범저를 보자 그만 가슴이 덜컹 내려앉을 정도로 깜짝 놀랐다.

"아이고, 아직 안 죽었단 말이오? 그해에 그렇게 많은 오줌을 맞고도 아직 죽지 않았단 말이오?"

범저는 이렇게 말했다.

"죽지 않았소, 죽지 않고 도망쳤소."

수고가 다시 물었다.

"도망쳤다면, 어디로 도망쳤소?"

범저는 이렇게 대답했다.

"여기 진나라로 도망쳤소."

수고는 또 물었다.

"아니, 그럼, 지금은 뭘 하고 있소?"

범저는 이렇게 대답했다.

"지금은 남의 집에서 품팔이를 하고 있소. 날품팔이도 하고 머슴살이도 하오."

수고는 참으로 감개무량했다.

"우리가 그대를 한 차례 매질한 뒤 눈 깜짝할 사이에 벌써 몇 년이 지났구려. 참 세월이 빠르기도 하오. 그대가 이렇게 사는 걸 보니, 참, 안됐소, 이렇게 다 해진 옷을 입고……."

그러면서 수고는 아랫사람을 불러 이렇게 일렀다.

"명주 두루마기를 가져와서 여기 범 선생께 입혀드려라!"

이 명주 두루마기는 거친 실로 짠 방한복이었다. 범저는 당연히 감사의 뜻을 드러냈다. 그래도 당신이 지금까지 윗사람이지 않소, 그해 그렇게 나를 때리더니, 지금은 나를 아낄 줄도 아는구려! 그런 뒤, 범저는 이렇게 물었다.

"어떻게 오셨소, 이번엔?"

"참으로 골칫거리가 생겼소. 그대도 알겠지만, 지금 위나라는 진나라와의 관계에서 늘 손해만 보고 있소! 우리는 진나라 재상 장록을 만나러 왔소. 그런데 그가 한사코 나를 만나려고 하지 않소. 아니 불문곡직 만나려고 하지 않고 나를 객사에 묶어놓고 있소. 그대가 여기서 일을 하고 있는 이상 돈 있고 권세 있는 집에서도 일하지 않겠소? 그래, 날 위해 이들에게 말 한 번 해 주오, 좀 빨리 재상을 만나도록 말이오."

범저는 눈을 깜박이며 잠시 생각에 잠겼다가 다시 입을 열었다.

"그럽시다! 우리 주인께서 장록 재상과 친하니 사정을 한 번 해 봅시다."

수고는 또 이렇게 덧붙였다.

"내가 이곳으로 올 때 탔던 수레는 굴대가 부러졌소. 망가진 수레도 마음에 차지 않으니 어디 멋진 수레 하나만 빌려 주시오. 네 마리 말이 끄는 멋진 수레에 올라 우리 함께 장 재상을 만나러 갑시다."

이 말에 범저는 이렇게 대답했다.

"그러지요."

결국 범저가 앞에 앉고 수고가 수레를 몰았다. 수고는 수레에 앉아서 진나라 재상 관저로 들어갔다. 그런데 수고도 우둔하기 짝이 없었다. 재상 관저에 들자 범저를 본 이들이 모두 몸을 비키며 놀라는 모습을 보이는데도 수고는 전혀 알아차리지 못했다.

"다 왔소, 좀 기다리시오. 내가 들어가서 그대가 왔다고 알리리다."

하지만 범저는 한 번 들어간 뒤 다시는 얼굴을 보이지 않았다. 수고는 그곳에서 마음을 조이며 초조하게 기다리다가 끝내 화를 참지 못하고 재상 관저에서 일하는 이에게 이렇게 물었다.

"이 집에 범저라는 이가 있기는 있소? 아까 내가 모시고 온 바로 그 양반 말이오, 들어가더니 어찌 나올 줄 모른단 말이오?"

이 말에 재상 관저에서 일하는 이는 이렇게 되물었다.

"누가 범저란 말이오? 우리 관저에는 그런 사람 없소이다!"

"아까 내가 데리고 온 그 명주 두루마기 걸친 바로 그 사람 말이오!"

수고의 말에 재상 관저에서 일하는 사람은 못마땅하다는 듯이 째려보며 이렇게 말했다.

"범저는 무슨 범저요! 그분은 재상이오, 우리 재상 장록이란 말이오."

범저가 바로 장록이라는 사실을 수고는 그제야 깨달았다.

진나라 재상이 수고를 불렀다. 수고는 이때 거의 넋이 나간 상태였다. 무릎을 꿇고 설설 기어 앞으로 나아가며 잘못을 빌었다.

"제 머리카락을 다 뽑아서 산가지로 삼아 이 못난 놈 수고의 죄를 헤아려도 부족합니다!"

수고는 이렇게 잘못을 빌기 시작하다가 이제는 제 이마를 땅에 연달아 찧으며 거듭 사죄했다. 이렇게 한 바탕 제 몸을 고통에 빠뜨리자 비로소 범저는 입을 열었다.

"네놈이 지은 큰 죄는 무려 세 가지나 겹치나니, 그래, 알고 있느냐?"

이어서 범저는 수고가 지은 죄를 길게 늘어놓았다.

"지난날, 오자서가 초나라를 멸하려고 하자 신포서申包胥는 단신으로 진나라로 달려가서 구원을 청했다. 이는 그가 초나라 사람이었기 때문이다. 진나라로 가서 구원병을 요청하며 이레 동안 밤낮으로 울면서 사정했다. 처음에는 눈물을 흘렸지만 나중에는 피를 흘렸다고 한다. 신포서가 이렇게 죽음을 무릅쓰고 산 넘고 물 건너 그 험한 길을 마다않고 진나라로 가서 구원병을 요청한 까닭이 무엇이었겠느냐? 바로 그가 초나라 사람이었기 때문이다. 나는 위나라 사람이었다. 내가 제나라로 갔을 때, 제나라 임금이 나를 좋아했다는 이유로 네놈은 나를 위나라를 배반하고 적에게 빌붙었다고 여기며 그 어리석은 재상 위제와 함께 나를 고통에 빠뜨렸다. 나에게도 애국심이 있다는 것을 네놈은 믿지 않았으니, 이것이 바로 첫 번째 죄이다!"

잠시 뜸을 들였던 범저는 다시 입을 열었다.

"그 어리석은 위제는 나를 가만두지 않고 매질을 한 뒤, 뒷간으로 밀어 넣어 오줌단지로 만들었다. 그래도 네놈은 말리지 않고 가만두었으니, 이것이 바로 두 번째 죄이다!"

범저는 쉬지 않고 계속 말했다.

"네놈은 말리지도 않고 가만두었을 뿐만 아니라 내 머리 위로 오줌을 갈기기까지 했으니, 이것이 바로 세 번째 죄이다!"

당시 수고도 범저의 몸뚱이를 향해 오줌을 갈기며 조롱했던 것이다.

그러나 범저는 이렇게 일렀다.

"네놈의 목을 내리지는 않을 것이다. 네놈은 방금 네놈의 죄가 머리카락을 뽑아 세어도 다 셀 수 없을 정도로 적지 않다고 말했겠다! 그러나 내가 너를 찾았을 때, 네놈은 그래도 옛 친구로서의 정의를 생각하여 내게 명주 두루마기 한 벌을 주었다. 그런 옷이야 무슨 가치가 있겠는가? 이 몸이 재상으로서 그런 다 해진 두루마기쯤이야 널렸지 않겠는가? 어쨌든 네놈이 베푼 호의를 생각하여, 네놈을 죽이지는 않겠다. 죽이지는 않겠지만 조건이 하나 있다. 돌아가서 위나라 사람들에게 알려라, 위제의 머리를 가져와서 다시 위나라와 진나라의 관계를 이야기하자고 말이다!"

범저가 내세운 조건은 위제의 머리였다.

그런 뒤, 식사가 시작되었다. 다른 손님은 모두 대청 위에 앉아서 식사를 했다. 그럼 수고는 어떻게 했을까? 그를 대청 저 아래에 앉히고 말에게나 먹일 여물을 먹게 했다. 그것도 얼굴에 먹물을 넣은 죄수 둘을 시켜 양쪽에서 겨드랑이를 붙잡고 먹게 했다. 왜 곁에서 겨드랑이를 붙잡았을까? 그에게 준 것은 여물통이었기 때문이다. 다시 말하면, 말은 여물을 먹을 때 손을 쓰지 않았던 것이다. 수고가 식사를 하는 모습을 말처럼 만들기 위하여 두 죄수가 그의 겨드랑이를 끼고 뒤에서 밀고 갔기에 그 모습은 오늘날의 제트기와 같았다. 이는 물론 그에게 모욕을 주기 위해서였다. 당시 뒷간에 버려지며 오줌단지가 되었던 일에 대한 앙갚음이었다. 장록 재상의 일처리는 은혜와 원한이 참으로 분명했다.

확대경

수고가 식사를 하는 모습을 말처럼 만들기 위하여 두 죄수가 그의 겨드랑이를 끼고 뒤에서 밀고 갔기에 그 모습은 오늘날의 제트기와 같았다. 이는 물론 그에게 모욕을 주기 위해서였다. 장록 재상의 일처리는 은혜와 원한이 참으로 분명했다.

수고는 진나라에서 말이나 먹을 여물로 식사를 한 뒤 자기 나라로 돌아갔다. 위제는 진나라 재상이 바로 그때 자신이 매질한 범저라는 사실을 알자 그만 두려움에 떨며 조나라의 귀공자 평원군의 집으로 달려가서 몸을 숨겼다. 범저가 원수를 갚으려 한다는 사실은 진소왕을 가만두지 않았다. 게다가 위제가 조나라 평원군의 집으로 내뺐다는 정보를 접하자 진소왕은 직접 나섰다. 평원군을 이런 말 저런 말로 속여서 진나라로 데려온 뒤 그대로 가두고 말았던 것이다. 평원군은 자못 웅숭깊은 인물이었다. 그는 이렇게 말했다.

"지위가 높을 때 친구를 사귀는 건 빈천할 때 의지할 곳을 만들기 위함이요, 부유할 때 친구를 사귀는 건 곤궁할 때 의탁할 곳을 만들기 위함입니다. 이것이 바로 친구로서의 도리입니다. 위제가 지금 어려움에 빠져서 내 집으로 숨어들었는데, 폐하께서 나를 가둔다고 어찌 그를 내줄 수 있겠습니까? 위제는 내 집에 있었지만, 지금은 어디로 갔는지 알 수 없습니다."

이 일을 놓고 보면, 선비를 거두는 데 이름난 평원군이야말로 큰 인물임을 알 수 있다. 뒷날 어떤 이는 그를 찬미하여 '비단실 사서 평원군을 수놓고'[106]라고 읊었다. 이 일로 위제는 뒷날 위나라로 가서 네 사람의 큰 공자 가운데 한 사람인 신릉군信陵君을 찾았지만 신릉군은 머뭇거리며 망설였다. 자칫 진나라와 분규를 일으킬세라 걱정했던 것이다. 이리하여 위제는 제 스스로 목숨을 끊어야 했다. 물론 그의 목은 진나라로 갔다. 이것이 바로 진나라 임금이 범저를 도와 공적인 힘으로 사적인 원한을 갚은 이야기이다.

범저는 진나라 재상의 자리에 오른 뒤, 그야말로 손바닥을 위로 하면 구름이 되고 손바닥을 아래로 하면 비가 될 정도로 대단한 권력을 차지했다. 그는 일찍이 그를 못살게 굴었던 이들을 손보는 동시에 보잘것없는 처지에 있을 때 그를 도왔던 이들에게는 자기만의 방식으로 은혜를 갚았다. 그러나 결국 그에게도 자신의 목숨을 내놓아야 할 재앙이 닥쳤다. 과연 어떤 일이 벌어

106 買絲繡作平原君. 이하李賀의 『호가浩歌』에 이 시구가 보인다.

졌을까?

범저는 위제와 수고에게 당한 원한은 갚았다. 그러나 그에게는 원수 말고 은인도 있었다. 정안평과 왕계, 두 사람은 범저에게 은인이었다. 정안평은 그때 뒷간에서 그를 구해준 인물이었으며, 왕계는 그를 데리고 진나라로 온 인물이었다. 드디어 범저는 진나라에서 자기의 뜻을 이루었다. 그러자 왕계가 그를 찾아와서 장황하게 여러 가지 말을 늘어놓았다. 범저는 은혜를 갚아야겠다고 생각했다. 범저는 처음에는 마음이 그리 유쾌하지 않았지만 결국 입은 은혜는 갚아야겠다고 마음을 굳혔다. 그는 진소왕을 찾아가서 왕계가 그때 없었더라면 진나라에 올 수도 없었을 뿐만 아니라 지금의 자신도 없었을 것이라고 아뢰었다. 이제 자기는 재상이 되었지만 왕계는 아직도 알현을 청하는 인물에 불과하다는 말까지 덧붙였다. 진소왕은 범저의 말을 듣고 이렇게 대답했다.

"좋소, 그대가 천거한 이상 그를 발탁합시다!"

이리하여 왕계를 하동河東 지방 태수로 내려 보냈다. 그럼 정안평은 어떻게 했을까? 은혜를 갚기로 한 이상 철저하게 갚아야 했다. 범저의 천거로 조정에서는 정안평을 장군으로 임명했다. 왕계의 방문이 범저를 자극했음인지, 아니면 그도 위제나 수고처럼 사람들에게 보복을 당할세라 두려웠는지, 그것도 아니라면 또 다른 이유가 있었는지는 모르지만 이들 두 사람을 안배한 뒤, '범저는 집안의 재물을 형편이 어려운 이들에게 나누어주었고 밥 한 그릇이라도 신세진 이에게는 반드시 그 은혜를 갚았다. 그리고 하찮은 원한도 빠짐없이 되돌려주었다.'라고 『사기』「범저·채택열전范雎·蔡澤列傳」은 기록하고 있다. 일

확대경

한 나라의 재상이 오로지 '은원恩怨'이라는 두 글자에 따라 일을 처리하고 있다. 깊은 상처로 심각하게 비틀린 열등의식이 이제 솟아오르며 그의 인생을 지배하고 있다.

찍이 갈비뼈가 부러지고 이가 내려앉은 데다 뒷간으로 버려지기까지 하며 인격적으로 심각한 상처를 입었던, 그것도 회복할 수 없을 만큼 깊은 상처를 입었던 그가 지금 울화통을 터뜨리고 있다. 한 나라의 재상이 오로지 '은원恩怨'이라는 두 글자에 따라 일을 처리하고 있다. 깊은 상처로 심각하게 비틀린 열등의식이 이제 솟아오르며 그의 인생을 지배하고 있다.

사실 범저는 애초에 왕계와 정안평을 임용할 생각이 그리 크지 않았다. 두 사람은 모두 큰 감투를 쓸 만한 재목이 아니었다. 범저는 결코 안목이 얕은 인물이 아니었다. 은혜를 갚으려면 돈을 주거나 재물을 내려도 보은의 방법으로 괜찮았다. 그런데 불행하게도 범저는 국가의 관작으로 자기 개인의 은혜를 갚았으니 불운할 수밖에 없었다. 뒷날 두 은인이 그를 매장했다. 범저는 결국 이 두 사람의 손에 세상을 마쳤다.

먼저 정안평부터 말해 보자. 중이 없으면 대머리가 나서서 중노릇한다고, 정안평은 그럭저럭 꿩 대신 닭 노릇을 했다. 정안평은 장군의 몸으로 조나라를 치러나갔다가 끝내 조나라 군대에게 포위되었다. 그는 장군으로서 목숨을 바쳐 싸워도 모자랄 판에 예상치도 못하게 한번 버티다가 안 되겠다는 생각이 들었던지 그만 투항하고 말았다. 그렇다면 왕계는? 왕계는 태수로서 3년 동안 계속하여 '평점'을 받지 못했다. 평점이란 한 해가 끝날 때마다 지방관리는 개간한 토지의 양이나 인구 증가수 등을 죽간이나 목판에 기록한 뒤 책으로 만들어 수레에 실어 중앙으로 보내면, 관리의 공과를 살필 책임을 진 고관이 심사하여 점수를 주는 것을 말한다. 이렇게 심사하고 대조하여 가장 훌륭한 곳과 가장 잘못된 곳을 평가하여 앞으로 승진이나 전보에 참고 자료로 삼았다. 왕계는 태수의 자리에 앉은 뒤, 3년 동안 연달아 좋은 평점을 받지 못했다. 진나라 법에 따르면 이는 절대로 용납하지 못할 일이었으며 그 죄를 다스려야 했다.

『사기』에는 '진나라 법에 따르면, 관리를 천거했는데 천거된 그 관리가 잘못을 저지르면, 천거한 사람도 천거된 사람과 같은 죄명으로 다스린다.'[107] 라고 했다. 예컨대, 어떤 이가 아무개를 관리로 천거했는데 결국 아무개가 엉망진창으로 관리 생활을 해서 큰 죄를 범했다면, 바로 관리를 천거한 사람이 저지른 죄도 똑같이 크다는 말이다. 이 법을 만든 원래 의도는 훌륭했다. 그 뜻은 사람들이 연고나 파벌 관계를 생각하며 이놈 저놈 가리지 않고 서로 추천하여 나라의 관리가 되는 일을 방지하는 데 있었기 때문이다. 이런 현상을 방지할 수 있다면 어찌 이런 법을 시행하지 않을 수 있겠는가? 진나라 법도 이런 점에서 매우 엄격했다. 뒷날, 강희康熙 연간에 강희황제도 사람을 쓰는 데 이렇게 했다. 대운하에서 조운漕運은 누가 담당하면 훌륭하게 일을 처리할까? 이렇게 물으면 어느 대신이 아무개가 일을 훌륭하게 처리할 수 있을 것이라고 대답하면, 아, 그거 좋소, 어느 달 어느 날에 어전회의에서 어느 대신이 그를 관리로 추천했다는 사실을 기록하시오, 이렇게 명령했다. 일을 멋지게 처리하면 추천한 사람에게 표창을 내릴 테고, 일을 잘못하면 그대에게도 책임을 추궁할 것이라

107 秦之法, 任人而所任不善者, 各以其罪罪之.

는 의미였다.

그렇다면 범저는 은혜를 입었던 두 사람에게 어떻게 죽었을까? 왕계는 3년 동안이나 하동 지방 태수로 있으면서 좋은 평점을 한 번도 받지 못했다. 바로 흐리멍덩한 관리로 평가되었던 것이다. 이 밖에도 그는 제후들과 내통했다는 의심까지 받았다. 이 모든 죄를 더하면 어떻게 될까? 삼족을 멸해야 했다. 『사기』는 이 사건에 대한 기록이 비교적 완곡하다. 어쨌든 범저는 진소왕에게 원교근공이라는 커다란 책략을 내놓았고, 진소왕은 이로써 정말 큰 성공을 거뒀기에 범저에 대한 감정이 따스할 수밖에 없었다는 것이다. 그러기에 진소왕은 범저가 연루될 수밖에 없었던 죄를 면하고 이렇게 명령을 내렸다.

"누구라도 정안평이 적에게 투항했다는 말을 감히 입 밖에 내는 자는 적에게 투항한 죄로써 그를 다스릴 것이다!"[108]

『사기』의 견해에 따르면, 이제 연나라에서 온 채택蔡澤이 무대에 오르게 된다. 바로 그가 범저의 자리에 오른 것이다. 『사기』는 범저에게 괜찮은 결말을 안배했다.

그러나 실제로 범저의 끝은 어떠했을까? 후베이湖北에서 발견된 운몽죽간雲夢竹簡 가운데 일부에 진나라의 역사가 기록되어 있다. 그 내용은 '52년, 왕계와 장록이 죽었다.'였다. 52년은 바로 진소왕이 자리에 있던 때였다. 장록은 바로 범저이다. 왕계와 장록은 함께 죽었던 것이다. 바로 이때 한단 공격에서 패배하고 하동 지방을 적에게 빼앗겼다. 하동 지방에서 3년이나 좋은 평점을 받지 못했던 태수 왕계는

108 有敢言鄭安平事者以其罪罪之. 『사기』「범저·채택열전」에 이 구절이 나온다.

책임을 추궁당할 수밖에 없었다. 그리고 정안평이 항복한 것도 바로 이때였다. 따라서 왕계의 피살은 온전히 3년 연속 좋은 평점을 받지 못했기 때문만은 아니었다. 여기에 하동 지방을 지키지 못한 죄까지 포함되었던 것이다. 왕계의 흐리멍덩한 관리 생활은 범저가 그래도 감싸며 넘어갈 수 있었지만 일단 자기가 관할하던 지방을 지키지 못하고 함락된 일에는 범저도 연루되지 않을 수 없었다. 이렇게 그는 두 사람의 은인과 함께 목을 내주어야 했다.

실제 역사는 사마천이 기록한 것보다 훨씬 잔혹하다. 어땠는가? 그대 범저는 은혜를 갚는다며 사람을 천거했다. 그리고 그대는 한 끼 밥일망정 은혜를 입었으면 반드시 갚고, 하찮은 원한이라도 잊지 않고 갚았다. 그의 이런 외골수 성격은 결국 은혜를 갚으려다 자기 목숨을 내놓게 만들었다. 그렇다면 운명이란 무엇인가? 성격이다. 성격이 바로 운명이다.

재상과 장군, 두 사람은 모두 죽었다. 원교근공 책략을 내놓았던 사람도 죽었다. 그리고 혁혁한 전공을 세웠던 사람도 죽었다. 사실 이 일은 모두 장평대전의 여파가 아직도 가시지 않은 가운데 일어났다.

확대경

한 끼 밥일망정 은혜를 입었으면 반드시 갚고, 하찮은 원한이라도 잊지 않고 갚았다. 그의 이런 외골수 성격은 결국 은혜를 갚으려다 자기 목숨을 내놓게 만들었다. 그렇다면 운명이란 무엇인가? 성격이다. 성격이 바로 운명이다.

재상과 장군, 두 사람은 모두 죽었다. 원교근공 책략을 내놓았던 사람도 죽었다. 그리고 혁혁한 전공을 세웠던 사람도 죽었다. 사실 이 일은 모두 장평대전의 여파가 아직도 가시지 않은 가운데 일어났다.

칠웅이 나란히 어깨를 겨루던 역사는 사실상 여기에 와서 기본적으로 막바지에 이르렀다. 진나라의 통일에 대해서는 다시 이야기할 것이다.

이제 칠웅이 혼전을 거듭하던 역사를 한번 되돌아보자. 이 글의 첫머리에서 칠웅의 병립은 천하 통일에 7가지 가능성이 있다고 했다.

그렇다면 어찌하여 결국 진나라가 천하를 통일할 수 있었을까? 그 경험과 교훈은 참으로 곰곰 깊이 새겨볼 만하다. 다음 장에서는 칠웅의 병립에서부터 진나라가 홀로 강성하기까지의 과정을 보기로 하자.

24장 되돌아보는 전국칠웅

전국시대 천하대세는 큰 분열에서 큰 통합으로 나아가며 칠웅이 서로 대치했다. 이들은 모두 천하를 통일하려고 했다. 그런데 왜 진나라만이 결국 이 목표를 실현했을까? 나머지 여섯 나라는 왜 실패했을까? 진나라의 성공 경험은 무엇이었을까? 피가 튀고 불꽃이 번득이는 전국시대는 다른 시대와 어떤 점이 달랐을까?

삼가분진은 중국 역사가 춘추시대에서 전국시대로 들어가는 분기점이었다. 이 시대는 큰 겸병이 이루어지는 시대였다. 제나라, 초나라, 연나라, 한나라, 조나라, 위나라, 진나라 등 7개 대국이 서로 맞서서 패권을 다투었으니, 천하 통일에는 7가지 가능성이 있었다. 그러나 진나라가 장평대전에서 큰 승리를 거둠으로써 통일을 향한 7가지 가능성은 하나의 가능성으로 바뀌고 말았다. 그렇다면 진나라는 어떻게 경쟁 속에서 홀로 두각을 나타냈을까? 피가 튀고 불꽃이 번득이는 전국시대는 대체 어떤 시대였을까?

삼가분진과 전진찬제부터 장평대전까지 거의 2백 년의 역사에는 수없이 많은 단서와 사건이 있었다. 이런 단서와 사건을 통해 우리는 무엇을 얻을 수 있을까?

먼저 이 시기의 역사가 우리에게 준 가장 깊은 인상은 전쟁의 참혹함과 냉정함이다. 지난날의 전쟁 모습은 어땠을까? 하夏나 상商의 정황은 분명하게 알 수 없지만, 서주西周나 그 이후는 『시경』에서부터 『좌전』, 그리고 『국어』에 이르기까지 전쟁에 관한 기록이 수없이 많다. 이를 통하여 서주에서 춘추시대까지의 전쟁은 규모도 작고 전쟁 수단도 비교적 단순했음을 알 수 있다. 전쟁에 쓰이는 수레를 배치하고 날짜와 지점도 다 약속하여 정한 뒤, 쌍방의 전쟁용 수레가 한 번 부딪치면 승부는 바로 끝났다. 『좌전』 가운데 '조귀논전曹劌論戰'이라는 글을 보면, 제나라가 북을 세 번 울린 뒤, 노나라가 다시 북을 한 번 울리자 제나라 군대가 뿔뿔이 도망쳤다는 이야기가 나온다. 조귀曹劌는 먼저 멀리 제나라 군대의 깃발이 넘어졌음을 바라보고, 다시 고개를 숙여 앞을 보니 제나라 군대의 수레바퀴가 어지러운지라, 이는 바로 '싸움에 진 흔적'임을 알아차리고, 자기 군대에 추격 명령을 내렸다고 한다. 전쟁은 이로써 끝났다. 언릉에서 벌어진 전투는 물론 필邲에서 벌어진 전투도 길어야 하루면 다 끝났다. 그러나 장평대전은 3년이나 끌었으며 동원된 인력이나 물자도 일찍이 그 유례가 없었으니, 한 차례 전투의 사망자 수만 해도 몇 십만이었다. 그러기에 전국시대의 전쟁은 규모도 굉장했으며 결과도 참혹하기 짝이 없었다. 더구나 진나라는 사람을 죽인 숫자로써 공훈의 등급을 매기는 제도를 시행했기 때문에 진나라 군대가 사람을 죽인 숫자는 비교적 정확하게 기록되었다고 믿을 만하다. 뒷날에도 전쟁에서 사람을 죽이긴 했지만, 가장 참혹했던 장평대전에서는 손에 아무것도 들지 않았던 항복 병사까지 죽였으니, 이는 정말 보기 힘든 일이었다.

이 시기의 역사가 우리에게 준 가장 깊은 인상은 전쟁의 참혹함과 냉정함이다.

전쟁의 참혹함과 더불어 전투 방식도 변화했다. 보병, 기병, 참호

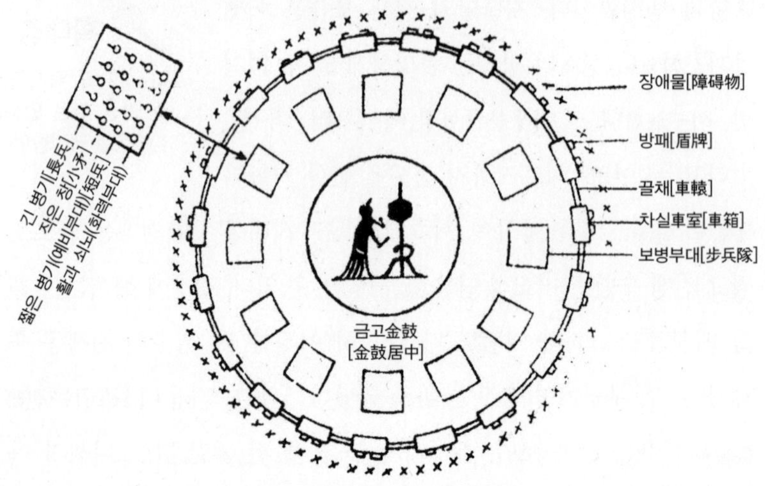

춘추전국시대의 군사 편성 배치도

전, 기동전, 그리고 포위전 등이 모두 다 동원되었다. 장평대전이 바로 비교적 전형적이고 실제적인 예가 된다. 먼저 참호전과 접전에 이어 포위전은 물론 기동전까지 벌였다. 백기가 병사를 파견하여 적의 퇴로를 막아버린 게 바로 기동전이 아니겠는가? 그런 뒤에 포위하여 분할했으니, 이는 참호전이었다. 그러기에 이 전쟁 중 백기는 기동전과 포위전의 대가였다. 천재 장군 백기는 이런 면에서 깊이 연구할 만한 자료를 남겼다. 이 때문에 전국시대에 『손자병법』이나 『손빈병법』이 나올 수 있었다. 중국의 전략 사상과 군사 사상은 바로 이 시대에 최고봉에 이르렀다. 왜 그랬을까? 실제 행동이 많았기 때문이다. 군사 사상의 발달은 틀림없이 잦은 전란을 가져 왔으니, 이는 참으로 불행한 일이었다. 그러나 중국의 사상, 그것도 주류 사상은 여전히 진정한 무武는 난을 평정하고 전쟁을 종식하는 데 있다고 보았다. 바로 군사로써 전쟁을 억제하는 일을 말한다. 아무래도 이 사상이 주도적이었다.

이 밖에 전쟁의 목적도 한결같지 않았다. 춘추시대 열국 사이에 벌어진 전쟁은 형제 사이의 싸움과 같은 모습을 보였다. 열국은 모두 주나라 문왕의 자손으로 주나라를 위해 동맹을 맺은 이들의 후손이었다. 그러했기에 싸움을 해도 명분을 중시했다. 『사마법』에는 병사를 이끌고 다른 나라를 치기 전에 집권자는 법도를 여러 사람 앞에서 낭독해야 한다고 기록했다. 이런 점은 『좌전』에서도 검증된다. 만약 정鄭나라가 진陳나라를 치는 데도, 진나라가 그전에 정나라를 치면서 제후국 사이에 약속한 전쟁 규칙을 준수하지 않고 정나라의 수목을 베어버리고 도랑을 메워버렸다면, 정나라도 같은 식으로 보복했다. 형제나라 사이의 징벌은 사람을 죽이는 게 아니라 다른 나라의 잘못을 고쳐서 바로잡는 데 그 목적이 있었다. 춘추시대 자산子産이 정나라 재상으로 있던 때까지는 전쟁에 대한 이런 관념을 그래도 볼 수 있었다. 그러기에 『사마법』의 기록은 근거가 있다고 할 수 있다. 춘추시대 열국 사이에 서로 빼앗고 다투는 싸움에서 대국의 군주들은 패주가 될 생각을 하면서도 모종의 아량이나 덕성을 드러내며 체면을 살폈다. 열국의 대신들도 싸움터에서 상대방의 군주를 보면 공경의 모습을 드러내었다. 어쨌든 이 시대에는 그래도 정해진 규정이 있었다.

칠웅이 병립했던 시대에는 위에서 말한 것들을 전쟁에서 전혀 볼 수 없었다. 전쟁의 목적은 바로 땅덩어리와 백성을 강탈하는 데 있었

확대경

중국의 전략 사상과 군사 사상은 바로 이 시대에 최고봉에 이르렀다. 왜 그랬을까? 실제 행동이 많았기 때문이다. 군사 사상의 발달은 틀림없이 잦은 전란을 가져 왔으니, 이는 참으로 불행한 일이었다. 그러나 중국의 사상, 그것도 주류 사상은 여전히 진정한 무武는 난을 평정하고 전쟁을 종식하는 데 있다고 보았다. 바로 군사로써 전쟁을 억제하는 일을 말한다. 아무래도 이 사상이 주도적이었다.

다. 이 목적을 달성하기 위하여 거침없이, 그리고 숨김없이 사람을 죽였다. 이 점에서는 진나라가 가장 전형적이었다. 그렇다면 다른 제후국들은 전쟁에서 규정을 존중했을까? 예전대로 정해진 규정을 존중한 이는 거의 없었다.

확대경

전국시대는 사람을 죽이는 데 눈이 뒤집혀서 물불을 가리지 않던 시대였다. 전쟁은 아주 야만적으로 변했다.

전국시대는 사람을 죽이는 데 눈이 뒤집혀서 물불을 가리지 않던 시대였다. 전쟁의 방법도 전쟁의 성격도 모두 달랐다. 전쟁은 아주 야만적으로 변했다.

두 번째로 각국은 거의 보편적으로 변법을 실행했다.

변법은 이 시대의 큰 특징이었다. 전쟁은 생사를 걸 수밖에 없었기에 자국의 국력을 전쟁에 가장 적합한 체제로 빚어 만들어야 했다. 이렇게 하는 나라가 바로 승리할 수 있었던 것이다. 변법은 정도에 따라 그 작용의 크기가 달랐다. 어떤 나라의 변법은 수박 겉핥기였다. 제나라는 바로 이렇게 해서 그저 현명하고 어진 이를 불러들이는 데 그치고 말았다. 현명하고 어진 이를 불러들이는 방법이 나빴다는 게 아니다. 현명하고 어진 이를 불러들이는 일은 언제나 훌륭하다. 그러나 문제는 현명하고 어진 이의 치국이 전쟁에 적합한 체제로 나라를 빚어 만들지 않았다는 데 있다. 제나라 외에도 조나라가 군사적인 측면에서 개혁을 진행했다. 바로 호복기사가 그것이다. 당연히 호복기사는 사람들의 문화 심리에 충격을 주었다. 게다가 상당한 가치도 있었다. 그러나 그것은 군사적인 측면에서 제한적이었다. 그것은 나라 안 모든 국민을 아우르는 전쟁 체제는 아니었다. 하지만 조나라의 변법은 비록 깊고 철저하지는 않았을지라도 전국시대 중후기에 조나라를 동방의 막강한 군사 강국으로 만들었다. 이 밖에 초나라에서 시행된 오기의 변법은 그 효과가 그렇게 크지 않았다.

이 시기에 본질적으로 가장 깊이있는 변법은 상앙의 변법이었다. 상앙의 변법이 성공한 이유는 무엇이었을까? 상앙의 변법은 수많은 규정에 따라 실시됐다. 진나라의 천하 통일로 말하자면, 가장 두드러진 점은 변법이 천하 통일이라는 큰 목표를 향해 모아졌다는 점이다. 하찮은 백성의 부귀를 향한 목표까지 여기로 귀결되었던 것이다. 상앙의 변법은 단 두 마디로 개괄할 수 있다. 바로 '이출일공利出一孔'과 '구농귀전驅農歸戰'이다. 아무런 벼슬도 없는 일반 백성들을 전쟁터로 달려가게 만들려면, 그것도 미친 듯이 달려가서 나라를 위해 싸우게 하려면 전쟁터에서 세운 공으로 부귀를 얻을 수 있다는 보장을 해줘야만 했다. 이런 점을 보장하려면 나라는 상업, 수공업, 그리고 독서나 유세 따위로 부귀를 누릴 수 있는 길을 모두 막아버리고 오로지 전쟁터로 나가는 길만을 열어두어야 했다. 옛 사람은 진나라는 호랑이처럼 흉포한 군대라고 꾸짖었다. 진나라 군대가 사람 죽이기를 좋아한다는 점에서 본다면, 이는 혐오의 의미가 내포된 말이다. 하지만 군인정신으로 본다면, 이는 오히려 찬양하는 말이다. 이들 군대는 한 마리 승냥이처럼, 한 마리 호랑이처럼 동방으로 내달았다. 여기에도 역시 문화적인 연원이 있다. 『시경』에 나오는 시인 「진풍秦風·무의無衣」는 춘추시대 작품이다. 어떻게 노래했을까?

> 어찌 옷이 없다 말하랴,
> 그대에게 내 옷을 입혀주리.
> 왕께서 군사를 일으키시니,

내 창과 칼을 손질하리라.

豈曰無衣,
與子同袍.
王于興師,
修我戈矛.

확대경

「진풍秦風·무의無衣」, 이 시의 씩씩하고 진취적인 기상은 당나라 때의 변새시邊塞詩와 견주어 우열을 겨룰 수 없다. 이 시는 비록 간단하고 짧긴 하지만 그 기백은 아주 당당한 힘이 있다.

송나라 때 주희朱熹는 『시경』을 주석하며 이 시의 씩씩하고 진취적인 기상이 당나라 때의 변새시邊塞詩와 견주어 우열을 겨룰 수 없다고 했다. 이 시가 비록 간단하고 짧긴 하지만 그 기백은 아주 당당한 힘이 있다.

이제 동방의 시 「정풍鄭風·건상褰裳」을 한번 보자.

그대가 나를 사랑한다면,
치마 걷어 올리고 진수를 건너오.
그대가 나를 사랑하지 않는다면,
어찌 다른 사람이 없겠소?

子惠思我,
褰裳涉溱.
子不我思,
豈無他人?

그대가 나를 사랑하지 않는다면? 이 세상에 두 다리 가진 이는 많고도 많구나! 이렇게 남녀가 시시덕거린다. 당시 동방의 시 가운데 「진풍秦風 · 무의無衣」에 견줄 만한 전쟁 시는 찾을 수 없다. 왜 그럴까? 진나라의 풍속이 동방의 여러 나라와는 큰 차이가 있기 때문이다. 상앙의 변법은 왜 '이출일공利出一孔'과 '구농귀전驅農歸戰'을 내용으로 했을까? 여기에는 매우 강력한 문화적 이유가 있다.

분명 진나라는 천하를 두고 다투는 데 큰 성공을 거두었다. 개인이나 가정, 그리고 국가가 전쟁 목적을 두고 하나로 뭉치게 만들었다. 이는 무한한 전쟁 자원이었다. 그러나 그것은 진나라가 앞섰기 때문이 아니라 다른 지역이 상대적으로 낙후했기 때문이다. 왜 그런가? 부귀에 이르려면 장사를 해서도 안 되고, 수공업으로도 안 되고, 글을 읽어 제후들을 설득해서도 안 되고, 지식 전파를 위해 사립학교를 세워서도 안 되었다. 이런 모든 것들이 불가능했다. 오로지 '이출일공'이었다. 이런 '구농귀전' 정책을 제나라에서는 펼칠 수 없었을까? 불가능했다. 왜 그랬을까? 서주 초기에 제나라를 세운 뒤 어업과 제염을 통하여 이익을 얻는 길을 넓혔으며, 농업과 염업과 어업을 주축으로, 농림과 목축은 부업으로 한 지 이미 몇 백 년의 역사가 지났는데, 이제 '이출일공'으로 오로지 농민에게 농사만 짓게 만든다면 어떤 정치적 수단도 이를 압박할 수는 없다. 산동 지방도 이러했는데 하남 지방의 정나라라고 달랐겠는가? 앞에서 보았듯이 이 지방 풍속은 사랑을 좇으며 남녀 사이의 쾌락을 추구했다. 이런 조건이라면 상앙 변법의 사유 논리는 동방의 어떤 지방에서도 펼칠 수 있는 판로를 찾을 수 없다. 그러나 진나라에서는 당시 사회 발전 상황이 상앙의 가족 단위 영세농을 중시하는 논리에 적합했다. 왜냐하면 진나라는 '서쪽과 북쪽 이민족의 풍속'이 있었기 때문이다. 이 지역은 주나라 문화가 일찍이 한때 빛났지만 이민족의 세력이 너무 강하여 쇠락의 길을 걸을 수밖에 없었던 주왕조는 다른 곳으로 자리를 옮겨야 했다. 기록에 따르면, 주평왕周平王이 호경鎬京 성루에 올라 사방을 둘러보니 모두 이들 이민족뿐이었다고 한다. 이른바 융적戎狄으로 불리는 이들 이민족은 당시 문화 발전이 상대적으로 낙후된 무리였다. 이들은 그때까지도 유목 생활을 하면서 한편으로는 농경 생활을 하는 상태였다. 다시 말하면, 서주가 붕괴된 뒤, 진나라 사람들이 무력으로 손에 넣은 옛 서주 땅은 문화적인 모습이 당시 동방의 여러 나라보다 전체적으로 낙후되었지만 그 세력은 매우 강했다. 이들 농경 사회의 생활 방식은 다시 빚어질 필요가 있었다. 이곳의 수많은 주민들은 여기저기 흩어져 유목 지역에서 왔지만 지금은 방목은 하지 않고 농경에 적합한 곳으로 이동하여 온전히 농민의 무리로 바뀌기 시작했다. 상앙이 변법을 펼칠 때, 진나라는 대체적으로 유목에서 농경으로 전환한 이런 특수한 계층이 주된 무리를 이루고 있었다. 그러기에 상업은 아직 발전의 기미조차 없었고, 수공업도 상대적으로 원시적이었다. 게다가 개인이 경영하는 상업이나 수공업은 더욱 발달하지 않았다. 이런 상황에서 '이출일공'은 국가가 통제할 수 있는 토지를 상품으로 하여 사람들의 전쟁에 대한 열정과 바꿀 수 있었다. 상앙 변법이 추진한 생산 모델은, 다시 말하면, 가족 단위 영세농을 중시한 생산 모델은 당시 이 지역에 매우 적합했다는 결론에 이를 수 있

확대경

상앙 변법이 추진한 생산 모델은, 다시 말하면, 가족 단위 영세농을 중시한 생산 모델은 당시 이 지역에 매우 적합했다는 결론에 이를 수 있다. 그러나 일단 천하를 차지하고 나서 이런 방식을 나라 전체로 추진하며 통치한다면, 아무 뒤탈이 없을까?

다. 그러나 일단 천하를 차지하고 나서 이런 방식을 나라 전체로 추진하며 통치한다면, 아무 뒤탈이 없을까? 하지만 당시 상앙의 '이출일공'은 진나라의 천하 통일에 튼튼한 바탕이 되었다.

이와 비교해, 동방 여러 나라의 변법은 하나같이 깊이가 없었다. 이것이 이들이 진나라와 어깨를 겨루는 데 강자가 될 수 없었던 가장 큰 이유였다.

그러나 문제는 이것만이 아니었다. 동방의 여섯 나라가 사용했던 정말로 지혜라고는 찾을 수 없었던 방법은 이들의 쇠락을 가속화하면서 멸망에 이르게 만들었다. 북송北宋의 소순蘇洵은 『육국론六國論』에서 '여섯 나라의 파멸은 무기가 훌륭하지 못해서도 아니고 작전이 서툴러서도 아니었다. 문제는 진나라에 뇌물을 올렸다는 데 있다.'[109]라고 말했다. 사실상 여섯 나라는 하나하나 꼬리를 물고 기울었으니, 문제는 땅덩어리를 떼어 진나라에 뇌물로 바친 데 있지만은 않았다. 부귀가 절정에 이르렀을 때 겸손하고 신중하게 일을 처리할 수 없었던 양혜왕이나 송나라 땅덩어리를 턱없이 탐냈던 제민왕, 게다가 멍청하고 어리석게도 속임수에 넘어간 초회왕, 이들은 모두 근본적으로 눈앞의 이익에 눈이 어두워 스스로 재난을 자초하며 그 재난을 피할 수 없었다. 사실상 스스로 구렁텅이로 뛰어든 이들 여러 나라의 행동은 진나라만 홀로 강대국으로 만들며 천하 통일로 향한 문을 활짝 열어 주었다.

109 六國破滅, 非兵不利戰不善, 弊在賂秦.

전국시대에 여러 제후국 사이에 벌어진 전쟁의 참혹함은 전쟁 방식에도 변화를 가져왔을 뿐만 아니라 새로운 군사 사상도 발생시켰다. 이리하여 수많은 제후국들은 변법으로써 나라의 강성을 도모했으니. 이는 전국시대의 독특한 모습이었다. 그렇다면 변화로 충만하던 전국시대는 어떤 모습이었을까?

한 무리의 신인이 역사 무대에 등장했다. 이들은 유세객이었으며 또 책사였다. 소진, 장의, 상앙, 오기, 그리고 범저 등이 모두 이런 인물이었다. 이들은 칠웅이 병립하는 특수한 시대에 이쪽저쪽 빌붙으며 자기의 정치적 주장이나 책략을 내놓기도 했다. 그것도 아니면 변법을 주관하며 재상의 자리에 올랐으며 장군의 위치에 오르기도 했다. 이들은 대부분 하찮은 계층 출신이었다. 실제로 춘추시대에 낙양성에서 정권을 잡고 있던 이들은 여전히 주공단周公旦과 소공召公의 후대를 비롯한 몇몇 무리였다. 사람들은 군자의 인연은 다섯 대가 지나면 더 이상 친족이 아니라고 일렀다. 그러나 이것으로 종법 제도를 이해한다면 잘못된 생각이다. 종법 제도는 소공의 후대나 주공의 후대에 한하여 정치상의 특권을 세세대대로 보장했으니, 이를 일러 세경제世卿制라고 한다. 이런 제도는 현명하고 어진 인물에게는 불리했다. 공자는 열국을 주유하며 가는 곳마다 좁은 틈새를 비집으며 기회를 찾아야 했다. 유세객의 홍기는 공자까지 거슬러오를 수 있다. 그는 처음으로 사립학교를 세워서 교육을 시작했다. 또 그는 이렇게 말하기까지 했다.

"얼룩소 새끼라도 붉은 털에 반듯한 뿔을 가졌다면 비록 제물로

공자孔子

쓰려고 하지 않을지라도 천지신명이 그를 버리겠는가?"[110]

'얼룩소'는 '부림소'를 가리키기도 한다. 공자는 얼룩소 새끼라도 온몸에 붉은 털이 가득하고 양쪽 뿔이 반듯하게 자랐다면 하늘에 제사 올릴 때 쓰는 소의 기준으로 적합하다고 말했다. 아비가 얼룩소라며 제사에 쓸 수 없다고 버릴지라도 천지 신령은 버리지 않는다는 뜻이다. 공자는 참으로 위대한 도리를 내놓았다. 바로 영웅은 출신 성분을 따지지 않는다는 말이다. 춘추시대가 끝나는 무렵을 시작으로 '얼

110 犁牛之子, 騂且角, 雖欲勿用, 山川其舍諸? 『논어』「옹야雍也」에 이 구절이 보인다.

확대경

공자는 참으로 위대한 도리를 내놓았다. 바로 영웅은 출신 성분을 따지지 않는다는 말이다. 춘추시대가 끝나는 무렵을 시작으로 '얼룩소의 자식' 들이 대거 무대에 등장했다.

오기나 상앙, 이들의 공명심은 참으로 강렬했다. 이들은 공명을 위하여 그 무엇도 살피지 않았다. 물불을 가리지 않았으니 엎어지고 자빠져도 통쾌하렷다!

룩소의 자식'들이 대거 무대에 등장했다. 공자는 열국을 주유하면서 한평생 뜻을 이루지 못했지만 늘그막에는 행복한 생활을 했다. 왜냐하면 자공과 같은 외교가는 물론 자로子路를 비롯한 여러 제자들이 각자 인품이나 학문에서 뛰어난 성취를 이루었기 때문이다. 공자는 자로를 들어 이르기를 '자로도 과단성이 있으니 정사를 맡기에 무슨 어려움이 있겠느냐?'[111]라고 했다. 그의 적지 않은 제자들이 노나라를 비롯한 여러 나라의 무대에서 활약했다. 이제 자신의 사회적 지위를 높이려면 어떻게 해야 할까? 확실히 믿을 만한 무기는 지식이었다. 바로 역사와 정치, 경제 방면에 걸친 이해였다. 자하子夏는 위문후의 초빙으로 그의 스승이 되었다. 그리고 증자의 제자도 자공의 제자도 이런 곳에 있었다. 이들 중에는 선비의 기개를 가진 이도 있었고 지식에 걸출한 인물로 자기도취에 빠진 이도 있었다. 다시 후대로 내려오면서 오기나 상앙에 이르면 공리주의에 빠지며 강렬한 공명심을 가진 이들이 출현했다. 이 가운데 오기는 증자의 제자였다. 공명을 위하여 이들은 그 무엇도 살피지 않았다. 물불을 가리지 않았으니 엎어지고 자빠져도 통쾌했을 뿐이었다!

강렬한 공명심이 있었기에 이들은 역사의 큰 수레를 앞으로 밀고 나아갈 수 있었다. 동시에 자신을 이 수레바퀴 밑에 깔려죽게 만드는

111 由也果, 于從政乎何有? 『논어』「옹야雍也」에 이 구절이 보인다.

일도 종종 일어났다. 전국시대 선비들은 기세가 드높아서 겉으로는 자유롭게 보였지만, 생활 속에서는 곳곳에 갈등이 넘치고 함정이 널려 있었다. 따라서 이들 자신의 수양과 품성으로는 이런 면에서 일일이 적응하기 어려웠다. 또한 참으로 단순한 이들도 적지 않았다. 상앙 같은 이는 감히 태자의 스승을 손보기도 했다. 이는 후대의 대신들이라면 절대로 저지르지 않으려던 일이었다. 그러나 상앙은 단순했다. 오기는 초나라에 온 뒤, 대신은 자리가 크고 기득권자는 너무 강하다고 말하며 이들을 더 멀리 내쳤다. 온통 충성심만 앞세우며 강경한 태도로 이들 권세가 집안이나 대신들에게 맞섰다. 이들이 권세가 집안이나 대신들을 흔들면 이들도 상대를 흔들며 기운차게 일어나 맞섰다. 그러기에 이런 행동은 사람들의 호감을 살 만한 일면이 있다. 이런 인물의 전기를 읽으려면, 한 번으로는 잘 이해할 수 없어서 몇 번이고 거듭 읽어야 한다. 그러면 이들의 모습에 감동하기도 하고 동정심이 일어나기도 한다. 때로는 이들이 비열하다고 느끼기도 한다. 이렇게 이들을 대하는 심정은 매우 복잡하다. 어쨌든 이런 인물이 무대에 올랐다. 이들의 드높은 기세로 역사는 그 모습을 일신했다. 또 문화를 비롯한 여러 방면에서도 변화가 일어났다.

여기에 더하여 다른 무리의 인물들이 나서서 어두운 시대에 맞섰다. 전쟁은 참으로 잔혹하여 이 시대는 그야말로 칠흑같이 어두운 시대였다. 사람들은 군주 한 사람의 토지와 백성에 대한 욕망을 위하여 죽을힘을 다하여 싸웠으니, 온 성안이 주검으로 가득할 정도였다. 각국의 집안 살

확대경

전쟁의 참혹함으로 칠흑같이 어두운 이 시대에 맹자가 앞으로 나섰다. 그는 사람 죽이기를 즐기지 않는 자만이 천하를 통일할 수 있다고 말했다. 맹자의 이 말은 '배 불리 먹으면 배고프지 않다.'는 말과 마찬가지로 진리이다. 이는 문학적인 표현으로 말하면, 어두운 시대를 비추는 한 줄기 빛이었다.

림살이는 또 어떠했을까? 모든 것이 다 전쟁을 목적으로 했기에 수많은 이들이 굶어죽고 흉년이 들어도 누구 하나 돌보는 이 없었다.

바로 이때, 맹자가 앞으로 나섰다. 그는 사람 죽이기를 즐기지 않는 자만이 천하를 통일할 수 있다고 말했다. 그의 말은 열 사람이면 여덟 사람이, 더구나 오늘날 지식인까지도 세상물정에 어두운 고루하고 케케묵은 수작이라고 평했다. 그의 말은 먼 앞날을 내다보아야 한다. 천하를 두고 어깨를 겨룬 항우와 유방 가운데 결국 누가 승리했는가? 사람 죽이기를 즐겼던 항우였는가, 아니면 그렇지 않았던 유방이었는가? 진나라는 사람을 죽임으로써 천하를 얻었지만, 왜 그렇게 많은 이들이 등을 돌렸을까? 몇 십 년이 지나지 않아 천하의 제후들이 모반을 하지 않았는가? 맹자의 이 말은 '배 불리 먹으면 배고프지 않다.'는 말과 마찬가지로 진리이다. 며칠을 굶어야 이를 증명할 수 있는가? 맹자는 제나라에도 갔다. 그리고 위나라에도 갔다. 그곳에서 그는 무슨 말을 했을까? 백성들을 생산활동에 참여시켜 살아나갈 수 있게 해야 한다고 일렀다. 이 말은 오늘날 봐도 호랑이에게 가죽을 벗겨 달라는 말과 다름이 없었다. 그러나 암흑의 시대에 이런 인물이 앞으로 나섰으니, 이는 문학적인 표현으로 말하면, 어두운 시대를 비추는 한 줄기 빛이었다.

게다가 맹자는 양혜왕에게 인도仁道를 행할 것을 권했다. 땅덩어리를 빼앗고 백성을 강제로 손에 넣는 게 훌륭한 일인 줄 알고 있지만, 당신은 백성들이 어떻게 살아가는지 상상조차 않는다고 일갈했다. 이때, 그의 말에 귀 기울이며 마음을 모아 백성들에게 조금이라고 살길을 터주었다면, 이 나라의 국력도 강해질 수 있지 않았겠는가? 하지만 그렇지 않았다. 양혜왕은 오랫동안 평안함을 유지할 수 있는 길을 알지 못했다. 이 시대는 어떤 시대였던가? 그는 날이면 날마다 천하의 왕이 되려고 했다. 그는 자신이 춘추시대에 살고 있다고 생각했다. 그래서 그는 봉택에서 회맹을 주도하며 왕으로 자처했다. 이 시대는 상대 국가를 멸해야 하는 시대였다. 한 나라가 튼튼하게 일어서려면 다른 나라들과의 전쟁에서 승리해야 했다. 그러려면 또 국내 정치 상황이 깨끗하고 투명해야 했다. 진나라는 그치지 않는 전쟁 자원이 있었지만 이런 점에서는 실패하여 수세守勢에 몰릴 수밖에 없었다. 적의 공격을 맞아 지키는 데도 상당한 자원을 필요로 한다. 왜 그럴까? 백성이 군주를 신임하며 굳은 마음으로 따르게 하기 위한 전제는 백성 앞에 안겨야 할 밥상이었다. 과연 맹자의 말이 세상물정에 어두운 고루하고 케케묵은 수작이었을까?

전국시대는 중국 역사상 진정으로 특수한 시대였다. 이 시대는 중국 역사가 큰 분열에서 큰 통합으로 나아가는 단계였다. 이때, 새로운 것과 묵은 것이 서로 뒤섞이고, 피가 튀고 창이 번득이며 격동했다. 따라서 각 제후국 사이에는 변법 시행이 주는 진통이 있었고, 전쟁의 참혹함도 있었다. 그리고 한 무리의 신인이 역사 무대에 오르기 시작했다. 이 시기에 이루어진 온갖 겸병의 역사적 현실은 독특한 전국시대의 면모를 보여준다. 그렇다면 전국시대는 어디서부터 변화가 생겼을까?

여러 방면에서 사회 구조의 변화가 일어났다. 잘 알다시피, 주나라를 세울 때, 주무왕은 1~2십만 대군을 이끌고 천하를 손에 넣으며 봉건제를 실시했다. 그가 봉건제를 실시한 기준은 무엇일까? 혈연관계였다. 직계 친족은 물론 손을 맞잡았던 친구를 제후로 봉하여 자자손손 이어지게 했다. 친족 관계가 훗날 중국인에게 준 영향은 참으로 컸다. 이는 오늘날에도 마찬가지다. 그러나 전국시대에 이르면 그렇지 않았다. 정부는 이런 것들은 용인할 수 없었다. 상앙의 변법은 한 가정의 가장 이상적인 모습은 다섯 식구라고 정했다. 왜 이런 규정을 만들었을까? 세수를 위해서였다. 세수를 위해 가정을 다섯 식구라는 작은 단위로 쪼개버렸다. 부부의 경우 어느 한 쪽이라도 없으면 가정을 이룰 수 없을 테니 아무튼 있어야 하고, 큰놈 작은놈에 노인 하나쯤 더하면 바로 다섯 식구를 이룬다. 그러니까 세금을 거두는 데 필요한 세 사람 어른이 있게 된다. 그러기에 온 사회의 가정에 아무리 작아도 다섯 식구의 규모를 요구했다. 이는 왕조의 세원 충족을 확실히 하려는 데 목적이 있었다. 만약 대가족으로 한 집안에 몇 백 명이 함께 있는데 겨우 몇 명의 세금만 받는다면 국가 세원은 줄어들 수밖에 없다. 진나라뿐만 아니라 다른 여러 나라의 조세 제도도 변화했다. 보이지 않는 가운데 당시 사회 구조는 인위적으로 바뀌었으니, 정치 군사적인 목적에 따라 변화를 강요했다. 그러기에 당시 사회 구조의 변화는 내부에 새로운 요소가 발생함으로써 일어난 자동적인 변화가 아니라 정부가 강요한 변화였다. 이런 변화로 생긴 상처는 쉽게 아물지 않는다. 당시 정치적인 필요에 따라 정치 수단을 거쳐 여러 방면에서 사회 개조 공작을 벌였다. 그러나 이런 개조는 가정생활의 복리라는 논리가 아니라 국가 재산을 확보하기 위하여 만들어졌다. 그러기에 이런 개혁과 개조는 되풀이될 수 있었다. 정부가 조금이라도 통제력을 상실하면 가족 세력이 떨쳐 일어났다. 한위남북조漢魏南北朝 시대에는 이렇게 가족을 중심으로 한 문벌 세력이 형성되었다.

변법은 또 다른 결과를 낳았다. 만약 한나라 초기의 모습에 익숙하다면 당시 눈에 띄는 사상적 현상으로 '과진過秦'을 알고 있을 것이다. '과진'이란 무엇인가? 바로 진나라의 과오를 분석하고 비판하는 것을 말한다. 진승은 '포악한 진을 징벌하자.'는 기치를 내걸고 무장 혁명을 일으켰다. 한나라 초기의 사상가들은 포악한 진을 이론적으로 징벌하려고 했다. 사상가들 가운데 '포악한 진을 징벌하자.'고 가장 강력하게 주장한 이는 가의였다. 가의는 진나라가 변법 때문에 사회 풍속이 불량하게 변했다고 말했다. 한 가정을 세금 수입이라는 이익의 단위로 보았기 때문에 진나라의 법 아래에서는 친족 사이의 관계가 좋지 않았고 인정도 사라졌다는 것이다. 시어머니가 며느리에게 빗자루 한 자루 빌리려고 해도 며느리는 종알종알 화풀이라도 하고 나서야 내주었으니, 이는 바로 자기가 손해를 입기 싫었기 때문이었다. 이런 풍속은 좋지 않다. 그러기에 그는 정부를 향해 유학을 일으키고 교화를 시작하고 인륜을 중시하고 화해를 말해야 한다고 요구했다. 유가에서 앞장서서 선도하는 사회 궤도로 돌아가야 한다고 주장했다. 가의의 견해는 전국시대에 사회 풍속 면에서 현저한 변화가 일어났음을 말한다. 이것도 다른 특징 가운데 하나였다.

확대경

진승은 '포악한 진을 징벌하자.'는 기치를 내걸고 무장 혁명을 일으켰다. 한나라 초기의 사상가들은 포악한 진을 이론적으로 징벌하려고 했다.

250여 년에 걸친 전국시대는 중국 역사에서 진정 특별한 시대로, 크고 작은 제후국들이 서로 겸병했다. 이 시대에는 각국을 분주히 오가며 오직 공명을 위하여 줏대 없이 이 나라 저 나라에 빌붙었던 유세객들도 있었으며, 변법을 밀고나가며 사사로운 인정에 얽매이지 않았던 법가 인물도 있었다. 또 방연처럼 도량이 한없이 좁은 장군도 있었으며, 인상여처럼 마음이 한없이 넓은 대신도 있었다. 이런 인물들 가운데는 공적인 이익을 앞세우려는 이도 있었는가 하면, 사리사욕에 눈이 어두운 이도 있었다. 이들은 장점도 있었지만 단점도 많았다. 그러나 이들은 모두 개성이 뚜렷했다. 전국시대 인물로서 하나같이 강렬한 특징을 갖추고 있었다. 그렇다면 이런 인물들이 살았던 전국시대를 우리는 최종적으로 어떻게 평가해야 할까?

여기서는 고염무의 말로 전국시대를 정리하려고 한다. 고염무는 명말청초의 대사상가요 대학자로서 『일지록日知錄』이라는 책을 남겼다. 이 책 13권에는 「주말풍속周末風俗」이라는 항목이 있다. 여기서 말하는 '주말周末'이란 바로 전국시대를 가리킨다. 그는 전국시대를 춘추시대와 대비하여 '춘추시대에는 예의를 숭상하고 신의를 중시했지만, 전국시대에는 예의는 물론 신의를 결코 말하지 않았다.' 라고 말했다. 춘추시대에는 싸움을 해도 예의를 멀리하지 않았고 신의를 버리지 않았다. 신의란 무엇인가? 춘추시대에 초나라가 송나라를 치자, 송나라 재상은 성벽에 올라 초나라 재상을 찾더니 이렇게 말했다.

"우리나라는 자식을 서로 바꾸어 그 뼈를 떼어 먹소."

제 자식은 차마 먹을 수 없으니 다른 집 아이와 바꾸어 먹소! 그는 이 말을 초나라 재상에게 말할 수 있었다. 초나라 재상도 사실을 말했다.

"우리도 지금 먹을 양식이 없어 철군해야겠소."

전쟁을 하면서도 이런 말을 할 수 있었던 것은 바로 예의를 숭상하고 신의를 중시했다는 뜻이다. 그러나 전국시대에 이르면 다시는 이런 현상을 볼 수 없다. 이것이 첫 번째이다.

두 번째로 그는 이렇게 말했다.

"춘추시대에는 아직 주왕周王을 높이 떠받들었지만, 전국시대에는 아예 왕으로 높이지도 않았다."

춘추시대에는 주왕을 중원의 주인으로 높이 받들며 북방의 유목민족에 맞서야 한다는 생각을 가지고 있었다. 패주가 되려는 자가 주왕을 높여 받드는 태도를 보이지 않으면 제후들이 따르려고 하지 않았다. 제환공이나 진문공이나 모두 하나같이 주왕을 높이 받들었다. 이렇게 함으로써 하나로 통일하여 이민족을 물리칠 수 있었다. 따라서 주왕은 주요한 기치가 되었다. 그러나 전국시대에 오면 그렇지 않았다. 이러한 고염무의 견해는 자못 개괄적이다. 어떤 이는 전국시대 양혜왕도 주왕을 높여 받들었다고 말한다. 틀린 말은 아니지만, 양혜왕이 주왕을 높여 받든 것은 자신을 높이기 위해서였다. 하지만 그는 결국 마릉에서 벌어진 전쟁에서 크게 패했다. 우리는 양혜왕이 얼마간 시간을 착각했다고 말했다. 그는 전국시대에 살면서 춘추시대 꿈을 꾸고 있었다. 그러기에 양혜왕의 행동은 고염무의 견해에 대한 반증이 되기에는 부족하다. 전국시대에 주왕은 이미 철두철미하게 아무 쓸모도 없는 존재로 변했다.

세 번째, '춘추시대에는 그래도 연회에서 시를 읊었다.'고 말했다. 춘추시대에 여러 제후국에서는 연회에서 『시경』을 노래했다. 참으로 품위 넘치는 군자의 모습이다. 그러나 전국시대에 이르면, 이런 모습을 볼 수 없다. 백기는 전국시대 인물이다. 그의 머리는 뾰족했으며 자그마한 두 눈은 형형하게 빛을 발했다고 한다. 『춘추후어春秋後語』에는 백기에 대한 평원군의 말이 실려 있다.

"머리는 자그마했지만 날카로웠다. 뾰족한 머리로 한번 박으면 어느 누구도 당하지 못했으며 어떤 물건도 다 깨졌다. 장군으로서 그가 싸우는 모습은 그대로 파죽지세였다. 뒷날 사람들은 이런 특징을 가진 이를 일컬어 백기라고 했다."

확대경

백기, 이 앙반의 머리는 자그마했지만 날카로웠다. 뾰족한 머리로 한번 박으면 어느 누구도 당하지 못했으며 어떤 물건도 다 깨졌다. 장군으로서 그가 싸우는 모습은 그대로 파죽지세였다. 뒷날 사람들은 이런 특징을 가진 이를 일컬어 백기라고 했다.

전국시대에는 이런 인물이 무대에 등장해 활동했다. 그리고 소진과 같은 인물도 있었다. 소진이 권세를 얻은 뒤 집으로 돌아왔을 때, 그는 형수에게 이렇게 물었다.

"전에는 그렇게도 도도하더니 오늘은 어인 일로 이렇게 공손합니까?"

형수도 한 집안 식구로서 그 나물에 그 밥인지라 이렇게 대답한다.

"도련님께서 이제는 돈도 많고 벼슬도 높아졌잖아요?"

이들 형수와 시동생은 그대로 한 통속이다. 『전국책』을 보면 소진은 소설 속의 등장인물 같다. 하지만 이 책은 몇몇 책사들의 영혼, 즉 그들의 강렬한 공명심을 생생하게 그려냈다.

마지막으로, '춘추시대에는 자기 나라에서 발생한 사건 상황을 다른 열국에 서로 통보했지만, 전국시대에 오면 이런 일이 없어졌다.' 이 밖에도 '나라와 나라 사이에 일정한 친분을 유지하지도 않았으며, 선비들도 반드시 일정한 주인을 받들지 않았다.'고 한다. 오늘 상대에게 땅을 떼어주겠다고 했다가 내일이 되면 상대를 치기도 했으며, 게다가 오늘 그와 맹약을 맺었다가도 내일 그가 불운하게 되면 그대로 업신여기며 상대를 하지 않았다. 선비와 선비 사이에도 공명과 이익의 측면에서 상대가 나를 방해하지 않으면 나도 상대를 방해하지 않겠다는 것이었다. 나를 방해하며 지장을 준다면 나도 상대에게 딴죽을 걸 것이며, 나아가서 독약을 내리고 올가미를 씌워 그를 죽음에 이르게 할 정도였다. 고염무는 이렇게 말했다.

"이 모든 것이 133년 동안에 일어난 변화이다."

게다가 그는 진시황이 천하를 통일하기도 전에 문무의 도가 벌써 끝장났다는 말까지 덧붙였다. 그는 '문무의 도'가 사라진 것을 매우 안타까워했다. 이른바 '문무의 도'란 예법과 음악을 중시한 문명, 곧 서주의 문명을 말한다. 그러니까 제후들이 정기적으로 천자를 알현하고 시를 읊으며 감정을 드러내는 등 예를 숭상하고 신의를 중요시한 일들이 바로 '문무의 도'였다. 분명 전국시대는 새로운 시대였다. 이 시대에는 여러 방면에서 수없이 많은 특색을 드러냈다. 일곱 나라가 이리 치고 저리 치면서 새로운 모델을 만들어냈다. 솔직히 말해 이 새로운 모델은 그리 훌륭하지는 않다. 그러나 중국은 미래의 역사로 나아가야 했다. 그러기 위해서 이 시기의 역사를 통과하지 않을 수는 없었다. 이는 흙탕물을 건너는 것과 같았다. 이 흙탕물을 건너야만 조금이라도 더 나아질 수 있었다.

확대경

일곱 나라가 이리 치고 저리 치면서 새로운 모델을 만들어냈다. 솔직히 말해 이 새로운 모델은 그리 훌륭하지는 않다. 그러나 중국은 미래의 역사로 나아가야 했다. 그러기 위해서 이 한 시기의 역사를 통과하지 않을 수는 없었다.

요컨대, 칠웅을 돌아보면, 이들의 성공에는 성공의 원인이 있고, 패배에도 패배의 교훈이 있다. 이 시기의 역사는 언제나 우리를 일깨우며 정신을 차리게 만든다. 역사가 우리를 현명하게 만든다는 옛말은 분명 맞는 말이다. 그러기에 개인은 물론 우리의 사회 활동에 대해서도, 이 시대의 역사는 하나같이 참으로 많은 깨달음을 준다는 점에서 의의가 있다.

부록-전국시대 연대기

(기원전 453년-기원전 260년)

기원전 453년	주정정왕周貞定王 16년, 진출공晋出公 22년, 한韓, 조趙, 위魏 함께 지백智伯을 멸함, 삼가분진三家分晋.
기원전 425년	주위열왕周威烈王 원년, 진회공秦懷公 4년, 진秦의 서장庶長 조鼂가 대신들과 연합하여 진회공을 포위하여 압박하자 회공이 스스로 목숨을 끊음.
기원전 419년	주위열왕 7년, 진영공秦靈公 6년, 위문후魏文侯 27년, 위나라가 소량少梁에 성을 쌓음. 진나라가 소량을 공격.
기원전 418년	주위열왕 8년, 진영공 7년, 위문후 28년, 진나라와 위나라가 소량에서 전쟁.
기원전 417년	주위열왕 9년, 진영공 8년, 위문후 29년, 진나라가 황하 강가에 방어 공사를 함. 위나라 다시 소량에 성을 쌓음.
기원전 415년	주위열왕 11년, 진영공 10년, 위문후 31년, 진나라가 방성龐城을 보수, 적고성籍姑城을 쌓음.
기원전 412년	주위열왕 14년, 진간공秦簡公 3년, 위문후 34년, 위나라가 진나라 번繁과 방龐을 공격하여 정복하고, 그곳 백성을 옮김.
기원전 409년	주위열왕 17년, 진간공 6년, 위문후 37년, 위나라가 진나라를 공격하여 임진臨晋과 원리元里 두 곳에 성을 쌓음.
기원전 408년	주위열왕 18년, 진간공 7년, 위문후 38년, 위나라가 진나라를 공격하여 하서河西 지방을 점령하고 낙음洛陰과 합양郃陽 2곳에 성을 쌓음. 진나라는 낙수洛水 서쪽으로 물러나서 강을 따라 군사 시설을 설치함.
기원전 406년	주위열왕 20년, 위문후 40년, 위나라가 중산국中山國을 멸함.
기원전 405년	주위열왕 21년, 위문후 41년, 한경후韓景侯 4년, 조열후趙烈侯 4년, 제도자齊悼子 6년, 제나라에 내란이 일어나자 공손회公孫會가 늠구廩丘에서 반란을 일으키며 조나라에 투항함. 제나라 군대가 이를 징벌함. 한나라, 조나라, 위나라 등 세 나라가 공손회를 구하고 제나라 군대를 대파함.
기원전 404년	주위열왕 22년, 위문후 42년, 한경후 5년, 조열후 5년, 제도자 7년. 한나라, 조나라, 위나라 등 세 나라 군대가 제나라 장성長城으로 공격하여 들어감.
기원전 403년	주위열왕 23년, 위문후 43년, 한경후 6년, 조열후 6년. 주열왕이 한나라, 조나라, 위나라를 제후로 명함.

기원전 402년	주위열왕 24년, 초성왕楚聲王 6년. 초성왕 도적들에게 살해됨.
기원전 390년	주안왕周安王 12년, 진혜공秦惠公 10년, 위무후魏武侯 6년. 진나라와 위나라가 무성武城에서 교전. 진나라 협陜을 현縣으로 바꿈.
기원전 389년	주안왕 13년, 진혜공 11년, 위무후 7년. 진나라가 위나라 음진陰晋을 공격함.
기원전 386년	주안왕 16년, 위무후 10년, 조경후趙敬侯 원년, 제화자齊和子 원년. 전화田和와 위문후가 탁택濁澤에서 만남. 위무후가 전화를 제후로 세우는 데 도움을 주기로 함. 제나라 원년으로 고쳐 부르기로 함(이해 전화는 재위 19년). 조나라가 한단邯鄲으로 도읍을 옮김.
기원전 385년	주안왕 17년, 진출자秦出子 2년. 진나라 서장庶長 균개菌改가 공자 연連(곧 진헌공秦獻公)을 군君으로 맞아들이고 출자를 죽임.
기원전 383년	주안왕 19년, 위무후 13년, 조경후 4년. 조나라가 강평성剛平城을 쌓고 위衛나라를 침범하자, 위衛는 위魏에 구원을 요청함, 위魏는 조나라 군대를 토대兎臺에서 격파함.
기원전 382년	주안왕 20년, 위무후 14년, 조경후 5년, 전후섬田侯剡 2년. 제나라와 위魏나라가 위衛나라의 조나라 공격을 지원함. 위衛나라가 강평성을 손에 넣음.
기원전 381년	주안왕 21년, 위무후 15년, 조경후 6년, 전후섬 3년, 초도왕楚悼王 21년. 조나라가 초나라에 구원을 요청함, 초나라가 위나라를 공격함. 조나라는 위나라를 공격하여 극포棘蒲를 손에 넣음. 초도왕 사망. 오기吳起, 사지가 찢김.
기원전 380년	주안왕 22년, 위무후 16년, 조경후 7년. 중산국이 다시 나라를 되찾음.
기원전 369년	주열왕周烈王 7년, 위혜왕魏惠王 원년, 한의후韓懿侯 6년, 조성후趙成侯 6년, 위나라 공자 완緩이 왕위를 두고 다툼. 한나라와 조나라가 이를 기회로 삼아 위나라를 공격함. 위나라 연달아 패함.
기원전 361년	주현왕周顯王 8년, 위혜왕 9년. 위나라가 대량大梁으로 도읍을 옮김.
기원전 356년	주현왕 13년, 진효공秦孝公 6년. 진나라가 상앙商鞅을 좌서장左庶長으로 발탁하고 변법 시행을 명령함.

기원전 354년	주현왕 15년, 진효공 8년, 위혜왕 16년, 조성후 21년. 조나라가 위衛나라를 공격하여 칠漆과 부구富丘를 손에 넣음. 위魏나라가 출병하여 한단을 포위함. 진나라가 위魏나라의 소량을 손에 넣음.
기원전 353년	주현왕 16년, 진효공 9년, 위혜왕 17년, 조성후 22년, 제위왕齊威王 4년. 제나라가 조나라를 구하려고 위魏나라를 공격, 계릉桂陵에서 위나라 군대를 대파함. 제나라는 송宋나라, 위衛나라와 연합하여 위魏나라의 양릉襄陵을 공격함. 위魏나라는 한단으로 치고 들어감.
기원전 352년	주현왕 17년, 진효공 10년, 위혜왕 18년, 조성후 23년, 제위왕 5년, 선왕楚宣王 18년. 진나라가 위魏나라의 안읍安邑을 공격하여 손에 넣음. 위魏나라와 한나라 군대는 양릉에서 제나라, 송나라, 위衛나라 군대를 물리침. 제나라가 초나라 경사景舍에게 위나라와 화해할 수 있게 해달라고 요청함.
기원전 351년	주현왕 18년, 진효공 11년, 위혜왕 19년, 조성후 24년. 진나라가 위나라 고양固陽을 공격하여 손에 넣음. 위나라가 한단을 조나라에 돌려줌. 위나라와 조나라가 장수漳水에서 맹약을 맺음.
기원전 350년	주현왕 19년, 진효공 12년. 진나라가 도읍을 함양咸陽으로 옮김. 진나라가 현縣을 널리 펼쳐 세움. 상앙이 정전井田을 없애고 천맥阡陌을 만듦.
기원전 348년	주현왕 21년, 진효공 14년. 진나라가 새로운 부세賦稅 제도를 실시함.
기원전 344년	주현왕 25년, 진효공 18년, 위혜왕 26년. 위혜왕이 왕으로 자처하고, 봉택逢澤에서 회맹을 주도하고 제후들을 이끌고 주천자周天子를 배알함. 진나라는 하찮은 벼슬아치를 보내 참가함.
기원전 342년	주현왕 27년, 위혜왕 28년, 한소후韓昭侯 21년, 제위왕 15년. 위나라가 한나라 양혁梁赫을 공격함. 제나라가 한나라를 구함.
기원전 341년	주현왕 28년, 위혜왕 29년, 제위왕 16년. 제나라 군대가 마릉馬陵에서 위나라 군대를 대파하며 방연龐涓을 죽이고 위나라 태자 신申을 포로로 잡음.
기원전 340년	주현왕 29년, 진효공 22년, 위혜왕 30년, 조숙후趙肅侯 10년, 제위왕 17년. 제나라, 진나라, 조나라가 위나라를 공격함. 진나라 위앙衛鞅이 계략으로써 위나라 공자 앙卬을 사로잡고 위나라 군대를 대파함. 진나라는 위앙을 상商 땅에 봉하고 상군商君으로 부름.

기원전 338년	주현왕 31년, 진효공 24년. 진효공 사망. 상앙 거열형을 당함.
기원전 334년	주현왕 35년, 위혜왕 후원后元 4년, 제위왕 23년. 위혜왕이 혜시惠施의 계책을 써서 제위왕과 서주徐州에서 서로 만나서 제나라를 군주를 왕으로 높임. 역사에서는 이를 '서주상왕徐州相王'이라고 함.
기원전 333년	주현왕 36년, 초위왕楚威王 7년, 제위왕 24년. 초나라가 제나라의 서주를 공격, 제나라 군대를 대파함.
기원전 328년	주현왕 41년, 진혜문왕秦惠文王 10년. 진나라가 장의張儀를 재상으로 임명함. 위나라에서 상군上郡 15곳의 현을 진나라에 바침.
기원전 323년	주현왕 46년, 진혜문왕 경원更元 2년, 위혜왕 후원 12년, 조무령왕趙武靈王 3년, 한선혜왕韓宣惠王 10년, 연역왕燕易王 10년, 제위왕 34년. 공손연公孫衍이 연나라, 한나라, 조나라, 위나라, 중산국 등 다섯 나라가 서로 왕으로 칭할 것을 앞장서서 제창함.
기원전 318년	주신정왕周愼靚王 3년, 진혜문왕 경원 7년, 위양왕魏襄王 원년, 한혜선왕 15년, 조무령왕 8년, 초회왕楚懷王 11년, 연왕쾌燕王噲 3년. 위나라, 한나라, 조나라, 초나라, 그리고 연나라, 이 다섯 나라가 합종하여 진나라를 공격했으나, 승리하지 못하고 돌아옴.
기원전 317년	주신정왕 4년, 진혜문왕 경원 8년, 위양왕 2년, 한혜선왕 16년, 조무령왕 9년, 진나라가 한나라, 조나라, 그리고 위나라, 이 세 나라 군대를 수어修魚에서 물리침. 제나라는 송나라와 연합하여 위나라를 공격하여 관택觀澤에서 위나라 군대를 물리침.
기원전 316년	주신정왕 5년, 진혜문왕 경원 9년. 진나라가 사마조司馬錯을 파견하여 촉蜀을 침. 촉 멸망.
기원전 315년	주신정왕 6년, 연왕쾌 6년. 연나라에서 내란이 일어남, 장군 시피市被와 태자 평平이 자지子之를 공격함.
기원전 314년	주난왕周赧王 원년, 제선왕 6년, 연왕쾌 7년. 연나라 자지가 장군 시피와 태자 평을 죽임. 제나라 군대가 연나라로 들어감, 연소왕燕昭王 즉위.
기원전 308년	주난왕 7년, 진무왕秦武王 3년, 한양왕韓襄王 4년. 진나라가 한나라를 공격하여 의양宜陽을 손에 넣음.
기원전 307년	주난왕 8년, 진무왕 4년, 조무령왕 19년. 조무령왕이 '호복기사胡服騎射'를 실시함. 조나라가 중산을 공격하여 방자房子까지 이름.진나라가 위염魏冉을 장군에 임명.

기원전 305년	주난왕 10년, 조무령왕 21년. 조나라가 중산을 공격하여 7개 읍을 손에 넣음. 중산은 여기에 더하여 4개 읍을 더 바침.
기원전 302년	주난왕 13년, 조무령왕 24년. 조나라가 구원九原으로 하급 관리와 백성을 이주시킴. 장군, 대부, 적자嫡子, 그리고 대리代吏에게 호복을 입도록 명령하고 말을 타고 활을 쏘는 연습을 시킴.
기원전 299년	주난왕 16년, 조무령왕 27년, 초회왕 30년. 초회왕이 속임수에 넘어가며 진나라에 갔다가 억류를 당함. 조무령왕이 왕위를 왕자 하何(곧 조혜문왕)에게 물려주고 스스로 주부主父로 칭함.
기원전 298년	주난왕 17년, 진소왕秦昭王 9년, 위양왕 21년, 한양왕 14년, 제민왕齊閔王 3년. 제나라, 한나라, 위나라 등 3국 연합군이 진나라를 공격하여 함곡관函谷關에 이름.
기원전 296년	주난왕 19년, 진소왕 11년, 위양왕 23년, 한양왕 16년, 조혜문왕趙惠文王 3년, 제민왕 5년. 제나라, 한나라, 위나라 군대가 계속 진나라를 공격, 진나라는 강화를 요청하며 한나라와 위나라에게 일부분의 영토를 돌려줌. 조나라는 중산을 멸하고 중산왕을 부시膚施로 이주시킴.
기원전 295년	주난왕 20년, 진소왕 12년, 조혜문왕 4년, 조나라에 내란 일어나며 공자 장章이 권력을 탈취함. 공자 성成과 이태李兌가 주부가 살고 있던 궁을 포위하자 주부는 굶어 죽음. 진나라 위염이 재상이 됨.
기원전 293년	주난왕 22년, 진소왕 14년, 위소왕魏昭王 3년, 한리왕韓厘王 3년. 진나라 좌경장군左更將軍 백기白起가 이궐伊厥에서 한나라와 위나라 연합군을 대파, 24만 명의 목을 베고 위나라 장군 공손희公孫喜를 사로잡음.
기원전 288년	주난왕 27년, 진소왕 19년, 제민왕 13년. 진나라 위염魏冉이 제나라와 함께 황제로 칭하기로 약속함, 제나라는 동제東帝로, 진나라는 서제西帝로 합의함. 제나라는 소진蘇秦의 계략에 따라 황제의 호칭을 취소함.
기원전 287년	주난왕 28년, 진소왕 20년, 위소왕 9년, 한리왕 9년, 조혜문왕 12년, 초경양왕楚頃襄王 13년, 제민왕 14년. 소진과 이태가 제나라, 조나라, 한나라, 위나라, 초나라 등 다섯 나라가 진나라를 공격하기로 했지만 성고成皐에 이르러 공격을 멈춤. 진나라는 조나라와 위나라에게 영토 일부를 반환.
기원전 286년	주난왕 29년, 제민왕 15년. 제나라가 송나라를 멸망시킴.

기원전 284년	주난왕 31년, 진소왕 23년, 위소왕 12년, 한리왕 12년, 조혜문왕 15년, 초경양왕 15년, 제민왕 17년. 조나라, 한나라, 위나라, 진나라, 그리고 연나라 등 다섯 나라가 제나라를 공격함. 연나라 장군 악의樂毅가 제나라 영토로 들어가서 임치臨淄를 함락함. 조나라는 잃어버린 회북淮北 지방을 수복함.
기원전 279년	주난왕 36년, 진소왕 28년, 조혜문왕 20년, 초경양왕 20년, 제양왕齊襄王 5년. 연나라 소왕 사망. 연혜왕燕惠王이 기겁騎劫을 악의 대신 장군으로 임명함. 전단田單이 반격하여 잃어버린 제나라 땅을 다시 찾음. 진소왕과 조혜문왕이 민지澠池에서 만남. 진나라 장군 백기가 초나라를 대거 공격함.
기원전 278년	주난왕 37년, 진소왕 29년, 초경양왕 21년. 진나라 장군 백기가 언鄢, 영郢을 함락하고 이릉夷陵을 불태움. 초나라는 어쩔 수 없이 진陳으로 도읍을 옮김.
기원전 269년	주난왕 46년, 진소왕 38년, 조혜문왕 30년. 진나라 군대가 한나라 상당지구를 경유하여 조나라의 알여閼與를 공격함. 조나라 장군 조사趙奢가 진나라 군대를 대파함.
기원전 266년	주난왕 49년, 진소왕 41년. 진나라가 범저范雎를 재상으로 임명함.
기원전 263년	주난왕 52년, 진소왕 44년, 한환혜왕韓桓惠王 10년. 진나라가 태항산 이남의 한나라 남양南陽 땅을 공격하여 손에 넣음.
기원전 262년	주난왕 53년, 진소왕 45년, 한환혜왕 11년, 조효성왕 4년. 진나라가 한나라의 야왕野王을 손에 넣고 상당 지구와 한나라 도성 사이의 연결을 끊음. 한나라 상당 군수가 무리를 이끌고 조나라로 귀순함.
기원전 261년	주난왕 54년, 진소왕 46년, 조효성왕 5년. 진나라 장군 왕흘王齕이 상당 지구를 공격하여 손에 넣음. 조나라는 염파廉頗를 장군으로 파견하여 진나라 군대에 맞섬. 장평대전長平大戰 발발.
기원전 260년	주난왕 55년, 진소왕 47년, 조효성왕 6년. 조나라가 조괄을 염파를 대신하여 장군으로 임명. 진나라 장군 백기가 장평에서 조나라 군대를 대파하고 항복한 조나라 병사 40만 명을 생매장함.

옮기고 나서

당시만 해도 서북쪽 변방에 살던 견융족犬戎族이 주周의 도읍 호경鎬京을 공파하고 주유왕周幽王을 죽이니 이로써 서주西周는 몰락한다. 그러자 여러 제후들은 이미 태자 자리에서 내쳐졌던 의구宜臼를 주평왕周平王으로 앉히고 도읍을 낙읍洛邑으로 옮기니 이른바 동주東周의 시작이다. 이렇게 비롯된 동주 약 550년 동안이 역사에서 이르는 춘추전국시대이다. 그리고 이 춘추전국시대는 다시 앞부분의 춘추시대와 뒷부분의 전국시대로 나눈다.

따라서 춘추전국시대는 기원전 770년부터 시황제가 천하를 통일한 기원전 221년까지 약 550년 동안을 이른다. 이런 시대 구분에는 별다른 이견이 없지만 이 시대를 둘로 나누고, 그 뒷부분을 이르는 전국 시대의 기점에 대해서는 서로 다른 의견이 여럿이다.

이 책의 저자 리산李山은 진晋이 한韓, 조趙, 위魏로 갈라진 기원전 453년을 전국시대의 기점으로 본다. 이른바 삼가분진三家分晋으로 일컬어지는 이 사건을 전국시대의 시작을 알리는 표지로 삼은 것이다. 이는 오랫동안 강씨姜氏가 세력을 행사하던 제齊나라 제후의 자리를 전씨田氏가 찬탈한 사건, 곧 전진찬제田陳簒齊(전씨대제田氏代齊라고도 한다)와 함께 춘추시대와 결별하여 전국시대를 여는 표지가 된다.

『좌전左傳』에 따르면 춘추시대에는 모두 140여 개의 제후국이 있었다고 한다. 그러나 전국시대에 이르면 겨우 숨만 붙어 있을 정도로 약한 몇 개의 제후국이 남아 있긴 했지만 대체로 일곱 개의 큰 나라, 곧 전국칠웅이 패권을 두고 겨루는 형국이 된다. 결국 서쪽 변방의 진秦나라가 천하를 통일함으로써 전국시대는 막을 내리지만 이 시대 초기 70여 년은 위魏나라가 위세를 떨치던 시기였다.

그렇다면 칠웅 가운데 어떻게 위나라가 먼저 위세를 떨쳤을까? 칠웅 가운데 위나라가 먼저 앞자리를 차지하며 위세를 떨쳤던 시기, 이 나라 군주는 위문후魏文侯였다. 그리고 그의 아들 위무후魏武侯를 이어 자리에 오른 그의 손자 양혜왕梁惠王에 이르러 나라는 이제 기우뚱거리기 시작했다. 결국 역사도 사람 이야기일 수밖에 없다. 한 사람의 성격이 그 사람의 운명을 좌우하듯이 한 나라의 운명도 그 나라 지도자의 성격이 결정했던 예를 역사에서는 수도 없이 만날 수 있다. 지도자가 온갖 예의를 갖춰 인재를 대하는 모습을 보면 그 나라의 빛나는 미래가 보인다.

칠웅 가운데 서쪽 변방에 위치했던 진秦나라가 기원전 221년 마침내 천하를 통일할 수 있었던 데에는 이보다 벌써 백여 년 전에 천하통일로 나아가는 체제를 만든 상앙商鞅이라는 인물을 결코 지나칠 수 없다. 이 책 24개 장 가운데 세 장을 상앙을 위해 마련한 저자의 의도도 전국시대 역사에서 차지하는 이 인물의 중요성을 높이 샀기 때문일 것이다. 오래 전부터 권력을 손에 쥔 이들이 독차지하던 기존 체제를 허물어 버리고 새로운 체제를 세워 밀고나아가야 하는 개혁은 이에 맞선 저항이 만만할 리 없다. 그러나 상앙은 군주와 손을 맞잡고 개혁을 수행하며 국가 체제를 천하 통일에 맞게 만들었다.

그러나 전쟁터에서 베어온 적군의 머리 숫자가 곧 부귀와 맞바꿀 수 있는 현찰이었던 상앙의 변법은 결과적으로 진나라가 천하를 통일하여 중국 최초의 제국을 세운 지 얼마 되지 않아서 새로운 전국시대를 열며 천하를 다시금 혼란에 빠뜨리는 뒤탈을 만들었음을 우리는 주목해야 한다. 이 책의 저자가 강조했듯이 잔혹한 살인은 거대한 원한을 낳을 수밖에 없었던 것이다.

이 책의 저자 리산은 진나라가 천하를 통일한 때보다 거의 40년 전에 진나라와 조나라가 장평長平에서 치른 전쟁을 끝으로 『전국칠웅』을 마무리한다. 저자는 칠웅이 패권을 차지하려고 겨루던 싸움의 승패는 이미 저울추가 진나라로 확실히 기울었다고 보았다. 아직 천하는 통일되지 않았지만 천하 통일의 가능성은 진나라, 곧 일웅으로 귀결되었다고 판단했기 때문이다.

장평대전도 전국시대 여러 전쟁 가운데 참으로 눈여겨보아야 할 대목이다. 기원전 262년에 시작하여 기원전 260년에 끝난 3년 동안의 전쟁에서 조나라의 군주는 조효성왕, 그리고 진나라의 군주는 진소왕이었다. 조나라는 한때 조무령왕의 호복기사胡服騎射로 나라의 힘이 자못 왕성하던 시기가 있었다. 조효성왕에 이르러 조무령왕 때의 무르익었던 위세는 이미 지난 일이었지만 그래도 아직 조나라에는 인물이 있었다. 그러나 조효성왕은 전선에서 진나라와 대치하고 있던 장군 염파廉頗를 군사 이론에만 밝았던 조괄趙括로 바꾸는 큰 실책을 범하고 말았다. 하지만 이때 진나라는 백기白起를 전선으로 가만히 내보내 조나라와 맞붙게 만들었다. 백기는 군사적인 면에서 전국시대 일류 장군이었다. 백기도 백기였지만 사람을 적재적소에 쓸 줄 아는 군주를 우리는 여기에서도 눈여겨볼 필요가 있다.

독자는 이 책을 통하여 수없이 많은 인물을 만나게 된다. 세 치 혀만으로 세상을 쥐락펴락했던 소진蘇秦이나 장의張儀 같은 이들은 말할 것도 없고 같은 스승 밑에서 함께 공부한 동문 손빈孫臏을 두 발 자르고 얼굴에 자자刺字까지 했지만 결국은 도리어 그의 기묘한 전략에 빠져 꼼짝없이 당하게 된 방연龐涓의 이야기를 통해서도 역사를 읽는 묘미를 느낄 수 있다. 그뿐 아니다. 차근차근 일깨우듯이 타이르는 공자孔子의 목소리와는 사뭇 달리 우렁차고 힘찬 맹자孟子의 목소리를 통하여 춘추시대와는 달라진 전국시대의 모습을 만나는 재미도 느낄 수 있다. 피가 튀고 칼날 번쩍이는 전쟁의 시대에 친구 혜시惠施를 넌지시 나무라는 장자莊子의 넉넉한 모습은 오히려 우리의 가슴을 열어준다.

명나라 때 오종선吳從先은 '충신과 열사의 전기는 그들의 이름을 드날리기 위하여 북 치고 피리 불며 읽어야 좋지만, 간신배들의 이야기는 칼 차고 술잔 들어 분을 풀며 읽어야 한다. 그리고 역사는 눈빛[雪光]에 읽어야 그 맑고 깨끗함으로 거울삼을 수 있다.'고 말했다. 그리고 청나라 때 장조張潮는 '역사는 여름에 읽어야 좋다. 여름날의 해가 길기 때문이다.'라고 말했다. 나는 이 글을 우리말로 옮기면서 독자들이 어떤 독서 환경에서 어떤 생각을 하며 읽을까, 자못 마음 궁금했다.

이 책에서 다룬 전국시대의 역사는 우리가 살고 있는 지금으로부터 2천 몇 백 년 전, 사람의 한평생 숫자와 셈하여 견주면 굉장히 먼 옛날 같지만 내가 볼 때는 전혀 그렇지 않다. 먼 옛날이 아니라 오히려 지금 우리 눈앞에서 살아 움직이는 현재이다. 리카이위안李開元은 통일된 진나라 말엽 새로이 벌어진 전국시대, 이 시대 항우를 중심으로 벌어진 이야기를 다룬 역사서 『초망楚亡』에서 '사람의 마음을 잃은 자 천하를 잃는다.'라고 일갈했다. 사람의 마음을 잃었기에 나라를 어려움에 빠뜨린 인물은 이 책에서도 만날 수 있지만 우리가 살고 있는 현실의 세계에서도 만날 수 있다. '입은 있지만 입장은 없고, 지력은 있지만 덕행은 없고, 방법은 있지만 주장은 없는' 전국시대 책사 같은 인물도 눈만 들면 수없이 만날 수 있다. 자기의 명성과 이익을 위해서라면 물불 가리지 않는 인물 또한 수없이 만날 수 있다. 독자는 이 책을 읽다가 잠시 책을 덮고 옷을 슬쩍 바꿔 입고 지금 이 시대 한국이라는 무대에 등장한 똑같은 인물을 머릿속에 떠올리는 재미도 맛보기 바란다.

이 글을 번역하면서도 고통스러웠지만 행복했다. 이런 이야기가 옛날에 있었던 일로 끝이었다면 고통스러운 번역을 마다했을 것이다. 그러나 옛날은 항상 살아 있는 현재의 모습으로 내게 올 줄 알았다. 게다가 역사는 지금 우리 앞에 살아서 떵떵거리는 인물의 불행한 미래까지도 정확하게 예측하게 만들 뿐만 아니라 어려운 삶을 살고 있지만 미래의 어느 날 우리 앞에 영광의 모습으로 당당히 설 인물은 또 누구인지 정확하게 셈하게 만든다. 번역으로 당하는 고통보다 행복이 더 큰 까닭이다.

이 책이 세상에 나오기까지 고마운 이들도 여럿이었다. 이번에도 존경하는 친구들의 가만한 모습이 떠오른다. 언제나 스승이 되어 주었던 석암石庵은 소리 없이 넉넉한 웃음을 지으며 잘못된 점 고쳐줄 터이고, 아직도 청년처럼 공부에 온힘을 쏟고 있는 원당原塘은 번역도 좋지만 다른 글도 좀 쓰라고 부추기며 달랠 것 같다. 긴 미국 여행길에 내 번역서를 가방에 넣어가서 읽었다는 한평생 지기 향산鄉山을 생각하면 부족한 점 많아서 부끄럽지만 나는 그가 곁에 있어서 늘 든든하다. 우리말로 옮겨진 글을 제일 먼저 읽으며 도움말은 물론 교정까지 지나치지 않은 아내에게 새삼 고마움을 전한다. 또 하나, 흠 많은 번역 원고를 하나하나 놓치지 않고 바로잡으며 챙겨준 '인간사랑' 식구들의 땀이 없었더라면 이 책은 세상에 나오지 못했을 것이다. 정말 고맙다.

2016년 여름

이기흥

전국칠웅

발행일 1쇄 2016년 11월 30일
지은이 리산
옮긴이 이기홍
펴낸이 여국동

펴낸곳 도서출판 인간사랑
출판등록 1983. 1. 26. 제일-3호
주소 경기도 고양시 일산동구 백석로 108번길 60-5 2층
물류센타 경기도 고양시 일산동구 문원길 13-34(문봉동)
전화 031)901-8144(대표) | 031)907-2003(영업부)
팩스 031)905-5815
전자우편 igsr@naver.com
페이스북 http://www.facebook.com/igsrpub
블로그 http://blog.naver.com/igsr
인쇄 인성인쇄 **출력** 현대미디어 **종이** 세원지업사

ISBN 978-89-7418-763-7 03910

이 도서의 국립중앙도서관 출판시도서목록(CIP)은 서지정보유통지원시스템 홈페이지(http://seoji.nl.go.kr)와 국가자료공동목록시스템(http://www.nl.go.kr/kolisnet)에서 이용하실 수 있습니다.(CIP제어번호: CIP2016027056)